Anke Kausch

Seidenstraße

Von China durch die Wüsten Gobi und Taklamakan über den Karakorum Highway nach Pakistan

DUMONT KUNST REISEFÜHRER

In der vorderen Umschlagklappe: China und die Seidenstraße

In der hinteren Umschlagklappe: Alte Verläufe der Seidenstraße

Wichtige Orte auf einen Blick

☆☆
keinesfalls verpassen

☆
Umweg lohnt

Inhalt

Land und Geschichte

Praktische Reise-Informationen

Verzeichnis der Karten und Pläne

Seidenstoffhändler im Basar von Kashgar ▷

Land und Geschichte

YEDSO
OCEANUS
CHINENSIS
ARCHIPELAGO
DE
S. LAZARO
Linea sub Æquatore
GOLFO
DI
BENGALA
olim
GANGETICUS
SINUS
BORNEO
MARE LANTCHIDOL
INDIA
HOLLANDIA

Vorbemerkung – Die alte Handelsroute

Zu Zeiten Marco Polos, des wohl berühmtesten Reisenden auf der Seidenstraße, hatte der alte Handelsweg, der das Reich der Mitte mit dem Abendland verbindet, seine größte Blütezeit bereits lange hinter sich. Mehr als 1300 Jahre bevor sich der Venezianer 1271 auf seine Reise an den Hof des mongolischen Khans in Khanbalik, dem heutigen Beijing, machte, hatten unzählige Kaufleute vor ihm mit ihren Karawanen die transasiatische Handelsroute beschritten. Die alten Römer wussten bereits um die Zeitenwende chinesische Seide zu schätzen, rätselten aber noch lange, woraus sie bestand und woher sie kam. Seide war leicht und unzerbrechlich und deshalb einfach auf dem Rücken eines Kamels oder Lastesels über weite, unwegsame Strecken quer durch Asien zu transportieren. Doch das edle Gewebe war bei weitem nicht das einzige Handelsgut, das im Handel über die Seidenstraße eine Rolle spielte. China exportierte außer der Seide Naturlack, Gewürze wie Zimt, Ingwer und Kurkuma, edle Keramiken, Pelze, Moschus und später Tee und Rhabarber in den Westen. Auch das Geheimnis der Papierherstellung eroberte von China aus die Welt – wenn auch nicht ganz freiwillig –, waren doch die Araber durch chinesische Kriegsgefangene, die sie 751 in der Schlacht am Talas-Fluss gemacht hatten, an das Rezept gelangt.

Aus Indien und Persien kamen Gewürze wie Koriander, Nelken, Muskat, Kardamom, echter Safran und Pfeffer, Woll- und Leinentextilien, ferner Sandelholz, Indigo, Lapislazuli, Kampfer, Myrrhe, Henna, Weihrauch und Rohrzucker nach China. War für den abendländischen Verbraucher die Seide seit jeher das Zauberwort im transasiatischen Handel gewesen, riefen bei den Chinesen vor allem zwei Güter leuchtende Augen hervor: erstens die Jade, ein ihrer Ansicht nach magischer Stoff, dessen Wert sie höher als Gold schätzten, und zweitens die groß gewachsenen, rassigen Pferde aus Zentralasien mit arabischem Blut, von denen jeder chinesische Feldherr träumte.

So alt der Handel über die transasiatische Handelsroute auch ist, der Begriff »Seidenstraße« ist eine Wortschöpfung aus relativ junger Zeit. Geprägt wurde er Ende des 19. Jh. von dem deutschen Geographen Ferdinand Freiherr von Richthofen (1833–1905). Allerdings ist diese Bezeichnung in zweierlei Hinsicht ein wenig irreführend: Zum einen wurde ja nicht nur Seide zwischen Europa und Asien gehandelt, zum anderen bestand die ›Straße‹ aus einer Vielzahl von Karawanenwegen, die zum Teil parallel zueinander verliefen und sich mehrfach verzweigten (s. Umschlagklappe hinten).

◁ Asiae Nova Delineatio, Kupferstich von Theodorus Danckerts, um 1700

Im Osten nahm die Seidenstraße ihren Anfang in der alten chinesischen Hauptstadt Chang'an, heute Xi'an in der chinesischen Provinz Shaanxi, und führte von dort aus durch den Hexi-Korridor in der heutigen Provinz Gansu nach Dunhuang in der Wüste Gobi. Kurz hinter Dunhuang, beim Jadetorpass (Yumen) Guan, teilte sie sich in eine Südliche und eine Nördliche Route, die beiderseits das unüberwindliche Sandmeer der Taklamakan-Wüste umgingen.

Die Nördliche Route verlief über die Oasenstädte Hami, Turfan und dann zu Füßen des Tian Shan (Himmelsgebirge) weiter über Kucha und Aksu, nach Kashgar. Zeitweise reisten auch einige Karawanen vom Jadetor aus über die relativ gefährliche Mittlere Route über Loulan am Lop Nor nach Turfan und dann auf der Nördlichen Route weiter gen Westen.

Die Südliche Route hielt sich in Sichtweite des Tibetischen Hochlands, aus dem sich zahlreiche von Schmelzwasser gespeiste Flüsse ins Tarim-Becken ergossen. Sie verlief über Miran, Endere, Niya, Khotan und Yarkand nach Kashgar, wo sie wieder auf die Nördliche Route traf.

Von Kashgar wiederum gab es erneut mehrere Möglichkeiten der Weiterreise. Über den Pamir Richtung Westen bahnte sich die Karawanenstraße ihren Weg über Kokand, Samarkand, Buchara, Merw, durch Persien, den Irak und Syrien an die östliche Küste des Mittelmeeres. Von den Hafenstädten Tyrus und Antiochia, dem heutigen Antakya in der Osttürkei, brachten Schiffe die Waren bis nach Rom, Alexandria und Byzanz. Parallel dazu verlief eine alternative Strecke von Kashgar über Balkh in Afghanistan und traf in Merw mit der Hauptlinie der Seidenstraße zusammen. Von Kashgar aus in südlicher Richtung reisten außerdem Karawanen über die vermeintlich unüberwindlichen Gipfel des Pamir, des Karakorum und des Himalaya durch das Reich Gandhara im heutigen Nordpakistan und Kashmir nach Indien.

Die mehr als 10 000 km lange Strecke von China bis zum östlichen Mittelmeer hat bis auf einige wenige, wie etwa Marco Polo im 13. Jh., so er diese Reise wirklich selbst unternahm, wohl kaum ein Händler in einem Stück zurückgelegt. Weder für Mensch noch für Tier war der schier endlose Weg durch öde Steppen, heiße Wüsten und über eisige Hochgebirge im Ganzen zu bewältigen. Die meisten Waren wurden etappenweise von Händler zu Händler weitergereicht. Im alten Rom wusste man nichts von chinesischen Kaufleuten, und auch Römer wurden in der chinesischen Hauptstadt Chang'an des Altertums und Mittelalters nicht gesichtet.

Als Transportmittel auf der Seidenstraße dienten dem Menschen meist Pferde, als Lasttiere verwendete man in der Wüste lieber die widerstandsfähigen Kamele, im Hochgebirge Yaks und ansonsten Esel, Maultiere und Ochsenkarren. Die Handelsrouten waren so angelegt, dass die Karawanen in einem Abstand von wenigen Tagen eine Oase erreichen konnten, wo Wasser, Proviant, Herbergen, Relaispferde und frische Lasttiere zur Verfügung standen. Karawanen hatten nicht nur räuberische Überfälle, sondern auch schreckliche Unwetter, wie Sand- oder Schneestürme, zu fürchten. Dem Berufsstand des Kaufmanns, der diese Strapazen auf sich nahm, um die Bewohner der Oasenstädte mit allerlei Annehmlichkeiten zu versorgen, brachte man deshalb entlang der Seidenstraße große Achtung entgegen. Abbildun-

Kamele als Lasttiere am Karakul-See, Karakorum Highway

»Ferner gibt es Kaufleute, die ruhen nicht mit dem Handel und sind Nutzbringer (...), von Ost nach West ziehen sie umher, deine Wünsche bringen sie dir. Zehntausend Schätze, die Wunder der Welt, sind bei ihnen. (...) Gäbe es keine Kaufleute, durchstreifend die Welt, wann könntest du anziehen den schwarzen Zobelpelz? Schnitte die chinesische Karawane das Karawanenbanner ab, woher sollten dann die zehntausend Kostbarkeiten kommen? (...) Solcherlei sind die Kaufleute alle, schließe dich ihnen an, halte offen das Tor! Bemühe dich (um sie), halte sie wohlfeil, und dein Name wird mit Güte weit bekannt, glaube es!«
Uighurischer Text

gen von Händlern und Kaufleuten verschiedener Nationalitäten tauchen immer wieder in der religiösen Kunst entlang der Seidenstraße auf.

Doch die unzähligen Händler, die seit Jahrhunderten die Seidenstraße nutzten, haben nur selten über ihre mit Sicherheit erlebnis- und oft entbehrungsreichen Reisen berichtet. Aus geschäftlichen Gründen lag ihnen wohl daran, den genauen Weg ihrer Reisen und den Ort ihrer geschäftlichen Quellen im Dunkeln zu lassen. Eine Ausnahme bildet Marco Polo, der mit seinem berühmten Bericht einen der ersten Bestseller der Weltliteratur schuf, über dessen Echtheit sich die Wissenschaftler allerdings bis heute streiten. Daneben bietet das weniger bekannte »Handbuch für den Kaufmann«, »La Pratica della Mercatura«, welches 1340 von Francesco Pegolotti verfasst wurde, genaue Wegbeschreibungen und Reisezeiten auf der Strecke vom Schwarzen Meer bis nach China an. Die Handelsroute, die Pegelotti beschreibt, führt von Tana am Astrowschen Meer über Astrachan, Tashkent, Yining in der heutigen Provinz Xinjiang, Jiayuguan, dem Ende der Großen Mauer, über Hangzhou nach Beijing. Die Reise dauerte nach Rechnung Pegelottis, der sie übrigens niemals selbst unternommen hatte, mit verschiedensten Verkehrsmitteln – Ochsenwagen, Schiff, Kamelwagen, Lasteseln und zu Pferde – etwa 285–295 Tage.

Doch auf der Seidenstraße wurden nicht nur Handelsgüter ausgetauscht, sie war auch der ›Informations-Highway‹ des Altertums und Mittelalters, über den Ideen, Technologien, Künste und Moden von Ost nach West und umgekehrt transferiert wurden. Zahlreiche Religionen – der Buddhismus, das nestorianische Christentum, der Manichäismus, der persische Zoroastrismus und schließlich der Islam – fanden über reisende Händler, Pilger und Missionare auf der Seidenstraße weite Verbreitung in Asien.

Im Gegensatz zu den Kaufleuten verfassten viele der religiösen Pilger ausführliche Reiseberichte, denen wir wertvolle Informationen über die damaligen Reisebedingungen, die Völker und Kulturen entlang der Seidenstraße entnehmen können. Die meisten der frühen Pilger waren buddhistische Mönche, die auf der Suche nach der tieferen Wahrheit der Lehre von China aus ins Ursprungsland des Buddhismus, nach Indien, zogen.

Während der Zeit der Pax Mongolica im 13.–14. Jh. hingegen kamen die frommen Reisenden auf der Seidenstraße vorwiegend aus dem Abendland. Es waren katholische Geistliche wie Johannes de Piano Carpini, Wilhelm von Rubruk und Giovanni de Montecorvino, die mit dem Vorsatz gen Osten zogen, die mongolischen ›Heiden‹ zum Christentum zu bekehren. In umgekehrter Richtung reisten zwei nestorianische Mönche türkisch-mongolischer Abstammung aus China nach Jerusalem zu den heiligen Stätten des Christentums.

Nachdem es der neuen Ming-Dynastie gelungen war, die Mongolen 1368 aus China zu vertreiben, war es mit dem regen Handel und Kulturaustausch über die Seidenstraße vorbei. Die jahrzehntelange Fremdherrschaft der Mongolen hatte für die Chinesen offenbar ein solch traumatisches Erlebnis dargestellt, dass sie ihre Landesgrenzen nach Norden und Westen hin abschotteten und viel Geld in die Instandsetzung und den Ausbau der Großen Mauer investierten. Der Ost-West-Handel wurde nun hauptsächlich über die Häfen der südchinesischen Küste auf die ›Seidenstraße der Meere‹ verlagert.

Der ausbleibende Waren- und Geldfluss bedingte den allmählichen Untergang der einst blühenden Oasenstädte an der alten Seidenstraße. Bereits seit dem 10. Jh. hatten die Völker Zentralasiens ihren überwiegend buddhistischen Glauben allmählich aufgegeben und sich vermehrt dem Islam zugewandt. Auch die ehemals lebendigen buddhistischen Klöster und Heiligtümer entlang der Seidenstraße wurden verlassen, ihre Kunstschätze von bilderstürmerischen Muslimen zerstört. Heute gehört das Land an der Seidenstraße im Bereich der Autonomen Region Xinjiang-Uighur zu den unterentwickelten Gegenden der Volksrepublik China.

Zu den berühmtesten der Pilgermönche zählt Faxian, der 399–414 von Chang'-an aus zu Fuß nach Indien wanderte und auf dem Seeweg über Ceylon (Sri Lanka) und Sumatra nach Hause zurückkehrte. Zhimeng legte zwischen 404 und 424 den Weg nach Indien und heim zu Fuß zurück, ebenso 518–521 Songyun und 629–645 der berühmteste von allen, Xuanzang, dessen Reisebericht im 16. Jh. zu dem bekannten Roman »Die Reise nach Westen« und später zu einer beliebten Pekingoper verarbeitet wurde. Ihm folgten Yijing (635–713), Wukong, der von 751–790 im Ausland weilte, der Koreaner Huichao (ca. 700– 780) und schließlich Jiye, der 964–974 als letzter der großen Pilgermönche von China aus ins Ursprungsland des Buddhismus zog.

Das Land und seine Menschen

Die Landschaften entlang der Seidenstraße

Startet man seine Reise auf der Seidenstraße in China, so begibt man sich zunächst stetig bergauf. Die kontinentale Landmasse Chinas steigt von den fruchtbaren Ebenen im Osten zu den Hochgebirgsregionen im Westen in drei großen Stufen an: beginnend mit der Nordchinesischen Tiefebene und der Ebene Nordostchinas und der Mandschurei geht es mit dem Tarim-Becken, der mongolischen Hochebene und dem zentralchinesischen Lössplateau über eine Stufe von durchschnittlich 1000–2000 m Höhe zum Qinghai-Tibet-Plateau. Letzteres wird aufgrund seiner Durchschnittshöhe von 4000 m auch das »Dach der Welt« genannt.

Das fruchtbare Land im Bereich des Gelben Flusses

Die Geschichtsbücher berichten von 26 Laufänderungen und unzähligen Damm- und Deichbrüchen in den vergangenen 2000 Jahren. So zählen die Chinesen schon seit dem frühen Altertum die Regulierung des Huang He zu den vorrangigen Aufgaben ihrer politischen Führer.

Die Seidenstraße nimmt im Osten ihren Anfang in Xi'an, der heutigen Hauptstadt der chinesischen Provinz Shaanxi. Die Stadt liegt im Tal des Wei-Flusses, einem der wichtigsten Nebenflüsse des **Huang He**. Die Chinesen bezeichnen diese Gegend auch als »die Wiege der chinesischen Kultur«. Die große Lebensader dieser Region ist der Huang He oder Gelbe Fluss. Aus dem Hochland von Qinghai kommend, mündet er nach 5464 km nördlich der Shandong-Halbinsel ins Bo Hai. In seinem 750 000 km² großen Einzugsgebiet liegen 20 % der landwirtschaftlichen Anbaufläche Chinas. Er durchfließt das im Westen an die Nordchinesische Tiefebene anschließende Lössplateau, das durchschnittlich 1000–1600 m hoch liegt und überwiegend von Trockenfeldterrassen geprägt ist. Die fruchtbare, aber stark erosionsgefährdete Lössschicht kann hier eine Stärke von bis zu 200 m erreichen. Hauptfeldfrucht ist der Weizen, daneben gedeihen Mais, Hirse, Gerste, Erdnüsse, Süßkartoffeln und Baumwolle. Wildtiere sind in diesem landwirtschaftlich genutzten Gebiet relativ rar, doch findet man in den immergrünen Nadelwäldern (Fichten, Tannen, Kiefern)

Wasserkraftwerk am Gelben Fluss

der Region verschiedene Fasanenarten, etwa Blut- und Blauer Ohrfasan, sowie vereinzelt Hirsche, Füchse und Murmeltiere.

Auf seinem Weg durch das Lössplateau nimmt der Huang He eine gewaltige Menge an Sedimentfracht auf. Dieser gelbe Schlick, 35 kg je Kubikmeter Wasser, d. h. 1,64 Milliarden Tonnen pro Jahr, verleiht dem Fluss die typische Färbung, der er seinen Namen verdankt. 40 % des Schlicks lagern sich im Fluss selbst ab, wodurch dessen Bett jährlich um 10 cm ansteigt, der Rest gelangt ins Meer. Der Strom entpuppt sich für die Menschen als Fluch – verheerende Überschwemmungen haben im Verlauf von Jahrtausenden den Tod von Millionen Menschen gefordert – und als Segen zugleich, denn die nährstoffreichen Sedimentablagerungen des Flusses haben die Nordchinesische Tiefebene zur Kornkammer des Landes gemacht.

Löss ist ein Staubsediment, dessen Einzelkörner in der Größe zwischen dem gröberen Sand und dem feineren Ton liegen. Er ist wenig verfestigt, kann deshalb auch vom Wind aufgenommen und über weite Strecken transportiert werden. Die Chinesen bezeichnen ihn als Huangtu, ›Gelbe Erde‹.

Der Hexi-Korridor und das Qinghai-Tibet-Plateau

Vom Lössplateau aus setzt die Seidenstraße ihren Weg durch den sich von Südosten nach Nordwesten erstreckenden **Hexi-Korridor** fort. Die schmale Seite des Korridors wird im Osten und Westen von Gebirgen flankiert – der höchste Gipfel des Qilian Shan im Westen ragt immerhin stolze 5547 m empor. Die Hochlagen dieser Gebirgszüge sind bewaldet, die Hanglagen von Grasland bedeckt, auf denen bis in eine Höhe von 4000 m Weidewirtschaft betrieben wird. Die Ebene des Hexi-Korridors selbst ist trocken und wüstenhaft, doch speist Schmelzwasser aus den Bergen einige Oasen, in denen hauptsächlich Baumwolle, Tabak, Weizen, Hafer, Hirse und Mais angebaut werden.

Von Ost nach West bilden die Gebirgszüge Qilian, Altun und Kunlun Shan den nördlichen Rand des **Tibetischen Hochlands** (Qinghai-Tibet-Plateau). Dieses besteht aus Gebirgen und Hochebenen, auf denen sich zahlreiche brackige Seen gebildet haben. Man vermutet, dass das Gebiet einst, bevor die indische und die eurasische Platte vor 50 Millionen Jahren kollidierten, den Grund des Tethys-Meeres bildete. Der Qinghai-See (Koko Nor), vermutlich ein Überrest dieses urzeitlichen Meeres, weist eine außerordentliche Vogelvielfalt auf, darunter Schwarznackenkraniche und Wildgänse. Das Tibetische Hochland im Südwesten Gansus und in Qinghai liegt größtenteils oberhalb der Baumgrenze. Auf den Grassteppen ziehen Herden von Wildyaks, Tibetischen Wildeseln, Tibet-Gazellen und Argali-Wildschafen umher, gejagt von Wolf, Bär, Fuchs und Schakal. Im Nordwesten des Plateaus erstreckt sich in einer Höhe von 2600–3100 m die mehr als 200 000 km^2 große ›Senke‹ des **Qaidam-Beckens**. Dessen westlichen Teil bedecken Sanddünen, den südöstlichen Sümpfe, gespeist von Flüssen aus den Tanggula-Bergen. Im Norden Qinghais liegt in 3200–4500 m Höhe der mit 45 000 km^2 größte Naturschutzpark Chinas, der Altun-Shan-Park. Er umfasst Hochgebirgswüsten, Grasland, Kalksteinkarst und Seen. Hier lebt noch eine kleine Population von Wildkamelen; das Przewalski-Wildpferd indes ist mittlerweile ausgestorben.

Die Wüsten Gobi und Taklamakan

Nach Norden hin öffnet sich der Hexi-Korridor den Weiten der **Gobi**, eines lang gestreckten (1600 km), größtenteils auf dem Gebiet der Mongolischen Volksrepublik und der chinesischen Autonomen Region Innere Mongolei gelegenen Wüsten- und Halbwüstengebietes. Die Wüste ist überwiegend steinig und weist stellenweise Sanddünen auf. Mit ca. 1 Person/km^2 zählt sie zu den am dünnsten besiedelten Gebieten der Welt.

Südlich des Tian Shan erstreckt sich das **Tarim-Becken**, dessen zentralen Teil in 800–1500 m Höhe die berüchtigte, an Ölvorkommen reiche Wüste **Taklamakan** einnimmt. Ihr Name bedeutet auf Turktartarisch etwa »gehe hinein und du wirst nicht mehr herauskommen« – damit ist nahezu alles gesagt. Mit einer Fläche von 272 000 km^2 gehört sie zu den größten Sandwüsten der Welt. Zahlreiche Flüsse aus den umliegenden Gebirgen dringen bis zu 200 km in die Taklamakan vor. Der größte ist der Tarim He, der in den Salzsümpfen des Lop Nor versickert.

Gobi wie Taklamakan sind nahezu vegetationslos. Vereinzelt sorgen Steppengräser und verschiedene Saxaul-Sträucher mit ihren winzigen, die Wasserverdunstung minimierenden Blättern für etwas Abwechslung. Auch das Tierleben ist spärlich. Hier und da sieht man Gazellen, Hasen und Mäuse. An Vögeln begegnet man Triel und Trappe, der Wüstenlerche, dem Saxaulhäher, dem Wüstensperling sowie Bussarden, Steppen- und Steinadlern. In der Gobi kamen bis vor etwa 100 Jahren noch große Herden von Wildpferden, -eseln und -kamelen, Saiga-Antilopen und Kropfgazellen vor, außerdem Raubtiere wie die Streifenhyäne, Wolf, Schakal, Fuchs und Wüstenluchs. Die meisten von ihnen wurden inzwischen vom Menschen verdrängt, der den Tieren vor allem das Wasser streitig macht. In den Oasen hat man Ulmen und Pappeln als Wind- und Sonnenschutz gepflanzt. Hier gedeihen außerdem vielerlei Früchte, Gemüse, Hopfen, Baumwolle und verschiedene Getreidesorten. In der Flussniederung des Tarim wachsen ferner Weiden, Tamarisken, Kamel- und Sanddorn, hier gibt es vereinzelt Wildschweine.

Die Gebirge im Westen

Das Himmelsgebirge, **Tian Shan**, höchste Erhebung ist der Pik Pobedy (7439 m), erstreckt sich im Norden der Autonomen Region Xinjiang-Uighur über etwa 1000 km in ost-westlicher Richtung und nimmt etwa ein Viertel der Fläche der Provinz ein. Seine westlichen Ausläufer reichen bis nach Kasachstan, Kirgisistan und Tadschikistan. Ewiger Schnee bedeckt die Höhenlagen des Tian Shan, Grassteppe und Wald finden sich in Lagen zwischen 1000 m und 3000 m Höhe. Der Tianchi-(Himmelssee-)Nationalpark (380 km^2), nordöstlich von Urumqi umfasst tiefe Nadelwälder aus Tianshan-Fichten, Hochalmen, Flüsse, Seen und Gletscher. Verschiedene Hirscharten wie Altai-Wa-

Ziegenherde am Himmelssee im Tian Shan

piti und Altai-Maral leben hier, während die 2400 m hoch gelegenen Hochmoore des Bayanbulak-Schwanen-Reservats im Tian Shan Heimat verschiedener Wildschwanarten sind.

Östlich von Urumqi setzt sich der Tian Shan im **Bogda-Massiv** fort, dessen gleichnamiger höchster Gipfel 5445 m erreicht. Zwischen Tian Shan und Altai liegt das dreiecksförmige von Wüste und Steppe geprägte Becken der **Dsungarei** (Junggar Pendi). Am Fuß der Berge liegt hier ein Ring von Oasenstädten.

Im **Altai-Gebirge** findet man im Hanas-Naturschutzgebiet, an der Grenze zur Russischen Föderation und der Mongolei, eine für Südsibirien typische Fauna und Flora: Tiefe Wälder aus Koreanischen Kiefern, Sibirischen Lärchen, Ahorn, Ulmen, Espen, Pappeln und Birken, in denen Schneeleoparden, Luchse, Braunbären, Zobel, Wildziegen und Schwarzstörche vorkommen, prägen das Bild.

Das Hochland des **Pamir** erstreckt sich im Grenzgebiet von China, Tadschikistan, Afghanistan, Pakistan und Kirgisistan über 8400 km^2. Die Seidenstraße durchquert den östlichen Pamir im Gebiet des Sarykol-Massivs, dessen höchster Gipfel mit 7719 m der Konggur Shan ist. Die Gipfelregion des Pamir weist sanfte Hochtäler auf, über die sich die schneebedeckten Gipfel nicht mehr als 1000–1800 m erheben. Es finden sich nur wenige menschliche Siedlungen. Der östliche Pamir erinnert in seiner baumlosen Kargheit an die Landschaft des Tibet-Plateaus. Weite Hochmoore, durchsetzt mit Artemisia und Ephedra-Beständen, charakterisieren die Landschaft. In den Hochlagen kommen Wacholdersträucher, in den Flussniederungen Pappeln, Birken und Weiden vor. Das Tashkurgan-Naturschutzgebiet auf chinesischer Seite geht jenseits der pakistanischen Grenze in den Khunjerab-Nationalpark über. Hier, im Grenzgebiet von Pamir und Karakorum, leben noch Schneeleopard, Marco-Polo-Schaf, Himalaya-Ibex, Wildziege,

Schwarzbär, Braunbär, Wolf, Murmeltier, das Himalaya-Schneehuhn, Falke, Geier, Adler und verschiedene Fasanenarten.

Das **Karakorum-Gebirge**, dessen bizarre Felskathedralen sich im Süden an den Pamir anschließen, erstreckt sich über ca. 500 km von Ostafghanistan in südöstlicher Richtung bis nach Jammu und Kashmir und nimmt eine Fläche von mehr als 200 000 km^2 ein. Sein Name bedeutet Schwarzer Stein. Mit einer durchschnittlichen Gipfelhöhe, höchster Gipfel ist mit 8611 m der K2, von 6100 m gehört es zu den höchsten Gebirgen der Welt. Das Karakorum bildet die Wasserscheide zwischen Zentral- und Südasien. Der Yarkand-Darya und der Karakash-Fluss entspringen hier und fließen nach Norden ins Tarim-Becken, die südwestliche Flanke des Gebirges begrenzt der Indus, gespeist von Schmelzwassern aus den großen Gletschern des Karakorum. Die Schneegrenze liegt bei etwa 4600 m, Gletscher reichen bis zu 2600 m hinab. Die üppige Vegetation in den tiefen Tälern des Karakorum geht größtenteils auf menschlichen Einfluss zurück. Dank ausgeklügelter Bewässerungstechnik gedeihen hier Weizen, Mais, Aprikosen-, Pfirsich-,Apfel-, Maulbeer- und Walnussbäume. In den niederen Lagen wachsen Birken, Weiden, Pappeln, Oleander und Artemisia. In den Hochlagen finden sich vereinzelt Nadelwälder aus Indischen Zedern, Fichten, Kiefern und Wacholder. Im Sommer verwandeln sich die Hochalmen in ein Meer von Wildblumen aus Veilchen, Mohn, Akelei, Vergissmeinnicht und Geranium.

Der Name des **Indus** leitet sich vom Sanskrit-Wort *sindhu* (Strom) ab. Der Fluss findet erstmals in den Hymnen des »Rigveda« (um 1500 v. Chr.) Erwähnung und sollte für den gesamten indischen Subkontinent, sein Volk und dessen Religion namensgebend sein. Mit 2900 km Länge gehört er zu den längsten Flüssen der Welt. Er entspringt in 5500 m Höhe in Südost-Tibet und fließt etwa 1000 km in nordwestlicher Richtung, wobei er die Grenzen nach Indien und Pakistan passiert. Im Karakorum nimmt er die Wässer der Flüsse Shyok, Shigar und Gilgit auf. Südlich von Gilgit umwindet er in einer tiefen Schlucht das Massiv des Nanga Parbat und ändert seine Fließrichtung nach Südwesten. Der Strom passiert die Gebiete Swat und Hazara und wird nördlich von Taxila im Tarbela-Reservoir gestaut. Bei Attock nimmt er den Kabul-Fluss auf. Im Punjab (*punjab* bedeutet ›fünf Flüsse‹) wird er von Jhelum, Chenab, Ravi, Beas und Sutlej gespeist, deren Schlammfracht seine Fließgeschwindigkeit erheblich reduziert. Bei Sukkur tritt er in die Ebene des Sindh ein, beginnt bei Tatta ein Delta zu bilden und mündet südlich von Karachi ins Arabische Meer. Der Indus transportiert jährlich mehr als 200 Milliarden m^3 Wasser – doppelt so viel wie der Nil und dreimal so viel wie Euphrat und Tigris zusammen.

Klima

Während das Klima im Osten, Süden und Teilen Zentralchinas durch den Monsun geprägt wird, der heiße, regnerische Sommer und kalte, trockene Winter bringt, herrscht im Norden und Westen Chinas Kontinentalklima mit wenig Niederschlägen und großen jahreszeitlich bedingten Temperaturschwankungen.

Das Klima der Nordchinesischen Tiefebene ist gemäßigt. Die Winter in Beijing sind trocken und kalt, mit Durchschnittstemperaturen im Januar zwischen –10 °C und 0 °C. In dieser Zeit bestimmen vor allem kontinentale Luftmassen aus Sibirien das Wetter. Frühling und Herbst sind sehr kurz, besonders im Frühjahr ziehen oft Sandstürme aus der Gobi über Beijing hinweg. Die Sommer dagegen sind heiß und feucht. Die Temperaturen in der Hauptstadt liegen dann oft über 30 °C. Regnerisch sind vor allem die Monate Juli und August, wenn der Monsun, der sich stetig von Südosten nach Nordwesten vorarbeitet, Beijing erreicht.

Ähnlich ist das Klima in der Provinz Shaanxi und im Südosten der Provinz Gansu. Die Grenze vom Monsungebiet zur Kontinentalklimazone verläuft in etwa parallel mit dem Oberlauf des Gelben Flusses. Während es im Südwesten Gansus im Sommer regnet, ist der Nordwesten der Provinz in dieser Zeit sehr trocken. Die Sommertemperaturen liegen in Lanzhou bei durchschnittlich 20–22 °C, in Dunhuang bei über 30 °C, in den Hochlagen um Xiahe und Xining ist es am Tage mit Temperaturen um 20 °C meist angenehm warm, die Nächte können jedoch empfindlich kalt werden. Die Winter sind hier meist klar und kalt, mit Temperaturen zwischen –18 °C und +7 °C.

In der Wüste Gobi, im Grenzgebiet der Inneren Mongolei, Gansus und Xinjiangs reichen die Temperaturen von –40 °C im Januar bis zu +45 °C im Juli. Die jährliche Niederschlagsmenge liegt zwischen 69 mm im Westen und 200 mm im Nordosten.

Die Autonome Region Xinjiang-Uighur ist gänzlich vom Kontinentalklima bestimmt. Die Sommer sind trocken und können, vor allem

Die Wüste Gobi, im Hintergrund der Tian Shan

»Ganz plötzlich verfinstert sich der Himmel ... und im nächsten Augenblick bricht der Sturm mit grauenhafter Heftigkeit auf die Karawane los. Ungeheure Sandmassen, vermischt mit Kieseln, werden mit Gewalt in die Höhe gerissen, umhergewirbelt und auf Menschen und Tiere geschleudert. Die Dunkelheit nimmt zu, in das Brausen und Heulen des Sturms mischen sich seltsame klirrende Laute ... Alles ist wie dämonisch durchtobt ...
Albert von Le Coq, »Auf Hellas Spuren in Ostturkestan«

in der Wüste, extrem heiß werden. Die Winter sind ebenfalls trocken und bitterkalt.

Das Klima in der Wüste Taklamakan ist etwas gemäßigter. Temperaturen liegen zwischen –20 °C im Januar und +38 °C im Juli. Die jährliche Niederschlagsmenge ist extrem niedrig und liegt zwischen 10 und 38 mm. Wegen der spezifischen Windverhältnisse in der Taklamakan kommt es dort relativ häufig zu den so genannten ›schwarzen Wirbelstürmen‹ (*kara-buran*).

Der heißeste Punkt in ganz China ist die Turfan-Senke, wo im Sommer Tagestemperaturen von bis zu 50 °C gemessen werden, was sich aber wegen der extrem niedrigen Luftfeuchtigkeit relativ gut vertragen lässt.

Auf den hohen Pässen des Tian Shan, des Pamir und des Karakorum muss auch im Sommer mit plötzlichen Kälteeinbrüchen gerechnet werden. Diese Hochgebirgsregionen besitzen arides bis semiarides Klima. Nordpakistan wird allerdings von Juli bis September ebenfalls vom Monsun berührt. Dann können sporadisch Gewitterstürme und Regenschauern auftreten. Der 4730 m hohe Khunjerab-Pass zwischen China und Pakistan ist im Allgemeinen von Mai bis Oktober schneefrei. Aber auch im Hochsommer können plötzliche Wettereinbrüche Schnee bringen.

Die heutigen Völker an der Seidenstraße

»Die Worte der Chinesen sind immer süß gewesen, und die Stoffe der Chinesen waren immer weich. Indem sie durch ihre süßen Worte und weichen Stoffe täuschen, lassen die Chinesen, so sagt man, die entfernten Völker in dieser Weise näher kommen. Nachdem ein solches Volk sich aber in ihrer Nähe niedergelassen hat, planen sie ihr Unheil, heißt es. Sie lassen wirklich weise Männer und wirklich brave Männer keinen Fortschritt machen.«
Alttürkische Inschrift

Im Laufe der Geschichte hat sich das Bevölkerungsbild in Zentralasien entlang der Seidenstraße stetig gewandelt. Doch vor 2000 Jahren wie heute lebte eine verwirrende Vielfalt von Völkern mit ihren eigenen Sprachen, Kulturen und Lebensgewohnheiten in diesem Teil der Erde. Alte chinesische Texte nennen mehr als 100 verschiedene Stämme in der Region. Veränderte Lebensverhältnisse, Kriege und Naturkatastrophen zwangen Vieh züchtende Steppennomaden wie sesshafte Ackerbauern immer wieder zur Wanderschaft. Sie passten sich überlegenen Kulturen an, änderten ihre Sprache und zum Teil ihre Namen. Auch heute noch ist das Gebiet der Seidenstraße Heimat verschiedener Völker, auch wenn die Han, die ›echten Chinesen‹, im chinesischen Teil inzwischen einen nicht geringen Teil der Bevölkerung ausmachen.

Die Han

Die Han, die Bezeichnung bezieht sich auf die für China kulturprägende Han-Dynastie (206 v.–220 n. Chr.), bilden die große Mehrheit der chinesischen Bevölkerung (92 %). Bereits seit dem 2. Jh. v. Chr. gelang es den Han-Chinesen wiederholt, das Tarim-Becken bis zum Pamir vorübergehend unter ihre Kontrolle zu bringen. Endgültig ans chinesische Reich angeschlossen wurde Ostturkestan aber erst 1884. Heute machen die Han-Chinesen in den Provinzen Gansu und Qinghai die Mehrheit, im Gebiet der Autonomen Region Xinjiang-Uighur mehr als 40 % der Bevölkerung aus. Die Han sprechen Chinesisch, welches der sino-tibetischen Sprachfamilie zugehört und unzählige Dialekte besitzt. Eines aber haben diese immer gemein: die chinesische Schrift.

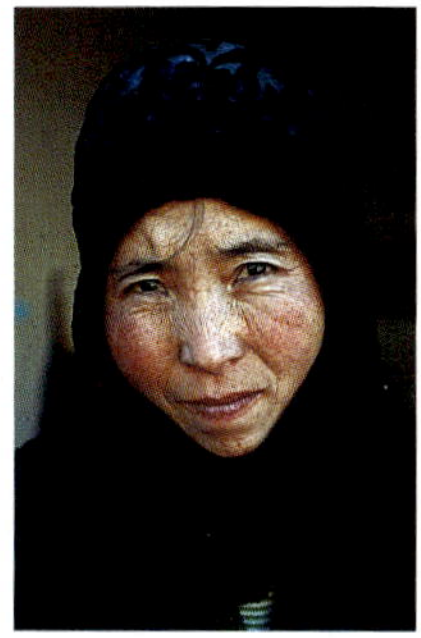

Hui-Frau

Die Hui

Hui sind chinesische Muslime, die sich heute ethnisch kaum von den Han-Chinesen unterscheiden. Sie sollen von persischen und zentralasiatischen Kaufleuten, Handwerkern und Soldaten abstammen, die zwischen dem 7. und 13. Jh. über die Seidenstraße nach China einwanderten. Die Hui sprechen Chinesisch, einige sind (zwecks religiöser Studien) des Arabischen mächtig. Die 8,6 Millionen Hui leben über ganz China verteilt, die Mehrheit aber im Westen des Landes. Mit Ningxia hat ihnen der chinesische Staat eine Autonome Region zuerkannt. Daneben findet man zahlreiche Hui-Ansiedlungen entlang der Seidenstraße in den Provinzen Gansu, Qinghai und in Xinjiang.

Im 8. Jh. drangen tibetische Truppen erstmals ins Tarim-Becken ein und brachten weite Teile der heutigen Autonomen Region Xinjiang unter ihre Kontrolle. Aus dieser Zeit hat man in den Oasen Dunhuang und Turfan zahlreiche tibetische Texte sowie vom tantrischen Buddhismus inspirierte Wandmalereien gefunden.

Die Tibeter

Von den insgesamt 4,6 Millionen Tibetern in der Volksrepublik China lebt etwa die Hälfte in der Autonomen Region Tibet, der Rest in den chinesischen Provinzen Sichuan, Gansu und Qinghai. Teile dieser Provinzen gehörten vor Gründung der Volksrepublik 1949 ursprünglich zum tibetischen Hoheitsgebiet. Die in lokalen Dialekten variierende tibetische Sprache hat seit dem 7. Jh. eine eigene Schrift. Etwa ein Viertel der Tibeter lebt als nomadische Viehzüchter, der Rest betreibt Ackerbau. Der Vajrayana-Buddhismus (Lamaismus), eine spezifisch tibetische Ausprägung des Mahayana-Buddhismus, spielt im Alltag der meisten Tibeter eine zentrale Rolle.

Die Uighuren

Uighure

Das Turkvolk der Uighuren findet erstmals in chinesischen Quellen des 3. Jh. Erwähnung. Zwei Reichsgründungen, in der nördlichen Mongolei (8. Jh.) und in der Turfan-Oase (9. Jh.), sind belegt. Heute leben etwa 7,7 Millionen Uighuren in der Autonomen Region Xinjiang-Uighur der Volksrepublik China und bilden dort etwa die Hälfte der Gesamtbevölkerung. Etwa 300 000 leben in Kasachstan, Usbekistan und Kirgisistan. Die uighurische Sprache ist eng mit dem Türkischen verwandt. Auf der alten uighurischen Schrift, heute wird die arabische verwendet, fußen vermutlich die mongolischen Schriftzeichen. Die Uighuren, sunnitische Muslime, sind seit jeher sesshafte Ackerbauern; bemerkenswert ist ihre ausgefeilte Technik der Feldbewässerung (*karez*-System; s. S. 235), die in ihrer extremen Umwelt lebensnotwendig ist.

Die Usbeken

Der Ursprung der Usbeken, ihr Name geht auf den Mongolenkhan Usbek (1313–41) zurück, ist bis heute ungeklärt. Wahrscheinlich stammen sie von persischen Bauern aus dem Gebiet zwischen dem Kaspischen Meer und dem Pamir ab, die sich seit dem 11. Jh. mit türkischen und mongolischen Invasoren vermischten. Ihre Sprache gehört der türkisch-altaischen Sprachfamilie an. In Xinjiang leben heute etwa 15 000 Usbeken, ebenfalls sunnitische Muslime, hauptsächlich in der Gegend um Kashgar. Sie sind sesshafte Ackerbauern. In ihrer Kleidung bevorzugen usbekische Männer dunkle Farben. Sie tragen lange Steppmäntel, die von einer bunten Schärpe zusammengehalten werden. Fast jeder Mann trägt eine schwarze, viereckige Kappe, die mit weißer Stickerei verziert ist. Usbekische Frauen bevorzugen knielange Kleider über schmalen Hosen in bunten Farben. Ein oder zwei geflochtene Zöpfe signalisieren, dass eine Frau verheiratet ist. Junge Mädchen tragen mehrere Zöpfe.

Die Kasachen

Kasache bedeutet frei übersetzt ›Freier Krieger‹ oder ›Steppenwanderer‹ – eine Volksbezeichnung, die darauf zurückgeht, dass ihr Stamm, der ursprünglich dem usbekischen Khan unterstand, im 15. Jh. abtrünnig wurde.

Die Kasachen gehören zu den Turkvölkern. Ethnisch und sprachlich sind sie eng mit den Kirgisen und Usbeken verwandt. Ihre Sprache gehört der nordwestlichen Gruppe der Turksprachen an, Kipchak genannt. Lange wurden arabische Schriftzeichen verwendet, dann kyrillische und inzwischen auch lateinische. Die Kasachen unterscheiden drei große Familien oder *zhuz*: die Große, die Zentrale und die Kleine Horde. Sie sind sunnitische Muslime und fühlen sich besonders dem Sufismus verbunden, da es vor allem wandernde Sufis waren, die die Religion im 16. Jh. in Kasachstan populär machten. In China leben etwa 1,1 Millionen Kasachen, der Großteil im Gebiet des oberen Ili-Tals, westlich von Urumqi. Im Winter sind die meisten sesshaft, ziehen aber im Sommer mit ihren Herden über die Steppe und wohnen dann in mobilen, kuppelartigen Filzzelten. Die traditionelle Tracht der Kasachinnnen besteht aus einem langen Kleid mit Stehkragen, über dem eine Samtweste und viel schwerer Schmuck getragen wird. Den Kopf schmückt eine mit Kranichfedern dekorierte Pelzkappe. Die Männer tragen traditionsgemäß lange Ledermäntel und hohe Stiefel.

Kirgise

Die Kirgisen

Die Bezeichnung Kirgise leitet sich von *kyrk kys* ab, ›40 Mädchen‹, und bezieht sich auf die legendären 40 Stammesmütter dieses Volkes. Das kirgisische Stammland lag wahrscheinlich am Oberlauf des Yenisey in Sibirien. Kirgisisch gehört wie das Kasachische der nordwestlichen (Kipchak-) Gruppe der Turksprachen an. In Xinjiang leben 140 000 Kirgisen, relativ konzentriert in der Gegend um Aksu an der Grenze zu Kirgisistan. Die meisten leben nomadisch und betreiben Viehzucht. Sie hängen dem sunnitischen Islam an. Auch die Trachten

»Das Haus, in dem sie schlafen, errichten sie auf einem kreisrunden Sockel aus geflochtenen Stäben; der Dachstuhl des Hauses besteht aus Stäben, die am Gipfel zu einer kreisrunden Öffnung zusammenlaufen, von wo aus ein kaminähnliches Rohr aufsteigt; sie bedecken es mit weißem Filz, den sie recht häufig mit Kalk oder weißer Erde und mit Knochenpulver einschmieren, damit das Weiß frischer leuchtet. Manchmal verwenden sie auch schwarzen Filz.«
Wilhelm von Rubruk, »Reise ins Mongolenreich«

Kasachisches Paar in seiner Jurte

von Kirgisen und Kasachen gleichen sich. Die Männer tragen meist eine bestickte Kappe und im Winter hohe, mit Samt gefütterte Filzmützen mit hochgeschlagener Krempe sowie Schaffellmäntel.

Die Tadschiken

Die Tadschiken sind ein indoeuropäischer Volksstamm, der auf die Arya zurückgehen soll. Sie sind die älteste der zentralasiatischen

Volksgruppen und siedeln als sesshafte Ackerbauern seit Jahrtausenden im Gebiet zwischen dem Kaspischen Meer und der heutigen Westgrenze Chinas. Ihre Sprache gehört zur indoeuropäischen Sprachfamilie und ist mit dem Persischen verwandt. Durch den Einstrom türkischer Völker in ihren Siedlungsraum wurde die Kultur der Tadschiken zwar türkisch geprägt, sie blieben aber ihrer persischen Sprache treu. Die meisten Tadschiken sind heute sunnitische Muslime, im Pamir-Gebirge bekennen sich einige auch zur Schia oder dem Ismailitentum. Mehr als die Hälfte der insgesamt 33 500 Tadschiken in Xinjiang leben im Kreis Tashkurgan, südlich von Kashgar. Die tadschikische Männertracht ist ein langer, von einer Schärpe – in ihr wird meist ein Dolch getragen – gehaltener Steppmantel (*tapan*). Als Kopfbedeckungen sind im Sommer schwarze, weiß bestickte Kappen namens *tupi*, im Winter weiße Schaffellkappen üblich. Tadschikische Frauen tragen traditionsgemäß gestreifte Hosen (*izor*) und darüber meist bunt gemusterte, lange Kleider (*kurta*). Den Kopf schmückt ein dazu passendes Kopftuch (*rumol*) oder der Tupi.

Mongolischer Abstammung sind außerdem die zahlenmäßig kleinen Minderheiten der Dongxiang und der Bao'an in der Provinz Gansu, die sich allerdings zum Islam bekennen.

Die Dauren in Xinjiang zählt man ebenfalls zu den mongolischen Stämmen, einige Wissenschaftler halten sie aber für Nachfahren der Khitan. Die meisten Dauren hängen ihrer eigenen schamanistischen Naturreligion an. Einige sind Buddhisten.

Die Mongolen

Die nomadischen Mongolen werden in chinesischen Quellen seit dem 9. Jh. erwähnt. Ihr ursprüngliches Siedlungsgebiet liegt im Osten der heutigen Mongolei. Unter Führung Timurjins, dem späteren Dschingghis Khan, formten sie im 13. Jh. ein Großreich, das sich von China bis Osteuropa erstreckte. Nach dem Tode Dschingghis' wurde das Reich unter dessen Nachfahren aufgeteilt (s. S. 41). Während sich die Mongolen der westlichen Reiche mit türkischen und persischen Stämmen vermischten und dem Islam zuwandten, nahmen die östlichen Mongolen den Buddhismus in seiner tibetischen Form an. In der Autonomen Region Xinjiang-Uighur gibt es heute die beiden Autonomen Bezirke Bayangolin und Bortala sowie den Autonomen Kreis Hoboksar an der Grenze zu Kasachstan für die dortige mongolische Minderheit. Insgesamt leben dort rund 140 000 Mongolen. Die meisten sind dsungarischer Abstammung, einige stammen von den Torgut ab, die Ende des 18. Jh. aus ihrem Siedlungsgebiet an der Wolga nach Xinjiang zurückkehrten. Sie sprechen und schreiben Mongolisch und hängen dem lamaistischen Buddhismus an. Die meisten sind Viehzüchter.

Die Xibe

Die 33 000 Menschen umfassende Minderheit der Xibe siedelt vornehmlich im Autonomen Kreis Qapqal der Xibe im Ili-Tal in Nordwest-Xinjiang. Die Xibe sprechen Xibe-Mandschurisch, welches zu den mandschu-tungusischen Sprachen, einer Unterfamilie des Altaischen gehört. Etwa 1000 Xibe-Soldaten wurden 1764 mit ihren Familien von der Qing-Regierung hier sesshaft gemacht. Die Xibe waren ursprünglich nomadische Jäger und Fischer, leben heute aber vorwiegend von Ackerbau. Viehzucht spielt nur eine geringe Rolle. Sie hängen dem tibetischen Buddhismus an, pflegen aber auch ihre alten schamanistischen Traditionen und verehren diverse Naturgötter..

8 % der chinesischen Bevölkerung, also rund 90 Millionen Menschen, sind keine Han, sondern gehören einer der 55 ethnischen Minoritäten auf chinesischem Territorium an, die sich in Sprache, Religion und Brauchtum wesentlich von den Han unterscheiden. China besitzt fünf Autonome Regionen, welche verschiedenen ethnischen Minderheiten zuerkannt wurden. Dazu gehören entlang der Seidenstraße die Innere Mongolei, Ningxia, Tibet und Xinjiang. Doch auch in diesen Gebieten sind aufgrund chinesischer Siedlungspolitik die Han-Chinesen in der Überzahl.

Die Tataren

Der Stammesname der Tataren erscheint erstmals in Quellen des 5. Jh. Ihre ursprüngliche Heimat liegt in der nordöstlichen Mongolei und im Gebiet um den Baikal-See. Die Tataren sprachen zunächst eine türkische, mit dem Kipchak der Kirgisen und Kasachen verwandte Sprache. Im 13. Jh. schlossen sich die meisten der nomadisch lebenden kasachischen Stämme den Truppen Dschingghis Khans an. Später identifizierte man sie mit der so genannten ›Goldenen Horde‹ im westlichen Teil des mongolischen Weltreichs. Im 14. Jh. konvertierten die meisten Tataren zum sunnitischen Islam. Nach dem Zusammenbruch des Mongolenreiches bildeten sich verschiedene unabhängige tatarische Khanate entlang der Wolga, auf der Krim und in Westsibirien heraus. Die meisten Tataren leben heute im westlichen Zentralrussland. Etwa 5000 der insgesamt etwa fünf Millionen Tataren siedeln in der Autonomen Region Xinjiang-Uighur und zwar hauptsächlich in den Städten Yining, Tacheng und Urumqi. Hier haben sie entweder die uighurische oder die kasachische Sprache übernommen.

Die Geschichte der Seidenstraße

China und Zentralasien vor der Zeitenwende

Seit Menschengedenken haben sich chinesische Bauern immer wieder den Angriffen und Plünderungen nomadischer Reitervölker aus der nordwestlichen Steppe erwehren müssen. Die ersten Maßnahmen gegen dieses Problem ergriff man in China bereits im 7. Jh. v. Chr., als verschiedene Kleinstaaten auf chinesischem Boden damit begannen, an ihren nördlichen Landesgrenzen Schutzwälle zu errichten. In China war dies die Zeit der **Östlichen Zhou-Dynastie** (771–221 v. Chr.) – eine Epoche politischer Instabilität, zugleich aber blühender Geisteskultur. Die Macht des Zhou-Herscherhauses, das China seit dem 11. Jh. v. Chr. regierte, war seit dem 8. Jh. v. Chr. verblasst und die Lehnsfürsten hatten zunehmend an Einfluss gewonnen. Angriffe von Nomadenstämmen und unzufriedener Vasallen aus dem Westen hatten 771 v. Chr. den Zhou-König gezwungen, seine Hauptstadt aus dem Tal des Wei-Flusses, in der Gegend des heutigen Xi'an, weiter östlich nach Luoyang zu verlegen. Die chinesische Bevölkerung lebte zu dieser Zeit überwiegend in Abhängigkeit von der Adelsklasse. Die Bauern waren zu Fronarbeit und Ernteabgaben verpflichtet. Auch die Handwerker standen ausschließlich im Dienst der Fürstenhöfe.

»Das Wechselspiel zwischen den Hirtennomaden Zentralasiens und den agrarischen Hochkulturen am Rande Asiens ist es, das den Rhythmus der Geschichte Asiens ausmacht.«
Wolfram Eberhard, »China und seine westlichen Nachbarn«

Konfuzius; japanischer Holzschnitt

Zentrum der konfuzianischen Lehre sind der Mensch und sein Platz in der Gesellschaft. Nach Meinung des Konfuzius ist jeder Mensch in ein Netz von Beziehungen eingebunden, aus dem sich bestimmte Pflichten ergeben und die bestimmte Verhaltensregeln erfordern. Essenziell sind die fünf Beziehungen zwischen Vater und Sohn, Gatte und Gattin, älterem Bruder und jüngerem Bruder, Herr und Diener und zwischen zwei Freunden. Diese gilt es, besonders zu pflegen. Als praktischen Imperativ formulierte Konfuzius im »Lunyu« (15,23): »Was du selbst nicht wünschest, tu nicht an andern.«

Da in dieser Zeit die wichtigsten chinesischen philosophischen Richtungen erstmals formuliert wurden, nennt man sie auch die **Zeit der 100 Schulen**. So entwickelte Konfuzius (Kongzi, 551–479 v. Chr.), ein ehemaliger Staatsbeamter und Lehrer aus dem Staat Lu in der heutigen Provinz Shandong, in dieser Zeit seine konservative, hierarchisch geprägte Morallehre, die bis in die heutige Zeit das Leben und Denken der Chinesen nachhaltig beeinflusst.

Laozi hingegen propagierte das einfache, zurückgezogene Leben im Einklang mit dem *dao,* der Natur und dem Kosmos. Aus der Ureinheit des Dao gehen die beiden gegensätzlichen Kräfte *yin* und *yang* hervor. Yin steht für das Dunkle, Weiche, Passive, Weibliche, das Wasser und den Mond, Yang für das Helle, Harte, Aktive, Männliche, den Stein und die Sonne. Keine der beiden Kräfte wird höher geschätzt als die andere, nur ihre vollkommene Ausgeglichenheit bewirkt Harmonie. Das Walten dieser Kräfte durchzieht das gesamte All, ist sowohl im Kleinen als auch im Großen spürbar. Oberste Maxime der Daoisten ist das *wu wei*, das ›Nichteingreifen‹ in den Lauf der Welt. Im Gegensatz zu den Konfuzianern war ihr Ideal das des einfachen Menschen, der sich die Natur des Kindes bewahrt hat und nicht durch Bildung und Wissen verdorben ist. Von Laozi erzählt man sich, dass er sich auf einem Ochsen reitend in den fernen Westen aufgemacht haben soll. Bevor er sich in der endlosen Weite der Gobi verlor, soll er einem Grenzbeamten seinen »Klassiker vom Weg und der Tugend« (»Daode Jing«) diktiert haben.

Über die Wüsten und Gebirge westlich des chinesischen Lössplateaus wussten die Chinesen damals noch nicht viel. Mit Sicherheit aber bezogen sie zu dieser Zeit schon die in China so hoch geschätzte und begehrte Jade aus den Kunlun-Bergen. In deren wolkenverhangenen Gipfeln wähnten die Chinesen auch die Residenz der legendären Königinmutter des Westens (Xiwangmu), Herrscherin über das Westliche Paradies. Von ihr erzählte man sich, sie wohne in einem Jadepalast und züchte dort die Pfirsiche des Langen Lebens.

Uns ist heute wenig über die politische Lage in Zentralasien zu jener Zeit bekannt. In Persien herrschten seit Mitte des 6. Jh. v. Chr. die **Achämeniden**, deren Großreich sich unter Dareios I. (reg. 521–486 v. Chr.) vom Ägäischen Meer bis an den Indus erstreckte. Das Achämeniden-Reich war in 20 Provinzen, Satrapien, aufgeteilt, die von Großgrundbesitzern – Mitgliedern des lokalen Adels – verwaltet wurden. Letztere waren dem persischen Großkönig tributpflichtig. Eine dieser Satrapien war das Reich Gandhara, dessen Hauptstadt Taxila im heutigen Nordpakistan Dareios I. zur Provinzhauptstadt ernannte. Durch den Bau umfangreicher Bewässerungsanlagen konnten die Achämeniden die landwirtschaftlichen Erträge in ihren Provinzen erheblich steigern. Blühende Städte entstanden. Aller Wahrscheinlichkeit nach besaßen sie – wenn auch indirekt – Handelsbeziehungen zu China, denn im Wortschatz der Achämeniden gab es bereits ein Wort für Seide.

Alexander der Große besiegte 326 v. Chr. König Poros am Hydapses und nimmt ihn gefangen; Gemälde von Charles Brun (1619–90), 1673

Dem achämenidischen Großreich setzte der Siegeszug eines jungen Mazedoniers ein Ende: **Alexander der Große** unterwarf Kleinasien, Syrien, Ägypten, den Iran, Baktrien und die Sogdiane, vermählte sich mit der sogdischen Fürstentochter Roxane und trat 327 v. Chr. seinen großen Feldzug nach Indien an. Ein Jahr später erreichte er den Indus und marschierte mit seinen Truppen in Taxila ein, dessen Fürst sich ihm kampflos ergab. Wenig später stand sein Heer am Fluss Hydapses im Punjab den Kampfelefanten des indischen Königs Poros gegenüber. Zwar war Alexander auch hier siegreich, doch seine meuternden Mannen waren des Kampfes müde und zwangen ihn nun zur Umkehr. 323 v. Chr. erlag der Feldherr im Alter von 33 Jahren in Babylon einem Fieber.

Während seines Asienfeldzugs hatte Alexander zahlreiche Städte gegründet und seine Untertanen veranlasst, sich dort niederzulassen. Nach seinem Tod machte sich zwar ein Großteil der griechischen Siedler auf den Rückweg nach Mazedonien, doch blieb der hellenistische Einfluss auf die lokale Kultur in manchen Gebieten Ostirans und Baktriens über mehrere Jahrhunderte bestehen. So finden sich Stilelemente griechischer Architektur und Skulptur, Inschriften in griechischer Schrift, griechisch beschriftete Münzen und Motive griechischer Götter in der Kunst Ostirans, Baktriens, Nordpakistans und vereinzelt auch in einigen Oasen des Tarim-Beckens.

Es heißt, Alexander habe seinem Lehrer Aristoteles (384–322 v. Chr.) von seinem Asienfeldzug eine Seidenraupe geschickt. Jedenfalls findet sich eine recht exakte Beschreibung einer solchen Raupe in dessen »Naturgeschichte«. Der Feldherr Nearchos, so der griechische Geograph Strabo (um 63 v.–26 n. Chr.), soll beim Alexanderfeldzug Seidengewänder erbeutet haben.

In Indien begründete 321 v. Chr. Chandragupta die **Maurya-Dynastie**. Sein Enkel Ashoka (273–232 v. Chr.) einigte nahezu den gesamten Subkontinent erstmals zu einem Großreich. Nach der fürchterlichen Schlacht gegen das Reich Kalinga (heute Orissa) an der indischen Ostküste, die 100 000 Menschen das Leben gekostet und weitere 150 000 heimatlos gemacht hatte, wandte sich Ashoka dem Buddhismus zu und erklärte ihn zur Staatsreligion. Überall in seinem Reich ließ er in Stein gemeißelte Edikte aufstellen, die seine Untertanen zu Gewaltlosigkeit und Toleranz aufriefen. Bald nach Ashokas Tod zerfiel sein Reich.

Wenige Jahre später trat auch in China ein Reichseiniger mit ähnlichen – wenn auch weniger hehren – Visionen auf den Plan. König Zheng von Qin ließ sich 221 v. Chr. zum Qin Shihuangdi (›Erster Kaiser von Qin‹) ausrufen, nachdem es ihm gelungen war, seine sechs Nachbarstaaten zu unterwerfen. Mit der **Qin-Dynastie** war das Zeitalter des chinesischen Einheitsstaates angebrochen.

Qin Shihuangdi lag daran, das Land nicht nur politisch, sondern auch wirtschaftlich und verwaltungstechnisch zu einer Einheit zu machen. Er reformierte das Verwaltungssystem, indem er statt Lehnsherrn Beamte einsetzte, führte eine einheitliche Schrift ein und ließ Zahlungsmittel sowie Maße und Gewichte standardisieren. Begleitet wurden diese Maßnahmen von groß angelegten Bauprojekten. Außer seiner eigenen gewaltigen Grabanlage mit der berühmten Terrakottaarmee ließ der Kaiser in und um seine Hauptstadt Xianyang, nahe dem heutigen Xi'an, ausgedehnte Palastanlagen erbauen. Des Weiteren ließ er ein 6500 km umfassendes Straßennetz sowie Kanäle zur Bewässerung und als Transportweg anlegen. Sein kühnstes und bekanntestes Projekt aber war die Errichtung der Großen Mauer. Dazu wurden die bereits existierenden Schutzmauern der alten Fürstentümer zu einem einzigen 5000 km langen Wall verbunden, der die Nordgrenzen des Reiches gegen die ewig wiederkehrenden Angriffe der ›Steppenbarbaren‹ schützen sollte.

Das Volk aber litt unter der Herrschaft des Ersten Kaisers, der mit äußerst harter Hand regierte. Andersdenkende wurden verfolgt und hingerichtet, 213 v. Chr. fand außerdem eine umfangreiche Bücherverbrennung statt. Bald nach dem Tod Qin Shihuangdis 210 v. Chr. und einer kurzen Regentschaft seines Sohnes flammten überall im Reich Bauernaufstände auf. Liu Bang (gest. 195 v. Chr.), ein kleiner Beamter bäuerlicher Herkunft, ging schließlich siegreich aus dem Konflikt hervor.

206 v. Chr. bestieg Liu Bang als Kaiser Gaozu, ›Großer Ahnherr‹, den Thron. Er gründete eine neue Dynastie und nannte sie nach einem Fluss in Mittelchina Han. Als Hauptstadt wählte er Chang'an im Tal des Wei-Flusses. Im Übrigen übernahm er weitgehend das Verwaltungssystem der Qin. In der **Westlichen Han-Zeit** (206 v.–9 n. Chr.) wurde der Beamtenapparat weiter ausgebaut. Anstelle des alten Adels bildete sich eine neue Oberschicht, die so genannte Gentry, heraus, die sich aus den Familien reicher Staatsbeamter und Kaufleute zusammensetzte; die Mehrheit der Bauern fiel in den Status der Leibeigenschaft – eine Gesellschaftsstruktur, die sich in China bis Anfang des 20. Jh. halten sollte. Die Han-Kaiser erhoben die fast schon in Vergessenheit geratene Lehre des Konfuzius, deren oberste Maxime die Loyalität war, zur Staatsideologie und verstanden es, diese für die Stärkung ihrer kaiserlichen Macht zu nutzen. In Chang'an wurde unter Kaiser Liu Che, der als Han Wudi (141–87 v. Chr.) in die Geschichte einging, eine Akademie zur Beamtenausbildung eingerichtet. Grundlage der Ausbildung bildeten die konfuzianischen Klassiker, die jeder Student auswendig zu lernen hatte. Hierbei handelte es sich um

das »Buch der Wandlungen, ein Orakelbuch, das »Buch der Lieder«, das »Buch der Urkunden«, die»Frühlings- und Herbstannalen« und das »Buch der Riten«. Weitere wichtige Lehren des Konfuzius finden sich in den Vier Klassischen Büchern: »Lunyu«, »Daxue«, »Zhongyong« und die Aufzeichnungen des Philosophen Mengzi. Bis zum Ende des chinesischen Kaiserreiches 1911 sollte dies und das staatliche Prüfungssystem für Beamte in China beibehalten werden.

Während Han Wudis Regierungszeit hatte die Bevölkerung an den Nordwestgrenzen des Reiches wiederholt mit Angriffen und Plünderungen der Xiongnu zu kämpfen. Der Stammesfürst Mao Dun (209–174 v. Chr.) hatte 204 v. Chr. das **Reich der Xiongnu**, das bis 43 v. Chr. bestand, gegründet. Es erstreckte sich im Norden vom Baikal- zum Balchash-See und im Süden bis ins Tarim-Becken. Anfänglich versuchten die Han die ›barbarischen‹ Fürsten mit Geschenken zu befrieden. Vor allem Seide und Getreide zahlte man den Nomaden als Tribut, und auch die eine oder andere chinesische Prinzessin musste als Gemahlin eines Stammeshäuptlings ein Leben in Zelten erdulden. Doch Han Wudi machte den Tributzahlungen an die ›Barbaren‹ vorerst ein Ende.

Die Xiongnu hatten aus den regelmäßigen Gaben der Han-Regierung bald ein Geschäft gemacht. Sie verkauften große Mengen Seide an indische und persische Händler weiter. So fanden die feinen Gewebe bereits um 150 v. Chr. ihren Weg über die Seidenstraße auf die Märkte des Römischen Reiches, wo man sie sehr schätzte und sich fantastische Geschichten über ihre Herkunft erzählte.

Die Xiongnu werden schon von den chinesischen Geschichtsschreibern der Han-Zeit (206 v.–220 n.Chr.) erwähnt. In der westlichen Literatur werden sie mitunter auch als Hunnen bezeichnet, obwohl sie mit dem Stamm, der im 4. Jh. unter Attila bis nach Europa vordrang, nicht identisch sind. Die Xiongnu sprachen eine altaische Sprache, waren nomadische Viehzüchter und zogen mit ihren Herden in der nördlichen Mongolei und Gansu umher. Ihre Stammesfürsten nannten sich Shanyu und leiteten ihre Macht von Sonne und Mond ab. Sie galten als die klassischen Erzfeinde der Chinesen.

Zhang Qian, Pionier der Seidenstraße, und nachfolgende Expeditionen der Han

139 v. Chr. entsandte Kaiser Han Wudi eine militärische Expedition unter der Leitung Zhang Qians nach Zentralasien, um Kontakt mit den Yuezhi aufzunehmen. Zhang sollte den Yuezhi eine Allianz gegen die Xiongnu vorschlagen. Diese hatten unter der Herrschaft Laoshangs (reg. 174–160 v. Chr.), dem Sohn des Fürsten Mao Dun, Druck auf die Yuezhi ausgeübt und sie allmählich nach Westen verdrängt.

Auf dem Weg zu den Yuezhi wurde Zhang Qian von den Xiongnu aufgehalten. Erst nach zehn Jahren Gefangenschaft gelang ihm die Flucht, sodass er seine Mission fortsetzen konnte. Zhang reiste westwärts ins Ili-Tal, wo er allerdings feststellen musste, dass die Yuezhi bereits weitergezogen waren. So wanderte er über den Pamir nach Ferghana und von dort weiter nach Baktrien, wo er die Yuezhi fand. Diese waren längst sesshaft geworden und zu Wohlstand gelangt. An einer kriegerischen Allianz mit den Han gegen die Xiongnu hatten sie kein Interesse mehr. Nach einem Jahr bei den Yuezhi, in dem Zhang Informationen über das Land, die Menschen und deren Kultur gesammelt hatte, zog er am Südrand der Taklamakan entlang zurück gen Heimat. Erneut wurde er von einem tibetischen Verbündeten der

Das indogermanische Volk der Yuezhi lebte ursprünglich im Gebiet der heutigen Provinz Gansu, von wo es im 2. Jh. v. Chr. von den Xiongnu vertrieben wurde. Daraufhin ließen sich die Yuezhi am Amu Darya (Oxus) in Baktrien nieder, wo einer ihrer Stammesführer die Dynastie der Kushana begründete. Das Kushan-Reich erstreckte sich im 1./2. Jh. vom Aral-See bis an den Ganges. Die Yuezhi nahmen in ihrer neuen Heimat die baktrische, in griechischer

Xiongnu gefangen genommen, konnte aber nach einem Jahr fliehen. 126 v. Chr. kehrte er nach einer 13-jährigen Odyssee an den Hof in Chang'an zurück. Nur ein einziger seiner ehemals 100 Begleiter war noch an seiner Seite. Der Kaiser verlieh Zhang Qian zahlreiche Auszeichnungen und den Titel Großer Reisender. 115 v. Chr. wurde Zhang Qian erneut gen Westen geschickt, diesmal um Kontakt mit den Wusun, einem Pferde züchtenden Nomadenstamm an der Westgrenze des Xiongnu-Reiches, aufzunehmen und sie als Verbündete zu gewinnen. Zhang bereiste ein zweites Mal die zentralasiatischen Oasen, das Ferghana-Tal und die Sogdiane. Er starb kurz nach seiner Rückkehr 113 v. Chr. in Chang'an.

Bereits seit 127 führten die Han mehrere Großoffensiven gegen die Xiongnu durch. Dem jugendlichen General Huo Qubing gelang es 121 v. Chr., diese aus dem Gansu-Korridor zu vertreiben. Die dritte Offensive 119 v. Chr. brachte dann den endgültigen Sieg. China hatte nicht nur seine Nord- und Westgrenzen erfolgreich sichern, sondern auch seinen Machtbereich bis weit nach Zentralasien ausdehnen können. 117 v. Chr. wurden chinesische Militärkommandanturen in Zhangye und Dunhuang, 115 v. Chr. in Jiuquan und Wuwei eingerichtet. Man schätzt, dass in der Regierungszeit Han Wudis an die zwei Millionen Han-Chinesen in die neu erworbenen Westgebiete umgesiedelt wurden.

Zhang Qians Erkenntnisse sollten nach seinem Tod zwei weitere Feldzüge auslösen. Kaiser Han Wudi war fasziniert von den Berichten über die hochgewachsenen Pferde im Reich Ferghana, die angeblich fliegen konnten und Blut schwitzten. Militärisch waren diese starken, schnellen Tiere, die sich so frappierend von den kleinen mongolischen Ponys unterschieden, die man bis dahin in China kannte, von besonderem Interesse. Eine starke Kavallerie war von enormer strategischer Bedeutung, um die Grenzen des immer größer werdenden Han-Imperiums zu sichern. 104 und 101 v. Chr. unternahmen die Chinesen zwei

Pferdedarstellung aus der so genannten Unterirdischen Galerie bei Jiayuguan

Feldzüge nach Ferghana, um in Besitz der legendären ›himmlischen Rösser‹ zu gelangen.

Die zweite Expedition 101 v. Chr. war schließlich zum Preis von etwa 30 000 Menschenleben von Erfolg gekrönt. Mit der Belagerung Ferghanas vermochten die Chinesen, die Herausgabe einiger Dutzend der edlen Tiere zu erzwingen. Sie wurden nach China gebracht, um eine Zucht zu beginnen. Außerdem musste sich Ferghana zu einer jährlichen Abgabe einer gewissen Anzahl der Tiere an das chinesische Reich verpflichten.

Im Jahr 102 v. Chr. verlängerten die Han die Große Mauer bis zum Yumen Guan, westlich von Dunhuang. Chinesische Truppen zogen von hier aus bis an den Pamir und den Rand der Dsungarei. 56 v. Chr. gründeten die Han das Generalprotektorat der Westgebiete (Xiyu Duhu). Das gesamte Tarim-Becken stand nun erstmals unter chinesischer Herrschaft.

Schrift geschriebene Sprache an, ebenso die lokale Religion, den Zoroastrismus. Später, unter Kanishka I., wandten sie sich zunehmend dem Buddhismus zu. Im 3. Jh. vereinnahmten die sassanidischen Perser das Kushan-Reich. Einige Wissenschaftler identifizieren die Yuezhi mit den Tocharern, die bis zur Turkisierung Ostturkestans in den Oasenstädten Kucha und Karashar im westlichen Tarim-Becken siedelten.

Die ersten Jahrhunderte nach der Zeitenwende

Das Aufblühen des Handels

In den 400 Jahren der Han-Dynastie erlebte das chinesische Reich technologisch wie kulturell eine Blüte. In vieler Beziehung kann man die Han-Dynastie als kulturprägend bezeichnen, und nicht umsonst nennt sich heute ein Großteil der chinesischen Bevölkerung nach dieser Dynastie *hanren* (Han-Menschen).

Die Landwirtschaft machte in dieser Zeit mit gezielter Bewässerung und Düngung wesentliche Fortschritte. Auch in der Wissenschaft kam man zu neuen Erkenntnissen. So wurde 104 n. Chr. erstmals der chinesische Mondkalender eingesetzt, für 105 n. Chr. ist die Erfindung des Papiers schriftlich nachgewiesen, und auch den ersten Seismographen nahmen die Chinesen in dieser Zeit in Betrieb. Das stetig wachsende Beamtentum verlangte ferner zunehmend nach Handbüchern und Nachschlagewerken. So wurden zahlreiche Enzyklopädien und Geschichtswerke herausgegeben – allen voran die »Historischen Aufzeichnungen« (»Shi Ji«) des Sima Qian (14–86 v. Chr.), der auch den wenig erforschten Westgebieten ein Kapitel widmete.

Nachdem den Chinesen während des **Interregnums des Wang Mang** (9–23) die Kontrolle über Zentralasien vorübergehend entglitten war, gelang es General Ban Chao (31–102) nach der Restauration der **Han-Dynastie** weite Teile des Tarim-Beckens für China zurückzugewinnen. Im Jahr 73 eroberte er das Reich Shanshan und richtete eine Garnison in Hami ein, außerdem konnte die seit 16 n. Chr. geschlossene Straße über den Pamir wieder eröffnet werden. 94 stand Zentralasien wieder weitgehend unter chinesischer Kontrolle, und mehr als 50 zentralasiatische Reiche zollten dem chinesischen Kaiser Tribut. Die wiedergewonnene politische Stabilität begünstigte den Handel. Die erste Blütezeit der Seidenstraße war angebrochen.

»Im Norden einer Stadt, die an der Ostgrenze des Reiches gelegen ist, befand sich einst vor einem Göttertempel ein Drachensee. Die Drachen verwandelten ihre Gestalt und paarten sich mit Stuten. Diese warfen drachenartige Füllen. Sie waren bösartig, aufbrausend und schwer zu zähmen. Aber die Sprößlinge dieser Drachenfüllen wurden sanft und fügsam. Aus diesem Grund bringt das Reich eine große Zahl exzellenter Pferde hervor.«

»Xiyu Ji«

»Es gab Kuriositäten in großer Zahl zu sehen, leuchtende Perlen, Kaurimuscheln, Rhinozeroshörner und Federn von Eisvögeln, die im Palast der Herrscherin aufbewahrt wurden. ›Pushao-Pferde‹, Pferde mit Drachenstreifen, ›Fischaugen-Pferde‹ und ›Blutschweiß-Pferde‹ bevölkerten die Gelbe Pforte. Herden von großen Elefanten, Löwen und wilden Tieren wie Strauße wurden im Freien in Parks gehalten. Wunderbare Dinge wurden von den vier Enden der Welt herbeigeschafft.«
»Qian Han Shu«, 82 n. Chr

Niemals zuvor waren ausländische Kaufleute in China so zahlreich wie im 1. und 2. Jh. n. Chr. Die Märkte des alten Chang'an und der späteren Hauptstadt Luoyang (25–220 n. Chr.) sahen ein nie gekanntes, exotisches Warenangebot. In dieser Zeit hörten die Chinesen auch erstmals von einem zivilisierten Reich im fernen Westen, welches sie Da Qin nannten. Damit waren die Ostgebiete des Römischen Reiches gemeint. Offensichtlich sahen die Chinesen die Römer wohl als eine Art Alter Ego an und wählten deshalb den Namen »Große Qin« nach ihrer eigenen Qin-Dynastie, unter der China erstmals geeint wurde.

Im Jahr 97 entsandte General Ban Chao Leutnat Gan Ying nach Westen, um Da Qin (Rom) zu erkunden und eventuell diplomatische Beziehungen aufzunehmen. Gans Reise endete allerdings am Persischen Golf. Als er sich dort gen Westen einschiffen wollte, wurde ihm seine Mission von den Parthern mit Hinweis auf die Gefährlichkeit und die Unwägbarkeiten der Reise ausgeredet. In der Tat war die Überfahrt weit weniger gefährlich, als man dem chinesischen Gesandten weismachen wollte. Die **Parther** (247 v.–227 n. Chr.), deren Reich damals von der Türkei bis Gandhara reichte, spielten eine wichtige Mittlerrolle im Seidenhandel und waren aus wirtschaftlichen Gründen an einem direkten Kontakt von Chinesen und Römern nicht interessiert. Sie kassierten 25 % Handelszölle auf alle Waren, die durch ihr Territorium transportiert wurden, und verdienten damit ein Vermögen.

Das angeblich erste Mal, dass Römer chinesische Seide zu Gesicht bekamen, soll 53 v. Chr. in Carrhae in der heutigen Osttürkei gewesen sein, als die römischen Truppen unter Führung Marcus Licinius Crassus' eine üble Niederlage gegen die Parther erlebten. Es heißt, als die römischen Legionäre die großen, in der Sonne gleißenden Banner erblickten, die ihre Feinde entfalteten, hätten sie vor Schrecken die Flucht ergriffen.

Wahrscheinlich aber erreichten die ersten Seidengewebe Rom bereits um 100 Jahre zuvor. Die Römer nannten die glänzenden Gewebe, die »leicht wie eine Wolke« waren und »durchsichtig wie Eis«, *serica*. Über deren Herkunft kursierten fantastische Spekulationen: Der griechische Geograph Strabo (63 v. Chr.–26 n.Chr.) vermutete in seiner »Erdbeschreibung«, dass die »serischen Zeuge (...) von der Rinde gewisser Bäume abgekratzt« würden. Achilles Tatianus, ein altchristlicher Theologe des 2. Jh., wiederum glaubte, dass die Seide »ein weißer Flaum sei, der von Vögel zurückgelassen werde«.

Seide wurde im **Römischen Reich** nicht nur bei den Damen ein Riesenerfolg. Kaiser Caligula (reg. 37–41), der sich nur allzu gern in den kostbaren Stoff kleidete, wurde von seinen Untertanen mit dem Spitznamen Sericatus bedacht. Aber nicht alle in Rom liebten das Material. Manche sahen in den kostspieligen Seidenimporten einen Grund für die finanziellen Schwierigkeiten der römischen Städte. Für sie war der Stoff der Inbegriff der Dekadenz. Laut Tacitus verbot der römische Senat 16 n. Chr. den Männern das Tragen seidener Gewänder. Dem Handel sollte das dennoch nur wenig Abbruch tun: Seide war und blieb im Römischen Reich ein Verkaufsschlager.

Kein Wunder, dass man im Westen alles daran setzte, das chinesische Monopol auf Seide zu brechen. Den Chinesen gelang es immerhin, über einige Jahrhunderte ihr Geheimnis zu bewahren. Eine chinesische Prinzessin soll es schließlich aus weiblicher Eitelkeit im 5. Jh. verraten haben. Die Dame war aus politischen Gründen mit einem König von Khotan verheiratet worden. Für sie, die den dekadenten Lebensstil des chinesischen Kaiserhofes gewohnt war, war der Weg zu ihrem Gemahl ein Gang in die Barbarei. Um wenigstens in der westlichen Einöde nicht auf ihre feinen, glänzenden Seidenroben verzichten zu müssen, nahm sie heimlich einige Seidenraupen mit – angeblich soll sie die Tiere in ihrer zu einem hohen Dutt aufgetürmten Frisur geschmuggelt haben. In Khotan begann daraufhin eine florierende Seidenproduktion. 552 n. Chr. – so die Überlieferung – sollen dann zwei byzantinische Mönche Seidenraupen aus Zentralasien in Hohlräumen ihrer Wanderstöcke ins Oströmische Reich geschmuggelt haben. Sie waren im Auftrag Kaiser Justinians unterwegs, der dann in Byzanz die erste Seidenraupenzucht und Seidenmanufaktur der westlichen Welt begründen konnte, die bald den gesamten Mittelmeerraum mit kostbaren Seidengeweben belieferte.

Auch heute noch wird in Khotan Seide gewonnen.

Der Weg des Buddhismus von Indien nach China: Von der Han-Zeit bis zur erneuten Reichseinigung unter den Sui

Angeblich sollen die Chinesen erstmals 65 n. Chr. vom Buddhismus gehört haben. Es heißt, Han-Kaiser Mingdi hätte den Buddha im Traum gesehen und daraufhin eine Gesandtschaft nach Indien ausgeschickt, um Informationen über diese Religion einzuholen. Nach deren Rückkehr soll in der damaligen chinesischen Hauptstadt Luoyang der Tempel des Weißen Pferdes gegründet worden sein – benannt nach dem Schimmel, der die ersten heiligen buddhistischen Schriften auf seinem Rücken nach China trug. Doch sollte es noch rund drei Jahrhunderte dauern, bis die buddhistische Lehre in China endgültig Fuß fasste. Erst im Jahr 355 erlaubte ein kaiserliches Edikt Chinesen, buddhistischer Mönch zu werden.

Häufig wird die Zeit nach dem Zusammenbruch der Han-Dynastie in China mit dem europäischen Mittelalter verglichen. In der Tat finden sich einige Parallelen: In beiden Fällen brach ein Großimperium zusammen, in Europa das Römische, in China das Han-Reich. Fremdvölker übernahmen in weiten Teilen des Landes die Herrschaft, und eine ausländische Religion – in Europa das Christentum, in China der Buddhismus – breitete sich aus und beeinflusste in entscheidendem Maß Politik und kulturelles Leben der Zeit.

Als China das erste Mal mit dem Buddhismus in Kontakt kam, war die Lehre bereits über 500 Jahre alt. In Indien war der Buddhismus schon im 3. Jh. v. Chr. von Kaiser Ashoka zur Staatsreligion erklärt worden. Die Stadt Taxila im heutigen Nordpakistan, an der südlichen Seidenstraßenroute nach Indien, hatte sich zu einem buddhistischen Zentrum mit zahlreichen buddhistischen Heiligtümern und Klöstern entwickelt. Kurz nach der Zeitenwende wurde hier erstmals das menschliche Bildnis des Buddha geprägt und trat seinen Siegeszug über die Seidenstraße nach Ostasien an.

Die Oase Kashgar im westlichen Tarim-Becken wurde wahrscheinlich schon im 2. Jh. buddhistisch, Kucha, Khotan, Yarkand und Miran folgten etwa 100 Jahre später, was Ruinen von buddhistischen Stupas, Klosteranlagen und die Höhlentempel an diesen Orten belegen. Das erste buddhistische Grottenheiligtum in Dunhuang wurde 366 in den Fels geschlagen. Wenig später entstanden ähnliche Anlagen im chinesischen Kernland.

Die Chinesen betrachteten den Buddhismus aus ihrer sinozentristischen Weltsicht heraus als eine ausländische Variation des Daoismus; erzählte man sich doch die Legende, Laozi hätte China einst auf seinem Ochsen in Richtung Westen verlassen und dort seine Heilslehre verkündet. Dieses Missverständnis wurde dadurch bekräftigt, dass es den Übersetzern buddhistischer Texte anfänglich an adäquatem Vokabular zur Übertragung der abstrakten buddhistischen Begriffe ins Chinesische fehlte und sie sich deshalb mit daoistischen Termini behalfen.

Bei zahlreichen buddhistischen Mönchen dieser Zeit entstand deshalb der Wunsch, den wahren Sinn der buddhistischen Schriften zu ergründen. So brach 399 der Mönch Faxian (337–422) zu einer Pilgerreise über Dunhuang, Loulan und Khotan, über Pamir und Karakorum zu den heiligen Stätten des Buddhismus in Indien auf, von der er erst nach 15 Jahren auf dem Seeweg zurückkehren sollte. Er hinterließ einen informativen Reisebericht mit vielfältigen Informationen über die zentralasiatischen Königreiche, die er auf seinem Weg passierte. Die Oasen des Tarim-Beckens beschreibt er als wohlhabende Städte mit einer ausgeprägten buddhistischen Kultur. Seinem Beispiel folgten später viele weitere fromme Männer. Eine rege Übersetzungstätigkeit von buddhistischen Texten aus dem Sanskrit und Pali ins Chinesische setzte ein.

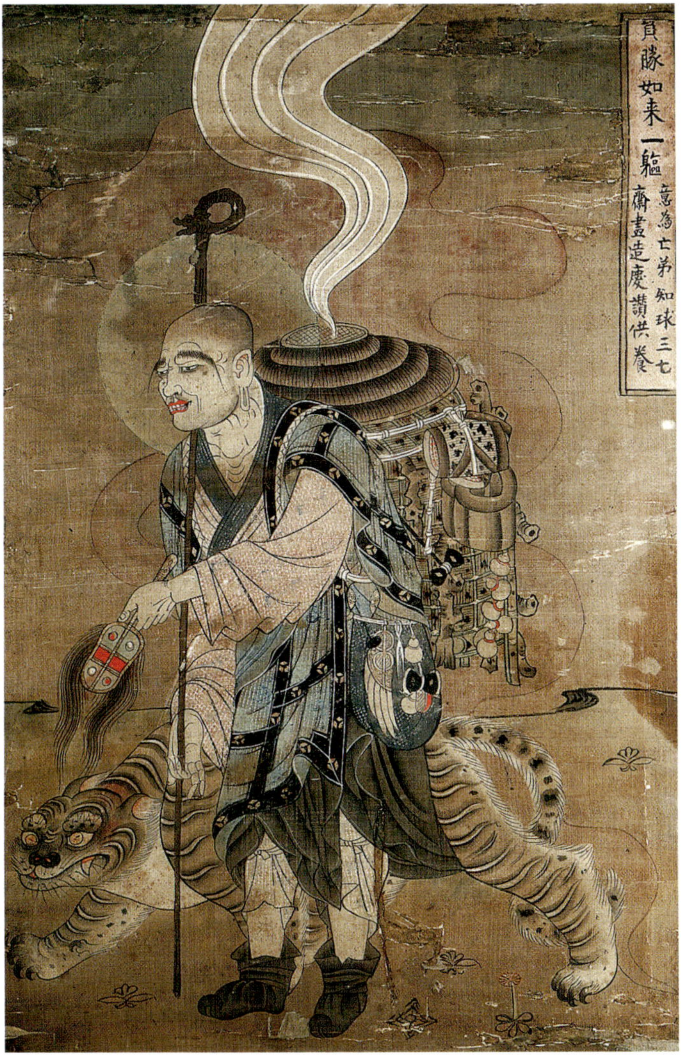

Wandernder Mönch; chinesische Malerei aus Dunhuang

In China sprach der Buddhismus zunächst hauptsächlich Angehörige der unteren sozialen Schichten an oder wurde von ausländischen Händlern und vereinzelten Mönchen praktiziert. Mit dem Zusammenbruch der Han-Dynastie sollte sich die Situation jedoch grundlegend ändern; gerade die gebildete Oberschicht interessierte sich nun für den Buddhismus. Mit der Entstehung zahlreicher Klöster und Kultanlagen avancierte auch die buddhistische Monumentalplastik zu einer eigenständigen Kunstform in China.

Unter dem Konkurrenzdruck des Buddhismus formierte auch der Daoismus eine kirchliche Organisation. Es entstanden daoistische Klöster mit ähnlichen mönchischen Hierarchien wie im Buddhismus. Die intensive Beschäftigung mit der Natur und verschiedenen lebensverlängernden Praktiken nahm Einfluss auf die Entwicklung der Naturwissenschaft, insbesondere auf die traditionelle chinesische Medizin.

Die Toba oder Tabgac werden den Xianbi (auch Xianbei) zugerechnet. Ihre Sprache wies sowohl mongolische als auch türkische Elemente auf.

Etwa gleichzeitig mit den Toba traten auch die Rouran, deren Namen auf Chinesisch nicht eben schmeichelhaft ›kriechendes Gewürm‹ bedeutet, auf den Plan. Einige Wissenschaftler glauben, dass sie mit den osteuropäischen Awaren identisch sind. Ihr Reich erstreckte sich von Nordkorea bis ins nördliche Tarim-Becken, Vielfach kam es zwischen ihnen und den Toba zu kriegerischen Auseinandersetzungen. Mitte des 6. Jh. zerstörten die Türken ihr Imperium.

Die 360 Jahre zwischen dem Zusammenbruch des Han-Imperiums und der nächsten Reichseinigung waren in China Jahre der politischen Zersplitterung. Nord- und Südteil des Landes entwickelten sich relativ unabhängig voneinander. Die chinesische Geschichtsschreibung unterteilt die Epoche in die **Zeit der Drei Reiche** (220–280), die **Jin-Dynastie** (265–317) und die **Zeit der Nördlichen und Südlichen Dynastien** (317–589).

Im Norden Chinas kam es im 4. Jh. zu insgesamt 16 Reichsgründungen durch verschiedene zentralasiatische Stämme. Die chinesischen Historiographen nennen dies die **Zeit der 16 Reiche der Fünf Barbaren**, denn es waren hauptsächlich Abkömmlinge von fünf Volksgruppen aus Zentralasien und dem tibetischen Raum – Xiongnu, Xianbi, Jie, Qiang und Qi –, die um die Macht rivalisierten. 439 konnte sich schließlich der mongolisch-türkische Stamm der Toba durchsetzen. Ihr Anführer Toba Dao, ein Verehrer des chinesischen Staatswesens, nannte seine **Dynastie Wei**. Seinen Staat strukurierte er nach chinesischem Vorbild um, setzte chinesische Beamte in der Verwaltung ein und verbot den Gebrauch der Toba-Sprache. Toba-Familien mussten chinesische Namen annehmen und wurden angewiesen, ihre Kinder mit Han-Chinesen zu verheiraten. Der Buddhismus wurde erstmals auf chinesischem Boden zur Staatsreligion erklärt und der Bau buddhistischer Kultstätten gefördert. Ende des 5. Jh. verlegten die Toba ihre Hauptstadt von Datong ins südlichere Luoyang, welches zu einer Großstadt mit mehr als einer halben Million Einwohnern heranwuchs. Doch während der toba-chinesische Adel dort ein luxuriöses Leben genoss, litten die chinesischen Garnisonen an den Nordwestgrenzen des Reiches Hunger. Demoralisiert und geschwächt durch wiederholte Angriffe von nomadischen Turkvölkern, verließen die Soldaten massenhaft ihre Posten. Ein Bürgerkrieg entbrannte, in dessen Verlauf der Wei-Staat in ein westliches und ein östliches Reich zerbrach. General Yang Jian ging schließlich siegreich aus den Kämpfen hervor und konnte 589 seine eigene Dynastie ausrufen: die Sui. Wenig später gelang es ihm, auch Südchina dem neuen Staat einzuverleiben – China war wieder geeint.

Chinas Goldenes Zeitalter

In der **Sui-Dynastie** erreichte das geeinte China wieder politische und wirtschaftliche Stabilität. Großprojekte wurden in Angriff genommen: Kaiser Yangdi (reg. 604–617) ließ die Große Mauer instand setzen, das Straßennetz erweitern sowie Chang'an, Luoyang und Yangzhou zu großen Residenzstädten ausbauen. Besondere Bedeutung, nicht zuletzt für die Erschließung des südlichen Landesteils, aber kommt dem Kaiserkanal zu, jener künstlichen Wasserstraße, die die großen Lebensadern Chinas, den Gelben Fluss und den Yangzi, miteinander verbindet. Kaiser Yangdi verzeichnete anfänglich auch außenpolitische Erfolge. Es gelang ihm, seine Herrschaft über das Tarim-Becken im Westen und südlich bis nach Vietnam hinein auszudehnen. Doch ab 612 wendete sich das Blatt. Seine Korea-Feldzüge scheiterten, das Volk war von Fronarbeit und Kriegen ausgelaugt, der Adel aufgrund häufiger Sondersteuern zur Finanzierung der ehrgeizigen Vorhaben des Herrschers unzufrieden.

616 kam es schließlich zum Aufstand, der 618 zur Ausrufung der **Tang-Dynastie** führte, gegründet vom siegreichen General Li Yuan (Gaozu; reg. 618–626). Ihm war indes nur eine kurze Regierungszeit vergönnt. Schon nach wenigen Jahren verlor er den Thron an seinen Sohn Li Shimin, der unter dem Namen Taizong (reg. 626–649) als eine der strahlendsten Herrscherpersönlichkeiten Chinas in die Geschichte einging. Unter seiner Politik erblühte China zur mächtigsten Kulturnation Asiens, ja der damaligen Welt. Das Tang-Imperium expandierte bis weit nach Zentralasien und Südsibirien hinein. 640 wurden die Oasen Hami und Turfan wieder unter chinesische Kontrolle gebracht. 648 zog General Wang Xuance wahrscheinlich im Verbund mit tibetischen und nepalesischen Truppen bis Patna in Nordindien und regelte im Reich Magadha die Thronfolge zu Chinas Gunsten. 658 wurden die Oasen Kucha und Karashar von den Chinesen eingenommen, und wenig später fiel auch Transoxanien, jenseits des Pamir, bis zum Aral-See unter chinesische Kontrolle. Die Tang richteten Präfekturen in Samarkand (Kang), Buchara (An), Tashkent (Shi), Maimargh (Mi), Kushanika (He), Kaputana (Cao) und Kish (Shi) ein. Chinesische Truppen drangen außerdem bis Vietnam und auf die koreanische Halbinsel vor. Diese neu erworbenen Gebiete wurden in sechs Generalgouvernements (*dudufu* oder *duhufu*) aufgeteilt, davon Bishbalik bei Urumqi und Anxi in West-Gansu.

Kaiser Taizong

Die Sogdier waren ein sesshaftes ostiranisches Volk, das am unteren Amu Darya (Oxus) siedelte. Die Sogdier verfügten nie über einen geeinigten Staat, sondern über eine Vielzahl kleiner Fürstentümer. Die meisten Sogdier waren zoroastrischen Glaubens, wandten sich später aber auch dem Buddhismus, dem Manichäismus und dem nestorianischen Christentum zu. Sogdische Kaufleute spielten eine bedeutende Rolle im Seidenstraßenhandel. Sogdische Dokumente fanden sich in China, der Mongolei, Indien und Persien.

Viele Anrainer des ›Reichs der Mitte‹ übernahmen in dieser Zeit chinesische Kultur und Lebensart, teils auch die chinesische Schrift. Das Tang-Reich wuchs zum bevölkerungsreichsten Staat der Erde und seine Hauptstadt Chang'an zur Millionenstadt heran. So verwundert es nicht, dass 643 eine byzantinische Gesandtschaft in Chang'an eintraf und um Aufnahme diplomatischer Beziehungen ersuchte. 661 bat der Sassaniden-König Piruz gar um die Hilfe chinesischer Truppen im Kampf gegen die Omaijaden. 13 Jahre später gewährte der chinesische Kaiser dem geschlagenen Herrscher an seinem Hof Asyl auf Lebenszeit und ernannte ihn zum Offizier der Palastgarde ehrenhalber.

Die erste Hälfte des 8. Jh. erlebte dann die Blütezeit der Tang-Kultur. Der kunstsinnige Kaiser Xuanzong (Li Longji; reg. 712–756) scharte Künstler und Intellektuelle um sich. Doch gegen Ende seiner Regierungszeit entglitt ihm allmählich die Kontrolle über sein Reich. An Lushan, ein Militärgouverneur sogdischer Abstammung, marschierte 755 mit 150 000 Mann gegen die Hauptstadt. Nachdem es diesem gelungen war, Luoyang und Chang'an einzunehmen, dankte der Monarch zugunsten seines Sohnes (Suzong; reg. 756–762) ab. Im Jahr 757 vermochte dieser mit dem Beistand sogdischer, uighurischer und tibetischer Truppen An Lushan zu vertreiben und die Herrschaft des Tang-Kaiserhauses zu restaurieren.

Tänzerin in einem Seidengewand, gefunden in Astana

Die unruhigen Zeiten waren damit jedoch keinesfalls beendet. 751 unterlagen die Tang-Truppen den arabischen Truppen in der Schlacht am Talas-Fluss, im heutigen Kasachstan. 762 überfielen die Uighuren, ein Jahr später die Tibeter das chinesische Reich und belagerten für kurze Zeit die Reichshauptstadt. Die **Tibeter**, die sich zeitweilig mit den Arabern verbündet hatten, brachten für etwa 100 Jahre weite Teile des südlichen Tarim-Beckens und den Hexi-Korridor und damit die Südliche Seidenstraßenroute unter ihre Kontrolle. Im Jahr 840 drangen die Uighuren in die Oasen der nördlichen Seidenstraße vor und gründeten in Turfan das **Königreich Kocho**, das sich bis Kucha und Karashar ausdehnte. Eine andere Gruppe der Uighuren etablierte sich im Ganzhou, dem heutigen Zhangye.

Die Chinesen verloren damit nicht nur ihren Einfluss im Tarim-Becken, die Tang-Regierung hatte von nun ab Mühe, ihre Macht in China selbst aufrechtzuerhalten. Dürren und Überschwemmungen suchten das Land heim. Aufstände flammten auf, mehrere Militärmachthaber stritten um die Vorherrschaft. Im Jahr 907 gründete Chu Wen schließlich die auf Nordchina beschränkte **Dynastie der Liang**. Für China brach wieder eine Zeit der Reichsteilung an.

Kulturell gelten die nahezu 300 Jahre der Reichseinheit unter der Herrschaft der Tang als **Chinas Goldenes Zeitalter** – die kosmopolitischste aller chinesischen Epochen. Die enorme Reichsexpansion und der rege Handel über die Seidenstraße brachten viele exotische Waren nach China, und in Chang'an, der damals größten Stadt der Welt, lebten zahlreiche ausländische Händler und Gesandte. Durch die Ausländer kamen neue Religionen ins Land, unter anderem der Manichäismus, der Zoroastrismus, das nestorianische Christentum und der Islam.

Bei Hofe vertrieb man sich die Zeit gern mit dem persischen Polospiel oder lauschte exotisch anmutenden Klängen aus Zentral- und Westasien. In den Häusern der Wohlhabenden wurde es Mode, nach westlichem Vorbild auf Stühlen zu sitzen. Man liebte persische Silberschmiedearbeiten und ahmte deren Ranken- und Jagdmotive in Keramiken nach. Erstmals gelang es zu dieser Zeit, Porzellan mit rein weißem Scherben und durchscheinender Glasur herzustellen. Die Damen kleideten, schminkten und frisierten sich bevorzugt nach der persischen Mode, und das Schönheitsideal wandelte sich hin zu üppigen, ›barocken‹ Körperformen. Früchte, wie Weintrauben, Feigen, Granatäpfel, Mandeln und Walnüsse wurden über die Seidenstraße nach China eingeführt. Auch in der Lyrik ließen sich chinesische Dichter in dieser Zeit zuweilen gern von ›westlichen‹ Themen inspirieren.

Mit dem Verlust der chinesischen Kontrolle über die Westgebiete Mitte des 8. Jh. ebbte allerdings die Begeisterung für alles Fremdländische und der Handelsstrom exotischer Waren über die Seidenstraße nach China ab. Hatte der chinesische Hof bis ins 8. Jh. hinein die Errichtung buddhistischer Kultanlagen unterstützt, erlebte der Buddhismus Mitte des 9. Jh. – und mit ihm auch alle anderen ausländischen

Religionen, die bis dahin in China frei ausgeübt werden konnten – einen Einbruch. Ein kaiserlicher Erlass (842–845) verbot sämtliche Fremdreligionen und verfügte die Schließung von Tausenden buddhistischer Klöster. Landbesitz und Reichtum der Klöster – die keine Steuern zahlen mussten – waren dem Staat ein Dorn im Auge. Binnen drei Jahren wurden etwa 500 000 Mönche und Nonnen in den Laienstand versetzt und so zu Steuerzahlern, 4600 Klöster konfisziert und mehr als 40 000 Tempel zerstört. Ein Schlag, von dem sich der Buddhismus in China nie vollends hat erholen können.

Die sinisierten Nomadenreiche, die Song-Dynastie und das Vordringen des Islam

Nach dem Zusammenbruch des Tang-Imperiums bildeten sich im Süden Chinas aus den ehemaligen Tang-Militärbezirken eigenständige Königreiche. Im Norden ergriffen verschiedene Kriegsherren – überwiegend türkischer Abstammung – die Macht und riefen in relativ schneller Folge die **Dynastien der Späteren Liang** (907–923), **Tang** (923–937), **Jin** (937–946), **Han** (947–950) und **Zhou** (951–960) aus. Im Jahr 960 gelang es dem General Zhao Kuangyin der Zhou-Dynastie dann, die Mehrzahl der südlichen Königreiche seinem Staat einzuverleiben. Er erhob sich zum Kaiser, nannte seine **Dynastie Song** und wählte Kaifeng als Hauptstadt.

Von dem Volksnamen der Khitan leiten sich der persische Name Khitai und die alte europäische Bezeichnung Cathay für China ab.

Zwei Mächte bildeten eine konstante Bedrohung für das Song-Reich: die Khitan und die Tanguten. Die Khitan, entfernte Nachkommen der Xianbi, hatten im Gebiet Nordostchinas, der Mandschurei und der Inneren Mongolei die **Liao-Dynastie** (946–1125) ausgerufen und Beijing zu einer ihrer Hauptstädte gemacht. Sie unterhielten

Zhang Yichao führt seine Truppen ins Feld; Wandmalerei aus der Zeit der Fünf Dynastien. Zhang Yichao gelang es nochmals Gebiete westlich des Huang He zu sichern.

Die Mongolen unter Dschingghis Khan erstürmen in der Provinz Tangut eine Festung; indische Miniatur, um 1590

Zwar war der erste Yuan-Kaiser der chinesischen Sprache und Schrift kaum mächtig, doch wusste er die hohe Kultur der Chinesen zu schätzen. Er beherzigte den Satz eines seiner chinesischen Berater – »Man erobert die Welt zu Pferd, aber man kann sie nicht vom Pferderücken aus regieren!« – und strukturierte die Verwaltung seines Staates nach chinesischem Vorbild.

Er ließ die Reichsstraßen ausbauen, den Kaiserkanal regulieren und erweitern und investierte in eine umfangreiche Handels- und Kriegsmarine. Zur Zeit des so genannten Pax Mongolica, des ›Mongolischen Friedens‹, stand der gesamte Verlauf der Seidenstraße von Beijing bis zum Mittelmeer unter mongolischer Herrschaft. Die Mongolen erweiterten das chinesische System der Post- und Relaisstationen an der Seidenstraße weiter nach Westen. So erfuhren der transasiatische Handel und Reiseverkehr eine neue Blüte.

Zwar bekannten die Mongolen sich zum tibetischen Buddhismus, sie begünstigten aber auch die Verbreitung anderer Religionen. So entstanden in dieser Zeit in Nordchina und Yunnan große muslimische Gemeinden. Auch jüdische Kaufleute reisten damals über die Seidenstraße nach China, was hebräische Graffiti im Indus-Tal, Funde hebräischer Urkunden in Dandan-uilik und die Gründung einer Synagoge im chinesischen Kaifeng belegen.

Ferner wanderten christliche Missionare, wie die Franziskanermönche Giovanni de Piano Carpini (1246) und Wilhelm von Rubruk (1256), Mitte des 13. Jh. über die Seidenstraße an den Hof des Mongolenkhans in Karakorum und hinterließen interessante Reiseberichte. Einige Jahre zuvor hatte der daoistische Mönch Changchun auf seiner Reise nach Kabul (1220–22) in Samarkand chinesische Handwerker angetroffen und davon gehört, dass sich chinesische Weber im oberen Yenisey-Tal angesiedelt hätten.

Berühmt wurde der italienische Kaufmann Marco Polo (1254–1324), der seine Reise nach China und seinen Aufenthalt im Land in einem ausführlichen Bericht der Nachwelt überliefert hat. Er will 1275 China erreicht und 17 Jahre in den Diensten Kubilai Khans gestanden haben. 1295 kehrte er auf dem Seeweg nach Venedig zurück. Viele Wissenschaftler bezweifeln jedoch heute, dass er jemals tatsächlich das Land besucht hat. Seltsam ist nämlich, dass Marco Polo die chinesische Schrift, die Große Mauer, das Fußbinden chinesischer Frauen, den Tee, den Buchdruck und den Kompass in seinem Bericht mit keinem Wort erwähnt. Auch in chinesischen Quellen sucht man seinen Namen vergeblich, obwohl er in dieser Zeit einen hohen Verwaltungsposten in der Stadt Yangzhou bekleidet haben will.

Im Gegensatz zu Marco Polo hinterließ der in Tanger (Marokko) geborene Weltreisende Ibn Batutta (1304–77) einen äußerst präzisen Bericht über China, in dem er das Papiergeld, die Porzellanherstellung, hydraulische Maschinen, die Verwendung von Kohle und den Schiffsbau erwähnt. Er reiste 1325 über Ägypten, Mekka, Persien und das Schwarze Meer nach Zentralasien und Nordindien, schiffte sich nach Indonesien ein, begab sich von Südchina nach Beijing und kehrte auf dem Seeweg 1349 wieder nach Tanger zurück. In umgekehrter Richtung pilgerten der chinesische Nestorianermönch Rabban bar Sauma (?–1294) und sein Schüler Marcus 1275 über die Seidenstraße von Khanbalik über Konstantinopel und Rom bis nach Frankreich an den Hof Philipps des Schönen. Dieser Besuch regte den Papst Klemens III. dazu an, Anfang des 14. Jh. den italienischen Franziskaner Giovanni de Montecorvino (1247–1328) an den Hof des Großkhans in Khanbalik (Beijing) zu entsenden. Montecorvino erhielt vom Khan die Erlaubnis, in der Hauptstadt eine Kirche zu errichten, und wurde wenig später sogar vom Papst zum Erzbischof von Beijing ernannt. Der Mönch Odorico de Pordenone stand ihm einige Jahre zur Seite.

In Zentralasien hatte sich in der Zwischenzeit im Bereich des Tarim-Beckens und Transoxaniens das **Khanat der Tschaghatai** (1227–

1346) etabliert. Die Mongolen vermischten sich dort mit der türkischen Bevölkerung und nannten sich nun Tataren. Sie nahmen die türkische Sprache und die persische Schrift an und enwickelten eine eigenständige tschaghatai-türkische Literatur. In den 30er Jahren des 14. Jh. wendete sich ihr Herrscher Tarmashirin und mit ihm auch sein Volk dem Islam zu.

Timur-Leng (1336–1405), auch bekannt unter den Namen Tamerlan, Timur der Lahme oder Timur der Schreckliche, aus dem Stamm der mongolischen Balas und mütterlicherseits von Dschingghis Khan abstammend, eroberte Ende des 14. Jh. Kashgar, drang im Westen bis an den Bosporus und Osteuropa und im Süden bis Indien vor. Seine Heere hinterließen in ganz Zentralasien zunächst eine Spur der Verwüstung. In Samarkand ließ er sich durch Sklavenarbeit große Paläste errichten. Es entstanden prächtige Moscheen, Medresen, Mausoleen und Karawansereien. Nach Timurs Tod machten die **Timuriden** die Städte Samarkand und Herat zu Hochburgen islamischer Kultur und Wissenschaft und belebten den Handel auf der Seidenstraße. Der Islam hatte sich nun endgültig bei der gesamten zentralasiatischen Bevölkerung durchgesetzt.

Aus dem Herrscherhaus der Timuriden ging später Babur (1483–1530) hervor, welcher Nordindien eroberte und 1526 in Delhi die Dynastie der **Moguln** begründete. Das Kaiserhaus – dessen Name sich übrigens vom persischen Wort für Mongole ableitete – sammelte ungeheure Reichtümer an, herrschte bis Mitte des 18. Jh. über Indien, verlor dann an Einfluss und ging 1857 mit der Machtübernahme der Engländer endgültig unter.

Die Ming-Dynastie (1368–1644) und der Niedergang der Seidenstraße

Einer der wenigen Reisenden, die im frühen 17. Jh. die transasiatische Route beschritten, war der portugiesische Jesuitenpater Benedict de Goes, der 1602–07 von Indien über den Hindukush, Yarkand, Kashgar und die Nördliche Seidenstraßenroute nach China wanderte. Er starb jedoch, bevor er Beijing erreichte. Sein in Beijing ansässiger Ordensbruder Matteo Ricci fasste seine Reiseaufzeichnungen zusammen.

Die letzten Jahre der Mongolenherrschaft kennzeichneten in China nicht nur Jahre der Prosperität und Weltoffenheit – Naturkatastrophen, wie etwa Deichbrüche am Gelben Fluss, und in der Folge Hungersnöte und Revolten suchten das Reich heim. Im Jahr 1350 stellte sich der chinesische Bettelmönch Zhu Yuanzhang (1328–98) an die Spitze der Aufständischen und eroberte 18 Jahre später die chinesische Hauptstadt. Der letzte Mongolenkhan musste in die nördliche Steppe fliehen. Der Sturz der Yuan-Dynastie bedeutete zunächst auch das Aus für den Handel und Kulturaustausch über die Seidenstraße.

Zhu Yuanzhang bestieg 1368 den Kaiserthron und regierte unter der Devise Hongwu als erster Herrscher der **Ming-Dynastie**. Er deklarierte Nanjing zu seiner neuen Hauptstadt und errichtete eine nachgerade absolutistische Herrschaft. Der Yongle-Kaiser (reg. 1402–24) verlegte bei seinem Machtantritt den Regierungssitz wieder nach Beijing und baute es zur Residenzstadt aus.

Wiederholt bedrohten in diesen Jahren die Mongolen die Nordgrenzen des Reiches. Als sie 1449 sogar bis Beijing vordrangen, entschloss sich die Ming-Regierung, die Große Mauer zu erneuern: ein deutliches Signal, dass die Ming auf einen Grenzverkehr an den Nordgrenzen ihres Reiches verzichten wollten.

Zum Niedergang der Seidenstraße trug außerdem bei, dass 1498 Vasco da Gama den Seeweg von Europa um das Kap der Guten Hoffnung nach Asien entdeckt hatte. Schon Anfang des 15. Jh. hatten chinesische Seefahrer Expeditionen bis an die Ostküste Afrikas unternommen. Der Ost-West-Handel wurde von nun an fast ausschließlich übers Meer abgewickelt. 1517 landete erstmals ein portugiesisches Schiff in Guangzhou (Kanton). Spanier, Holländer und Engländer folgten bald darauf. Das unter dem ersten Ming-Kaiser verhängte Verbot des Außenhandels wurde aufgegeben. Insgesamt nahm die Wirtschaft in dieser Zeit einen großen Aufschwung. In Europa und Vorderasien herrschte außerordentlich große Nachfrage nach chinesischen Seidenstoffen und Porzellan. Die Chinesen selbst importierten vorwiegend Silber aus Süd- und Mittelamerika, aber auch neue exotische Feldfrüchte wie die Erdnuss, die Süßkartoffel und Mais, welche auch auf anspruchsloseren Böden gedeihen.

Die durch den Handel zu Wohlstand gekommene Schicht der Handwerker und Kaufleute beeinflusste in China vermehrt das Kulturgeschehen. So erfreute sich eine ›bürgerliche‹ Literatur immer größerer Beliebtheit. Es entstanden eine Reihe historischer Romane, wie »Die Reise nach Westen« (»Xiyu Ji«), welcher den berühmten Reisebericht des Pilgermönchs Xuanzang (602–664) fantasievoll verarbeitete.

Doch wieder kündigten Hofintrigen und Bauernrevolten das Ende einer Dynastie an. 1644 nahm der Bauernführer Li Zicheng (1605–45) mit seinen Truppen Beijing ein – der letzte Ming-Kaiser erhängte sich daraufhin im Park des Beijinger Kohlehügels. Doch bevor der Rebellenführer den Thron besteigen und eine neue Dynastie ausrufen konnte, kamen ihm mandschurische Truppen zuvor. China gelangte erneut unter die Herrschaft einer ausländischen Macht.

Die Zeit der letzten Kaiserdynastie – die Qing

Die Westexpansion Chinas unter den Qing

1644 eroberte das mandschurische Heer die Ming-Hauptstadt Beijing, und mit diesem Datum begann die Herrschaft einer neuen Dynastie über China. Der Qing-Dynastie (Qing bedeutet ›Klarheit‹) galten zwar die besiegten Chinesen als Bürger zweiter Klasse, die chinesische Bevölkerung fühlte sich von den neuen Herren durch manche Verordnung gedemütigt, doch bewirkte die mandschurische Regierung auch Positives. Drei fähige Herrscher folgten in den kommenden 150 Jahren aufeinander und brachten dem Reich Frieden und Wohlstand. Sie regierten unter den Devisen Kangxi (reg. 1662–1722), Yongzheng (reg.1722–36) und Qianlong (reg. 1736–95). Die Staatsverwaltung behielt weitgehend die Ming-zeitliche Struktur.

Ab 1645 mussten alle Chinesen nach mandschurischer Sitte einen Zopf tragen, Zuwiderhandlungen wurden mit dem Tode bestraft. Auch die Ehe zwischen Chinesen und Mandschuren wurde verboten.

Die Qing waren bestrebt, ihren Machtbereich weiter auszubauen. Sie vereinnahmten zunächst weite Gebiete der Mongolei und 1683 die Insel Taiwan. Etwa gleichzeitig baute der westmongolische Stamm der Dsungaren in Zentralasien ein Großreich auf, welches sich von Südsibirien über die muslimischen Oasen Ostturkestans bis nach Tibet er-

Der Qianlong-Kaiser

streckte. Den ersten Versuch Chinas, sich in Tibet festzusetzen, vereitelten 1706/07 die Dsungaren, die schließlich ihrerseits 1717 Lhasa besetzten. Drei Jahre später rückten dann erneut die Qing Richtung Tibet vor. Sie vertrieben die Dsungaren und stationierten Truppen in der tibetischen Hauptstadt, überließen die Regelung der inneren Angelegenheiten des Landes allerdings weitgehend lokalen Regenten. Ab 1751 stand Tibet endgültig unter chinesischer Kontrolle. 1756–59 konnten die Qing-Truppen dann unter Leitung General Zhao Huis zunächst das Ili-Gebiet bis zum Balchash-See und dann das gesamte Tarim-Becken einnehmen. Die Mehrzahl der Dsungaren wurde dabei getötet. Die eroberten Gebiete wurden Militärkommandos in Ili und Urumqi unterstellt, wo jeweils etwa 20 000 Mann starke chinesische Truppen stationiert wurden. Gleichzeitig begann man die Gold- und Jadereserven der Region auszubeuten.

1759 hatte das chinesische Reich mit 11,5 Millionen km^2 seine größte Ausdehnung in der Geschichte erreicht. China war zu einem Vielvölkerstaat geworden, in dem von nun an alle wichtigen Staatsdokumente mehrsprachig abgefasst wurden: in Mandschurisch, Chinesisch, Mongolisch, Tibetisch und Uighurisch. China hatte sich unter der mandschurischen Herrschaft zur dominierenden Macht in Asien entwickelt.

China und Zentralasien im Spannungsfeld der Weltmächte

Mit dem Ende der Qianlong-Zeit hatte China den Zenit seiner Macht überschritten. Dem enormen Bevölkerungswachstum stand, trotz der Vergrößerung des Staatsgebietes, eine nahezu unveränderte landwirtschaftliche Nutzfläche gegenüber. Versorgungsprobleme blieben auf Dauer nicht aus. Darüber hinaus zeichnete sich im Verlauf des 19. Jh. ab, dass China nicht mit der internationalen Entwicklung Schritt halten konnte. Das konservative, dem Traditionalismus verhaftete Beamtentum verschloss sich gegenüber modernem westlichen Gedankengut, und auch die einst so fortschrittliche chinesische Wissenschaft brachte auf naturwissenschaftlichem und technologischem Gebiet nichts Neues mehr hervor. Und nicht zu vergessen: Der ausländische Druck wuchs.

Bereits während des 18. Jh. verdrängten die Engländer allmählich Portugiesen, Spanier und Holländer von ihren führenden Positionen im Seehandel mit China und wurden Chinas europäischer Handelspartner Nr. 1. Seit Mitte des 18. Jh. warfen die Briten Opium, das sie in ihren Kolonien in Indien produzierten, auf den chinesischen Markt, um damit ihre aufgrund der hohen Teeimporte negative Handelsbilanz mit China auszugleichen. Die britisch-chinesischen Auseinandersetzungen, die über den illegalen Opiumhandel entbrannten, gipfelten 1839–42 im ersten Opiumkrieg. Die Folge für China: Die Insel Hongkong fiel an England, fünf südchinesische Häfen mussten für den Handel geöffnet werden. Im zweiten Opiumkrieg 1860 drangen die alliierten Mächte bis Beijing vor und zerstörten dort den Sommerpalast. China wurde genötigt, den Handel mit der Droge zu legalisieren, weitere zehn Häfen dem Handel zu öffnen und die Niederlassung ausländischer Gesandter in der Hauptstadt zu akzeptieren.

China kam nicht zur Ruhe. In den Jahren 1850–64 erschütterte der Taiping-Aufstand den Süden des Landes, und auch im Westen kam es zu Unruhen. In den Provinzen Shaanxi und Gansu hatten die Hui, chinesische Muslime, 1862 unter Führung Ma Hualongs (gest.1871) zum ›heiligen Krieg‹ aufgerufen, da sie sich diskriminiert und in der Ausübung ihres Glaubens behindert fühlten. In Zentralasien brachte der Fürst von Kokand, Yakub Beg (ca. 1820–70), das gesamte Tarim-Becken vom Pamir bis zum Lop Nor unter seine Herrschaft. 1862 rief er das unabhängige **Reich Kashgarien** aus.

Gleichzeitig hatte Russland seit 1853 seinen Machtbereich bis weit nach Zentralasien hinein ausdehnen können. 1867 verkündeten die Russen die Gründung des Generalgouvernements Turkestan mit Tashkent als Hauptstadt und warfen begehrliche Blicke auf Afghanistan und Chinesisch-Turkestan (die seit 1759 von China besetzten Gebiete im Tarim-Becken, dem östlichen Tian Shan und der Dsungarei). Im Süden hingegen hatten sich die Briten in Indien etabliert und ihren Einflussbereich schrittweise nach Norden bis ins Karakorum-Gebirge ausgedehnt. Russen und Briten verstrickten sich in dieser Zeit im so genannten ›**Great Game**‹, dem Wettlauf um die Vorherrschaft in Zen-

Der britische Offizier und Forscher Sir Francis Edward Younghusband (1863–1942) zählte zu den Hauptfiguren des Great Game. In den 80er und 90er Jahren des 19. Jh. unternahm er als Spion im Namen des Empire mehrere Erkundungsreisen durch das Tarim-Becken. 1887 überquerte er zu Fuß den Muztagh-Pass am Fuß des K 2. 1903 war er einer der kommandierenden Offiziere beim Einmarsch britischer Truppen in Lhasa. Bald darauf quittierte er seinen Militärdienst, schrieb Bücher über Indien und Zentralasien und widmete sich den vergleichenden Religionswissenschaften.

tralasien. Beide Mächte entsandten eine Reihe von Spionen – häufig getarnt als Forscher, Händler oder muslimische Prediger – in den Hindukush, den Pamir und nach Chinesisch-Turkestan.

Die Qing-Regierung, die bis 1864 damit beschäftigt war, den Taiping-Aufstand in Südchina niederzuschlagen, hatte die Kontrolle der Westprovinzen zunächst vernachlässigt. Sie schickte 1868 aber General Zuo Zongtang aus, um gegen die aufständischen Muslime in Shaanxi und Gansu sowie Yakub Beg vorzugehen. Nachdem er 1869 Shaanxi und 1873 Gansu befriedet hatte, konnte Zuo im Mai 1877 schließlich die kashgarischen Truppen schlagen. Yakub Beg floh nach Kashgar, wo er sich das Leben nahm.

Die Auseinandersetzung der Truppen Yakub Begs mit den Qing nutzte derweil das zaristische Russland aus und besetzte 1871 das Ili-Tal. Erst nach langen Verhandlungen und Zahlung einer Entschädigungssumme von neun Millionen Rubel erhielt China 1881 den größten Teil des Territoriums zurück. 1884 wurden die 1759 eroberten Westgebiete endgültig an den chinesischen Staat angeschlossen und erhielten den Status einer Provinz mit dem Namen Xinjiang, ›Neue Territorien‹. Es gab ein russisches und auch ein britisches Konsulat.

Im chinesischen Kernland gründeten Japan, Deutschland, England, Frankreich und Russland indes Ende des 19. Jh. weitere Kolonien. Die Frustration in der chinesischen Bevölkerung über die ausländische Besatzung machte sich schließlich 1900 im ›Boxeraufstand‹ Luft. Eine Geheimbewegung aus der Provinz Shandong, die Faustkämpfer für Recht und Einigkeit – im Westen kurz ›Boxer‹ genannt –, zerstörten in Beijing und Tianjin christliche Kirchen und Missionsstationen, griffen ausländische Siedlungen an und verfolgten auch Chinesen, die sich zum christlichen Glauben hatten bekehren lassen. Die Kaiserinwitwe Cixi, die für den jungen Guangxu-Kaiser regierte, unterstützte die ›Boxer‹ und forderte die ausländischen Gesandten auf, Beijing zu verlassen. Das Ausland konterte jedoch mit einem alliierten Truppenverband, der den Aufstand niederschlug. Drei Tage lang plünderten ausländische Soldaten die Stadt, die Qing-Regierung musste eine hohe Entschädigungssumme zahlen. Das Ende des Kaiserreiches kündigte sich an: Zwei Tage nach dem (wahrscheinlich gewaltsamen) Tod des Guangxu-Kaisers starb am 15. November 1908 die Kaiserinwitwe Cixi. Kurz zuvor hatte sie den zweijährigen Puyi (1906–67) zu ihrem Thronfolger ernannt.

Mittlerweile war es im Süden des Landes bereits zu mehreren Putschversuchen gekommen. Anführer der Revolutionäre war Dr. Sun Yat-sen (Sun Zhongshan, 1866–1925), der die Vertreibung der Mandschuren und eine republikanische Verfassung für China forderte. Mit Hilfe des eigentlich von der Regierung zur Bekämpfung der Aufständischen eingesetzten Generals Yuan Shikai (1859–1916) konnten die Revolutionäre in Nanjing eine provisorische Regierung bilden und am 29. Dezember 1911 Sun Yat-sen zu ihrem Präsidenten wählen. Sun überließ dieses Amt jedoch Yuan. Am 12. Februar 1912 wurde die Abdankung des Kindkaisers Puyi verlesen. China war Republik.

Der Beginn der wissenschaftlichen Erforschung der Seidenstraße

»Die Archäologie ist keine Wissenschaft, sie ist eine Vendetta!«
Sir Mortimer Wheeler

Hatten die ersten Expeditionen der Engländer und Russen nach Zentralasien hauptsächlich noch politische Hintergründe gehabt, setzte gegen Ende des 19. Jh. die wissenschaftliche Erforschung Ostturkestans ein. Zahlreiche Forscher aus Europa, Japan und den USA bereisten in dieser Zeit die zentralasiatischen Gebirge und Wüsten und nahmen – relativ unbehelligt von den chinesischen Behörden – kartographische Vermessungen, naturwissenschaftliche Studien und archäologische Grabungen vor.

In den 50er Jahren des 19. Jh. erforschten die jungen deutschen Geologen Hermann, Robert und Adolph von Schlagintweit im Auftrag Alexander von Humboldts den Verlauf des Himalaya, des Karakorum-Gebirges und des Kunlun. Die Naturforscher Nikolai Przewalski und Alfred Regel besuchten 1875–80 das Tarim-Becken und berichteten erstmals von antiken Ruinenstätten in der Wüste. 1895–1900 unternahm der vornehmlich an den geographischen Verhältnissen interessierte Schwede Sven Hedin drei Expeditionen in die Taklamakan, nebenbei erfolgten einige archäologische Grabungen. Erste relevante Grabungen, die das Interesse eines breiteren Fachpublikums weckten, tätigte dann 1898 der Russe Dimitri Klementz in Gaochang, Astana und Jiaohe. Nach seinem Besuch setzte der große Wettlauf der Archäologen in Chinesisch-Turkestan ein, die das Land seiner bedeutendsten Kunstwerke berauben sollten.

1899 unternahm Sven Hedin seine dritte Expedition in die Taklamakan, bei der er die versunkene Stadt Loulan entdeckte. Sir Aurel Stein, Ungar in englischen Diensten, grub 1906–09 in Khotan, Niya, Loulan und Dunhuang sowie 1915 im Turfan-Senke. Sein reiches Fundmaterial findet sich heute im Britischen Museum in London und

Sven Hedin mit Kosak Schagdur und dr Lama Schereb als mongolische Pilger während seiner zweiten zentralasiatischen Expedition 1899–1902

im Indischen Nationalmuseum in Delhi. 1902/03, 1908 und 1910 reisten drei japanische Expeditionen im Auftrage des Grafen Otani nach Kucha, Loulan, Niya, Khotan, Turfan und Dunhuang. Ihr Fundmaterial bewahren heute das Nationalmuseum Tokyo, die Ryokoku-Universität in Kyoto und das Koreanische Nationalmuseum in Seoul auf. Der Franzose Paul Pelliot reiste 1908 nach Dunhuang und nahm von dort viele bedeutende Dokumente und Seiden für die Pariser Bibliothèque Nationale und das Musée Guimet mit. Im selben Jahr führte der Russe Piotr K. Kozlov umfangreiche Grabungen in Karakhoto, der verfallenen Hauptstadt des Xixia-Reiches (1035–1368), durch. Die Deutschen Albert Grünwedel und Albert von Le Coq leiteten zwischen 1902 und 1914 insgesamt vier Expeditionen in Chinesisch-Turkestan. Die erste (1902/03) unter Grünwedel führte nach Gaochang, die zweite (1904/05) unter Le Coq nach Gaochang und Bezeklik, die dritte (1905–07), welche Grünwedel und Le Coq gemeinsam leiteten, nach Kizil und Kumtura und die vierte (1913/14) wieder unter Le Coq, nach Kizil, Kumtura und Tumshuq. Ihre reichen Funde, vor allem buddhistische Wandfresken, sind heute im Berliner Museum für Indische Kunst zu bewundern.

Die Teilnehmer der dritten deutschen Expedition. Mittelreihe von links nach rechts: von Le Coq, Grünwedel, Bartus, Pohrt

Auch nach Ausrufung der Republik China ging die Erforschung Xinjiangs durch westliche Wissenschaftler unvermindert weiter. 1923–25 nahm der Amerikaner Langdon Warner im Auftrag des Fogg Art Museums, Harvard, in den Oasen des Tarim-Beckens Grabungen vor. Sven Hedin reiste 1926 noch einmal in die Taklamakan, und 1930 unternahm Aurel Stein schließlich die letzte westliche Expedition nach Chinesisch-Turkestan. Dieses Mal beschlagnahmten allerdings die chinesischen Behörden sein Fundmaterial. China schob dem Ausverkauf seiner Kunstschätze endgültig den Riegel vor.

Von der Republik zur Volksrepublik

Die Überlassung des Präsidentenamtes an Yuan Shikai entpuppte sich sehr schnell als Fehler, denn dieser schwang sich bald zum Diktator auf. 1914 ließ er das Parlament auflösen und kündigte 1915 sogar die Ausrufung einer Dynastie an. Sun Yat-sen, der geistige Vater der Republik, war bereits nach Japan geflohen. Yuans Machtpolitik löste im In- und Ausland gewaltige Proteste aus, die erst mit seinem plötzlichen Tod im Juni 1916 ein Ende fanden. Doch China war alles andere als stabil. Tibet und die Mongolei hatten bereits kurz nach Abdankung des Qing-Kaiserhauses ihre Unabhängigkeit erklärt, und nun versank das Land für die folgenden zwölf Jahre im Chaos, zerfiel in kleine, von Warlords, ›Kriegsherren‹, kontrollierte Lokalreiche. Die Bevölkerung litt unter den Plünderungen der Armeen, Korruption war an der Tagesordnung, das Geld verlor seinen Wert.

Die Auswirkungen der Weltpolitik taten ein Übriges, hatte doch Japan 1915 die deutschen Territorien in China erobert und China 21 Forderungen vorgelegt, die es faktisch zum japanischen Protektorat gemacht hätten. Als China auf Drängen der USA und Japans Deutschland zwei Jahre später den Krieg erklärte, erhoffte es sich dadurch, die verlorenen Gebiete zurückgewinnen zu können. Ein Irrtum: Der Vertrag von Versailles sprach sie Japan zu. Das brachte das Fass zum Überlaufen. Am 4. Mai 1919 demonstrierten 3000 Studenten auf dem Platz zum Tor des Himmlischen Friedens in Beijing. Die Demonstrationen dieser Vierten-Mai-Bewegung griffen bald auf weitere Städte über, landesweit kam es zu Streiks und zum Boykott japanischer Waren.

Sun Yat-sen, aus dem japanischen Exil zurückgekehrt, bemühte sich derweil in den USA – vergeblich – um Unterstützung zum Aufbau einer demokratischen Regierung. Schließlich nahm er die Hilfe der Sowjetunion an, die militärische und politische Berater nach Guangzhou (Kanton) entsandte. Die Nationale Volkspartei Sun Yat-sens (Guomindang) wurde nach sowjetischem Vorbild zu einer zentralistischen, hierarchisch strukturierten Partei umgestaltet. Daneben unterstützten die Sowjets den Aufbau der Kommunistischen Partei Chinas und rieten ihren Führern zur Zusammenarbeit mit der Guomindang.

Nach Suns Tod 1925 stieg Chiang Kai-shek (Jiang Jieshi) zur führenden Gestalt innerhalb der Nationalen Volkspartei auf. Ihm gelang

Li Dazhao (1888–1927), Leiter der Bibliothek der Universität Beijing, gründete 1918 die Gesellschaft zum Studium des Marxismus, der auch der junge Bibliotheksgehilfe Mao Zedong beitrat. Als schließlich im Juli 1921 in Shanghai in aller Heimlichkeit die Kommunistische Partei gegründet wurde, gehörten Li Dazhao und Mao Zedong zu den Gründungsmitgliedern.

1935 reisten die Journalisten und Abenteurer Peter Fleming und Ella (Kini) Maillart ohne Passierschein per Bahn, Lastwagen, Maulesel, Pony und zu Fuß nahezu 6000 km von Beijing durch das von Aufständen heimgesuchte Xinjiang, über das Tibetische Hochland und den Pamir nach Kashmir. Ihre Reise dauerte sieben Monate. Beide hinterließen spannende, mitunter humorvolle Reiseberichte: Peter Fleming: »Tataren-Nachrichten. Ein Spaziergang von Peking nach Kaschmir«, London 1936, und Ella Maillart: »Verbotene Reise. Eine Frau reist durch Zentralasien«, Paris, 1937.

Die Republik besaß ihre eigene Staatsflagge, unterhielt eine eigene Armee von 25000 Mann und gab fünf Jahre lang die Zeitung »Befreites Ostturkestan« heraus, die auf Uighurisch, Kasachisch, Russisch und Chinesisch erschien.

es bis 1928, die Warlords zu besiegen und das gesamte Land unter Kontrolle zu bringen. Er ließ die Kommunistische Partei verbieten und ihre Anhänger schonungslos verfolgen.

Dem chinesischen Bürgertum ging es damals nicht schlecht, doch trotz aller Versprechungen Chiangs bezüglich einer Landwirtschaftsreform änderte sich am Elend der Bauern in diesen Jahren wenig. So verwundert es nicht, dass die Kommunisten Mao Zedong (1893–1976), Zhou Enlai (1899–1976) und Zhu De (1886–1976), denen die Flucht vor den Blauhemden Chiang Kai-sheks ins südchinesische Bergland gelungen war, dort große Teile der Landbevölkerung für die kommunistische Idee gewannen. 1931 gründeten sie im Gebiet der Provinz Jiangxi eine erste Sowjetrepublik, die allerdings nur vier Jahre Bestand hatte. Dann mussten die Kommunisten vor den Guomindang-Truppen fliehen. Ihre Rote Armee begab sich im Oktober 1934 auf den berühmten Langen Marsch – 12000 km quer durch China bis Yan'an (Provinz Shaanxi). Von den rund 100000, die sich auf den Weg gemacht hatten, erreichten nur etwa 7000 bis 8000 ihr Ziel.

Japan nutzte die innerchinesischen Auseinandersetzungen und gründete bereits 1931/32 in der Mandschurei den Marionettenstaat Manzhuguo, zu dessen Oberhaupt sie den letzten Qing-Kaiser Puyi machten. 1937 griffen sie ohne Vorwarnung diverse chinesische Großstädte an und konnten sich binnen kurzer Zeit der gesamten Ostküste bemächtigen. Selbst jetzt schlug die Bildung einer Einheitsfront aus Nationalisten und Kommunisten fehl. Nach dem Ende des Zweiten Weltkriegs und der japanischen Kapitulation eskalierte in China dann die Auseinandersetzung zwischen Nationalisten und Kommunisten. Das Ende ist bekannt: Chiang Kai-shek und seine Anhänger flüchteten auf die Insel Taiwan, am 1. Oktober 1949 rief Mao Zedong vom Tor des Himmlischen Friedens in Beijing die Volksrepublik China aus.

Während dieser Jahre verwalteten verschiedene chinesische Gouverneure Xinjiang. Der erste, Yang Zengxin, fiel 1928 einem Mordanschlag zum Opfer. Sein Nachfolger, Jin Shuren, beendete 1931 die Herrschaft der Könige von Hami und schlug den darauf folgenden Aufstand der uighurischen Bevölkerung nieder. Zwei Jahre später wurde jedoch auch er ermordet und durch Sheng Shicai ersetzt. Dessen enge Kooperation mit Moskau ließ ihn allerdings bei Chiang Kaishek in Ungnade fallen. Um seine Loyalität zu beweisen, trat Sheng 1943 der Guomindang bei und ließ alle prosowjetischen Funktionäre seiner Regierung hinrichten, darunter auch den Bruder Mao Zedongs, Mao Zemin. Russische ›Schutztruppen‹, die seit Ausrufung der chinesischen Republik in Xinjiang stationiert waren, wurden 1943 abgezogen. Die nicht-chinesische Bevölkerung Xinjiangs sah nun ihre Chance zur Unabhängigkeit, am 12. November 1944 riefen die Kasachen, unterstützt von den Uighuren in Yining, die stark islamisch orientierte, unabhängige **Republik Ostturkestan** aus. Ihr erster Präsident wurde der Usbeke Alikhan Kore.

1945 sandte die Guomindang Zhang Zhizhong nach Xinjiang, um Friedensverhandlungen mit der Republik Ostturkestan aufzunehmen. Von 1946–49 hatte er den Posten des Gouverneurs von Xinjiang inne. 1949 kamen auf dem Weg zur Politischen Konsultativkonferenz des Chinesischen Volkes in Beijing, auf der über das Schicksal Ostturkestans entschieden werden sollte, elf Regierungsvertreter der Republik Ostturkestan bei einem mysteriösen Flugzeugabsturz ums Leben. In Beijing wurde schließlich der friedliche Anschluss der Republik Ostturkestan an die Volksrepublik China beschlossen.

»Die national autonomen Gebiete sind unabtrennbare Bestandteile der Volksrepublik China.«
Chinesische Verfassung vom 20. September 1954

Die Volksrepublik China

Nach Beendigung des Bürgerkriegs begann der Wiederaufbau des Landes. China war bankrott. Landwirtschaft und Industrie lagen danieder. Wirtschaftliche Hilfe kam aus der Sowjetunion, mit der China 1950 einen Freundschaftsvertrag abgeschlossen hatte. Im Zentrum standen zunächst eine Bodenreform und die Verstaatlichung von Großbetrieben. Der **Erste Fünfjahresplan** (1953–57) war für Wirtschaft wie Landwirtschaft ein großer Erfolg. Außenpolitisch indes sah sich China der Kritik ausgesetzt: Der Zusammenstoß chinesischer und amerikanischer Truppen im Korea-Krieg 1950–53 veranlasste die USA, ein Wirtschaftsembargo zu verhängen und eine Flotte zum Schutz der am 1. März 1950 gegründeten Republik China auf Taiwan zu entsenden. Die chinesische Invasion von 1950/51 in Tibet, das seine Unabhängigkeit erklärt hatte, isolierte China weiter. Am 1. Oktober 1955 wurde Chinesisch-Turkestan zur Autonomen Region Xinjiang-Uighur ernannt, und damit fest der Volksrepublik angegliedert. Zwar wurde den Völkern Xinjiangs Mitbestimmung bei der Regierung ihres Landes versprochen, die Autonomie der Region bestand jedoch – wie in Tibet und den drei weiteren so genannten Autonomen Regionen auf chinesischem Staatsgebiet – nur auf dem Papier. Die entscheidenden Posten in den Landesregierungen besetzte man durchweg mit Chinesen. Gleichzeitig begann die Umsiedlung von Han-Chinesen aus dem übervölkerten Osten Chinas nach Xinjiang, vor allem nach Urumqi und in die Dsungarei, wo man 1955 mit der Ölförderung begann. Lag der Anteil der chinesischen Bevölkerung in Xinjiang 1949 noch bei unter 7 %, stieg er bis 1957 auf mehr als 25 % an. In diesen Jahren begannen chinesische Archäologen übrigens auch, sich erstmals für die archäologischen Schätze Xinjiangs zu interessieren. Archäologische Stätten wurden unter staatlichen Schutz gestellt und wissenschaftliche Ausgrabungen durchgeführt.

Staatschef Mao Zedong war überzeugt vom unumstrittenen Erfolg seiner Politik. 1957 startete er die **Kampagne der Hundert Blumen**. Unter dem Motto »Lasst 100 Blumen blühen, lasst 100 Schulen miteinander wetteifern« – eine Anspielung auf die Zeit der 100 Philosophenschulen des chinesischen Altertums – forderte er die chinesischen Intellektuellen zur Kritik an Regierung und Partei auf. Die massiven Klagen über die unumschränkte Allmacht der KPCh trafen ihn umso unerwarteter. Er reagierte mit der **Kampagne gegen Rechtsabweichler**, in deren Verlauf Hunderttausende von Intellektuellen ihre

Mitte der 50er Jahre besetzten chinesische Truppen Teile Ladakhs, Baltistans und des Oberen Shimshal-Tals. Dies führte 1962 zu einem Grenzkonflikt mit Indien. 1964 einigten sich China und der indische Erzfeind Pakistan über den Verlauf ihrer gemeinsamen Grenze, wobei China der Rückgabe eines 2000 km² großen Territoriums an Pakistan zustimmte. Bei den Gesprächen wurde auch der Bau einer Straße beschlossen, die beide Länder verbinden sollte. 1966 begann man mit dem Bau des Karakorum Highway, ein chinesisch-pakistanisches Gemeinschaftsprojekt, das 1982 fertig gestellt wurde.

Posten verloren, zur Feldarbeit eingeteilt oder in Umerziehungslager gebracht wurden.

Trotz der wirtschaftlichen Erfolge der ersten Jahre ging Mao der Fortschritt zu schleppend voran. 1958 setzte er zum **Großen Sprung nach vorn** an: Volkskommunen wurden errichtet, Privateigentum weitgehend abgeschafft, die Bauern zu Arbeitern in riesigen Staatsbetrieben gemacht. Das Alltagsleben der meisten Menschen veränderte sich grundlegend. Die neue, intensivere Feldbewirtschaftung ließ die Böden teils verlaugen oder versalzen, die Ausrottung der Vögel – sie bedrohten angeblich die Ernten – zog Insektenplagen nach sich; hinzu traten Naturkatastrophen – es war die **Zeit der Drei Harten Jahre** (1959–62). Erstmals seit Gründung der Volksrepublik kam es wieder zu großen Hungersnöten, die um die 16 Millionen Opfer forderten. Der Fehlschlag des Großen Sprungs kostete Mao nicht nur das Amt des Staatschefs, er führte auch zum Bruch mit der Sowjetunion. Die blutige Niederschlagung des Aufstands in Tibet durch die Rote Armee 1959 und die Grenzstreitigkeiten mit Indien 1962 brachten China zusätzlich internationale Kritik ein. China stand nun endgültig weitgehend isoliert da.

Unter Liu Shaoqi, für einige Jahre Maos Nachfolger an der Staatsspitze, griff eine gemäßigtere Politik – die Kommunen wurden verkleinert, Bauern durften privat Erwirtschaftetes auf Märkten anbieten. Der Regierung gelang es bis 1965, das Land aus der tiefen Krise zu führen. 1966 meldete sich Mao jedoch wieder zurück und lancierte die **Große Proletarische Kulturrevolution**, proklamierte kein geringeres Ziel als die Schaffung eines ›Neuen Menschen‹. Mittelschüler und Studenten im ganzen Land schlossen sich zu ›Roten Garden‹ zusammen, zerstörten Tempel, Klöster und Kulturdenkmäler, schlossen Kirchen und Museen. Viele Intellektuelle oder ehemals Bürgerliche wurden verfolgt, verschwanden in Arbeitslagern oder wurden hingerichtet.

Begleitet wurde die Kulturrevolution von einem enormen Personenkult um Mao Zedong. Jeder im Land besaß das kleine ›Rote Buch‹, die »Zitate des Vorsitzenden Mao«. Die Unruhen, die 1967 in der Bevölkerung zum Tragen kamen, ausgelöst vom allseits herrschenden Chaos, konnten nur mit militärischer Hilfe niedergeschlagen werden. Selbst Mao verurteilte daraufhin das Vorgehen der Roten Garden und ihre ›ultralinken Tendenzen‹, hatte allerdings erreicht, was er wollte: 1968 wurde Liu Shaoqi als Staatspräsident abgesetzt, und Mao selbst war wieder in Amt und Würden. Die Nachwehen der radikalen Phase der Kulturrevolution sollten sich noch bis zum Tod Maos und dem endgültigen Sturz der ›Viererbande‹, dem linksradikalen Flügel der Partei um Jiang Qing, der Ehefrau Mao Zedongs, im Jahr 1976 fortsetzen.

Der ›Viererbande‹ wurde 1980/81 öffentlich der Prozess gemacht, wobei man der Gruppe die hauptsächliche Schuld an der Kulturrevolution anlastete. Maos Witwe wurde zum Tode verurteilt, die Vollstreckung allerdings einige Jahre später aufgehoben. Sie starb 1991 unter Hausarrest.

Ministerpräsident Zhou Enlai bemühte sich derweil um die Herstellung normaler Verhältnisse im Lande und seit den 70er Jahren um diplomatische und wirtschaftliche Beziehungen zum Ausland. Nach seinem Tod 1976 versammelten sich 200 000 Menschen ihm zu Ehren auf dem Tian'anmen-Platz und protestierten gegen die ›Viererbande‹. Jiang Qing gelang es zwar, den von Zhou als Stellvertreter eingesetzten Deng Xiaoping zu entmachten, doch der an seiner Stelle zum Ministerpräsidenten

ernannte Mao-Protégé Hua Guofeng sollte nach dem Tod Mao Zedongs die Viererbande – Jiang Qing, Wang Hongwen, Yao Wenyuan, und Zhang Chunqiao – verhaften. Mao selbst war zum Zeitpunkt dieser Machtkämpfe schon todkrank. Das verheerende Erdbeben von Tangshan im Juli 1976 (240000 Tote) galt einem Großteil der Bevölkerung als Omen, als Zeichen, für das nahende Ende von Maos ›himmlischem Mandat‹. Der ›Große Steuermann‹ starb am 8. September 1976.

»Lasst uns die Große Proletarische Kulturrevolution zu Ende führen«

Wirtschaftliche Öffnung unter Deng Xiaoping

Mitte 1977 hatte Deng Xiaoping erneut die politische Bühne betreten und schnell an Einfluss gewonnen. Er war kein Ideologe, sondern Pragmatiker und sah seine vornehmliche Aufgabe darin, das Land aus der wirtschaftlichen Misere herauszuführen und den allgemeinen Lebensstandard zu verbessern. So schrieb er 1979 die Ein-Kind-Politik fest. Darin wurde beschlossen, dass jede Familie nur noch ein Kind haben dürfe – eine Regelung mit zahlreichen Ausnahmen. Ausgenommen von dieser Regelung sind beispielsweise die ethnischen Minderheiten, welche pro Paar zwei Kinder haben dürfen, und die Landbevölkerung, wo die Regel gilt: Ist das erste Kind ein Mädchen, darf das Paar einen zweiten Versuch auf einen Jungen unternehmen.

»Es ist egal, ob die Katze schwarz oder weiß ist, Hauptsache, sie fängt Mäuse.« Deng Xiaoping

Des Weiteren kündigte Deng die **Vier Modernisierungen** an: der Landwirtschaft, der Industrie, der Technologie und der Verteidigung. Noch im Dezember 1978 wurde die Kollektivierung des Bodens aufgehoben. Der Boden blieb zwar Eigentum des Staates, wurde aber – verbunden mit einer an den Staat abzutretenden Ertragsquote – zur privaten Nutzung an die Bauern verteilt. Diese Umstellung ließ die landwirtschaftliche Produktion erheblich steigen.

1979 wurden außerdem die ersten Wirtschaftssonderzonen in den südlichen Küstenprovinzen gegründet. In diesen Freihandelszonen wirtschaften chinesische Firmen auf eigene Rechnung und können sich mit ausländischen Partnern zu Gemeinschaftsunternehmen, so genannten Joint Ventures, zusammenschließen. Damit bewegt sich China langsam weg von der Planwirtschaft hin zu einer »sozialistischen Marktwirtschaft« (Deng). Angebot und Nachfrage bestimmen allmählich den Markt. Private Läden, Restaurants und freie Märkte erweitern das Angebot an Waren, die Versorgung verbessert sich. Seit Mitte der 80er Jahre überollt ein ungeheurer Bauboom die Städte.

Die Wirtschaftsreform Deng Xiaopings wird von den meisten Chinesen als Segen betrachtet, doch sie hat auch ihre Schattenseiten. Durch die Schließung unrentabler Staatsbetriebe und die höhere Technisierung der Landwirtschaft sieht sich die Volksrepublik vor ein neues Problem gestellt: die Arbeitslosigkeit. Industrialisierung und höheres Verkehrsaufkommen haben außerdem zu enormen Umweltproblemen in China geführt, ganz zu schweigen von Korruption und Inflation. Letztere lieferten mit die Gründe für die vom Militär blutig niedergeschlagenen Demonstrationen auf dem Tian'anmen-Platz in Beijing im Frühsommer 1989. Etwa 3000 chinesische Studenten traten auf dem Platz in einen Sitz- und Hungerstreik. Forderungen nach Pressefreiheit, mehr Demokratie und Beachtung der Menschenrechte wurden laut. Die Regierung verhängte auf Order Dengs das Kriegsrecht, der gesprächsbereite Zhao Ziyang wurde seines Amtes enthoben, und in der Nacht vom 3. auf den 4. Juni 1989 rollten die Panzer. Die Zahl der Opfer liegt bis heute im Dunkeln. Fünf Monate nach dem Blutbad trat Deng Xiaoping von seinem Amt als Vorsitzender der Militärkommission zurück. Jiang Zemin, der 1993 auch zum Staatspräsidenten gewählt wurde, ersetzte ihn bis 2003 und wurde seinerseits vom politischen Hardliner Hu Jintao abgelöst. Deng Xiaoping starb im Februar 1997. Premierminister Li Peng und sein Nachfolger Zhu Rongji führten Dengs politisches Erbe fort: wirtschaftliche Öffnung ohne politische Liberalisierung. Wen Jiabao, Premierminister seit 2003, gilt als relativ liberal, ist aber im Politbüro überwiegend von Hardlinern alter Schule umgeben.

Zweifellos besitzen die Chinesen heute mehr Freiheiten als vor 20 Jahren. So erlaubte die Regierung die Gründung regierungsunabhängiger Organisationen, darunter Umweltschutzgruppen. Presse, Fernsehen und Internet unterliegen allerdings weiterhin staatlicher Zensur. Hoffnung verspricht die neue chinesische Verfassung, die im März 2005 in Kraft trat. In sie wurde erstmals seit Bestehen der Volksrepublik die Achtung der Menschenrechte und des Privateigentums aufgenommen – dennoch beklagt Amnesty International jedes Jahr zahlreiche Menschenrechtsverletzungen in China, viele davon in Xinjiang.

Die rasante wirtschaftliche Entwicklung der Volksrepublik China der letzten Jahre beschränkte sich weitgehend auf den chinesischen Osten. Chinas westliche Provinzen und insbesondere Xinjiang gehören nach wie vor zu den unterentwickeltsten Regionen der Volksrepublik. Trotz seines widrigen Klimas ist Xinjiang vor allem Agrarland. Seine Industrieproduktion macht weniger als 1 % der Gesamtproduktion Chinas aus.

Ölförderung bei Turfan

Seit 1964 nutzt die chinesische Regierung die riesigen Wüstengebiete Xinjiangs für seine Atomtests. Außerdem fördert sie die Ausbeutung der Rohstoffreserven der Region – in erster Linie Erdöl und Erdgas. Dazu war ein Ausbau des Verkehrsnetzes notwendig, was seit 1992 verstärkt angegangen wurde. 1995 wurde der Tarim Highway quer durch die Taklamakan von Niya nach Luntai fertiggestellt und 1999 die Bahnstrecke von Urumqi nach Kashgar eröffnet, außerdem erschloss man in der Taklamakan neue Ölfelder. Von diesen Projekten profitiert die einheimische Bevölkerung leider nur wenig. Den ethnischen Minderheiten in Xinjiang fehlt jegliche Verfügungsgewalt über Nutzung oder Schonung dieser Ressourcen. Die großen Industriebetriebe Xinjiangs sind nach wie vor fest in chinesischer Hand. Die Arbeitslosigkeit betrifft deshalb in Xinjiang vor allem die ethnischen Minderheiten. Gebietsweise liegt sie bei den unter 25-jährigen bei bis zu 75 %. Zwar sind öffentliche Ämter in der Mehrheit mit Angehörigen ethnischer Minderheiten besetzt (Quotenregelung), in den Schlüsselpositionen sitzen indes vorwiegend Chinesen. Autonomie existiert höchstens auf kulturellem Gebiet – und das nur in beschränktem Maße.

Der Bevölkerungsanteil der Chinesen in Xinjiang wurde durch gezielte Umsiedlungspolitik in den vergangenen 50 Jahren stetig erhöht und liegt derzeit bei 42 %. Die wenigsten Han-Chinesen in Xinjiang sind indes der gängigen Lokalsprachen mächtig.

Die Minderheiten fühlen sich in Xinjiang von den Chinesen zunehmend an den Rand gedrängt, was seit den 50er Jahren des 20. Jh. wiederholt Aufstände auslöste. Islamischer Fundamentalismus und Unabhängigkeit der zentralasiatischen Nachbarstaaten Usbekistan, Kasachstan, Kirgisistan und Tadschikistan (seit 1991) nährten den Willen zur Selbstbestimmung zusätzlich. Zu dramatischen Zusammenstößen zwischen Uighuren und Chinesen kam es 1997 in Yining, bei denen neun Menschen getötet, etliche verletzt und 500–1000 verhaftet wurden. Laut Amnesty International wurden in den vergangenen Jahren Tausende von Uighuren willkürlich verhaftet und gefoltert und Hunderte zum Tode verurteilt – in Xinjiang wurde 1999, gemessen an der Gesamtbevölkerung, die größte Zahl an Todesurteilen in China verhängt und ausgeführt.

Die größeren ethnischen Gruppen in Xinjiang – Uighuren, Kasachen, Kirgisen, Mongolen, Xibe und Tadschiken – verfügen über eigene Schulsysteme, eigene Verlagswesen und erhalten Erleichterungen beim Hochschulzugang.

Stationen der Geschichte der Seidenstraße

330–325 v. Chr.	Zug Alexanders des Großen nach Indien
268–233 v. Chr.	Der Maurya-König Ashoka erklärt den Buddhismus in Indien zur Staatsreligion.
221–210 v. Chr.	Chinesische Reichseinigung unter Qin Shihuangdi, Bau der Großen Mauer
220 v.– 9 n. Chr.	Westliche Han-Zeit
um 174 –165 v. Chr.	Die Yuezhi ziehen aus der heutigen chinesischen Provinz Gansu westwärts nach Baktrien.
um 150 v. Chr.	Seide erstmals in Rom belegt
139–126 v. Chr.	Militärexpedition des Zhang Qian im Auftrag des Han-Kaisers Wudi nach Zentralasien
104–100 v. Chr.	Feldzüge des Han-Generals Li Guangli gegen Ferghana
9–23 n. Chr.	Interregnum des Wang Mang in China
ca. 20–60	Die Parther beherrschen bis zu ihrer Ablösung durch die Kushana Gandhara.
25–220	Östliche Han-Dynastie in China
65	Erste Gründung eines buddhistischen Klosters in China unter Han-Kaiser Mingdi
73–97	Chinesische Truppen erobern die Turfan-Region.
97	Gan Yings Rom-Mission endet am Persischen Golf.
220–264	Zeit der Drei Reiche in China. Bis zum Beginn der Sui-Dynastie bleibt China zersplittert.
265–316	Westliche Jin-Zeit in China
317–420	Östliche Jin-Zeit in China
317–589	Zeit der Nördlichen und Südlichen Dynastien: Die Nördlichen Wei (386–534) in Nordchina führen den Buddhismus als Staatsreligion ein; zahlreiche buddhistische Heiligtümer entstehen.
399–414	Der chinesische Mönch Faxian reist nach Indien.
475–534	Die Hephthaliten fallen in Nordindien ein.
um 550	Das Wissen um die Seidenherstellung gelangt nach Khotan.
581–618	Sui-Dynastie: China geeint; Bau, Instandsetzung und Vergrößerung von Residenzstädten, Kaiserkanal, Straßennetz und Großer Mauer
618–906	Tang-Dynastie: Chinas Goldenes Zeitalter. Unter Kaiser Taizong erblüht das Reich zur mächtigsten Kulturnation Asiens. Höhepunkt des Handels über die Seidenstraße; ausländische Waren, Religionen und Menschen erreichen China. Blüte des Buddhismus – bis im 9. Jh. Klöster und Tempel auf kaiserlichen Befehl zerstört werden. Alle Fremdreligionen werden in China verboten.
629–645	Reise des chinesischen Pilgermönches Xuanzang nach Indien

Die Heimat der Hephthaliten oder Weißen Hunnen erstreckte sich vom Ili-Tal bis zum Aral-See. Von dort eroberten sie Mitte des 5. Jh. Nordwestindien und Baktrien. Der chinesische Pilgermönch Songyun reiste 518 durch ihr Herrschaftsgebiet und berichtet vom Lebenswandel hephthalitischer Adliger. In Indien konnten sie ihre Macht bis 527 halten. Endgültig wurde ihr Staat 552 von den Türken und sassanidischen Persern vernichtet. Die ursprüngliche Sprache der Hephthaliten ist bis heute unbekannt. Als Amtssprache benutzten sie einen mitteliranischen Dialekt, den sie in baktrischer Schrift schrieben, die sich wiederum vom Griechischen ableitete. Letzte Zeugnisse hephthalitischer Kultur – Dokumente aus dem 8.–13. Jh. – kamen in Turfan zutage.

674	Piruz, der letzte Herrscher der Sassaniden, flieht vor den arabischen Truppen nach Chang'an.
751	Sieg der Araber über die Chinesen am Fluss Talas
757–763	Aufstand An Lushans
763–821	Chinesisch-Tibetischer Krieg; 851 gewinnen die Chinesen Gansu zurück.
906–960	Zeit der Fünf Dynastien in China
916–1125	Liao-Dynastie in Nordchina
um 960	Die Karakhaniden in Kashgar bekennen sich zum Islam.
960–1127	Nördliche Song-Dynastie in China
1127–1279	Südliche Song-Dynastie: China verschließt sich nach Westen hin, der Handel auf der Seidenstraße kommt nahezu zum Erliegen. Kaiser Huizong verliert schließlich sein Reich an die Mongolen.
1128–1133	Die Karakhitan gründen südlich des Balchash-Sees ein Reich (inklusive Kashgar und Samarkand).
1206–1227	Herrschaft Dschingghis' Khans: 1215 Eroberung Beijings, 1221 Choresm, Turkestan und Persien; nach seinem Tod 1227 Teilung des Reiches
1245–1247	Giovanni de Piano Carpini als Gesandter des Papstes am Hof der Mongolen in Karakorum.
1253–1255	Reise Wilhelm von Rubruks nach Karakorum
1279–1369	Yuan-Dynastie: Die Mongolen unter Kubilai Khan erobern China. Beijing wird als Khanbalik Hauptstadt. Förderung des tibetischen Buddhismus; auch christliche Missionare wirken im Land. Giovanni de Montecorvino Erzbischof von Khanbalik. Wiederaufleben des Seidenstraßenhandels.
1254–1269	Maffeo und Nicolò Polo erstmals in Asien
1271–1295	Marco Polo reist nach China.
1368–1644	Ming-Dynastie: Der Hongwu-Kaiser der Ming vertreibt die Mongolen. Im 14. Jh. chinesische See-Expeditionen nach Südostasien und Ostafrika. 1517 erste Landung eines portugiesischen Schiffs an der Südküste Chinas. Der Handel über den Seeweg löst den Handel über die alte Seidenstraße ab.
1369–1399	Timur Leng erobert Transoxanien und den Punjab und macht Samarkand zu seiner Hauptstadt.
1644–1911	Qing-Dynastie: Die Mandschuren herrschen über China. Unter dem Kangxi-, Yongzheng- und dem Qianlong-Kaiser wirtschaftliche Blüte; China expandiert weit nach Zentralasien. Gebietsübertragung an europäische Staaten in Folge der Opiumkriege. Aufstände (Taiping, Rebellion der Muslime, Gründung Kashgariens in Chinesisch-Turkestan und ›Boxeraufstand‹) führen zum Sturz der Qing.
1884	Ostturkestan wird chinesische Provinz Xinjiang.

um 1850–1907	Die Zeit des Great Game: Großbritannien und Russland rivalisieren um die Vorherrschaft in Zentralasien. 1871–74 besetzen die Russen das Ili-Tal. 1889 richten die Briten einen Militärposten in Gilgit ein, 1891 erobern sie Hunza und Nagar. Beginn der geographischen und archäologischen Erforschung Xinjiangs durch westliche Wissenschaftler.
1912–1948	Republik China: Zentrale politische Persönlichkeiten sind Yuan Shikai, Sun Yat-sen und Chiang Kai-shek. 1921 Gründung der KPCh. Xinjiang ist chinesisch verwaltet. 1944 rufen Kasachen und Uighuren in Yining den Staat Ostturkestan aus.
14.8.1947	Pakistan und Indien erklären ihre Unabhängigkeit.
1936–1949	Die Kämpfe zwischen China und Japan sowie zwischen Kommunisten und Nationaler Volkspartei enden mit dem Sieg der KPCh.
1949 bis 1989	Volksrepublik China: 1955 wird Ostturkestan Autonome Region Xinjiang-Uighur der VR China. Seit den 50er Jahren Aufstände gegen die chinesische Regierung in Xinjiang. 1958 Großer Sprung nach vorn, 1966–69 Große Proletarische Kulturrevolution. 1966–82 Bau des Karakorum Highway. 9. September 1976 Tod Maos. Ab 1977 Beginn einer Politik der wirtschaftlichen Öffnung. 1979 Schaffung von Wirtschaftssonderzonen. 4. Juni 1989 Niederschlagung der Demonstrationen auf dem Tian'anmen-Platz in Beijing. Fortsetzung der Politik der wirtschaftlichen Öffnung. 1986 Freigabe der Straße von China nach Pakistan für den Tourismus. 1997 blutige Zusammenstöße zwischen Uighuren und chinesischer Polizei in Yining. 8. Oktober 2005 schweres Erdbeben in Nordwestpakistan.

Straße im heutigen Yumen, Provinz Gansu

Religionen entlang der Seidenstraße

Der Zoroastrismus

Der Prophet Zoroaster, auch Zarathustra, gilt als der Begründer der nach ihm benannten altiranischen Religion. Über die Lebensdaten des Zoroaster ist die Wissenschaft uneins. Man nimmt an, dass er zwischen dem 13. und 6. Jh. v. Chr. in der Gegend des heutigen Afghanistan gelebt hat. Zoroasters Lehre trägt sowohl monotheistische als auch dualistische Züge. Das höchste Wesen des Zoroastrismus ist Ahura Mazda, der ›Herr der Weisheit‹. Sein Symbol ist das Feuer, dem eine reinigende Kraft zugesprochen und das von den Zoroastriern besonders verehrt wird. Nach Zoroasters Theorie verfielen bei der Schöpfung der Welt die Zwillingssöhne des Ahura Mazda in eine ewige Rivalität. Spenta Mainyu wandte sich dem Guten, Angra Mainyu dem Bösen zu. Zoroaster verkündete, dass in Zukunft eine Feuersbrunst über die Erde kommen würde, aus der nur die Guten auferstehen und an einer neuen Schöpfung teilhaben würden.

Vom 5. Jh. v. Chr. bis zum 7. Jh. n. Chr. war der Zoroastrismus in unterschiedlichen lokalen Ausprägungen vorrangige Religion im Iran. Die Sassaniden (224–651) erklärten den Zoroastrismus zu ihrer Staatsreligion. In diese Zeit (3./4. Jh.) fiel auch die erstmalige schriftliche Niederlegung der *ghathas*, über Jahrhunderte mündlich tradierte Gebete, Hymnen und Opferformeln, im »Avesta«, dem heiligen Buch der Zoroastrier. In den primär monotheistischen Zoroastrismus fanden im Lauf der Jahrhunderte zahlreiche Götter und Dämonen des altiranischen Pantheons Eingang. Neben Ahura Mazda verehrt man beispielsweise auch Mithra, den Sonnengott, Verethraghna, den Gott des Sieges, Anahita (auch Nana), die Göttin der Liebe, oder Baga, den Gott des Weines und der Ehe. Lokal tragen diese Götter zum Teil unterschiedliche Namen.

Die zoroastrische Kosmologie teilt den Lauf der Welt in vier 3000 Jahre lange Phasen ein. Am Anfang existierte Ormazd, der Herr des Lichts, dem Ahriman, der Herr der Dunkelheit, gegenüberstand. Am Ende der ersten 3000 Jahre griff Ahriman Ormazd an. Um einen endlosen Kampf zu vermeiden, ging Ormazd einen Pakt mit Ahriman ein. In der zweiten 3000-Jahr-Phase zog sich Ahriman in sein Reich der Dunkelheit zurück, während Ormazd die Erde, den Himmel, die Pflanzen, das Ur-Rind und den Ur-Mann schuf. Ahriman konterte daraufhin mit der Schöpfung von Dämonen und der Ur-Frau. Er tötete Ormazds Rind und Mann, aus denen die Menschheit und die Tiere entstanden. Der Beginn der letzten 3000-Jahr-Phase wird durch die Geburt Zoroasters markiert, der den Menschen die Religion brachte.

Der Manichäismus

Der Religionsgründer Mani wurde 216 in Mesopotamien geboren. Nach alten Texten entstammte er einer parthischen Familie königlicher Abstammung, die sich zur jüdisch-christlichen Täufersekte der Elchaisiten bekannte. In seiner Lehre, die er um 240 formulierte, fasste Mani christliche, buddhistische und zoroastrische Elemente zusammen. Charakteristisch ist ihr ausgeprägter Dualismus. Demnach stehen sich innerhalb des Universums das Reich des Lichts und das Reich der Finsternis gegenüber. Im Reich des Lichts, dem der Lichtvater vorsteht, regieren Harmonie, Ruhe, Glück und Schönheit – das Gute –, im düsteren Reich des Teufels Ahriman hingegen herrschen Unruhe, Gier, Neid und Hässlichkeit – das Böse. Ziel der gnostischen Lehre

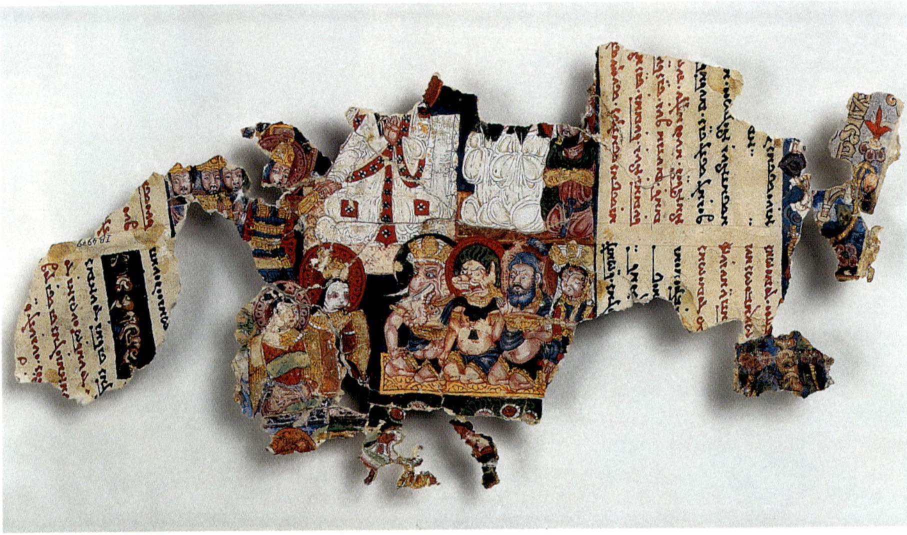

Darstellung kniender Hindu-Gottheiten; Fragment eines manichäischen Miniaturenblatts aus Gaochang, 8./9. Jh.

Manis war es, die menschliche Seele aus dem Reich der Finsternis zu erlösen und ihr den Weg zum Lichtreich zu weisen. Der Religionsstifter selbst sah sich in einer langen Linie von Propheten, beginnend mit Adam über Buddha, Zoroaster und Jesus. Seine Missionsreisen führten ihn unter anderem an den Hof des sassanidischen Herrrschers Shapur I., der Manis Lehre wohlgesonnen war. Unter seiner Regentschaft konnte der Manichäismus im Iran zahlreiche Anhänger gewinnen. Doch Shapurs Nachfolger Bahram I. hielt fest zur damaligen Staatskirche des Zoroastrismus. Er ließ Mani in den Kerker werfen und seine Gemeinde verfolgen. Mani starb zwischen 274 und 277 in Haft.

»Die Lehre des Mani ist im Grunde eine perverse Religion. Sie stellt sich auf trügerische Weise als eine Schule des Buddhismus dar und wird somit die Massen verwirren. So verdient sie, strikt verboten zu werden. Da sie jedoch die angestammte Religion der Westbarbaren und anderer Fremder ist, so werden ihre Anhänger nicht bestraft, wenn sie diese Religion unter sich ausüben.«
Chinesisches Edikt von 732

Trotz dieses Rückschlags konnte der Manichäismus sich weiter ausbreiten. Der Missionar Mar Adda trug die Lehre bis nach Syrien und Ägypten, von wo aus sie um das gesamte Mittelmeer bis nach Europa getragen wurde. Der Mani-Jünger Mar Amma hingegen zog ostwärts nach Zentralasien, wo er zahlreiche Anhänger aus der lokalen Adelsschicht als Gläubige gewinnen konnte. Während der Manichäismus im Römischen Reich schon im 6. Jh. unterging – er wurde dort als ketzerische Variante des Christentums verfolgt –, konnte er in Asien noch ein weiteres Jahrtausend lang bestehen. Zu einem der wichtigsten Hochburgen des Manichäismus in Zentralasien entwickelte sich das Königreich von Kocho im Gebiet um das heutige Turfan. Zahlreiche seiner Herrscher bekannten sich bis ins 13. Jh. hinein zum Manichäismus. Hier hat man auch die bedeutendsten Text- und Bildfunde machen können, die uns heute Auskunft über diese untergegangene Weltreligion geben. Sogdische Kaufleute trugen die Lehre Manis bis nach China. Dort betrachtete man die Religion als eine abtrünnige

Schule des Buddhismus. Unter der einheimischen Bevölkerung erlangte sie nie große Popularität und wurde schließlich 845, im Rahmen eines generellen Verbots aller Fremdreligionen, verbannt. In der südchinesischen Provinz Fujian konnten sich einzelne manichäische Gemeinden dennoch bis ins 16. Jh. halten.

Das Christentum

Die ersten Christen, die ihren Glauben über die Seidenstraße bis nach China trugen, waren die Nestorianer. Diese christliche Sekte, die die These des Nestorius, Patriarch von Konstantinopel (gest. um 450), vertrat, dass Christus nicht Gott sei, sondern zwischen der menschlichen und der göttlichen Natur Christi unterschieden werden müsse, war 431 auf dem Konzil von Ephesus verdammt worden. Die Nestorianer gründeten daraufhin in Ostsyrien ihre eigene Kirche, die im 7. Jh über den Iran und Zentralasien bis nach China Verbreitung fand. Eine in Syrisch und Chinesisch beschriftete Stele, die Anfang des 16. Jh. in Xi'an entdeckt wurde und auf das Jahr 781 datiert wird, berichtet über die christliche Missionierung Chinas seit 631. In diesem Jahr

Darstellung eines Palmsonntagsgottesdienstes; Wandgemälde aus Gaochang, 9. Jh.

habe der persische Nestorianer Aloben die erste Heilige Schrift nach China gebracht. Mit einem Edikt gestattete Kaiser Taizong 638 die Errichtung christlicher Kirchen und die missionarische Tätigkeit der Nestorianer. Der christliche Glaube blieb in China allerdings weitgehend eine Religion der Ausländer und fand unter der einheimischen Bevölkerung wenig Interesse. Das Verbot aller fremdländischen Religionen in China unter Kaiser Wuzong im Jahr 845 löschte die Religion dort fast vollends aus.

»Als der Apostolische Sitz uns den Auftrag anvertraute, uns zu den Tataren und in andere Länder des Orients zu begeben, (...) haben wir uns zunächst auf den Weg in die Mongolei gemacht. Wir lebten damals in Furcht vor der Gefahr, mit der die Tataren die Kirche bedrohten. Wir fürchteten uns davor, dem Tod entgegenzugehen, der Gefangenschaft, dem Hunger, dem Durst, unerbittlicher Kälte, ungeheurer Hitze, Beschimpfungen und Leiden, was unsere Kräfte übersteigen könnte; solche Prüfungen haben wir tatsächlich in größerem Ausmaß erfahren, als wir vorhergesehen hatten, abgesehen von Tod und Gefangenschaft. Aber wir wagten es weder uns dem Willen Gottes noch der Ausübung unserer Pflicht zu entziehen. Wir wollten in irgendeiner Weise für die Christen nützlich sein.«

Giovanni de Piano Carpini

In Zentralasien hingegen war die Mission der Nestorianer erfolgreicher. Im 8. Jh. gab es in Merw, Herat und Samarkand Metropoliten (Leiter von Kirchenprovinzen). Nestorianische Texte, die auf Sogdisch oder Syrisch verfasst sind, fand man in Kashgar, Turfan und Dunhuang. Ausgemerzt wurden diese christlichen Gemeinden in Zentralasien vermutlich erst im 14. Jh. unter dem Muslim Timur.

In Reaktion auf den Mongolensturm, der bis ins Donau-Gebiet vorgedrungen war, startete die katholische Kirche im 13. Jh. im Fernen Osten einen Versuch der christlichen Missionierung. So erreichte 1246 der Franziskanermönch Giovanni de Piano Carpini den Hof des Khan in Karakorum. Wilhelm von Rubruk, ein abgesandter Ludwigs IX., war 1253 der zweite christliche Missionar in Karakorum. Ein halbes Jahrhundert später erreichte dann der italienische Franziskaner Giovanni de Montecorvino (1247–1328) den Hof des Großkhans in Khanbalik (Beijing). Ihm wurde der Bau einer Kirche gestattet, und 1307 wurde er Erzbischof von Beijing. Ihm zur Seite stand einige Jahre lang Odorico de Pordenone. Doch mit dem Ende der Mongolenherrschaft 1368 endete für 200 Jahre auch die christliche Mission in China.

Erst 1583 betrat mit dem Jesuiten Matteo Ricci (1552–1610) wieder ein christlicher Missionar das chinesische Festland, zunächst in Macao. 1601 erreichte er dann Beijing. Ricci, der fließend Chinesisch sprach und die klassische chinesische Literatur kannte, vermochte bald die Gunst des chinesischen Kaisers zu gewinnen. Besonders seine Kenntnisse im Bereich der Astronomie, Mathematik und Technik hinterließen am chinesischen Hofe großen Eindruck. Seinen Nachfolgern, dem Kölner Pater Johann Adam Schall von Bell (1592–1666) und dem Flamen Ferdinand Verbiest (1632–88), wurde gar das Amt des kaiserlichen Hofastronoms angetragen. Doch der sich abzeichnende Erfolg der christlichen Mission wurde bald zunichte gemacht. Rom verbot 1704 per päpstlichem Erlass, dass chinesische Christen (vermutlich um die 300 000) weiterhin ihre Ahnen verehrten. Darauf reagierte der Kaiser mit einem Verbot des Christentums in China und verwies sämtliche Missionare des Landes.

Wieder vergingen fast 100 Jahre, bis im Zuge der offensiven Kolonialpolitik der europäischen Großmächte auch die christliche Missionstätigkeit wieder verstärkt einsetzte. Allerdings warf die aggressive Machtpolitik der westlichen Kolonialherren kein gutes Licht auf die christliche Mission. Der Hass der chinesischen Bevölkerung auf die ausländischen Unterdrücker kulminierte im ›Boxeraufstand‹ von

1900/01. In dessen Verlauf wurden viele chinesische Christen getötet, denen man Verrat an ihrer chinesischen Identität vorwarf.

Obwohl die Ausübung der Religion in der Kulturrevolution verboten war und zu dieser Zeit alle Kirchen geschlossen und teilweise zerstört wurden, schätzt man heute dennoch die Zahl der chinesischen Protestanten auf etwa 20 Millionen und die der Katholiken auf etwa 30 Millionen. Die chinesische Regierung wies 1958 die Trennung der katholischen Kirche Chinas vom Vatikan an. Seit einigen Jahren wird zwar die Wiedereinbindung der chinesischen Katholiken in die römisch-katholische Kirche diskutiert, der Vatikan stößt sich allerdings an der rigorosen Familienplanungspolitik der chinesischen Regierung.

Odorico de Pordenone verfasste einen interessanten Reisebericht, in dem er die Landschaften Zentral- und Südwestchinas schildert. Hier findet sich auch erstmals eine Beschreibung der tibetischen Hauptstadt Lhasa aus europäischer Sicht.

Der Islam

Der Islam, die ›Ergebung in den Willen Gottes‹, ist die jüngste der großen Weltreligionen. Sein Ursprung geht zurück auf den Religionsstifter Mohammed (570–632), dem seit 610 mehrere göttliche Offenbarungen durch den Erzengel Gabriel zuteil wurden, die im Koran, dem heiligen Buch des Islam, zusammengefasst sind. Mohammed verstand sich als Instrument Gottes auf Erden, beauftragt, den Stämmen der arabischen Halbinsel die Lehre von dem Einen Gott, Allah, zu vermitteln.

Nach der Eroberung Mekkas durch die Anhänger Mohammeds im Jahr 630 trat der größte Teil der Bewohner der arabischen Halbinsel zum Islam über. Das Arabische wurde zur Sprache des Islam.

Als Mohammed 632 starb, hatte er allerdings versäumt, einen rechtmäßigen Nachfolger (Kalifen) zu bestimmen. Dies führte zur Spaltung der Gläubigen in zwei Lager: die Sunniten, die als Nachfolger Mohammeds nur einen gewählten Mann anerkennen wollten, und die Schiiten, die die Blutsverwandtschaft mit dem Propheten für den Kalifen voraussetzten. Trotz dieses internen Streits um die Nachfolge des Propheten trat der Islam in den folgenden Jahrhunderten seinen Siegeszug durch Nordafrika, Vorder- und Zentralasien an.

Seinen Weg nach China fand der Islam wahrscheinlich schon zu Lebzeiten Mohammeds, und zwar nicht durch den *jihad*, den ›heiligen Krieg‹, sondern auf friedlichem Wege. Das erste muslimische Gebetshaus auf chinesischem Boden gründeten arabische Kaufleute in der südlichen Hafenstadt Guangzhou (Kanton) bereits 627 – drei Jahre vor dem Einzug Mohammeds in Mekka und fünf Jahre vor seinem Tod. Auch in der damaligen Hauptstadt Chang'an, dem heutigen Xi'an, Endpunkt der Seidenstraße und zu dieser Zeit eine der größten Metropolen der Welt, wurde 732 eine Moschee gegründet, in der sich Händler aus Arabien und Persien versammelten, die über den Landweg nach China gereist waren, um Waren zu tauschen.

Zwar hatte die Niederlage des Sassaniden-Königs Yazdegird III. von 642 das Vordringen arabischer Truppen bis östlich des Amu Darya (Oxus) nach sich gezogen, doch auch nach der Etablierung der is-

Die Fünf Säulen des Islam bestimmen das Leben eines jeden Muslim: das Glaubensbekenntnis (Shahada: »Es gibt keinen Gott außer Gott, und Mohammed ist sein Prophet«), zu dem sich jeder Muslim bekennen muss, zweitens das Gebet (Salat), das fünfmal am Tag in Richtung Mekka zu sprechen ist, das alljährliche Fasten (Saum) im Monat Ramadan, dem neunten Monat des islamischen Kalenders, das Zahlen der Armensteuer (Zakat), die sich nach Beruf und Einkommen richtet, und die Pilgerfahrt (Hadj) nach Mekka, die jeder Muslim mindestens einmal in seinem Leben absolvieren sollte.

lamischen Macht bestanden dort die buddhistischen und zoroastrischen Heiligtümer weiter. Die Kopfsteuer, die die islamischen Machthaber von ihren ›ungläubigen Untertanen‹ kassierten, war ihnen eine willkommene Einnahmequelle, und so übten sie religiöse Toleranz. Zwar verwüsteten im 13. Jh. die mongolischen Reiterheere weite Teile Zentralasiens, was auch für den Islam ein schwerer Schlag war, doch im 15. Jh. hatte sich schließlich nahezu die gesamte Bevölkerung von Chinesisch-Turkestan dem Islam zugewandt.

Heute leben in China etwa 20 Millionen Muslime. Die Mehrheit besteht aus Angehörigen zentralasiatischer Volksgruppen – Uighuren, Usbeken, Tadschiken, Kasachen und Kirgisen –, die auch die Bevölkerungsmehrheit in der Autonomen Region Xinjiang-Uighur stellen. Die von den Han-Chinesen kaum zu unterscheidende muslimische Hui-Minorität hat mit der kleinen Autonomen Region Ningxia ebenfalls ein eigenes Verwaltungsgebiet. Heute stehen der islamischen Bevölkerung wieder mehr als 40 000 Moscheen offen. Es wurden Koranschulen, Ausbildungszentren für Imame und insgesamt acht islamische Universitäten eröffnet. Seit 1979 sind für chinesische Muslime auch Pilgerreisen nach Mekka möglich. Doch eine zentrale Regel gilt unumstößlich: Die Religionsausübung darf das staatliche Leben nicht beeinflussen. Jeder Muslim unterliegt den chinesischen Ehe- und Familienplanungsgesetzen, Fasten und Gebete dürfen nicht die Arbeit stören, die muslimische Pflicht der Armensteuer gilt als gesetzwidrig. Vor allem in der Autonomen Region Xinjiang gewinnen fundamentalistische Anschauungen immer mehr an Einfluss. Viele Muslime wollen hier die Bevormundung durch den Staat nicht mehr akzeptieren. Religiöse, aber auch politische Gründe waren in den letzten Jahren wiederholt Anlass zu bewaffneten Aufständen innerhalb der uighurischen Bevölkerung.

Freitagsgebet in der Osttor-Moschee in Xining, Provinz Qinghai

Der Buddhismus

Der Begriff Buddhismus leitet sich von dem Ehrentitel Buddha ab, unter dem der Begründer der buddhistischen Lehre, Siddharta Gautama oder Shakyamuni, Berühmtheit erlangte. Buddha bedeutet ›der Erleuchtete‹ oder ›der Erwachte‹ und bezeichnet kein göttliches Wesen, sondern einen Menschen, der aus eigener Kraft Erkenntnis gefunden hat und sich durch Einsicht in die Dinge und das rechte Verhalten vom Leid der Welt befreien konnte.

Gemäß der brahmanischen Anschauung glaubte Shakyamuni an den ewigen Kreislauf der Wiedergeburten (Sanskrit: *samsara*) und daran, dass die Wiedergeburt eines Lebewesens durch sein *karma* bestimmt ist. Als Karma bezeichnet man die Summe aller guten und schlechten Taten, die ein Mensch im Laufe seines Lebens vollbringt. Nach dem Karma eines vergangenen Lebens richtet sich sein Auf- oder Abstieg im Kreislauf der Existenzen, dem Samsara. Entgegen der brahmanischen Ständeordnung war Shakyamuni jedoch davon überzeugt, dass jeder Mensch, gleich welcher Herkunft, die Möglichkeit habe, Erlösung aus dem ewigen Wiedergeburtenkreislauf zu finden. Er erkannte die Vier Edlen Wahrheiten: Das menschliche Dasein ist Leiden; die Ursache allen Leids liegt im ›Lebensdurst‹, der Begierde; das Leid kann nur durch die Aufhebung der Begierde beendet werden; Erlösung aus dem ewigen Wiedergeburtenkreislauf kann nur dem gelingen, der den Heiligen Achtfachen Pfad beschreitet – rechten Glauben, rechtes Denken, rechtes Reden, rechtes Handeln, rechtes Leben, rechtes Streben, rechtes Gedenken und rechtes Sich-Versenken. Nach der Erkenntnis des Buddha ist dieser Achtfache Pfad der einzige Weg zur Erlösung vom Leid. Er allein führt zum Nirvana, der absoluten Leere.

Nach dem Tod Siddharta Gautamas, der seine Lehre nicht schriftlich niederlegte, wurde der buddhistische Kanon auf der Basis mündlicher Überlieferung in der Schriftensammlung des »Tripitaka«, des »Dreikorbs«, festgelegt. Schon in früher Zeit entwickelten sich unterschiedliche buddhistische Schulen, die sich zunächst zwei Hauptrichtungen zurechnen lassen: der Theravada-Buddhismus, das so genannte ›Kleine Fahrzeug‹ (Hinayana), und das ›Große Fahrzeug‹, (Mahayana), das heute in China, Tibet, Japan und Korea verbreitet ist. Anders als der Theravada-Buddhismus, der das Mönchsideal verficht und in dem der Einzelne die Erlösung aus eigener Kraft erlangen muss, verspricht der Mahayana-Buddhismus allen Menschen die Möglichkeit der Erlösung. Hier steht das Ideal des Bodhisattva, eines Heiligen, der die Erleuchtung bereits erlangt hat, jedoch selbstlos auf den Eingang ins Nirvana verzichtet, um anderen Lebewesen den rechten Weg zur Erlösung zu weisen, im Zentrum. Sowohl Buddha als auch die Bodhisattvas werden im Mahayana-Buddhismus kultisch verehrt. Es existiert ein großer Pantheon unzähliger Götter- und Heiligenfiguren, die zum Teil aus dem Hinduismus übernommen wurden. Den historischen Buddha Shakyamuni betrachtet man im Mahayana-Buddhis-

Siddharta Gautama wurde 563 v. Chr. (bzw. nach neuerer Chronologie 115 Jahre später) im Gebiet des heutigen Nepal geboren. Dem Adelsgeschlecht der Shakya entstammend wird er auch Shakyamuni, ›Weiser aus dem Stamm der Shakya‹ genannt. Bis zu seinem 29. Lebensjahr führte er ein Leben in Wohlstand am Hof seines Vaters. Als Erwachsener wurde er bei Ausflügen mit Alter, Krankheit und Tod konfrontiert, was ihn zur Änderung seines Lebens veranlasste. Schließlich erfuhr er nach langer Meditation unter dem Bo dhi-Baum in Bodh Gaya Erleuchtung. Seine Erkenntnisse verkündete er erstmals öffentlich im Gazellenhain von Benares und zog für den Rest seines Lebens predigend durch Nordindien. 480 v. Chr. (alte Chronologie) starb Shakyamuni in Kushinara und trat ins Nirvana ein.

Große Wildganspagode im heutigen Xi'an: Hier übertrug der Mönch Xuanzang buddhistische Texte ins Chinesische.

mus als die Verkörperung eines ewigen, transzendenten Buddha. Er steht in einer Reihe von unendlich vielen Buddhas, die bereits in der Vergangenheit existierten und auch in der Zukunft erscheinen werden.

Der Buddhismus in China erlebte etwa im 10. Jh. eine Entwicklung ins Volkstümliche. Einige Heilige des buddhistischen Pantheons wurden zu spezifisch chinesischen Volksgottheiten umgeformt. Aus dem männlichen Bodhisattva der Barmherzigkeit bzw. des Mit-Leidens, Avalokiteshvara, schuf man die madonnenhafte Guanyin, die um

Hilfe in Not und vor allem um Kindersegen angebetet wird. Maitreya, den Buddha der Zukunft, wandelte man in einen schmerbäuchigen, lachenden Mönch um, der in fast jedem buddhistischen Tempel in China den Besucher in der ersten Halle begrüßt (s. S. 82).

Bereits ab dem 7. Jh. bildete sich in Tibet eine Sonderform des Mahayana-Buddhismus heraus, das ›Diamant-Fahrzeug‹ (Vajrayana), auch Lamaismus genannt, welches Elemente des Mahayana, des indischen Tantrismus und der tibetischen Urreligion Bön in sich vereint. Aus der esoterischen, ganzheitlichen Erkenntnislehre des Tantrismus, die sich etwa seit Mitte des ersten Jahrtausends in Nordindien entwickelt hatte, stammt die Anschauung, dass die Welt eine vielschichtige Realität besitzt, die Idee von der Untrennbarkeit von Absolutem und Relativem und die Einheit von männlicher und weiblicher Polarität. Aus der Bön-Religion übernahm der Lamaismus animistische Elemente, wie den Glauben an zahlreiche Lokalgottheiten und Dämonen, sowie magische Rituale und exorzistische Riten. Eine wichtige Rolle im tibetischen Buddhismus spielen ferner heilige Silben oder Gebetsformeln zur Anrufung der Götter (Sanskrit: *mantra*; ›Schutz des Geistes‹).

Nach den Zerstörungen und Verfolgungen in der Zeit der Kulturrevolution, unter denen insbesondere das tiefreligiöse Tibet, aber auch viele buddhistische Klöster in China zu leiden hatten, kann die buddhistische Glaubensgemeinschaft in China seit Ende der 70er Jahre des 20. Jh. wieder mehr Zulauf verzeichnen. Auch die Zahl der buddhistischen Mönche ist wieder angestiegen. Bedeutende buddhistische Tempel und Klöster erhalten zum Teil wieder staatliche Zuwendungen, allerdings weniger zur Unterstützung der religiösen Institution als um die historischen Baudenkmäler zu erhalten, die vor allem für den Tourismus von Interesse sind. Die Zahl der gläubigen Buddhisten in China schätzt man heute auf etwa 100 Millionen. Während in Tibet der Buddhismus weiterhin eine zentrale Rolle im Alltag der Menschen spielt, verehren in China die meisten Buddhisten gleichzeitig ihre Ahnen, beten bei bestimmten Anliegen auch zu daoistischen Göttern und lassen sich von der Morallehre des Konfuzius leiten. Die Mischung aus allen drei Lehren bildet das Herz der typisch chinesischen Volksreligiosität.

Unter den Fremddynastien der Mongolen (1279–1368) und der Mandschuren (1644–1911) erlebte der Lamaismus auch in China von staatlicher Seite besondere Förderung. Die Mandschuren bekannten sich zur Schule der Gelbmützen (Gelugpa) des tibetischen Reformators Tsongkhapa (1357–1410). Mit dem 5. Dalai Lama erhielt das Oberhaupt der Gelbmützen im 17. Jh. auch weltliche Macht. Die tibetische Theokratie sollte bis zum Einmarsch der chinesischen Volksbefreiungsarmee 1951 bestehen.

Das älteste und wichtigste Mantra des tibetischen Buddhismus ist »Om Mani padme hum« (Sanskrit: »Om, Kleinod in der Lotosblüte, hum«), welches zur Anrufung des Bodhisattva Avalokiteshvara verwendet wird.

Ikonographie des buddhistischen Pantheons

Die Schöpfer buddhistischer Bildwerke in ganz Asien orientierten sich an dem Bild des Buddha, wie es im 1. Jh. in Gandhara, im heutigen Nordpakistan, geprägt wurde. In ikonographischen Handbüchern war der Kanon der Stand- und Sitzhaltungen für die Figuren des Götterpantheons niedergelegt und mit Sanskritnamen benannt. Auch Maße und Proportionen der Figuren waren genau vorgegeben. Insbesondere die Handhaltungen, auf Sanskrit *mudra*, spielen bei der Identifizierung der verschiedenen Figuren eine große Rolle. Sie besitzen

1

2

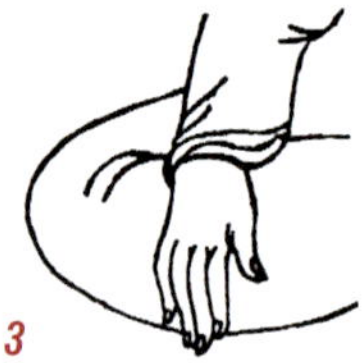

3

4

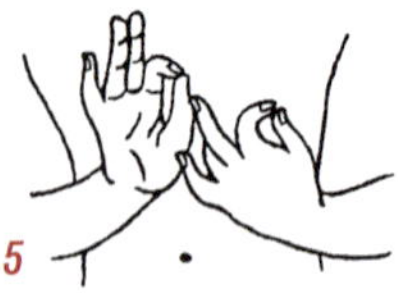

5

1 Abhaya-mudra
2 Dharmavakyana-mudra
3 Bhumiparsha-mudra
4 Varada-mudra
5 Dharmachakra-pravartana-mudra

sämtlich symbolische Bedeutung und lassen sich auf Handbewegungen des klassischen indischen Tanzes zurückführen. Hier eine kleine Auswahl der wichtigsten Mudras:
Abhaya-mudra: Geste der Furchtlosigkeit und Ermutigung
Bhumiparsha-mudra: Geste der Erdberührung. Sie erinnert an die Versuchung des historischen Buddha Shakyamuni durch Mara, den Herrn des Bösen. Dieser versucht den Buddha kurz vor seiner Erleuchtung unter dem Bodhi-Baum vom rechten Weg abzubringen. Shakyamuni hält jedoch stand und ruft die Erde als Zeugin an.
Dharmachakra-pravartana-mudra: Geste des Drehens des Rades der Lehre. Sie erinnert an die erste Predigt des historischen Buddha im Gazellenhain von Benares, mit der er das Rad der Lehre (Sanskrit: *dharmachakra*) in Gang setzte.
Dharmavakyana-mudra: Geste der Lehrdarlegung (manchmal auch als Vitarka-mudra, s.u., identifiziert)
Dhyana-mudra: Meditationsgestus
Varada-mudra: Geste der Segens- oder Gabensgewährung
Vitarka-mudra: Geste des Unterscheidens oder der Argumentation (manchmal auch als Geste der Erklärung oder der Lehre identifiziert)

Der Buddha

Die ikonographischen Handbücher listen für die Darstellung des Buddha (chin.: *fo*) die 32 Merkmale eines Großen Wesens (Sanskrit: *lakshana*), darunter der Schädelauswuchs (Sanskrit: *ushnisha*), welcher als ›Weisheitsknochen‹ interpretiert wird. Das Haar des Buddha ist meist kurz gelockt und von blauer Farbe. Die Haarlocke auf der Stirn (Sanskrit: *urna*), oft nur als Punkt dargestellt, gilt als ›Auge der Weisheit‹. Die lang gezogenen Ohrläppchen erinnern daran, dass Shakyamuni sich als Prinz mit schweren Ohrgehängen schmückte. Er trägt ein einfaches togaartiges Mönchsgewand, das die rechte Schulter frei lässt, und keine Schuhe. Körperhaltung und Handgesten des Buddha variieren, meist wird er mit verschränkten Unterschenkeln sitzend abgebildet, wobei die nach oben gedrehten Fußsohlen sichtbar sind. Dieser ›Lotossitz‹ (Sanskrit: *padmasana*) ist die typische Meditationshaltung. Wird der Buddha auf der Seite liegend gezeigt, so stellt dies den Moment seines Eingangs ins Nirvana dar. Als Thron dient dem Buddha eine aufgeblühte Lotosblüte, das Symbol der Reinheit. Es umgibt ihn ein Heiligenschein, die Mandorla. Meist flankieren Ananda und Mahakashyapa, aufrecht stehend und mit geschorenen Häuptern, als Lieblingsschüler den historischen Buddha.

Die Darstellungen des Shakayamuni und der verschiedenen anderen Buddha-Gestalten des Mahayana-Buddhismus sind ikonographisch nur schwer zu unterscheiden. Ähnlich in ihrer Darstellung sind **Amitabha**, der Buddha des Unermesslichen Lichts (chin.: Amituo Fo), **Vairochana**, Der Überallhin Leuchtende (chin.: Pilu Fo), **Maitreya** (chin.: Mile Fo), der Buddha der Zukunft, und **Dipamkara**, der Buddha der Vergangenheit (chin.: Dingguang Fo). **Amitayus**, den

Buddha Shakyamuni mit seinen beiden Schülern Ananda und Kashyapa sowie zwei Bodhisattvas; Tang-zeitliche Lehmskulpturen aus Höhle 328 der Mogao-Grotten bei Dunhuang

Buddha der Unermesslichen Lebensdauer, hingegen erkennt man an seinem reichen Schmuck, der Krone und dem Fläschchen mit dem Nektar der Unsterblichkeit, das er in der Hand trägt. Der als Herr über die Heilkünste verehrte Medizin-Buddha **Bhaisajyaguru** zeigt meist mit der rechten Hand die Geste der Segensgewährung, in der linken hält er häufig die Arura-Frucht oder eine Almosenschale.

Bodhisattvas

Bodhisattvas (chin.: *pusa*) sind Wesen, die selbstlos auf den Eintritt ins Nirvana verzichten, um den Sterblichen, die noch im Leid der Welt gefangen sind, den Weg zur Erlösung zu weisen. Die Bodhisattvas tragen meist den fließenden Hüftrock indischer Prinzen, ihren nackten Oberkörper umspielen fließende Bänder und kostbare Geschmeide. Auf dem Haupt tragen sie eine Krone. Meist stellt man sie stehend, mit leicht eingeknickter Hüfte, oder lässig sitzend, mit angewinkeltem Bein, dar.

Bodhisattva, Seidenmalerei aus Gaochang, 9./10. Jh.

Avalokiteshvara (chin: Guanyin), der Herr, der herabblickt auf das Leid der Welt, ist eine der beliebtesten Gestalten des chinesischen Buddhismus. Als Attribute hält er meist die Lotosblüte und ein Weihwasserfläschchen in Händen. Zuweilen ersetzt ein Weidenzweig den Lotos. Häufig findet man Darstellungen des Avalokiteshvara mit elf Köpfen und 1000 Armen. Diese sollen ihm ermöglichen, alles Leid der Welt zu erblicken und helfend einzugreifen. Ursprünglich eine männliche Gottheit, wird Avalokiteshvara in China oft mit weiblichen Zügen dargestellt. Seit dem 10. Jh. erfuhr er hier eine Wandlung zur volkstümlichen Göttin der Barmherzigkeit, **Guanyin**. In ein weißes Gewand gekleidet und mit einem Kind im Arm, mutet sie in vielen

Darstellungen wie die christliche Madonna an. Man betet zu ihr vor allem um Kindersegen. Der heilige Berg Putuo, eine Insel im Ostchinesischen Meer, gilt als ihr Wohnsitz.

Maitreya (chin.: Mile Fo), der Liebreiche, wird sowohl im prächtigen Gewand des Bodhisattva als auch als Buddha abgebildet. Seit dem 10. Jh. stellt man ihn in China gerne auch als lachenden dickbäuchigen Mönch Budai, ›Hanfsack‹, dar. Die Legende sieht in diesem lebenslustigen kinderfreundlichen Mönch, der im 10. Jh. in der Nähe von Hangzhou gelebt haben soll, eine Reinkarnation des Zukunftsbuddhas Maitreya.

Manjushri (chin.: Wenshu), den Bodhisattva der Weisheit, erkennt man an seinen Attributen Schwert und Buch. Sein Reittier ist ein blauer Löwe. Häufig wird er mehrarmig dargestellt. Manjushri residiert auf dem heiligen Berg Wutai in der Provinz Shanxi.

Samantabhadra (chin.: Puxian), der Allseits Segensreiche, lässt sich leicht an seinem Reittier, dem weißen Elefanten, erkennen. Er hält ein Fläschchen sowie einen Lotos mit Sonnenscheibe in den Händen. Samantabhadra thront auf dem heiligen Berg Emei in der Provinz Sichuan, auf dem er sich nach seinem langen Ritt von Indien nach China niedergelassen haben soll.

Kshitigarbha (chin.: Dizang), der Schoß der Erde, ist der Erretter der Seelen vor den Qualen der Hölle und gilt auch als Schutzheiliger der Reisenden. Er wird als Mönch mit geschorenem Haupt und in eine schlichte Toga gekleidet dargestellt. Auf seiner Stirn ist das ›Weisheitsauge‹, zu erkennen. Er führt den langen Rasselstab der Bettelmönche mit sich. Sein Wohnort ist der heilige Berg Jiuhua in der Provinz Anhui.

Volkstümliche Interpretationen schmücken die Fähigkeiten der Himmelskönige noch weiter aus. Meist sind diese recht blutrünstig, und man deutet ihre Attribute als Waffen im Kampf gegen die Feinde des Buddhismus. So wird man oft hören, der Herr des Nordens vermag beim Aufspannen des Schirms seine Gestalt zu vertausendfachen, die Laute des Östlichen Himmelskönigs betäube die Feinde des Buddhismus mit ihrem Klang, der Herr des Südens metzele diese mit dem Schwert nieder und der Herr des Westens vergifte sie mit dem Biss der Schlange.

Die Arhats

Arhat (chin.: *luohan*) bedeutet ›Verehrungswürdiger‹. Es handelt sich um Anhänger der buddhistischen Lehre, die die Erleuchtung aus eigener Kraft erfahren haben. Sie verkörpern das Mönchsideal des Hinayana-Buddhismus und stehen somit im Gegensatz zur Selbstlosigkeit der Bodhisattvas. Die Arhats werden meist in einer Gruppe von 18 Figuren abgebildet und flankieren die Seitenwände der Haupthalle eines buddhistischen Tempels. Häufig findet man auch Figurengruppen von 500 Arhats in den Nebenhallen von Klöstern. Die Darstellung der Arhats unterliegt nicht dem Kanon für buddhistische Bildwerke, das heißt, die Künstler haben freie Hand. Die Arhats werden nicht als überirdische Wesen, sondern als asketische Mönche dargestellt. Auffällig unterscheiden sich ihre Charakterköpfe mit individuellen Gesichtszügen von denen der Buddhas und Bodhisattvas. Nicht selten spielt ihre Darstellung dabei ins Groteske.

Die Vier Himmelskönige

Im hinduistischen Götterpantheon bewachen die Himmelskönige (Sanksrit: *devaraja*, chin.: *tianwang*), auch Vier Weltenwächter

(Sanskrit: *lokapala*) genannt, den Weltenberg Meru. In dieser Funktion sind sie vom Buddhismus übernommen worden. Die Vier gelten als Beschützer der buddhistischen Lehre. In chinesischen Tempeln sind die Himmelskönige meist in einer ihnen gewidmeten Halle am Eingang platziert. Sie werden in bewegten Posen, mit grimmigen Gesichtern, in voller Rüstung und mit Kronen oder Helmen abgebildet. Unter ihren Füßen zertreten sie Dämonen, in ihren Händen halten sie verschiedene Attribute. Der grüne **Vaishravana**, der Hüter des Nordens, trägt einen Schirm als Symbol der buddhistischen Lehre oder eine zusammengerollte Fahne als Siegesbanner derselben, in der anderen Hand hält er zuweilen eine Pagode oder ein Mungo, welches Edelsteine speit. Der weiße **Dhritarashtra**, Herr des Ostens, spielt auf einer chinesischen Laute, deren Klang die Gedanken der Gläubigen reinigt und zur Ruhe kommen lässt. **Virudhaka**, der Hüter des Südens, ist von blauer Farbe und hält ein Schwert, mit dem er das Gute verteidigt und die dunkle Macht der Ignoranz bekämpft. Der rotgesichtige **Virupaksha**, der Herr des Westens hält das buddhistische Wunschjuwel, Chintamani, in seinen Händen, welches von der Schlange in seiner anderen Hand verteidigt wird.

Weituo

Der jugendliche Krieger Weituo (Sanskrit: Skandha) ist einer der Generäle des Südlichen Himmelskönigs. Er trägt eine Rüstung nebst Helm und hält in seiner Hand entweder den Donnerkeil (Sanskrit: *vajra*), oder einen Stab, mit dem er die buddhistische Lehre gegen ihre Feinde verteidigt. In chinesischen Tempeln steht Weituo in der ersten Halle Rücken an Rücken mit dem Dickbauch-Buddha Mile Fo.

Wächterfiguren

Die Wächter der Lehre (Sanskrit: *dharmapala*) sind meist als muskulöse, grimmig dreinschauende Männer mit nacktem Oberkörper dargestellt. In China werden sie *erwang* (›zwei Könige‹) oder *mingwang* (›Wissenskönige‹) genannt. In vielen, aber nicht in allen buddhistischen Tempeln sind die beiden als Monumentalfiguren am Tempeleingang platziert. Mit ihrem Respekt einflößenden Blick ermahnt ein König den ankommenden, der andere den weggehenden Tempelbesucher zu Anstand und tugendhaftem Benehmen.

Respekt einflößender Dharmapala

Apsaras

Die ›Wasserwandlerinnen‹ sind nach der hinduistischen Mythologie die Tänzerinnen des Gottes Indra. In der buddhistischen Kunst treten sie als engelhafte Wesen auf, die sich in elegant flatternden Gewändern, manchmal auch mit Flügeln, schwebend durch die Lüfte bewegen.

Ikonographie und Symbolik des tibetischen Buddhismus

Adibuddha

Der Adibuddha gilt als der Ur-Buddha und Verkörperung des Buddha-Prinzips. Alle Dinge innerhalb des Kosmos sind aus ihm hervorgegangen. Die Fünf Tathagatas (s.u.) gelten als Emanationen des Adibuddha und verkörpern dessen verschiedene Aspekte. Er wird entweder als Samantabhadra mit dunkelblauer Körperfarbe in Vereinigung mit seiner weißen Weisheitspartnerin (Sanskrit: *prajña*) dargestellt oder als Vajradhara. Dann kreuzt er die Ritualobjekte Donnerkeil (Sanskrit: *vajra*) und Glocke (Sanskrit: *gantha*) vor der Brust.

Amitayus

Amitayus gilt als der Buddha der Unermesslichen Lebensdauer (s. S. 70f.). Er ist eine Emanation des Buddha Amitabha und wird mit roter Körperfarbe dargestellt. Seine Hände hält er in der Meditationsgeste. Sein Attribut ist eine Vase (Sanskrit: *kalasha*) mit dem Trank der Unsterblichkeit.

Fünf Tathagatas

Die Fünf Tathagatas (Sanskrit für ›Fünf Darüberhinaus Gegangene), auch Dhyani-Buddhas (Meditationsbuddhas) oder Transzendente Buddhas genannt, verkörpern die verschiedenen Aspekte des Ur-Buddha. Jedem der Fünf – Vairochana, Akshobya, Ratnasambhava, Amithaba und Amoghasiddhi – ist eine bestimmte Farbe, ein bestimmtes Attribut, ein Element, eine Gefährtin (Weisheitspartnerin), ein Symboltier, eine Sphäre innerhalb des Mandalas, eine bestimmte Fähigkeit etc. zugeordnet. Außerdem leiten sich von jedem von ihnen ganze Familien von Gottheiten innerhalb des Pantheons des tibetischen Buddhismus ab, die jeweils ähnliche Eigenschaften wie der Tathagata besitzen.

Die Fünf Tathagatas und ihre wichtigsten Zuordnungen

Tathagata	**Vairochana**	**Akshobya**
Farbe	Weiß	Blau
Attribut	Rad der Lehre	Diamantzepter
Element	Äther	Wasser
Gefährtin	Vajradhatishvari	Locana
Symboltier	Löwe	Elefant
Sphäre	Mitte	Osten
Fähigkeit	Unwissenheit vertreiben	Hass vertreiben
zugeordneter Bodhisattva	Samantabhadra	Vajrapani

Jobo

Sambhogakaya-Form des Buddha Shakyamuni, ikonographisch daran erkennbar, dass der Buddha wie ein Bodhisattva mit Diadem und üppigem Schmuck dargestellt wird. Shakyamuni nahm nach seinem Eingang ins Nirvana diese Form, den ›Körper des Mitgenießens‹, an, um alle Lebewesen an seinem Wesen teilhaben zu lassen. Der Jobo-Buddha im Jokhang zu Lhasa ist die heiligste Figur Tibets.

Mahakala

Der Große Schwarze, eine zornvolle Gottheit, war ursprünglich ein Dämon, wurde von Manjushri gezähmt und in einen Beschützer der buddhistischen Lehre (Sanskrit: *dharmapala*) verwandelt. Mahakala tritt in vielen Erscheinungsformen auf. Am häufigsten sieht man ihn mit dunkelblauer Körperfarbe und sechs Armen. Seine Attribute sind das Opfermesser, die Girlande aus Menschenschädeln, die Schädelschale, der Dreizack, die Handtrommel und die Fangschlinge.

Mandala

Zwei- oder dreidimensionale Gebilde aus Kreisen (Sanskrit: *mandala*) und Quadraten, die als Meditationshilfen benutzt werden. Im Zentrum steht jeweils eine Gottheit in ihrem ›Palast‹, umgeben von Nebengottheiten, die verschiedene Variationen der Hauptgottheit darstellen. Den ›Palastbereich‹ umgibt ein Ring von konzentrischen Kreisen, welche die Sphären der Reinigung von Körper (fünffarbiger Flammenkranz), Wort (Vajra-Mauer) und Geist (Lotoskranz) symbolisieren. Bevor er zur Gottheit im Zentrum des Mandalas vordringt, muss der Meditierende diese Kreise der Läuterung im Geiste durchschreiten. Schritt für Schritt visualisiert er die verschiedenen Gottheiten und ihre Qualitäten, bis er sich schließlich mit der zentralen Gottheit im Geiste vereint. Man findet Mandalas in gemalter Form als *thangka*, aus farbigem Sand gestreut oder dreidimensional, dann meist aus Metall gegossen oder als begehbare Gebäude in der Architektur.

Ein Thangka ist ein religiöses Rollbild aus Stoff, welches in Tempeln aufgehängt oder zu Festen ausgerollt wird. Es ist gewöhnlich auf Baumwolle gemalt und in Brokat eingefasst.

Ratnasambhava	**Amitabha**	**Amoghasiddhi**
Gelb	Rot	Grün
Juwel	Lotos	Doppelvajra
Erde	Feuer	Luft
Mamaki	Pandara	Tara
Pferd	Pfau	Garuda
Süden	Westen	Norden
Egoismus vertreiben	Leidenschaft vertreiben	Habgier vertreiben
Ratnapani	Avalokiteshvara	Vishvapani

Der Garuda ist ein mythisches Wesen aus der indischen Mythologie: halb Vogel, halb Mensch

Mantra

Mantras (Sanskrit für: ›Schutz des Geistes‹) sind Heilige Silben, Gebetsformeln zur Anrufung der Götter. Das älteste und wichtigste Mantra des tibetischen Buddhismus lautet »Om Mani padme hum« (Sanskrit für: »Om, Kleinod in der Lotosblüte, hum«), das Mantra des Avalokiteshvara.

Padmasambhava

Padmasambhava, in Tibet als zweiter Buddha verehrt

Der aus dem Lotos Geborene, im Tibetischen oft als Guru Rinpoche, Kostbarer, Juwelengleicher Lehrer, bezeichnet, war ein buddhistischer Gelehrter und Tantriker aus Indien. Der tibetische König Trisong Detsen rief ihn im 8. Jh. nach Tibet, um dort dem Buddhismus feindlich gesonnene Dämonen zu bekämpfen. Padmasambhava, der auch als Gründer des ersten buddhistischen Klosters in Tibet, Samye, gilt (775), wird in Tibet als zweiter Buddha verehrt. Die tibetische Kunst stellt ihn meist mit einem Schnurrbart dar, auf dem Kopf einen Hut mit hochgeschlagenen Ohrklappen. In der Linken hält er dann eine Schädelschale, in der Rechten ein Vajra. In seinem Arm lehnt der tantrische Stab (Sanskrit: *khatvanga*) mit drei Schädeln.

Das Rad des Lebens

Am Eingang zur Versammlungshalle eines Klosters findet sich meist die Darstellung eines Lebensrades (Sanskrit: *bhavachakra*). Es zeigt, wie die Begierde den Menschen an den ewigen Kreislauf der Wiedergeburten (Sanskrit: *samsara*) bindet. Der Totengott Yama hält mit Klauen und Fängen das Rad.

Im inneren Ring erkennt man ein Schwein (Unwissenheit), einen Hahn (Sinnlichkeit) und eine Schlange (Hass), die sich gegenseitig in den Schwanz beißen. Das soll verdeutlichen, dass diese Grundübel einander bedingen.

Der zweite Ring zeigt Personen, die im Kreislauf der Wiedergeburten auf- bzw. absteigen. Die sechs (manchmal nur fünf) Kreissegmente symbolisieren verschiedene Existenzbereiche, in die ein Lebewesen, bedingt durch sein Karma, hineingeboren wird. In der oberen Hälfte liegen die Bereiche der Menschen, der Titanen und der Götter, die untere Kreishälfte zeigt die Bereiche der Tiere, Hungergeister und der Hölle.

Der äußere Radkranz zeigt die zwölf Erfahrungen im Leben eines Menschen, die ihn im ewigen Wiedergeburtenkreislauf gefangen halten: Unwissenheit (blinde Frau), Taten, die sein Karma und somit sein Schicksal bestimmen (Töpfer bei der Arbeit), die Entwicklung eines unsteten Bewusstseins (Früchte essender Affe), die Bildung von Körper und Geist (Menschen im Boot), die Bildung der sechs Sinne – Sinnesorgane plus Denken – (Haus mit sechs Fenstern), der Kontakt mit der Außenwelt (Liebespaar), das Gefühl (Pfeil im Auge), die Begierde (Trinker), die Habgier und das Festhalten an der irdischen Existenz (Blumen- und Früchtesammlerin), der Zeugungstrieb (Schwangere), die Geburt (Gebärende), das Alter und der Tod (Transport einer Leiche).

Songtsen Gampo

Songtsen Gampo (618–649)

Der Einiger Tibets brachte durch seine Gemahlinnen, die chinesische Prinzessin Wencheng und die nepalesische Prinzessin Bhrikuti, sein Land erstmals mit dem Buddhismus in Kontakt. Er wird schnurrbärtig, im prächtigen Königsgewand mit Krone dargestellt, aus der klein das Haupt des Buddha Amitabha aufragt. Meist flankieren ihn seine Gemahlinnen als Grüne und Weiße Tara.

Tara

Die weibliche Gottheit Tara (Sanskrit für: ›Retterin‹, tib.: Drölma) verkörpert die Liebe und soll aus einer Mitleidsträne des Bodhisattva Avalokiteshvara entstanden sein. Die beiden Gemahlinnen des tibetischen Königs Songtsen Gampo, welche den Buddhismus im 7. Jh. nach Tibet gebracht haben sollen, werden als Emanationen der Tara verehrt, die chinesische Prizessin Wencheng als Weiße Tara, die nepalesische Bhrikuti als Grüne Tara. In ihrer Darstellung als Gruppe der Acht Grünen Taras gilt sie als Schutzgöttin vor den Acht Schrecken: Löwe, Elefant, Feuer, Schlange, Wasser, Freiheitsverlust, Diebstahl und Fleischverzehr.

Tsongkhapa (1357–1419)

Der Gründer des Gelugpa-Ordens, der ›Schule der Tugendhaften‹ (auch ›Gelbmützen-Schule‹), wird im roten Mönchsgewand mit spitzer, gelber Mönchsmütze auf dem Kopf dargestellt. Seine Hände hält er in der Mudra der Lehrdarlegung (Sanskrit: *dharmavakyana*), sie halten außerdem Lotosstengel, aus deren Blüten zu seinen Schultern jeweils ein flammendes Schwert und ein Buch erwachsen. Dies sind die typischen Attribute des Manjushri, als dessen Emanation Tsongkhapa gilt. (s. auch S. 106)

Emanation bedeutet ›Ausströmen‹ oder ›Ausstrahlung‹. Im tibetischen Buddhismus bezeichnet man als Emanationen Wesen, die von Buddhas ›ausgestrahlt‹ werden, d. h. aus ihrem Geist heraus entstanden sind. So gilt beispielsweise der Bodhisattva Avalokiteshvara als Emanation des Buddha Amitabha. Es gibt aber auch Menschen, die Emanationen – Verkörperungen – von Gottheiten sind. Diese nennt man auf Tibetisch Tulku.

Vajra

Im Hinduismus der zerstörerische Donnerkeil des Gottes Indra, symbolisiert das Vajra (Sanskrit für ›Diamantzepter‹, tib.: *dorje*) im tibetischen Buddhismus, dem Vajrayana, das Absolute, die Klarheit und Unzerstörbarkeit der Lehre. Im Ritual symbolisiert es ferner die Methode (Sanskrit: *upaya*) – den männlichen Aspekt des Weges zur Erkenntnis. Seine weibliche Entsprechung ist die Glocke (Sanskrit: *ghanta*), welche die Weisheit (Sanskrit: *prajña*) symbolisiert.

Vajrapani

›Der den Vajra in der Hand hält‹ ist eine Emanation des Buddha Akshobya und ein Bodhisattva in zornvoller Erscheinung. Er hält das Vajra in seiner rechten, erhobenen Hand und symbolisiert die konzentrierte Kraft aller Buddhas. Seine Körperfarbe ist Blau oder Weiß.

Windpferd

Das Windpferd mit dem flammenden Wunschjuwel auf dem Sattel wird häufig auf Gebetsfahnen dargestellt. Es soll die buddhistische Lehre in alle Himmelsrichtungen hinaustragen.

Yab-Yum

Die so genannte ›Vater-Mutter‹-Haltung zeigt tantrische Gottheiten in sexueller Vereinigung, Symbol für die Vereinigung der männlichen Methode (Sanskrit: *upaya*) und der weiblichen Weisheit (Sanskrit: *prajña*).

Yama

Der stierköpfige Totengott ist Herr der Höllen und Richter über die Toten. Er ist von roter oder blauer Körperfarbe, seine Attribute sind Schädelschale und Opfermesser.

Yamantaka

Der Bezwinger des Yama ist die Furcht erregende Form des Bodhisattva Manjushri, die dieser annahm, um Yama zu besiegen. Er ist die Schutzgottheit des Gelugpa-Ordens. Meist wird er mit dunkelblauer Körperfarbe, neungesichtig mit zentralem Stierkopf und 34 Armen dargestellt.

Buddhistische Architektur

Der Stupa

Der Stupa ist eines der wichtigsten und ältesten Symbole des Buddhismus; seine Form geht auf das altindische Tumulusgrab zurück. Im Indien vorchristlicher Zeit bestattete man Könige und Fürsten unter mächtigen, halbkugeligen Erdhügeln, die man mit dem Symbol des Herrschers, einem Ehrenschirm, bekrönte. Auch der historische Buddha Shakyamuni soll auf diese Art beigesetzt worden sein. Es heißt, dass seine Asche unter den Fürsten Nordindiens aufgeteilt und

in acht Stupas verborgen wurde. Lange bevor man den Buddha selbst abzubilden begann, entwickelte sich der Stupa daher zu einem der wichtigsten Symbole des Buddhismus. Er steht für das Nirvana, das endgültige Heilsziel des Buddhismus.

Entwicklung vom indischen Stupa zur chinesischen Pagode (von links nach rechts): Großer Stupa von Sanchi (Indien, etwa 3.–1. Jh. v. Chr.), Ruvanweli-Dagoba in Anuradhapura (Sri Lanka, 137 v. Chr.), allmähliche Streckung hin zur chinesischen Form bis zur Pagode, wie sie eine Wandmalerei in den Mogao-Grotten von Dunhuang zeigt (ca. 6. Jh.)

Stupas beherbergen meist eine Reliquie, oftmals heilige Texte oder sterbliche Überreste des Buddha; sie werden aber auch als Erinnerungsmal gesetzt oder als Votivgabe eines Gläubigen. Der Maurya-König Ashoka (270–232 v. Chr.) soll angeblich während seiner Regierungszeit 84 000 Stupas für die Reliquien des Buddha errichtet haben. Der Kernbau des berühmten Stupa im nordindischen Sanchi, welcher auf das 2.–1. Jh. v. Chr. datiert wird, soll noch aus der Zeit Ashokas stammen. Bei dem Gebäude handelt es sich um einen mit Steinen verkleideten halbkugelförmigen Erdhügel, *anda* genannt, der das Weltenei symbolisiert. Aus diesem soll nach alter indischer Vorstellung der Kosmos entstanden sein. Auf der kreisrunden Basis des Stupa (Sanskrit: *medhi*) verläuft ein Prozessionspfad um das Anda, der von den Gläubigen stets im Uhrzeigersinn beschritten wird. Dem Anda sitzt ein würfelförmiger Aufsatz, *harmika*, auf. Darüber ragt ein Mast, *yasti*, auf, an dem ein oder mehrere Ehrenschirme, *chattra*, befestigt sind. Die Yasti ragt nach unten mindestens ins Anda, manchmal bis in den Boden hinein. Den oberen Abschluss bildet häufig eine Vase, *kalasha*, oder das buddhistische Wunschjuwel, *chintamani*.

Alle in Ost- und Südostasien verbreiteten Formen der Pagode – der thailändische Chedi, der tibetische Chörten, die Dagoba auf Sri Lanka und auch die turmartigen hölzernen Pagoden in China, Japan und Korea – leiten sich von dieser Urform des indischen Stupa ab.

Etwa seit der Zeitenwende entwickelte sich der Stupa in Gandhara zu einem schlankeren, turmartigen Bauwerk. Seine nun eckige Basis und der halbkugelige Körper wurden in die Höhe gezogen. Unter Einfluss der griechisch-römischen Spätantike wurde der Baukörper horizontal durch Gesimse unterteilt und mit Reihen von Statuennischen, Pilastern oder Reliefs verziert. Auch der bekrönende Aufsatz verlängerte sich und wurde mit einer größeren Anzahl von Schirmen versehen.

Von Gandhara aus trat der Buddhismus und damit auch der Bautyp des Stupa seinen Siegeszug nach Ostasien über die Seidenstraße an. Reste von monumentalen Stupas im gandharischen Stil findet man in vielen Oasenstädten des Tarim-Beckens, etwa in Khotan, in Miran,

Räuchergefäß in Pagodenform mit auskragenden Dächern im Vordergrund; im Hintergrund erkennt man die Große Wildganspagode in Xi'an.

Kucha oder in der Turfan-Oase. Die spärlichen Überreste dieser Gebäude erlauben allerdings nicht, eine genaue chronologische Entwicklung des Stupa in Zentralasien nachzuvollziehen. Deutlich erkennbar ist lediglich die Entwicklung in die Vertikale: Die Stupas wurden mit der Zeit schlanker, höher und verjüngten sich nach oben. Auch die Sockelzone gewann an Höhe. So besitzen die Monumentalstupas von Rawak bei Khotan, Niya und Endere zwei- bis dreistöckige Sockelzonen, zu denen Treppen hinaufführen. Der große Terrassenstupa in Gaochang bei Turfan ist von quadratischem Grundriss und besitzt abgetreppte Terrassenstufen, in die Statuennischen eingelassen sind.

Die chinesische Pagode (chin.: *ta*) mit ihren hohen, schlanken Türmen mit den geschwungenen Dächern, hat nur noch wenig Ähnlichkeit mit dem halbkugeligen Stupa, von dem sie sich ursprünglich ableitet. Sie hat sich im Laufe der Jahrhunderte unter Einfluss indischer wie chinesischer Architekturelemente herausgebildet. Mehrgeschossige Turmbauten hat es in China schon lange vor der Einführung der buddhistischen Pagode gegeben. Man findet sie in Han-zeitlichen Gräbern in Reliefs abgebildet oder, en miniature, als Grabbeigaben in Ton modelliert. Auch Texte aus dieser Epoche erwähnen hohe Wachtürme an Stadtbefestigungen oder mehrstöckige Turmbauten als Aussichtspunkte in den kaiserlichen Jagdparks.

Im Gegensatz zum indischen Stupa ist die chinesische Pagode begehbar und besitzt mehrere Geschosse. Ältere Pagodentypen haben meist eine sich nach oben verjüngende Form, ihre Stockwerke werden von Gesimsen begrenzt. Später bildeten sich die auskragenden, schön geschwungenen Dachkränze heraus. Um eine Zentralachse, in der meist die Reliquie eingemauert ist, windet sich eine Treppe nach oben. Die chinesische Pagode ist in ihrem Grundriss nicht mehr rund, sondern polygonal. Die Zahl der Seiten sowie auch die der Geschosse steht in engem Zusammenhang mit der chinesischen Lehre von Yin und Yang. So ist die Anzahl der Stockwerke einer Pagode stets ungerade (chin.: *yin*), die Zahl der Seiten im Grundriss dagegen immer gerade (chin.: *yang*). Gemeinsam mit dem Stupa hat die chinesische Pagode lediglich den Chattra, den mehrstufigen Ehrenschirm auf der Spitze, der meist noch von der Kalasha oder der Chintamani-Perle bekrönt wird. Häufig hängen Glöckchen an den Dachtraufen chinesischer Pagoden, deren Klang die Botschaft des Buddhismus symbolisch in alle Welt tragen soll.

Im Gegensatz zur chinesischen Pagode hat der tibetische Chörten den Grundaufbau des Stupa mit dem kugeligen Körper bewahrt. Sein Aufbau repräsentiert gleichzeitig das Universum, den Menschen und dessen Weg zur Erleuchtung. Der quadratische Sockel symbolisiert die Erde, der gewölbte Aufbau, im Tibetischen *bumpa* genannt, das Himmelsgewölbe und die 13 Dharma-Ringe darüber die feinstofflichen und körperlosen Sphären. Gekrönt wird der Bau von Mondsichel und Sonnenscheibe, die die Polarität von weiblicher Weisheit (Sanskrit: *prajña*) und männlicher Methode (Sanskrit: *upaya*) versinnbildlichen.

In den buddhistischen Grotten von Kizil, Bezeklik und Dunhuang bildet ein zentraler Stupapfeiler häufig das Zentrum einer Kulthöhle.

Bei vielen chinesischen Pagoden spielt die Bedeutung als buddhistischer Kultbau kaum noch eine Rolle. In der chinesischen Garten- und Landschaftsarchitektur erfüllt die Pagode häufig die Funktion eines ›Kräfteregulators‹. Nach der chinesischen ›Lehre von Wind und Wasser‹, Fengshui, lassen sich mit der Errichtung von Pagoden Energieströme, die die Natur durchziehen, umleiten, um somit negative Einflüsse von einer Stadt, einem Palast oder Gräberfeld abzulenken.

Die Tempel

Freibautempel

Der indische Freibautempel, **Vihara** genannt, besteht aus einem offenen rechteckigen, seltener auch kranzförmigen Hof, in dessen Zentrum sich meist ein Stupa erhebt. Er ist an mehreren oder allen Seiten mit Reihen von schlichten Mönchszellen umgeben. In den Tempeln Gandharas, die sich allesamt an diesem Architekturprinzip orientieren, finden sich zwischen den Mönchszellen manchmal Nischen mit Kapellen, Votiv- oder Gedenkstupas. In einigen Fällen liegen Stupahof und der Hof mit den Mönchsquartieren auch getrennt voneinander. Gemeinschaftsdormitorien kannte man in indischen Tempeln nicht. Die Klosterwände zierten in Gandhara häufig Wandmalereien, Reliefs oder Skulpturennischen.

Diese Art des Vihara-Tempels wurde auch in den buddhistischen Stätten Zentralasiens übernommen. Die häufigste Form bildet hier der Stupa-Tempel von rechteckigem Grundriss, den eine Mauer umschließt. Dem zentralen Stupa-Hof mit den Mönchszellen ist meist ein Vorhof, manchmal auch eine Halle vorgelagert. Der Stupa besitzt meist einen quadratischen Sockel und ist rundherum mit Nischen für Statuen versehen. Statt des Stupa findet sich im Zentrum einiger Tempelanlagen auch eine Cella mit einem Kultbildnis.

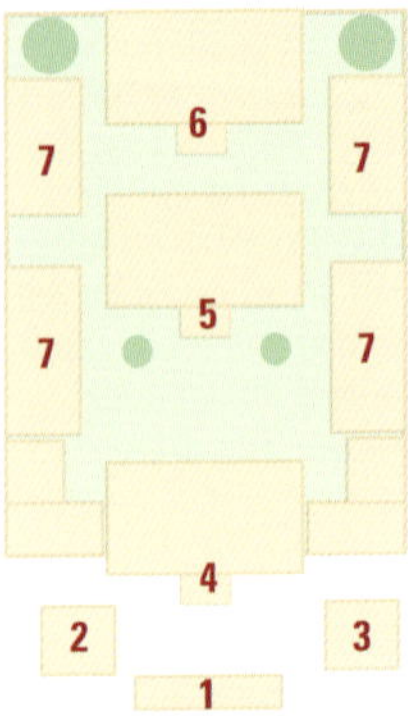

1 Ehrentor (Pailou)
2 Trommelturm (Gu Lou)
3 Glockenturm (Zhong Lou)
4 Halle der Himmelskönige (Tianwang Dian)
5 Haupthalle, i. Allg. die Schatzhalle des Großen Helden/Mahavira-Halle (Daxiong Baodian)
6 Predigt- oder Lehrhalle (meistens)
7 Seitenhallen unterschiedlicher Nutzung

In China indes veränderte der buddhistische Tempel seine Gestalt und folgte chinesischen Architekturprinzipien. Zwar bestehen auch chinesische Tempelanlagen meist aus einem viereckigen Hofkomplex, in dem sich oftmals eine Pagode befindet, der Komplex orientiert sich allerdings an einer Nord-Süd-Achse, auf der die Tempelhallen hintereinander gelagert sind. Auf diese Weise entstehen Höfe, die an den Seiten von Nebengebäuden flankiert werden. Diese symmetrische, axial angelegte Hofarchitektur wurde in China im ersten Jahrtausend v. Chr. ursprünglich für weltliche Bauten entwickelt und später auch auf Sakralanlagen übertragen. Tempelanlagen (gleich ob buddhistisch, daoistisch oder konfuzianisch) folgen in China stets der gleichen Grundstruktur, im Folgenden exemplarisch für einen buddhistischen Tempel beschrieben:

Ein Schmuck- oder Ehrentor (*pailou*) bildet den Eingang zur Anlage. Eine Schrifttafel in der Mitte dieses Tores nennt den Tempelnamen. Häufig flankieren zwei monumentale Wächterfiguren, die so genannten Wissenskönige, den Eingang.

Nun betritt man den ersten Hof, in dem ein kleines Gebäude zur Rechten eine Glocke, ein weiteres zur Linken eine Trommel birgt. Die Glocke, deren Klang die Wahrheit der buddhistischen Lehre symbolisiert, verkündet am Morgen das Öffnen der Tempeltore, die Trommel abends das Schließen. Ihr Dröhnen wehrt böse Einflüsse ab. In kleineren Tempeln finden sich Glocke und Trommel manchmal stattdessen in der Haupthalle des Tempels, links und rechts des Eingangs. In der ersten Tempelhalle, an den Seitenwänden platziert, verteidigen dann die monumentalen Statuen der Vier Himmelskönige grimmigen Blicks und wohlbewaffnet die buddhistische Lehre vor ihren Feinden. In der Mitte der Halle thront Maitreya, der Zukunftsbuddha – meist in Gestalt des lächelnden Dickbauch-Buddha Mile Fo. Rücken an Rücken mit ihm steht der kämpferische Weituo, um die Feinde des Buddhismus abzuwehren.

Nach Norden erreicht man anschließend den Hof vor der Haupthalle. Hier erblickt man meist ein großes bronzenes Räuchergefäß, in dem die Gläubigen Kerzen und Räucherstäbchen anzünden und sie dem Buddha oder verschiedenen Heiligenfiguren opfern. Die Haupt- oder Mahavira-Halle (chin.: Daxiong Baodian, ›Schatzhalle des Großen Helden‹) liegt leicht erhöht auf einer Terrasse. Sie ist normalerweise dem historischen Buddha und Begründer der buddhistischen Lehre, Shakyamuni, geweiht und birgt sein Bildnis. Ihn flankieren seine Lieblingsjünger Ananda und Mahakashyapa. Sehr häufig findet man in der Haupthalle auch eine Gruppe von drei Buddha-Statuen, die Buddhas der Drei Zeiten: den Buddha der Gegenwart, Shakyamuni (Mitte), den Buddha der Vergangenheit, Dipamkara (links), und Maitreya, den Buddha der Zukunft (rechts). Vor den Buddha-Bildnissen steht ein Altartisch mit Kerzen, Räuchergefäßen und Blumenvasen sowie den Emblemen der Acht Symbole des Buddhismus: dem Rad der Lehre, dem Lotos, dem Schirm, dem Baldachin, der Vase, dem Fisch, dem endlosen Knoten, der Meeresschnecke. An den Seitenwänden der

Haupthalle reihen sich oft die 18 Arhats; die Rückwand der Haupthalle schmückt meist eine Statue des Avalokiteshvara bzw. der Guanyin, seiner chinesischen weiblichen Ausprägung.

Auf die Haupthalle folgt gemeinhin eine Predigt- oder Lehrhalle. Die Seitenhallen bergen weitere Kultfiguren oder dienen als Studierzimmer oder Bibliotheken. In größeren Klöstern liegen Mönchsquartiere und Verwaltungs- und Wirtschaftsgebäude im hinteren Tempelbereich.

Höhlentempel

Das Prinzip des Vihara findet sich in Indien auch in der Höhlentempelarchitektur: Reihen von einfachen Mönchszellen, die sich um einen Zentralraum gruppieren, wurden vor allem in Westindien auch aus Felsmassiven herausgemeißelt. Zu den ältesten und berühmtesten Grottenheiligtümern zählen die buddhistischen Höhlen von Ajanta im indischen Bundesstaat Maharashtra, die zwischen dem 2. Jh. v. Chr. und dem 8. Jh. n. Chr. entstanden sind. Neben schlichten Eremitengrotten findet man hier auch prächtige Chaitya-Hallen in den Stein geschlagen, die einen Stupa oder ein Kultbild schützend umgeben. Sie bestehen aus einer dreischiffigen Halle mit Apsis, überspannt von einem Tonnengewölbe. Die Wände dieser Grotten waren üppig mit Wandmalereien verziert. Diese Art der buddhistischen Grottentempel entstand seit dem 3. Jh. n. Chr. entlang der Seidenstraße in ganz Zentralasien. Die bedeutendsten findet bzw. fand man im afghanischen Bamiyan – wo zum Weltkulturerbe der Menschheit gehörende grandiose Buddha-Skulpturen im März 2001 von bilderstürmerischen Taliban zerstört wurden –, sowie in Kucha (Kizil, Kumtura), Turfan (Bezeklik) und Dunhuang (Mogao). In ihrem Aufbau gleichen sich viele dieser Höhlentempel, üblich ist ein quadratischer oder rechteckiger Grundriss. Im hinteren Bereich steht meist ein Stupa in Form eines viereckigen Zentralpfeilers, während die Decken Tonnen- , Laternen- oder Baldachinform aufweisen. In den Wohnhöhlen für Mönche gruppieren sich nach Art des Vihara einige Mönchszellen um einen Zentralraum. Diese Art der Grottentempel verbreitete sich seit dem 5. Jh. auch in China. Die größten buddhistischen Höhlentempelanlagen finden sich bei Datong (Shanxi), Luoyang (Henan), Binglingsi und am Maiji Shan (beide Gansu).

Skulptur und Malerei

Die Kunst der Seidenstraße ist in erster Linie buddhistische Kunst. Sie umfasst Tempelbauten und Höhlentempel, Wandmalereien, Plastiken aus Holz, Lehm oder Bronze sowie Malereien auf Stoff, Papier, Holz oder Seide. Daneben haben Archäologen zahlreiche Schriftstücke in verschiedenen Sprachen und Schriften, diverse Kleinkunstwerke aus unterschiedlichen Materialien sowie Gegenstände des alltäglichen Gebrauchs in Zentralasien freilegen können. Die ältesten Fundstücke lassen sich auf das 2./3. Jh. n. Chr. datieren; die meisten stammen aus der Zeit zwischen dem 5. und 10. Jh., als der Handel über die Seidenstraße seine Blütezeit erlebte. Ein Großteil dieser Kunstschätze befindet sich heute nicht mehr an ihren Fundorten, sondern in den großen Museen Europas, Amerikas und Asiens.

Der Buddha mit seinem schier unüberschaubaren Pantheon von Bodhisattvas und Devatas, seine Lebensgeschichte, die unzähligen Legenden von seinen früheren Existenzen (Sanskrit: *jataka*) und buddhistische Moralgeschichten (Sanskrit: *avadana*) bilden die zentralen Themen der Kunst der Seidenstraße im ersten Jahrtausend unserer Zeitrechnung. Die Ikonographie der frühen Buddha-Bildnisse steht noch unter starkem Einfluss der Kunst Gandharas, jenem Reich im nördlichem Pakistan, wo man im 1. Jh. n. Chr. begann, den Buddha bildlich darzustellen. Später vermischten sich zahlreiche Kultureinflüsse: hellenistisch-römische, indische, persische, chinesische und lokale. Die Blütezeit buddhistischer Kunst hielt bis etwa ins 10. Jh. an. Die Architektur und Kunstwerke späterer Zeit sind überwiegend islamisch geprägt.

Die Kunst Gandharas

Die Kunst Gandharas, die im 1. Jh. n. Chr. in Nordwestpakistan und Südafghanistan entstand, prägte asienweit in entscheidendem Maß das Bildnis des Buddha. Die Blütezeit gandharischer Kunst währte nahezu ein halbes Jahrtausend. Besonderen Aufschwung erfuhr sie unter der Herrschaft Kanishkas I., der zwischen 78 und 128 n. Chr. regierte (Datierung nicht eindeutig gesichert). Kanishka gehörte der Dynastie der Kushanas an, die ursprünglich aus der Gegend der heutigen chinesischen Provinz Gansu stammten und wahrscheinlich mit den Yuezhi chinesischer Quellen identisch sind. Mitte des 2. Jh. v. Chr. hatten die Kushanas Baktrien erobert und in den folgenden 100 Jahren ihre Herrschaft auf das Gebiet des heutigen Afghanistan, Nordpakistan und Teile des Ganges-Deltas ausgeweitet. Unter Kanishka I., einem glühenden Anhänger der Lehre Buddhas, entstanden in diesem Raum zahlreiche buddhistische Heiligtümer. Skulpturen und Reliefs aus Schiefer und Stuck mit Darstellungen des Buddha und Szenen aus seiner Lebensgeschichte zierten die gandharischen Stupas und Tempel. Obwohl die buddhistische Lehre zu dieser Zeit schon etwa 500 Jahre alt war, war der Buddha nie zuvor als Mensch dargestellt worden. Immer hatten Symbole, wie der Stupa, das Rad der Lehre, der Fußabdruck des Buddha, der Bodhi-Baum oder die Lotosblüte, das Bild des Erleuchteten ersetzt. Etwa gleichzeitig mit Gandhara entstanden erste Buddha-Bildnisse auch im nordindischen Mathura, das damals ebenfalls unter der Herrschaft Kanishkas stand.

Stilistisch vermengt die Kunst Gandharas Elemente indischen, iranischen sowie griechisch-römischen Ursprungs. Der klassische Einfluss in der Kunst Gandharas kam nicht von ungefähr, war doch das Gebiet Gandharas bereits im 4. Jh. v. Chr. von Alexander dem Großen erobert worden und hatte nahezu 200 Jahre unter griechisch-baktrischer Herrschaft gestanden. Zudem unterhielten die Kushanas rege Handelsbeziehungen zum Römischen Reich, sodass römische Stilelemente und Techniken wahrscheinlich auch direkt von Künstlern aus dem Mittelmeerraum eingeführt wurden.

Bei diesem vergoldeten Buddha-Kopf aus Holz (5./6. Jh.), der im zentralasiatischen Tumshuq gefunden wurde, erkennt man deutlich den Einfluss der Gandhara-Kunst.

Die klassischen Buddha-Bildnisse Gandharas zeigen den Erleuchteten mit seinen charakteristischen Merkmalen, wie sie in den heiligen Schriften niedergelegt sind (s. S. 70f.), sämtlich Elemente indischen Ursprungs. Sein Mönchsgewand hingegen erinnert an eine römische Toga samt typischem Faltenwurf. Das Antlitz des Buddha trägt in Gandhara apollinische Züge, sein Haar ist gewellt. Da das Reich vom Mahayana-Buddhismus geprägt war, spielen Bodhisattva-Darstellungen in der gandharischen Kunst eine große Rolle. Die Erleuchtungswesen werden wie indische Fürsten in kostbare Gewänder gehüllt und juwelengeschmückt dargestellt.

Neben Einzelskulpturen haben sich in der gandharischen Kunst vor allem zahlreiche Reliefs mit Darstellungen aus dem Leben des Buddha und aus den Jatakas erhalten, Malereien sind nur wenige überliefert. Während in der indischen Bildhauerkunst fortlaufende Ereignisse meist ohne Trennung der einzelnen Szenen mit wiederholtem Auftreten der Hauptfigur dargestellt werden, findet man in gandharischen Reliefs vorwiegend gerahmte Einzelszenen, ganz nach griechisch-römischem Vorbild. Auch die Komposition – klassisch gereihte Figuren oder die Darstellung von Figurenreihen in mehreren Ebenen wie auf einer Bühne – geht auf klassische Vorbilder zurück.

Die Kunst Ostturkestans

Zwei große Kunstkreise lassen sich in den buddhistischen Zentren Ostturkestans unterscheiden: ein älterer, westlicher, der zwischen 500 und 700 in dem Gebiet um Kucha geprägt wurde, und ein jüngerer, östlicher, der sich um 650–950 in der Turfan-Oase entwickelte. Eine Sonderstellung nimmt dabei die Kunst Mirans ein. Die Fresken, die Sir Aurel Stein dort 1907 und 1914 freilegte, stammen aus dem 3. Jh. n. Chr. und sind damit die ältesten Wandmalereien in Ostturkestan. Die Darstellungen geflügelter und Girlanden tragender Genien mit übergroßen Augen erinnern stilistisch an spätantike Bildnisse aus Byzanz und scheinen keinerlei ostasiatischem Einfluss zu unterliegen.

Der ältere **westliche Kunstkreis**, wie ihn die Höhlenmalereien von Kizil repräsentieren, weist vor allem indisch-iranische Einflüsse auf. So erkennt man in den abgebildeten Personen Tocharer, also Indo-Europäer mit hellen Haaren und hellen Augen, deren reich geschmückte Gewänder an die des Zeitalters der Ritter in Europa erinnern. Kompositorisch gehen die Malereien und Skulpturen von Kizil auf gandharische Vorbilder zurück, während sich die iranischen Elemente mehr im Detail, wie etwa im Körperschmuck und dem Stil der Gewänder, zeigen.

Die älteren Malereien von Kizil, die um 500 entstanden sind, ordnete Ernst Waldschmidt, der die Malereien Ostturkestans in den 20er Jahren des 20. Jh stilkritisch untersuchte und dessen Forschungs-

Weißhäutiger Bodhisattva und dunkelhäutige himmlische Musikantin; Kizil, Höhle mit dem Freskoboden, um 600–650 n. Chr.

ergebnisse bis heute Geltung haben, dem »**ersten indo-iranischen Stil**« zu. Dieser zeichnet sich durch eine dezente Farbwahl aus, deren Skala von Weiß über Gelb und Braun- und Rottöne bis Schwarz reicht. Einzige Kontrastfarbe ist ein intensives Grün. In der Komposition spielt die Linie als Kontur und Mittel zur plastischen Modellierung eine wichtige Rolle. Der so genannte »**zweite indo-iranische Stil**« entwickelte sich etwa 100 Jahre später, also um 600–700. Auffällig ist hier die Verwendung lebhafterer Farben, besonders eines strahlenden Lapislazuli-Blau. Die Linienführung hingegen wirkt steifer und weniger elegant, die Figuren zuweilen schablonenhaft, in der Spätphase gar grob und plakativ. Der **Chinesisch Geprägte Malstil** (um 750–900) äußert sich vor allem in den Gesichtszügen der dargestellten Personen und in ihren Trachten. Allerdings finden sich hierfür in Kizil nicht viele Beispiele, jedoch in den nahegelegenen, jüngeren Grotten von Kumtura. Hauptsächlich aber kam er im östlichen

Kunstkreis zum Ausdruck, der seine Ausprägung vor allem in der Turfan-Oase erfuhr (s. u.).

In den Skulpturen Kizils lassen sich diese Stilunterschiede weniger deutlich nachvollziehen. Typisch sind flächige, symmetrische Gesichter, kleine Münder, fein geschwungene Augenbrauen und halb geschlossene Lider, die den Figuren den Ausdruck nachdenklicher Entrücktheit verleihen. Die Figuren erscheinen stark schematisiert, lediglich in der Gestaltung der Haare und Kronen finden sich individuelle Unterschiede. Offensichtlich waren ihre Schöpfer an einen strengen Formenkanon gebunden. Besonders die stilisierten Haarlocken erinnern mitunter an die Haartracht spätantiker Bildnisse.

Mit Bezeklik und Gaochang liegen die wichtigsten Fundorte desjüngeren, **östlichen Kunstkreises** in der Turfan-Oase. Ganz im Gegesatz zu den hellhaarigen ›Rittern‹ von Kizil findet man hier in den Wandmalereien hauptsächlich mandeläugige Ostasiaten in chinesischen Trachten dargestellt. Charakteristisch sind die wohlabgestimmten Farben und die elegante Pinselführung der Malereien, von denen einige deutlich die Züge chinesischer Hofmalerei der Tang-Zeit tragen.

Neben buddhistischen Inhalten finden sich in den Malereien der Turfan-Oase auch **Motive anderer Religionen**, denn im 8./9. Jh. waren die dortigen uighurischen Herrscher in der Mehrzahl Anhänger des Manichäismus. Bemerkenswert ist eine Sammlung von manichäischen Buchminiaturen, die sich heute im Besitz des Museums für Indische Kunst zu Berlin befindet. Auch eine kleine Gemeinde nestorianischer Christen hinterließ in Gaochang ihre Spuren in Form einiger Malereifragmente.

Von den ohnehin wenigen Skulpturen, die man in Ostturkestan gefunden hat, befindet sich heute nur noch ein kleiner Teil vor Ort. Die meisten sind in ausländischen Museen zu besichtigen, und auch hier ist die Mehrzahl nur fragmentarisch erhalten. In den buddhistischen Zentren der Nördlichen Seidenstraße ähneln sich die Figuren zuweilen so sehr, dass einige Kunsthistoriker annehmen, sie stammten aus ein und derselben Werkstatt, die die buddhistischen Stätten der gesamten Region mit Skulpturen belieferte.

Der Großteil der buddhistischen Skulpturen im Tarim-Becken wurde aus Lehm modelliert, Holz war wegen der klimatischen Bedingungen knapp. An der Nördlichen Seidenstraße sind die Figuren meist aus einer Lehm-Tierhaar-Häcksel-Mischung gefertigt, die über ein Holzgestell, bei größeren Figuren auch über einen Steinkern, modelliert wurde. Anschließend verputzte man sie mit Gips und bemalte sie. Entlang der Südlichen Seidenstraße verwendete man als Modelliermasse bevorzugt einen aus Gipsstaub, Sand und Kalk gefertigten Stuck. Es finden sich relativ wenige Einzeldarstellungen, meist waren Figuren Teil einer Gruppe oder Gesamtkomposition aus Malerei und Skulptur. Auch die Verwendung von Pressmodeln ist nachgewiesen.

Buddhistische Höhlenkunst in China

Die Höhlentempel von Dunhuang, die im 4. Jh. angelegt wurden, und in denen sich eine Vielzahl von Wandmalereien und Bildwerken erhalten hat, zählen bereits zum chinesischen Kulturkreis. Seit dem 5. Jh. entstanden unter der Patronage der Toba in Nordchina weitere buddhistische Höhlenkomplexe. So gehen sowohl die Yungang-Grotten von Datong (Shanxi), die Binglingsi-Grotten und die Maijishan-Grotten (beide Provinz Gansu) als auch die Longmen-Grotten bei Luoyang (Provinz Henan) auf ihre Initiative zurück – Höhlenanlagen, an denen über mehrere Jahrhunderte hinweg gearbeitet wurde.

Bis in die Tang-Zeit (618–906) hinein gaben private Stifter und auch Angehörige des chinesischen Kaiserhauses in diesen buddhistischen Kultstätten immer wieder neue Grotten in Auftrag, sodass sich innnerhalb der Höhlenkomplexe die stilistische Entwicklung buddhistischer Kunst in China zwischen dem 5. und 9. Jh. wunderbar nachvollziehen lässt.

In den Grotten von Mogao weisen die Wandfresken bis zum 7. Jh. noch westliche Stileinflüsse auf. Bildthemen sind in dieser Zeit vorwiegend die Jatakas – buddhistische Legenden und Moralgeschichten, die in szenischen Folgen dargestellt werden. In der Farbskala überwiegen, ähnlich wie in den Grotten von Kizil, meist Grün- und Blautöne.

Die Skulpturen in den Grotten sind teilweise direkt in den Stein gehauen, teilweise aus Lehm über einen Holzkern modelliert. Zwar orientierten sich auch chinesische Bildhauer am Formenkanon der Kunst Gandharas, doch entwickelte sich in China eine eigene Tradition buddhistischer Plastik. Die Figuren des Frühen Wei-Stils (450–490) wirken noch recht eckig und plump. Ihr Ausdruck ist starr, die Gewänder scheinen dünn, ihr Faltenwurf linear. Figuren der Späteren Wei-Zeit (494–550) hingegen sind sehr schlank und wirken fast körperlos. Ihre Gewänder sind fließend und lassen kaum die Körperformen darunter erahnen. Ihr Gesichtsausdruck wirkt anmutig-entrückt.

Spätestens seit der Tang-Zeit (618–906) ist in den Wandmalereien von Dunhuang unzweifelhaft der Einfluss chinesischer Kunst zu erkennen, die mit Künstlern wie Wang Wei (701–761 oder 698–759), Wu Daozi (tätig 710–760) und Yan Liben (tätig 640–673) zu großer Meisterschaft herangereift war. Hauptbildthemen dieser Zeit sind meist die paradiesischen Buddha-Länder, in denen vor prächtigen Palastkulissen ein Buddha mit seiner Entourage von Heiligen, Apsaras und Adoranten abgebildet wird. Diese Darstellungen sollen dem Betrachter das transzendente Reich eines Buddha vergegenwärtigen. Stilistisch werden wie in der Plastik dieser Zeit Parallelen zur indischen Gupta-Kunst spürbar. Die meist dynamisch bewegten Figuren wirken körperlicher, ihr Ausdruck ist zuweilen voller Dramatik. Die Gesichter sind voll, die Körperrundungen weich, Wächterfiguren werden oft übertrieben muskulös dargestellt.

Der Aufbau der einzelnen buddhistischen Höhlen erfolgt an den genannten Kultstätten fast stets einem identischen Schema: In der Mitte thront der Buddha, flankiert von seinen Lieblingsjüngern Ananda und Mahakashyapa. Es folgen links und rechts jeweils ein stehender Bodhisattva in fließendem Gewand, mit reichem Schmuck und Krone. Gerahmt wird die Gruppe beidseits von einer grimmig blickenden Wächterfigur.

»Das Land Tunhuang unterhielt Beziehungen zu den religiösen und weltlichen Gemeinschaften der Westlichen Länder, von ihnen bezog es Vorbilder für seine Stupas und Buddha-Bildnisse.«

»Wei Shu«

Diese Tang-zeitliche Wandmalerei zeigt das Reine Land des Westens; Höhle 172, Mogao-Grotten

»Bäche sind die Blutgefäße eines Berges, die Vegetation seine Haare, Wolken und Nebel sein Ausdruck. Folglich wird ein Berg lebendig durch Wasser, üppig und reich durch Gebüsch und Bäume und anmutig durch Wolken. Der Berg ist das Antlitz des Flusses, Pavillons am Ufer seine Augen und die Geschäftigkeit der Fischer sein Ausdruck.«
Guo Xi, 11. Jh.

Gewänder wirken voluminös und fallen in üppigen Falten. Auch thematisch unterscheidet sich die Malerei dieser Epoche wenig von der Skulptur. Die Darstellungsweise der Figuren ist ikonographisch genau festgelegt und lässt dem Künstler relativ geringen Gestaltungsspielraum. Doch eingebettet in den Hintergrund dieser religiösen Bildnisse findet man immer wieder Landschaftsszenen – ein Thema, das spätestens in der Song-Zeit (906–1279) zum vornehmsten der chinesischen Malerei überhaupt avancierte. Der chinesische Begriff für Landschaft, *shan shui*, bedeutet wörtlich ›Berge und Wasser‹. So werden chinesische Landschaftsdarstellungen meist von dunstverhangenen Bergen in Verbindung mit fließenden oder stehenden Gewässern beherrscht. Selten findet man in der chinesischen Malerei eine reale Natur vor, stattdessen Ideallandschaften, die aus der Fantasie heraus geschaffen wurden. Nach chinesischer Kunstauffassung soll es dem wahren Künstler nicht um die Nachahmung der Dinge, sondern um die Ergründung ihres Geistes gehen.

Mit den Buddhistenverfolgungen im 9. Jh. endete auch die große Zeit der buddhistischen Kunst in China. Stilistisch orientierte man sich in späterer Zeit an den weichen, voluminösen Formen der Tang-Zeit, legte aber größeren Wert auf eine naturalistische Darstellung.

Seit dem 13. Jh. lässt sich in der buddhistischen Malerei und Bildhauerkunst tantrischer Einfluss erkennen: Die Mongolen, die 1279–1368 über China herrschten, förderten insbesondere den tibetischen Buddhismus. In den folgenden Dynastien der Ming (1368–1644) und Qing (1644–1911) verzichtete das Kaiserhaus weitgehend auf die Finanzierung buddhistischer Bildwerke, und so entstanden in den letzten Jahrhunderten nur noch wenige monumentale Plastiken von hohem künstlerischen Rang in China.

Chinesische Grabplastik

Anders als im Abendland genossen im alten China weder Plastik noch Skulptur das Ansehen einer Kunstgattung, vielleicht weil man hier keine Götterbildnisse kannte. Im Zentrum des religiösen Kultus standen die Opferriten für die Ahnen. In diesen Zusammenhang gehören die Ton- und Keramikplastiken, die etwa ab dem 5. Jh. v. Chr. Tier- und Menschenopfer als Grabbeigaben ersetzten. Spektakulärstes Beispiel ist hierfür sicherlich die Terrakottaarmee des Qin Shihuangdi. In Gräbern der Han-Zeit findet man neben Tonsoldatenarmeen kleineren Maßstabs auch unglasierte und mit kalten Farben bemalte Tonfiguren eleganter Damen und ziviler Hofbeamter. Menschen von weniger edler Herkunft bestattete man mit Keramikmodellen von Häusern, Bauernhöfen, Werkstätten, Kornmühlen, Ochsenkarren und einzelnen Haustieren. Dafür finden sich vielerlei Beispiele im Hexi-Korridor und im Turfan-Senke – Gebiete, in denen seit der Han-Zeit Chinesen siedelten.

Als Krönung Han-zeitlicher Plastik darf aber wohl das so genannte Fliegende Pferd von Gansu gelten, eine Bronzeplastik, die im Grab eines Generals der Östlichen Han-Dynastie (2. Jh. n. Chr.) entdeckt wurde. Das wiehernde, leichtfüßig dahingaloppierende Pferd steht mit seinem rechten Hinterlauf auf einer fliegenden Schwalbe als Sockel. Die bemerkenswert gut ausbalancierte, elegante Figur ist sicherlich als eines der größten Meisterwerke chinesischer Bildhauerkunst zu werten.

Edle Pferde waren auch in der Tang-Zeit (618–906) begehrte Prestigeobjekte des Adels und wohlhabenden Bürgertums. Man importierte die rassigen Tiere, die sich so wunderbar von den in China üblichen, stämmigen mongolischen Ponys unterschieden, über die Seidenstraße aus Westasien und Arabien. Keramikfiguren solcher Rösser findet man in Tang-zeitlichen Gräbern in großer Zahl. Manchmal sind Mähne und Schwanz aus echtem Pferdehaar gefertigt, der Körper ist aus Keramik modelliert und in kräftigen ineinander laufenden Farben glasiert. Nach den meist dreifarbig verwendeten Bleiglasuren nennt man diese Keramiken Sancai- (dreifarbige) Ware. Überwiegend werden die Farben Grün, Braun, Gelb, Aubergine und seltener auch Blau verwendet. Neben Pferden sind auch Kamele beliebte Motive dieser Grabkeramik. Manchmal werden sie von der Figur eines Stallknechts begleitet, der nicht selten persische oder türkische Gesichtszüge trägt und in seine Landestracht gekleidet ist. Auch Figuren fülliger Hofdamen mit hoch aufgetürmten Frisuren, eleganter Tänzerinnen, Musikanten, grimmiger Grabwächter und unheilabwehrender Monster findet man in großer Zahl in den Gräbern der Tang-Dynastie. Charakteristisch sind ihre bewegte Darstellung, die schwellenden Körperformen und die ausdrucksstarken, zuweilen grimassenhaft wirkenden Gesichter. Aus ihnen spricht der Geist der Epoche, welcher von Weltoffenheit und Lebensfreude geprägt war.

Seit der Han-Zeit finden sich auch überirdisch platzierte Grabfiguren, meist monumentale Steinskulpturen von Hofbeamten, Offizieren,

»Die Toten als Tote zu behandeln, wäre unmenschlich; das kann man nicht tun. Die Toten als Lebende zu behandeln, wäre nicht weise; das kann man auch nicht tun. Deswegen besorge man ihnen Bambusgeräte, aber zum Gebrauch ungeeignete; Keramikgefäße, aber ungewaschene; Holzgeräte, aber ungeschnitzte; Zithern mit gespannten Saiten, aber verstimmt; Mundorgeln mit vollständigen Pfeifensätzen, aber unharmonisch; es seien Glocken und Klangsteine vorhanden, doch ohne ihre Ständer. Alle diese nennt man Geistergeräte (Mingqi), weil man mit ihnen die Toten als Ahnengeister behandelt.«

»Liji zhushu« (»Das Buch der Riten mit den gesammelten Kommentaren«)

Tieren und Fantasiewesen als Ehren- und Schutzgarde vor der Grabanlage eines Edlen. Die ältesten Figuren dieser Art gehören zur Grabanlage des Han-Generals Huo Qubing (gest. 116. v. Chr.) in der Nähe von Xi'an. Die Figuren verschiedener Tiere sind aus den großen Steinen relativ flach herausgeschlagen, an einigen Stellen ist der unbehauene Stein nur graviert. Die Figuren wirken zwar grob, doch kraftvoll. Erstmals findet man im 2. Jh. n. Chr. auch die Darstellungen von Löwen in China. Das Motiv des Löwen kam mit dem Buddhismus aus Indien, fand aber recht schnell Eingang in die chinesische Kunst, da man die Kraft und den Adel des Tieres schätzte.

Im Gegensatz zu den frühen Tierskulpturen, die sehr viel Pathos besitzen und fast immer wie übernatürliche Fabelwesen wirken, werden die Tierdarstellungen seit der Tang-Zeit (618–906) realistischer. Vor allem aber ist es die Menge der Figuren, die nun beeindruckt. Den Seelenweg zum Grab des Gaozong (gest. 683) und seiner Gemahlin Wu Zetian bei Xi'an flankieren allein acht Löwen, zwölf Pferde, zwei Vögel, zwei Fabelwesen, 20 Diener und 61 Stammesführer. Ähnlich monumental bieten sich die Seelenwege der Ming-Zeit dar. Wert legte man hier auf eine naturgetreue Abbildung und die feine Ausarbeitung der Details.

Kamel mit fremdem Führer; Xianyang, Tang-Zeit

Kunsthandwerk und Musik

Seide

Seide war über Jahrhunderte das Objekt der Begierde und wurde damit zu einem bedeutenden Handelsgut. Nicht umsonst spricht man von der Seidenstraße als dem Wegenetz des Handels zwischen Orient und Okzident. Am Anfang der Geschichte der Seidenweberei steht eine Legende: Si Ling, die Gemahlin des mythischen Gelben Kaisers, Huangdi, soll bei einem Spaziergang in den kaiserlichen Gärten vor einer Schlange erschreckt und auf einen Maulbeerbaum geflüchtet sein. Dort beobachtete sie eine Seidenraupe, die gerade ihren Kokon spann. Die Kaiserin dachte darauf bei sich, wie schön und duftig wohl ein Gewand aus diesem feinen, weißen, glänzenden Faden sein müsste. So wickelte sie den Faden ab und verarbeitete ihn weiter. Der patenten Dame, die im 26. Jh. v. Chr. gelebt haben soll, wird von den Chinesen überdies die Erfindung des Webstuhls zugeschrieben. Bis in die Neuzeit hinein wurde Si Ling von späteren Gemahlinnen chinesischer Kaiser verehrt. Jedes Jahr im Frühling, wenn der Kaiser traditionsgemäß symbolisch den Acker pflügte, um den Himmel um eine gute Ernte zu bitten, opferte seine Gattin Maulbeerblätter, die sie mit ihren eigenen Händen gepflückt hatte, für ein ertragreiches Seidenjahr. Seit alters wird die Seidenraupenzucht in China von Frauen betrieben.

Die ältesten archäologischen Funde, die auf eine Seidenproduktion in China hinweisen, sind sogar noch älter als die Legende von Si Ling. Seidenkokons hat man bereits in einem Grab der neolithischen Yangshao-Kultur entdecken können, das auf das 6.–3. Jahrtausend v. Chr. datiert wird. Außerdem fand man aus dieser Zeit Steinschnitzereien in Form von Seidenraupen und die Abdrücke sehr feiner Gewebe auf der Oberfläche von Keramiken, die von Archäologen als Seidenstoffe gedeutet wurden. Das älteste noch erhaltene Seidengewebe, das Archäologen bisher in China entdeckt haben, stammt aus dem Kreis Wuxing in der Provinz Zhejiang. Sein Alter wird auf etwa 4800 Jahre geschätzt. Im 4. Jh. v. Chr. wusste man in China bereits zarte, fein bestickte Seidengazen herzustellen, und in der Han-Zeit (206 v.–220 n. Chr.) beherrschte man schließlich die gesamte Bandbreite der Seidenweberei, besaß hoch entwickelte Webstühle, um komplizierte Muster herzustellen.

Bis ins 5. Jh. gelang es den Chinesen, ihr Monopol auf die Seidenherstellung zu bewahren, doch auch danach blieb die technische Entwicklung der Seidenweberei nicht stehen. Die prunkliebende, weltoffene Tang-Dynastie (618–906) produzierte opulent gemusterte Brokate und Damaste und nahm verstärkt auch die über die Seidenstraße nach China einströmenden Motive aus Gandhara, Persien und Indien in die Weberei mit auf. So findet man in den Textilmustern dieser Zeit spätantik anmutende Blatt- und Weinrankenmotive und Perl-

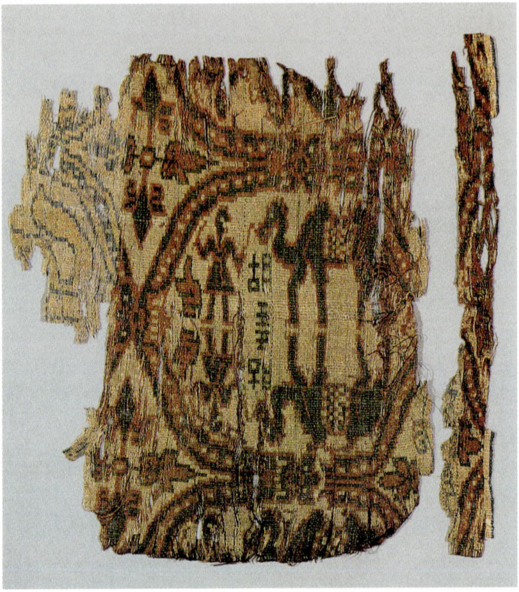

Eingefasst in ein Perlmedaillon erkennt man ein Kamel mit Führer. Die chinesischen Schriftzeichen lauten »Hu Wang«, ›Barbarenkönig‹; Seidenbrokat aus Astana, Zeit der Nördlichen Dynastien (um 420–589)

medaillons mit Tierdarstellungen sassanidischer Provenienz. Im trockenen Wüstenboden des Tarim-Beckens, vor allem in Gaochang und den Gräbern von Astana bei Turfan, entdeckten Archäologen zahlreiche Seidenfragmente aus der Han- bis Tang-Dynastie mit solch ›exotischen‹ Mustern. Seit der Tang-Zeit ist in China auch die Seidenwirkerei, die so genannte Kesi-Technik, populär. Sie findet insbesondere bei der Herstellung von Wandbildern Verwendung. Seit der Yuan-Zeit (1279–1368) knüpft man in China außerdem Teppiche aus Seide.

Die Zentren chinesischer Seidenweberei liegen schon seit frühester Zeit im Gebiet zwischen Nanjing, Suzhou und Hangzhou am Unterlauf des Yangzi sowie in der Region um Chengdu, der ehemaligen Hauptstadt des Königreiches Shu, deren Brokatproduktion bereits vor 2000 Jahren einen hervorragenden Ruf besaß. Aber auch in Khotan im südlichen Tarim-Becken wird seit dem 5. Jh. Seide produziert (s.S. 33).

Die Seidenraupenzucht ist damals wie heute ein bedeutender Industriezweig. Obwohl inzwischen Maschinen viele Arbeitsgänge übernehmen können, erfordert die Seidengewinnung immer noch einen enormen Aufwand an Zeit und Handarbeit.

Jade

Jade gilt in China als der Stein der Steine. Ähnlich wie im westlichen Kulturkreis das Gold, besitzt sie für Chinesen magische Anziehungskraft. Man liebt ihre Geschmeidigkeit, die feine wolkige Maserung und ihren tiefen Glanz. Im Altertum betrachtete man den Stein als göttliche, Lebensenergie spendende Substanz und verarbeitete ihn zu Amuletten und Ritualobjekten. Bereits im Neolithikum findet man in China kleine figürlich bearbeitete Jadesteine. Das ist bemerkenswert, denn Jade kommt in China nicht vor und musste aus Zentralasien beschafft werden.

Das älteste Wörterbuch Chinas, das »Shuowen Jiezi«, vermerkt unter dem Stichwort Jade: »Jade ist Schönheit in Stein mit fünf Tugenden: Ihr warmer Glanz steht für Menschlichkeit, ihre makellose Reinheit für sittliche Lauterkeit, ihr angenehmer Klang für Weisheit, ihre Härte für Gerechtigkeit und ihre Beständigkeit für Ausdauer und Tapferkeit.«

Sowohl Jade als auch das chinesische *yu* sind keine eindeutigen mineralogischen Termini, sondern Oberbegriffe, unter denen verschiedene Mineralien zusammengefasst werden. Die Chinesen verwenden den Begriff für fast alle schönen Steine, die hart und geschmeidig sind und einen gewissen Glanz aufweisen: Nephrit, Jadeit, Serpentin, Kristall, Achat und Speckstein. Im Westen bezeichnet man mit Jade lediglich zwei verschiedene Gesteine, nämlich Nephrit, ein Calcium-Magnesium-Silikat, und Jadeit, ein Natrium-Aluminium-Silikat. Nephrit und Jadeit kommen je nach ihrem Gehalt an Eisen, Mangan oder Chrom in verschiedenen Farbschattierungen vor. Diese können von Weiß über Beige, Grün und Lavendel bis zu Schwarz reichen. Kenner schätzen besonders das satte, fettig glänzende Weiß der ›Hammelfettjade‹ (Nephrit) und Jadeit in leuchtend smaragdgrüner Tönung.

Nephrit importieren die Chinesen seit dem Neolithikum aus dem zentralasiatischen Kunlun-Gebirge. Seitdem China die nordwestlichen Fundgebiete im 18. Jh. vereinnahmte, wird er dort auch im Bergbau gewonnen. Vorher beschränkte man sich auf die Bearbeitung von Nephritkieseln, nach denen mühselig Bäche und Flussläufe abgesucht wurden mussten. Als besonders ergiebig galten der Fluss der Weißen Jade (Baiyu He), der Fluss der Grünen Jade (Lüyu He) und der Fluss der Schwarzen Jade (Heiyu He) in der Nähe von Khotan. Das »Ming Shi« (»Geschichte der Ming-Dynastie«) vermerkt, dass die Sammler bevorzugt bei Nacht gearbeitet hätten, da dann die Nephritkiesel im Mondlicht besonders hell geleuchtet haben sollen. Jadeit bezogen die Chinesen erst seit dem 18. Jh. aus Birma (Myanmar).

Während Jade im Altertum vor allem im Totenkult eine Rolle spielte und als Grabbeigabe oder gar Totenrüstung Verwendung fand – man schrieb der Jade vermutlich konservierende Kräfte zu –, wurden Jadeobjekte in der Song-Zeit (960–1279) zum beliebten Sammelgut der Beamtenliteraten. Amulette und Kleinplastiken in Tierform, Bi-Scheiben (flache, kreisförmige Jaden mit einem runden Loch in der Mitte, die vor allem im Totenkult Verwendung fanden, gelten als glücksbringend und symbolisieren den Himmel), Siegel und Tuschwasserbehälter oder zarte, dünnwandige Gefäße in Blütenform wurden besonders geschätzt. Unter der Qing-Dynastie (1644–1911) bearbeitete man dann auch große Jadeblöcke: Mit der Eroberung weiter Gebiete Zentralasiens hatte China erstmals direkten Zugriff auf Jadevorkommen und war nicht mehr auf Zwischenhändler angewiesen. Als Miniaturlandschaften bearbeitete Steine im Stil chinesischer Landschaftsmalerei bildeten nun ein neues Genre der Jadekunst.

Teppiche aus Xinjiang

Ob Ostturkestan tatsächlich das Ursprungsland des Knüpfteppichs ist, darüber sind sich die Wissenschaftler noch im Unklaren. Der älteste erhaltene Knüpfteppich der Welt wurde 1947 in dem gefrorenen Grab eines Stammesfürsten in Pazyryk im östlichen Altai-Gebirge (Sibirien) gefunden – nicht weit von der Grenze zum heutigen Xinjiang – und wird auf das 4.–5. Jh. v. Chr. datiert. Zwar mag die Kunst des Teppichknüpfens in der Region auf eine mehr als 2500 Jahre alte Tradition zurückblicken, die ältesten Teppiche Xinjiangs, die sich bis in die Gegenwart erhalten haben, sind allerdings nicht viel älter als 200 Jahre.

Im Fachjargon werden Teppiche aus Ostturkestan, dem heutigen Xinjiang, Samarkand-Teppiche genannt, denn diese Stadt bildete einst den wichtigsten Teppichumschlagplatz der Region. Traditionelle Produktionsstätten waren Kashgar, Yarkand und Khotan. Teppiche dieser Provenienz zeichnen sich weniger durch raffinierte Dekore oder besonders feine Handarbeit aus als durch eher einfache, bodenständig wirkende Muster und leuchtende Farben, vor allem aus dem Rot-, Blau- und Gelb-Spektrum.

In den Dekoren der Teppiche Ostturkestans lassen sich zweifelsohne Stileinflüsse der gesamten Seidenstraße erkennen. So findet man Motive aus China, Westturkestan, Persien oder aus Indien – und dennoch besitzen Xinjiang-Teppiche ihre besonderen Charakteristika und bilden innerhalb der Orientteppiche eine eigene Familie.

Ihr Musterrepertoire ist relativ klein. Besonders häufig sind Teppiche mit drei zentralen Medaillons – meist von blauer Farbe mit einem Kranz von Sternen, Rosetten oder stilisierten Blumenmotiven im Inneren. Zu den beliebten Motiven der Yarkand-Teppichen zählt das leuchtend rote, zur Querachse des Teppichs symmetrische Granatapfel-Muster auf hellblauem Grund. Es besteht aus meist zwei bis vier stilisierten Granatapfelbäumen, die aus Vasen an der Schmalseite des Teppichs entspringen, und deren mit Blättern und Früchten behangene Äste sich symmetrisch zur Mitte des Teppichs hin ranken. Ferner finden die eigentlich aus Westturkestan stammenden Güls Verwendung, gezahnte Achteckornamente, die sich über das gesamte Feld des Teppichs verteilen. Auch naturalistische Blumenarrangements indischer Provenienz finden sich vereinzelt. In den Randdekoren entdeckt man häufig Dreiblatt- und T-förmige Ornamente, manchmal auch chinesische Wolkenbänder oder tibetisch inspirierte Swastika-Motive. Charakteristisch ist außerdem ein umlaufender, schmaler, leuchtend ziegelroter Rand.

Die typische Form alter Teppiche aus Ostturkestan ist länglich und schmal. Meist sind die Stücke in der Länge doppelt so lang wie in der Breite (ca. 200 x 100 cm). Dieses Format rührt daher, dass Teppiche in Xinjiang in erster Linie für die rechteckige Empore hergestellt wurden, die das Zentrum eines traditionellen uighurischen Hauses bildet. Auf dieser etwa 1 m hohen Plattform schlief die Familie und versammelte sich zu den Mahlzeiten.

Der Flor klassischer Xinjiang-Teppiche ist mittellang und besteht aus Wolle oder Seide. Geknüpft wird auf einem baumwollenen Grund unter Verwendung des sogenannten Persischen, d. h. assymmetrischen Knotens, auch Senneh-Knoten genannt. Die Knotendichte der Teppiche ist eher gering.

Ende des 19. Jh. erfuhr die Teppichknüpfkunst in Ostturkestan eine entscheidende Wende. Die Teppichproduktion orientierte sich seither verstärkt an den Erfordernissen der europäischen und amerikanischen Märkte. 1870 wurden in Xinjiang Anilinfarben eingeführt. Damit begann die zunehmende Verwendung von Pastelltönen, um dem ausländischen Geschmack gerecht zu werden. Auch in den Formaten wurde man flexibler. Größere und quadratischere Teppiche für westliche Wohnzimmer waren nun gefragt.

Alte, ostturkestanische Teppiche des 18. oder 19 Jh. mit traditionellen Dekoren findet man vor Ort nur noch äußerst selten. Die meisten Teppichmanufakturen Xinjiangs befinden sich heute in der Khotan-Oase, in Kashgar und Urumqi. Produziert werden dort hauptsächlich einfache Wollteppiche für den lokalen Markt, meist in grellen Farben und mit von französischen Savonnerie-Teppichen inspirierten üppigen Blumendekoren, daneben aufwendige Seidenteppiche, in teils sehr feiner Qualität mit überwiegend persisch inspirierten Mustern für den Export. Bei den so genannten ›echt antiken‹ Xinjiang-Teppichen, die vereinzelt vor Ort angeboten werden, handelt es sich größtenteils um Fälschungen, meist leicht erkennbar an ihren zarten, gebrochenen Tönen. Echte Xinjiang-Teppiche des 18. Jh. und beginnenden 19. Jh. sind durchweg in strahlenden kontrastreichen Farben gehalten.

Musik und Tanz

Unter den westlichen Künsten und Moden, die vor allem während der Sui- und Tang-Zeit (589–906) China eroberten, spielten Musik und Tanz eine vorrangige Rolle. Musik- und Tanzaufführungen zählten in dieser Zeit zum bevorzugten Zeitvertreib der chinesischen Artistokratie. Das belegt die Vielzahl der Musikanten und Tänzerinnen unter den Keramikfiguren, die man als Beigaben in chinesischen Gräbern dieser Epoche gefunden hat. Auch in den Wandfresken der buddhistischen Höhlen von Kucha und Dunhuang finden sich zahlreiche Abbildungen von Tänzern und Orchestern.

Besonders schätzte man am Kaiserhof von Chang'an die exotische Musik und die Tänze aus Zentralasien, die bald auch chinesische Künstler einzustudieren begannen. Am populärsten war die Musik aus Kucha. Der Tang-Kaiser Xuanzong (reg. 712–756) etwa be-

*»Die Tugend unseres weisen Kaisers gleicht der des Himmels.
Himmlische Pferde sind für die Zeremonie vom fernen Westen jenseits des Meeres gekommen.
Sie stolzieren langsam, mit angehobenen Füßen, dann knien sie nieder.
Trotz ihrer Feurigkeit bleiben sie in Formation und stampfen auf mit tausend Hufen.*

*Mit bunten Schweifen formen acht Reihen eine Kolonne.
Diese Drachen unserer Zeit, deren fünf Farben denen der Himmelsrichtungen gleichen.
Niederkniend mit Weinbechern in ihren Mäulern, halten sie den Rhythmus.
Ergeben bringen sie Gaben für das lange Leben unseres Herrschers dar.
Des Kaisers Drachenhengste sind gut dressiert.
Diese himmlische Rasse ist erstaunlich.
Behende bäumen sie sich auf, immer Schritt haltend mit der Musik.
Beherzt schreiten sie gemeinsam, niemals aus den Takt kommend.*

Der Hofbeamte Zhang Yue (667–731) über die tanzenden Pferde

herrschte nicht nur selbst das rhythmische Spiel auf der kleinen kuchäischen Trommel, sondern unterhielt an seinem Hof nicht weniger als 30000 Musiker und Tänzer – darunter viele aus Kucha und anderen zentralasiatischen Oasen – sowie ein berühmtes Ensemble tanzender Pferden.

Die Musiker aus Kucha sangen in unterschiedlichen Sprachen, die Titel ihrer Singspiele, die beispielsweise lauteten »Den Mond im Brahmanenland betrachtend«, »Die Musik von Kucha« oder »Das Bespritzen des Barbaren mit Wasser«, verraten den exotischen Charakter der Stücke. Einige Stücke hatten indische Götterlegenden zum Inhalt, andere weltliche Themen, etwa die Vorbereitung auf ein Polospiel. Der Ursprung vieler Lieder lag in Indien, doch sollten sie ihren Weg über China bis nach Korea und Japan finden, wo manche, anders als in China, heute noch aufgeführt werden. Die bevorzugten Instrumente dieser Zeit waren die viersaitige Laute mit gebogenem Hals, auf deren Spiel die 28 Tonarten der Tang-Musik fußten. Oboe, Flöte und Trommel hatten ebenfalls eine wichtige Rolle inne.

Zu den beliebten Tanzstücken zählten »Die wirbelnden Mädchen aus dem Westen«, meist von sogdischen Tänzerinnen mit großer Geschwindigkeit in leuchtend roten und grünen Kostümen getanzt, oder der »Tanz von Chach«, einer Stadt in der Nähe des heutigen Tashkent, bei dem die Tänzerinnen zu Beginn einer künstlichen Lotosblüte entstiegen, sich dann aufreizend zu schnellem Trommelrhythmus bewegten und am Ende ihre Schultern entblößten.

Doch nicht nur indische und persische Klänge fanden zwischen dem 6. und 10. Jh. Eingang in das chinesische Musikrepertoire. Ein Amalgam aus traditioneller chinesischer Musik und der Musik aus Kucha bildete der bis ins 9. Jh. populäre Musikstil (Xiliang) von Liangzhou, dem heutigen Wuwei im Hexi-Korridor. Im Gegensatz zu den temperamentvollen Rhythmen aus dem Westen war die Musik der nördlichen Steppen melancholisch und getragen, Hörner, Trommeln und Gongs dominierten. Man empfand sie in dieser Zeit als besonders geeignet für ›patriotische Anlässe‹ wie Triumphzüge und Hofzeremonien.

Spätestens mit dem Beginn der Song-Dynastie endete die Vorliebe für exotische westliche Klänge in China. Die meisten Stücke und Lieder der Tang-Zeit gerieten für immer in Vergessenheit. In der Volksmusik Turkestans sollte der Musikstil von Kucha indes fortleben. Er vermengte sich jedoch nach der arabischen Invasion mit arabischen und vorderasiatischen Musikstilen. So vermerkte ein Geschichtsschreiber am Hof Timur-Lengs (1336–1405) in Samarkand anlässlich einer Feier für den Sohn des Herrschers: »Goldzüngige Sänger und wohlklingende Musiker sangen und spielten zu Motiven persischen Stils, zu arabischen Melodien nach türkischer Weise und mit mongolischen Stimmen, den chinesischen Gesetzen und der altaischen Metrik folgend.« An den Höfen von Samarkand und Buchara ver-

Kamel mit Musikantengruppe aus einem Grab bei Xi'an; um 720–725

tonte man im 17. Jh. klassische persische und tschaghatai-türkische Lyrik.

Die Volksmusik, die man heute entlang der Seidenstraße hört, weist enge Verwandtschaft mit der Musik des Mittleren Ostens auf. Lieder sind meist monophon, d. h. sie bestehen aus einer einzelnen Melodie, Instrumentalmusik ist zuweilen polyphon, wobei die gleiche Melodie oft parallel in zwei verschiedenen Tonlagen gespielt wird. Die ständige Wiederholung von melodischen Phrasen und die Betonung des Rhythmus laden zum Tanz ein. Typische Instrumente sind die persische Langhalslaute Dutar, Streichinstrumente, Flöten, Oboen und verschiedene Trommeln. Die meisten Instrumente sind kunstvoll mit Einlegearbeiten verziert. In den Basargassen Kashgars kann man bei deren Fertigung zuschauen.

Galerie bedeutender Persönlichkeiten

Alexander der Große (356–323 v. Chr.)

Alexander der Große

Der König von Mazedonien und Schüler Aristoteles' eroberte von 335 bis 330 v. Chr. Ägypten und das gesamte persische Reich. 330 überschritt er den Hindukush und nahm in den folgenden zwei Jahren Baktrien und die Sogdiana ein, wo er die baktrische Prinzessin Roxane heiratete. 327 erreichte er den Indus und kämpfte ein Jahr später in der Elefantenschlacht von Hydapses im Punjab gegen König Poros. Dort zwang ihn sein Heer schließlich zur Umkehr. Alexander starb 323 in Babylon. Mit der Gründung von mehr als 80 Alexander-Städten in seinem Weltreich verbreiteten sich griechische Kultur und Sprache von Ägypten bis weit nach Asien hinein.

Ashoka (reg. 272–236 v. Chr.)

Der König der Maurya-Dynastie (Regierungsdaten variieren je nach Quelle) einigte Indien erstmals zu einem Großreich. Nach seinen blutigen Eroberungskriegen trat er 262 v. Chr. zum Buddhismus über und erklärte diesen zur Staatsreligion. Auf dem gesamten Subkontinent, von Afghanistan über Pakistan und in weiten Teilen Nordindiens bis ins Hochland des Dekkan, ließ er Felsen und Säulen mit Edikten aufstellen, welche die Grundsätze seiner Politik verbreiteten. Ashoka verkündete darin die »Herrschaft des Dharma«, der buddhistischen Maxime von Güte, Toleranz und Mitleid gegenüber allen Lebewesen. So ließ er z. B. die Tierschlachtung verbieten und sogar Krankenhäuser für Tiere einrichten. Gleichzeitig unterhielt er einen ausgedehnten Beamtenapparat, der die Durchsetzung seiner Interessen kontrollierte und seine uneingeschränkte Machtposition als Herrscher zu sichern hatte.

Ban Chao (31–102)

Der General entstammte einer berühmten chinesischen Literatenfamilie. Sein Bruder war der chinesische Historiker Ban Gu, seine Schwester die Gelehrte Ban Zhao. Im Jahr 73 gelang es ihm, die kriegerischen Xiongnu an Chinas Nordwestgrenze zu befrieden. Als nach seinem Abzug einige Jahre später erneut Unruhen aufflammten, kehrte er in die Region zurück und unterwarf die Königreiche Loulan, Khotan und Kashgar. Im Jahr 91 stand das gesamte Tarim-Becken unter chinesischer Herrschaft. Ban Chao unternahm daraufhin Expeditionen über den Pamir bis zum Kaspischen Meer. Sein Gesandter Gan Yin wurde mit der Erkundung des Römischen Reiches (chin.: Da Qin) beauftragt, drang aber nur bis zum Persischen Golf vor. Nach mehr als 30 Jahren in Zentralasien kehrte Ban Chao in seine chinesische Heimat zurück, wo er einen Monat später, im Jahr 102 starb.

Yakub Beg (1820–1877)

Yakub Beg, der der Fürstenfamilie von Kokand entstammte, schwang sich in den 60er Jahren des 19. Jh. zum Führer des muslimischen Aufstandes gegen die chinesische Vorherrschaft in Chinas Westprovinzen auf und gründete, bald unterstützt vom Osmanischen Reich, das Königreich Kashgarien. Erst im Mai 1877 schlugen die chinesischen Truppen die kashgarische Streitmacht. Yakub Beg floh nach Kashgar, wo er starb. Vermutlich nahm er sich das Leben. Ein Jahr später stand ganz Xinjiang wieder unter Kontrolle der Qing-Regierung.

Tenzin Gyatso, der 14. Dalai Lama (geb. 6.7.1935)

Der Titel Dalai Lama (mong.: ›Lehrer, dessen Wissen so groß wie der Ozean ist‹) wurde erstmals vom Mongolenkönig Altan Khan im Jahr 1578 an Sonam Gyatsho verliehen. Der Dalai Lama gilt als Inkarnation des Bodhisattva Avalokiteshvara und trat bisher in 14 Existenzen auf. Jeder Dalai Lama gilt als eine Wiedergeburt des vorangegangenen. Seit dem ›Großen Fünften‹ (1617–82) ist der Dalai Lama nicht nur religiöses, sondern auch politisches Oberhaupt Tibets. Der gegenwärtige 14. Dalai Lama Tenzin Gyatso wurde im Alter von drei Jahren in der Provinz Amdo, der heutigen Provinz Qinghai, als Inkarnation des vorangegangenen Gottkönigs ausfindig gemacht und ein Jahr später in Lhasa inthronisiert. Mit 15 Jahren übernahm er die Amtsgeschäfte. Vornehmliches Anliegen war ihm die Umstrukturierung der veralteten Verwaltung und die Befreiung der Bauern aus der Schuldknechtschaft. Nach der Besetzung Tibets durch die Rote Armee 1950/ 51 billigten die Chinesen dem Land zunächst einen relativ autonomen Status zu. Im März 1959 schlugen sie jedoch einen Volksaufstand in Lhasa blutig nieder. Der Dalai Lama floh ins indische Dharamsala, wo er noch heute im Exil lebt und sich für ein unabhängiges Tibet einsetzt. 1990 erhielt er den Friedensnobelpreis.

Der Mongolenherrscher Altan Khan verlieh den Titel Dalai Lama (mongolisch: ›Lehrer, dessen Wissen so groß wie der Ozean ist‹) 1578 zum ersten Mal an einen tibetischen Würdenträger, an Sonam Gyatso. Der Dalai Lama gilt als Inkarnation des Bodhisattva Avalokiteshvara und trat bisher in 14 Existenzen auf. Jeder Dalai Lama gilt als eine Wiedergeburt des vorangegangenen. Seit dem Großen Fünften (1617–82) ist der Dalai Lama nicht nur religiöses, sondern auch politisches Oberhaupt Tibets.

Dschingghis Khan (1155, 1162 oder 1167–1227)

Der Mongolenkhan wurde unter dem Namen Timurjin im Gebiet des Baikal-Sees geboren. Bereits mit 13 Jahren avancierte er zum Stammeshäuptling. Seinen Titel, der ›universaler, ozeanischer Herrscher‹ bedeutet, erhielt er 1206, nachdem er alle rivalisierenden mongolischen Stämme unterworfen und die ihm wohlgesonnenen geeint hatte. Im Jahr 1213 ging er daran, mit seinen Reiterheeren ein Weltreich zu erobern, das sich zum Zeitpunkt seines Todes von Nordchina über ganz Zentralasien bis zum Schwarzen Meer und nach Nordindien erstrecken sollte. Bei seinen Feldzügen verwüstete der Khan mit seinen Heeren ganze Landstriche und löschte deren Bevölkerung aus. Sich selbst bezeichnete der mongolische Herrscher als die »sengende Sonne Satans« und die »Geißel Gottes«.

Faxian (337–422)

Der chinesische Mönch brach 399 im Alter von 62 Jahren auf eine Pilgerreise via Dunhuang, Kucha, Khotan und Kashgar über den Hindukush zu den heiligen Stätten des Buddhismus im indischen Ganges-Tal auf. Nach einem Besuch in Sri Lanka kehrte er auf dem Seeweg 414 nach China zurück. Über seine Reise verfasste er den »Bericht über die buddhistischen Länder«, das »Foguo Ji«, eine der ausführlichsten Abhandlungen über Indien und die zentralasiatischen Länder der damaligen Zeit. Bis zu seinem Tode übersetzte Faxian in Nanjing buddhistische Texte, die er aus Indien mitgebracht hatte, ins Chinesische.

Albert Grünwedel (1856–1935)

Albert Grünwedel

Der Indologe und Direktor der Indischen Abteilung des Museums für Völkerkunde zu Berlin, leitete die erste und dritte deutsche Turfan-Expedition 1902/03 und 1905–07. Grünwedel hatte sich als Spezialist auf dem Gebiet des indisch-tibetischen Buddhismus sowie der indischen und tibetischen Ikonographie und Mythologie einen Namen gemacht. In Turfan erstellte er einen detaillierten Plan der Ruinenstadt Gaochang, in Kizil fertigte er Skizzen der dortigen Höhlentempel und ihrer Wandmalereien an. Gemeinsam mit Albert von Le Coq und Theodor Bartus schaffte er diverse Kisten von Ausgrabungsfunden, darunter Fragmente von Wandfresken und Lehmskulpturen ins Berliner Museum für Völkerkunde. Die Ergebnisse seiner Grabungstätigkeit publizierte er in seinem »Bericht über archäologische Arbeiten in Idikutschari und Umgebung im Winter 1902–03« (München 1905) und in »Altbuddhistische Kultstätten in Chinesisch-Turkestan« (Berlin 1912).

Sven Anders Hedin (1865–1952)

Sven Anders Hedin

Schwedischer Geograph, Archäologe und Entdecker. Hedin studierte bei Ferdinand Freiherr von Richthofen in Berlin Geographie. Von 1890 bis 1908 erforschte er verschiedene Routen über den Himalaya und erstellte die ersten Tibet-Karten. 1899–1902 erforschte er das Tarim-Becken, und 1927–33 durchquerte er mit einer Expedition die Wüste Gobi. Er verfasste mehr als 50 Publikationen und erhielt zahlreiche Ehrungen, darunter zwei Goldmedaillen der britischen Royal Geographic Society sowie Ehrendoktortitel der Universitäten Oxford und Cambridge. Die britische Regierung verlieh ihm die Ritterwürde. Seine Sympathiebekundungen für die Deutschen während des Ersten sowie des Zweiten Weltkriegs schädigten seine internationale Reputation als Wissenschaftler.

Herodot (ca. 485–425 v. Chr.)

Der griechische Historiker gilt als ›Vater der Geschichtsschreibung‹. Er unternahm weite Reisen nach Ägypten, Persien, ins Zweistromland und ans Schwarze Meer. Seine Erkundungen fasste er in dem neunbändigen Werk »Histories apodexis« (Darlegung der Erkundung) zusammen. Darin finden sich einige interessante, wenn auch nicht immer zuverlässige Beschreibungen der Völker Zentralasiens.

Albert von Le Coq (1860–1930)

Le Coq stammte aus einer Berliner Kaufmannsfamilie, absolvierte eine kaufmännische Ausbildung in London und Amerika, um anschließend die väterliche Weinhandlung zu übernehmen. Im Alter von 40 Jahren verkaufte er sein Geschäft und begann in Berlin Arabisch, Türkisch, Persisch und Sanskrit zu studieren. 1902 trat er – zunächst als unbezahlter Volontär – in den Dienst der indischen Abteilung des Berliner Völkerkundemuseums. Zwischen 1904 und 1914 leitete er drei der insgesamt vier deutschen Turfan-Expeditionen. Le Coq konzentrierte sich auf die Erforschung der Grotten von Kizil bei Kucha, wo er gemeinsam mit Theodor Bartus zahlreiche buddhistische Wandfresken abtrug.

Albert von Le Coq

Etwa 40 % der zentralasiatischen Kunstschätze, die die drei deutschen Expeditionen nach Deutschland brachten und die im Museum für Indische Kunst zu Berlin ausgestellt wurden, wurden während der Bombenangriffe der Alliierten im Zweiten Weltkrieg zerstört oder verschwanden als Kriegsbeute in die Sowjetunion.

10. und 11. Panchen Lama

Den Ehrentitel Panchen Lama oder auch Panchen Rinpoche verlieh erstmals der 5. Dalai Lama (1617–82) seinem Lehrer, dem Abt des Klosters Tashilunpo in Shigatse. Der Panchen Lama gilt als Inkarnation des Buddha Amithaba und trat in bisher elf Existenzen auf. Ursprünglich war das Amt ohne jegliche politische Verantwortung. Nach dem Tod des 10. Dalai Lama, der, nachdem er die politische Linie Beijings verlassen hatte, 14 Jahre im Gefängnis verbrachte und 1989 starb, fand ein Suchteam des Klosters Tashilunpo 1995 seine Inkarnation in einem kleinen Jungen. Dieser wurde vom 14. Dalai Lama offiziell als der 11. Panchen Lama anerkannt. Wenig später warteten die Chinesen mit ihrem eigenen Kandidaten auf. Der von den Tibetern auserwählte 11. Panchen Lama befindet sich seitdem in chinesischem Gewahrsam.

Paul Pelliot (1878–1945)

Pelliot, Professor für Chinesisch an der École Française d'Extrême-Orient in Hanoi, wurde 1905 mit der Leitung einer Expedition nach Chinesisch-Turkestan betraut. Ihn begleiteten der Geograph Vaillant und der Naturforscher Nouette. Zunächst gruben sie in Tumshuq und in der Gegend um Kucha (Duldur-aqur und Subashi), 1908 besuchten sie Dunhuang, wo sie vier Monate blieben. Nouette fotografierte die Höhlen, und Pelliot studierte eine große Anzahl von Schriftstücken und Malereien, von denen er ca. 6000 erwarb und mit nach Paris nahm. In Beijing legte er einigen Wissenschaftlern diese Handschriften vor, die von da an jegliche Ausfuhr von Handschriften aus China verboten.

Marco Polo (1254–1324)

Marco Polo war der Sohn des venezianischen Kaufmanns Niccolò Polo, an dessen Seite er 1271 durch Vorder- und Zentralasien bis an den Hof Kubilai Khans in Beijing reiste. Nach eigenen Angaben stand er von 1279–92 im Dienst des Großkhans, bereiste das gesamte chinesische Reich und war als Gouverneur der Stadt Yangzhou tätig. 1292 kehrte er auf dem Seeweg nach Venedig zurück, das er drei Jahre später erreichte. Im Gefängnis von Genua diktierte Polo 1298/99 seinem Mithäftling Rustichello, einem wortgewandten Romanschriftsteller, auf Französisch seine Reiseerinnerungen. Unter dem Titel »Livre de Devisement du Monde« wurde seine Geschichte zum europaweiten ›Bestseller‹ und in viele Sprachen übersetzt. Heute bezweifeln zahlreiche Wissenschaftler, dass er China je persönlich erreichte. Viele Indizien weisen darauf hin, dass seinen Erzählungen Berichte persischer und arabischer Chinareisender zugrunde lagen.

Claudius Ptolemäus (ca. 100–170)

Ptolemäus zählt zu den berühmtesten Geographen, Mathematikern und Astronomen des Altertums. Er lebte in Alexandria. Mit seinem Hauptwerk »Syntaxis Mathematike« (auch: »Amalgest«) begründete er das Ptolemäische System, in dem die Erde als Mittelpunkt des Universums angenommen wird, um die sich Sonne, Mond und Sterne drehen. Dieses sollte bis ins 16. Jh. und den Entdeckungen Kopernikus' Gültigkeit behalten. In seiner achtbändigen »Geographike hyphegesis« beschreibt Ptolemäus 350 Orte der damals bekannten Welt und macht mit Hilfe von Längen- und Breitengraden Angaben zu deren Lage. Dabei finden auch einige Orte entlang der Seidenstraße Erwähnung. Ferner fertigte er hypothetische Karten von Asien und Afrika an.

Qianlong-Kaiser (1711–1799)

Unter der Regierungsdevise Qianlong regierte der Qing-Kaiser Hongli 1736–96 über China. Die Zeit seiner Herrschaft war eine Epoche der Prosperität, in der das chinesische Staatsgebiet enorm vergrößert wurde und die Bevölkerung stark anwuchs. 1759 wurden unter seiner Führung weite Teile Zentralasiens bis zum Balchash-See erobert. Der Kaiser selbst war den schönen Künsten zugetan und betätigte sich als Baumeister.

Qin Shihuangdi (259–210 v. Chr.)

Als König des Staates Qin einte er 221 v. Chr. China erstmals zu einem Großreich und wurde sein erster Kaiser. Innerhalb von nur zehn Jahren ließ er die Große Mauer und 6500 km Straße anlegen. Er vereinheitlichte Währung, Schrift, Maße und Gewichte bis hin zu den Wagenspurbreiten im Reich, reformierte Steuer- und Rechtssystem, schaffte Adel und Lehnswesen ab und baute einen umfangreichen Beamtenapparat auf. 213 v. Chr. ließ er eine große Bücherverbrennung durchführen, bei der alle nicht genehmen Schriften – er war anti-konfuzianisch eingestellt – vernichtet wurden. Qin Shihuangdi hinterließ eine gigantische Grabanlage in der Nähe der Stadt Xi'an, deren unterirdische Terrakottaarmee heute die größte archäologische Attraktion Chinas ist.

Ferdinand Freiherr von Richthofen (5.5.1833–6.10.1905)

Von Richthofen prägte den Begriff ›Seidenstraße‹. Der Geograph unternahm ausgedehnte Reisen durch China, Japan, Myanmar, Malaysia und Nordamerika und lehrte als Professor in Bonn, Leipzig und Berlin. Er gilt als einer der Wegbereiter der neueren Geographie.

Sima Qian (um 135–93 v. Chr.)

Sima Qian zählt zu den größten Historikern der chinesischen Geschichte. Seine »Historischen Aufzeichnungen« (»Shi Ji«), in denen er das Werk seines Vaters Sima Tan fortsetzte, wurden Vorbild für fast alle chinesischen Dynastiegeschichten späterer Zeit. Das »Shi Ji« beinhaltet die Annalen der Herrscher, Abhandlungen zu bestimmten Themen, wie Riten, Musik, Geographie, Astronomie und Wirtschaft, eine Biographiensammlung sowie Informationen über das damals bekannte Ausland.

Songtsen Gampo (reg. 619–649)

Der tibetische König gilt als Gründer des tibetischen Großreichs. Seine Gemahlinnen, die nepalesische Prinzessin Bhrikuti und die chinesische Prinzessin Wencheng, sollen als Erste den Buddhismus nach Tibet gebracht haben und werden von den tibetischen Buddhisten als Inkarnationen der Grünen bzw. Weißen Tara verehrt.

(Mark) Aurel Stein (1862–1943)

Der gebürtige Ungar studierte in Wien, Leipzig und Tübingen Sanskrit und Persisch sowie klassische und orientalische Archäologie in Oxford. 1888 trat er in den britischen Schuldienst ein, ging nach Indien und nahm die britische Staatsbürgerschaft an. Seine erste von insgesamt vier Expeditionsreisen nach Chinesisch-Turkestan trat Stein 1900 an. Er erforschte Dandan-uilik, Niya, Charklik, Loulan, Gaochang, Bezeklik und Astana. Als sein wichtigster archäologischer Fund gelten die Schriften aus den Mogao-Grotten bei Dunhuang. Mehr als 7000 alte Malereien und Manuskripte in verschiedenen zentralasiatischen Sprachen kaufte Stein dem eigentlichen Entdecker der Bibliothek von Dunhuang, dem chinesischen Mönch

Wang Anlu, ab und brachte sie nach England. Sie befinden sich heute im Besitz der British Library. Für seine Leistungen wurde Stein von der britischen Regierung geadelt, er erhielt die Ehrendoktorwürden der Universitäten Oxford und Cambridge und die begehrte Goldmedaille der Royal Geographic Society. Stein starb im Alter von 81 Jahren in Kabul, als er auf die Genehmigung wartete, den afghanischen Teil der Seidenstraße erforschen zu dürfen. Zu seinen wichtigsten Publikationen zählen: »Ancient Khotan« (1907), »Ruins of Desert Cathay« (1912), »Serindia« (1921) und »The Thousand Buddhas« (1921).

Timur-Leng (1336–1405)

Timur-Leng, auch bekannt als Tamerlan, Timur der Lahme oder Timur der Schreckliche, entstammte dem mongolisch-türkischen Barlas-Clan und war mütterlicherseits ein Nachfahr Dschingghis' Khans. Er eroberte von Zentralasien aus ein Großreich, das von Kashgar bis an den Bosporus und nach Osteuropa hinein und im Süden bis Indien reichte. Bei seinen Eroberungszügen hinterließ er eine Spur der Verwüstung. Samarkand baute er unter Einsatz von Sklaven zu einer prächtigen Hauptstadt aus. Unter seinen Nachfolgern, den Timuriden, erblühten Samarkand und das persische Herat zu Hochburgen islamischer Kultur und Wissenschaft.

Trisong Detsen (reg. 755–797)

Dem tibetischen König, gelang es 763, die chinesische Hauptstadt Chang'an einzunehmen und für kurze Zeit zu belagern. Er holte den indischen Gelehrten und Tantriker Padmasambhava ins Land, in dessen Auftrag das erste buddhistische Kloster Tibets, Samye, errichtet wurde. 779 erklärte Trisong Detsen den Buddhismus in Tibet zur Staatsreligion.

Mönlam Chenmo, das ›Große Gebet‹, ist das bedeutendste Fest des tibetischen Kalenders und wird vom 3.–25. Tag des ersten tibetischen Monats gefeiert. In dieser Zeit werden in vielen Gelbmützen-Klöstern die rituellen Cham-Tänze aufgeführt, Riesenthangkas entrollt, Prozessionen und Butterskulptur-Wettbewerbe abgehalten.

Tsongkhapa (1357–1419)

›Der Mann aus dem Zwiebeltal‹, dessen eigentlicher Mönchsname Losang Dragpa lautet, ist der große Reformer des tibetischen Buddhismus und Begründer der Schule der Tugendhaften (Gelugpa), auch Gelbmützenschule genannt. Er weitete das Klosterwesen in Tibet aus, legte neue Regeln für die Mönche fest und begründete das Mönlam-Fest – das wichtigste religiöse Fest der Tibeter. Er gilt als Inkarnation des Bodhisattva der Weisheit, Manjushri (s. S. 77).

Xuanzang (602–664)

Der buddhistische Mönch brach 629 von Chang'an, dem heutigen Xi'an, zu Fuß nach Indien auf. Er durchquerte die zentralasiatischen Wüsten, überwand den Himalaya und wanderte durch Indien, um die

Der Pilgermönch Xuanzang; bemalter Holzstich aus Dunhuang

heiligen Stätten des Buddhismus zu besuchen und seine Kenntnisse der heiligen Schriften zu vertiefen. 645 kehrte er nach 16-jähriger Abwesenheit nach China zurück, wo er in Chang'an bis zu seinem Tode mit der Übersetzung buddhistischer Texte beschäftigt war. Er hinterließ eine interessante, sehr sachliche Reisebeschreibung, die 1570 fantasievoll zu dem berühmten Roman »Die Reise nach Westen« (»Xiyu Ji«) verarbeitet wurde.

Zhang Qian (gest. 114 v. Chr.)

Der Han-Kaiser Wudi sandte Zhang Qian 138 v. Chr. aus, die unbekannten Regionen westlich von China zu erkunden und Kontakte zu den nomadischen Yuezhi zu knüpfen. Zhang geriet in Gefangenschaft der Xiongnu, sodass er erst 13 Jahren später nach China zurückkehren konnte. 118 v. Chr. startete er eine zweite Expedition, auf der er und seine Abgesandten das Ili-Tal, Ferghana, Baktrien, Sogdien, Persien und Nordindien erkundeten. Diese Expedition brachte China erstmals in Kontakt mit den indo-hellenistischen Kulturen Zentralasiens und öffnete den Handel über die Seidenstraße.

Kamelkarawane in der Wüste Gobi ▷

Die Seidenstraße von China nach Pakistan

Beijing und Umgebung

Beijing

Beijing ☆☆
Besonders sehenswert:
Himmelstempel ☆☆
Kaiserpalast ☆☆
Sommerpalast ☆☆

Ausflüge
Große Mauer ☆☆
Ming-Gräber ☆

Beijing liegt nicht an der Seidenstraße. Doch wer heute eine Reise auf der alten Route unternimmt, wird nicht selten von Beijing aus starten. Grund genug, der chinesischen Hauptstadt angemessenen Raum zu widmen.

In den Zeiten, als der Karawanenverkehr über die Seidenstraße seinen Höhepunkt erlebte, war Beijing noch ein unbedeutender Marktflecken. Von der Han- bis zur Tang-Dynastie, dem Goldenen Zeitalter des Seidenstraßenhandels, lag das politische, wirtschaftliche und kulturelle Zentrum Chinas am Mittellauf des Gelben Flusses, im Bereich der Städte Xi'an und Luoyang. Erst die mongolische Yuan-Dynastie erhob Beijing im 13. Jh. zur Hauptstadt des Reiches – die Beijing mit einigen Unterbrechungen bis heute geblieben ist.

Der Großraum Beijing – mit 16 800 km² etwa so groß wie Schleswig-Holstein – zählt darüber hinaus zu den wichtigsten Wirtschafts- und Industriezentren Chinas, was die Stadt leider häufig unter eine nahezu undurchdringliche Dunstglocke legt. Die Metropole besitzt den Status einer ›regierungsunmittelbaren Stadt‹, d. h. verwaltungstechnisch untersteht das Stadtparlament direkt der Zentralregierung. An die zehn Millionen der insgesamt mittlerweile 12,5 Millionen Einwohner leben in der Stadt selbst, die übrigen verteilen sich auf die umliegenden ländlichen Gebiete des Großraums.

Geschichte der Stadt

Beijing – oder Peking, wie man es früher schrieb – bedeutet wörtlich übersetzt ›Nördliche Hauptstadt‹. Diesen Namen hatte der Yongle-Kaiser der Ming-Dynastie erstmals 1403 der Stadt verliehen. Davor war sie unter einer Vielzahl weiterer Namen bekannt und veränderte, bedingt durch Kriege und Machtwechsel, immer wieder ihr Gesicht.

Beijings Stadtgeschichte beginnt mit dem Jahr 1180 v. Chr. Zu dieser Zeit erwähnen alte Texte in der fruchtbaren Schwemmlöss-Ebene, die durch das Yan- und das Taihang-Gebirge vor den kalten Winden des Nordens geschützt wird, eine Siedlung mit Namen Ji, ›Schilf‹. In der Zeit der Streitenden Reiche (475–221 v. Chr.) wurde aus Ji dann Yanjing, ›Hauptstadt der Yan‹, und die Annalen der Tang (618–906) erwähnen die Stadt als Youzhou. Erst der ostmongolische Stamm der Khitan, Begründer der Liao-Dynastie (916–1125), machte dieses Youzhou wieder zur Kapitale, nämlich zu seiner zweiten, ›Südlichen Hauptstadt‹: Nanjing. Die mächtige Wehrmauer von 20 km Länge und 10 m Höhe, mit der sie Nanjing versahen, hielt indes 1125 nicht dem Ansturm der Dschurdschen, eines Nomadenvolks aus dem Nordosten, stand. Unter deren Jin-Dynastie (1115–1234) wurde Nanjing zur ›Mittleren Hauptstadt‹, Zhongdu, umbenannt. Ihre Herrscher ließen im

◁ Himmelstempel

Stadtzentrum einen künstlichen See mit einer Insel ausheben, prunkvolle Paläste errichten und investierten viel Geld in den Ausbau der Stadtwälle. Ein Teil dieser Anlagen ist heute im südlichen Teil des Beihai-Parks und der Runden Stadt (Tuan Cheng) noch erkennbar.

Während der Pax Mongolica lebte der Reise- und Handelsverkehr über die Seidenstraße wieder auf. Erstmals erreichten nun auch Europäer die Stadt des Khans. Der wohl bekannteste von ihnen war Marco Polo, der in seinem Reisebericht vom Prunk und Reichtum Dadus und der Kultur seiner Bewohner schwärmt.

1215 fielen schließlich die mongolischen Heere Dschingghis' Khans in die Stadt ein und verwüsteten sie. Erst der Enkel des Dschingghis, Kubilai, verwandelte Zhongdu wieder in eine blühende Metropole. Er nannte sie Dadu, ›Große Hauptstadt‹, oder mongolisch Khanbalik, ›Stadt des Khan‹. Ihr Zentrum lag, wie das des Jin-zeitlichen Zhongdu, an den Ufern des heutigen Nordsees (Bei Hai). 1279 gelang es Kubilai, auch Südchina zu unterwerfen, und erstmals wurde von Dadu aus das gesamte Reich der Mitte regiert.

1368 verlor Beijing, das zu dieser Zeit nahezu eine halbe Million Einwohner zählte, für einige Jahrzehnte seinen Hauptstadtstatus. Der erste Kaiser der Ming erwählte das südlich gelegene Nanjing als Regierungssitz, Dadu hieß nun Beiping, ›Nördlicher Friede‹. Der Yongle-Kaiser der Ming (1403–24) verlegte die Hauptstadt wieder nach Norden, riss das alte Dadu ab und errichtete schließlich Beijing. Mit ihrem rechteckigen Grundriss und schachbrettartigen inneren Aufbau folgte die neue Stadt dem Vorbild des alten Chang'an (s. S. 152). Das Zentrum bildete eine in nord-südlicher Richtung verlaufende Zentralachse, auf der sich die ranghöchsten Gebäude der Stadt reihten. Im Netz der sich kreuzenden, schnurgeraden Hauptstraßen lagen verwinkelten Gassenviertel mit einstöckigen Hofhäusern (*hutong*). Beijing war damals quasi zweigeteilt. In der vornehmen Nordstadt lagen der Kaiserpalast mit angrenzenden Parks, die bedeutendsten Tempel, Ministerien und Kasernen; in der Südstadt lebte das ›einfache Volk‹.

Unter den Mandschuren, die 1644 die Macht übernahmen, sollte sich das Stadtbild Beijings nicht wesentlich ändern. Stadtmauern umgaben beide Bezirke, wobei die nördliche Umwallung wesentlich mächtiger und monumentaler, die südliche dafür um so länger war. Die Südmauer maß 23,5 km, die nördliche 10 km. Allerdings ließ der ebenso kunstsinnige wie bauwütige Qianlong-Kaiser (1736–96) in und um Beijing zahlreiche Tempel erweitern und weitläufige Parks anlegen – die allein dem Vergnügen der kaiserlichen Familie und des Adels dienten.

1860 sollte sich das Schicksal der Stadt wenden. Der zweite Opiumkrieg hatte zur Folge, dass britische und französische Truppen plündernd und brandschatzend durch Beijing zogen. Im Zuge des ›Boxeraufstands‹ sollten sich die Zerstörungen im Jahr 1900 wiederholen. Nach dem Sturz des Kaiserhauses 1911 und den Wirren zur Zeit der ›Warlord‹-Regierung verlor Beijing in den Tagen der Republik kurzfristig seinen Status als Hauptstadt. Doch am 1. Oktober 1949 rückte die Stadt erneut ins Zentrum der Politik – als Mao Zedong hier die Volksrepublik ausrief.

Im Lauf der 50er Jahre des 20. Jh. gestaltete die kommunistische Führung die alte Kaiserstadt zu einer sozialistischen Vorzeigemetropole um. Die mächtigen alten Stadtmauern wichen breiten Boulevards. Russische Architekten halfen bei der Errichtung monumentaler Prachtbauten im sowjetischen Stil und der Platz zum Tor des Himmlischen Friedens wurde zum Massenaufmarschgelände ausgebaut.

Eine weitere Wende, die sich entscheidend im Bild der Stadt niederschlagen sollte, brachte dann Ende der 70er Jahre die wirtschaftliche Öffnungspolitik Deng Xiaopings. Seitdem prägen Satellitenstädte, Bürotürme, glitzernde Luxushotels, Einkaufszentren und im Autoverkehr erstickende Straßen immer mehr das Beijinger Stadtbild – die alten Hofviertel (*hutong*) indes müssen weichen.

Beijing ist trendy geworden. Die Stadt besitzt eine spannende junge Kunst- und Musikszene. Coole Bars, Restaurants und Galerien haben sich in den alten Hofvierteln der Altstadt und in Dashanzi, einem alten Fabrikgelände in einem Vorort angesiedelt. Man feiert Raves in verlassenen Werkshallen und Partys auf der Großen Mauer. Es ist eine ähnlich anarchische Aufbruchstimmung zu spüren wie im Berlin kurz nach der Wende.

Rund um den Platz des Himmlischen Friedens

Wie kein anderer Ort in China wurde der Platz zum Tor des Himmlischen Friedens (Tian'anmen Guangchang), meist einfach Platz des Himmlischen Friedens genannt, größter Platz der Welt und Herz Beijings, wiederholt Schauplatz zentraler Ereignisse der jüngeren chinesischen Geschichte: Der Bogen spannt sich von der Abdankung des Kindkaisers Puyi am 25. Dezember 1911 über die Proteste der Studenten der Beijing-Universität gegen die für China inakzeptablen Beschlüsse des Vertrages von Versaille und damit für den Aufbruch in ein modernes, selbstbewusstes China, seine Hinwendung zu Demokratie und Sozialismus am 4. Mai 1919, bis zur Ausrufung der Volksrepublik am 1. Oktober 1949 durch Mao Zedong. Als weniger rühmlich muss der bisher letzte Akt auf diesem Platz gelten: die blutige Niederschlagung einer Demonstration von Studenten, Intellektuellen und Arbeitern, die für Freiheit, Menschenrechte und Demokratie eintraten, am 4. Juni 1989.

In der Mitte des Platzes erhebt sich seit dem 1. Mai 1958 ein 38 m hoher Marmorobelisk, das **Denkmal der Volkshelden** (1; Renmin

Tor des Himmlischen Friedens an der Nordseite des nach ihm benannten Platzes

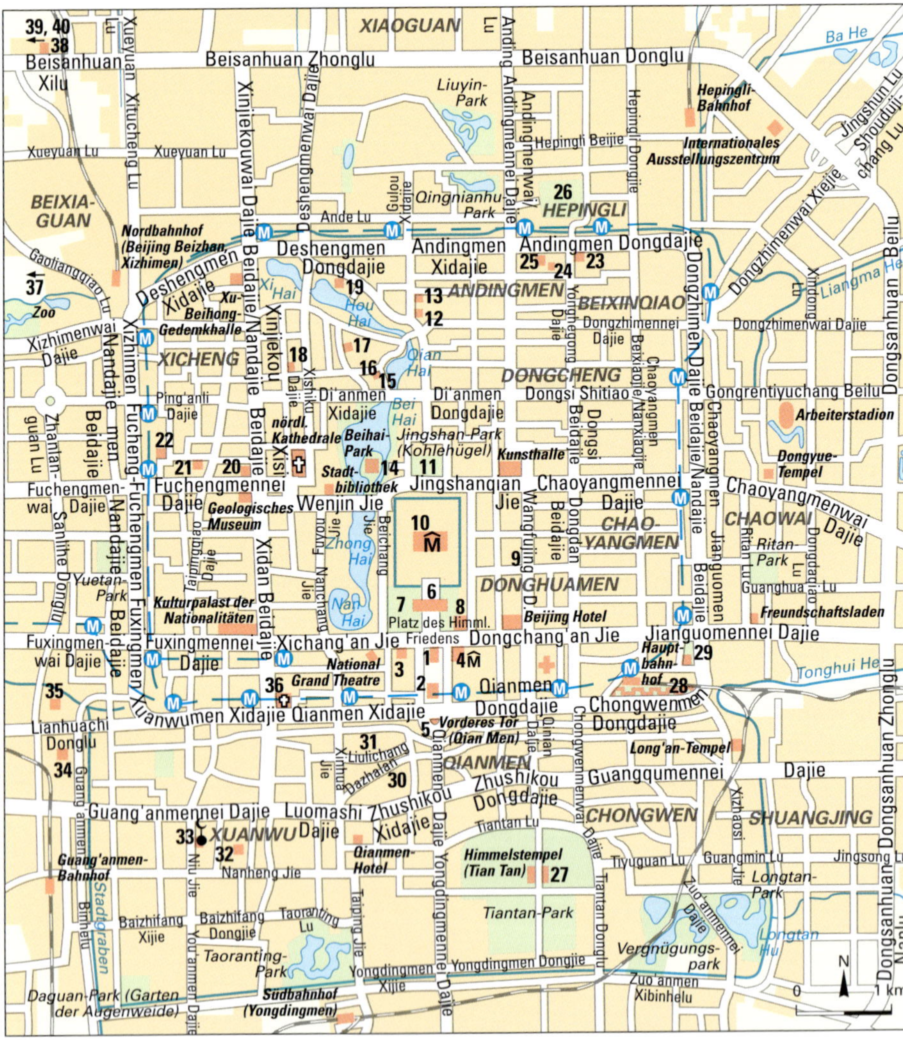

Beijing 1 Denkmal der Volkshelden 2 Mao-Gedenkhalle 3 Große Halle des Volkes 4 Museum der Geschichte und Revolution 5 Vorderes Tor 6 Tor des Himmlischen Friedens 7 Sun-Yat-sen-Park 8 Kaiserlicher Ahnentempel 9 Wangfujing 10 Kaiserpalast 11 Kohlehügel 12 Trommelturm 13 Glockenturm 14 Beihai-Park 15 Lotus Lane (Shichahai) 16 Wohnsitz Guo Moruos 17 Palast des Prinzen Gong 18 Wohnsitz des Mei Lanfang 19 Residenz der Song Qingling 20 Tempel der Allgemeinen Nächstenliebe 21 Tempel der Weißen Pagode 22 Lu-Xun-Museum 23 Lamatempel 24 Konfuziustempel 25 Kaiserliche Akademie 26 Park des Erdaltars 27 Himmelstempel 28 Stadtmauer/Dongbianmen-Wachturm/Red Gate Gallery 29 Altes Observatorium 30 Dazhalan 31 Liulichang 32 Tempel der Gesetzesquelle 33 Niujie-Moschee 34 Tempel der Himmlischen Ruhe 35 Kloster der Weißen Wolke 36 Süd-Kathedrale 37 Tempel der Fünf Pagoden 38 Tempel der Großen Glocke 39 Alter Sommerpalast 40 Sommerpalast

Yingxiong Jinianbei). Auf seiner nördlichen Seite findet sich in goldenen Lettern eine Kalligraphie Mao Zedongs: »Die Helden des Volkes sind unsterblich.« Am Sockel des Obelisken dokumentieren zehn Reliefs die Höhepunkte der revolutionären Bewegungen Chinas vom ersten Opiumkrieg bis 1949. Die Inschrift auf der Südseite des Denkmals stammt von Zhou Enlai.

Ebenfalls auf dem Platz selbst, südlich des Denkmals, steht die **Mao-Zedong-Gedenkhalle** (2; Mao Zhuxi Jiniantang). In dem 33 m hohen, 20000 m² großen Säulenbau aus Granit, Glas und glasierten Ziegeln ruht seit 1978 der Leichnam Maos in einem gläsernen Sarg. Die Farbe der Dachziegel betont einmal mehr, dass das Kaiserhaus seine Macht verloren hat: Das monumentale Gebäude ist mit goldgelb glasierten Ziegeln gedeckt, einer Farbe, die über Jahrtausende hinweg allein dem Himmelssohn vorbehalten war.

Die **Große Halle des Volkes** (3; Renmin Dahuitang), Sitz des Nationalen Volkskongresses, an der Westseite des Tian'anmen-Platzes, errichteten sowjetische Architekten 1959 in nur zehn Monaten. Ihr größter Plenarsaal fasst bis zu 10000 Personen.

Wendet man der Volkskongresshalle den Rücken zu und schaut über den Platz, so fällt der Blick auf einen weiteren gigantischen Säulenbau, das **Museum der Chinesischen Geschichte und Revolution** (4; Zhongguo Lishi bzw. Geming Bowuguan). Das Museum für Chinesische Geschichte befindet sich im südlichen Gebäudetrakt. Entsprechend der marxistischen Geschichtsauffassung ist das Museum nach den Gesellschaftsstufen Urkommunismus, Sklavenhaltergesellschaft, Feudalismus und halbkolonialer und halbfeudaler Gesellschaft untergliedert. Vielfach handelt es sich bei den ausgestellten archäologischen Funden und technischen Erfindungen um Modelle und Repliken. Der Nordflügel präsentiert die Entwicklung der KP Chinas seit 1921 – nur auf Chinesisch.

Das **Vordere Tor** (5; Qian Men), das heute aus zwei einzelnen Gebäuden zu bestehen scheint (diese waren einmal durch Mauern verbunden), beschließt den Platz im Süden. Ursprünglich war es das mittlere von drei Südtoren in der Ummauerung der Beijinger Nordstadt und allein dem Kaiser vorbehalten.

Das **Tor des Himmlischen Friedens** (6; Tian'an Men) beherrscht das Nordende des Platzes. Früher bildete es den Eingang zur damaligen Kaiserstadt. Das Tor wurde erstmals 1417 errichtet, mehrfach zerstört und 1915/16 wieder aufgebaut. Von der Balustrade des Torbaus ließ der Himmelssohn wichtige Dekrete in einem goldenen Phönix herab, die unten ein Minister entgegennahm. Fünf weiße Marmorbrücken führen über den Äußeren Goldwasserfluss, der ehemals zum Schutz des Kaiserpalastes angelegt worden war. Heute prangen über dem Hauptportal das Porträt Mao Zedongs und das Staatswappen der Volksrepublik, gerahmt von politischen Parolen: »Lang lebe die Volksrepublik China!« (links), und »Lang lebe die große Einheit der Völker der Welt!« (rechts). Das Denkmal der Volkshelden und die Mao-Zedong-Gedenkhalle sind im Gesamtzusammenhang des

Beginnend im Osten und weiter im Uhrzeigersinn zeigen die Reliefs am Denkmal der Volkshelden die Verbrennung des Opiums in Guangzhou (Kanton) im Juni 1939 durch Lin Zexu, den Taiping-Aufstand von 1851, die Rebellion von Wuchang 1911, die dem Sturz der Monarchie vorausging, die Vierte-Mai-Bewegung von 1919, die anti-imperialistische Bewegung vom 30. Mai 1925, den Aufstand von Nanchang gegen die Guomindang von 1927, den Widerstandskampf gegen die japanischen Besatzer von 1937–45 sowie die siegreiche Überquerung des Yangzi durch die Rote Armee und die Vertreibung der Guomindang-Regierung nach Taiwan.

Tian'anmen-Platzes von besonderer Symbolkraft: Sie wurden exakt auf Beijings zentraler Nord-Süd-Achse errichtet. Auf ebendieser Achse hatte einige hundert Meter weiter nördlich jahrhundertelang der Kaiser im ehemals höchsten Gebäude der Stadt, der Halle der Höchsten Harmonie, auf seinem Drachenthron gesessen. Von hier aus schweifte – bildlich gesprochen – sein Blick gen Süden weit in sein Reich hinein. Die beiden Bauwerke nehmen ihm nun die Sicht – ein Affront gegen die kaiserliche Macht, auch wenn diese längst der Vergangenheit angehört.

Westlich des Tian'an Men erstreckt sich hinter der roten Mauer der **Sun-Yat-sen-Park** (7; Zhongshan Gongyuan). Früher huldigte hier der Himmelssohn am Altar der Fruchtbarkeit (Sheji Tan) zweimal jährlich den Erdgöttern. Die quadratische Plattform, auf der er die Opfer vollzog, ist noch erhalten. Vor den Opfern verweilte der Kaiser in der Halle des Gebets, einer 550 Jahre alten Holzkonstruktion nördlich des Altars, in Meditation.

Über die Chang'an Jie gelangt man in östlicher Richtung, vorbei am **Ahnentempel der Ming- und Qing-Kaiser** (8; Tai Miao) zu Beijings renommierter Einkaufsmeile, **Wangfujing** (9). Der Boulevard, welcher streckenweise in eine Fußgängerzone umgewandelt wurde, zweigt beim Beijing-Hotel von der Chang'an Jie in Richtung Norden ab. Er trägt seinen Namen nach den zehn Prinzenresidenzen (*wangfu*), die in der Ming-Zeit unter dem Yongle-Kaiser hier errichtet wurden. Den Zusatz *jing* für ›Brunnen‹ erhielt die Straße, als man in einem angrenzenden Wohnhof einen solchen bohrte. Heute gibt man sich auf der Wangfujing in modernen Kaufhäusern und Shopping-Malls dem Konsumrausch hin. Von den alten Residenzen ist nichts mehr zu sehen.

Der Name Zijincheng bezieht sich weniger auf die dunkelrot getünchten Mauern des Palastes, als vielmehr auf den ›verborgenen purpurnen Bereich‹ (Ziweiyuan) im Himmel – nach der chinesischen Kosmologie Sitz des Polarsterns. So wie der Polarstern im Zentrum des Firmaments steht, ist die Verbotene Stadt in den Augen der Chinesen Dreh- und Angelpunkt des Tianxia, ›dessen, was unter dem Himmel ist‹, also der gesamten irdischen Welt.

Die Verbotene Stadt – Der Kaiserpalast

›Purpurne Verbotene Stadt‹ (Zijincheng) – so nennen die Chinesen den Kaiserpalast (10; Gugong), der nach ihrer traditionellen Weltsicht nicht nur das Zentrum der chinesischen Hauptstadt bildet, sondern auch den Mittelpunkt des Reiches, ja der gesamten irdischen Welt.

Der Yongle-Kaiser der Ming, der Beijing zu seiner Hauptstadt erkor, ließ den Palastkomplex 1406–21 errichten. Die mandschurische Qing-Dynastie übernahm ihn 1644, und ihr letzter Kaiser, Puyi, residierte noch nach seiner Abdankung bis 1924 in den Gemäuern. Insgesamt lebten seit 1421 24 Kaiser von China im Palast – und mit ihnen, so erfährt man aus den alten Hofarchiven, zeitweise bis zu 9000 Damen, 20 000 Eunuchen und 5000 Wachleute.

Die Ausmaße der Verbotenen Stadt sind entsprechend gewaltig: ihre mächtigen Mauern, an deren Ecken sich Wachtürme mit elegant gestaffelten Walmdächern erheben, messen 960 m von Norden nach Süden und 750 m von Osten nach Westen. Vier Tore in den Kardinalshimmelsrichtungen bilden die Zugänge zum Palast: das Östliche und Westliche Blütentor, das Tor des Göttlichen Kriegers im Norden und

Halle der Höchsten Harmonie

das Mittagstor im Süden. Zusätzlichen Schutz gewährt ein Wassergraben, der die Mauer außen umschließt. Der Palast folgt in seinem Aufbau einem über 2000 Jahre alten chinesischen Bauschema: Er ist als Komplex von hinter- und nebeneinander gestaffelten Höfen angelegt, welche sich entlang mehrerer parallel verlaufender Nord-Süd-Achsen orientieren. Die ranghöchsten Gebäude des Palastes konzentrieren sich auf der Zentralachse. Dabei entsteht ein rhythmischer Wechsel von Hallen und Freiflächen, deren Anlage innerhalb eines Hofes stets völlig symmetrisch ist. Innerhalb der Palastmauern gliedert sich die Anlage in den Regierungsbezirk im Süden und die Inneren Gemächer, in denen die kaiserliche Familie wohnte, im Norden. Über die Architekten der Verbotenen Stadt ist wenig bekannt – meist nicht einmal ihre Namen, denn sie besaßen im alten China nie mehr als den Status von Handwerkern. 200 000 Arbeiter sollen bei den Bauarbeiten beschäftigt worden sein. Die Baumaterialien – Marmor, Granit, Tonziegel und Hartholz – wurden aus den verschiedensten Gegenden des Reiches herbeigeschafft. Im Lauf der Jahrhunderte wurde der Komplex häufig renoviert oder verändert. Die meisten der originalen Hallen aus dem 15. Jh. stehen nicht mehr. Sie fielen Bränden, Erdbeben oder schlicht dem Zahn der Zeit zum Opfer. Dank dem Traditionsbewusstsein chinesischer Baumeister präsentiert sich der Palast dennoch als homogenes Ganzes. Seine hölzernen Hallen erstrahlen in leuchtendem Zinnoberrot, das Konsolgebälk und die kunstvoll geschnitzten Decken sind farbig bemalt und vergoldet. Die mächtigen, sanft gekurvten Dächer glänzen in kaiserlichem Gelb.

Bis zu den Olympischen Spielen 2008 in Beijing wird der Kaiserpalast renoviert, einige Höfe und Hallen sind deshalb zeitweise nicht zugänglich. Nach Abschluß der Arbeiten sollen aber Bereiche des Palastes geöffnet werden, die bisher Besuchern verschlossen blieben.

Insgesamt, sagt der Volksmund, gäbe es 9999 Räume im Kaiserpalast. Das ist etwas übertrieben, doch die Neun ist in China eine Glückszahl. Nach der Lehre des Fengshui besitzt sie das Höchstmaß der männlichen Kraft Yang. Darüber hinaus steht die 9999 für die Zahl 10 000, das chinesische Synonym für Unendlichkeit. Fleißige Leute haben nun die Räume des Palastes nachgezählt und kamen dabei auf ›nur‹ 8886 – wobei allerdings schon ein Jian, die Fläche zwischen vier Säulen und Grundmaß traditioneller chinesischer Architektur, als ein Raum gilt.

Kaiserpalast
1 Mittagstor
2 Goldwasserfluss
3 Tor der Höchsten Harmonie
4 Pavillon der Vornehmen Rechtschaffenheit
5 Pavillon des Angewandten Wohlwollens
6 Halle der Höchsten Harmonie
7 Halle der Literarischen Blüte
8 Halle der Militärischen Tapferkeit
9 Halle der Mittleren Harmonie
10 Halle zur Wahrung der Harmonie
11 Tor der Himmlischen Reinheit
12 Palast der Himmlischen Reinheit
13 Halle der Berührung von Himmel und Erde
14 Palast der Irdischen Ruhe
15 Tor der Irdischen Ruhe
16 Kaiserlicher Garten
17 Halle des Kaiserlichen Seelenfriedens

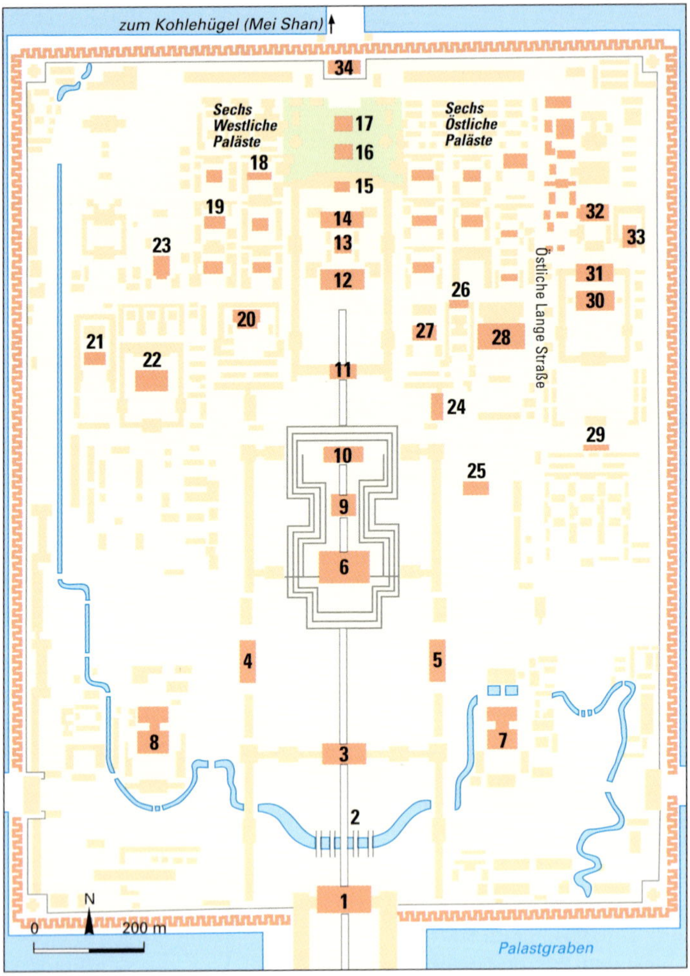

Rundgang

Man betritt den Palast von Süden her durch den Haupteingang, das hufeisenförmige **Mittagstor** (Wu Men). Fünf Pavillons mit kühn geschwungenen Dächern krönen den 38 m hohen, befestigten Torbau, der drei Eingänge aufweist. Auch hier war der mittlere Eingang dem Kaiser vorbehalten; lediglich die drei besten Absolventen der kaiserlichen Examina durften ihn am Tag ihrer Prüfung durchschreiten, ebenso machte man für die Kaiserin am Tage ihrer Hochzeit eine Ausnahme. Auf den Seitenflügeln des Torbaus sind Trommeln und Glocken untergebracht. Die Trommeln wurden angeschlagen, wenn der Kaiser den Palast verließ, um seinen Ahnen zu huldigen, die Glocken, wenn er auszog, die Himmelsopfer zu vollziehen.

Nach Durchschreiten des Mittagstores betritt der Besucher den Regierungsbezirk der Verbotenen Stadt, in dem einst Minister, Militärs und hohe Beamte ein und aus gingen. Frauen – mit Ausnahme der Kaiserin – war hier der Zutritt verwehrt. Dem Besucher öffnet sich ein 2,6 ha weiter, von Gebäuden gerahmter Hof, den der **Goldwasserfluss** (Jinshui He) durchzieht. Um der Palastachse weiter gen Norden zu folgen, muss man eine der fünf Marmorbrücken beschreiten, die den Fluss überspannen. Die Brücken symbolisieren die fünf konfuzianischen Tugenden (*wu chang*): Menschlichkeit, Aufrichtigkeit, Gemessenheit, Weisheit und Zuverlässigkeit. So wandelt man zum **Tor der Höchsten Harmonie** (Taihe Men). Im Pflaster abgehoben lässt sich die Zentralachse erkennen, über die der Kaiser einst in seiner Sänfte getragen wurde; sie zu betreten, war für Normalsterbliche ein Sakrileg. Den 58 m breiten Torbau mit gestuftem Walmdach flankiert ein Paar mächtiger Bronzelöwen – Sinnbild der kaiserlichen Macht.

Hinter dem Tor der Höchsten Harmonie tut sich ein noch größerer Platz von 200 x 190 m auf. An seiner Ostseite steht der **Pavillon des Angewandten Wohlwollens** (Tiren Ge), an der Westseite der **Pavillon der Vornehmen Rechtschaffenheit** (Hongyi Ge) – Gebäude, die einst als Magazine und Bibliotheken fungierten. Die mächtigen Bronzebehälter im Hof dienten als Speicher für Löschwasser. Im Winter konnte man sie befeuern, damit das kostbare Nass nicht gefror.

Im Norden des Platzes erhebt sich auf einer dreistufigen, von Marmorbalustraden gesäumten Terrasse das großartigste und wichtigste Gebäude der Verbotenen Stadt: die **Halle der Höchsten Harmonie** (Taihe Dian). Eine mit Drachenreliefs verzierte marmorne Rampe, gesäumt von monumentalen Treppen und 18 bronzenen Räuchergefäßen, welche die 18 Provinzen des Qing-Reiches repräsentieren, bilden den Aufgang. Auf der Terrasse vor der Halle sind als Symbole kaiserlicher Gerechtigkeit im Osten eine Sonnenuhr und im Westen ein Scheffelmaß platziert, außerdem bronzene Skulpturen von Kranichen und Schildkröten – Symbole der Unvergänglichkeit des chinesischen Kaiserreichs.

Die Halle der Höchsten Harmonie misst 64 m in der Breite, 37 m in der Tiefe und 27 m in der Höhe – zuzüglich der 7 m hohen Terrasse, auf der sie ruht. Kein profaner Bau im kaiserlichen Beijing durfte diese Halle überragen, denn hier thronte der Kaiser auf seinem Drachenthron, und niemandem außer dem Himmel war es erlaubt, sich über ihn zu erheben.

Kein Zweifel bleibt dem Betrachter am hohen Rang dieses Bauwerks: Die Taihe Dian umfasst die Höchstzahl der in der klassischen chinesischen Architektur für eine einzelne Halle zulässigen Joche (*jian*), nämlich elf. 24 Säulen tragen das schwere, gestufte Walmdach. Die Grate des mit goldgelben Ziegeln gedeckten Daches sind mit jeweils elf Figuren verziert – mit mehr Figuren darf in China kein Gebäude geschmückt sein.

18 Palast der Gesammelten Eleganz
19 Palast des Immerwährenden Frühlings
20 Halle der Pflege des Herzens
21 Palast des Rüstigen Alters
22 Palast der Barmherzigen Ruhe
23 Pavillon des Blütenregens
24 Tor des Großen Glücks
25 Pfeilpavillon
26 Palast der Glückwünsche zur Geburt eines Sohnes
27 Palast des Fastens
28 Halle der Ahnenverehrung
29 Neun-Drachen-Wand
30 Halle der Kaiserlichen Absolutheit
31 Palast des Ruhevollen Alters
32 Halle der Pflege des Charakters
33 Pavillon der Angenehmen Klänge
34 Tor des Göttlichen Kriegers

Der Kaiserthron ist auf einem Podest in der Mitte der Halle unter einer Deckenmalerei, die spielende Drachen zeigt, platziert. Auch ihn zieren Drachenmotive – in China seit alters Sinnbild kaiserlicher Macht. Der Kaiser nutzte die Halle der Höchsten Harmonie nur bei besonderen Anlässen. Dreimal im Jahr hielt er hier die Große Audienz (*da chao*) ab, bei der sich alle Prinzen, Minister, Beamte und hohen Offiziere des Reiches – zuweilen bis zu 20000 Personen – auf dem Vorplatz der Halle zum gemeinsamen Kotau versammelten.

Durch die Durchgänge in der Mauer rechts und links der Halle der Höchsten Harmonie gelangt man in Richtung Norden zur quadratischen **Halle der Mittleren Harmonie** (Zhonghe Dian). In ihren Ausmaßen eher bescheiden, bildet sie dennoch das geometrische Zentrum der Verbotenen Stadt. Hier bereitete sich der Kaiser auf die großen Zeremonien im Thronsaal vor, inspizierte im Frühjahr symbolisch das Saatgut und eröffnete damit das landwirtschaftliche Jahr.

In der nördlich anschließenden **Halle zur Wahrung der Harmonie** (Baohe Dian) nahm man seit der späten Qing-Dynastie die höchsten Beamtenprüfungen ab. Hinter der Halle führen Stufen von der Marmorplattform hinab. Sie säumen das größte Marmorrelief des Palastes: einen 16,5 x 3 m großen und 1,7 m dicken Monolithen, den feine Drachen- und Wolkenmotive zieren.

Geht man die Treppe hinunter, so tritt man auf der Mittelachse vor das **Tor der Himmlischen Reinheit** (Qianqing Men), flankiert von zwei vergoldeten Bronzelöwen. Es trennt den Regierungsbezirk der Verbotenen Stadt von den Inneren Gemächern. Dahinter lebten unter Aufsicht der Eunuchen die kaiserlichen Gattinnen, ihre Kinder und die Konkubinen und Palastdamen. Neben seiner Kaiserin ehelichte der Sohn des Himmels zumeist zwei bis drei weitere Gemahlinnen und hatte 20–30 Konkubinen. Der Umgang untereinander war

Den First wichtiger Gebäude krönen in der klassischen chinesischen Architektur Keramikplastiken so genannter Chiwei – Wasserwesen, die das Gebäude vor Feuer schützen sollen. Auf den Gratenden der Dächer findet sich außerdem häufig eine Prozession kleiner Fabelwesen. Angeführt wird diese von einem Reiter, dem Prinzen Min, auf einer Henne. Prinz Min von Qi (479–502) ließ sein Volk im Krieg schmählich im Stich und wurde deshalb von diesem an der Dachrinne seines Palastes aufgeknüpft. Auf der Henne an der Dachkante sitzend, liegt nun vor ihm der Abgrund – den ein Huhn kaum zu überwinden vermag –, auf der anderen Seite kauert ein behörnter Drache mit aufgerissenem Maul. Dazwischen reihen sich die ›Kinder des Drachens‹, Fabelwesen von segensreicher Symbolik, die böse Einflüsse abwehren sollen. Die Anzahl dieser Figuren hängt vom Rang des Gebäudes ab.

äußerst förmlich. Selbst das Kaiserpaar durfte sich nie ohne offizielle Anmeldung begegnen. Die Eunuchen führten über alle Damenbesuche beim Kaiser genau Buch, um im Falle einer Schwangerschaft der tatsächlichen Vaterschaft des Kaisers sicher zu sein. Die Damen vertrieben sich die Zeit meist mit Stickerei, Musik und gegenseitigen Besuchen. Die gebildeteren unter ihnen übten sich auch in Malerei, Kalligraphie oder Dichtkunst.

Wie im Regierungsbezirk der Verbotenen Stadt finden sich auch in den Inneren Gemächern (Nei Ting) die ranghöchsten Hallen auf der Zentralachse gereiht: Auf einer Marmorterrasse erheben sich der **Palast der Himmlischen Reinheit** (Qianqing Gong), Wohnpalast des Kaisers, der **Palast der Irdischen Ruhe** (Kunning Gong), Residenz der Kaiserin, und zwischen beiden die quadratische **Halle der Berührung von Himmel und Erde** (Jiaotian Dian).

Zahlreichen Herrschern und ihren Gemahlinnen waren diese offiziellen Gemächer allerdings zu ungemütlich. Sie suchten sich unter den kleineren Seitenhöfen der Inneren Gemächer behaglichere Wohnstätten aus. Nur die ersten vier Ming-Kaiser nutzten den Palast der Himmlischen Reinheit tatsächlich als Schlafgemach. Seit der Kangxi-Ära (1662–1722) empfing der Kaiser hier in- und ausländische Gesandte in zwanglosem Rahmen. Hinter der Blende mit der Aufschrift »Zhengda guangming« (›Aufrechte Haltung und Lauterkeit‹) verwahrte man seit der Zeit des Yongzheng-Kaisers (reg. 1723–35) außerdem das Dokument, auf dem der Name des designierten Thronfolgers verzeichnet war. Ein zweites solches Papier trug der Kaiser stets bei sich. Im Falle seines Todes mussten die Hofbeamten die beiden Schriftstücke vergleichen, bevor sie den neuen Kaiser ausriefen.

Im Wohnpalast der Kaiserin, der unter den Qing vor allem als Tempel für die Palastgeister diente, ist das kaiserliche Brautgemach zu besichtigen – ein relativ kleiner, ganz in leuchtendem Rot gehaltener Raum, der über und über mit goldenen Glückssymbolen verziert ist.

Im **Kaiserlichen Garten** (Yu Yuan oder Yuhua Yuan) hinter dem **Tor der Irdischen Ruhe** (Kunning Men) überschatten knorrige Kiefern und Zypressen einen von hohen Mauern gesäumten Hof. Pavillons spiegeln sich in Seerosenteichen, bizarre Felsbrocken werden wie Kunstwerke auf Marmorsockeln präsentiert. Ins Kieselmosaik des Wegpflasters sind zierliche Ornamente und glücksbringende Bildmotive eingelegt – größer könnte der Kontrast zu den monumentalen, förmlichen Hallen des Regierungsbezirks gar nicht sein. Doch obgleich sich der freundliche Garten so sehr von den übrigen Höfen des Palastes abzuheben scheint, wird man bei näherer Betrachtung auch hier einen strengen, symmetrischen Aufbau erkennen. Sein Zentrum bildet die **Halle des Kaiserlichen Seelenfriedens** (Qin'an Dian), ein kleiner daoistischer Tempel, dessen Eingang Skulpturen von glücksbringenden Einhörnern (*qilin*) säumen. In der nordöstlichen Ecke des Gartens krönt ein Pavillon einen künstlich aufgeschichteten Felsenhügel. Hier hinauf begab sich am 15. Tag des 8. Monats die kaiserliche Familie, um zum Mondfest den Mond zu betrachten.

In den Namen der Kaiserlichen Wohnhallen spiegelt sich eine ideale, der traditionellen chinesischen Weltsicht entsprechende kosmische Konstellation wider: Der Kaiser repräsentiert den Himmel und damit die aktive Kraft Yang, die Kaiserin dagegen steht für die Erde und die rezeptive Kraft Yin. Durch die Verbundenheit von Kaiser und Kaiserin vereinen sich beide Kräfte, Himmel und Erde verschmelzen zu einer Einheit, und es entsteht Harmonie.

Elefantenskulptur im Kaiserlichen Garten

Hier hat man die Zentralachse des Kaiserpalastes einmal vollständig abgeschritten. Wer Interesse hat, sollte sich die Zeit nehmen und noch weitere Bereiche der Inneren Gemächer besichtigen.

Die **Sechs Westlichen Paläste** (Xiliu Gong) mit ihren intimen, von Bäumen beschatteten Wohnhöfen dienten einst den kaiserlichen Gemahlinnen als Residenzen. Um das Leben im Winter erträglich zu machen, waren die Wohnhallen größtenteils mit einer Fußbodenheizung ausgestattet oder besaßen zumindest *kang*, die typisch chinesischen Ofenbetten. Eine Kanalisation, Bäder oder Toiletten wird man hingegen vergeblich suchen.

Die Aufgaben der Eunuchen im Palast waren weit gestreut. Je nach Begabung und diplomatischem Geschick war es ihnen möglich, einflussreiche Posten in der Palasthierarchie einzunehmen. Obwohl ihre Bezahlung gering war, kamen einige durch Schiebereien oder die besondere Gunst des Kaisers zu Geld und unterhielten außerhalb des Palastes Familien mit Adoptivkindern, um im Alter nicht einsam zu sein. Andere gingen nach ihrer Pensionierung ins Kloster.

Im **Palast der Gesammelten Eleganz** (Chuxiu Gong) und dem **Palast des Immerwährenden Frühlings** (Changchun Gong) residierte 1884–89 die Kaiserinwitwe Cixi. Sie umgab sich gern mit Glücksbringern und möblierte die Höfe mit Bronzeskulpturen von kaiserlichen Drachen, Hirschen und Kranichen, die man in China mit langem Leben assoziiert. Die Gemahlin Puyis wohnte bis 1924 in denselben Hallen. Zwar sind die mit Originalmöbeln der Qing-Zeit ausgestatteten Räume nicht begeh-, aber durch die Fenster einsehbar. Den kleinen Theaterpavillon im Hof des Changchun Gong, den Wandmalereien mit Szenen aus dem berühmten Roman »Der Traum der Roten Kammer« zieren, ließ sich die opernbegeisterte Cixi erbauen.

Die **Halle der Pflege des Herzens** (Yangxin Dian), südlich der Sechs Westlichen Paläste, wählten die meisten Qing-Kaiser als Privatgemach. Nach dem Abendessen, das der Himmelssohn meist hier allein einnahm und zu dem ihm stets 108 Gerichte auf kaiserlich gelbem Porzellan serviert wurden, legte ihm sein Kammerdiener eine Liste mit den Namen der kaiserlichen Gemahlinnen und Konkubinen vor. War er in Stimmung, so wählte er ein Namenskärtchen und überreichte es dem Eunuchen.

Der nordwestliche Teil der Inneren Gemächer ist leider geschlossen. Dort, in den **Palästen des Rüstigen Alters** (Shoukang Gong) und **der Barmherzigen Ruhe** (Cining Gong), lebten früher die kaiserlichen Witwen. Eine architektonische Besonderheit bildet hier der **Pavillon des Blütenregens** (Yuhua Ge). Deutlich hebt sich sein vergoldetes, mit einem zentralen Stupa und vier goldenen Drachen bekröntes Dach aus dem niedrigen Häusermeer heraus. Bei dem Pavillon handelt es sich um einen lamaistischen Tempel, den sich der Qianlong-Kaiser 1750 errichten ließ (ebenfalls nicht zugänglich).

Jedem Opferritual, das der Kaiser durchführte, hatte ein dreitägiges Fasten und Reinigen vorauszugehen. Dazu suchte er stets den Palast des Fastens auf, lediglich vor Opfern an den Himmel begab er sich dazu direkt in den Himmelstempel.

Den Ostteil der Inneren Gemächer erreicht man am besten durch das **Tor des Großen Glücks** (Jingyun Men). Dahinter breitet sich ein weiter Platz aus, an dessen südlichem Ende etwas verloren der **Pfeilpavillon** (Jian Ting) steht, wo sich früher die kaiserlichen Prinzen im Reiten und Bogenschießen übten. Letzteres trug dem Bau seinen Namen ein.

Nördlich des Platzes erblickt man den **Palast der Glückwünsche zur Geburt eines Sohnes** (Yuqing Gong), links davon den **Palast des Fastens** (Zhai Gong) und rechts die **Halle der Ahnenverehrung** (Fengxian Dian).

Detail der Neun-Drachen-Wand

Nördlich dieses Hallenkomplexes liegen die **Sechs Östlichen Paläste** (Dongliu Gong), die ebenfalls von Damen bewohnt wurden. Heute fungieren sie als Ausstellungsräume für die kaiserliche Kunstsammlung, die Keramiken, Bronzen, die kaiserliche Uhrensammlung, Cloisonnéarbeiten und Malereien umfasst.

Östlich des Komplexes führt die **Östliche Lange Straße** zum Nordausgang der Verbotenen Stadt. Jenseits von ihr verbirgt sich hinter einem unscheinbaren Tor noch ein weiterer sehenswerter Hofkom-

Blick vom Kohlehügel über den Kaiserpalast

plex, in dem u. a. die **Neun-Drachen-Wand** (Jiulong Qiang), eine farbig glasierte Ziegelwand mit Darstellungen sich dramatisch windender Drachen, steht. Ein Ziegel in der Wand jedoch besteht nicht aus glasierter Keramik, sondern aus geschnitztem Holz: Kurz vor Fertigstellung der Mauer ging ein Ziegel zu Bruch. Da aber bereits am nächsten Tag der Kaiser die Mauer inspizieren sollte, blieb keine Zeit, den entsprechenden Schmuckziegel nachzubrennen. Den Zorn des Himmelssohnes fürchtend, schnitzte der talentierte Handwerker über Nacht den Ziegel aus Holz nach – und rettete damit vermutlich seinen Kopf.

Nördlich der Neun-Drachen-Wand erstreckt sich der Komplex um die **Halle der Kaiserlichen Absolutheit** (Huangji Dian), heute Sitz der Schatzkammer, in der kostbare Ritualgegenstände, Roben, Musikinstrumente, Siegel und Schmuck zu besichtigen sind. Nördlich davon liegt der Altersruhesitz des Qianlong-Kaisers, der nicht länger als sein Großvater, der Kangxi-Kaiser, hatte herrschen wollen. So zog er sich 1796 in den Trakt um den **Palast des Ruhevollen Alters** (Ningshou Gong) und die **Halle der Pflege des Charakters** (Yangxing Dian) zurück. Im Westteil des Ningshou Gong legte er einen reizvollen Garten an. Seit 1889 bewohnte auch Cixi diesen Palastkomplex. Zu ihrer Unterhaltung ließ sie sich in dessen Westteil den **Pavillon der Angenehmen Klänge** (Changyin Ge), ein mehrstöckiges Theatergebäude, errichten.

Verlässt man den Hofkomplex in nördlicher Richtung, passiert man einen **Brunnen**, der an die grausame Herrschaft der Kaiserinwitwe erinnert: Im Jahr 1900 soll hier angeblich die Lieblingskonkubine des Guangxu-Kaisers, Zhen Fei, hinabgestürzt worden sein.

Das **Tor des Göttlichen Kriegers** (Shenwu Men) bildet den nördlichen Zugang zur Verbotenen Stadt. Durch dieses Tor hindurch gelangt man zum Kohlehügel auf der anderen Straßenseite.

Die kaiserlichen Gärten nördlich des Palastes

Kohlehügel – Mei Shan oder Jing Shan

Der künstliche Hügel hinter der Nordmauer der Verbotenen Stadt (11) sollte gemäß den Gesetzen der chinesischen Geomantik (*fengshui*) den Kaiserpalast vor den bösen Einflüssen aus dem Norden schützen. Man schüttete den Berg in der Ming-Zeit (1368–1644) mit dem Erdreich, das beim Aushub der Schutzgräben um die Verbotene Stadt anfiel, und dem Bauschutt vom Abriss der alten Mongolenstadt Dadu auf.

Von der Ostseite des Parks führt eine Treppe zum Gipfel hinauf. Ein Schild weist auf einen **Akazienbaum** hin, an dem sich 1644 der letzte Ming-Kaiser Zhu Youjian erhängt haben soll, als Aufständische den Palast stürmten. Beim Aufstieg passiert man fünf Pavillons, die der Qianlong-Kaiser 1749 errichten ließ. Der höchstgelegene **Pavillon des Ewigen Frühlings** (Wanchun Tang) liegt genau auf der Nord-Süd-Achse Beijings und somit auf einer Linie mit dem **Trommel-** und dem **Glockenturm** (12, Gu Lou; 13, Zhong Lou) im Norden und der Verbotenen Stadt, dem Denkmal der Volkshelden und der Mao-Zedong-Gedenkhalle im Süden.

Im Volksmund hat sich der Name Mei Shan (Kohlehügel) durchgesetzt, weil hier die Kohlen für den Kaiserpalast gelagert wurden, eigentlich heißt er aber Jing Shan (Aussichtshügel). Den steilen Aufstieg belohnt ein unvergleichlicher Blick über die goldenen Wogen der elegant geschwungenen Dächer des Palastbezirks.

Der Beihai-Park (Beihai Gongyuan) und die nordwestlichen Viertel

Der Name Nordmeer- oder Nordsee-Park (14) – der Park liegt westlich des Kohlehügels – bezieht sich auf den nördlichen See aus einer Gruppe von sechs künstlich angelegten und miteinander verbundenen Gewässern.

Auf dem Areal des heutigen Parks errichtete die Liao-Dynastie (947–1125) im 10. Jh. ihre Sommerresidenz. Die Jin (1127–1234) huben den ersten künstlichen Weiher, den See der Westlichen Blume (Xihua Tan), aus. In seiner Mitte schütteten sie die Insel der Erlesenen Jade (Qionghua Dao) auf und errichteten darauf den Mondpalast (Guanghan Dian). 1264 ließ sich Kubilai Khan darin nieder und steuerte von dort aus den Bau seiner neuen Reichshauptstadt Dadu (Khanbaliq), die rund um den See angelegt wurde. In der Ming-Zeit (1368–1644) wurde der Xihua Tan erweitert und der Südliche See (Nan Hai) angelegt. Mit dem überschüssigen Erdreich vergrößerte man die Jadeinsel. Seine heutige Gestalt erhielt der Beihai-Park erst in der Qianlong-Ära (1736–96). Noch bis ins 20. Jh. hinein sollte er ausschließlich der kaiserlichen Familie vorbehalten bleiben.

Das Gebiet um den Mittleren und Südlichen See (Zhongnan Hai) ist heute für die Öffentlichkeit gesperrt. Die Beijinger nennen das Gelände die ›neue Verbotene Stadt‹, denn hier residiert hinter hohen, uneinsehbaren Mauern die chinesische Politprominenz, hier befindet sich der Sitz des Staatsrates und des Zentralkomitees der Kommunistischen Partei.

Die festungsähnliche **Runde Stadt** (Tuan Cheng) am Südeingang des Beihai-Parks ließen die Jin im 12. Jh. als Teil ihrer Residenz errichten. Eine 5 m hohe Ringmauer umschließt ein 4500 m^2 großes, mit alten Zypressen bestandenes Areal mit der **Halle der Erleuchtung** (Chengguang Dian) aus dem 18. Jh. im Zentrum. Yuan Shikai soll hier 1915 die Gründung seiner Dynastie vorbereitet haben. Die 1,5 m hohe Buddha-Statue aus weißer Jade brachte Ende des 19. Jh. ein buddhistischer Mönch von einer Pilgerreise aus Birma (Myanmar) mit. Die Beschädigungen an der Statue stammen aus dem Jahr 1900 – auch hier wüteten die Allierten. Südlich der Halle steht der kleine **Pavillon des Jadegefäßes** (Yuwen Ting), in dem ein mächtiges schwarzes, mit Drachen und Meeresgetier verziertes Nephritgefäß aufbewahrt wird. Es soll bereits Kubilai Khan als Weingefäß gedient haben.

In nördlicher Richtung erreicht man über eine Treppe den eigentlichen Eingang des Parks. Über die **Brücke des Ewigen Friedens** (Yong'an Qiao) und durch ein prächtiges **Ehrentor** führt der Weg zur **Jadeinsel**. Der dortige **Tempel des Ewigen Friedens** (Yong'an Si) und die Weiße Dagoba (Bai Ta) wurden 1651 anlässlich des Besuchs des 5. Dalai Lama auf den Ruinen des alten Mondpalastes errichtet. Über zahlreiche Stufen schreitet man durch die **Halle des Allgemeinen Friedens** (Pu'an Dian) und die **Halle der Herzensgüte** (Shanxin Dian) bergauf. Die Tempelhallen zieren mit Drachenmotiven versehene Dachfriese aus grün und gelb glasierten Ziegeln. Vor der Dagoba erhebt sich der mit einem kupfernen Runddach bekrönte kleine **Tempel zur Erhaltung der Guten Taten** (Shanyin Si), dessen Wände Glasurziegel mit Buddha-Darstellungen zieren. Die **Weiße Dagoba**, ein 36 m hoher tibetischer Chörten, wurde drei Mal von Erdbeben beschädigt – zuletzt 1976 beim Großen Beben von Tangshan. Danach fanden Restauratoren in ihrem Inneren einen Schrein mit Reliquien.

Verschiedene gewundene Pfade führen vorbei an lauschigen Pavillons den Nordhang der Insel hinunter. Auf Seehöhe erreicht man die **Wandelhalle der Zehntausend Landschaftsmalereien** (Yilan Tang). Westlich liegt der **Pavillon zum Lesen der Klassiker** (Yuegu Lou), eine halbrunde Halle, in der 495 Steintafeln mit Kalligraphien berühmter Dichter ausgestellt sind. Auch das berühmte **Fangshan-Restaurant** liegt hier, das Spezialgerichte des kaiserlichen Speisezettels anbietet. Eine Fähre bringt den Besucher vom Restaurant aus zum **Fünf-Drachen-Pavillon** (Wulong Ge) am nordwestlichen Ufer des Bei Hai, wo weitere interessante Sehenswürdigkeiten liegen. Die durch fünf Marmorbrücken verbundenen Pavillons dienten dem Kaiser einst als Angelplatz. Westlich von hier findet man, von einem Graben umgeben, den **Pavillon Kleiner Westlicher Himmel** (Xiaoxi Tian), nördlich liegen der **Botanische Garten** und der **Zehntausend-Buddha-Turm** (Wanfo Lou).

Die **Eiserne Mauer** (Tieying Bi) östlich des Anlegers ist nicht – wie ihr Name vermuten ließe – aus Metall, sondern aus Vulkangestein gefertigt. Die 3,5 m lange und 2 m hohe Wand aus der Yuan-Zeit (1279–1368) zieren Reliefs von Fabeltieren. Auch eine **Neun-Dra-**

Die weiße Dagoba im Beihai-Park

chen-Wand (Jiulong Bi) gibt es hier. Die farbigen Reliefs aus glasierten Ziegeln zeigen in Wolken und Wellen spielende Drachen. Vorbei an dem buddhistischen Tempelkomplex mit einer imposanten Ming-zeitlichen Haupthalle aus unbemaltem Nanmuholz, der **Daci Zhenru Baodian**, und dem schönen ziegelgedeckten **Ehrentor** führt der Weg zum **Studio des Ruhigen Herzens** (Jingxin Zhai), das der Qianlong-Kaiser 1757 im Stil eines intimen Literatengartens anlegte. Zahlreiche Prinzen der Qing-Dynastie nutzten es als Residenz. Am Ostufer des Bei Hai erstrecken sich zwei weitere ummauerte Gartenkomplexe aus der Qianlong-Ära (1736–96): das **Studio des Bemalten Bootes** (Huafang Zhai) sowie der **Garten zwischen Hao und Pu** (Haopu Ting).

In den Gassen nördlich und westlich der Beihai-Parks und um die ›Hinteren Seen‹ (Hou Hai) findet man noch ein Stück des alten Beijing: hier haben sich einige der schönsten **Hutong** erhalten, zwischen denen es interessante Tempel, ehrwürdige Residenzen und Museen zu entdecken gibt. Hutong heißen die engen Gassen zwischen den traditionellen, einstöckigen Beijinger Hofvierteln. Der Name leitet sich vom mongolischen *hudun* für ›Brunnen‹ ab. Viele Hutong sind mittlerweile abgerissen worden, doch einige der schönsten und ältesten stehen unter Denkmalschutz. Durch die reizvollsten Hutong im Bereich des Bei Hai, kann man sich von Fahrradrikschas kutschieren lassen. Diese fahren z. B. am Osteingang des Kohlehügels ab.

Schön ist auch ein Spaziergang am Südufer des Hinteren Sees (Hou Hai) und auf der **Lotus Lane** (15; auch Shichahai), der Uferpromenade am Westufer des Vorderen Sees (Qian Hai). Hier bummelt an milden Sommerabenden Beijings Jeunesse doré oder läßt sich bei Kerzenschein über den See rudern. Zahlreiche nette Bars, Cafés und das stilvolle Teehaus der Familie Fu laden zum Verweilen ein.

Prinz Gong (1833–98), jüngerer Bruder des Xianfeng-Kaisers (reg. 1851–61), regierte 1861–75 neben Cixi für den Kindkaiser Tongzhi. Sein Haus soll Cao Xueqin zu seinem Roman »Der Traum der Roten Kammer« inspiriert haben.

Song Qingling entstammte einer ebenso wohlhabenden wie einflussreichen Shanghaier Bankiersfamilie. Von den Song-Schwestern heißt es, dass sie ein halbes Jahrhundert lang aus dem Hintergrund die Fäden chinesischer Politik zogen. Während Song Meiling die Gattin des Diktators Chiang Kai-shek war und Ailing den Großbankier und späteren chinesischen Finanzminister H. H. Kung heiratete, verband sich Song Qingling mit Sun Yat-sen und schloss sich später der Kommunistischen Partei an.

Nicht weit entfernt vom Nordausgang des Beihai-Parks liegt in der Qianhai Xijie der einstige **Wohnsitz Guo Moruos** (16; Guo Moruo Guju), einer der bedeutendsten Historiker, Politiker und Schriftsteller (1892–1978) des modernen China. Ursprünglich war sein Anwesen Teil des **Palastes des Prinzen Gong** (17; Gong Wangfu), den man heute etwas weiter nördlich von der Liuyin Jie aus betritt. Der Palast mit neun Wohnhöfen und geschmackvoll angelegten Gärten zählt zu den am besten erhaltenen prinzlichen Wohnanlagen der Stadt.

An der Kreuzung Dingfu Jie und Deshengmennei Dajie kann man den ehemaligen **Wohnsitz des Mei Lanfang** (18; Mei Lanfang Guju) besichtigen. Der auf weibliche Rollen festgelegte Mei (1894–1961) gilt in China als der größte Pekingopern-Darsteller aller Zeiten.

Am Nordufer des Hinteren Sees (Hou Hai) öffnet sich ein Tor zur **Residenz der Song Qingling** (19; Song Qingling Guju). Die Ehefrau Sun Yat-sens wohnte seit 1963 in dieser ehemaligen Prinzenresidenz und starb hier 1981 im Alter von 91 Jahren.

Einige Blocks weiter südlich, an der Ecke Xisi Beidajie/Fuchengmennei hat im **Tempel der Allgemeinen Nächstenliebe** (20; Guangji Si) die Chinesische Buddhistische Gesellschaft ihren Sitz. Zugleich beherbergt der Guangji Si ein Forschungsinstitut für buddhistische Studien. Ein erster Tempelbau ist an diesem Platz bereits für das 12. Jh. belegt, doch wurde dieser alsbald verlassen und verfiel. Bekannt wurde der Guangji Si für seine bedeutende Kunst- und Dokumentensammlung, die nach seiner Wiedererrichtung in der Ming-Zeit zusammengetragen wurde. Leider vernichtete ein Großfeuer sie 1934 fast vollständig, doch der Tradition verpflichtet hat man hier inzwischen erneut eine Skulpturensammlung und Bibliothek angelegt.

In westlicher Richtung erhebt sich über den Dächern der alten Wohnhöfe der markante Turm des **Tempels der Weißen Pagode** (21; Baita Si, auch Miaoying Si). Die Bai Ta, ein 51 m hoher tibetischer Chörten, ist einer von fünf Stupas, welche die Liao 1096 in Beijing errichteten. Jeder von ihnen war einem der Fünf Tathagatas geweiht, dementsprechend jeweils einer anderen Himmelsrichtung zugeordnet und von anderer Farbe (s. S. 74f.). Erhalten blieb allein der weiße, dem Vairochana-Buddha geweihte Stupa. Er sollte die Mitte der Stadt beschützen. 1271 ließ Kubilai Khan die Bai Ta restaurieren und beauftragte den nepalesischen Architekten Arnico (1245–1306) mit dem Bau eines Tempels. 1457 wurde die Ende des 13. Jh. einem Brand zum Opfer gefallene Anlage in ihrer ursprünglichen Form wieder aufgebaut. Seither heißt sie offiziell Miaoying Si, Tempel der Wunderbaren Kräfte der Manifestationen. 1976 wurde die Pagode bei dem Erdbeben von Tangshan beschädigt. Restauratoren entdeckten danach eine Geheimkammer mit Reliquien, die heute im Tempel ausgestellt sind.

Ein paar Schritte weiter westlich in der kleinen Gongmen-Ertiao-Straße lebte zwei Jahre lang einer der größten chinesischen Schriftsteller des 20. Jh.: Lu Xun (1881–1936). Das alte Hofhaus hatte er 1923 erworben, 1956 gestaltete man es ihm zu Ehren zu einem **Lu-Xun-Museum** (22; Lu Xun Bowuguan) um.

Die Tempel im Nordosten Beijings

Lamatempel – Yonghe Gong

Der Lamatempel Yonghe Gong (23; Palast der Harmonie und des Friedens), ursprünglich eine Prinzenresidenz, ist der größte Tempel des tibetischen Buddhismus in Beijing. Der Kangxi-Kaiser ließ die Anlage 1694 für seinen vierten Sohn und Nachfolger, Yinzheng,

Unter der Herrschaft der Mongolen (1279–1368) und der Mandschuren erlebte der Lamaismus, die tibetische Ausprägung des Buddhismus, von staatlicher Seite besondere Förderung. Die Mandschuren bekannten sich zur Gelbmützen-Schule Tsongkhapas, deren Oberhaupt, der Dalai Lama, als Reinkarnation des Bodhisattva Avalokiteshvara gilt.

Räucheropfer im Lamatempel; im Hintergrund das Bassin mit dem Weltenberg Meru

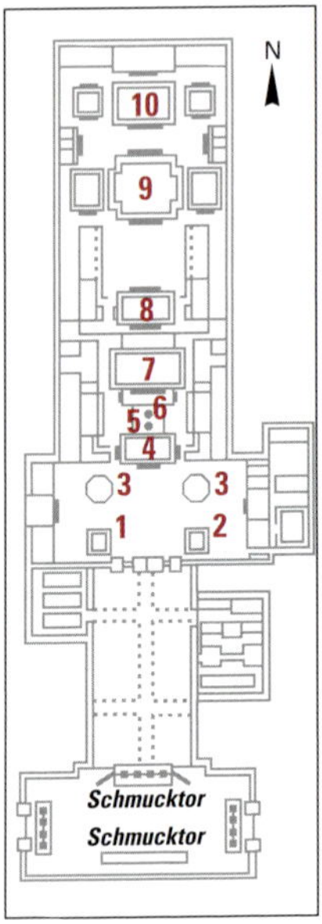

Lamatempel – Yonghe Gong
1 *Trommelturm*
2 *Glockenturm*
3 *Stelenpavillons*
4 *Halle der Himmelskönige*
5 *Stelenpavillon*
6 *Marmorbecken mit Weltenberg Meru*
7 *Halle der Harmonie und des Friedens*
8 *Halle des Ewigen Schutzes*
9 *Halle des Buddhistischen Rades*
10 *Pavillon des Zehntausendfachen Glücks*

errichten. Dieser stellte sie nach seiner Thronbesteigung buddhistischen Mönchen zur Verfügung. Endgültig dem tibetischen Buddhismus geweiht wurden die Hallen 1744.

Im Aufbau folgt die Anlage des Yonghe Gong weitgehend dem klassischen Grundschema eines chinesischen Tempels. Man betritt den Komplex von Süden her durch ein großes **Schmucktor** (*pailou*) Im ersten Hof stehen links der Trommel- und rechts der Glockenturm, in denen morgens und abends das Öffnen bzw. das Schließen der Tempeltore angeschlagen wird. Zwei kleine Pavillons bergen Stelen, worauf in vier verschiedenen Sprachen verzeichnet ist, warum der ehemalige Palast 1744 in eine Tempelanlage umgewandelt wurde. Die linke Stele ist in Mongolisch und Tibetisch, die rechte in Mandschurisch und Chinesisch verfaßt.

In der **Halle der Himmelskönige** (Tianwang Dian) erinnern lediglich die Gebetsmühlen daran, dass man sich in einem lamaistischen Tempel befindet. Die Figuren folgen dem klassischen chinesischen Kanon. In der Mitte empfängt die vergoldete Figur des ›Dickbauch-Buddha‹ (Mile Fo) den Besucher mit einem freundlichen Lächeln. Vier grimmig blickende Himmelskönige stehen an den Seitenwänden. Folgt man dem entschlossenen Blick des Weituo nach Norden, so gelangt man auf einen von Kaki-Bäumen überschatteten Hof, den eine mächtige **Stele** dominiert. Ihr Text – in Mandschurisch, Chinesisch, Tibetisch und Mongolisch niedergelegt, den der Qianlong-Kaiser 1792 verfasste – handelt von der Bedeutung des Lamaismus für das Reich der Mitte. Aufmerksamkeit verdient hier außerdem eine Darstellung der buddhistischen Kosmologie: Aus einem das Weltenmeer symbolisierenden **Marmorbecken** ragt der aus Bronze gegossene Weltenberg Meru heraus. Auf seinem Gipfel liegt das Paradies – hier dargestellt als Palasthallen mit typisch chinesischen Dächern. Die Seitengebäude des Hofes dienten den Mönchen als Studierhallen, in denen die Auslegung der buddhistischen Schriften, Mathematik, Medizin und die Praktiken des Tantra gelehrt wurden.

Die **Halle der Harmonie und des Friedens** (Yonghe Dian) birgt das klassische Dreigestirn der Buddhas der Drei Zeiten, flankiert von 18 Arhats (*luohan*).

Die anschließende **Halle des Ewigen Schutzes** (Yongyou Dian) ist den Drei Transzendenten Buddhas geweiht: Amitabha, dem Buddha des Unermesslichen Lichts (Mitte), Simhananda, dem Buddha des Löwengebrülls (links) und dem Medizin-Buddha Bhaisajyaguru oder chinesisch Yaoshifo (rechts).

In der **Halle des Buddhistischen Rades** (Falun Dian), der zentralen Versammlungshalle des Klosters, erhebt sich eine 5,5 m hohe Statue des Tsongkhapa (1357–1419), des großen tibetischen Reformators und Begründers des lamaistischen Gelbmützenordens. Tsonghkapa soll die Fähigkeit besessen haben, andere Gestalt anzunehmen: In der geschnitzten Mandorla hinter seiner Skulptur sind daher fünf Gestalten zu entdecken – in die er sich zu verwandeln vermochte. Die Wandmalereien zeigen Szenen aus seinem Leben. Darunter werden, in Seidentücher gehüllt, »Kanjur« und »Tanjur« aufbewahrt, die kanonischen und halbkanonischen Schriften des tibetischen Buddhismus. Die beiden Throne in der Halle sind für den Dalai Lama (links) und den Panchen Lama reserviert, sollten sie den Tempel dereinst besuchen.

An der Rückwand des Tempels ist eine filigrane Schnitzarbeit aus Sandelholz ausgestellt: ein Berg, in den kleine Figuren der 500 Luohan aus Gold, Silber, Bronze, Zinn und Kupfer eingearbeitet sind. Einige davon werden in sexuellen Stellungen gezeigt. Sie verkörpern im Tantrismus verschiedene Stufen der Erkenntnis. Links und rechts der Falun Dian sind in **Seitenhallen** die Tempelschätze, darunter feine, vergoldete, tibetische Bronzeskulpturen, ausgestellt.

Der 30 m hohe **Pavillon des Zehntausendfachen Glücks** (Wanfu Ge) bildet die letzte Halle auf der Zentralachse des Tempels. Sie besteht aus drei Flügeln, die durch ›himmlische Brücken‹ miteinander verbunden sind. Errichtet wurde der Bau 1750, um einen mächtigen Sandelholzstamm, ein Geschenk des 7. Dalai Lama, in seinem Inneren aufzustellen. 8 m tief ist das Holz in die Erde eingelassen und ragt 18 m über dem Boden auf. Aus diesem Stamm schnitzte man eine gewaltige Statue des Bodhisattva Maitreya.

1729 hatten die Tibeter den Qianlong-Kaiser um Hilfe gerufen, um die Westmongolen zu vertreiben. Dies gelang, doch in der Folge errichteten die Chinesen in Lhasa eine Garnison und chinesische Statthalter erhielten Mitspracherecht in allen Regierungsfragen. 1750 wurde auf Druck der Chinesen das weltliche Parlament aufgelöst und der dem Kaiserhaus loyale 7. Dalai Lama (1708-57) zum Regierungsoberhaupt ernannt.

Konfuziustempel, Kaiserliche Akademie und Erdaltar

Folgt man gegenüber dem Lamatempel der schmalen, von einem Schmucktor überspannten Allee, so gelangt man alsbald zum Konfuziustempel und zur Kaiserlichen Akademie. Letztere bestand bereits seit 1287, also seit der Zeit Kubilai Khans. Im Jahr 1306 errichtete man dann nebenan einen **Konfuziustempel** (24; Kong Miao), den zweitgrößten des Landes: Der Kaiser musste stets, bevor er die Akademie besuchte, Konfuzius Ehre erweisen. Die in kaiserlichem Gelb gedeckten Dächer verlieh 1737 der Qianlong-Kaiser dem Tempel als Auszeichnung. Hinter dem Tor des Obersten Lehrers (Xianshi Men) und dem Tor der Vervollkommnung (Dacheng Men) öffnet sich ein von knorrigen Kiefern überschatteter Hof. Pavillons mit 198 Steinstelen, auf denen seit der Yuan-Zeit Name, Rang und Heimatprovinz der 51 624 Absolventen der Staatlichen Examina, verzeichnet wurden, säumen den Weg zur Halle der Vervollkommnung (Dacheng Dian). In ihr wurden die Seelentafel des Konfuzius aufbewahrt, und auf ihrer Marmorterrasse hielt man regelmäßig Zeremonien zu seinen Ehren ab. Linker Hand hinter der Dacheng Dian findet man – heute von einer Halle geschützt – auf 189 Stelen die 13 konfuzianischen Klassiker verewigt. Jiang Heng schlug die 630 000 Schriftzeichen 1726–38 in Stein.

Konfuziustempel und **Kaiserliche Akademie** (25; Guozi Jian) waren früher miteinander verbunden. Heute betritt man letztere durch einen separaten Eingang von der Straße aus. Der quadratische Biyong-Pavillon inmitten eines runden Teichs bildet den Mittelpunkt dieser höchsten Lehranstalt der Yuan-, Ming- und Qing-Dynastie.

Wenige Schritte nördlich des Lamatempels lohnt der **Park des Erdaltars** (26; Ditan Gongyuan) einen kurzen Besuch. Hier brachte

Im Gegensatz zum Himmelsaltar, der in seiner Anlage mit der positiven Kraft Yang korrespondiert, steht die Anlage des Erdaltars ganz im Zeichen der rezeptiven Kraft Yin. So liegt der Altar im Norden der Stadt, ist quadratisch, und in seiner Architektur fällt die Verwendung gerader Zahlen auf: Der Altar besitzt zwei Stufen, vier Treppen, 156 Bodenplatten usw. Die Opfer an die Erde wurden vergraben und nicht wie im Himmelstempel verbrannt.

der Himmelssohn einmal im Jahr, zur Sommersonnenwende, der Erde seine Opfer dar. Zu sehen sind heute noch der quadratische Altar aus dem Jahr 1530 sowie einige Hallen, die allerdings zu Restaurants und Souvenirgeschäften umfunktioniert wurden.

Der Himmelstempel und die südlichen Stadtteile

Der Himmelstempel

Der Ort, wo der Kaiser zweimal im Jahr Zwiesprache mit dem Himmel hielt, ist eine der imposantesten Sakralanlagen Chinas. Sie liegt südöstlich des Beijinger Zentrums, eingebettet in ein 2,7 km² großes Parkgelände. Der Himmelstempel (27; Tiantan Si) wurde 1420 im Auftrag des Yongle-Kaisers der Ming angelegt, im 16. und 18. Jh. mehrfach verändert und erweitert. Auffällig ist, dass sich in der Anlage des Tiantan Si Kreis und Quadrat wiederholen. Die Formen spiegeln die traditionellen Vorstellungen der Chinesen vom Aufbau des Kosmos wider: Das Quadrat der Erde wird von der Halbkugel des Himmelsgewölbes überspannt. Auch die azurblau glasierten Dachziegel der Tempelhallen und die Wolkenmotive an Marmortoren und Balustraden spielen auf das Himmelsmotiv an.

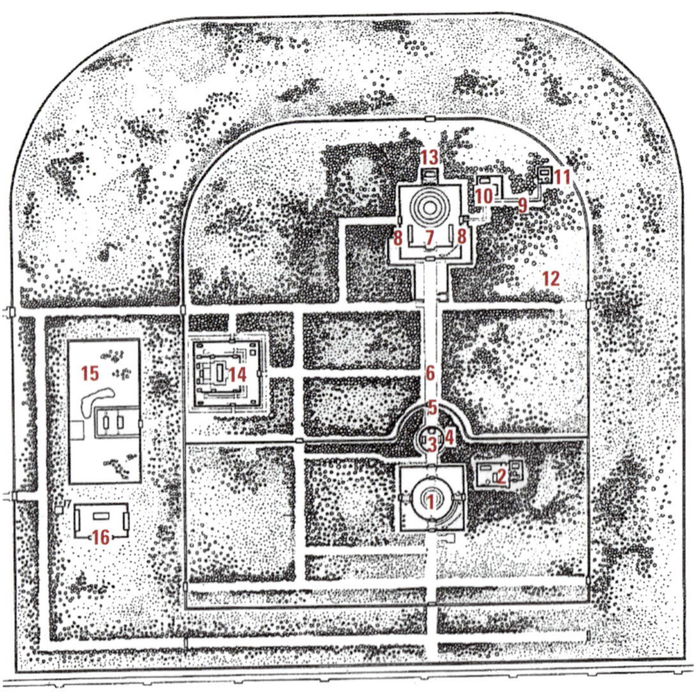

Himmelstempel – Tian Tan
1 Himmelsaltar
2 Küche und Schlachthaus
3 Halle des Himmelsgewölbes
4 Echomauer
5 Tor der Vollendeten Tugend
6 Mondstufenbrücke
7 Halle der Ernteopfer
8 Seitenhallen
9 Wandelgang
10 Küche zur Bereitung der Speiseopfer
11 Schlachthaus für die Opfertiere
12 Sieben Steine
13 Halle des Kaiserlichen Himmels
14 Palast des Fastens
15 Amt für Ritualinstrumente
16 Stallungen für Opfertiere

Innenansicht der Halle des Himmelsgewölbes

Die wichtigsten Gebäude der Anlage reihen sich entlang einer zentralen Nord-Süd-Achse. Im Süden erhebt sich der dreistufige **Himmelsaltar** (Tian Tan). Die runde Marmorterrasse, umgeben von einer quadratischen Umfassungsmauer, ist in ihrer Anlage gänzlich von kosmischer Symbolik durchdrungen. Ungerade Zahlen – insbesondere die Drei und die Neun – spielen darin eine besondere Rolle: man ordnet sie in China dem Himmel zu. Die Neun gilt als besonders glückbringend, denn sie gilt als Träger der aktiven Energie Yang und wird bedingt durch den Gleichlaut in der Aussprache mit ›Ewigkeit‹ assoziiert. Schreitet man die dreistufige Anlage empor - aus allen vier Himmelsrichtungen führen jeweils drei Mal neun Stufen hinauf –, so gelangt man von der untersten Stufe, dem Bereich der Menschen, über die mittlere Stufe, der Erde, zur dritten: dem Himmel. Die Anzahl der in konzentrischen Kreisen verlegten Pflastersteine ergibt pro Ring jeweils ein Vielfaches der Zahl Neun, ebenso die Zahl der die Terrassen umgebenden Marmorpfeiler. Im Mittelpunkt der obersten Plattform ist ein kreisrunder erhabener Stein eingelassen – nach chinesischer Vorstellung der Mittelpunkt der Welt. Am Himmelsaltar, 1530 auf Veranlassung des Jiajing-Kaisers erbaut, brachte der Kaiser seither jedes Jahr zur Wintersonnenwende dem Himmel Speiseopfer dar und betete um eine gute Ernte. In dem grün glasierten Ofen im südöstlichen Teil der Umfriedung wurden diese Speiseopfer zubereitet.

Die Lehre von Yin und Yang findet in China in fast allen Bereichen des Lebens Anwendung. Mit der rezeptiven Kraft Yin assoziiert man Begriffe wie Dunkelheit, Wasser, Weichheit, den Mond, Weiblichkeit. Die aktive Kraft Yang dagegen steht für Licht, den Stein, die Sonne, Härte, Männlichkeit usw. Diese Energien stehen in ewiger Konkurrenz zueinander und ergänzen sich gleichermaßen. Erst die perfekte Ausgewogenheit von Yin und Yang erzeugt Harmonie.

Nördlich des Himmelsaltars erhebt sich die **Halle des Himmelsgewölbes** (Huangqiong Yu) – ein markanter Bau mit einem konischen Dach aus blau glasierten Ziegeln, den die kreisförmige **Echomauer** (Huiyin Bi) umschließt. Spricht man im Flüsterton gegen die Wand, so ist es einer anderen Person möglich, auf der gegenüberliegenden Seite der Mauer die Worte deutlich zu verstehen. Die runde Halle des Himmelsgewölbes beherbergt die Zeremonialtafel zur Ver-

Die drei Steine mit Dreifachem Echo (San Yin Shi) auf der Zentralachse am Aufgang zur Halle des Himmelsgewölbes stehen mit einem weiteren akustischen Phänomen im Zusammenhang: Klatscht man auf dem ersten Stein in die Hände, so ist ein einfaches, auf dem zweiten ein zweifaches und auf dem dritten Stein ein dreifaches Echo zu hören.

ehrung des Himmels. In den beiden Seitenhallen wurden die kaiserlichen Ahnentafeln aufbewahrt.

Hinter dem Komplex beginnt am **Tor der Vollendeten Tugend** (Chengzhen Men) die etwa 500 m lange **Mondstufenbrücke** (Yuebi Qiao), ein erhöhter Weg, über den sich der Kaiser zur Halle der Ernteopfer begab. Die Plattform auf etwa halber Strecke östlich des Weges diente als Basis für ein Zelt, in dem der Kaiser die Zeremonialgewänder anlegte.

Hinter einem mächtigen Torbau fällt der Blick schließlich auf die imposante **Halle der Ernteopfer** (Qinian Dian; wegen Renovierung bis 30.4.2006 geschlossen). 1420 errichtet, ist sie das älteste Gebäude auf dem Gelände des Himmelstempels. 1751 ließ der Qianlong-Kaiser die Halle renovieren, 1889 zerstörte Blitzschlag das Gebäude – ein denkbar schlechtes Omen für das Kaiserhaus. Noch im selben Jahr ging man an den Wiederaufbau. Eine dreistöckige, runde Terrasse aus Marmor trägt den 38 m hohen, runden Bau, den ein dreistöckiges konisches Dach aus tiefblau glasierten Ziegeln krönt. Bei seiner Errichtung fand kein einziger Nagel Verwendung, allein das perfekte Ineinanderpassen der Balken und Elemente des Konsolsystems hält ihn zusammen. Sein gewaltiges Dach ruht auf insgesamt 28 Säulen. Die vier mächtigen, rot und gold bemalten Kampferholzstämme im Zentrum symbolisieren die vier Jahreszeiten. Zwei Ringe aus jeweils zwölf schmaleren Säulen, von denen die inneren für die zwölf Monate, die äußeren für die zwölf Doppelstunden des Tages nach traditioneller chinesischer Zeitrechnung stehen, umgeben diese. Auf den drei Thronen in der Halle fanden bei den kaiserlichen Zeremonien die Ahnentafeln Platz.

Innerhalb der rechteckigen Umfriedung der Qinian Dian erheben sich zwei große **Seitenhallen**, in denen früher Zeremonialgerät gelagert wurde. Von der östlichen dieser Hallen führt ein überdachter **Wandelgang** in den Ostteil des Parks zur **kaiserlichen Küche** und zum **Schlachthaus** für die Opfertiere. Nördlich der Halle der Ernteopfer werden in der **Halle des Kaiserlichen Himmels** die Ahnentafeln der kaiserlichen Familie aufbewahrt. Im westlichen Teil des Parkgeländes befindet sich der **Palast des Fastens** (Zhai Gong), wo der Kaiser vor dem Vollzug der Zeremonien drei Tage in völliger Abstinenz verbrachte. Außerdem liegt hier das **Amt für Ritualinstrumente**, südlich davon befinden sich **Stallungen** für die Opfertiere.

Weitere Sehenswürdigkeiten im Südwesten

Am Ostende der Chongwenmen Dongdajie stehen noch einige imposante Überreste der alten Beijinger **Stadtmauer** (28) aus dem 15. Jh. Für Kunstinteressierte lohnt ein Besuch im Dongbianmen-Wachturm: Die Red Gate Gallery zeigt hier Arbeiten zeitgenössischer chinesischer Künstler. Etwas weiter nördlich, in der Jianguomennei Dajie, liegt das **Alte Observatorium** (29; Gu Guanxiang Tai) – jahrhundertelang Zentrum der chinesischen Astronomie. Auf der Dachterrasse des Ming-zeitlichen Gebäudes (1368– 1644) kann man die kupfernen astronomischen Geräte bewundern, 1674 nach Entwürfen des belgischen Missionars Ferdinand Verbiest gefertigt, der damals als kaiserlicher Berater und Sternkundler am chinesischen Hof diente. Die komplizierten Gerätschaften zur Himmelsbeobachtung sind im chinesischen Stil mit Drachenmotiven verziert, wurden aber nach europäischen Vorbildern hergestellt.

Etwas mehr als 1 km nördlich des Westausgangs des Himmelstempels zweigt von der Qianmen Dajie nach rechts eine der traditionsreichsten Einkaufsstraßen Beijings, die **Dazhalan** (30), ab. Von hier aus lohnt ein Abstecher zur berühmten **Liulichang** (31), einer Gasse, in der früher die berühmten Werkstätten lagen, welche die glasierten Dachziegel für die Verbotene Stadt fertigten. Heute konzentrieren sich in dem Sträßchen, das in den 80er Jahren des 20. Jh. im Stil der Qing-Zeit neu aufgebaut wurde, Antiquitäten-, Trödel- und Buchgeschäfte.

Der **Tempel der Gesetzesquelle** (32; Fayuan Si) in der Fayuansi Qianjie, im 7. Jh. vom Tang-Kaiser Taizong zu Ehren der Gefallenen seines gescheiterten Korea-Feldzuges in Auftrag gegeben, ist einer der ältesten buddhistischen Tempel der Stadt. Mehrfach durch Feuer, Erdbeben und Kriege zerstört, wurde die Anlage immer wieder aufgebaut. Seit dem 18. Jh. hat sie ihre heutige Gestalt und trägt ihren heutigen Namen. Der Tempel ist Sitz einer buddhistischen Akademie und verfügt über eine beachtliche Sammlung Ming-zeitlicher Skulpturen. Nicht versäumen sollte man den Blick auf die Bronzeplastik der Fünf Tathagatas auf einem mächtigen Lotosthron in der Vairochana-Halle.

Etwa 500 m westlich vom Fayuan Si liegt in der ›Rindergasse‹ (Niu Jie), einer Seitenstraße der Guang'anmennei Dajie, Beijings größte **Moschee** (33). Das über 1000 Jahre alte Gotteshaus erhielt 1442 sein heutiges Gesicht. Seine Hallen im traditionellen chinesischen Baustil

Altes Observatorium

Die Niujie-Moschee

In der Nachbarschaft der Niujie-Moschee leben vorwiegend Hui. Da ihnen ihre Religion den Verzehr von Schweinefleisch verbietet, wurden sie von den Chinesen als ›Rindfleischesser‹ bezeichnet – daher der Name ›Rindergasse‹ (Niu Jie).

schmücken arabische Kalligraphien und floral ornamentierte Deckenmalereien. Die Anlage ist nach Westen, Richtung Mekka, ausgerichtet. Vom Turm zur Mondbetrachtung (Wangyue Lou) am Eingang beobachtete der Imam einst den Himmel, um nach den Sternen Beginn und Ende des Fastenmonats Ramadan berechnen zu können. Vom Minarett im Hof rief er die Gläubigen zum Gebet. Die Gebetshalle, zu der Frauen leider keinen Zutritt haben, bietet Raum für 1000 Betende. In den Seitenhöfen finden sich die Gräber zweier muslimischer Missionare aus der Yuan-Zeit (1279–1368) sowie einige verwitterte Stelen mit Texten in chinesischen und arabischen Schriftzeichen.

Nordwestlich von hier liegt am Ufer des westlichen Stadtgrabens der **Tempel der Himmlischen Ruhe** (34; Tianning Si). Von der ursprünglich 1500 Jahre alten buddhistischen Anlage steht heute nur noch eine 57 m hohe, achteckige Pagode aus dem 12. Jh. Ihr Ziegelgemäuer ist reich mit Reliefs verziert und die Ringdächer der insgesamt 13 Stockwerke ahmen das typische Kraggebälk chinesischer Holzarchitektur nach.

Nur wenige Schritte nördlich lohnt das **Kloster der Weißen Wolke** (35; Baiyun Guan), eines der wichtigsten daoistischen Zentren des Landes und Sitz der Daoistischen Vereinigung Chinas, einen Besuch. Bereits Dschingghis Khan berief Anfang des 13. Jh. den angesehenen Priester Qiu Chuji (1148-1227) aus Shandong hier zum ›nationalen Lehrer‹ (*guoshi*) und obersten daoistischen Patriarchen Chinas.

Der ursprünglich rein philosophische Daoismus erfuhr im Laufe der Jahrhunderte in China eine grundlegende Wandlung. Vor allem in der Auseinandersetzung mit dem an Einfluss gewinnenden Buddhismus nahm er immer mehr die Gestalt einer Volksreligion mit eigenem Zeremoniell und einem schier unüberschaubaren Götterpantheon an.

Man betritt die Anlage von Süden durch ein hölzernes Schmucktor (*pailou*), auf das ein massiver, von Löwen flankierter Torbau folgt, dessen drei Durchgänge die drei Welten des Daoismus – die der Begierde, der Körperlichkeit und des Geistes – symbolisieren. Die folgende Halle, Ling Guan Dian (manchmal auch als Linggong Dian, Halle des Seelenpalastes bezeichnet), ist Ling Guan, dem Anführer der himmlischen Armee, die die Menschlichkeit verteidigt und daher über die Prinzipien des Daoismus wacht, gewidmet. Eine 1,2 m große Holzstatue des Ling Guan aus der Ming-Zeit bildet den Mittelpunkt. An den Wänden befinden sich Bilder der vier himmlischen Generäle, die die daoistischen Prinzipien verteidigen. Die Halle des Jadekaisers (Yuhuang Dian) ist der obersten Gottheit des daoistischen Pantheons geweiht. Dahinter folgt die Halle des Alten Gesetzes (Laolü Dian), die als Studierhalle dient. Sie birgt sieben Statuen, die die Sieben Unsterblichen der Quanzhen-Schule des Daoismus (Quanzhen Dao bedeutet Weg der Realisierung der Wahrheit) darstellen: Qiu Chuji, Liu Zhangsheng, Tan Zhurui, Ma Danyang, Wang Zhuyi, Hao Datong und als einzige Frau Sun Bu'er. Sie sind ausnahmslos Schüler des Wang Zhongyang (1112–70; hier nicht abgebildet), des Gründers der Schule, und trugen dazu bei, dass der Daoismus in China eine große Anhängerschaft fand.

In der Ahnenhalle der Qiu (Qiuzu Dian) findet sich eine Statue des Patriarchen Qiu Chuji, dessen Gebeine unter dem Gebäude bestattet sein sollen. Dahinter erhebt sich ein zweistöckiger Pavillon, dessen Erdgeschoss den Vier Himmelskaisern und dessen Obergeschoss den Drei Reinen geweiht ist. Im Pavillon im hinteren Teil der Klosteranlage werden im Frühjahr und Herbst die Mönche des Klosters feierlich ordiniert.

Auf dem Weg zurück ins Stadtzentrum fällt in der Xuanwumen Xidajie der neo-barocke Bau der **Südlichen Kathedrale** (36; Nan Tang) ins Auge. Bereits im 14. Jh. begründete Giovanni de Montecorvino das Erzbistum von Khanbalik und errichtete in der Stadt eine erste Kirche. Ihr ursprünglicher Standort geriet allerdings nach dem Abriss der Mongolenhauptstadt durch die Ming in Vergessenheit.

1650 erhielt der Kölner Jesuitenpater Johann Adam Schall von Bell – unter den Qing kaiserlicher Hofastronom – erstmals wieder die kaiserliche Erlaubnis, in Beijing eine Kirche zu errichten. Als Standort wählte er die Wirkungsstätte seines Vorgängers Matteo Ricci. Das Gotteshaus brannte 1755 nieder, und auch der Neubau von 1862 wurde (während des Boxeraufstands) ein Raub der Flammen. Die heutige Kirche von 1904 war während der Kulturrevolution geschlossen, doch seit den 80er Jahren des 20. Jh. treffen sich hier die Beijinger Katholiken wieder zur Sonntagsmesse.

Die Sommerpaläste und Sehenswürdigkeiten in der nordwestlichen Vorstadt

Im Beijinger Nordwesten steht am Ufer des Chang He der **Tempel der Fünf Pagoden** (37; Wuta Si). Sein Name bezieht sich auf die markante fünftürmige Vajra-Pagode, die einzig von der Anlage erhalten blieb. Der Yongle-Kaiser (reg. 1403–24) hatte den Tempel, damals Zhenjue Si (Tempel der Wahren Erleuchtung) genannt, als Aufbewahrungsort für fünf goldene Buddha-Statuen und eine Miniatur des indischen Tempels von Bodh Gaya, die der indische Mönch Pandida als Gastgeschenk mitgebracht hatte, in Auftrag gegeben. Einer seiner Nachfolger, der Chenghua-Kaiser, stiftete 1473 schließlich den fünftürmigen Vajra-Stupa – einer von nur sechs seiner Art in China.

Einen kurzen Stopp lohnt auch der **Tempel der Großen Glocke** (38; Dazhong Si) in der Beisanhuan Xilu. Die Anlage ist heute ein Museum und beherbergt eine Sammlung von 160 kunstvollen bronzenen Glocken aus verschiedenen Jahrhunderten. Das Glanzstück der Ausstellung bildet die riesige Yongle-Glocke, die mit 3,3 m Durchmesser, 6,75 m Höhe und 46,5 t Gewicht zu den größten der Welt zählt. Sie wurde um 1406 gegossen und 1743 aus dem Tempel der Langlebigkeit hierher gebracht. Ihre Oberfläche ziert eine buddhistische Inschrift.

Die Yongle-Glocke – chinesische Glocken besitzen keine Klöppel. Sie werden mit einem schweren Holzstab oder sogar -stamm von außen angeschlagen.

Fährt man hinaus zum Sommerpalast, sollte man, wenn man ein wenig Zeit hat, die Ruinen des **Alten Sommerpalastes** oder Gartens der Vollkommenheit und des Lichts (39; Yuanming Yuan) besuchen, die nur etwa 500 m vom Sommerpalast entfernt liegen. Sie dienen heute als Mahnmal kolonialer Gewalt in China. Den Park, einst einer der prächtigsten Landschaftsgärten des Landes, zerstörten 1860 die alliierten Truppen in nur zehn Tagen.

Die Anlage des früher 340 ha großen Gartens gab der Yongzheng-Kaiser 1709 in Auftrag, sein Nachfolger, der Qianlong-Kaiser, setzte die Baumaßnahmen später fort. An seiner architektonischen Gestaltung waren u. a. französische Baumeister sowie der Jesuitenpater Giuseppe Castiglione beteiligt, der in der Qianlong-Ära unter dem chinesischen Namen Lang Shining als kaiserlicher Hofmaler tätig war. Vom Gebäude im Westlichen Stil (Xiyang Lou), einem Rokoko-

Palais, sind nur noch Ruinen zu sehen. Ein kleines Museum dokumentiert die Geschichte des Alten Sommerpalastes.

Sommerpalast – Yihe Yuan

Der Garten der Harmonischen Einheit, Yihe Yuan (40), ehemaliger Sommersitz der kaiserlichen Familie, liegt etwa 9 km nordwestlich vom Stadtzentrum Beijings. Schon 1153 legten die Jin-Herrscher vor der Kulisse der Westberge den Garten des Goldenen Wassers, Jinshuiyuan, an. Die Mongolen und schließlich der Qianlong-Kaiser erweiterten das Areal auf seine heutige Fläche von 290 ha. Letzterer nannte die Parkanlage Qingyi Yuan, Garten der Klaren Wellen.

Zweimal – 1860 und im Zuge des Boxeraufstands 1900 – wüteten auch hier ausländische Truppen. Beide Male finanzierte die Kaiserinwitwe Cixi den Wiederaufbau des Parks. Sie war es auch, die ihm seinen heutigen Namen gab. Nach ihrem Tod 1908 wurde der Park geschlossen und 1924 erstmals der Öffentlichkeit zugänglich gemacht.

Wer Interesse hat, kann sich in dem nur wenige hundert Meter vom Tempel der Fünf Pagoden entfernten Zoo von Beijing (Beijing Dongwuyuan) die Großen Pandas anschauen. Zu deren Gehege führt westlich des Haupttores ein separater Eingang.

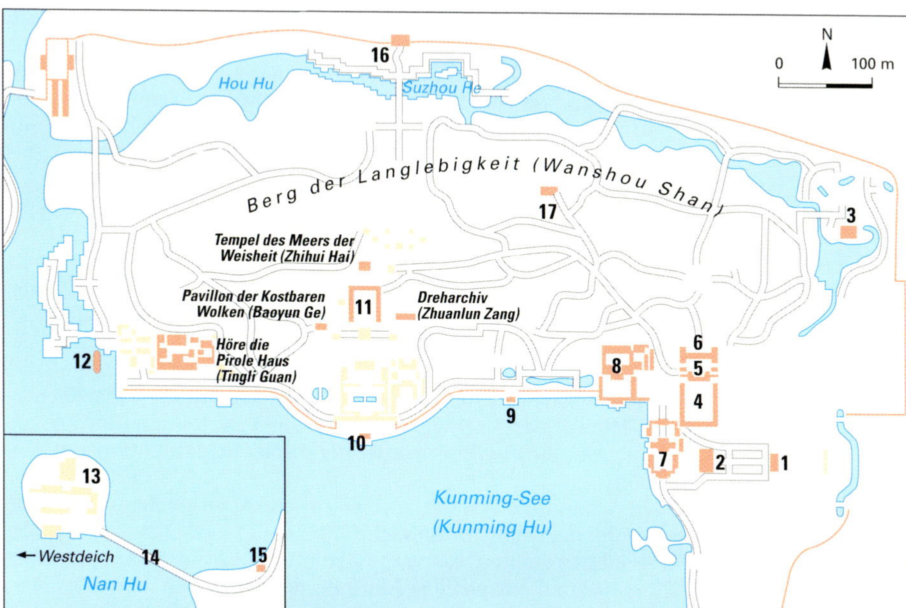

Sommerpalast 1 Osttor 2 Halle des Wohlwollens und des Langen Lebens 3 Park der Harmonie und des Vergnügens 4 Garten der Tugend und Harmonie 5 Theater 6 Halle der Erheiterung 7 Halle der Jadewellen 8 Halle der Freude und des Langen Lebens 9 Wandelgang 10 Schmucktor 11 Pavillon des Wohlgeruchs Buddhas 12 Marmorschiff 13 Insel im Südlichen See 14 17-Bogen-Brücke 15 Bronzeochse 16 Hinterer See oder Suzhou-Straße 17 Pagode der Vielen Schätze

Schöne Steine sind seit alters wichtige Bestandteile klassisch chinesischer Gartenanlagen. Man betrachtet die ›Miniaturgebirge‹ als Verkörperungen der männlichen Kraft Yang und Quelle künstlerischer Inspiration. Besonders schöne Exemplare wurden gern wie abstrakte Skulpturen auf einen Sockel gestellt. Begehrte Sammlerobjekte sind vor allem die von Verwitterungen durchlöcherten Kalksteinfelsen vom Tai Hu, einem See am Unterlauf des Yangzi.

Heute betritt man den Yihe Yuan durch das **Osttor**, von wo aus man zunächst in den Bereich der kaiserlichen Hallen und Gemächer gelangt. In der **Halle des Wohlwollens und des Langen Lebens** (Renshou Dian), der kaiserlichen Audienzhalle, steht hinter dem Thron ein Wandschirm mit der Aufschrift »Shou« (›Langes Leben‹). Gewährte der Guangxu-Kaiser eine Audienz, saß die Kaiserinwitwe Cixi stets hinter dem Schirm und verfolgte das Gespräch. Den Hof vor dem Gebäude dekorieren bronzene Figuren der drei Glück bringenden Fabeltiere Drache, Phönix und Qilin (das chinesische Einhorn) sowie besonders schöne Taihu-Steine.

Folgt man von hier aus dem schmalen Weg entlang der Mauer Richtung Norden, so gelangt man zum **Park der Harmonie und des Vergnügens** (Xiequ Yu), den sich der Qianlong-Kaiser einst als Nachbildung des berühmten Gartens der Ergötzung (Jicheng Yuan) in Wuxi anlegen ließ. In der intimen Anlage im Stil eines südchinesischen Literatengartens gruppieren sich zierliche Pavillons und überdachte Wandelgänge um einen Lotosteich.

Begibt man sich auf demselben Weg zurück, so folgt nördlich der Audienzhalle der **Garten der Tugend und Harmonie** (Dehe Yuan), ein ummauerter Hofkomplex mit einem mehrstöckigen **Theaterbau** (Daxi Lou). Die Kaiserinwitwe Cixi, eine leidenschaftliche Förderin der Pekingoper, verfolgte die Aufführungen von ihrem Phönixthron in der gegenüberliegenden **Halle der Erheiterung** (Yile Dian) aus.

Südwestlich davon, direkt am Seeufer gelegen, schließt die **Halle der Jadewellen**, Schlafgemach und einstiges Gefängnis des Guangxu-Kaisers (Yulan Tang), an. In diesen Räumen hielt Cixi den aufmüpfigen Monarchen von 1898–1908 in Gewahrsam, weil er gegen ihre Politik opponierte. Am Nordufer des Sees residierte die Kaiserinwitwe selbst in der **Halle der Freude und des Langen Lebens** (Leshou Tang).

An diesen eleganten Hof schließt im Westen der **Chang Lang** an, ein 728 m langer, mit farbigen Malereien verzierter Wandelgang, der das Nordufer des Kunming-Sees säumt. Der Qianlong-Kaiser baute ihn im Jahr 1750 für seine Mutter. Sie sollte auch bei Regenwetter unbeschwert und im Trockenen die von ihr so geliebte Landschaft am See genießen können. Etwa auf der Hälfte des Weges wird der Chang Lang unterbrochen. Ein **Schmucktor** (*pailou*) rahmt hier den malerischen Ausblick auf den See mit der Nanhu-Insel. Gegenüber beginnt der Aufstieg zum **Berg der Langlebigkeit** (Wanshou Shan), den der **Pavillon des Wohlgeruchs Buddhas** (Foxiang Ge) bekrönt.

Folgt man dem Wandelgang bis zu seinem westlichen Endpunkt, so kommt man zum **Marmorschiff** (Shi Fang). Lediglich die Basis des 36 m langen Bootes, das vom Qianlong-Kaiser in Auftrag gegeben wurde, besteht aus weißem Marmor, die Aufbauten – von Cixi veranlasst – hingegen sind aus marmoriertem Holz.

Boot auf dem Kunming-See; im Hintergrund der Pavillon des Wohlgeruchs Buddhas auf dem Berg der Langlebigkeit

Beim Marmorschiff legen Fährboote ab, mit denen man zur **Insel im Südlichen See** (Nanhu Dao) übersetzen kann. Auf der Insel liegen der kleine Tempel des Drachenkönigs (Longwang Miao) und die Halle der Bescheidenheit (Hanxu Tang). In elegantem Schwung verbindet die **17-Bogen-Brücke** (Shiqi Kongqiao) die Insel mit dem Ostufer. Das Geländer der 150 m langen Marmorkonstruktion schmücken die Figuren von kleinen Löwen, die sich allesamt in Haltung und Ausdruck unterscheiden. Am gegenüberliegenden Ostufer soll der **Bronzeochse** (Tong Niu) den Yihe Yuan vor den Wassergeistern schützen.

Wer im stets gut besuchten Park die Ruhe sucht, dem sei ein Spaziergang über den **Westdeich** (Xi Di) empfohlen, den der Qianlong-Kaiser in Nachahmung des berühmten Su-Deiches vom Westsee in Hangzhou aufschütten ließ. Auch am nördlichen Fuß des Wanshou-Berges, an den Ufern des sogenannten **Hinteren Sees** oder **Suzhou-Flusses** findet der Besucher noch so manches lauschige Plätzchen. Hier ließ der Qianlong-Kaiser Läden und Teehäuser errichten – inspiriert von den Kanälen der Stadt Suzhou, dem ›Venedig Chinas‹ –, in denen er seine Eunuchen und Hofdamen als Geschäftsleute und Klientel agieren ließ. Die Suzhou-Straße wurde 1860 vollständig zerstört, doch inzwischen rekonstruiert. Auch die **Pagode der Vielen Schätze** (Duobao Ta), ein mit gelb und grün glasierten Ziegeln verkleideter Bau, von dessen Dachtraufen Glöckchen herabhängen, die bei einer leichten Brise im Wind klingen, findet sich in diesem Teil des Parks.

Ausflüge in die Umgebung Beijings

Die Ming-Gräber und die Große Mauer

Besonders sehenswert:
Große Mauer ☆☆
Ming-Gräber ☆

Die Ming-Gräber – Ming Shisan Ling

Im Jahr 1407 wurde ein hufeisenförmiges Tal 50 km nördlich von Beijing von Geomanten als idealer Platz für die Bestattung der Ming-Herrscher und ihrer Gemahlinnen auserkoren (1). Grund für diese Wahl waren die ausgezeichneten Fengshui-Voraussetzungen des Terrains: Im Norden – nach chinesischer Vorstellung Ursprung aller negativen Energien – schützt der Berg der Langlebigkeit des Himmels (Tianshou Shan) das Tal, nach Süden öffnet es sich der Sonne hin. Der Yongle-Kaiser, der die Suche nach dem Bestattungsplatz befohlen hatte, ließ alle Bauern aus dem 40 km^2 großen Areal umsiedeln und es mit einer Mauer abriegeln. Im Lauf der Jahre bestattete man hier 13 der 16 Kaiser der Ming-Dynastie mit ihren Gemahlinnen und Nebenfrauen.

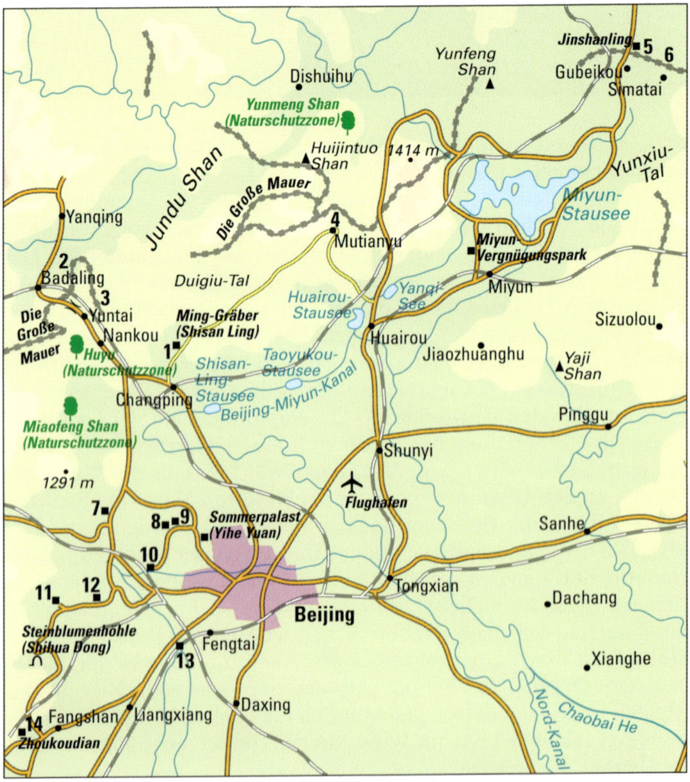

Umgebung von Beijing
1 Ming-Gräber
2 Große Mauer bei Badaling
3 Juyongguan
4 Große Mauer bei Mutianyu
5 Große Mauer bei Jinshanling
6 Große Mauer bei Simatai
7 Park des Duftenden Berges
8 Tempel der Azurblauen Wolke
9 Tempel des Schlafenden Buddha
10 Acht Große Stätten
11 Tempel des Teichs und der Wilden Maulbeeren
12 Tempel des Weihealtars
13 Marco-Polo-Brücke
14 Fundort des Pekingmenschen

Den Eingang zum Tal bildet das **Marmorne Ehrentor** (Shi Paifang), das der Jiajing-Kaiser 1540 aufstellen ließ. 800 m weiter nördlich passiert man das **Große Rote Tor** (Dahong Men), den eigentlichen Eingang zum heiligen Bezirk. Normalsterblichen blieb der Zugang zum Tal über Jahrhunderte verwehrt. Selbst der Kaiser musste auf den Komfort seiner Sänfte verzichten und zu Fuß gehen, wenn er sich den Mausoleen seiner Vorgänger näherte.

Der **Stelenpavillon** (Bei Ting), ein massiger Bau mit gestuftem Walmdach, bildet den Anfangspunkt zum Weg der Seelen. Er birgt eine 6,5 m hohe marmorne Stele, die von einer riesigen Schildkröte – Symbol der Ewigkeit und des Kosmos – getragen wird. Die Inschrift auf der Südseite preist die Anlage des Mausoleums durch den Yongle-Kaiser, die der Nordseite stammt aus der Hand des Qianlong-Herrschers (reg. 1736–96), der jedem der 13 Gräber eine Zeile widmete. Vier so genannte *huabiao*, mit Drachen- und Wolkenmotiven verzierte Ehrensäulen, umgeben den Pavillon.

Den 700 m langen **Weg der Seelen** (Shen Dao) flankieren zwölf Tierpaare (Pferde, Kamele, Löwen, Elefanten und die Fabeltiere Xiezhi und Qilin). Jedes Paar ist einmal stehend und einmal ruhend dargestellt. Daran schließen sich sechs Menschenpaare an – Zivilbeamte, ausgestattet mit charakteristischen Kopfbedeckungen und Amtsinsignien, und Militärs in voller Rüstung. Das **Drachen- und Phönixtor** (Longfeng Men) bildet den Abschluss des Seelenweges. Von hier aus führt die Straße nun weiter zu den einzelnen Kaisergräbern. Ihr Aufbau folgt immer demselben Prinzip. Unter einem kreisförmigen Tumulus liegt tief in der Erde die Grabkammer mit den Särgen des Herrschers, seiner Gemahlin und einer oder mehrerer Nebenfrauen. Vor dem Tumulus erstreckt sich oberirdisch ein Opferbezirk von rechteckigem Grundriss mit mehreren Toren und Hallen. Wie im Himmelstempel findet sich hier die kosmische Symbolik wieder: das Rund des Himmels und das Quadrat der Erde.

Das **Chang Ling**, in dem der Yongle-Kaiser (reg. 1403–24) ruht, ist das älteste und größte Grab der Anlage. Hier sind die oberirdischen Gebäudekomplexe, in denen die kaiserliche Familie regelmäßig ihrem Ahn Opfer darbrachte, am besten erhalten. Den Eingang zum Grabbezirk bildet ein dreiflügeliges Eingangstor. Links und rechts sieht man Öfen, die zur Verbrennung der Opfergaben dienten. Hinter dem Tor der Himmlischen Gnade fällt der Blick auf eines der besterhaltenen Ming-zeitlichen Gebäude in China: die Halle der Himmlischen Gnade. Sie diente ehemals als Opferraum, heute werden hier die kostbaren Grabbeigaben aus dem Ding Ling gezeigt. Mit den prächtigen Kronen des Kaisers und der Kaiserin – aus Gold gefertigt, besetzt mit Perlen und Edelsteinen und geschmückt mit Ornamenten aus strahlend blauen Eisvogelfedern – besitzt die Ausstellung zwei wahre Glanzstücke. Auch kostbare Jadeobjekte, Schmiedearbeiten, Schmuck, Seidengewänder sowie Gold- und Silberbarren sind zu bestaunen.

Verlässt man die Halle durch den Nordausgang, gelangt man in nördlicher Richtung zu einem **Steinaltar**, auf dem die Utensilien zur

Fengshui bedeutet ›Wind und Wasser‹ und bezeichnet in China die Lehre von den Elementen und Kräften, die sämtliche Abläufe im Kosmos bestimmen. Die chinesische Geomantik hat die Aufgabe, den Menschen möglichst harmonisch in die Natur einzubinden, denn nur wer im Einklang mit der Natur lebt, findet nach Ansicht der Chinesen zu Glück und Wohlbefinden. Fengshui spielte deshalb in der Stadtplanung, der Architektur, in der Anlage von Grabstätten und Gärten im alten China eine wichtige Rolle.

Darbringung der Ahnenopfer, die so genannten Fünf Heiligen Gefäße, platziert sind. Dahinter erhebt sich vor dem Grabtumulus ein mächtiger **Stelenpavillon**, zu dem durch den Mauersockel ein tunnelartiger Gang hinaufführt. Von seiner Terrasse aus hat man einen weiten Blick in die Umgebung und auf die anderen Grabanlagen. Unter dem baumbestandenen, von einer Ringmauer umschlossenen Grabhügel, der einen Durchmesser von etwa 300 m aufweist, verbirgt sich die noch ungeöffnete Grabkammer des Kaisers. Sie dürfte ähnlich angelegt und ausgestattet sein wie die Gruft des Wanli-Kaisers (reg. 1572–1620), der im nordwestlich gelegenen Ding Ling beigesetzt ist.

Die Gruft des **Ding Ling** ist die einzige der Ming-Grabkammern, die bisher geöffnet wurde und Besuchern zugänglich ist. Sie liegt 27 m unter der Erde und besteht aus fünf Räumen, die gemeinsam eine Fläche von 1195 m^2 einnehmen. Bis zu ihrer Entdeckung war die Gruft von 4 t schweren Marmorplatten verschlossen, die mit einem raffinierten Schließmechanismus versehen waren. Dahinter führen zwei schlauchartige Vorräume von insgesamt 84 m Länge zur Grabkammer des Herrschers, der Kaiserin und seiner ersten Nebenfrau. Ihre Originalsärge aus lackiertem Holz hat man heute durch Nachbildungen ersetzt. Der kostbare Inhalt aus den 26 Truhen, die einst hier lagerten, sind größtenteils am Chang Ling zu besichtigen, der Rest befindet sich im Besitz des Beijinger Palastmuseums.

»Nachdem Qin die Welt geeinigt hatte, wurde General Meng Tian ausgesandt, um mit einem Heer von 300 000 Leuten die Rong und Di im Norden zu verjagen. Er nahm ihnen das Gebiet südlich des Gelben Flusses weg und baute eine lange Mauer, deren Verlauf dem Gelände angepasst war und natürliche Hindernisse und Pässe mit einbezog. Sie begann in Lintao und erstreckte sich bis östlich des Liao-Flusses über eine Strecke von mehr als 10 000 li. Nachdem sie den Gelben Fluß überquert hatte, wand sie sich gen Norden und berührte die Yang-Berge.«

»Historische Aufzeichnungen« des Sima Qian, 1. Jh. v. Chr.

Die Große Mauer

Der Erste, der ganz China mit einer Mauer vor den immer wieder einfallenden Steppenbarbaren zu schützen versuchte, war Chinas Erster Kaiser, Qin Shihuangdi (reg. 221–206 v. Chr.). Über 10 000 Li – rund 5000 km – erstreckte sich das Bauwerk, welches von Lintao in der heutigen Provinz Gansu bis zum Chinesischen Meer verlief. Das Verdienst des Kaisers bestand allerdings nicht in der Errichtung einer gänzlich neuen Mauer, sondern in der Idee, die bereits existierenden Schutzwälle der von ihm unterworfenen Nachbarstaaten zu einem einzigen durchgehenden Bollwerk zu verbinden.

Folgende Dynastien taten es dem berüchtigten Despoten gleich. Im Lauf von über 2000 Jahren bauten die Chinesen immer wieder an der Großen Mauer, errichteten neue Teilstücke, zum Teil hunderte Kilometer parallel zu älteren Abschnitten. So verlief die erste Große Mauer der Qin-Zeit wesentlich weiter nördlich als die heute erhaltene Ming-Mauer aus dem 15.–16. Jh. Chinesische Wissenschaftler haben alle jemals errichteten Mauerabschnitte zusammengerechnet – auch die, die schon lange verfallen sind – und kamen dabei auf schier unglaubliche 50 000 Streckenkilometer – mehr als der Umfang des Erdballs.

Von der ersten Großen Mauer der Qin-Zeit blieben nur einzelne Abschnitte erhalten – relativ unspektakuläre, etwa 3 m hohe und 4 m breite Wälle aus *huangtu*, gestampfter Erde.

In der Han-Zeit (206 v.–220 n. Chr.) verdoppelte man die Länge des Bollwerks auf rund 10 000 km. Nach Westen wurde die Mauer in

Die Große Mauer bei Badaling

dieser Zeit bis jenseits der Oase von Dunhuang erweitert. Man errichtete Wachtürme und Forts entlang des Grenzwalls und führte ein Nachrichtensystem mit Signalfeuern ein, das je nach Dauer und Intensität des Feuers oder Rauches Auskunft über die Stärke des anrückenden Feindes gab.

Schien die Mauer auch wie ein undurchdringliches Bollwerk, konnte sie doch nicht verhindern, dass Angreifer aus den nördlichen Steppen sich wiederholt des chinesischen Reichs bemächtigten. Nachdem es dem ersten Ming-Kaiser gelungen war, die Mongolen nach fast 100 Jahren Besatzung aus China zu vertreiben, entschlossen er und seine Nachfolger sich, die nördlichen Grenzbefestigungen wieder zu verstärken. So wurde im 14.–17. Jh. die Ziegelmauer mit Zinnen und Wehrtürmen errichtet, wie man sie heute kennt. Diese Ming-Mauer misst 6300 km, beginnt beim Fort Shanhaiguan im Osten am Ufer des Bo Hai (Provinz Hebei) und endet im Westen in der Wüste Gobi beim Fort Jiayuguan (Provinz Gansu; s. S. 201ff.). Durchschnittlich ist sie etwa 10 m hoch und ebenso breit.

Die meisten Besucher fahren von Beijing aus zur **Großen Mauer bei Badaling** (2), 70 km nördlich der Hauptstadt. Dieses 1957 restaurierte Teilstück der Mauer schlängelt sich äußerst malerisch durch die imposante Bergwelt – einziger Nachteil: hier drängeln sich täglich Heerscharen in- und ausländischer Touristen.

Auf dem Weg nach Badaling passiert man mehrere, teils halb verfallene, teils neu errichtete Mauerabschnitte sowie das **Fort Juyong-**

guan (3), angelegt zur Sicherung der Hauptstadt. Hier hat sich die Yuan-zeitliche (1279–1368) Wolkenterrasse (Yun Tai) erhalten, eine mit zahlreichen Reliefs verzierte Plattform aus weißem Marmor, auf der sich Inschriften auf Chinesisch, Mongolisch, Sanskrit, Tibetisch, Uighurisch und Xixia finden.

Möchte man dem Rummel von Badaling entgehen, kann man alternativ das Mauer-Teilstück bei **Mutianyu** (4) 90 km nordöstlich von Beijing besuchen. Wer mehr Zeit hat, sollte die relativ weite Anreise nicht scheuen und mit einen Mietwagen zum 120 km nordöstlich von Beijing an der Straße nach Chengde gelegenene **Simatai** (5) oder **Jinshanling** (6) fahren. Hier schlängelt sich das Bauwerk wie der Körper eines Drachen durch eine atemberaubende, fast menschenleere Landschaft – das ›Mauer-Erlebnis‹ ist hier unvergleichlich. Für den, der hier wandern will, ist gutes Schuhwerk ein Muss, denn das Bollwerk überwindet zum Teil Steigungen von 70 % und ist an einigen Stellen halb verfallen.

Die Westberge

Die schöne Natur und die idyllisch gelegenen Tempel der Westberge bieten dem großstadtmüden Touristen eine willkommene Erholung von Beijings staubiger Luft und laden zu langen Spaziergängen ein. Schon seit dem 10. Jh. dienten die bewaldeten Hügel westlich der Hauptstadt den Kaisern als Jagdrevier und Sommerfrische.

Der Park des Duftenden Berges – Xiangshan Gongyuan

Die lieblichen Hänge des 557 m hohen Duftenden Berges (7; Xiang Shan) nutzten bereits die Herrscher der Liao als kaiserlichen Jagdpark. 1186 errichteten die Jin hier erstmals einen Tempel und eine Residenz, deren Ruinen noch heute erkennbar sind. Im Laufe der Jahrhunderte kamen weitere Tempel, Pagoden und Pavillons hinzu, und so entstand eine romantische, mit Architektur durchsetzte Parklandschaft nach chinesischem Ideal.

Ebenso wie die Söhne des Himmels wusste auch die KP-Führung die idyllische Landschaft zu schätzen und residierte hier, bevor sie die ›neue Verbotene Stadt‹ im Bezirk Zhongnanhai bezog. Um den Vergleich mit ihren kaiserlichen Vorgängern zu vermeiden, nannte sie ihre Residenz vorsorglich »Arbeiteruniversität«.

Der Park, übrigens eine der Sommerfrischen des Qianlong-Kaisers, wurde wie so vieles sowohl 1860 wie 1900 Opfer der alliierten Truppen. Erst nach Gründung der Volksrepublik begann man in den 50er Jahren, ihn wieder herzurichten.

Der Aufstieg vom **Nordtor** zum Gipfel ist zwar recht steil, wird aber bei gutem Wetter mit einem fantastischen Blick bis nach Beijing belohnt. Für den Abstieg nehme man einen der südlichen Pfade. Dabei passiert man eine Grotte und eine **Stele** mit der Inschrift: »Die Westberge leuchten im Schnee«. Südlich der **Jadeblumen-Bergvilla** (Yuhua Shanzhuang) liegen die Ruinen des **Xiangshan-Tempels** aus dem 12. Jh. Östlich davon kann man in der Ferne den modernen Bau des **Xiangshan-Hotels** erkennen. Dieses entwarf Anfang der 80er Jahre des 20. Jh. Ieoh Ming Pei, der amerikanische Architekt chinesischer Abstammung, der vor allem mit dem Bau der gläsernen Louvre-Pyramide in Paris und dem Bank-of-China-Gebäude in Hongkong Weltruhm erlangte. Wendet man sich von hier aus Richtung Norden, so gelangt man zum **Tempel der Einsicht** (Zhao Miao), 1780 im Auftrag des Qianlong-Kaisers als Residenz für den Panchen Lama im tibetischen Stil errichtet.

Etwas weiter nördlich davon liegt inmitten einer kleinen Gartenanlage im Suzhou-Stil der **Pavillon der Selbstprüfung** (Jianxin Zhai).

Pavillon der Selbstprüfung

Kurz vor dem Nordtor passiert man schließlich noch einen kleinen See, der wegen seiner eigentümlichen Form **Brillensee** (Yanjing Hu) genannt wird.

Tempel der Azurblauen Wolke und Tempel des Schlafenden Buddha

Die Anlage des **Tempels der Azurblauen Wolke** (8; Biyun Si), erstreckt sich über den Osthang des Duftenden Berges. 1321 errichtete hier ein wohlhabender mongolischer Hofbeamter eine Sommerresidenz, die 1366 in einen Nonnenkonvent umgewandelt wurde. In der Ming-Zeit ermöglichten zwei wohlhabende Eunuchen mit großzügigen Spenden den weiteren Ausbau der Anlage, in die sie sich dann nach ihrer Pensionierung zurückzogen. Seine heutige Gestalt erhielt der Tempel erst 1748, als der Qianlong-Kaiser den auffälligen Vajra-Stupa und die Halle der 500 Luohan errichten ließ.

Über eine von zwei Löwen bewachte Steinbrücke betritt man die Tempelanlage. Hinter dem Bergtor (Shan Men) führen steile Treppen an verschiedenen Hallen vorbei zum Stupa hinauf. Links des Hauptwegs liegt die Halle der 500 Luohan (Luohan Tang). Auf dem höchsten Punkt der Anlage erhebt sich die 35 m hohe **Diamantenthron-Pagode** (Jingang Baozuo Ta) aus weißem Marmor. Ihr Name und Baustil erinnern an den Stupa im indischen Bodh Gaya, den Ort, an dem der historische Buddha Erleuchtung erlangte. In der Mitte der oberen Plattform erhebt sich ein Vajra-Stupa, umringt von vier kleineren Pagoden und zwei Chörten. In seinem Inneren wurde 1925–29 der Leichnam Sun Yat-sens aufgebahrt, bevor er in das monumentale Mausoleum in Nanjing überführt wurde. Mit der Kleidung des Gründers der Republik China verfuhr man ähnlich wie mit buddhistischen Reliquien: Man mauerte sie in den Stupa ein.

Der **Tempel des Schlafenden Buddha** (9; Wofo Si), nördlich des Duftenden Berges gelegen, ist vom Tempel der Azurblauen Wolken aus in einem 2 km langen Fußmarsch zu erreichen. Gegründet im 7. Jh., wurde der Tempel 1321 erheblich erweitert. Damals ersetzte man auch die alte Sandelholzplastik des Schlafenden Buddha durch eine bronzene Monumentalstatue desselben.

Die Haupthalle oder Halle der Drei Heiligen (Sanshen Dian) birgt Skulpturen der Buddhas der Drei Zeiten aus dem 7. Jh. Interessant sind hier die Figuren der 18 Luohan aus farbig bemaltem Ton, unter denen sich übrigens eine Darstellung des Qianlong-Kaisers (reg. 1736–96) befindet – man erkennt ihn an seiner blauen Drachenrobe und dem langen Bart. Die darauf folgende Halle des Schlafenden Buddha birgt die 54 t schwere, 5,3 m lange Bronzefigur des Shakyamuni im Moment seines Eingangs ins Nirvana. Um den Meister gesellen sich seine Schüler. Zwei Weiden im Hof vor der Halle spielen darauf an, dass Shakyamuni unter einem Weidenbaum gestorben sein soll.

Die Diamantenthron-Pagode im Tempel der Azurblauen Wolke

Acht Große Stätten

Ein weiteres beliebtes Naherholungsgebiet vor den Toren Beijings sind die Acht Großen Stätten (10; Badachu) westlich der Stadt. Acht Tempel – übrigens weniger groß und bedeutend, als der Name vermuten lässt – schmiegen sich hier an die grünen Hänge der Berge Cuiwei, Pingbo und Lushi. Ein 5 km langer Rundweg führt den Wanderer an den wichtigsten Sehenswürdigkeiten vorbei.

Südlich des Eingangs liegt zunächst der 1504 gegründete **Tempel des Ewigen Friedens** (Chang'an Si). Im Eingang seiner Haupthalle steht eine Bronzefigur des Kriegsgottes Guandi, in der zweiten Halle verehren Frauen die Göttin Niangniang und bitten sie um – vorzugsweise männliche – Nachkommen. Guan Yu, ein bedeutender General zur Zeit der Drei Reiche (220–265), wurde in der Ming-Zeit (1368– 1644) als Guandi in den daoistischen Götterpantheon aufgenommen. Da er auch als Gott der Gerechtigkeit gilt, kam man früher hier im Tempel zusammen, um Streitfälle auszuhandeln.

Nordwestlich liegt der **Tempel des Heiligen Lichts** (Lingguang Si) mit den Ruinen einer Liao-zeitlichen Pagode. Während des Boxeraufstands wurde die fast 1000 Jahre alte Anlage stark in Mitleidenschaft gezogen. Bei Aufräumungsarbeiten entdeckten chinesische Ar-

Der Drachenkönig spielt im Entstehungsmythos der Stadt Beijing eine Rolle. Er soll von hier aus regelmäßig Fluten ins Tal geschickt haben, um zu verhindern, dass sich dort Menschen ansiedeln. Angeblich hat eine achtarmige Gestalt namens Nezha den Drachenkönig schließlich vertrieben, und Beijing konnte sich zur blühenden Stadt entwickeln.

chäologen später eine hölzerne Lade mit einem Zahn – einer Aufschrift nach ein Zahn des historischen Buddha Shakyamuni. 1959 errichtete man für die Reliquie die 50 m hohe Buddhazahn-Pagode (Foya Ta).

Hinter dem kleinen **Nonnenkloster der Drei Berge** (Sanshan An) liegt links des Weges der **Tempel des Großen Mitleids** (Dabei Si) aus dem Jahr 1550. Besonders schön ist hier der mit zwei über 800 Jahre alten Ginkgo-Bäumen bestandene erste Hof. Die Luohan-Statuen in der ersten Halle stammen noch aus der Yuan-Zeit (1279–1368). Zentrum des Qing-zeitlichen **Klosters der Drachenquelle** (Longquan An) bildet eine Quelle mit dem Bildnis des Drachenkönigs.

Etwas weiter bergan gelangt man zum **Tempel der Duftenden Welt** (Xiangjie Si), dem ältesten und wohl auch bedeutendsten der acht Tempel. Er wurde bereits in der Tang-Dynastie (618-906) gegründet. 1678 fanden Mönche hier eine Stele aus dem 8. oder 9. Jh. mit einem filigranen Bildnis des Avalokiteshvara mit Bart.

Von hier aus ist es nicht mehr weit bis zum **Cuiwei-Gipfel**, übrigens nach einer Prinzessin benannt, die in der Ming-Zeit (1368–1644) hier bestattet wurde. Den Gipfel markiert ein hölzernes Ehrentor mit der Aufschrift »Ort des Glücks«. An einem Felsen haben sich zahlreiche Kaiser mit Kalligraphien verewigt. Dahinter gelangt man zur **Höhle der Wertvollen Perle** (Baozhu Dong), die nach einem perlenförmigen Stein am Eingang benannt wurde. In der Grotte soll einstmals der Mönch Haiyou gehaust haben, dem man hier ein Denkmal gesetzt hat.

Die letzte der acht Sehenswürdigkeiten, der **Tempel der Buddhaschaft** (Zhengguo Si), liegt in östlicher Richtung am Hang des Lushi-Berges. Sehenswert ist der Felsen des Geheimnisvollen Teufels (Mimo Yan), welcher von ferne dem aufgerissenen Maul eines Löwen ähnelt. Das Haus unter dem Felsvorsprung diente im 7. Jh. dem Mönch Lushi als Eremitenklause.

Weitere Sehenswürdigkeiten im Umland

Etwa 45 km südwestlich der Hauptstadt liegt in den Bergen von Mentougou der **Tempel des Teichs und der Wilden Maulbeeren** (11; Tanzhe Si). Die ehrwürdige Anlage besitzt eine mehr als 1500 Jahre alte Geschichte und gehört damit zu den ältesten in China. Die heutigen Hallen stammen überwiegend aus dem 17. Jh. Der Name des Tempels bezieht sich auf den Drachenteich (Long *tan*) hinter dem Komplex und die wilden Maulbeerbäume (*zhe*), die hier für die Seidenraupenzucht gepflanzt wurden.

Den Besuch beim Tanzhe Si sollte man mit einen Halt beim **Tempel des Weihealtars** (12; Jietai Si) verbinden, welcher etwa 8 km östlich am Hang des Ma'an-Berges liegt. Seine Besonderheit liegt in den uralten knorrigen Kiefern auf dem Tempelgelände und dem grandiosen Blick ins Tal.

Marco-Polo-Brücke

Die alte Steinbrücke (13) über den Yongding-Fluss, etwa 15 km südwestlich von Beijing, hat ihren Namen – zumindest im Abendland – ihrer Erwähnung in Marco Polos »Beschreibung der Welt« zu verdanken. Die Chinesen nennen sie Lugou Qiao, Brücke über den Schwarzen Festungsgraben, nach dem alten Namen für den Yongding-Fluss. Der elfbogige, 266 m lange und 8 m breite Steinbau ersetzte 1192 die alten Holzpontons, die bis dahin allein den Zugang zur Stadt von Süden her über den Fluss ermöglichten. Ihr Geländer schmücken 485 Löwenfiguren. An den zur Strömung hin spitz zulaufenden Brückenpfeilern waren klingenförmige Eisenspitzen montiert, die wie Schwerter gegen die Wasserdrachen wirken sollten, welche der Legende nach immer wieder Überschwemmungen verursachten. 1444 und 1689 ging die Brücke bei Flutkatastrophen zu Bruch und wurde beide Male wieder aufgebaut. An ihrem westlichen Ende erinnert eine Stele an die Restaurierungsarbeiten von 1689, die der Kangxi-Kaiser in Auftrag gegeben hatte. Auf sein Geheiß hin benannte man den Lugou-Fluss dann auch in Yongding-Fluss um, was ›ewige Stabilität‹ bedeutet – ein Euphemismus, der die launischen Wasserdrachen zügeln sollte. Am östlichen Ufer ließ der Qianlong-Kaiser im 18. Jh. eine weitere Stele aufstellen. Sie trägt seine Kalligraphie: »Der Mondschein vor Tagesanbruch über der Lugou-Brücke«. Damit erkor der Monarch die Brücke zu den acht schönsten Sehenswürdigkeiten seiner Hauptstadt.

Viele Chinesen bringen das Bauwerk heute mit einem wenig erfreulichen politischen Ereignis in Verbindung: dem Zwischenfall an der Marco-Polo-Brücke vom 7. Juli 1937. Damals provozierten japanische Truppen einen Schusswechsel mit der chinesischen Armee und nahmen diesen zum Anlass, den Chinesisch-japanischen Krieg auszulösen.

Einen Besuch der Marco-Polo-Brücke sollte man mit einem Spaziergang im nahe gelegenen Örtchen **Wanping** verbinden. Das Dorf besitzt eine noch vollständig erhaltene Stadtmauer aus dem Jahr 1640.

Zhoukoudian

1929 machte der chinesische Paläoanthropologe Wei Wenzhong auf dem Drachenknochenhügel (Longgu Shan) in der Ortschaft Zhoukoudian (14) etwa 50 km südlich von Beijing einen Jahrhundertfund: In einer Höhle entdeckte er den etwa 200 000–500 000 alten Schädel eines Urmenschen. Später kamen dann noch mehr als 40 Knochenfunde dieses Hominiden zutage. Man gab ihm den wissenschaftlichen Namen Sinanthropus pekinensis, oder einfach Pekingmensch. Es handelt sich dabei um einen Homo erectus, also einen Vorläufer des Homo sapiens. In dem 1953 erbauten **Museum** sind Knochenfunde, Steinwerkzeuge und Fossilien zu besichtigen. Das Glanzstück der Ausstellung, der berühmte erste Schädelfund des Pekingmenschen aus dem Jahr 1929, fehlt indes. Er ist seit den 40er Jahren verschollen.

Xi'an und Umgebung

Xi'an – Beginn der Seidenstraße

Xi'an bildet den eigentlichen Ausgangspunkt der Seidenstraße in China. Ihre einstige Größe und historische Bedeutung sieht man der Stadt selbst heute kaum mehr an. Mit drei Millionen Einwohnern (6,6 Millionen inklusive Umland) ist Xi'an – nach chinesischen Maßstäben – eine Stadt von mittlerer Größe und eher provinziellem Flair. Doch einst war Xi'an – oder besser: das alte Chang'an – für den asiatischen Kontinent, was Rom für Europa war: Weltmetropole und kultureller Mittelpunkt. Heute zeugen davon vor allem die zahlreichen imposanten archäologischen Stätten außerhalb der Stadt.

Xi'an ☆☆
Das alte Chang'an
Besonders sehenswert:
Große Wildgans-pagode ☆
Historisches Museum ☆
Moschee ☆
Stadtmauer ☆

Ausflug
Terrakottaarmee ☆☆

Den Chinesen gilt das fruchtbare Schwemmland des Wei-Flusses, in dessen Tal Xi'an liegt, als Wiege ihrer Kultur. Bereits im 5. Jahrtausend v. Chr. bildete sich hier eine neolithische Gesellschaft heraus, die vorwiegend von Fischfang und Hirseanbau lebte und kunstvoll verzierte Keramiken produzierte. Im Lauf der Jahrtausende gründeten elf chinesische Dynastien am Ufer des Wei ihre Hauptstädte. Die Königsresidenzen der Westlichen Zhou (um 1030–771 v. Chr.) standen in den Städten Feng und Hao. Der Erste Kaiser, Qin Shihuangdi, regierte sein geeintes chinesisches Reich von Xianyang aus, welches im Gebiet des heutigen Xi'aner Flughafens liegt. Nach dem Untergang von dessen kurzlebiger Dynastie gründete der erste Kaiser der Han am südlichen Ufer des Wei die Stadt Chang'an. Diese bildete nahezu 400 Jahre lang das politische und kulturelle Zentrum des riesigen Han-Imperiums. Im 2. Jh. v. Chr. brachen von hier aus die ersten Militärexpeditionen zur Erforschung der westlichen Steppen auf, und bald darauf ging man erste Handelsbeziehungen mit den ›barbarischen Stämmen‹ jenseits der Wüste Gobi und der Gipfel des Pamir ein. Chang'an entwickelte sich zu Chinas ›Tor zum Westen‹.

Zhang Qian, dem großen Erschließer der Seidenstraße, haben die Stadtväter Xi'ans heute im Westteil der Stadt, in der Daqing Lu, ein Denkmal gesetzt. Es zeigt, in mächtige Steinblöcke gehauen, eine Karawane, angeführt durch den Helden, der im 2. Jh. vom Kaiser ausgeschickt wurde, den Westen zu erkunden. An exakt dieser Stelle stand im alten Chang'an das westliche Stadttor, das Kaiyuan Men, von wo aus die Karawanen ihre Reise über die Seidenstraße antraten. Von diesem Punkt aus markierten Meilensteine über rund 5000 km den Verlauf der Seidenstraße bis nach Kucha.

Nach dem Sturz der Han und dem Auseinanderbrechen ihres mächtigen Reiches fiel Chang'an in einen Dornröschenschlaf – um anschließend zu nie gekannter Größe und Pracht zu erblühen. Das Tang-zeitliche (618–907) Chang'an hatte zwei Millionen Einwohner und war damit die größte Stadt der Welt jener Epoche.

Der Seidenstraßenhandel erlebte in dieser Zeit seinen Höhepunkt. Exotische Waren aus West-, Zentral- und Südasien waren ein alltägliches Bild auf den Märkten der Metropole. Fremde Händler und

◁ *Die Terrakotta-armee des Qin Shihuangdi*

Die schachbrettartige Anlage Chang'ans wurde Vorbild für viele Metropolen des asiatischen Kontinents. Die Stadt besaß eine Grundfläche von mehr als 80 km², war von rechteckigem Grundriss und von breiten, schnurgerade verlaufenden Boulevards durchzogen. Eine 36 km lange Stadtmauer umgab die Metropole. Der regelmäßige, eckige Grundriss der Stadt symbolisierte die Erde, welche man sich im altertümlichen China stets als Quadrat dachte.
Dies sollte die Rolle Chang'ans als Zentrum der vom chinesischen Kaiser regierten, ›zivilisierten‹ Welt hervorheben.

Gesandte siedelten sich zahlreich in der Stadt an und bereicherten die chinesische Kultur mit ihrer Kunst, ihrer Musik, ihren Moden und ihren Religionen. In der Stadt wurden buddhistische Tempel, Moscheen, christliche Kirchen, manichäische und zoroastrische Sakralanlagen errichtet. Das Tang-Kaiserhaus und die Bürger der Metropole gaben sich weltoffen und nahmen fremdländische Einflüsse mit Interesse und Toleranz auf.

Chang'ans ›Goldenes Zeitalter‹ sollte etwa 300 Jahre währen. Mit dem Niedergang der Tang-Dynastie verlor die Stadt an Bedeutung und schrumpfte von einer Welt- zu einer Provinzstadt. In der Ming-Zeit (1368–1644) umfasste ihre Fläche nur noch ein Sechstel des ehemaligen Chang'an.

Heute ist Xi'an, dessen Name ›westlicher Friede‹ bedeutet, die Hauptstadt der Provinz Shaanxi und eines der wichtigsten Wirtschaftszentren der Region. Die Kohleverarbeitung spielt eine große Rolle, was der Stadt nicht eben gute Luft beschert. In der Landwirtschaft dominiert der Weizenanbau, und so findet man auf Xi'ans Speisezettel vor allem Nudelgerichte. Eine besondere Spezialität der Stadt sind die gefüllten Teigtaschen *jiaozi*.

Besichtigung der Stadt

Xi'ans schachbrettartiger Aufbau orientiert sich am Plan des alten Chang'an. Eine mächtige Mauer umschließt den Stadtkern, dessen Mittelpunkt ein Glocken- und ein Trommelturm markieren – nach chinesischer Tradition feste Bestandteile einer klassischen Stadtanlage. Im Umkreis dieser Gebäude konzentrieren sich das Geschäftszentrum und die wichtigsten Sehenswürdigkeiten der Stadt.

Der Glockenturm im Zentrum Xi'ans

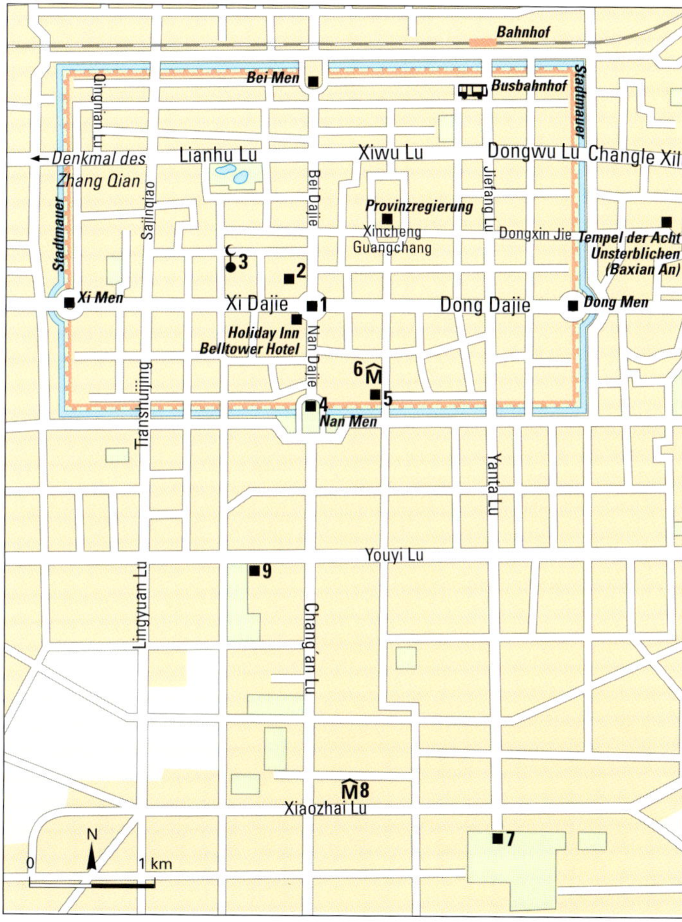

Xi'an
1 Glockenturm
2 Trommelturm
3 Moschee
4 Südtor
5 Schultor
6 Provinzmuseum mit Stelenwald
7 Große Wildgans-pagode
8 Historisches Museum der Provinz Shaanxi
9 Kleine Wildgans-pagode

Beim **Glockenturm** (1; Zhong Lou) laufen die vier Hauptverkehrsadern, die Nördliche, Südliche, Westliche und Östliche Hauptstraße (Bei, Nan, Xi und Dong Dajie) zusammen. Der mehrstöckige Bau im Architekturstil der Ming-Zeit ist 36 m hoch und von quadratischem Grundriss. Mit der großen eisernen Glocke im Inneren des Turms schlug man früher die Zeit an. Der Glockenturm wurde 1582 an der heutigen Stelle errichtet, nachdem man den alten Bau von 1384 aus stadtplanerischen Gründen hatte abreißen müssen. Nordwestlich des Glockenturms breitet sich ein großzügig angelegter Platz mit einem modernen, unterirdischen Einkaufszentrum aus, an dessen nordwestlichem Ende sich der **Trommelturm** (2; Gu Lou) erhebt. Das 30 m hohe Gebäude aus dem Jahr 1380 mit rechteckigem Grundriss markiert den Eingang zum malerischen muslimischen Viertel Xi'ans.

Hinter dem Tor liegt eine Geschäftsstraße im traditionellen chinesischen Baustil, auf der allabendlich ein Nachtmarkt mit zahlreichen Garküchen veranstaltet wird.

Die Große Moschee

Wenige Schritte hinter dem Tor führt links die bunte Huajue-Gasse mit ihren unzähligen Trödlern und Souvenirständen zur Großen Moschee (3; Qingzhen Dasi). Ihre Gründung erfolgte bereits zur Tang-Zeit (618–907). Die heutigen Hallen wurden allerdings erst in der Ming- und Qing-Dynastie errichtet und seither mehrfach restauriert. Die muslimische Gemeinde Xi'ans umfasst heute etwa 50 000 Mitglieder. Betritt man die Moschee, so glaubt man zunächst, es handele sich um einen chinesischen Tempel: vier symmetrisch angelegte Höfe, klassische Hallen in Holzskelettbauweise, geschwungene Dächer, eine Pagode. Erst auf den zweiten Blick gibt sich die Anlage als muslimisches Gotteshaus zu erkennen. Kunstvolle arabische Kalligraphien schmücken Mauern und Inschriftentafeln, von der ›Pagode‹ ruft der Muezzin die Gläubigen zum Gebet. Außerdem orientiert sich der Komplex nach Mekka hin: Die Mittelachse des Tempels verläuft nicht in der für chinesische Anlagen typischen Nord-Süd-Richtung, sondern von Ost nach West.

Den Eingang der 50 x 250 m großen Anlage markiert ein 9 m hohes, hölzernes **Schmucktor** aus dem 17. Jh. Es besticht mit seinen schwungvoll aufkragenden Dachtraufen und dem kunstvollen Konsolsystem. Schreitet man durch die **Torhalle** auf der Zentralachse fort, so gelangt man zu einem **steinernen Tor** mit der Aufschrift »Der Hof des Himmels«. Im zweiten Hof stehen zwei mit Drachen verzierte **Steinstelen** aus dem Jahr 1573, deren Inschriften vermerken, dass die Restaurie-

In der Großen Moschee

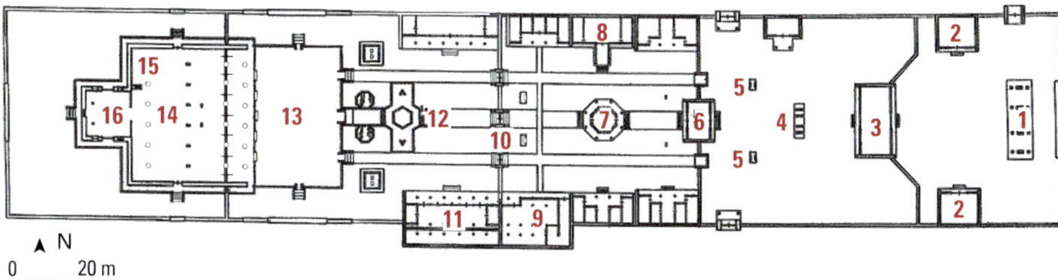

rung der Anlage mit kaiserlichen Geldern gefördert wurde. Bei den Texten auf der Rückseite handelt es sich um Schriftzüge der berühmten Kalligraphen Mi Fei und Dong Qichang. Die **Kaiserliche Halle** (Chixiu Dian; wörtl.: Nach einem kaiserlichen Edikt errichtete Halle) im dritten Hof ist das älteste Gebäude des Komplexes. Sie birgt die so genannte Mondstele (Yue Bei), auf der in arabischer Schrift eine Abhandlung über die islamische Kalenderberechnung eingraviert ist. Verfasst wurde diese von einem frühen Imam der Moschee. Der zentrale dreistöckige **Turm der Sorglosigkeit** (Shengxin Lou), die ›Pagode‹, dient als Minarett. In der rechten **Studierhalle** wird eine handgeschriebene Kopie des Korans aus der Ming-Zeit (1368–1644) sowie ein Qing-zeitlicher (1644–1911) Plan der Stadt Mekka aufbewahrt. Links, vor drei kleinen Ehrentoren, befinden sich die Räume für die rituellen Waschungen der Gläubigen, direkt dahinter, im vierten Hof, der **Empfangsraum des Imam**. In diesem Hof erhebt sich der **Pavillon des Einen Gottes** (Yizhen Ting), welcher aufgrund seiner wie Vogelschwingen aufkragenden Dächer auch Phönix-Pavillon heißt. Hinter ihm liegt die mit blaugrünen Ziegeln gedeckte mächtige **Gebetshalle**, die etwa 1000 Gläubigen Platz bietet. Sie steht allerdings nur Muslimen offen. In ihrem Inneren sind sämtliche Suren des Korans auf 60 Holztafeln geschnitzt festgehalten, die Hälfte davon auf Chinesisch, die andere Hälfte auf Arabisch.

An der Großen Moschee lohnt auch ein Bummel durch die Gassen mit ihren unzähligen Souvenirständen.

Moschee von Xi'an
1 *hölzernes Schmucktor*
2 *Seitenhallen*
3 *Erste Torhalle*
4 *steinernes Ehrentor*
5 *Stelenpavillons*
6 *Zweite Torhalle*
7 *Minarett Turm der Sorglosigkeit*
8 *Studierhalle*
9 *Raum für rituelle Waschungen*
10 *drei kleine Ehrentore*
11 *Empfangsraum des Imam*
12 *Pavillon des Einen Gottes*
13 *Mondterrasse*
14 *Gebetshalle*
15 *Minbar*
16 *Mihrab*

Stadtmauer und Stelenwald

Die zinnenbewehrte **Stadtmauer** Xi'ans gilt als die am besten erhaltene Stadtbefestigung Chinas. Sie wurde in den Jahren 1374–78, also in der frühen Ming-Zeit errichtet. Von ihren mächtigen Stadttoren in den Kardinalshimmelsrichtungen hat man einen grandiosen Blick über die nach klassischem Vorbild angelegte Stadt. Die Mauer ist 12 m hoch, an der Basis 15–18 m und oben 12–14 m breit und 14 km lang. Damit nimmt sie sich im Vergleich zu ihrer Vorgängerin aus der Tang-Zeit (618–906) recht bescheiden aus. Die Wallanlagen wurden zum Teil auf den alten Tang-zeitlichen Fundamenten errichtet. Alle vier Torbauten auf der Stadtmauer sind Besuchern zugänglich, und auch die Mauer ist inzwischen wieder in voller Länge begehbar. Dem Zen-

Vor der Erfindung des Buchdrucks in der Tang-Zeit spielten Stelen eine wichtige Rolle, um berühmte Texte dauerhaft zu erhalten und zu vervielfältigen. So fertigte man von den in Stein gravierten Texten Abreibungen an, indem man feuchtes Papier auf die Stelenoberfläche rieb und anschließend mit einem Stempelkissen mit schwarzer Tusche betupfte. Auf diese Weise konnten die Texte im Positiv von der Steinoberfläche abgezogen werden und erschienen nicht spiegelverkehrt, wie bei einem herkömmlichen Abdruck. Im Stelenwald hat man Gelegenheit, bei dieser Prozedur zuzuschauen.

trum mit dem Glockenturm am nächsten liegt das gewaltige **Südtor** (4; Nan Men), das imposanteste der vier bewehrten Stadttore.

Rechts des Südtors erhebt sich innerhalb der Stadtmauer eine kleine Ziegelpagode. Daneben überspannt das **Schultor** (5; Shuyuan Men) eine kleine Gasse mit Gebäuden im Qing-zeitlichen Stil, in denen zahlreiche Andenkenläden untergebracht sind. Am Ende des Sträßchens steht der ehemalige Konfuziustempel, das heutige **Provinzmuseum mit dem Stelenwald** (6; Beilin Bowuguan). Bereits im Jahr 1090 legte der Song-Kaiser Zhezong diese Stelensammlung an. Heute zählt sie 2300 Inschriftentafeln, die in sechs Sälen und Wandelgängen ausgestellt sind. Beschriftet sind die Steine mit bedeutenden Texten zur chinesischen Geschichte, Literatur und Philosophie. Die ältesten Stelen der Sammlung stammen aus der Östlichen Han-Zeit – 46 Steintafeln aus dem Jahr 175, beschriftet mit den konfuzianischen Klassikern, die ehemals in der Akademie zu Luoyang standen. Für westliche Besucher von besonderem Interesse ist die so genannte Nestorianerstele aus dem Jahr 781, erkennbar an dem christlichen Kreuz oberhalb des Textes. Dieser erinnert an die christliche Mission des Syrers Aloben im 7. Jh. Die Steleninschrift ist in Chinesisch und Altsyrisch ausgeführt. Darüber hinaus bewahren unzählige Stelen jüngeren Datums Texte und Gedichte in verschiedenen Schreibstilen, anhand derer sich Generationen von Literaten in den verschiedenen klassischen Schriftstilen der chinesischen Kalligraphie übten.

Neben den Inschriftentafeln gehören 70 wertvolle Steinskulpturen zur Sammlung des Museums. Zu den Schönsten zählen die vier Pferdedarstellungen vom Zhao Ling, dem Grab des Kaisers Taizong (reg. 626–649). Die 1,2 x 2 m großen Reliefs, welche die berühmten Streitrosse des Kaisers Taizong im Galopp abbilden, werden dem Bildhauer Gao Fo zugeschrieben.

Außerhalb des alten Stadtkerns

Verlässt man den alten Stadtkern und folgt der Yanta Lu in Richtung Süden, so gelangt man nach etwa 4 km zum Wahrzeichen der Stadt, der **Großen Wildganspagode** (7; Da Yan Ta; Abb. S. 60). Das markante Bauwerk – eine der ältesten Pagoden Chinas – wurde 652 auf dem Gelände des Tempels der Großen Gnade und Güte (Daci'en Si) errichtet. Kaiser Gaozong hatte sie zu Ehren des berühmten Pilgermönchs Xuanzang (602–644) erbauen lassen und um die 657 Bände buddhistischer Schriften zu verwahren, die jener von seiner Reise nach Indien mitgebracht hatte. Xuanzang lebte nach seiner Rückkehr 645 selbst im Tempel der Großen Gnade und Güte und übertrug hier gemeinsam mit seinen Schülern die heiligen Sanskrit- und Palitexte ins Chinesische. Während der Buddhistenverfolgungen Mitte des 9. Jh. und beim Erdbeben von 1555 erlitt der Bau starke Schäden. Ursprünglich zählte die Pagode fünf, dann zehn, heute sieben Stockwerke und ist 73 m hoch. Ihre Form mit den quaderförmigen, sich nach oben verjüngenden Stockwerken soll sich am Stupa in Bodh Gaya (Nordindien) orientieren, an dem der historische Buddha Shakyamuni seine Erleuchtung erfuhr. Pilaster untergliedern die Seitenwände der Pagode. Die heute schmucklosen Nischen bargen vermutlich früher Buddha-Bildnisse.

Von dem einst 13 Höfe umfassenden Tempel, in dem etwa 3000 buddhistische Mönche aus dem In- und Ausland lebten und studierten, stehen heute nur noch wenige Hallen, die allesamt aus der Qing-Zeit stammen. Im Garten der Anlage finden sich einige kleine Grabpagoden von Mönchen und Äbten. Im Jahr 2000 hat man hinter der Pagode einen neuen Klosterkomplex eröffnet. Die mittlere Haupthalle birgt eine Statue Xuanzangs sowie eine kostbare Reliquie: ein Fragment seines Schädelknochens. Wandreliefs aus Holz und Bronze illustrieren die Westreise des berühmten Mönchs.

Den Namen Große Wildganspagode wählte Xuanzang in Anlehnung an eine indische Legende, die ihm besonders gut gefiel. Sie erzählt von einem Bodhisattva, der aus Mitleid mit den Hunger leidenden Mönchen eines Klosters die Gestalt einer Wildgans annahm und sich vom Himmel in den Klosterhof herabstürzte. Die Mönche errichteten zu Ehren des Vogels eine Grabpagode.

Nicht weit von der Pagode befindet sich in der Xiaozhai Lu das **Historische Museum der Provinz Shaanxi** (8; Shaanxi Sheng Lishi Bowuguan) – eines der bedeutendsten und modernsten Museen Chinas. Die Ausstellung ist chronologisch gegliedert und umfasst Objekte vom Paläolithikum bis zur Qing-Zeit. Sehenswert sind aber vor allem die archäologischen Funde aus der Zhou-, Qin-, Han- und Tang-Zeit.

Der **Rundgang** durch die Ausstellung beginnt im Erdgeschoss links mit einem Saal, der dem paläolithischen Langtian-Menschen sowie den Steinzeit-Siedlungen von Lintong und Banpo gewidmet ist. Die darauf folgenden Räume bergen die ebenso eindrucksvolle wie umfangreiche Sammlung von Ritualbronzen der Shang- und Zhou-Zeit. Ausgestellt sind Bronzegefäße, in denen rituelle Speisen für den Ahnenkult zubereitet wurden, Glocken, Waffen und Jadeschnitzereien.

In den Reliefdekors chinesischer Bronzen dominieren zoomorphe, d. h. von Tierformen abgeleitete Motive. Eine zentrale Rolle spielt das Taotie, eine frontal gesehene Tiermaske mit hervortretenden, starrenden Augen, einer als Grat ausgebildeten Nase, volutenartigen Hörnern, aufgerissenem Maul und einem rudimentär angedeuteten Körper mit Klauen und Schwanz. Welche Bedeutung der Tierdämon ursprünglich besaß, ist bis heute nicht geklärt.

Dem kleinen Königreich Qin, dessen König sich 221 v. Chr. zum Ersten Kaiser des geeinten chinesischen Reichs ausrief, ist ebenfalls eine Abteilung gewidmet. Auch einige Objekte aus dem Grabkomplex des Qin Shihuangdi sind hier zu besichtigen.

Die nächste Abteilung im Obergeschoss beschäftigt sich mit der Han-, der Westlichen Wei- und Nördlichen Zhou-Dynastie (206 v. –581 n. Chr.). Überwiegend finden sich Keramikmodelle von Häusern, Tieren, Wagen, Menschen, Bronzegegenstände, Münzen, Spiegel sowie kleine Tierfiguren aus Gold und Silber im so genannten Tierstil der zentralasiatischen Steppe. Auch eine kleine ›Terrakottaarmee‹, bestehend aus Infanterie und Kavallerie, aus einem Grab der Westlichen Han-Zeit lohnt einen Blick.

Die dritte Abteilung thematisiert die Dynastien der Tang, Song, Yuan, Ming und Qing (618–1911), wobei der Kunst der Tang-Zeit – Xi'ans goldenen Tagen – besonderes Gewicht zukommt. Hier findet man Modelle des Tang-zeitlichen Chang'an und seiner Paläste, kostbare Gold- und Silberschmiedearbeiten mit unübersehbar persischen und vorderasiatischen Einflüssen sowie ausdrucksstarke Grabplastiken üppiger Hofdamen, Musiker und Tänzerinnen, edler Pferde und Kamele. Prunkstück der Ausstellung ist ein Trinkkelch aus Achat in Form eines Büffelkopfes mit goldenem Maul.

Zum Schluss gewinnt der Besucher noch einen Überblick über chinesische Keramik der Song- bis Qing-Zeit. Im Untergeschoss des

Auf dem Tempelgelände um die Kleine Wildganspagode findet man Gruppen figürlich verzierter Steinsäulen, die Konservatoren aus der Umgebung Xi'ans zusammengetragen haben. Diese dienten ursprünglich zum Anbinden von Pferden. Dekoriert sind die Pfeiler vor allem mit exotischen Motiven: Löwen, Affen oder langnasigen Ausländern mit spitzen ›persischen‹ Mützen.

Museums befinden sich ferner Räumlichkeiten, die für Wechselausstellungen genutzt werden. Zu den Schätzen des Museums, die aus konservatorischen Gründen leider nicht ständig ausgestellt werden können, gehören die wunderbaren Originalfresken aus den Kaisergräbern der Tang (s. S. 168).

Auf dem Rückweg ins Stadtzentrum lohnt ein kurzer Halt bei der **Kleinen Wildganspagode** (9; Xiao Yan Ta) in der Youyi Lu (nördlich des Museums). Erbaut wurde die Xiao Yanta 707–709 auf dem Gelände des Jianfu-Tempels, den Chinas erste und einzige Kaiserin, Wu Zetian, 684 zur Erinnerung an ihren Gemahl Li Zhi (Gaozong) anle-

Die Kleine Wildganspagode

gen ließ. Der 43 m hohe, sich elegant nach oben verjüngende Ziegelbau im Pagodenstil der Tang-Zeit besitzt heute noch 13 seiner ursprünglich 15 Stockwerke. Die beiden obersten Etagen stürzten beim großen Erdbeben von 1555 ein und wurden nie wieder aufgebaut.

Attraktionen außerhalb Xi'ans

Die Grabanlage des Qin Shihuangdi

Die **Terrakottaarmee des Ersten Kaisers** (1) wird von den Chinesen gern als das »Achte Weltwunder« bezeichnet. Zwei Bauern machten im März 1974 beim Ausschachten eines Brunnens für eine Granatapfelplantage zufällig diesen spektakulären Fund. Später gruben chinesische Archäologen in der Umgebung vier unterirdische Schächte aus, die auf insgesamt 20000 m² mehr als 7000 Terrakottasoldaten, 600 Tonpferde, 100 hölzerne Kriegswagen sowie bronzene Waffen enthielten.

Das Mausoleum des Ersten Kaisers mit dem weithin sichtbaren 45 m hohen Grabhügel liegt nur 1250 m westlich dieser Schächte. Die Terrakottaarmee fungierte also offensichtlich als Grabwache – und war zugleich Abbild der ungeheuren militärischen Macht des Herrschers. Qin Shi Huangdi war es immerhin gelungen, in nur wenigen Jahren das gesamte chinesische Reich, ja in seinen Augen die Welt zu erobern. Die tönerne Armee manifestierte seinen Status als Weltenherrscher noch im Jenseits.

Der gesamte Grabkomplex des Ersten Kaisers umfasst ein Gebiet von 2,5 km² mit dem 45 m hohen, noch ungeöffneten Grabtumulus im Zentrum. Rund um den heute eher unspektakulären Grabhügel gruppierten sich einst Tempel- und Palastgebäude, von denen nur noch Fundamentspuren übrig sind. In der Umgebung des Grabes fanden die Archäologen neben der Terrakottaarmee mit wertvollen Beigaben ausgestattete Gräber von Beamten, Tiergräber mit tönernen Wächterfiguren sowie Massengräber von Fronarbeitern.

Der Grabtumulus besitzt eine fast quadratische Grundfläche und misst an seiner Basis 350 x 345 m. Unter ihm wird die gewaltige Grabkammer des Kaisers vermutet. Nach den heutigen Kenntnissen der Archäologen maß diese 460 x 392 m. Die fantastischen Schilderungen Sima Qians scheint eine Bodenuntersuchung aus dem Jahr 1981 zu bestätigen, die eine außergewöhnlich hohe Quecksilberkonzentration im Erdreich des Tumulus nachweist. Einer Öffnung des Grabes darf also mit Spannung entgegengesehen werden. Noch schrecken die chinesischen Behörden allerdings aufgrund technischer Schwierigkeiten und der exorbitanten Kosten vor einem solchen Projekt zurück.

»Die Arbeiter gruben durch drei unterirdische Wasseradern, die sie abschnitten, indem sie Bronze hinein gossen, um die Grabkammer zu errichten. Diese füllten sie mit Modellen von Palästen, Pavillons und Amtsgebäuden, ferner mit kostbaren Gefäßen und Steinen sowie wunderbaren Raritäten. Handwerker erhielten den Auftrag, auf Eindringlinge zielende Armbrüste mit mechanischen Selbstauslösern zu installieren. Die verschiedenen Ströme des Landes, der Yangzi und der Gelbe Fluss, und selbst der große Ozean wurden mit Quecksilber nachgeahmt, das eine mechanische Vorrichtung in Bewegung hielt. Oben waren Konstellationen des Firmaments dargestellt und unten das geographische Relief der Erde. Leuchter wurden mit Walfischöl gespeist, um zu gewährleisten, dass sie ohne zu verlöschen für immer brannten (...) Schließlich pflanzte man Bäume und säte Gras (auf dem Grabhügel), damit er wie ein Berg aussähe.«

Sima Qian in den »Historischen Aufzeichnungen«

Umgebung von Xi'an
1 Terrakottaarmee des Qin Shihuangdi
2 Huaqing-Thermalquellen
3 Neolithisches Dorf Banpo
4 Yang Ling
5 Mao Ling
6 Grab des Huo Qubing
7 Museum im Konfuziustempel
8 Qian Ling
9 Grab der Prinzessin Yongtai
10 Mausoleum des Prinzen Zhanghuai
11 Zhao Ling

Die Aufstellung der Terrakottaarmee und das Schachtsystem

Im 1974 entdeckten, 230 x 62 m großen und in elf Korridore gegliederten **Schacht 1** steht die Hauptarmee der Anlage: schätzungsweise 6000 tönerne Krieger. Bisher ist nur etwa ein Fünftel seiner gesamten Grundfläche freigelegt. Dabei kamen 1100 Soldaten, 32 Pferde, die Überreste von acht hölzernen Streitwagen, bronzene Waffen sowie Trommeln und Glocken zutage. Die unterirdische Armee unterteilt sich hier in eine Haupttruppe, Vor- und Nachhut sowie eine linke und rechte Flanke. Sie sind gen Osten aufgestellt. Die Hauptstreitmacht bilden Infanteristen: gepanzert und ehemals mit Schwertern, Lanzen oder Dolchäxten bewaffnet. Sie tragen ihr Haar in einem seitlich hochgebundenen Knoten. Verschiedene Dienstränge lassen sich am Kopfputz unterscheiden. Zwischen den Männern sind von Offizieren kommandierte Quadrigen platziert. Zwar sind die hölzernen Kampfwagen zerfallen, haben aber Abdrücke im Erdreich hinterlassen.

Mit einer Größe von 1,8–2 m sind die Krieger der Terrakottaarmee für damalige Maßstäbe ausgesprochen groß. Zwar besitzen die Soldaten lebendig wirkende, individuell gestaltete Gesichter, trotzdem

Ackerbau
aufgefüllte Erde
Putzschicht
Flechtmattenabdeckung
Holzbohlen
unberührter Grund
Ziegelpflaster

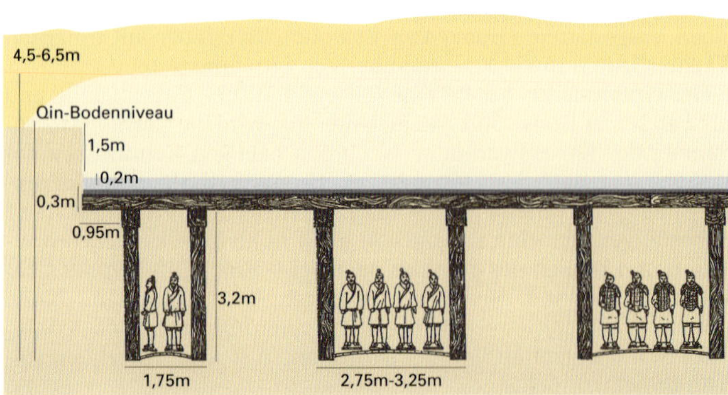

sind die Figuren Produkte serieller Massenherstellung. An Scherben und Nahtstellen lässt sich erkennen, dass sie nicht frei modelliert, sondern aus einzeln gearbeiteten Teilstücken zusammengesetzt sind, die in Serie gefertigt wurden. Nach dem Brennen bei einer Temperatur um 1000 °C erhielten die Tonfiguren eine farbige Bemalung, von der heute nur noch Spuren an einigen Figuren sichtbar sind. Auf vielen Terrakottasoldaten lassen sich außerdem eingeritzt die Namen von Handwerkern, manchmal mit Seriennummer, finden. Bislang konnten 85 verschiedene Handwerksbetriebe identifiziert werden, die mit der Produktion der Terrakottasoldaten betraut waren.

Schacht 2, eine L-förmige Grube von 96 m Länge in Ost-West-Richtung und 84 m in Nord-Süd-Richtung, entdeckte man 1976. Er teilt sich in 14 Korridore in Ost-West-Richtung. Die Terrakottakrieger lassen sich verschiedenen Einheiten zuordnen: Fußsoldaten, Bogenschützen, Quadrigafahrer und mit Armbrüsten bewaffnete Kavalleristen, die ihre gesattelten Streitrösser am Zügel führen. Bislang fanden sich hier 160 kniende und 172 stehende Bogenschützen, 89 hölzerne Quadrigen, davon ein Block von 64 Streitwagen mit jeweils einem Wagenlenker und zwei Lanzenträgern, sowie 108 Kavalleristen, die ihre gesattelten Pferde am Zügel führen. In der Halle sind außerdem Tonfiguren verschiedenen Typs in Vitrinen ausgestellt.

Schacht 3, ein kleiner, hufeisenförmiger Unterstand von 520 m^2 Grundfläche, wurde ebenfalls 1976 entdeckt und barg nur 68 Kriegerfiguren. Das Zentrum der Grube bildet eine Holzquadriga mit Ehrenschirm, hinter der vier Krieger mit Blickrichtung nach Osten stehen. Alle anderen Figuren sind an den Wänden platziert und dem Rauminneren zugewandt. Sie fungieren offensichtlich als Wachtposten, denn man fand bei ihnen besondere Schlagwaffen vom Typ *shu*, die damals nur Wachhabende trugen. Funde von Bronzeringen lassen darauf schließen, dass dieser Teil des Schachts ursprünglich mit Vorhängen versehen war. Auch das Abbild einer Opferstelle fand sich, inklusive Tierknochen und Hirschgeweihen zum Lesen der Orakel: Vor jeder Kampfhandlung rief man die Götter um Hilfe an.

Die chinesischen Wissenschaftler gehen davon aus, dass sich in der Aufstellung der Terrakottasoldaten, die damals üblichen Formen militärischer Taktik widerspiegeln. Demnach interpretieren sie die Soldaten aus Schacht 1 als Kampftruppe der Terrakottaarmee. Die Krieger verschiedenster Waffengattungen aus Schacht 2 sollen dagegen als symbolische Nachschubeinheit für die Haupttruppe in Schacht 1 fungieren. Schacht 3 deutet man aufgrund der in Wachtposition stehenden Soldaten, des prunkvollen Kriegswagens und der Opferstelle als Kommandozentrale.

Die Bronzekarossen

In einer neu errichteten Ausstellungshalle kann man heute Waffen und andere Beigabenfunde besichtigen, die neben den Terrakottasoldaten den Ersten Kaiser ins Jenseits begleiteten. Eine Attraktion bilden die beiden Bronzekarossen, die man 1980 in einem Beigabendepot, 20 m westlich des Fußes des Grabtumulus, freilegte. Je ein Wagenlenker führt die beiden Quadrigen – üppig geschmückte weiße Hengste, die aufgrund ihres Tonkerns je 200 kg auf die Waage bringen. Wagen, Pferde und Männer sind (abgesehen vom tönernen Kern der Rösser) aus Bronze gefertigt und mit silbernen und goldenen Details verziert. Ihre Größe entspricht etwa der Hälfte eines Originals. Zwar waren die Wagen bei ihrem Fund stark beschädigt, konnten aber vollständig rekonstruiert werden. Beide Karossen bestehen jeweils aus über 6000 separat gegossenen und anschließend zusammengesetzten Teilen, doch unterscheiden sie sich im Aufbau. Den ersten Wagen überspannt ein runder Schirm, unter dem der Wagenlenker steht. Beim zweiten Wagen handelt es sich um einen Sitzwagen mit geschlossener Kabine, wobei der Wagenlenker vorn in einer Fahrerkanzel kniet. Dieser Wagen diente offenbar einer hochrangigen Persönlichkeit – höchstwahrscheinlich dem Kaiser selbst – als Reisewagen. Das Innere der Kabine schmücken Drachen- und Phönix-, Wolken-, Rauten- und geometrische Muster. Der Überlieferung nach starb der Erste Kaiser auf einer Inspektionsreise in einem solchen Reisewagen.

Neuere Beigabenfunde

In den letzten Jahren machten chinesische Archäologen bei Ausgrabungsarbeiten rund um den Grabtumulus weitere Funde. So legten sie 1998 120 Rüstungen und Helme aus Stein frei, ähnlich denen der Terrakottasoldaten. Wegen ihrer Schwere (Rüstungen ca. 18 kg, Helme ca. 3 kg) gehen sie davon aus, dass die Panzer lediglich als Grabbeigaben dienten. 1998/99 fand man außerdem zwölf einzigartige Terrakottafiguren: lebensgroße, bis auf einen kurzen Hüftrock unbekleidete Männer verschiedenen Körpertyps – dickbäuchig, gedrungen, muskulös und schlank – in unterschiedlichen Posen. Vermutlich handelt es sich um Akrobaten, die den Kaiser im Jenseits unterhalten sollten. Gleichzeitig fand sich ein imposantes dreifüßiges Bronzegfäß mit filigranen Verzierungen. Im Oktober 2000 wurden in einer weiteren Beigabengrube zwei lebensgroße Offiziere aus Terrakotta mit relativ gut erhaltenen farbigen Fassungen entdeckt, die Messer und Messerschärfer (zum Korrigieren von Bambusschritftstücken) am Gürtel trugen. Im September 2001 fand man eine Gruppe von 13 Bronzekranichen, 2003 weitere 17 Bronzekraniche, zehn bronzene Schwäne und 15 Terrakottasoldaten. Einige dieser Objekte sind zeitweise im Museum auf dem Gelände der Terrakottaarmee zu besichtigen.

*»Der Lenz war gekommen, noch war es kalt,
doch warm war das Wasser zum Bade
im Huaqing-Quell,
sprudelnd aus schwarzem Basalt –
hellschimmernd auf dunklem Grund die Gestalt,
und Glieder, gleißend wie Jade.*

*Liebreizend entstieg sie, von Zofen geführt,
dem Bade mit zierlichem Schritte.
Der Kaiser, von ihren Reizen gerührt,
gewährte, was solcher Anmut gebührt – seine Huld – und sie seine Bitte.«*

Bai Juyi

Die Huaqing-Thermalquellen und Banpo

Nur wenige Minuten Fahrt von der Ausgrabungsstätte der Terrakottaarmee entfernt entspringen am Fuße der Li-Berge bei Lintong die warmen, für ihre heilende Wirkung bekannten **Huaqing-Quellen** (2). Hier ließ der Xuanzong-Kaiser der Tang (reg. 712–756) ausgedehnte Lustgärten anlegen. Um die kaiserlichen Badehallen entstand ein Park mit künstlichen Teichen, Terrassen und Pavillons, wo der sinnenfreudige Monarch mit seiner Konkubine Yang Guifei einen luxuriösen Lebensstil pflegte. Die Schöne avancierte zu einer der berühmtesten Femmes fatales der chinesischen Geschichte. Ihr wurde Kollaboration mit dem Rebellenführer An Lushan vorgeworfen, der das Tang-Reich vorübergehend in die Knie zwang.

7 km östlich von Xi'an entdeckten chinesische Archäologen Mitte des vergangenen Jahrhunderts das Dorf **Banpo** (3), das sich auf das 5. Jahrtausend v. Chr. zurückdatieren lässt. Die 5 ha große Anlage wird der Yangshao-Kultur zugeordnet. Innerhalb eines 6 m tiefen und breiten Schutzgrabens legte man die Fundamente von 45 Häusern frei, die sich um eine zentrale Halle gruppieren. Die runden oder rechteckigen Gebäude hatten Wände aus gestampfter Erde und öffneten sich gen Süden. Einfache Balkenkonstruktionen (Pfostenlöcher in der Erde legen dies nahe) trugen die Dächer. Hirsekörner, in Vorratsgruben bei den Häusern gefunden, weisen darauf hin, dass die Bewohner Banpos Ackerbau betrieben.

Bekannt ist Huaqing überdies für ein Ereignis jüngeren Datums, das als Xi'an-Zwischenfall in die Geschichte einging: 1936 wurde hier Chiang Kai-shek vom anführenden General der Nordarmee Zhang Xueliang festgenommen. Widerwillig stimmte er einer Kollaboration mit den Kommunisten gegen die japanischen Invasoren zu, die bereits große Teile Nordostchinas besetzt hielten. Diese Einheitsfront von Guomindang und KPCh gegen Japan sollte jedoch nur einige Jahre währen.

Des Weiteren fanden die Archäologen an die 200 Gräber, in denen Kinder in Tonurnen und Erwachsene in verschiedenen Körperstellungen bestattet lagen. Bei den Verstorbenen entdeckte man Waffen, einfache Werkzeuge und Schmuck. Auch Brennöfen für Keramiken hat man im Dorf freilegen können. Besonders beeindrucken die kunstvoll gefertigten Keramiken von Banpo. Eingedrückte Schnur- und Flechtmuster oder Bemalungen in Rot, Braun und Schwarz zieren die dickbauchigen Urnen, flaschenartigen Wassergefäße, Töpfe und Schalen aus rötlichem Ton. Das Dekorrepertoire reicht von einfachen geometrischen Mustern über schwungvolle Spiralwirbel zu stilisierten Tierdarstellungen. Häufig findet sich das Fischmotiv, u. a. in Verbindung mit einem menschlichen Gesicht. Daraus wird zum einen geschlossen, dass der Fischfang für die Bewohner Banpos eine wichtige Lebensgrundlage bildete; zum anderen könnte der Fisch im religiösen Kult eine Rolle gespielt haben. Ritzzeichen in den Keramiken werten einige Wissenschaftler als Vorläufer der chinesischen Schrift.

Das Ausgrabungsgelände von Banpo ist partiell überdacht. Viele Ausgrabungsfunde sind im angeschlossenen Museum zu besichtigen, einige sind heute im Historischen Museum von Xi'an ausgestellt.

Die Kaisergräber und der Tempel des Dharma-Tores im Nordwesten Xi'ans

Die Han-Gräber

Fährt man vom Xi'aner Flughafen Richtung Stadt, so erblickt man unmittelbar an der Autobahn unweit des großen Kohlekraftwerks Hügel, die sich im Gelände verteilen: 22 km vom Flughafen und etwa 25 km von Xi'an entfernt liegt das **Yang Ling** (4), die Grabanlage des Han-Kaisers Jingdi (188–141 v. Chr.). Sie nimmt ein Areal von 10 km^2 ein. Deutlich heben sich die baumlosen, konischen Grabhügel des Kaisers und seiner Gemahlin, Kaiserin Wang, aus der Landschaft heraus. In der Umgebung erkennt man weitere, kleinere Tumuli, unter denen die engsten Vertrauten des Kaisers bestattet liegen. Archäologen haben darüber hinaus die Reste von Ritualhallen sowie mehrere große Gräberfelder in der Nähe des Yang Ling ausmachen können, in denen Tausende von Fronarbeitern beerdigt liegen, die zu den Bauarbeiten am Mausoleum eingesetzt wurden.

Beim Bau der Flughafenstraße 1990 stießen chinesische Arbeiter in unmittelbarer Nähe des Yang Ling auf Hunderte eigentümlicher Grabfiguren. Sie sind aus Ton gefertigt, besitzen aber keine Arme und sind vollkommen nackt. Später fanden Archäologen heraus, dass die Figuren ursprünglich in Seidenkleider gehüllt und ihre Arme aus Holz geschnitzt waren. Holz wie Seide aber sind in der Erde verrottet. Mittlerweile hat man der Armee der nackten Krieger des Jingdi-Kaisers ein Museum errichtet. Außerdem kann das Ausgrabungsfeld besichtigt werden.

Die Grabungsarbeiten der Archäologen konzentrieren sich bislang auf ein 96 ha großes Areal, rund 300 m südlich des kaiserlichen Grabtumulus. Hier hat man 24 tunnelartige Schächte in 14 parallelen Reihen gefunden. In der vergangenen Dekade brachte man dort rund 600 der nackten, armlosen Kriegerfiguren ans Licht, die im Durchschnitt etwa 60 cm groß sind. Die Figuren sind bemalt und ihre Gesichter allesamt individuell und äußerst ausdrucksvoll gestaltet. Daneben fanden sich farbig gefasste Tonfiguren verschiedener Haustiere, außerdem Waffen, Hohlmaße, Gewichte, Münzen und Werkzeuge aus Eisen, Kupfer und Bronze sowie lackierte Schilde. Auch große Mengen Weizen wurden dem Kaiser als Verpflegung ins Jenseits mitgegeben. Die Ausgrabungsarbeiten am Yang Ling werden noch fortgesetzt, sodass man in nächster Zeit auf weitere interessante Funde hoffen darf.

Westlich des Yang Ling erstrecken sich in der Ebene von Xianyang acht weitere kaiserliche Gräber der Han-Zeit. Das größte von ihnen ist das **Mao Ling** (5) des Wudi (reg. 141–87 v. Chr.) mit einem Tumulus von 46,5 m Höhe und einer Grundfläche von 231 x 234 m. Interessanter als das Grab ist das **Museum** beim **Nebengrab für Wudis General Huo Qubing** (6), wo die Grabfunde des Mao Ling ausgestellt sind. Das Glanzstück der Sammlung bildet ein vergoldetes Bronzepferd, das an die außergewöhnliche Pferdeleidenschaft des Wudi erinnert. Der Kaiser hatte mehrmals groß angelegte Expeditionen nach Ferghana entsandt, um in den Besitz der großen, schnellen, angeblich Blut schwitzenden ›Himmelsrösser‹ jener Gegend zu gelangen. Auch ein bronzenes Weingefäß in Rhinozeros-Form wurde hier entdeckt. Bemerkenswert sind zudem die 16 steinernen Tier- und Menschenskulpturen, die einst den Seelenweg zum Grab Huo Qubings flankierten. Sie sind die ältesten monumentalen Grabfiguren dieser Art, die bisher in China entdeckt wurden. An die Siege des jungen Generals über die Steppennomaden, der 117 v. Chr. im Alter von 24 Jahren auf dem Schlachtfeld starb, erinnert nicht zuletzt die Figur eines Pferdes, das seinen Huf triumphierend auf einen Xiongnu-Krieger stellt.

In der Stadt Xianyang selbst, rund 60 km nordwestlich von Xi'an, lohnt ein kurzer Besuch im ehemaligen **Konfuziustempel** (7) in der Zhongshan-Straße. Hier sind Grabfunde der Umgebung ausgestellt, u. a. eine ›kleine Terrakottaarmee‹ aus dem Grab eines Han-Generals, die aus rund 3000, etwa 50 cm hohen Keramikfiguren besteht.

Die Tang-Gräber

Das ›Land zwischen den Pässen‹ (*guanzhong*) nahe der Kreisstadt Qianxian, 80 km nordwestlich von Xi'an, weist nach den Regeln chinesischer Geomantik ideale Voraussetzungen für die Anlage von Gräbern auf. Deshalb wählte man dieses Gebiet aus, um die 18 Herrscher der Tang-Dynastie (618–906) gemeinsam mit ihren Angehörigen und höchsten Hofbeamten zu bestatten. Die größten und besterschlossenen Anlagen sind das Zhao Ling des ersten und das Qian Ling des dritten Kaisers der Tang-Dynastie.

Der Aufbau der Tang-Grabanlagen folgt stets demselben Schema: Unter einem Tumulus aus Stampferde liegen mehrere Grabkammern, zu denen ein langer Gang hinabführt. Zusätzliche Nischen und Kammern dienten der Lagerung von Grabbeigaben. Am Umfang der Grabanlage und der Höhe des Tumulus erkennt man den sozialen Rang des Toten. Die meisten der Ruhestätten der Tang-Kaiser verzichten indes auf einen künstlichen Grabhügel und sind stattdessen in Bergkuppen platziert. Ähnlich wie die Gräber der Ming- und Qing-Kaiser in der Umgebung Beijings besaßen auch die Grabanlagen der Tang-Herrscher oberirdische Opfer- und Ahnenhallen. Erhalten blieben aber lediglich die von Monumentalfiguren gesäumten Seelenwege. Die kostbaren Grabbeigaben, die Archäologen in den letzten Jahren in den Anlagen freilegten, sind in den angeschlossenen Museen zu besichtigen.

Das **Qian Ling** (8), nördlich des Kreises Qianxian, gab Wu Zetian 683 für ihren Gatten Gaozong, den dritten Kaiser der Tang (reg. 649– 683), in Auftrag. Wu rief als einzige Frau in der chinesischen Geschichte eine eigene Dynastie aus und herrschte als regierende Kaiserin 690–705 über China. Ehemals umschloss eine Mauer den Komplex, der vier von Figuren und Ehrentürmen gesäumte Zugangswege mit großen Toren besaß. Doch nur am südlichen Zugang haben sich die monumentalen Tier- und Menschenfiguren erhalten: zwei geflügelte Pferde, zwei straußen-

Grab des Prinzen Yide
1 Zugangsrampe, die Wände sind mit Fresken aus dem Leben des Prinzen bemalt
2 Lüftungsschächte
3 Vordere Kammer
4 Eigentliche Grabkammer

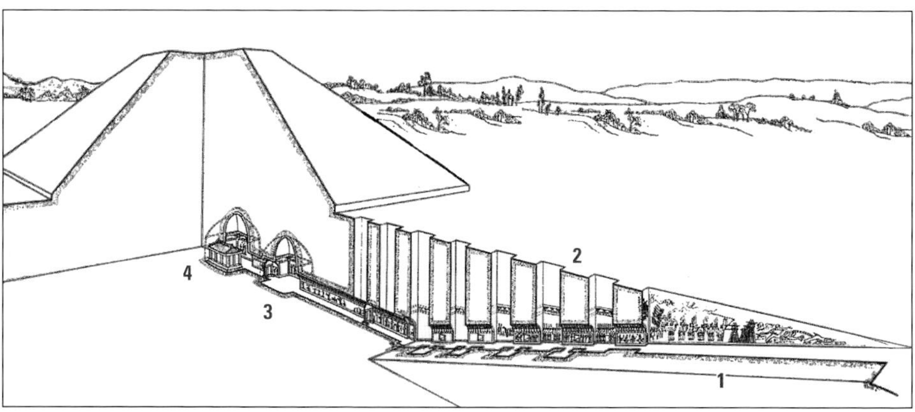

artige Vögel, zehn Pferde und 20 Wächterfiguren in kriegerischer Montur. Darauf folgen zwei über 6 m hohe Stelen: links eine Gedenkschrift an den Kaiser Gaozong, verfasst von dessen Frau und Nachfolgerin Wu Zetian, rechts eine Gedenkstele an die Kaiserin, die sie für sich selbst errichten ließ. Sie trägt keine Inschrift, da Worte angeblich nicht ausgereicht haben sollen, ihre Verdienste angemessen zu würdigen. Hinter zwei Ziegeltürmen flankiert eine Gruppe von 61 ausländischen Würdenträgern den Seelenweg. Rang und Namen der Personen lassen sich heute noch anhand von Inschriften identifizieren, leider fehlen fast allen diesen Figuren die Köpfe. Vollständig erhalten sind lediglich die Figur des persischen Königs und eines seiner Generäle. Das Ende des Seelenwegs bilden zwei prächtige Löwenstatuen.

Der Zugang zur kaiserlichen Grabkammer ist bis heute unbekannt. Zum Hauptgrab gehören 17 Nebengräber, von denen fünf geöffnet wurden – darunter die Gräber der Prinzessin Yongtai und **der Prinzen Zhanghuai** und **Yide**, die für Besucher zugänglich sind.

In der Inschrift am **Grab der Prinzessin Yongtai** (9) heißt es zwar, die Prinzessin sei 701 im Alter von 17 Jahren im Kindbett gestorben, doch die Legende erzählt, dass ihre eigene Großmutter Wu Zetian die junge Dame umbringen ließ. Die Prinzessin ruht in einem Steinsarg in der Hauptkammer. Zu ihr führt eine etwa 50 m lange, schräge Zugangsrampe, deren Wände Fresken zieren – höfische Szenen mit eleganten Damen, frisiert und gekleidet nach der Tang-Mode. In den vier Kammern rechts und links des Ganges lagerten einst wertvolle Grabbeigaben. Der Gold- und Silberschmuck und die kostbaren Keramiken und Begleitfiguren sind heute im angeschlossenen Museum ausgestellt. Die Originalfresken hat man aus konservatorischen Gründen in den letzten Jahren aus dem Grab der Prinzessin entfernt und ins Historische Museum nach Xi'an gebracht.

Kriegerfigur aus dem Zhao Ling

Im **Mausoleum des Prinzen Zhanghuai** (10), dem zweiten Sohn Kaiser Gaozongs und der Wu Zetian und Onkel der Prinzessin Yongtai, informieren schöne Fresken über das Leben eines Prinzen bei Hof. Die Wände der Zugangsrampe zur Grabkammer schmücken Szenen des militärischen Alltags, Bilder von Hofdamen und die Darstellung eines Polospiels. Im Deckengewölbe ist das Firmament abgebildet. Leider haben auch hier viele der Fresken durch die hohe Luftfeuchtigkeit im Grab gelitten und mussten weitgehend abgetragen werden. Sie lagern heute ebenfalls im Historischen Museum von Xi'an.

Das **Zhao Ling** (11), Grab des ersten Kaisers der Tang-Dynastie, Taizong (reg. 626–649), thront in der Nähe der Kreisstadt Liquan auf dem 1180 m hohen Jiuzong-Berg. Samt seiner mehr als 200 Nebengräber von Angehörigen und Beamten nimmt es eine Fläche von 20000 ha ein. 13 Jahre lang, bis 651, baute man an diesem gewaltigen Komplex, von dessen oberirdischen Bauten heute nur noch spärliche Ruinen stehen. 1979 richtete man einige Kilometer vom eigentlichen Grab entfernt ein Museum ein, in dem Keramikgefäße, Schmuck, Malereien und andere kostbare Funde aus den insgesamt zehn geöffneten Nebengräbern der Umgebung ausgestellt sind.

Der Tempel des Dharma-Tores

Buddha im Tempel des Dharma-Tores

Der 120 km westlich von Xi'an gelegene Famen Si im Kreis Fufeng ist einer der ältesten und wichtigsten buddhistischen Tempel in China. Es bietet sich an, ihn von Xi'an aus in einem Tagesausflug in Verbindung mit den Tang-Gräbern zu besuchen. Die Gründung des Tempels erfolgte um 150 n. Chr. Seine Berühmtheit verdankt er dem Besitz einer außergewöhnlich kostbaren Reliquie: Es handelt sich um vier Fingerknochen des historischen Buddha Shakyamuni, die aus dem Besitz des großen indischen Förderers des Buddhismus, König Ashoka (274–232 v. Chr.), stammen sollen. Wie sie allerdings ihren Weg nach China fanden, bleibt bis heute ein Geheimnis. Unter dem Sui-Kaiser Wendi (reg. 581–604) brachte man die Reliquie im Tempel des Dharma-Tores unter, errichtete ihr einen ›unterirdischen Palast‹ und darüber eine hölzerne Pagode. In der Tang-Zeit erlebte der Famen Si dann seine Blüte: Die Kaiser der Tang-Dynastie, welche größtenteils dem Buddhismus zugeneigt waren, unternahmen regelmäßige Pilgerfahrten zum Tempel. Seit 660 trugen die Mönche des Klosters alle 30 Jahre die Reliquie in einer feierlichen Prozession in den Kaiserpalast, damit der Himmelssohn dort zu ihr beten konnte. Mit dem Niedergang des Buddhismus im 10. Jh. aber schien der kostbare Klosterschatz in Vergessenheit geraten zu sein. 1579 errichtete man auf dem Tempelgelände anstelle der alten Holzpagode einen 45 m hohen Bau aus Ziegeln, der 1981 bei einem Unwetter zur Hälfte einstürzte. 1987 entdeckte man bei den Renovierungsarbeiten zufällig die **Krypta** wieder. An ihrem Eingang berichten zwei Stelen ausführlich über die Geschichte des Tempels bis zum Jahr 873. Auch eine detaillierte Liste von 2400 Kostbarkeiten, welche die Tang-Kaiser und andere wohlhabende Gläubige dem Kloster dereinst zukommen ließen, fand sich. Zum Erstaunen der Archäologen hatten sich all diese Schätze – Ritualgefäße aus Porzellan, Glas, Lack, Gold und Silber, Münzen, Seidenbrokate sowie Objekte aus Jade und Halbedelsteinen – in den Räumen des ›unterirdischen Palastes‹, sorgfältig in Kisten verpackt, erhalten. Am 5. Mai 1987, dem 2553. Geburtstag des Buddha, öffnete der Abt des Klosters schließlich auch die acht ineinander geschachtelten, würfelförmigen Kästchen aus Gold und Silber. Das kleinste, in Form einer Miniaturpagode, enthielt das Fragment eines menschlichen Fingerknochens. In anderen Behältnissen wurden noch drei weitere Knochensplitter gefunden – eine Sensation für die gesamte buddhistische Welt. Daraufhin renovierte man den Famen Si umfassend, errichtete eine neue Ziegelpagode und ein Museum für die kostbaren Fundstücke. Die ›geheime‹ Krypta darunter ist heute zu besichtigen. Die Buddha-Reliquien und die wunderbaren Tang-zeitlichen Schätze sind in einem sehr schönen **Museum** untergebracht, das man 1989 für sie errichtet hat. Es besitzt einen separaten Eingang links des Tempels.

Von Xi'an zum Hexi-Korridor

Von Tianshui nach Lanzhou

Tianshui und die Grotten am Maiji Shan

300 km westlich von Xi'an erreicht der Reisende Tianshui, eine gesichtslose Industriestadt mit etwa 400 000 Einwohnern und für Touristen nur als Ausgangspunkt zum Besuch der Maijishan-Grotten interessant. Tianshui besitzt zwei Stadtteile, Beidao im Osten und das etwa 15 km westlich gelegene Qincheng mit dem eigentlichen Stadtkern. Im Namen Qincheng klingt noch der Name jenes Staates nach, der den Reichseiniger Chinas, Qin Shihuangdi, hervorbringen sollte. Doch außer einigen Märkten und drei kleinen Tempeln hat Qincheng nichts Besonderes zu bieten. Wer primär wegen der Maijishan-Grotten hierher kommt, der sollte seinen Besuch getrost auf Beidao beschränken, wo der Bahnhof liegt.

Besonders sehenswert: Maijishan-Grotten ☆ Bedeutende buddhistische Höhlentempel

Die Maijishan-Grotten und Umgebung

Die buddhistischen **Grotten am Maiji Shan** (Maijishan Shiku) zählen neben Mogao (Dunhuang), Yungang (Datong) und Longmen (Luoyang) zu den bedeutendsten buddhistischen Höhlentempelkomplexen Chinas. Die Anlage, 35 km südöstlich von Tianshui, besteht aus 194 Höhlen mit mehr als 7000 Figuren und etwa 1300 m^2 Wandfläche mit Malereien. Der Großteil der Grotten entstand in der Zeit zwischen der Nördlichen Wei- (386–535) und der Tang-Dynastie (618–906), als der Handel über die Seidenstraße florierte und Tianshui eine bedeutende Etappe auf dem Handelsweg darstellte. Einige Höhlen fügte man in der Qing-Zeit (1644–1911) hinzu. Leider ist der Zustand der Grotten heute teilweise schlecht. Ein Großteil wurde bereits 734 durch ein Erdbeben zerstört, als der Mittelteil der Klippe einstürzte. Witterungseinflüsse tun ein Übriges, da der weiche Sandstein des Maiji Shan besonders erosionsgefährdet ist. Feuchtigkeit hat viele der Wandmalereien stark in Mitleidenschaft gezogen.

Zahlreiche der Höhlen sind heute vergittert oder mit Holztüren verschlossen. Es ist deshalb ratsam, am Eingang einen Führer zu nehmen, der einem die Höhlen aufschließen kann. Englischsprachige Fremdenführer muss man über CITS in Tianshui buchen. Hilfreich ist eine Taschenlampe, da die Höhlen sehr dunkel sind. Kameras und Taschen müssen am Eingang abgegeben werden.

Das monumentale Bildnis eines stehenden Zukunftsbuddha Maitreya, flankiert von zwei Bodhisattvas, dominiert den über 140 m hohen, steilen Kalkfelsen des Maiji Shan, dessen Name wörtlich übersetzt ›Weizenlagerberg‹ bedeutet. Das 15 m hohe Relief stammt aus dem 6. Jh. Die umliegenden Kulthöhlen sind über ein Netz aus luftigen Galerien und steilen Treppen zu erreichen. In 45 m Höhe liegt die größte Höhle am Maiji Shan, das Haus der Verstreuten Blumen (Sanhua Lou), auch Sieben-Buddha-Pavillon (Qifo Ge) genannt. Sie besteht aus sieben Räumen, nimmt 340 m^2 Fläche ein und hat eine Deckenhöhe von 16 m. Die Skulpturen der Maijishan-Grotten sind größtenteils aus Lehm gefertigt und wurden nicht direkt aus dem Sandstein herausgearbeitet.

◁ Buddha Shakyamuni im Kumbum bei Xining

Großer Buddha am Maiji Shan

Einige Wissenschaftler glauben, dass die Rouran, deren Namen auf Chinesisch nicht eben schmeichelhaft ›kriechendes Gewürm‹ bedeutet, mit den osteuropäischen Awaren identisch sind. Ihr Reich erstreckte sich von Nordkorea bis ins nördliche Tarim-Becken. Vielfach kam es zwischen ihnen und den Toba-Wei zu kriegerischen Auseinandersetzungen. Mitte des 6. Jh. zerstörten die einfallenden Türken ihr Imperium.

Mit Höhle 43 ist eine traurige Legende verbunden. Es heißt, die Höhle habe in der Zeit der Nördlichen und Südlichen Dynastien (420–589) als Grab einer Kaiserin gedient. Kaiser Wendi der Westlichen Wei-Dynastie war aus politischen Gründen genötigt, die Tochter des Häuptlings der Rouran zu ehelichen und ihr den Kaiserinnen-Titel zu übertragen. Um uneingeschränkt die erste Frau des Kaisers zu sein, ließ die eifersüchtige Häuptlingstochter ihre väterlichen Truppen aufmarschieren, um Kaiser Wendi dazu zu bringen, seine bisherige geliebte erste Frau töten zu lassen. Mit den Worten »Lang lebe der Kaiser!« auf den Lippen soll die erste Kaiserin freiwillig aus dem Leben geschieden sein. Ihr Sohn soll sie 504 am Maiji Shan beigesetzt haben. Später wurde ihr Leichnam ins Mausoleum ihres Ehemannes überführt.

Das Areal hinter dem Maiji Shan hat man als **Botanischen Garten** gestaltet. Wanderwege laden zu einem Spaziergang ein. Einige Kilometer nordöstlich der Maijishan-Grotten lohnt ferner die **Klippe der Unsterblichen** (Xianren Ya) einen Besuch, ein daoistischer Tempel, unterhalb eines mächtigen Felsüberhangs gelegen. Wer Zeit und Lust zum Wandern hat, sollte einen Ausflug zum **Steintor-Gipfel** (Shimen Fengguang) machen. Ein Wanderweg führt an mehreren Höhlen und Tempelchen vorbei auf den Berg, von dem sich ein weiter Blick über die bewaldeten Höhen des Qingling-Gebirges bietet.

Gangu und Wushan

An der Bahnstrecke zwischen Tianshui und Lanzhou liegen noch weitere interessante buddhistische Kultstätten, an denen die meisten Seidenstraßen-Reisenden heute im Schnellzug vorbeirauschen. So thront 70 km westlich von Tianshui in dem Ort **Gangu** ein monumentaler Buddha über dem Wei-Fluss (Gangu Daxiangshan Shiku). Die 23 m hohe Statue besticht durch ihre außergewöhnliche Gestaltung mit Schnauzbart. Sie weist Spuren von Bemalung auf. Der die Skulptur einst schützende Holzvorbau wurde gegen Ende der Kulturrevolution in den 70er Jahren zerstört. Die Löcher im Fels, in welche die Holzbalken eingelassen waren, sind noch sichtbar, ebenso Stuckverzierungen rund um die Figur. Den Pfad hinauf zum Buddha flankiert eine Reihe kleiner Tempel, von denen einige in den letzten Jahren neu errichtet wurden. Auch Höhlentempel finden sich in der Klippe um die Figur, in denen Reste alter Wandmalereien zu sehen sind. Die ältesten dieser Grotten gehen auf das 11. Jh. zurück; die Figuren in den Höhlen sind allerdings neu.

Ebenso wie den Buddha von Gangu ignoriert das Gros der modernen Reisenden auf der Seidenstraße auch die Heiligtümer im Kreis **Wushan**. Die Bahnstation Wushan liegt nur etwa eine halbe Stunde Fahrt westlich von Gangu Richtung Lanzhou. Beachtung verdienen hier drei Heiligtümer: der Tempel der beiseite gezogenen Zweige (Lashao Si), die Wasservorhang-Höhle (Shuilian Dong) und die Tausend-Buddha-Höhle (Qianfo Dong). Alle drei liegen an einem ausgetrockneten Flussbett, etwa 15 km von Wushan und 13 km vom Ort Luomen entfernt.

Schmale Stufen führen hinauf zu dem kleinen Lashao-Tempel, der sich an eine Klippe mit einem gewaltigen Buddha-Bildnis schmiegt. Das 31 m hohe Relief stellt den historischen Buddha Shakyamuni dar, flankiert von zwei Bodhisattvas. Darunter zeigt eine Empore fein gearbeitete Darstellungen von Löwen, Hirschen und Elefanten, die den Buddha umspielen. Eine Inschrift datiert das Bildnis auf das Jahr 559 in der Östlichen Zhou-Zeit (557–581). Ein schmaler Pfad führt hinauf zur gegenüberliegenden Klippe, von wo aus man dem Buddha Aug' in Aug' gegenüberstehen kann.

Großer Buddha von Gangu

Etwa 15 Gehminuten vom Lashao-Tempel entfernt steht in einer Naturhöhle hinter einem ›Wasservorhang‹, der sich meist als spärlich dahintropfendes Rinnsal präsentiert, ein kleiner bunter Tempel mit reich verzierten Dachtraufen. An den Felswänden finden sich Reste von Malereien, die sich allerdings in schlechtem Zustand befinden. Auch die Tausend-Buddha-Höhlen sind stark beschädigt. Sie liegen am Ende einer kleinen Schlucht, die vom ausgetrockneten Flussbett abzweigt.

Lanzhou

»Die Straßen von Lantschou sind romantisch. Die Frauen hoppeln auf Wickelfüßen um die Teiche, und ihr glattes Haar glänzt wie die Flügeldecken von Käfern. Die Gesichter der Moslems – die hier, wie in Sian, sehr einflußreich sind, obwohl sie nur zehn Prozent der Bevölkerung ausmachen – sind dunkel und grimmig, fast raubvogelartig; die meisten Moslems tragen weiße Kappen oder Turbane. Hin und wieder sieht man einen Turki aus Sinkiang, eine bärtige Gestalt mit Stiefeln an den Füßen in einem langen Tschapan, mit so arischen, unmongolischen Gesichtszügen, daß man glauben könnte, er stamme aus dem Kaukasus. Nur wenige Chinesen sind europäisch gekleidet. Es gibt einen Basar, dessen Atmosphäre eher an die Basare Zentralasiens als an die Märkte in Peking erinnert. Alles unterscheidet sich sehr von dem China, das man von den Vertragshäfen aus zu sehen bekommt, es ist so, als hätte man die Grenze zu einem anderen Land und beinahe das Ende von China erreicht. Und so ist es ja auch.«

Peter Fleming, »Tatarennachrichten«

Viel hat sich verändert, seit der Engländer Peter Fleming gemeinsam mit der Schweizerin Kini Maillart in den 30er Jahren des 20. Jh. die Stadt besuchte. Lanzhou, Hauptstadt der Provinz Gansu, ist heute eine moderne Industriestadt mit über 2,8 Millionen Einwohnern. 97 % der Bevölkerung sind Han-Chinesen, sodass man das exotische Flair der Stadt, das Fleming noch vorfand, heute vergeblich sucht. Dass Lanzhou auf eine mehr als 2000 Jahre alte Geschichte zurückblicken kann, sieht man der Stadt ebenfalls nicht an. Seit der Han-Zeit existierte hier eine Militärgarnison, zur Kontrolle des südlichen Endes des Hexi-Korridors. Zur Blütezeit des Seidenstraßenhandels wurden hier Waren aus Zentralasien von den Karawanen auf Flöße umgeladen, die auf dem Gelben Fluss verkehrten.

In die Neuzeit trat Lanzhou erst Anfang der 50er Jahre des 20. Jh. ein, als die Stadt ans Eisenbahnnetz angeschlossen und systematisch zu einem wichtigen Verkehrsknotenpunkt in Nordwestchina ausgebaut wurde. Die Industrialisierung folgte auf dem Fuße. Seit den 60er Jahren siedelten sich vor allem Betriebe der petrochemischen, Maschinenbau- und Textilindustrie an. Das brachte einen enormen Bevölkerungszustrom, der die Stadt in kurzer Zeit um fast ein Zehnfaches anwachsen ließ, und enorme Umweltprobleme: Lanzhous Luftverschmutzung gehört zu den schlimmsten auf der Welt.

Heute zieht sich die Stadt Lanzhou wie ein langes Straßendorf im engen Tal des Huang He über fast 40 km hin. Das Stadtzentrum mit großen Kaufhäusern und Hotels befindet sich im Osten am südlichen Flussufer. Mehrere Brücken kreuzen den Gelben Fluss, von denen die älteste, eine Eisenkonstruktion von 230 m Länge, 1907 von deutschen Ingenieuren errichtet wurde. An Sehenswürdigkeiten hat Lanzhou zwar nicht viel zu bieten, ist aber verkehrstechnisch ein guter Ausgangspunkt für interessante Ausflüge in die Umgebung.

Stadtbesichtigung

Genau am Nordende der alten deutschen **Eisenbrücke** (1; Tie Qiao), die heute nach dem Gründer der chinesischen Republik Zhongshan-Brücke heißt, liegt Lanzhous beliebtestes Naherholungsgebiet, der **Park am Berg der Weißen Pagode** (2; Baitashan Gongyuan). Der Berg ist rund 1800 m hoch. Da die Stadt aber bereits auf einer Höhe von 1600 m liegt, erhebt sich die Weiße Pagode nur etwa 200 m über dem Fluss. Stufen führen an zahlreichen Pavillons, kleinen Tempeln und Aussichtspunkten vorbei zum Gipfel hinauf. An heißen Tagen sitzen hier vor allem Lanzhous ältere Semester beim Schach- oder Kartenspiel im Schatten der Bäume oder genießen die Aussicht in einem der zahlreichen Teehäuser bei einem Tässchen des berühmten Acht-Kostbarkeiten-Tees.

Die 17 m hohe Weiße Pagode auf dem Gipfel präsentiert sich heute eher grau. In ihr wurde die Asche eines tibetischen Mönchs beigesetzt, der in der Yuan-Zeit (1279–1368) aus Lhasa kommend auf dem Weg zum Hof des Mongolenkhans hier starb. Die Pagode wurde in der Ming-Zeit (1368–1644) zerstört und wieder neu aufgebaut. Die beiden

Lanzhou
1 Eisenbrücke (Tie Qiao)
2 Park am Berg der Weißen Pagode
3 Provinzmuseum
4 Wasserräder
5 Park am Berg der Fünf Quellen
6 Aussichtspunkt Lan Shan

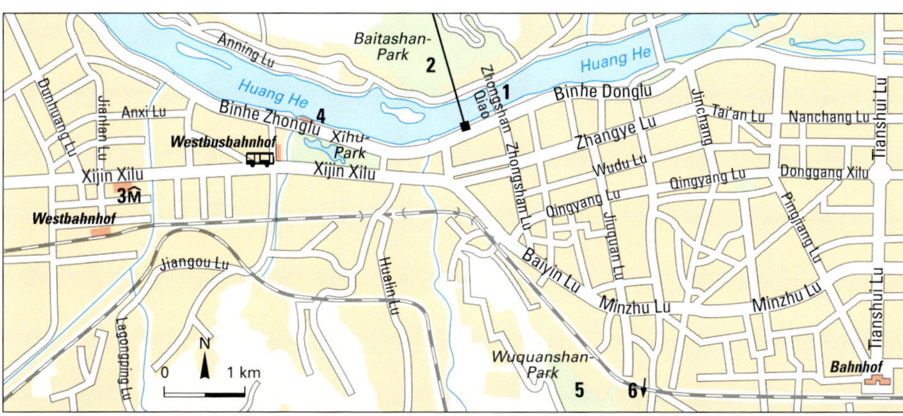

kleinen Hallen links und rechts des Turmbaus bergen eine Glocke und eine mit Elefantenhaut bespannte Trommel. In einer vorgelagerten Halle stellt die stadtbekannte Familie Liu, welche seit mehr als 100 Jahren kunstvolle Zeichnungen in getrocknete Kalebassenkürbisse graviert, Exemplare ihres außergewöhnlichen Handwerks aus.

Am Südufer des Huang He, in der Nähe des Lanzhouer Westbahnhofs, zeigt das **Provinzmuseum** (3; Gansu Sheng Bowuguan) in der Xijin Xilu einige interessante Objekte zur Geschichte der Seidenstraße. Vor allem entlang des Hexi-Korridors haben chinesische Archäologen in den letzten 50 Jahren zahlreiche Gräber aus dem 2.–5. Jh. entdeckt. Zu den interessantesten Stücken des Museums zählen die Grabbeigaben aus dem Leitai-Grab in Wuwei aus der Östlichen Han-Dynastie (25–220). Weltberühmt ist die Statuette des Fliegenden Pferdes aus dem 2. Jh. (s. S. 194f.). Das 34,5 cm hohe Bronzepferd gilt als Meisterstück Han-zeitlicher Bronzekunst und ist Chinareisenden zumeist aus dem Logo des staatlichen Chinesischen Reisebüros CITS bekannt. Leider handelt es sich bei der ausgestellten Figur um eine Replik. Das Original befindet sich heute im Beijinger Geschichtsmuseum. Begleitet wurde das Pferd von einem Satz bronzener Wagen und Reiter, die im Original ausgestellt sind.

Wasserräder

Am südlichen Ufer des Huang He hat man an der Uferpromenade in der Nähe des Xihu-Parks zwei große **Wasserräder** (4) rekonstruiert, wie sie früher überall am Gelben Fluss für die Feldbewässerung verwendet wurden. Sie können gegen ein geringes Entgelt besichtigt werden.

Mit dem **Park am Berg der Fünf Quellen** (5; Wuquanshan Gongyuan) besitzt auch der Südteil Lanzhous ein beliebtes Ausflugsziel der Stadtbevölkerung. Seinen Namen verdankt der Park einer Legende. Huo Qubing, der berühmte General, der 121 v. Chr. erfolgreich gegen die Xiongnu vorging und den Hexi-Korridor sicherte, soll hier einst nach frischem Wasser für seine dürstenden Truppen gesucht haben. Verzweifelt habe er mit seiner Peitsche fünfmal auf den Boden geschlagen, worauf fünf Quellen zu sprudeln begannen. Im Park findet sich ein buddhistischer Tempel, der Chongqing Si, dessen Attraktion eine 3 m hohe und 5 t schwere Eisenglocke aus dem Jahr 1202 bildet. Ein Sessellift fährt von hier hinauf zum 2100 m hohen **Lan Shan** (6), einem beliebten Aussichtspunkt, wo man im Sommer der Hitze entfliehen kann. Vom Gipfel führt ein Wanderweg hinunter zum Park am Berg der Fünf Quellen.

Ein Ausflug zu den Binglingsi-Grotten

Besonders sehenswert: Binglingsi-Grotten ☆ landschaftlich reizvoll

75 km südwestlich von Lanzhou liegen die buddhistischen Grotten des **Bingling Si** (Binglingsi Shiku), eingebettet in eine majestätische Landschaft unmittelbar am nördlichen Ufer des Gelben Flusses. Der Name Bingling Si ist eine chinesische Verballhornung der tibetischen Bezeichnung für ›Ort der Zehntausend Buddhas‹ und geht auf die Yuan-Zeit (1279–1368) zurück, in der tibetische Mönche die Höhlen bewohnten und verwalteten. Das Heiligtum ist allerdings noch wesentlich älter. Die ersten Grotten wurden bereits Ende des 4. Jh. angelegt, der überwiegende Teil entstand zur Zeit der Tang-Dynastie (618–906). Der Besuch der Grotten gestaltet sich nicht ganz unproblematisch, da keine direkte Straße zu dem Höhlenkomplex führt. Dieser ist lediglich in einer zweistündigen Fahrt mit dem Boot vom Liujiaxia-Staudamm aus zu erreichen. Mittlerweile verkehren auch Tragflügelboote, die nur eine Stunde benötigen. Im Winter – und in den letzten Jahren immer häufiger auch im Sommer – sind die Grotten aber wegen niedrigen Wasserstandes unzugänglich. Man sollte sich vor dem Besuch unbedingt bei CITS in Lanzhou über die Erreichbarkeit der Grotten informieren.

Ihre abgeschiedene Lage kam den Höhlentempeln besonders während der Kulturrevolution zugute, als sie von der Zerstörungswut der Roten Garden weitgehend verschont blieben. Der Bingling Si war allerdings nicht immer so weltabgeschieden wie heute. In der Blütezeit des Seidenstraßenhandels muss in der Nähe der Grotten ein lebhafter Betrieb von Händlern und frommen Pilgern geherrscht haben, die hier Rast machten und ihre Gebete verrichteten. Ganz in der Nähe des Heiligtums führte nämlich eine Brücke über den Gelben Fluss. Die Fundamente dieser alten Brücke sowie eine Inschrift im Fels mit den Worten »Die erste Brücke der Welt«, datiert in die Östliche Jin-Zeit (317–420), versanken nach Fertigstellung des Liujiaxia-Staudammes 1974 in den Fluten und sind heute nur bei extrem niedrigem Wasserstand zu sehen.

Die chinesische Prinzessin und Buddhistin Wencheng, die im 7. Jh. mit dem tibetischen König Songtsen Gampo vermählt wurde, soll für die Gestaltung einiger Höhlen des Bingling Si verantwortlich sein. Später setzte sie sich in Tibet, wo sie als eine Inkarnation der Weißen Tara verehrt wird, für die Verbreitung des Buddhismus ein.

Insgesamt zählt man am Bingling Si 183 buddhistische Kulthöhlen und -nischen, 679 Stein-, 82 Tonskulpturen sowie 900 m^2 an Wandmalereien. Sie alle konzentrieren sich in der westlichen Klippe der schmalen Jishi-Schlucht, deren Eingang die Schwesterngipfel markieren. Wahrzeichen des Bingling Si ist die 27 m hohe Skulptur eines sitzenden Maitreya, des Buddhas der Zukunft. Der obere Teil der Tangzeitlichen Figur wurde direkt aus der Felswand herausgeschlagen, der untere Teil aus Lehm modelliert.

Die umliegenden Kulthöhlen liegen zum Teil in schwindelnder Höhe und sind über steile Treppen und Leitern zu erreichen. Die älteste und zugleich imposanteste ist Grotte 169, eine Naturhöhle, deren Wände über und über mit Wandmalereien verziert sind. Die eleganten, in Togas gewandeten Buddha-Figuren zeigen noch deutlich Stileinflüsse indischer Gupta-Kunst. Typisch ist ihre aufrechte, dreifach gebogene Körperhaltung (Sanskrit: *tribhanga*). Eine Inschrift an der Wand soll aus der Hand des Mönches Faxian stammen, der auf seiner Pilgerfahrt nach Indien (399–414) hier Station machte.

Ein paar Kilometer das trockene Flusstal hinauf liegt ein kleines, von sechs tibetischen Mönchen bewohntes **Kloster** mit weiteren Kulthöhlen aus der Tang-Zeit. Traktoren mit angehängten Sitzwagen regeln den Transport von den Binglingsi-Grotten hinauf.

Ein Abstecher ins Tibetische Hochland

Genau genommen zählt das Tibetische Hochland nicht zum Einzugsbereich der Seidenstraße. Die Karawanenführer alter Zeit mieden die Gegend wegen ihres unwirtlichen Klimas; außerdem hatten sie dort mit Überfällen der Tibeter zu rechnen. Der moderne Seidenstraßenreisende sollte jedoch wegen der atemberaubenden Landschaften und der großartigen Klöster unbedingt einen Abstecher nach Xiahe und Xining einplanen.

Von Lanzhou nach Xiahe

Die 280 km lange Busfahrt von Lanzhou nach Xiahe nimmt etwa acht Stunden in Anspruch. Die Straße windet sich durch eine reizvolle Lössberglandschaft mit Terrassenfeldern auf eine Höhe von etwa 2000 m hinauf. Hier werden hauptsächlich Mais, Gerste, Kartoffeln und Erbsen angebaut. Im Sommer sieht man vereinzelt Felder blühender Lilien, die in der Umgebung Lanzhous gern als Gemüse gegessen werden und deren zarte weiße Knollen süßlich schmecken.

Die meisten Bewohner der Gegend sind Muslime. Schlanke Minarette ragen aus fast jedem Dorf am Wegesrand auf. Viele der Männer tragen lange Bärte und weiße Kappen, die Frauen meist einen Schleier aus dunkelgrünem, weißem oder schwarzem, durchscheinend gemustertem Samt. Der Großteil der Bevölkerung sind Hui, in einigen Dörfern leben aber auch Angehörige der mongolischstämmigen Minderheit Dongxiang. Von ihnen heißt es, sie seien Nachfahren der Truppen des Dschingghis Khan, die im 13. Jh. in Hezhou, dem alten Linxia, stationiert waren. Der Minorität der Dongxiang gehören 190 000 Menschen an. Sie besitzt eine eigene Sprache, die zur altaisch-mongolischen Familie gehört und mit chinesischen und türkischen Ausdrücken durchsetzt ist, aber keine eigene Schrift. Geschrieben wird mit chinesischen oder arabischen Schriftzeichen. Ebenso wie die Hui hängen die Dongxiang dem islamischen Glauben an. Einst trugen sie ihre eigenen bunten Trachten, an denen sie leicht von den Hui zu unterscheiden waren, leider haben sie diese Tradition heute aufgegeben.

Nach 160 km oder etwa vier Stunden Fahrt erreicht man die Kreisstadt **Linxia**. Diese ist seit 1300 Jahren ein wichtiges islamisches Zentrum der Region und wird deshalb auch »Klein-Mekka« genannt. In Linxia zählt man mehr als 20 Moscheen. Die bedeutendste ist die Dagongbei-Moschee im Stadtzentrum, wo sich auch das Grab des ersten arabischen Missionars in China, Hamuzeli (chin.: Han Zeling), befindet, der hier im 7. Jh. die Worte Allahs verkündete. In den letzten 200 Jahren gingen von Linxia immer wieder Aufstände aus, mit denen die muslimische Bevölkerung ihre Unabhängigkeit von China zu erlangen hoffte. 1871 probten sie unter Führung Ma Mingxins, eines Hui aus Linxia, den Aufstand. Verhandlungen zwischen beiden Parteien ergaben schließlich, dass den Muslimen erlaubt wurde, in der Gegend weiterhin zu siedeln, Han-Chinesen hingegen hatten das Land zu verlassen. Darüber hinaus wurden die Muslime mit Pferden und Waffen entschädigt.

Ein weiterer berühmter Sohn der Stadt ist Ma Zhongyin, ebenfalls ein Hui, welcher 1933 die Schwäche der Guomindang-Regierung nutzte und die kurzlebige, unabhängige Republik Ostturkestan ausrief. Seine Brüder Ma Bufang und Ma Buqing waren bis zur Revolution von 1949 Militärgouverneure von Qinghai, Gansu und Ningxia. Die Familienresidenz der Familie Ma in der Huancheng Donglu ist heute ein Kinderpalast und aufgrund ihrer schönen Ziegelschnitzereien sehenswert. Leider ist die einst malerische Altstadt von Linxia heute fast nicht mehr existent und weitgehend durch Betonblocks ersetzt worden. Ein Bummel über die quirlige Bei Dajie, wo es von verzierten Dolchen über Felle und Teppiche bis zu tibetischen Stiefeln fast alles zu kaufen gibt, ist dennoch reizvoll. Im Norden der Stadt erhebt sich weithin sichtbar auf einer Klippe der daoistische Tempel des Langen Lebens (Wanshou Guan). Ebenso wie alle Moscheen der Umgebung wurde der Tempel während der Kulturrevolution zerstört und in den 80er Jahren wieder neu errichtet. Es führen Treppen und eine Seilbahn hinauf.

Die Fahrt geht weiter durch das Tal des Daxia, eines Nebenflusses des Huang He, an dessen Oberlauf auch Xiahe liegt. Etwa 50 km hinter Linxia ändert sich das Landschaftsbild allmählich. Statt der Mina-

Chörten zwischen Linxia und Xiahe

rette bestimmen nun immer häufiger tibetische Gebetsfahnen das Bild der Dörfer. Ein **Großes Tor**, gekrönt vom goldenen Rad der Lehre, welches zwei Hirsche flankieren – dem Symbol für Buddhas erste Predigt im Hirschpark von Benares (dem heutigen Varanasi) –, markiert die Grenze zwischen dem muslimischen Kreis Linxia und dem autonomen tibetischen Bezirk Gannan. Einst lag hier die Grenze zwischen der tibetischen Provinz Amdo und China. Reste einer Mauer, die das Tal durchzieht, künden davon, dass die Nachbarschaft von Muslimen und tibetischen Buddhisten nicht immer friedlich war. Hier lässt man nun auch endgültig die gelben Lössterrassen hinter sich und gelangt in eine alpin anmutende Berglandschaft mit Wäldern, Almen, gelben Gerstenfeldern und grasenden Yaks.

Die meisten der vermeintlichen Yaks am Wegesrand sind gar keine. Wildyaks (tib.: Drong) wird der Seidenstraßen-Reisende kaum zu Gesicht bekommen und domestizierte reine Yaks ebenfalls nur sehr selten. Bei den zotteligen Rindern am Wegesrand handelt es sich zumeist um Kreuzungen zwischen Yaks und Rindern, um Dzo.

Nach weiteren 20 Minuten Fahrt passiert man einen bunt bemalten tibetischen **Chörten**, der üppig mit Gebetsfahnen geschmückt ist. Zu diesem Stupa erzählt man sich eine reizende Geschichte: Hier soll einst der berühmte Pilgermönch Xuanzang auf seinem Rückweg von Indien eine unfreiwillige Rast eingelegt haben. Ihm war bei der Durchquerung des Daxia-Flusses ein Malheur passiert: Die Fluten rissen ihn um, und seine kostbaren Schriften fielen ins Wasser und wurden von einem großen Fisch verschlungen. Xuanzang vermochte den Fisch zu fangen, da er ihn aber als frommer Buddhist nicht töten durfte, schlug er ihm so lange auf den Kopf, bis der Fisch die Schriften wieder ausspie. Seitdem gibt es in vielen buddhistischen Klöstern in China eine hölzerne Trommel in Form eines Fisches, die während der Rezitation der heiligen Texte von den Mönchen rhythmisch geschlagen wird. Angeblich soll der Stupa an ebenjener Stelle errichtet worden sein, an der Xuanzang einst die heiligen Schriften zum Trocknen auslegte. Der kleine Tempel in der Nähe wurde demnach ›Tempel, wo die Sutren in der Sonne trockneten‹ (Shaijing Si) benannt.

Nach weiteren eineinhalb Stunden Fahrt durch eine wunderschöne Berglandschaft erreicht man schließlich die Kreisstadt Xiahe.

Xiahe

Xiahe ☆☆
Besonders sehenswert:
Labrang-Kloster ☆☆
Landschaftsbild

In 2800 m Höhe, umgeben von mächtigen Gipfeln, liegt im grünen Tal des Daxia-Flusses das Städtchen Xiahe. Der Ort selbst ist zwar nicht mehr als ein Straßendorf, doch aufgrund seiner herrlichen Umgebung und seines altehrwürdigen tibetischen Klosters gehört er mit Sicherheit zu den zauberhaftesten Zielen in China überhaupt.

Im Kreis Xiahe leben mittlerweile 130 000 Menschen, dennoch hat der Ort sich seinen dörflichen Charakter bewahrt. Am östlichen Ende des Ortes liegt das moderne Viertel der Han-Chinesen und Muslime, am westlichen Ende siedeln tibetische Bauernfamilien in traditionellen Lehmhäusern. Die Hauptstraße, die parallel zum Fluss verläuft, säumen zahlreiche Souvenir- und Devotionalienbuden. Stets bevölkern Pilger aus Tibet, Qinghai und der Mongolei den Ort, umwandeln Gebetsmühlen drehend und in ihre traditionellen Gewänder gekleidet den Pilgerpfad um das Kloster Labrang (Labuleng Si), das sich nördlich des Flusses an den Berg schmiegt.

Das Kloster Labrang

Neben dem Kumbum bei Xining (s. S. 188ff.) ist Labrang eines der größten Klöster des tibetischen Buddhismus und wichtigstes Zentrum der Gelugpa-Schule außerhalb des tibetischen Kernlands. Das Klosterareal umfasst 860 000 m^2, nahezu die Hälfte davon ist mit zwei- bis vierstöckigen Gebäuden im tibetischen Stil bebaut: mächtige Flachdachbauten mit leicht nach innen geneigten, weiß getünchten Mau-

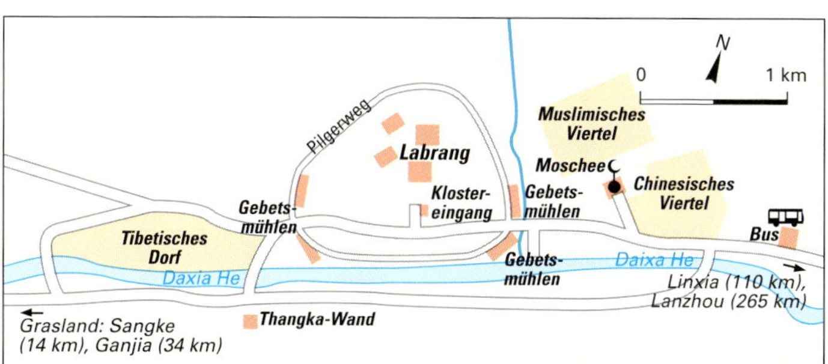

Xiahe und das Labrang-Kloster

ern aus Bruchstein, Attiken aus Reisig und schwarz umrandete Fenstern, die mit drapierten Vorhängen geschmückt sind. Die ranghöchsten Hallen des Klosters sind in einem warmen Rotton gestrichen und von goldenen Dächern gekrönt, deren geschmiedete Spitzen und Wasserspeier in der Sonne blitzen.

Labrang zählt zu den sechs großen heiligen Stätten der Gelbmützen-Schule und unterhält eine bedeutende buddhistische Universität. Bis vor seiner Schließung 1958 stand Labrang 138 Zweigklöstern vor, bis zu 4000 Mönche lebten auf dem Klostergelände. Nach 22 Jahren

Eine Gebetsmühle besteht aus einem Zylinder aus Blech, Kupfer oder Silber, der auf einem Griff sitzt. Außen am Zylinder ist eine Kette mit einem Gewicht befestigt, welches mit kreisenden Bewegungen in Schwung gesetzt wird und die Gebetsmühle sich drehen lässt. Der Zylinder birgt in seinem Innern ein Papier mit einem Mantra, einem heiligen Spruch, der durch die Drehung in die Welt hinausgetragen wird. In der Nähe von Klöstern sind oftmals große Gebetstrommeln aus Holz nebeneinander aufgereiht, die von den Pilgern – stets im Uhrzeigersinn – angeschwungen werden. Gebetsfahnen erfüllen übrigens denselben Zweck. Auf den bunten Stofffähnchen sind Mantras aufgedruckt, die durch den Wind in die Welt hinausgetragen werden und so zu den Göttern gelangen.

der religiösen Verfolgung in der Kulturrevolution wurde es 1980 wiedereröffnet. Heute studieren hier etwa 1200 Mönche. Die meisten sind Tibeter oder Mongolen und stammen aus der Provinz Qinghai, der Inneren Mongolei, West-Sichuan, Gansu und Tibet.

Mit vollem Namen nennt sich das Kloster Labrang Tashi Khyil, was soviel wie ›Lama-Residenz Glückswirbel‹ bedeutet. Es wurde 1709 von E'anzongzhe (1648–1742), dem 1. Jamyang Zhäpa, gegründet. Jamyamg Zhäpa (chin.: Jiamuyang) ist der Linientitel eines Lebenden Buddha und bedeutet ›lächelnder Manjushri‹. Der Name des Klosters geht darauf zurück, dass die Manjushri-Statue im Jokhang in Lhasa, dem bedeutendsten Heiligtum Tibets, gelächelt haben soll, als ihr E'anzongzhe einst eine Glücksschleife darbrachte. Heute steht dem Kloster Labrang die 5. Reinkarnation des Klostergründers, nämlich der 6. Jamyang Zhäpa, vor. In der tibetischen Klosterhierarchie folgt dieser im Rang direkt auf den Dalai Lama und den Panchen Lama.

Das Kloster Labrang (nur im Rahmen einer Führung zu besichtigen; die Führer behalten sich vor, zu entscheiden, welche der Räumlichkeiten besichtigt werden) umfasst mehr als 100 Sakralräume (tib.: *lhakhang*) und sechs verschiedene Fakultäten: eine Philosophische, eine Medizinische, die Kalachakra-Fakultät, die der Lehre vom Rad der Zeit gewidmet ist, eine für Ritualpraxis sowie zwei tantrische Fakultäten. Je nach Fachrichtung müssen die Mönche etwa 10–15 Jahre studieren, um den Titel eines *geshe dorampa*, etwa unserem Doktortitel vergleichbar, zu erwerben.

Im Kloster Labrang sieht man über dem Haupt einiger Statuen von Gottheiten das Bildnis eines Blauen Vogelmenschen. Diese Gestalt wurde aus dem Götterpantheon der tibetischen Urreligion Bön übernommen und stellt den Urvogel Chung dar – eine Gottheit, die besonders in der ehemaligen tibetischen Provinz Amdo verehrt wird. Das Wesen wird auch der ›Blaue Garuda‹ genannt, nach dem Mischwesen aus Mensch und Vogel aus der indischen Mythologie.

Bei den Sakralräumen in tibetischen Klöstern unterscheidet man zwischen *dukhang*, *lhakhang* und *gönkhang*. Der Dukhang ist die zentrale Versammlungshalle eines Klosters, in der sich die Mönche zu ihren gemeinsamen Ritualen und Rezitationen treffen. Der Begriff Lhakhang bezeichnet Tempelräume, die der Götterverehrung dienen; unter ihnen nimmt der Gönkhang eine besondere Stellung ein. Er ist der Raum, der den zornvollen Schutzgottheiten (tib.: *gönpo*) gewidmet ist, die mit täglichen Ritualen beschwichtigt werden müssen.

Die **Philosophische Fakultät** (Thösam Ling, ›Insel des Hörens und Meditierens‹) ist die älteste des Klosters. Der 1. Jamyang Zhäpa gründete sie Anfang des 18. Jh. Hier erwerben die jungen Mönche ihre fünfjährige ›Grundausbildung‹, bevor sie sich für ein Studium an einer anderen Fakultät entscheiden. In der Thösam Ling halten die Mönche auch ihre Vollversammlung ab, da sie bis zu 4000 Klosterbrüdern Platz bietet. Bei einem Großfeuer 1985 brannte die Halle vollständig nieder, wobei unzählige Kunstschätze für immer verloren gingen. Die heutige Halle wurde vor einigen Jahren neu aufgebaut. An ihrer Stirnwand steht gegenüber dem Eingang der Thron des Jamyang Zhäpa vor den Statuen des Maitreya, Tsongkhapa, den verschiedenen Inkarnationen des Jamyang Zhäpa sowie eines 1000-armigen Avalokiteshvara. Das zentrale Heiligtum birgt das Bildnis des Zukunftsbuddhas Maitreya, welchen acht Bodhisattvas flankieren. Im Nebensanktuarium finden sich die fünf aufwendig verzierten Grabstupas der verstorbenen Jamyang Zhäpas.

Yidam sind persönliche Schutzgottheiten, die von Tantrikern während der Meditation visualisiert werden. Die Eigenschaften des Yidam sollen mit der Psyche des Meditierenden korrespondieren, in ihm Emotionen freisetzen und ihn zur Erkenntnis bringen. Yidams können friedvoller, zornvoller oder gemischt friedvoll-zornvoller Natur sein.

Den Hof der 1784 gegründeten **Medizinischen Fakultät** (Mänpa Dratshang) zieren Malereien von Blumen und medizinischen Pflanzen. Im Lhakhang der Fakultät findet sich ein Bildnis der Weißen Tara sowie der Grabstupa eines Lehrers des gegenwärtigen 14. Dalai Lama und des verstorbenen 10. Panchen Lama. Das Sanktuarium birgt eine Statue des Buddha Akshobhya im Sambhogakaya-Schmuck. Diese prächtige Form zeigt die Buddhas in ihrem Körper des Genusses, in dem sie die Wahrheit genießen, die sie verkörpern.

Die vom 2. Jamyang Zhäpa 1763 gegründete **Kalachakra-Fakultät** (Dükhor Dratshang) widmet sich der Lehre vom Rad der Zeit sowie der damit verbundenen Astrologie und Astronomie. Im Heiligtum stehen eine Figur des 2. Jamyang Zhäpa sowie eine reich geschmückte Statue des personifizierten Kalachakra: ein viergesichtiger, vielarmiger dunkelblauer Yidam in Yab-Yum-Stellung mit seiner weiblichen Partnerin.

Das **Große Golddachhaus** (Serkhang Chenmo) oberhalb der Philosophischen Fakultät birgt das bedeutendste Heiligtum Labrangs – eine Monumentalstatue des Maitreya. Vor dieser thront Buddha Shakyamuni mit seinen zwei Schülern Ananda und Kashyapa, links von Tara, rechts von Avalokiteshvara flankiert. Die Halle wurde 1788 errichtet, zwei Künstler aus Nepal gestalteten die Figuren. Rechts neben der Halle befindet sich ein kleiner Platz, wo man häufig Mönche beim Üben ritueller Tänze beobachten kann. Unterhalb davon liegt hinter einer Mauer der **Disputationshof**. Dort üben sich die Mönche jeden Tag in der Kunst formalisierter Debatten.

Vom 3.–25. Tag des 1. Monats (Februar/März) nach dem tibetischen Kalender wird das Mönlam-Fest gefeiert. Im Labrang finden insbesondere vom 13. bis 16. Tag des 1. Monats besondere Feierlichkeiten wie Cham-Tänze und das Entrollen des Riesenthangkas statt: So wird an der Thangka-Wand am Westende des Klosterkomplexes ein 30 x 20 m großes Thangka mit einem Buddha-Bildnis entrollt. Man nennt dies das »Sonnen des Buddha-Bildes«. Außerdem werden Butterskulpturen ausgestellt, deren schönste prämiert werden.

Die **Tantrische Fakultät** (Mägyu), 1719 gegründet, birgt schöne Wandmalereien verschiedener Schutzgottheiten, eine Statue des Jobo-Buddha, des historischen Buddha Shakyamuni in seiner Sambhogakaya-Form, eine wunderbare Ausgabe des »Kanjur«, der tibetischen »Übersetzung des Buddha-Wortes«, sowie Reliquienstupas verschiedener Äbte.

Die **neuere Tantrische Fakultät** (Gyütö), die der 5. Jamyang Zhäpa 1943 gründete, enthält 1000 Statuen des Amitayus, des Buddhas der Unermesslichen Lebensdauer, ein Thangka mit den drei Yidam-Gottheiten Samvara, Guhyasamaja und Yamantaka sowie im Sanktuarium eine Figur des Maitreya.

Die **Hevajra-Fakultät** (Kyeedor Dratshang), 1879 vom 4. Jamyang Zhäpa gegründet, widmet sich der tantrischen Ritualpraxis sowie dem Studium der Schreibkunst, der Grammatik, der Poesie und der Pflege religiöser Zeremonialfestspiele. Im Dhukhang findet sich die Statue des 4. Jamyang Zhäpa und des Yidam Hevajra. Häufig kann man hier Mönche beim Üben der Cham-Tänze beobachten.

Die **Residenz des Jamyang Zhäpa** erkennt man an ihrem Golddach und dem von zwei Hirschen flankierten Rad der Lehre auf dem First. Das Gebäude ist Besuchern leider nicht zugänglich. Es birgt eine kleine Jobo-Statue, die der Legende nach (unmögliche) 2500 Jahre alt und von einem indischen Heiligen nach Tibet gebracht worden sein soll. Die Figur soll einst Tsongkhapa, dem Gründer der Gelbmützenschule, als Verehrungsobjekt gedient haben.

Mönche des Labrang-Klosters bei Tanzübungen

Von Interesse sind ferner die **Bibliothek** mit 60 000 Bänden, die **Klosterdruckerei** sowie die **Klosterküche**. In deren riesigem Kessel von 3 m Durchmesser können 2250 kg Reis, Öl und Fleisch gleichzeitig gekocht werden. Die Prozedur dauert etwa eineinhalb Tage.

In einem dem Kloster angeschlossenen **Museum** sind weitere Kunstschätze zu besichtigen, darunter die besten, beim Mönlam-Fest prämierten Butterskulpturen, sofern sie den heißen Sommer überstehen konnten.

In der Nähe des großen Stupa am westlichen Ende des Klosters liegt bei der Brücke am Südufer des Daxia die große **Thangka-Wand**. Von der Anhöhe aus bietet sich der schönste Blick über die Klosteranlage.

Ausflug ins Grasland

Einen Eindruck von der schier unendlichen Weite des tibetischen Hochlandes erhält man bei einem Ausflug ins etwa 3000 m hoch gelegene **Sangke-** oder **Ganjia-Grasland**, welches sich südwestlich von Xiahe erstreckt. Hier gibt es keine touristischen Attraktionen außer einem weiten Himmel, sanften Hügeln wogenden Grases, die sich am Horizont verlieren, Yak-Herden, einigen kleinen tibetischen Gehöften und dem einen oder anderen Nomadenzelt. Im Sommer bedeckt ein wahres Blütenmeer die Prärie. Wer Zeit hat, sollte hier zwischen den anstrengenden Busfahrten einen Wandertag einlegen. Um ins Grasland zu gelangen, verlässt man Xiahe auf der Straße in Richtung Südwesten (Bus, Motorrikscha oder Fahrrad). Sangke liegt 15 km, Ganjia 34 km entfernt. Da das Grasland Landschaftsschutzgebiet ist, wird an der Straße von Touristen Eintritt verlangt. Wer möchte, kann im Grasland in ›Nomadenzelten‹ übernachten, die vom Labrang Hotel geführt werden.

»[Viele] Wildrinder leben dort, massig wie Elefanten und prächtig zum Anschauen; schwarz-weiß sind sie, und ihr Fell ist, ausgenommen über dem Rücken, langhaarig. Die Haare messen drei Spannen. Es sind unvorstellbar schöne Tiere. Die Bauern haben eine große Anzahl domestiziert, das will heißen, sie haben viele Wildrinder, Jaks, eingefangen und weitergezüchtet. Sie brauchen sie als Last- und Arbeitstiere. Und ich kann Euch sagen, die Jaks pflügen zweimal so gut und haben doppelt soviel Kraft wie anderes Rindvieh.«

Marco Polo in »Il Milione« über das Hochland von Qinghai bzw. Tibet

Von Xiahe nach Xining

Bei schlechtem Wetter ist der Weg über den Pass manchmal nicht passierbar. In diesem Fall kann man über Linxia, Dahejia am Gelben Fluss via Minhe nach Xining fahren. Über beide Routen braucht man mit dem Bus etwa zehn Stunden bis Xining.

Von Xiahe bietet es sich an, per Bus weiter ins 340 km entfernte Xining zu fahren. Die Strecke ist landschaftlich ausgesprochen imposant und abwechslungsreich. Kurz hinter Xiahe zweigt die Straße nach Westen ab und windet sich in Serpentinen die Almen bis zu einem 4300 m hohen Pass hinauf. Auf dessen Höhe befindet man sich genau auf der Grenze zwischen den Provinzen Gansu und Qinghai.

Die meisten Bewohner dieser Gegend sind Tibeter, leben nomadisch und züchten Yaks. Zwar gelang es der chinesischen Regierung, einige Nomadenfamilien zumindest im Winter sesshaft zu machen, im Sommer ziehen die meisten indes weiterhin mit ihren runden, schweren Zelten aus Yakwolle über das Grasland und in die Hochlagen. Die großen dunklen Zelte dienen als Wohnraum für die Familien, die kleinen hellen als Lagerräume. Die Zelte mittlerer Größe sind den unverheirateten Töchtern über 16 Jahren vorbehalten, in denen sie leben, bis sie schwanger sind. Die jungen Mädchen werden nämlich so lange nicht verheiratet, bis dies der Fall ist.

In Tibet sieht man überall an markanten Landschaftspunkten Steinhaufen, in denen manchmal einige Stöcke mit Gebetsfahnen stecken. Es handelt sich um Ladse bzw. Lhato. Ladse gelten als Wohnorte lokaler Geister, Lhatos dienen zur Abwehr von Dämonen und sollen friedvolle Schutzgeister anziehen. Zugleich symbolisieren Lhatos den Weltenberg Meru.

Nach etwa einem Drittel der Strecke ändert sich die Landschaft dramatisch. Man verlässt das alpine Hochgebirge und kommt wieder in die terrassierte Kulturlandschaft des Löss. Durch gelb und rot leuchtende Sandsteinklippen bahnt der Gelbe Fluss sich seinen Weg. Felder und Pappelalleen setzen grüne Akzente. In den Dörfern lebt eine überwiegend muslimische Bevölkerung. Die meisten von ihnen sind Hui, einige gehören den mongolischstämmigen Minoriäten der Bao'an und Salar an. Die Bao'an sollen wie die Dongxiang von den Truppen Dschingghis' Khans abstammen und sprechen ihre eigene altaisch-mongolische Sprache. Die Salar hingegen sind turkstämmig und sprechen eine Turksprache. Sie sollen im 14. Jh. aus der Gegend um Samarkand hierher vertrieben worden seien. Von den Salar heißt es, sie hätten ihre Heimat mit einem Sack voller Erde, einer Kalebasse voll Wasser und einem weißen Kamel verlassen. Nach einer schier endlosen Wanderung durch die zentralasiatischen Wüsten gelangten sie schließlich in Ost-Qinghai an den Oberlauf des Gelben Flusses. Hier erstarrte ihr Kamel zu Stein. Als die Salar den örtlichen Boden und das Wasser prüften, erkannten sie, dass diese mit ihrem Heimatboden und -wasser identisch waren und beschlossen, sich niederzulassen.

Man überquert den Gelben Fluss und fährt weiter über die Industriestadt Minhe durch das Tal des Huangshui, eines Nebenflusses des Huang He, nach Xining. 36 km vor dem Ziel passiert man **Ping'an**, den Geburtsort des 14. Dalai Lama.

Xining und Umgebung

Xining ☆
Besonders sehenswert: Kumbum-Kloster ☆

Die Hauptstadt der Provinz Qinghai liegt umgeben von hohen Bergen im Tal des Huangshui im Ostteil der Provinz Qinghai. Mit einer Fläche von 720 000 km² ist diese mehr als doppelt so groß wie Deutschland, besitzt aber nur fünf Millionen Einwohner. Fast die Hälfte, zwei Millionen, leben in Xining. Zwar besteht die Bevölkerung der Provinz überwiegend aus Tibetern, Mongolen, Kasachen und Hui, die meisten Bewohner Xinings aber sind Han-Chinesen, in den 50er und 60er Jahren des 20. Jh. von der Zentralregierung mit der Aussicht auf eine Wohnung und einen festen, gut bezahlten Arbeitsplatz hierher geschickt, »um den Westen zu entwickeln«. Die ›chinesische Geschichte‹ der Stadt reicht zurück bis in die Qin-Dynastie (221–206 v. Chr.), als hier die chinesische Militärkommandantur Huangzhong gegründet wurde. Der Rest von Qinghai gehörte dagegen jahrhundertelang zum tibetischen Hoheitsgebiet und wurde Amdo genannt.

Xining liegt 2275 m hoch und ist für seinen harten Winter und die angenehm temperierten Sommer bekannt. Die Stadt selbst ist keine Schönheit. Breite Straßen, graue Betonklötze und qualmende Fabrikschlote bestimmen ihr Bild, Sehenswürdigkeiten findet man in der Stadt selbst nur wenige. Doch Xining bietet sich als Basis für Ausflüge zum nahe gelegenen Kumbum-Kloster und zum Qinghai-See an.

Das **Geschäftszentrum** Xinings konzentriert sich am Südufer des Huangshui und östlich des Nanchuan-Flusses um die Kreuzung von Bei, Nan, Xi und Dong Dajie. In der Verlängerung der Dong Dajie, der Dongguan Jie, steht die größte Moschee der Stadt, die **Ostpass-Moschee** (Dongguan Qingzhen Si) aus dem 14. Jh. Sie kann im Rahmen einer Führung besichtigt werden. Das **Provinzmuseum** im Westen der Stadt verfügt über eine kleine Sammlung buddhistischer Skulpturen, Masken und tibetischer Malereien (Thangkas; s. Glossar)

Eine schöne Aussicht über die Stadt bietet sich vom **Nordberg-Tempel** (Beishan Si), der, wie der Name andeutet, auf einer Erhöhung im Norden der Stadt am Beichuan-Fluss zu finden ist. Die daoistische Tempelanlage besitzt eine Geschichte von 500 Jahren, die meisten Tempelhallen und Figuren sind allerdings jüngeren Datums. Am Fuß des Berges liegt sogar eine neue Tempelhalle von 2001/02. Hier warten zahlreiche Wahrsager und Handleser auf Kundschaft. Dahinter führen 200 steile Stufen den Berg hinauf zu etwa 20 Höhlen und kleinen Tempelchen. Wer nicht gut zu Fuß ist, kann den Sessellift nehmen. Die Höhlen sind dem Gründer der daoistischen Lehre Laozi sowie zahlreichen Göttern des daoistischen Pantheons gewidmet. So findet man Darstellungen vom typischen Dreigestirn der Götter der Literatur, des Krieges und des Langen Lebens, den Drei Reinen und den Acht Unsterblichen. Eine Wandmalerei kündet mit drastischen Darstellungen nach Art des Hieronymus Bosch von den Qualen, die den untugendhaften Menschen nach seinem Tode in der Hölle erwarten. Während der Kulturrevolution wurde die Anlage stark beschädigt, heute aber werden die Grotten nach und nach restauriert. Ein Pfad führt weiter den Berg hinauf zu einer Ziegelpagode.

Daoistische Nonne im Nordbergtempel

Vor kurzem haben die Stadtväter Xinings als Pendant zum Nordberg am östlichen Ufer des Nanchuan-Flusses auf dem **Südberg** (Nan Shan) einen Park angelegt und einen Aussichtspavillon errichtet, der an den Himmelstempel in Beijing erinnert. Auch hier führt ein Sessellift hinauf.

Kumbum-Kloster
1 Eingangsportal
2 Acht Stupas des Sugata
3 Kleine Golddach-Halle
4 Friedens- oder Kalachakra-Stupa
5 Blumentempel
6 Klosterdruckerei
7 Medizinische Fakultät
8 Residenz des Abtes

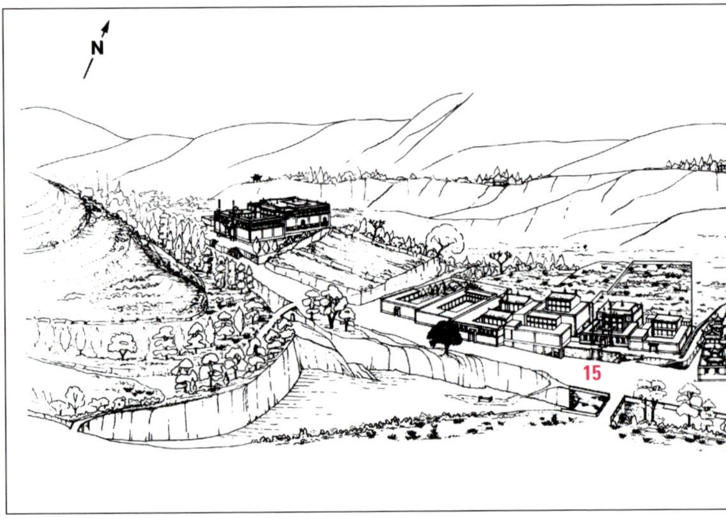

Das Kumbum-Kloster

Die beiden französischen Missionare Huc und Gabet überzeugten sich 1845 von der Existenz des Bodhi-Baumes: »Unser erster Eindruck war der Verdacht eines Betruges von seiten der Lamas, doch nach einer eingehenden Untersuchung aller Details konnten wir nicht die geringste Fälschung entdecken. Sämtliche Zeichen schienen uns Teil des Blattes selbst zu sein, ganz gleich den Blattadern und -nerven. (...) .«

Etwa 25 km südlich von Xining, in der Ortschaft Huangzhong, liegt eines der bedeutendsten lamaistischen Heiligtümer außerhalb Tibets. Der vollständige Name des Kumbum-Klosters (chin.: Ta'er Si), Kumbum Jampa Ling, bedeutet ›Kloster der Unendlich Vielen Bilder Buddhas‹. Der Überlieferung nach steht das Kloster dort, wo 1357 der Begründer der Gelugpa-Schule, Tsongkhapa (1357–1419), geboren wurde. An der Stelle, wo bei Tsongkhapas Geburt das Blut seiner Mutter in den Boden sickerte, soll ein Bodhi-Baum erwachsen sein, dessen Stamm und Blätter Bildnisse des Buddha und heilige Zeichen aufwiesen. Die Überreste dieses Baumes sind das höchste Heiligtum des Klosters und gaben ihm seinen Namen.

Der Bau der Anlage wurde 1560 begonnen und nach 17 Jahren abgeschlossen. Sie umfasst 52 Hallen mit 9300 Gebets- und Meditationsräumen und 3600 Mönchszellen, die sich überwiegend an den Südhang eines engen Tals schmiegen. Architektonisch überwiegt der tibetische Baustil, einige wenige Hallen sind in chinesischer Bauweise errichtet. 1967, ein Jahr nach Beginn der Kulturrevolution, wurde das Kloster geschlossen und erst 1979 wieder eröffnet und restauriert. Leider richtete 1990 ein Erdbeben erhebliche Schäden an. Die chinesische Regierung wendete nach eigenen Angaben etwa 70 Millionen Yuan auf, um danach das Kloster gründlich zu restaurieren. Heute beherbergt es wieder an die 500 Mönche.

Man betritt das Klosterareal von Osten her durch ein neues dreibogiges **Portal** (1). Dahinter öffnet sich ein weiter Platz, an dem rechter Hand die acht Chörten liegen. Diese **Acht Stupas des Sugata** (2; Ruyi Dagoba) wurden 1776 errichtet und symbolisieren die acht

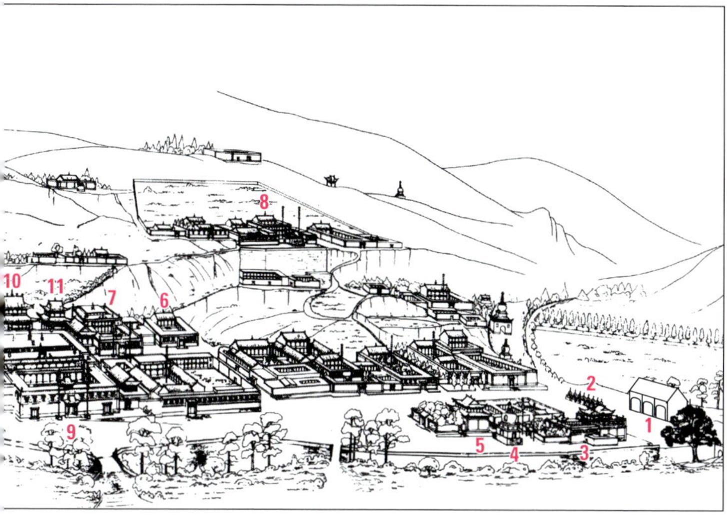

9 Große Sutra-Halle
10 Großer Goldbaum oder Große Golddach-Halle
11 Jokhang
12 Maitreya Lakhang
13 Halle der Neun Räume oder Manjushri Lakhang
14 Klosterhof
15 Halle mit Butterskulpturen

wichtigsten Ereignisse im Leben des Buddha: seine Geburt, das Erlangen der Erleuchtung, die Erkenntnis von den verschiedenen Zugängen zur Lehre Buddhas, Buddhas Sieg über die Versuchung des Dämons Mara, Buddhas Herabkunft aus dem Paradies Sukhavati, die Aussöhnung der Mönchsgemeinde, die Verlängerung von Buddhas irdischer Existenz um drei Monate auf Bitten der Mönchsgemeinde, Buddhas Eingang ins Nirvana.

Südwestlich der Pagoden erhebt sich die 1631 errrichtete **Kleine Golddach-Halle** (3; Xiao Jinwa Si). Ausgestopfte Yaks, ein Bär und Ziegen, allesamt Reittiere tibetischer Schutzgottheiten, schauen von der Galerie im Innenhof auf den Besucher herunter. In der Halle selbst finden sich die Gönpo Kunga, eine Fünfergruppe von Schutzgottheiten, die sich durch das Medium des Staatsorakels von Nechung artikulieren sollen. Ferner sieht man hier das ausgestopfte wundersame Pferd, das 1923 den 9. Panchen Lama (1883–1937) an einem einzigen Tag über mehr als 2000 km von Shigatse zum Kloster Kumbum getragen haben soll. Im zweiten Geschoss steht eine Statue des indischen Tantrikers Padmasambhava, der im 8. Jh. nach Tibet gerufen wurde, um dort Dharma-feindliche Dämonen zu bannen (s. S. 74).

Das tibetische Staatsorakel ist ein Medium, das immer dem Kloster Nechung angehört hat. Durch dieses artikulieren sich Schutzgottheiten Tibets, sodass es als Entscheidungshilfe bei wichtigen, insbesondere politischen Fragen zu Rate gezogen wird. Das heutige Medium ging mit dem 14. Dalai Lama ins indische Exil und residiert dort im nach dem tibetischen Mutterkloster ebenfalls Nechung genannten Kloster.

Hinter der Kleinen Goldachhalle erhebt sich der mächtige, auch Kalachakra-Stupa genannte **Friedensstupa** (4; Taiping Ta), der an den glücklichen Umstand erinnert, dass das Tempelgelände das Bombardement der Japaner im Zweiten Weltkrieg unbeschadet überstand.

Ein paar Schritte weiter liegt der **Blumentempel** (5; Hua Si) aus dem Jahr 1717, auch Gebetshalle für die Langlebigkeit des 7. Dalai Lama genannt. Einen Stein im Innenhof verehren die Pilger besonders: Sie bringen ihm Fett, Wolle und Münzen dar, denn einst soll er der Mutter des Tsongkhapa als Rastplatz beim Wasserholen gedient

Die Acht Stupas des Sugata und die Kleine Golddachhalle

haben. Das Sanktum des Tempels birgt Statuen des historischen Buddha Shakyamuni mit seinen Schülern Ananda und Kashyapa, flankiert von Bodhisattvas und den 18 Luohan.

Rechter Hand, am Fuß des Hügels, liegen die **Klosterdruckerei** (6) und die **Medizinische Fakultät** (7) aus dem Jahr 1757. Im Hintergrund sieht man, in den Berghang hineingebaut, die **Residenz des Abtes von Kumbum** (8), der wie der Abt von Labrang als Lebender Buddha gilt.

Wendet man seine Schritte nun wieder nach Süden zur Hauptstraße des Klosters, stößt man dort auf die mächtige **Große Sutra-Halle** (9; Dajing Tang), auch Große Halle der Meditation genannt. Sie wurde 1606 errichtet und dient den Mönchen von Kumbum als Halle der Vollversammlung (tib.: *tshogchen dukhang*). Die 108 Säulen, welche im Innern das Dach der Halle tragen, symbolisieren die 108 Bände des »Kanjur«, der »Worte Buddhas«. Im Inneren bieten niedrige Bänke Platz für über 3000 Mönche. Die beiden Throne sind für den Dalai Lama und den Panchen Lama reserviert – für den Fall, dass sie einmal das Kloster besuchen sollten. Verehrt werden hier Figuren Shakyamunis und des Bodhisattva der Barmherzigkeit, Avalokiteshvara, der hier mit elf Köpfen und 1000 Armen dargestellt ist. Die Wände zieren 1000 kleine Tsongkhapa-Statuen aus Messing.

Die 108 gilt als magische Zahl und spielt in allen indischen Religionen eine Rolle. So finden sich beispielsweise an tibetischen Gebetsketten 108 Perlen, das heilige Buch »Kanjur« besitzt 108 Bände etc.

An ihrer Rückseite liegt das Hauptheiligtum des Kumbum: der **Große Goldbaum** (10; tib.: Serdong Chenmo), auch Große Golddach-Halle (Da Jinwa Dian) genannt. Das Gebäude ist im chinesischen Architekturstil gebaut, besitzt mit grün glasierten Ziegeln verkleidete Wände und ein vergoldetes Kupferdach. Es steht genau an der Stelle, wo Tsongkhapa einst geboren und der wundersame Baum gesprossen sein soll. Tsongkhapas Mutter soll hier auf Anweisung ihres Sohnes einen kleinen Stupa errichtet haben. Dieser wurde 1711 durch die prächtige Halle ersetzt. Im Inneren befindet sich ein 11 m hoher Silberstupa mit den Resten des Baumes. Auch ein Stein mit dem Fußabdruck Tsongkhapas wird hier als Reliquie aufbewahrt.

Flankiert wird die Große Golddachhalle im Osten vom **Jokhang** (11) und im Westen vom **Maitreya Lhakhang** (12). An diesen schließt sich die **Halle der Neun Räume** (13; Jiudian Dian; auch Manjushri Lhakhang) mit monumentalen Statuen des Manjushri, Tsongkhapa und Yamantaka an.

Kumbum gilt als Zentrum der Kunst der Butterskulpturen. Die manchmal mehrere Meter hohen Kunstwerke aus gefärbter Yakbutter werden in Tibet seit dem 15. Jh. anlässlich des Mönlam-Festes im Januar/Februar hergestellt. Sie stellen meist Götterfiguren oder mythologische Szenen dar und sollen Glück für das kommende Jahr bringen.

Vor der Halle breitet sich ein großer **Klosterhof** (14) aus, der für Disputationen und zum Begehen von Festen und Feiertagen genutzt wird. Während des Mönlam-Fests werden hier Cham-Tänze aufgeführt. Nach Westen hin begrenzt der **Lhakhang für den 7. Dalai Lama** den Platz. Dort sind Reliquien dieses Würdenträgers beigesetzt.

Wandert man weiter die Anhöhe hinauf, so gelangt man im Bereich der Kalachakra-Fakultät nach wenigen Schritten zu einer Halle, in der die schönsten **Butterskulpturen** (15) ausgestellt werden, die man im Kumbum-Kloster alljährlich anlässlich des Mönlam-Festes anfertigt. Dahinter liegen weitere Fakultäten des Klosters und die Mönchsquartiere.

Der Qinghai-See

Qinghai-See
Besonders sehenswert: Landschaftsbild

Der 3205 m hoch gelegene Qinghai-See (tib.: Koko Nor), dessen Name Blaues Meer bedeutet, ist der größte Salzwassersee Chinas. Vom Puke-Fluss gespeist, ist der See 105 km lang, 70 km breit und durchschnittlich 40 m tief. Je nach Wasserstand kann seine Ausdehnung schwanken. Am Nordufer, an dem hauptsächlich Mongolen leben, verläuft inzwischen die Eisenbahnstrecke nach Golmud; am landschaftlich reizvolleren Südufer siedeln überwiegend nomadische Tibeter. Im Frühling, etwa von März bis Juni, ist der Qinghai-See ein Paradies für Vogelbeobachter. Dann brüten hier, angelockt vom Fischreichtum des Sees, unzählige Vogelarten, darunter Wildgänse, Kormorane und Kraniche.

Wer den Qinghai-See besuchen und Vögel beobachten möchte, sollte sich am besten einer organisierten Tour von CITS oder einem anderen Reisebüro anschließen. Zur Vogelinsel (Niao Dao) fahren fast täglich Ausflugsbusse ab Xining. Es werden Zwei- oder Drei-Tages-Touren angeboten, bei denen auf der Vogelinsel übernachtet wird.

Vom Qinghai-See kann man mit Bus oder Bahn durch endlose Geröllwüsten gen Westen nach Golmud weiterreisen und dort am nächsten Tag den Bus nach Dunhuang nehmen. Dieser durchquert die endlosen Weiten des Qaidam-Beckens, überwindet die Pässe des Altun Shan und fährt hinab in die Wüste nach Dunhuang. Die Landschaft an dieser Strecke ist sehr imposant, allerdings muss man sich auf eine lange, anstrengende Fahrt in einem meist altersschwachen Bus einstellen. Eine weitere, landschaftlich sehr reizvolle, aber anstrengende Möglichkeit ist es, von Xining mit dem Bus direkt nach Norden über die Gipfel des Qilian-Gebirges nach Zhangye zu fahren. Wer es lieber etwas bequemer hat, nimmt von Xining aus den Zug zurück nach Lanzhou und fährt von dort per Bahn durch den Hexi-Korridor gen Nordwesten.

Durch den Hexi-Korridor

Von Lanzhou nach Zhangye

Der Weg der frühen Handelskarawanen gen Westen führte von Lanzhou meist durch den Hexi-Korridor. Wer diese Strecke heute per Bahn zurücklegt, genießt auf viel bequemere Weise als die Vorgänger in der Vergangenheit herrliche Ausblicke auf endlose Wüsten und schneebedeckte Gipfel.

Wuwei

Wuwei
Besonders sehenswert: Han-Grab, Tempelanlagen

Die erste größere Stadt auf dem Weg von Lanzhou nach Westen ist Wuwei. Zwar kann die Stadt mit einer über 2000 Jahre alten Geschichte aufwarten, ein Muss für den Seidenstraßenreisenden ist ihr Besuch allerdings nicht: Der Ort gibt sich eher verschlafen, von der einstigen Bedeutung und Größe ist heute nicht mehr viel zu sehen.

Wuwei wurde in der Westlichen Han-Zeit (206 v. Chr.–8 n. Chr.) als militärischer Außenposten namens Guzang gegründet, nachdem die Chinesen die nomadischen Xiongnu aus dem Hexi-Korridor vertreiben und das Gebiet westlich des Gelben Flusses unter ihre Herrschaft hatten bringen können. Im 4. Jh. wurde Guzang in Liangzhou umbenannt und diente der lokalen Liang-Dynastie bis 439 als Hauptstadt. In dieser Zeit entwickelte sich der Ort zu einem bedeutenden buddhistischen Zentrum und Handelsposten an der Seidenstraße. Der berühmte Pilgermönch Xuanzang machte im 7. Jh. auf seiner Wanderung nach Indien hier Halt und predigte von der Lehre Buddhas.

Der Seidenstraßenhandel verhalf Liangzhou zu Wohlstand, und im 8. Jh. soll die Stadt an die 100 000 Einwohner gezählt haben. Der örtliche Musikstil Xiliang, der exotische westliche Weisen mit chinesischen Melodien verband, war in dieser Zeit in ganz China beliebt. Im 13. Jh. besuchte auch Marco Polo die Stadt, die er in seinen Aufzeichnungen Erginul nennt. Sie gehöre zum Königreich Tangut (Liangzhou stand vom 11.–12. Jh. unter der Herrschaft der tangutischen Xixia), und ihre Bewohner seien Nestorianer, Muslime und Heiden (= Buddhisten).

Wer in Wuwei Aufenthalt hat, sollte die **Kumarajiva-Pagode** (Luoshi Si Ta) in der nördlichen Bei Dajie besuchen. Sie ist nach einem berühmten Mönch und Übersetzer heiliger buddhistischer Texte benannt. Kumarajiva (chin.: Jiumoluoshi, 344–413), Sohn eines Inders und einer Prinzessin aus Kucha, kam 384 ins damalige Liangzhou. Er blieb 17 Jahre lang und lernte hier Chinesisch. 402 siedelte er dann nach Chang'an über und erlangte mit seinen Übersetzungen von Mahayana-Texten aus dem Sanskrit ins Chinesische Berühmtheit. Ihm ging es weniger um die wortwörtliche Übertragung der heiligen Texte, die viele komplizierte Sanskrit-Termini beinhalteten, sondern in erster Linie um deren gute Verständlichkeit für den Gläubigen. Der Überlieferung nach hat Kumarajiva auf seinem Totenbett gesagt:

◁ Ruinen in der Wüste bei Dunhuang

»Wenn meine Übersetzungen den Sinn der buddhistischen Lehre nicht verändert haben, so wird meine Zunge nach meinem Tod nicht verwesen.« Und so soll es nach der Verbrennung seines Leichnams auch gekommen sein. Die Pagode in Wuwei soll als Reliquie die Zunge des Mönchs bergen. Allerdings stammt das heutige Gebäude nicht aus der Zeit Kumarajivas, sondern wird ins 7.–8. Jh. datiert. Der Ziegelbau ist von oktogonalem Grundriss, 32 m hoch und hat zwölf Stockwerke, deren Traufenden mit bronzenen Glocken behangen sind, die den Wohlklang der buddhistischen Lehre in alle Welt tragen sollen.

Der Tempel des Donnergottes (Leizu Miao) am Leitai-Grab

Das **Leitai-Grab aus der Östlichen Han-Zeit** (Leitai Han Mu), liegt etwa 1 km nördlich des Stadtzentrums in der Beiguan Zhongjie auf dem Areal eines daoistischen Tempels für den Donnergott Leitai. Das Tempelgebäude wird in die Ming-Zeit (1368–1644) datiert, steht aber auf einer wesentlich älteren Terrasse aus der Jin-Zeit (236–316). Den Hohlraum darunter nutzten Bauern jahrhundertelang als Lagerraum. Erst 1969 erkannte man, dass es sich hierbei um den Vorraum des Mausoleums für den Han-General Zhang handelte. Den Eingang des Grabes ziert ein Bogen mit Baummotiv. Die Gruft besteht aus sieben Kammern, deren Wände mit gebrannten Ziegeln verkleidet sind, die im unteren Bereich ein Rautenmuster aufweisen. In den Ecken sollten Öllampen in Lotosform dem Toten im Jenseits Licht spenden, an der Decke lassen sich Blumenmalereien ausmachen. Zwar plünderten Grabräuber das Mausoleum, doch ließen diese einige einzigartige Kostbarkeiten zurück. Prunkstück des Grabes und unbestritten eine der schönsten Han-Bronzen überhaupt ist das berühmte Fliegende Pferd, das heute im Geschichtsmuseum von Beijing und als Replik im Provinzmuseum von Lanzhou ausgestellt ist (s. S. 176).

In der Zhonglou Lu im Nordosten der Stadt sind Überreste des einst bedeutenden **Tempels der Großen Wolke** (Dayun Si) zu sehen. Errichtet wurde er auf den Relikten eines ehemaligen Liang-Palastes aus dem 5. Jh. und erlebte seine Blütezeit in der Tang-Dynastie. Heute stehen nur noch zwei Hallen. Den zweistöckigen Glockenturm kann man besteigen. Auf dem Gelände entdeckte man 1806 die so genannte Xixia-Stele, die heute im Stadtmuseum zu besichtigen ist.

Das **Stadtmuseum** liegt südöstlich des Zentrums in der Xin Qingnian Xiang, welche von der Nan Dajie abzweigt, und ist im ehemaligen **Konfuziustempel** (Wen Miao) untergebracht. Schöner als die etwas angestaubte Sammlung des Museums ist die Tempelanlage selbst, die aus zwei großen Hofkomplexen besteht. Sie stammt aus dem Jahr 1437 und gilt als die größte und am besten erhaltene ihrer Art in Gansu. Die Museumssammlung umfasst archäologische Funde aus der Umgebung Wuweis, darunter eine Han-zeitliche Mumie sowie einen Menschenschädel aus gleicher Zeit mit Haaren, die mit einer Haarnadel zu einem Knoten gefasst sind. Die Xixia-Stele, auf einer Seite auf Chinesisch, auf der anderen in Xixia-Schrift beschrieben, hat man 1961 zum chinesischen Nationalschatz erklärt. Durch den zweisprachig verfassten identischen Text konnten chinesische Sprachwissenschaftler, die seit 700 Jahren in Vergessenheit geratene Xixia-Schrift entschlüsseln.

Der Text der Xixia-Stele gibt Auskunft über die Geschichte und Wirtschaft des tangutischen Xixia-Reiches, welches sich 1038–1227 über die südliche Mongolei und Qinghai bis in den Norden der Provinzen Gansu, Shaanxi und Shanxi ausdehnte.

Außerhalb Wuweis verdienen die **Grotten vom Tianti Shan** (Tiantishan Shiku) Beachtung. In der östlichen Jin-Dynastie (317–420) angelegt, zählen sie zu den ältesten buddhistischen Höhlentempeln auf chinesischem Boden. Dammbauarbeiten in den 50er Jahren des 20. Jh. haben ihnen leider erheblichen Schaden zugefügt. Etwa 15 km südlich der Stadt ist das Tang-zeitliche (618–907) **Grab der Prinzessin Honghua** zu besichtigen, in dem sich Seidentextilien und farbig gefasste Holzstatuetten von Kamelen und Pferden erhalten haben.

Yongchang

Der unscheinbare Ort Yongchang, 70 km nordwestlich von Wuwei, erregt seit ein paar Jahren die Gemüter einiger Historiker: Eine kleine Fraktion von Wissenschaftlern ist der Meinung, es habe hier einst eine römische Siedlung gegeben. Homer Hasenphlug Dubs, Professor für chinesische Geschichte in Oxford, spekulierte bereits 1955, dass es etwa 10000 römische Legionäre, die von den Parthern 53 v. Chr. in der Schlacht von Carrhae in der Südosttürkei zu Kriegsgefangenen gemacht wurden, vermutlich bis nach China verschlagen haben könnte. Dubs zufolge seien sie zunächst bis in die Gegend des heutigen Usbekistan verschleppt worden, wo sie in die Dienste eines Hunnenfürsten traten, unter dessen Führung sie gegen die Chinesen in den Kampf ziehen mussten. Die Chinesen verzeichneten nach dieser Schlacht in ihren Annalen ungewöhnliche Kampfformationen im Heer der Hunnen. Weiter spekuliert Dubs, dass einige Römer von den Chinesen gefangen genommen und als Grenztruppen verwendet wurden. Angesiedelt wurden sie seiner Meinung nach in einem Ort namens Lijian, dessen Name der damaligen chinesischen Bezeichnung für das Römische Reich entspricht.

Auf eben diesem Lijian, so meint der Bürgermeister von **Zhelaizhai**, einem kleinen Ort, 10 km südlich von Yongchang, stehe sein Dorf, und so errichtete er einen dorischen Pavillon, um an Zhelaizhais gloriose Vergangenheit zu erinnern und Touristen anzulocken. Tatsächlich hat man in der Umgebung Ruinen einer Han-zeitlichen Siedlung (206 v. Chr.–220 n. Chr.) gefunden. Wissenschaftlich beweisen ließ sich ihr römischer Ursprung bisher nicht. Gern verweisen die Stadtväter aber darauf, dass sich rund um Zhelaizhai mindestens 100 Menschen von großem Wuchs mit hellen Haaren und Augen finden.

Zhangye und Umgebung

Zhangye
Besonders sehenswert: Bedeutender Tempel, buddhistische Höhlenanlagen

Die Stadt Zhangye liegt im nördlichen Teil des Hexi-Korridors an der Bahnstrecke rund 450 km nordwestlich von Lanzhou. Ihre Geschichte ist wie die so vieler Städte entlang der Seidenstraße äußerst wechselhaft. Gegründet wurde der Ort im 2. Jh. v. Chr. unter dem Han-Kaiser Wudi als Militärposten Ganzhou an der Großen Mauer. Berühmte Seidenstraßenreisende wie die Mönche Faxian und Xuanzang machten hier auf ihren Pilgerfahrten nach Indien Etappe. Die Chinesen konnten ihre Herrschaft über Zhangye bis in die Tang-Zeit aufrechterhalten, im 7. Jh. eroberten dann die Tibeter den Ort. Diese wurden etwa 200 Jahre später von den Uighuren vertrieben. Im 11. Jh. nahmen die tangutischen Xixia die Gegend für sich ein, die sie 1226 an die Mongolen verloren – ihr Reich verschwand. Von Zhangyes altem Namen Ganzhou leitet sich das Canpiciou des Marco Polo ab, der hier gemeinsam mit seinem Vater und Onkel Ende des 13. Jh. ein ganzes Jahr verbracht haben will.

Auf der Brust des liegenden Buddha prangt ein goldenes Swastika, ein Hakenkreuz, wie es sich in fast allen indischen Religionen findet. Das Swastika-Symbol ist schon aus der Industal-Kultur (2600–1800 v. Chr.) als Glückszeichen bekannt und als solches auf dem gesamten asiatischen Kontinent verbreitet. Sein Name leitet sich von dem Sanskritwort Svasti für Glück ab. Im Buddhismus versinnbildlicht es das Rad der Lehre (Sanskrit: Dharmachakra) und die ewige Gültigkeit der Worte Buddhas.

In seiner Beschreibung der Stadt versäumt Marco Polo nicht den monumentalen liegenden Buddha zu erwähnen, der Zhangyes größte Attraktion darstellt. Dieser ist im **Tempel des Großen Buddha** (Dafo Si), auch Tempel des Schlafenden Buddha (Shuifo Si) genannt, zu besichtigen. Der Legende nach geht die Gründung des Tempels auf einen Bettelmönch namens Cui Mie zurück, der an dieser Stelle eine liebliche Musik vernommen haben soll. Er folgte ihrem Klang und fand als Quelle der süßen Weise einen Jade-Buddha in liegender Pose. Daraufhin erbaute der Mönch mit Hilfe von Spenden einen Tempel, dessen Haupthalle ein monumentales Bildnis eines liegenden Buddha beherbergen sollte. Die Figur des Shakyamuni beim Eintritt ins Nirvana ist aus Lehm modelliert, bemalt und vergoldet. Mit 34,5 m Länge und 7,5 m Schulterbreite ist die Figur eine der größten ihrer Art in China. Hinter dem Buddha sind die sehr viel kleineren, stehenden Figuren seiner Jünger zu sehen, die um ihren Meister trauern. Die Tempelanlage wurde 1098 fertig gestellt und hieß damals Kloster des Tathagata Kashyapa (Jiaye Rulai Si). Ob der Tempel tatsächlich Geburtsort des Mon-

Tempel des Großen Buddha: Buddha Shakyamuni geht ins Nirvana ein.

golenkaisers Kubilai Khan (1215–94) ist, wie die Legende sagt, konnte bisher nicht bewiesen werden. Zumindest wurde die Mutter des großen Mongolenkaisers nach ihrem Tod auf eigenen Wunsch hier aufgebahrt.

Nachdem die Chinesen die Mongolen vertreiben und ihre Herrschaft über die Region wieder herstellen konnten, ließ Anfang des 15. Jh. der Yongle-Kaiser der Ming-Dynastie, die Anlage erweitern und in ›Tempel der Kostbaren Erleuchtung‹ (Baojue Si) umbenennen. Später setzte sich der Name ›Tempel des Großen Buddha‹ durch.

1995 erregte der Tempel Aufsehen, als chinesische Archäologen in einem Hohlraum in einer Wand über 6000 buddhistische Malereien und Texte auf Papier und Seide entdeckten. Die meisten stammen aus dem 15. Jh. und enthalten Abhandlungen zur buddhistischen Lehre und zur Musik. Den chinesischen Wissenschaftlern gilt dieser Textfund als nahezu ebenso kostbar wie die geheime Bibliothek von Dunhuang (s. S. 105f., 208).

Der etwas vernachlässigte **Tempel des Langen Lebens** (Wanshou Si) in der Xianfu Jie, etwa 500 m westlich des Tempels des Großen Buddha, birgt eine neunstöckige Pagode, die von den Einheimischen einfach Holzturm (Mu Ta) genannt wird. Sie ist 50 m hoch, von achteckigem Grundriss, aus Holz und Ziegeln errichtet und mit geschwungenen Dachkränzen versehen. Angeblich soll der Bau aus dem 6. Jh. stammen, wurde aber 1926 neu aufgebaut.

Erwähnt werden sollte noch der **Trommelturm** aus dem Jahr 1507, der das Stadtzentrum markiert. Er steht auf der zentralen Kreuzung, wo Xi, Dong, Nan und Bei Dajie (Große West-, Ost, Süd- und Nordstraße) zusammentreffen.

Die Pferdehuf-Grotten

Allein schon wegen der schönen Wanderwege mit unvergleichlichen Ausblicken über den Hexi-Korridor bilden die Pferdehuf-Grotten (Matisi Shiku) im Autonomen Kreis Sunan Yurguzu, 60 km südwest-

Die Pferdehuf-Grotten

lich der Stadt, ein lohnendes Ausflugsziel. Man erreicht sie am besten per Mietwagen oder organisierter Tour. Die buddhistischen Höhlentempel, deren älteste auf die Nördliche Wei-Zeit (386–535) datiert werden, wurden in eine Sandsteinklippe am westlichen Ufer des Mati-Flusses geschlagen. Aus konservatorischen Gründen hat man die Grotten kürzlich für Besucher geschlossen. Erkundigen Sie sich vor ihrem Besuch beim örtlichen Reisebüro, ob sie zu besichtigen sind.

Der **Haupttempel** der Anlage stammt aus der Ming-Zeit (1368–1644) und weist einige originale Wandmalereien auf. Die meisten Statuen sind allerdings neu. Unter Glas ist der Hufabdruck eines ›himmlischen Pferdes‹ zu sehen, das der Legende nach einst vom Himmel herabstieg, um hier den Platz für einen Tempelbau zu markieren.

Die **Grotte der 33 Himmel** (Sanshisan Tian), ein Komplex von 19 Höhlen, die sich über fünf Ebenen erstrecken, ist die interessanteste der Anlage und liegt nördlich des Pferdehuf-Tempels (Mati Si). Hier blieben einige Tang-zeitliche Statuen (618–906) erhalten. Die Höhlen besitzen balkonartige Holzvorbauten und sind über schmale Treppen und Tunnel, die direkt aus dem Fels gearbeitet wurden, zu erreichen.

Das nordwestliche Ende des Hexi-Korridors

Jiuquan

Jiuquan
Besonders sehenswert: Mausoleum aus der Zeit der 16 Reiche, buddhistische Höhlentempel

Der Name dieser Stadt, ›Weinquelle‹, am nordwestlichen Ende des Hexi-Korridors geht auf ein historisches Ereignis zurück. Um 120 v. Chr. gelang es dem chinesischen General Huo Qubing und seinen Truppen, die Xiongnu aus diesem Gebiet zu vertreiben. Als Anerkennung seiner militärischen Leistung soll der Han-Kaiser Wudi ihm aus der Hauptstadt Chang'an einen Krug mit Wein gesandt haben. Der junge Held – Huo starb 117 v. Chr. im Alter von nur 24 Jahren – teilte diese kaiserliche Gabe brüderlich mit seinen Soldaten. Damit ein jeder seiner Mannen einen Schluck des Weines kosten konnte, schüttete er diesen in eine Quelle. Diese Quelle sprudelt noch heute in Jiuquan, nur der Wein ist selbstverständlich versiegt. Sie kann im **Park der Weinquelle** (Jiuquan Yuan) im Westen der Stadt besichtigt werden. Die Stadt gibt sich heute modern. Allzu viele Sehenswürdigkeiten hat sie nicht zu bieten. Wie in alter Zeit ist Jiuquan auch heute noch Militärposten, außerdem steht hier eine Abschussrampe, von der aus die Volksrepublik ihre Satelliten ins All schießt.

Der jesuitische Laienbruder Benedict de Goes (1562–1607), ein Portugiese, welcher auf Wanderschaft von Agra nach Beijing war, soll in Jiuquan an einer schweren Krankheit gestorben sein. Wo genau sich seine Grabstelle befindet, weiß heute allerdings niemand mehr.

Bei Marco Polo taucht Jiuquan unter seinem lange Zeit gebräuchlichen Namen Suzhou auf, Polos »Succiu«. Er erwähnt für diese Gegend üppige Rhabarberfelder. Rhabarber findet sich in Aufzeichnungen mehrfach als wertvolles Handelsgut auf der Seidenstraße erwähnt. In China und Tibet wird die Pflanze seit vorchristlicher Zeit als Medikament gegen die verschiedensten Leiden eingesetzt. Vor allem ist der Rhabarber aus Gansu (Rhem palmatum) für seine abführende Wirkung bekannt. In Europa kultiviert man ihn erst seit dem 17. Jh.

Das Zentrum der Stadt konzentriert sich um den **Trommelturm**, auf dem Platz eines alten Wachturms aus dem 4. Jh., der ab dem 14. Jh. als Trommelturm diente. Die heutige Holzkonstruktion, die auf einem mächtigen Sockel aus Ziegeln ruht, wurde 1905 errichtet. Über den vier Toren prangen folgende Inschriften: »Gen Osten zum Huashan (bei Xi'an)«, »Gen Westen nach Yiwu (Hami)«, »Gen Norden in die große Wüste (Gobi)«, »Gen Süden ins Qilian-Gebirge«.

In der Gongyuan Lu, etwa 15 Minuten Fußweg östlich des Trommelturms, kann man auf dem Weg zum Park der Weinquelle dem **Ortsmuseum** von Jiuquan einen kurzen Besuch abstatten. Ausgestellt sind archäologische Funde der Umgebung: Han-zeitliche Bronzen und Keramiken sowie ein Modell des Grabes von Dingjia Zha, das 1977 3 km westlich vor der Stadt entdeckt wurde.

Das **Dingjia-Zha-Mausoleum**, datiert in die Zeit der 16 Reiche (304–581), liegt an der Straße Richtung Jiayuguan. Ein 33 m langer Gang führt hinunter in die Gruft, die aus zwei Kammern besteht. Die Wände sind mit Ziegeln verkleidet und mit Wandmalereien versehen. Als Motive erkennt man die Daseinssphären im Himmel und auf der Erde: Den Himmel bevölkern überirdische Wesen wie die Königinmutter des Westens und der Königsvater des Ostens, ›himmlische Pferde‹, das chinesische Einhorn (*qilin*) und geflügelte Wesen in Menschengestalt. Die irdische Welt teilt sich in zwei Ebenen: die obere zeigt Szenen aus dem privilegierten Leben des Verstorbenen – etwa ein Bankett, künstlerisch umrahmt von Musikern, Tänzern und Akrobaten. In der unteren Ebene sieht man das gemeine Volk bei der Arbeit – beim Bestellen der Felder, beim Pflücken von Maulbeerblättern für die Seidenraupenzucht oder beim Kochen. Lotosblütenmotive zieren die Decke.

Die Grotten am Manjushri-Berg

Etwa 15 km südwestlich von Jiuquan sind die buddhistischen Grotten am Manjushri-Berg (Wenshushan Shiku) einen Ausflug wert. Zwischen dem 4. und 10. Jh. wurden sie in einer Klippe über einem Fluss angelegt und bildeten in dieser Zeit eines der wichtigsten buddhistischen Zentren der Gegend. Beim Aufstand der Hui gegen die Qing-Regierung 1865 wurden allerdings viele der Fresken in den Grotten von bilderstürmerischen Muslimen zerstört.

Von den insgesamt zehn Höhlen sind die **Tausend-Buddha-Grotte** (Qianfo Dong) und die **Zehntausend-Buddha-Grotte** (Wanfo Dong) am besten erhalten. Beide datieren aus der Nördlichen Wei-Zeit (386–535), was sich besonders in ihrem architektonischen Aufbau widerspiegelt. Typisch für diese Zeit ist der zentrale stupaförmige Mittelpfeiler in der Cella, mit den nebeneinander gereihten Nischen für die Buddha-Bildnisse. Einige Wei-zeitliche Statuen haben sich erhalten, die Wandmalereien sind allerdings späteren Datums und stammen in der ersten Höhle aus der Ming- (1368–1644), in der zweiten aus der Yuan- bis Ming-Dynastie (1279–1644). Einige dieser Bildnisse weisen lamaistische Stileinflüsse auf.

In der **Alten Buddha-Grotte** (Gufo Dong) auf der Rückseite des Berges hat sich eine Tang-zeitliche Buddha-Gruppe erhalten. Die **Guanyin-Grotte** (Guanyin Dong) weist ebensolche Wandmalereien auf, die allerdings in der Ming-Zeit restauriert wurden. Des Weiteren findet man einige kleine daoistische Tempel und Pavillons, darunter einen **Tempel für den Jadekaiser** (Yuhuang Ge) aus dem 7. Jh. und den **Shengshou Si** aus der Südlichen Liang-Zeit (502–557).

Jiayuguan

Jiayuguan ☆
Besonders sehenswert:
Festung Jiayuguan ☆
Wei- und Jin-Gräber ☆

Die Stadt Jiayuguan markiert das Ende des Hexi-Korridors. Ihr Name bedeutet wörtlich ›Pass zum Gepriesenen Tal‹, und ihre Lage ist spektakulär: Nordöstlich beginnt die unendliche Weite der Wüste Gobi, fern im Westen leuchten die schneebedeckten Gipfel des über 5000 m hohen Qilian-Gebirges. Schon in den Annalen der Han wird der Ort als bedeutender chinesischer Außenposten an der Grenze zum Barbarenland erwähnt. Zahlreiche Gräber aus dem 3.–5. Jh. zeugen von seiner frühen Besiedlung. Der moderne Ort Jiayuguan allerdings ist trist. Graue Wohnblocks und qualmende Fabrikschlote dominieren. Etwa 130 000 Menschen leben und arbeiten heute in den Stahlwerken und chemischen Betrieben der Wüstenstadt. Außer einem **Museum zur Geschichte der Großen Mauer** in der Xinhua Nanlu hat die Stadt selbst nichts zu bieten. Doch in der Umgebung liegen einige imposante Sehenswürdigkeiten. Keinesfalls versäumen sollte man einen Besuch des mächtigen Forts, das etwa 5 km nordwestlich vor den Toren der Stadt liegt.

Die Festung Jiayuguan

Die Festung Jiayuguan (1) markiert das westliche Ende der Großen Mauer. Jedenfalls offiziell, denn dem Reisenden auf der Seidenstraße werden auch jenseits dieses Punktes auf seiner Fahrt nach Westen weitere, mehr oder weniger verfallene Teilstücke der Großen Mauer begegnen. Im Gegensatz zu ihrem östlichen Pendant, der Festung Shanhaiguan am Ufer des Gelben Meeres, welche als »Erster Pass unter dem Himmel« bezeichnet wird, darf sich Jiayuguan als der »Erste Große Pass unter dem Himmel« rühmen.

Das Fort wurde 1372 errichtet, nachdem es dem Ming-General Feng Sheng gelungen war, die Mongolen durch den Hexi-Korridor in die westlichen Steppen zurückzudrängen. Die Festung Jiayuguan wurde an einem strategisch äußerst wichtigen Punkt errichtet. Das Fort bewachte den Eingang des Hexi-Korridors zwischen dem Qilian Shan im Südwesten und den Schwarzen Bergen (Hei Shan) des Mazong-Massivs im Norden. Mauern, die wie lange ›Fühler‹ bis zu den umliegenden Gebirgsketten reichten, schlossen das Tal somit nach Norden hin ab. Die Bezeichnung ›Pass‹ steht also nicht für einen Gebirgspass, sondern für eine Kontrollstelle, die alle Reisenden auf

»Ich reiste von Hami aus neun Tage lang und kam schließlich zur weltberühmten Großen Mauer in Nordchina. Am Jiayu-Pass wartete ich 25 Tage lang auf eine Antwort des Provinzgouverneurs auf meinen Antrag, ins Land einreisen zu dürfen. Schließlich bekam ich Erlaubnis zur Einreise, und nach einer Tagesreise erreichte ich Suzhou (Jiuquan).«
Benedict de Goes,1602

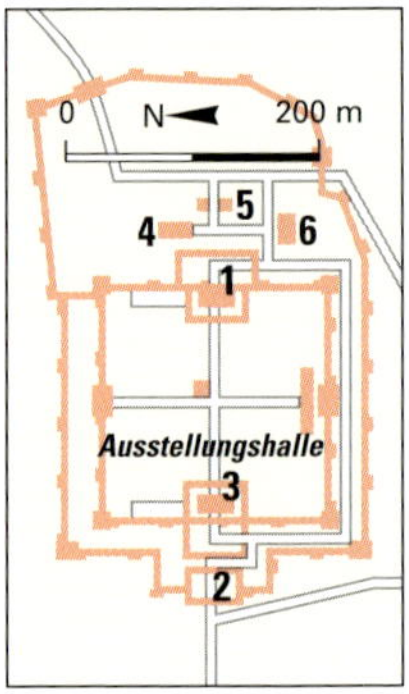

Festung Jiayuguan
1 Tor der Erbauung/ Erleuchtung
2 Tor der Versöhnung
3 Jiayuguan-Tor
4 Guandi-Tempel
5 Wenchang-Pavillon
6 Theaterbühne

der Seidenstraße passieren mussten, denn hier lag zeitweilig die offizielle Grenze zwischen dem chinesischen Reich und den ›barbarischen‹ Steppen des Westens. Mit Hilfe von Rauch- und Feuersignalen, welche über die Große Mauer von Wachturm zu Wachturm weitergegeben wurden, konnten Angriffe auf die Westgrenze des Reiches von Jiayuguan aus innerhalb eines einzigen Tages bis Beijing gemeldet werden.

Die Festungsanlage nimmt eine Grundfläche von 33 500 m^2 ein und besitzt eine äußere sowie eine innere Ummauerung. Die innere Mauer ist quadratisch im Grundriss, 10 m hoch, 733 m lang und mit Schießscharten und Brustwehren ausgestattet. Gemauerte Wachtürme bekrönen die vier Ecken. Innerhalb des Forts befanden sich neben Militärunterkünften Stallungen und Proviantlager. Im großen Innenhof diente ein abgeschlossener Hofkomplex mit mehreren kleinen Hallen dem Fortkommandanten als Residenz. Eine Legende erzählt, dass der Architekt des Forts seine Materialberechnung für dessen Erbauung so exakt durchgeführt haben soll, dass nach seiner Fertigstellung nur ein einziger Ziegelstein übrig blieb. Wie es heißt, hatte er für das Projekt 10 000 Ziegelsteine heranschaffen lassen, aber nur 9999 verwendet. Der übrig gebliebene Ziegel ist in der Ausstellungshalle im Fort zu bewundern.

Majestätisch erheben sich drei farbig bemalte Turmbauten mit elegant geschwungenen Dachtraufen über der lehmgelben Wehranlage. Sie markieren die Tore, durch welche die Handelskarawanen in die Wehranlage hineingeleitet und nach bestandener Zollkontrolle am anderen Ende wieder hinausgeführt wurden. Die dreigeschossigen Torgebäude wurden 1506 in klassischer chinesischer Holzskelettbauweise errichtet. 17 m hohe Pferderampen führen innen jeweils zur Mauerkrone hinauf. Das östliche Tor trägt den Namen **Tor der Erbauung/Erleuchtung** (Guanghua Men). Das westliche Tor ist mit zwei hintereinander gelagerten Torbauten doppelt gesichert: das **Tor der Versöhnung** (Rouyuan Men) auf der inneren und das **Jiayuguan-Tor** auf der äußeren Mauer. Letzteres wurde 1928 völlig zerstört, aber bei der ausgiebigen Renovierung der Anlage 1988 wieder neu errichtet. An seinem Fuß ließ der Jiaqing-Kaiser 1809 eine **Stele** mit der Inschrift »Stärkste Passfeste der Erde« aufstellen. Es wird erzählt, dass in alter Zeit jeder Reisende, der China durch dieses Tor in Richtung Westen verließ, einen Stein gegen die Festungsmauer schleuderte. Prallte der Stein von der Mauer zurück, hieß es, derjenige würde sicher seinen Weg nach China zurück finden, fiel er direkt zu Boden, sei es eine Reise ohne Wiederkehr.

Am östlichen Zugang zur Festungsanlage befinden sich außerhalb der inneren Ummauerung ein **Tempel für Guandi**, den Gott des Krieges, der **Wenchang-Pavillon**, der dem daoistischen Gott der Literatur gewidmet ist, sowie eine **Theaterbühne**, die zur Unterhaltung der Truppen diente, die in der Festung stationiert waren. Bis zu 30 000 Soldaten sollen zeitweilig in der Festung Jiayuguan gelebt haben.

◁ Die Festung Jiayuguan

Weitere Sehenswürdigkeiten in der Umgebung von Jiayuguan

Etwa 7 km nordwestlich von Jiayuguan kann man die so genannte **Hängende Mauer** (Xuan Bi), den höchstgelegenen Abschnitt der Großen Mauer, beschreiten. Die Mauer ist hier zwar nicht ganz so mächtig wie in den Abschnitten um Beijing, doch liegt sie über 1700 m hoch, und man genießt von dort herrliche Ausblicke ins endlose ›Nichts‹ der Gobi. Dieses Teilstück der Mauer wurde ursprünglich 1540 zur Absperrung des Hexi-Korridors errichtet. Es verbindet die Festung Jiayuguan mit dem Hei Shan. Der heute begehbare Teil wurde 1987 renoviert und sieht aus wie neu.

Von der Hängenden Mauer bei Jiayuguan bietet sich ein grandioser Blick in die Wüste Gobi.

20 km nordwestlich von Jiayuguan finden sich in einer schmalen Schlucht des Hei Shan einige **Felsbilder**, die chinesische Archäologen in das 5.–3. Jh. v. Chr. datieren. Die Ritzzeichnungen zeigen Jagdszenen, Darstellungen von Reitern, Tieren, Bogenschützen und Tänzern. Geschaffen wurden sie wahrscheinlich von den indogermanischen Yuezhi, die bis zum 3. Jh. v. Chr. im Gebiet der heutigen Provinz Gansu siedelten. Einige Darstellungen könnten auch aus der Hand der Xiongnu stammen.

Nicht versäumen sollte man einen Besuch in den **Gräbern aus der Wei- und Jin-Dynastie** (220–420; Xincheng Weijin Mu), auch bekannt als Unterirdische Galerie (Dixia Hualang). 20 km nordöstlich von Jiayuguan entdeckten chinesische Archäologen Anfang der 70er Jahre eine Nekropole mit mehr als 2000 Gräbern. 13 von ihnen wurden seither geöffnet. Zwar hatten Grabräuber sie geplündert, doch weisen die Grabkammern wunderbare Wandmalereien auf. Grab Nr. 6 ist vollständig erhalten und wurde Besuchern zugänglich gemacht.

Das Grab ist nur schwach beleuchtet, um die alten Malereien nicht zu schädigen. Eine Taschenlampe kann am Eingang geliehen werden. Fotografieren ist nicht erlaubt.

Umgebung von Jiayuguan
1 Festung Jiayuguan
2 Hängende Mauer
3 Felsbilder am Hei Shan
4 Gräber aus der Wei- und Jin-Zeit

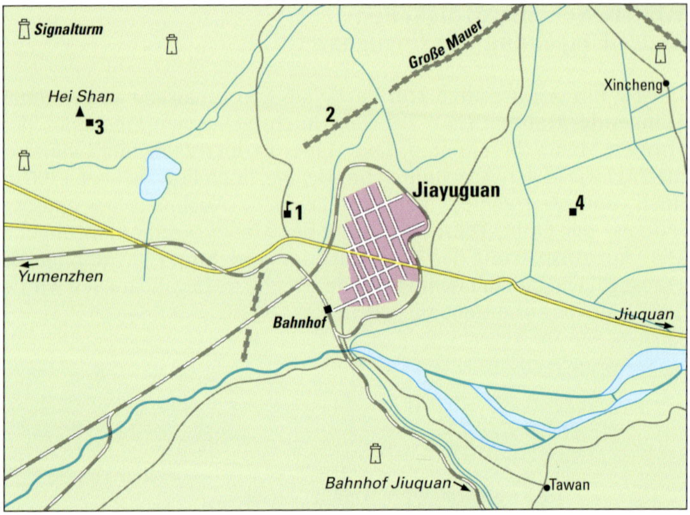

Oberirdisch präsentiert sich die Grabanlage als unscheinbarer, knapp 2 m hoher Erdhügel. Ein langer schmaler Gang führt hinunter zu drei hintereinander liegenden Kammern. Reliefziegel mit Darstellungen mythologischer Tiere markieren den Eingang. Die Wandziegel der ersten Kammer sind mit Szenen aus dem damaligen Alltagsleben – Jagd, Ackerbau und Viehzucht – bemalt. So sieht man Bauern beim Pflügen der Felder und beim Pflücken von Maulbeerblättern für die Seidenraupenzucht – ein Hinweis, dass die Natur um Jiayuguan vor etwa 1700 Jahren nicht so wüstenhaft und unwirtlich war wie heute. Auch ein Karawanenführer mit persischer Kappe auf dem Kopf, der ein Kamel am Zügel führt, ist zu erkennen. In der zweiten Kammer finden sich mehrere Bilder von Banketten, Prozessionen und Musikdarbietungen. Diese sollen eine Reise des hier bestatteten Beamten und seiner Frau nach Luoyang dokumentieren. Daneben sieht man die Dame des Hauses bei der Toilette, Diener in der Küche beim

Bemalter Ziegel aus der Unterirdischen Galerie: Ein Rind wird geschlachtet.

Schlachten eines Schweines und eines Rindes sowie beim Zubereiten von Speisen. Die dritte Kammer enthält die Sarkophage des Paares. An den Wänden finden sich Bilder ihrer Reichtümer: Kästen mit Juwelen und Regale voller Seidenballen. Die Malereien in allen drei Kammern sind linear und skizzenartig, mit kühnem Pinselstrich in Schwarz, Rot und Ocker ausgeführt. Sie wirken wunderbar lebendig. Die Bodenziegel zieren ornamentale Dekore im Relief.

Von Jiayuguan nach Dunhuang

Die Busfahrt von Jiayuguan nach Dunhuang ist 380 km lang (sechs Stunden) und führt durch vegetationslose Sand- und Geröllwüste, am Horizont gesäumt von hohen Gebirgsketten – dem Qilian-Massiv im Südwesten und dem Mazong-Massiv fern im Nordosten. Kilometersteine am Straßenrand geben die Entfernung des mehr als 3000 km östlich gelegenen Shanghai an. Ab und an lockern fruchtbare Oasen, landwirtschaftlich intensiv genutzt, die Einöde auf. Das Wasser wird über unterirdische Tunnel (Karez-Bewässerung; s. S. 235) aus den umliegenden Gebirgen herangeschafft. Angebaut werden hier vor allem Baumwolle, Melonen, Buchweizen, der im Spätsommer leuchtend rosa blüht, Gemüse, wie Paprika, Auberginen und Tomaten, sowie Hopfen für die Bierherstellung.

Nach 64 km passiert man die Industriestadt **Yumen** (100 000 Einwohner). Hier entdeckten Geologen in den 30er Jahren des 20. Jh. die ersten Ölvorkommen in China. Seit 1939 läuft die Förderung, das ›schwarze Gold‹ wird in der örtlichen Raffinerie veredelt und per Pipeline oder auf dem Schienenweg nach Lanzhou geschafft.

Nach weiteren etwa 80 km erreicht man **Yumenzhen**, von wo aus man einen Abstecher zu den buddhistischen **Changmasi-Grotten** machen kann, die etwa 70 km südlich am Fuß der Qilian-Berge im weiten Tal des Shule-Flusses liegen. Der Komplex umfasst elf Höhlen aus dem 10.–11. Jh. Besonders in Grotte 2 und 4 sind die Wandmalereien – Buddhas, Bodhisattvas, Tiere, Bauwerke –, die stilistisch an die Höhlenmalereien von Dunhuang erinnern, in gutem Zustand.

Etwa 50 km hinter Yumenzhen liegt die Ruinenstadt **Qiaowan**, deren Bau der Kangxi-Kaiser (reg. 1662–1723) im 18. Jh. in Auftrag gab, die aber nie fertig gestellt wurde, am Weg. Schuld daran waren zwei korrupte Beamte, welche die vom Kaiser für den Bau der Stadt zur Verfügung gestellten Gelder veruntreuten. Als der Kaiser von dem Betrug erfuhr, ließ er den beiden die Haut abziehen und damit eine Trommel bespannen. Diese sowie einige andere mehr oder minder interessante Kuriositäten kann man in einem kleinen, verstaubten Museum direkt an der Straße besichtigen.

Über das in einer fruchtbaren Oase gelegene und für seine zuckersüßen Melonen berühmte **Anxi** erreicht man schließlich Dunhuang.

Dunhuang und Umgebung

Dunhuang ☆☆
Besonders sehenswert:
Mogao-Grotten ☆☆
Berg des Singenden Sandes ☆
Yulinsi-Grotten ☆

Chinesen gründeten Dunhuang im Jahr 121 v. Chr., nachdem der Han-General Huo Qubing die Xiongnu vertrieben hatte. Die Stadt erhielt damals den Namen Shazhou, ›Sandgebiet‹. Sie war von einer Wehrmauer geschützt, von der heute noch einige wenige Reste westlich des modernen Dunhuang zu sehen sind. Die Geschichte der Stadt war wechselvoll, im 7. Jh. herrschten hier die Tibeter, im 9. Jh. die Uighuren, im 11. Jh. die Xixia und im 13. Jh. die Mongolen. Erst Mitte des 18. Jh. vermochte die Qing-Dynastie wieder die chinesische Kontrolle herzustellen. Dennoch gelangte das alte Shazhou zwischen der Zeitenwende und dem 13. Jh. als Handelsknotenpunkt auf der Seidenstraße zu Bedeutung und Reichtum, wuchs zu einer Großstadt heran, die zeitweilig bis zu 100 000 Einwohner zählte. Ihren wirtschaftlichen Erfolg verdankte sie ihrer strategisch günstigen Lage, denn hier verzweigte die Seidenstraße sich in die Südliche und die Nördliche Route. Viele der Karawanenführer nutzten die Rast in Dunhuang nicht nur zum Aufstocken ihrer Vorräte, sie begaben sich auch in die nahe der Stadt befindlichen Höhlentempel, um zu beten. Seit dem 4. Jh. entstanden vor den Toren der Stadt Tausende prächtiger Grotten zu Ehren des Buddha. Von Westen kommend, dankten die Reisenden hier für den glücklich überstandenen gefährlichsten Teil der Reise; gen Westen ziehend, flehten sie den Buddha um Beistand für die vor ihnen liegende Wegstrecke an.

Der Legende nach soll der Schimmel in der Nacht vor seinem Tod im Traum zu seinem Herrn gesprochen haben: Er sei eigentlich ein weißer Drache, der die Gestalt eines Pferdes angenommen und ihn auf seinem Weg von Westen her zu seinem Schutz begleitet habe, damit er in China die buddhistische Lehre verbreiten könne. Nun, da die Gefahren der Wüste überstanden seien und eine sichere Straße vor ihm liege, werde er ihn verlassen. Kumarajiva errichtete seinem treuen Begleiter zu Ehren die weiße Pagode und setzte seine Mission fort.

Heute ist Dunhuang ein modernes Städtchen von rund 20 000 Einwohnern, das recht gut vom Tourismus leben kann. Die Stadt liegt in einer großen Oase, in der hauptsächlich Baumwolle und Melonen angebaut werden. Industrie gibt es hier kaum, das ist wohl auch der Grund, warum Dunhuang keinen Eisenbahnanschluss besitzt. Der nächste Bahnhof Liuyan liegt 120 km nordöstlich der Stadt.

Großer Publikumsmagnet Dunhuangs sind die unvergleichlichen Grotten von Mogao und die imposante Wüstenlandschaft vor den Toren der Stadt. Dunhuang selbst ist relativ gesichtslos. Das **Kreismuseum** (Xian Bowuguan) verfügt über eine kleine Sammlung archäologischer Fundstücke der Umgebung. Ausgestellt sind Keramiken, Bronzen und Textilien seit der Westlichen Han-Zeit (8–220 n. Chr.) sowie einige Dokumente und Gemälde aus Höhle 17, der ›geheimen‹ Bibliothek von Mogao, die die Archäologen Stein und Pelliot zurückließen. Das Museum liegt in der Hauptgeschäftsstraße Dunhuangs, der Yangguan Donglu. Unübersehbar ist die alte Militärmaschine vom Typ MiG-15 auf dem Hof vor dem Eingang.

In den südwestlichen Vororten steht inmitten von Feldern eine weiße, flaschenförmige Dagoba, die **Pagode des Weißen Pferdes** (Baima Ta). Sie soll 384 von Kumarajiva (s. S. 253) an der Stelle erbaut worden sein, wo sein Schimmel, der ihn den weiten Weg durch die Wüste von Kucha bis hierher gebracht hatte, starb.

Der Mondsichelsee in den Bergen des Singenden Sandes

Etwa 5 km südlich vor den Toren Dunhuangs findet man ein Stück Wüste wie aus dem Bilderbuch – die **Berge des Singenden Sandes** (1; Mingsha Shan), welche sich über ein Gebiet von etwa 40 x 20 km erstrecken. Bis zu 250 m hohe Dünen hat hier der feine gelbliche Flugsand gebildet – eine der imposantesten Wüstenformationen an der Nördlichen Seidenstraße. Der eigentümliche Name dieser Dünen geht darauf zurück, dass diese zuweilen schrille, manchmal donnernde Töne von sich geben, die durch das Aneinanderreiben der Sandkörner verursacht werden. Auch Marco Polo hörte von diesem Phänomen. Er berichtet, dass viele, die die Wüste durchstreift hätten, »meinen, verschiedene Musikinstrumente, besonders Trommeln, zu vernehmen«. Mitten in den Dünen des Singenden Sandes liegt der kleine **Mondsichelsee** (Yueya Chi), der von einer Quelle gespeist wird und auf frühere Karawanen, die aus der Wüste kamen, wie eine Fata Morgana gewirkt haben muss. Leider haben die Stadtväter Dunhuangs die grandiose Natur um den Mondsichelsee in einen Rummelplatz verwandelt, wo fliegende Händler Souvenirs anbieten, Holzstege das Gehen erleichtern und diverse Aktivitäten wie Kamelreiten, ›Dünenrutschen‹ und Paragliding angeboten werden. Wem der Aufstieg auf die hohen Dünen zu Fuß zu anstrengend ist, dem sei ein Kamelritt aber durchaus empfohlen. Auf den zweihöckerigen Trampeltieren reitet es sich nicht nur äußerst bequem, dies ist auch der beste Weg, den Trubel um den Mondsichelsee schnellstmöglich hinter sich zu lassen. Von den Gipfeln der Dünen aus genießt man einen herrlichen Blick

Umgebung von Dunhuang
1 Berge des Singenden Sandes und Mondsichelsee
2 Mogao-Höhlen
3 Yulinsi-Grotten
4 Westliche 1000-Buddha-Grotten
5 Yang-Pass
6 Dafangpan und Reste eines Signalturms
7 Jadetor-Pass

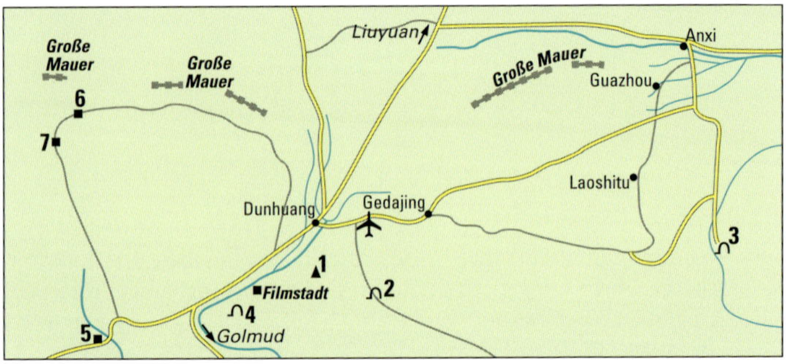

über die Dunhuang-Oase im Osten und das schier endlose ›Sandmeer‹ im Westen. Am schönsten ist ein Besuch im Morgen- oder Abendlicht, wenn die Dünen weiche Schatten werfen.

Die Mogao-Grotten

Im Jahr 366, so besagt eine alte Inschrift, hatte ein buddhistischer Mönch namens Lezun vor den Toren Dunhuangs eine Vision. Über den Gipfeln des Mingsha Shan sei ihm ein magisches Licht erschienen, welches er als Zeichen der Götter deutete. Er soll daraufhin die erste Grotte zu Ehren Buddhas in die Sandsteinklippen im Tal des heute ausgetrockneten Dang-Flusses, 25 km südöstlich von Dunhuang, geschlagen haben. Im Lauf der nächsten 1000 Jahre folgten unzählige Gläubige seinem Beispiel. Wie eine Bienenwabe höhlten sie die weichen Wände der Kliffs mit wunderbaren Bildwerken aus und

Eingang zu den Mogao-Grotten

erhofften sich von der Errichtung neuer Kultstätten die Aufbesserung ihres Karmas und den Eingang ins Paradies. Von den ehemals 1000 Kulthöhlen, die zwischen dem 4. und 13. Jh. entstanden, sind heute noch beinahe die Hälfte erhalten. Sie bergen rund 2400 Heiligenbildnisse aus bemaltem Stuck, deren Größe zwischen einigen Zentimetern bis hin zu monumentalen 33 m variiert, und etwa 45 000 m^2 an Wandmalereien (2; Mogao Ku).

Der Aufbau der Höhlen folgt fast immer derselben Grundstruktur. Das Zentrum der Verehrung bildet das Bildnis des Buddha auf dem Lotosthron. Stets wird er in schlichter Mönchstoga dargestellt, tief in Meditation versunken. Flankiert wird er von seinen beiden Lieblingsjüngern Ananda und Kashyapa, üppig geschmückten, mit Tiaras bekrönten Heiligen sowie grimmig dreinblickenden Wächterfiguren. Farbige, kleinteilige Malereien zieren Wände und Decken der Grotten und bilden mit den Skulpturen eine künstlerische Einheit. Episodenartig, fast in der Manier von Comic-Strips, werden Szenen aus dem Leben des Buddha und berühmte Legenden von dessen früheren Existenzen erzählt – die Jatakas. Diese sollten den Gläubigen, die des Lesens und Schreibens meist nicht mächtig waren, die buddhistische Lehre und deren Grundwerte nahe bringen. In anderen Malereien sieht man den Buddha auf dem Lotosthron mit einer Entourage von Göttern und Heiligen. Er sitzt in seinem himmlischen Palast, umgeben von prächtigen Pavillons, Terrassen und lotosbestandenen Wasserbassins, wo Musiker und Tänzer die Erleuchteten unterhalten. Immer wieder kehrt das Motiv der Apsaras wieder, geschmeidige, engelsgleiche Wesen, die in duftigen Gewändern graziös durch die Lüfte gleiten, manchmal Blumengirlanden in den Händen haltend, und ehrerbietig den Buddha und seine Gefährten umschwirren.

Für die Wissenschaft sind die Bilder in den Mogao-Grotten von unschätzbarem Wert, denn nirgends in China haben sich Malereien aus dieser frühen Zeit besser erhalten als hier. Ein Gang durch die Mogao-Grotten ist wie eine Reise durch 1000 Jahre chinesischer Kunst- und Kulturgeschichte.

Neben religiösen Themen dokumentierten die Maler von Dunhuang aber auch Alltagsszenen. Da sieht man Landschaften, in denen Kaufleute den beschwerlichen Weg über die Seidenstraße zurücklegen, Handwerker bei der Arbeit oder Bauern, die ihre Felder bestellen. Zumeist in der Nähe der Höhleneingänge finden sich Defilees vornehmer Herren und Damen verschiedener ethnischer Herkunft in prächtigen Gewändern – hier haben sich die Stifter der betreffenden Grotten abbilden lassen.

Der relativ gute Zustand der Höhlen verdankt sich dem trockenen Wüstenklima sowie dem Umstand, dass die gesamte Anlage nahezu ein halbes Jahrtausend lang vergessen war. Im 15. Jh. wurden die Grotten verlassen, und die Wüste bemächtigte sich ihrer. Hohe Sanddünen verwehten die Eingänge und schützten Malereien und Skulpturen nicht nur vor Verwitterung, sondern auch vor den Zerstörungen durch Menschenhand. Erst 1899 entdeckte der Mönch Wang Yuanlu die Mogao-Grotten durch Zufall wieder. Dieser nahm sich vor, die Höhlen im alten Glanze wieder erstrahlen zu lassen und machte sich daran, einige der Höhlen – leider sehr unfachmännisch – zu ›restaurieren‹. Dabei stieß er in einer zugemauerten Höhle auf eine alte

»Was ich in dem kleinen Raum zu Gesicht bekam, ließ mich die Augen aufreißen. Übereinandergeschichtet, aber ungeordnet erblickte ich im trüben Licht der kleinen Lampe des Mönchs einen etwa drei Meter hohen Berg aus gebündelten Handschriften, der, wie spätere Messungen ergaben, ein Volumen von fast 500 Kubikfuß hatte.«
Sir Aurel Stein

Bibliothek, die mehr als 40 000 Schriften umfasste. Von diesem Schatz erfuhren bald westliche Wissenschaftler. Sir Aurel Stein war der Erste, der 1907 in Dunhuang erschien und im Auftrag der englischen Krone Malereien und Dokumente von unschätzbarem Wert erstand. 6500 Handschriften, 500 Malereien und 150 Brokatstücke konnte er für ganze 130 englische Pfund für das Britische Museum in London erwerben. Steins spektakulärster Fund war eine Ausgabe des »Diamant-Sutra« aus dem Jahr 868, bestehend aus sieben zusammengehefteten Papierstreifen, mit einer kunstfertigen Illustration des predigenden Buddha auf dem Titelblatt – das älteste gedruckte Schriftstück der Welt.

Weitere westliche Wissenschaftler hörten von der sagenhaften Bibliothek und folgten auf dem Fuße. Paul Pelliot erschien 1908 vor Ort und arbeitete die von Stein zurückgelassenen Dokumente noch einmal durch. Im Gegensatz zu Stein, der kein Chinesisch sprach, war Pelliot ein hervorragender Sinologe und versuchte das Material vor Ort zumindest grob einzuschätzen. Er erstand bei dem Mönch 6000 weitere Handschriften für die Pariser Bibliothèque Nationale. Der Deutsche Albert von Le Coq verfolgte die Erfolge seiner britischen und französischen Kollegen zähneknirschend. Als er im Herbst 1905 gemeinsam mit Theodor Bartus bei Turfan Grabungen durchführte, waren ihm bereits Gerüchte von einer geheimen Bibliothek in Dunhuang zu Ohren gekommen. Doch als er sich dorthin aufmachen wollte, erreichte ihn ein Telegramm von Albert Grünwedel. Dieser teilte ihm mit, dass er auf dem Weg nach Kashgar sei und ihn und Bartus dort erwarte. Da die Reise von Turfan nach Kashgar mehr als zwei Wochen in Anspruch nehmen würde, blieb für die Erkundung der Bibliothek von Dunhuang keine Zeit mehr. Le Coq entschied sich für die Rückreise nach Kashgar, wo die beiden Männer allerdings noch fast zwei Monate auf den verspäteten Grünwedel warten mussten. Einige Monate später musste Le Coq zusehen, wie Aurel Stein die Ehre zufiel, als Entdecker der geheimen Bibliothek von Dunhuang gefeiert zu werden. Weitere ausländische Wissenschaftler kamen in den folgenden Jahren nach Dunhuang und erwarben ebenfalls Schriften und Malereien für die Museen ihrer Heimat. Erst 1943 setzte die chinesische Regierung dem ›Ausverkauf‹ ein Ende. Noch jüngste chinesische Publikationen bezeichnen diese Forscher verbittert als »ausländische Banditen«. Seit 1944 kümmert sich das Dunhuang Research Institute (Dunhuang Yanjiusuo) um die Erforschung, Instandhaltung und Restaurierung der Mogao-Grotten.

Türen schützen die Höhlen heute gegen Witterungseinflüsse und Diebstahl. Insgesamt sind 30 der 492 Grotten offiziell für den Publikumsverkehr geöffnet. Die Grotten verteilen sich über mehrere Ebenen und sind über Treppen und Galerien zu erreichen. Da ihre Nummerierung keiner erkennbaren Ordnung folgt und die Führer die zu besichtigenden Grotten meist willkürlich aussuchen, seien hier einige der schönsten Höhlen nach Entstehungsepochen geordnet beschrieben.

Die Höhlen des 4.– 6. Jh.

Die Grotten dieser frühen Zeit sind meist von quadratischem Grundriss und besitzen in der Mitte einen runden oder eckigen Pfeiler in Pagodenform, in den Nischen mit Buddha-Bildnissen eingelassen waren, der von den Gläubigen andächtig umwandelt wurde. Andere Höhlen weisen kleine Nebenkammern in den Seitenwänden auf, die den Mönchen als Schlaf- und Meditationsstätten dienten. Ihrem Aufbau nach orientieren sich diese Höhlen noch deutlich an den Viharas der indischen Gandhara-Architektur (s. S. 91). Die Skulpturen dieser Epoche sind schlank und ätherisch, ihr Gesichtausdruck ist wissend, meist liegt ein tiefsinniges Lächeln auf ihren Lippen. Sie verkörpern das Ideal des Asketen, der das Elend der Welt durch Entsagung überwunden hat. Die Wandmalereien dieser Zeit sind in kräftigen Farben gehalten, wirken oftmals dynamisch, wie in Bewegung. Viele Figuren weisen grobe, dunkle Umrisslinien auf, die auf Pigmentveränderungen zurückzuführen sind. Bevorzugtes Thema der Malereien dieser Epoche sind die Jatakas, Moralgeschichten von den früheren Existenzen des Buddha. Bei vielen der insgesamt 547 Jatakas handelt es sich um indische Volkssagen aus vorbuddhistischer Zeit, die von den Buddhisten für ihre Zwecke vereinnahmt wurden. Zumeist stellen sie in schreckenerregenden Bildern das weltliche Elend dar, aus dem heraus der Protagonist durch grenzenloses Mitleid und Vertrauen in den Buddha zum Glück findet. Typisch ist die Darstellung der Geschichten in einer Abfolge von Szenenbildern, was die Chinesen als Jianbian-Stil bezeichnen.

Eine Besichtigung ist nur im Rahmen einer Führung möglich, dabei werden meist 15 Höhlen in etwa eineinhalb bis zwei Stunden besucht. Es stehen auch englisch- und deutschsprachige Führer zur Verfügung. Gegen eine zusätzliche Gebühr schließen die Guides manchmal weitere Höhlen auf. Fotografieren ist in den Höhlen nicht gestattet. Kameras und größere Taschen müssen am Eingang abgegeben werden.

Jataka des Königs Shivi; Höhle 254 aus der Zeit der Nördlichen Wei-Dynastie

Zunächst seien **Höhlen aus der Zeit der Nördlichen Wei-Dynastie** (386–534) beschrieben. **Höhle 254** ist von rechteckigem Grundriss und besitzt einen zentralen Säulenpfeiler, in den Nischen mit Buddha-Statuen eingelassen sind. Die Malereien in dieser Höhle sind in dunklen Farben gehalten. Es dominieren Grau-Braun-Töne und ein intensives Türkis. Auf der südlichen Höhlenmauer sieht man an der östlichen Seite eine Szene, die Shakyamuni im Lotossitz umgeben von Dämonen zeigt. Hier wird das Scheitern Maras, des Herrn der Unterwelt, illustriert. Mara versuchte, den historischen Buddha vom rechten Wege abzubringen, indem er seine drei schönen Töchter sandte (links unten zu sehen), die ihn verführen, und Dämonen, die ihn ängstigen sollten. Shakyamuni wird mit der Mudra der Erdberührung dargestellt, die symbolisiert, dass er die Erde als Zeugin anruft, dass er den Versuchungen des Herrn der Unterwelt standhalten konnte.

Im mittleren Teil der südlichen Wand illustriert eine episodenartige Darstellung die *Legende von Sattva, der sich der Tigerin opfert*: Drei Prinzen aus dem Lande Maha erblickten auf einer Reise sieben neugeborene Tigerjunge, die hungrig ihre Mutter umlagerten. Diese war selbst ausgehungert und schwach. Das Mitleid des jüngsten Prinzen Sattva war so grenzenlos, dass er sich entschied, sich der Tigerin zu opfern, um sie und ihre Jungen zu retten. Er schickte seine Brüder fort und legte sich vor die Tigerin. Diese war jedoch zu schwach, um ihn zu fressen. So warf sich Sattva von einer Klippe herab, der Tigerin vor die Füße. Als diese von seinem Blut leckte, kehrten ihre Lebensgeister zurück, sie verschlang den Prinzen und war bald wieder kräftig genug, ihre Jungen zu säugen. Von Sattva aber blieb nur sein Skelett übrig. Als seine Brüder zurückkehrten, erschauerten sie bei dem grausigen Anblick. Die Familie des Prinzen weinte bitterlich um ihren Sohn und errichtete ihm zu Ehren eine Pagode.

Auf der gegenüberliegenden Wand wird das *Jataka des Königs Shivi* (Abb. S. 213) erzählt, der sein Fleisch hergab, um eine Taube zu retten: Eine Taube wurde von einem hungrigen Raubvogel gejagt und suchte Zuflucht bei König Shivi. Dieser bat den Raubvogel, die Taube zu verschonen. Der Raubvogel entgegnete jedoch, dass er hungers sterben müsse, wenn er die Taube nicht fresse. Daraufhin nahm Shivi eine Waage, setzte die Taube in die eine Waagschale, schnitt sich ein Stück Fleisch aus seinem Bein und legte es in die andere. Doch so viel Fleisch er sich auch herausschnitt, es erreichte nie das Gewicht der Taube. Schließlich entschied er, sich gänzlich für die kleine Taube hinzugeben. Da ertönte Donnergrollen, und die Erde begann zu beben. Taube und Adler verschwanden. Die Götter hatten König Shivi lediglich prüfen wollen.

Auch in **Höhle 257** zieren zahlreiche Jatakas die Wände. Im mittleren Teil der westlichen Höhlenwand wird in mehreren Szenen das damals sehr populäre *Jataka vom neunfarbigen Hirschen* erzählt: Es lebte einst ein Hirsch mit einem wunderbaren neunfarbigen Fell und schneeweißem Geweih. Eines Tages sah der Hirsch einen Mann im

Szene aus dem Jataka des neunfarbigen Hirschen; Höhle 257 aus der Zeit der Nördlichen Wei-Dynastie

Fluss ertrinken. Er sprang in die Fluten und rettete ihn. Der Mann war dem Hirsch so dankbar, dass er sich ihm als Diener anbot, doch der Hirschkönig verlangte lediglich, dass der Mann niemandem verraten solle, wo er zu finden sei. Zur gleichen Zeit erschien der Königin des Landes der wunderbare Hirsch im Traum. Sie war so fasziniert von seinem Bild, dass sie sein Fell und Geweih um jeden Preis besitzen wollte. So stellte sie sich krank und bat ihren Gatten, ihr den Hirschen zu erlegen. Schaffe er das nicht, so müsse sie sterben, behauptete sie. Der König ließ sodann im Lande bekannt geben, wer immer ihm den neunfarbigen Hirsch beschaffe, mit dem wolle er sein Reich teilen. Das hörte auch der arme Mann, der einst vom Hirschkönig gerettet worden war und üble Gedanken beschlichen ihn. Er begab sich zum Palast und verriet dem König den Aufenthaltsort des Hirschen. Der königliche Jagdtrupp begab sich zu den Ufern des Flusses und überraschte den Hirschen im Schlaf. Als dieser sich umzingelt sah, rief er: »Halt! Schießt nicht! Ich habe Eurem König etwas zu sagen!«. Der König hörte ihn an und erfuhr so, dass der Hirsch vor einigen Tagen den Mann aus den Fluten gerettet habe und dieser heute aus Habgier seinen Schwur gebrochen habe, ihn nicht zu verraten. Da errötete der König vor Scham und Wut. Er verdammte den Verräter und ließ den Hirschen ziehen. Zurück in der Hauptstadt erließ er, dass niemand im Lande den neunfarbigen Hirschen jagen dürfe. Der Verräter und die habgierige Königin wurden bald darauf krank vor Scham und starben. Von da an grasten Herden neunfarbiger Hirsche auf den üppigen Weiden des Königreiches. Die Menschen lebten in Frieden und Wohlstand, das Land blühte und wurde nie wieder von Unwettern und anderen Katastrophen heimgesucht.

Auf der nördlichen Wand sieht man Szenen aus der *Geschichte von Shramanera*, der Selbstmord beging, um nicht gegen die Gesetze Buddhas zu verstoßen: Shramanera, ein junger Mann, entschloss sich, sein Leben Buddha zu weihen, und ging bei einem Weisen in die Lehre. Als er für sich und seinen Meister Almosen erbetteln sollte, öffnete ihm eine junge schöne Frau. Sie verliebte sich augenblicklich in Shramanera und versuchte ihn zu verführen. Dieser blieb jedoch standhaft. Eher würde er sich umbringen, als die Gesetze Buddhas zu brechen, schwor er, und schnitt sich im Nebenzimmer die Kehle durch. Als die junge Frau ihn entdeckte, war sie untröstlich und beichtete reuevoll ihrem Vater, was sich zugetragen hatte. Der König des Landes hatte Mitleid mit der Schönen und großen Respekt vor dem jungen Shramanera, der ihren Reizen hatte widerstehen können. Er ließ die Frau in kostbare Gewänder kleiden und präsentierte sie gemeinsam mit dem Leichnam des Shramanera seinem Volk. Ehrfürchtig verneigten sie sich vor ihm, und viele lebten fortan nach der Lehre Buddhas.

Eine der ältesten Buddha-Statuen Dunhuangs findet sich in **Höhle 259**. Typisch für den Wei-zeitlichen Skulpturstil ist die starre Haltung und der fast formenlose Körper, auf dem die Falten des Gewandes flach und linear aufliegen. Das Gesicht der Figur hingegen ist lebendig und freundlich. Auf dem zarten Mund liegt ein verzücktes Lächeln, das die Chinesen gern mit dem der Mona Lisa vergleichen.

Weitere Höhlen aus der Nördlichen Wei-Zeit sind die **Höhlen 248**, **251**, **263** und **435**.

In einen ähnlichen Zeitraum fallen die **Höhlen der Nördlichen Liang-Dynastie** (421–439). In **Höhle 275** findet sich eine mehr als 3 m große Statue des Zukunftsbuddhas Maitreya. Er wie auch die kleineren Bodhisattva-Figuren in den Nischen der Seitenwände, sind mit überkreuzten Beinen auf Thronen sitzend abgebildet – in ›westlicher‹ Sitzhaltung also, denn in China pflegte man sich zu dieser Zeit noch auf dem Boden niederzulassen. Zwei Löwen flankieren die Maitreya-Figur. Rechter Hand, an der nördlichen Höhlenwand, sieht man eine Szene aus dem *Jataka des Königs Bhilanjili*, der um jeden Preis die buddhistische Wahrheit erfahren wollte: Der Brahmane Raudraksha versicherte ihm, dass er ihm die Wahrheit vermitteln könne, indem er 1000 Nägel in seinen Körper schlüge. Trotz der drohenden Qualen willigte der König ein, denn sein Lerneifer war größer als seine Angst vor dem Tode. Rechts daneben schließt sich eine Szene aus dem *Jataka des Königs Shivi* (s. S. 214, Höhle 254) an, der sein Fleisch hergibt, um eine Taube zu retten. Unter diesem Malereifries erkennt man ein Defilee von etwas kleiner dargestellten Personen, die Blumen in ihren Händen halten oder Instrumente spielen und deren Gesichter nicht mehr erkennbar sind – vermutlich die Stifter der Höhle. Aus derselben Epoche stammt **Höhle 272** mit stilistisch ähnlichen Figuren und Malereien.

Von den **Höhlen der Westlichen Wei-Dynastie** (535–556) sei **Höhle 249** erwähnt, deren in lebhaften Rot- und Blautönen auf hellem Grund gehaltene, dynamische Deckenmalereien bemerkenswert sind. Das Zentrum der Kassettendecke bildet eine stilisierte Lotosblüte. Um sie herum teilt sich die Decke in vier Kompartimente, in denen sich indische Motive mit Motiven der chinesischen Mythologie vermischen. Im westlichen Kompartiment sieht man Asura, eine der niederen Gottheiten des buddhistischen Pantheons, dargestellt mit vier Armen und vier Augen. In zwei Händen hält er Sonne und Mond. Zu seiner Linken begleitet ihn der Gott des Windes und zu seiner Rechten der Donnergott. Über ihm erhebt sich der Palast des Himmelsgottes auf dem Weltenberg Sumeru. Das östliche Kompartiment zeigt das buddhistische Wunschjuwel, die Chintamani-Perle, die Apsaras und mythische Wesen umschwirren. Im Süden erkennt man die Königinmutter des Westens, eine Gestalt der chinesischen Mythologie, in ihrem himmlischen Gefährt, begleitet von Genien, die auf Phönixen reiten. Im westlichen Kompartiment ist die Abbildung ihres ›Gegenstücks‹, des Königsvaters des Ostens, leider nicht mehr erhalten.

Höhle 285 stellt ein besonderes Juwel dar. Eine Inschrift an der nördlichen Höhlenwand gibt ihr Entstehungsdatum mit dem 4. und 5. Jahr von Datong der Westlichen Wei-Dynastie an, also 538/539. Die Höhle ist von fast quadratischem Grundriss. In der Westwand befinden sich drei Statuennischen. In der mittleren thront Shakyamuni,

Jataka von den 500 Banditen; Höhle 285 aus der Zeit der Westlichen Wei-Dynastie

flankiert von Bodhisattvas, die beiden Nischen links und rechts bergen Figuren von Mönchen im Lotossitz. In die Nord- und Südwand sind jeweils vier kleine Zellen eingelassen, die wahrscheinlich von Mönchen zur Meditation genutzt wurden. Reich verzierte Mandorlas schmücken die Torbögen. Auf der südlichen Grottenwand wird in der Partie über den Zelleneingängen in mehreren Episoden das *Jataka von den 500 Banditen* abgebildet: Im Reich Koshala trieben einst 500 Banditen ihr Unwesen. Die Armee des Königs konnte nach langen Kämpfen die Männer schließlich dingfest machen. Zur Strafe kratzte man ihnen die Augen aus. Als sie sich vor Schmerzen wanden, erschien ihnen Buddha und gab ihnen auf magische Weise ihr Augenlicht zurück. Fortan lebten sie als Eremiten in den Bergen und widmeten ihr Leben dem Buddha. An der Decke der Grotte jagen allerlei mythische Wesen – Apsaras mit wehenden Schleiern, geflügelte Himmelspferde, Phönixe, der Wind- und der Donnergott, mehrköpfige Wesen – über den Himmel. Im östlichen Deckenkompartiment flankieren Fuxi und Nügua, nach der chinesischen Mythologie die Begründer der Zivilisation und Erfinder des Handwerks, das buddhistische Wunschjuwel. Sie halten ihre typischen Attribute, Winkeleisen und Zirkel, in den Händen.

Weitere Höhlen der Westlichen Wei-Zeit sind **Höhle 288** und **Höhle 431**.

Auch die **Höhlen der Nördlichen Zhou-Dynastie** (557–580) gehören in diesen Zeitraum. An der Decke von **Höhle 290** wird in sechs parallelen Bildstreifen das Leben des historischen Buddha Shakyamuni von seiner Geburt bis zum Eingang ins Nirvana erzählt. Stilistisch zeigen die Malereien noch deutlich Han-zeitliche Einflüsse.

In **Höhle 428** findet sich am südlichen Ende der östlichen Höhlenwand eine Darstellung des berühmten *Jatakas von Sattva, der sich*

Jataka des Prinzen Sattva, der sich der Tigerin opfert; Höhle 428 aus der Zeit der Nördlichen Zhou-Dynastie

der Tigerin opfert (s. S. 214; Höhle 254). Am nördlichen Ende der Wand sieht man Szenen aus dem *Jataka des freigebigen Sudana*: Prinz Sudana war der einzige Sohn des Königs von Yapa. Als er eines Tages aus dem Palast zog, begegnete er einem Tauben, einem Stummen und einem Blinden. Bekümmert über deren Leid, wandte er sich an seinen Vater und bat ihn um den Staatsschatz. Der König willigte ein, und Sudana verteilte von da an die Schätze aus dem Schloss an das Volk. Niemand wurde abgewiesen. Im feindlichen Nachbarreich hörte man von der Freigebigkeit Sudanas. Dort wusste man, dass das Reich Yapa einen wunderbaren weißen Kampfelefanten besaß, der über Lotosblüten laufen konnte. Als die Gesandten des feindlichen Nachbarreiches Sudana um den Elefanten baten, gab dieser ihnen das Tier ohne zu zögern. Das entrüstete die Minister des Königs von Yapa. Sie sahen in Sudanas Freigebigkeit eine Bedrohung für das Reich und bedrängten den König, Sudana zu bestrafen. Der König ließ sich schließlich überreden, Sudana in die Verbannung zu schicken. Dieser ergab sich ohne Widerspruch seinem Schicksal und zog mit seiner Familie in die Berge, wo sie in Armut, aber glücklich lebten. Selbst die wilden Tiere lebten in Eintracht mit ihnen. Eines Tages jedoch erschien ein alter Brahmane und bat um Sudanas Kinder, die er zu seinen Sklaven machen wollte. Sudana willigte schweren Herzens ein und ließ den Brahmanen mit seinen geliebten Kindern ziehen. Bald darauf erschien ein weiterer Brahmane und bat Sudana, ihm seine treue Ehefrau zu überlassen. Erneut willigte Sudana ein. Da zeigte der Brahmane, der eigentlich der Gott Shakra war, sein wahres Gesicht. Er wollte Sudana lediglich auf die Probe stellen. Nun, da Sudana seine Aufrichtigkeit und sein Wohlwollen bewiesen hatte, wollte er ihm und seiner Frau einige Wünsche gewähren. Seine Frau wünschte sich, dass ihre Kinder aus der Sklaverei befreit würden und dass der Bann auf ihre Familie gelöst werde. Sudana aber wünschte sich die Erlösung aller Lebewesen vom Leid der Welt und deren Eingang ins Paradies. Shakra war gerührt von Sudanas edlem Wunsch. Der Prinz und seine Frau zogen zurück in die Hauptstadt und waren bald wieder mit ihren Kindern vereint. Der feindliche Nachbarstaat sandte den ›Wunder-Elefanten‹ zurück und schloss Frieden mit Yapa. Der alte König übergab seine gesamten Reichtümer seinem Sohn, sodass dieser sie an die Bedürftigen verteilen konnte. Von da an herrschte Frieden und Glück im Reich Yapa.

Weitere sehenswerte Höhlen dieser Epoche sind die **Höhlen 296, 299** und **301**.

Höhlen des 7. bis Anfang des 10. Jh.

Ab der Sui-Zeit lässt sich ein deutlicher Stilwandel in der Höhlenkunst von Mogao feststellen. In der Architektur verschwinden die zentralen Säulenpfeiler. Die Höhlen werden größer, ihre Decken höher. Bei den Skulpturen wandeln sich die zarten, gefälligen Formen der früheren Zeit in quadratische Gesichter und schwerfällige Körper.

Der Bodhisattva Mahasthamaprata; Höhle 217 aus der Tang-Zeit

In der Tang-Dynastie (618–906) verfeinern sich die Formen und werden realistischer. Die Körper der Figuren wirken muskulös und kräftig, typisch sind volle Wangen und die kleinen Speckfältchen am Hals, das Schönheitsideal der Zeit. Der Buddha macht nun nicht mehr den Eindruck eines weltentrückten Asketen, sondern wirkt eher wie ein weltlicher Herrscher. Er drückt Stärke aus, erscheint dabei aber gütig und zugänglich. Gewänder und Schmuck der Bodhisattvas sind auffallend prächtig, und besonders die Wächterfiguren dieser Zeit besitzen ausdrucksvolle, manchmal grimassenhaft verzogene Gesichtszüge. Auch in den Wandmalereien macht sich ein deutlicher Stilwandel bemerkbar. Rückten in den Höhlen früherer Zeit die Jatakas und das Elend der Welt, das es zu überwinden galt, in den Mittelpunkt, dominieren in den Bildnissen der Sui- und Tang-Zeit Darstellungen paradiesischer Buddha-Länder voller Schönheit, Reichtum, Glück und Freude. Die Überwindung des Leidens der Welt wird dem Gläubigen nun nicht mehr durch Schreckensgeschichten schmackhaft gemacht, sondern durch Verheißung paradiesischer Freuden, die durchaus weltlichen Charakter haben. Prächtige Paläste mit üppigen Gärten, in denen Musiker mit ihren Wohlklängen liebliche Tänzerinnen begleiten, werden dem Gläubigen präsentiert.

Sui-zeitliche Skulpturengruppen (589–618) haben sich z. B. in den **Höhlen 303**, **305**, **419**, **420** und **427** erhalten. Die Deckenmalereien in **Höhle 419** zeigen das *Jataka von Sattva* (s. S. 214, Höhle 254) und das *Jataka vom Prinzen Sudana* (s. S. 219, Höhle 428). In **Höhle 420** findet man an der Decke Illustrationen zum »Lotos-Sutra«, einer der wichtigsten Schriften des Mahayana-Buddhismus. In der Fülle der Darstellungen entdeckt man Kaufleute, die von Banditen überfallen werden, oder den Buddha, der den Vögeln predigt. In einer anderen Szene sieht man Menschen in einem Fluss schwimmen, an dessen Ufer ein Bodhisattva steht. Dieses Bild soll den Glauben unterstreichen, dass ein Ertrinkender gerettet werden kann, indem er den Namen des Bodhisattva des Mit-Leidens, Avalokiteshvara, anruft.

Weitere Sui-zeitliche **Höhlen** sind Nr. **62**, **276**, **278**, **292**, **295**, **302**, **390**, **397**, **404**, und **407**.

Eine Figurengruppe, die den **Stil der frühen Tang-Zeit** (618–712) verkörpert, findet man in **Höhle 205**, leider sind die Gesichter der Statuen stark beschädigt. Besonders schön ist ein mit angewinkeltem Bein sitzender Bodhisattva mit muskulösem Torso von dunkler Hautfarbe. Sein Hüftrock fällt in üppigen Falten über seine Beine und die Lotosblüte, auf der er sitzt, und malt dabei jedes einzelne Blütenblatt ab. Dasselbe Motiv findet sich auch in der Skulpturengruppe in **Höhle 328**, welche den lehrenden Buddha Shakyamuni flankiert von seinen Lieblingsjüngern Ananda und Kashyapa und Bodhisattvas abbildet.

Eine meisterhaftes Beispiel für den Malstil der frühen Tang-Zeit findet sich an der nördlichen Wand von Höhle **401**. Ein wunderbar eleganter Bodhisattva, dessen fließendes Gewand Bänder umspielen, steht auf einer Lotosblüte. Graziös hält er eine Schale in seiner Rechten, um sein Haupt leuchtet ein Nimbus.

Skulpturengruppe aus der Höhle 419 der Sui-Zeit

Auch die gemalten Bodhisattva-Figuren in **Höhle 57** bestechen durch ihre Anmut, ihre schönen Gesichter, die kostbaren Kronen und Gewänder.

In **Höhle 220** findet man zwei prächtige Buddha-Land-Darstellungen: an der südlichen Wand das Paradies des Amitabha und an der nördlichen das Paradies des Medizin-Buddhas Bhaisajyaguru. Die Buddhas thronen auf Lotosblüten, die aus einem Wasserbecken sprießen, an dessen Rand Musiker Tänzerinnen und Tänzer begleiten, die ihre Bewegungen durch wehende Bänder unterstreichen.

Wunderbar graziöse Apsaras, die von Bändern umspielt durch die Lüfte jagen und Blumen von einer Balustrade streuen, findet man in **Höhle 321**. An der südlichen Wand thront der predigende Buddha mit einer Entourage aus Göttern und Heiligen inmitten einer Berglandschaft. Im Hintergrund gehen Menschen ihrem alltäglichen Gewerk nach, bestellen Felder, jagen, bauen Häuser.

In **Höhle 323** erkennt man auf der westlichen Seite der nördlichen Höhlenwand Zhang Qian, den Gesandten des Han-Kaisers Wudi, wie er 138 v. Chr. aufbricht, um den Westen zu erkunden.

Schöne Architekturdarstellungen finden sich in den Buddha-Ländern des Maitreya und des Amitabha in **Höhle 329**. An der Westwand ist über der Hauptnische rechts der Buddha auf dem Rücken eines Elefanten abgebildet, der mit seinen Läufen auf Lotosblüten steht. Dies stellt den Buddha im Moment vor seiner Reinkarnation als Shakyamuni dar. Links daneben sieht man ihn auf dem Rücken eines Pferdes, als er des Nachts den elterlichen Palast verlässt, um in die ›Hauslosigkeit‹ zu ziehen und nach Erkenntnis zu suchen. Die Hufe seines Rosses werden von engelhaften Gestalten gehalten, die gesamte Szene von eleganten Apsaras umspielt.

Weitere **Höhlen** der frühen Tang-Zeit sind Nr. **71**, **203**, **209**, **322** **332**, **334**, **335**, **375** und **431**.

Der typische Tang-Stil hat sich in der **Blütezeit der Tang** (712–781) voll ausgeprägt. Gruppen mit lebhaften, ausdrucksstarken Skulpturen im typischen Tang-Stil findet man in den **Höhlen 45**, **46**, **194** und **320**. **Höhle 96,** mit markantem Holzvorbau, birgt eine 34,5 m hohe Buddha-Figur, die größte in Mogao. Die zweitgrößte, eine 26 m hohe Buddha-Figur (Große Statue des Südens), findet sich in **Höhle 130**.

Szene aus der Darstellung des Buddha-Landes des Buddha Amitayus; Höhle 172 aus der Tang-Zeit

Einer Inschrift von Meister Ma Sizhang zufolge wurde Letztere in der Kaiyuan-Ära der Regierungszeit des Kaiser Xuanzong der Tang-Dynastie (713–741) gefertigt.

Einen großen liegenden Buddha umgeben von seinen Jüngern findet man in **Höhle 148**. Die Wände der Grotte zieren prächtige Malereien von Buddha-Ländern mit interessanten Darstellungen Tangzeitlicher Palastarchitektur. Ebensolche sowie einige schöne Landschaftsszenen finden sich in den **Höhlen 172** und **217**.

Höhle 103 birgt an der Ostwand eine Illustration des Sutra des Vimalakirti, eine bedeutende Schrift des Mahayana-Buddhismus, die die Gleichwertigkeit von Laienanhängerschaft und Mönchstum unterstreicht und die besonders auf die Chan-(Zen-)Buddhisten in China und Japan großen Einfluss ausübte. In der Malerei sieht man rechts, unter einem Baldachin sitzend, Vimalakirti, einen reichen Mann, der mitten im weltlichen Leben steht, aber dennoch höchste Weisheit erlangt hat. Er diskutiert mit dem Weisheits-Bodhisattva Manjushri, links im Bild, dem zu Füßen der chinesische Kaiser mit seinen Ministern steht. An der südlichen Wand der Höhle findet sich eine Illustration des »Lotos-Sutra« mit schönen Landschaftsdarstellungen.

Weitere sehenswerte **Höhlen** dieser Epoche sind Nr. **23**, **33**, **66**, **79**, **97**, **444** und **445**.

Von den **Grotten der Mittleren Tang-Zeit** (781–848) seien zwei genannt. **Höhle 158** mit baldachinartig gewölbtem Dach birgt einen 15 m langen liegenden Buddha. Die Wandfresken hinter ihm zeigen Edelmänner verschiedener zentralasiatischer Nationalitäten sowie die Acht Klassen Übernatürlicher Wesen – Devas, Nagas, Yakshas, Gandharvas, Asuras, Garudas, Kinnaras und Mahoragas –, wie sie den Buddha beweinen, der die Erde verlassen hat und ins Nirvana eingegangen ist. Die Gesichter der Trauernden sind schmerzverzerrt und wirken beinahe grotesk, einige Gestalten fügen sich vor Gram Wunden zu.

Die Acht Klassen Übernatürlicher Wesen entstammen dem indischen Götterpantheon. Ursprünglich negative Götter, benutzten sie nach ihrer Bekehrung zum Buddhismus ihre übernatürlichen Kräfte, um das Dharma (die buddhistische Lehre) zu beschützen

Eine Gruppe Prinzen verschiedener zentralasiatischer Nationalitäten findet sich auch an der Ostwand von **Höhle 159**. Unten links stehen sie hinter dem tibetischen König, der von einem Podest aus dem Gespräch zwischen Vimalakirti und Manjushri lauscht. Beachtung verdient auch die Skulptur eines kostbar gewandeten, schmollmundigen Bodhisattva mit grünem Bärtchen und ausgeprägten Halsfalten.

Weitere **Höhlen** dieser Epoche sind Nr. **15**, **85**, **112**, **154** und **384**.

Eine der **Grotten der Späten Tang-Dynastie** (848–907) enthielt die ehemals geheime Bibliothek von Mogao, die der Mönch Wang Yuanlu im Jahr 1900 entdeckte: **Höhle 17**. Tausende (Angaben schwanken zwischen 40 000 und nahezu 60 000) buddhistischer Schriften, Malereien und Stickereien aus dem 4.–11. Jh. wurden hier einst aufbewahrt. Um das Jahr 1036 mauerte man den Höhleneingang zu, da man einen Einfall der feindlichen Tanguten fürchtete. Heute ist hier nichts zu sehen als ein kahler, leerer Raum. Den kostbaren Inhalt der Höhle teilen sich seit damals das Britische Museum in London, die National-

Unter den eher kuriosen Dokumenten befand sich auch folgender ›Musterbrief‹, in den man die betreffenden Namen nur noch einsetzen musste: »Nachdem ich gestern zuviel getrunken hatte, war ich so berauscht, dass ich alle Grenzen der Höflichkeit überschritt. Keines der taktlosen und groben Worte jedoch, die ich gebrauchte, wurde bewußt geäußert. Als ich am nächsten Morgen von anderen darüber hörte, begriff ich, was geschehen war, und war so bestürzt, dass ich vor Scham im Erdboden hätte versinken wollen ...«

bibliothek in Paris, das japanische Nationalmuseum in Tokyo, das koreanische Nationalmuseum in Seoul und die Petersburger Eremitage. Die Dokumente, die nach dem großen ›Ausverkauf‹ an ausländische Wissenschaftler bis 1943 noch übrig waren, wanderten in die Archive der Nationalbibliothek in Beijing. Einige wenige Dokumente sind im Stadtmuseum von Dunhuang ausgestellt. Neben religiösen Texten fanden sich unter den Dokumenten von Dunhuang auch einige Schriften zu weltlichen Themen, die wahrscheinlich von Einheimischen, die des Schreibens nicht mächtig waren, bei den Mönchen in Auftrag gegeben wurden. Den Eingang zur Höhle flankiert die Lehmfigur des meditierenden Mönchs Hongbian, der während der ausgehenden Tang-Zeit Abt von Mogao war. Die Wand hinter ihm ziert eine schlichte, anmutige Malerei von zwei Bäumen, in deren Ästen Pilgertasche und Wasserflasche des Abtes hängen. Links von ihm sieht man das fast lebensgroße Bildnis einer jungen Frau in typischer Tang-Tracht und -Frisur.

Weitere **Höhlen** dieser Epoche sind Nr. **9**, **12**, **14**, **85**, **107**, **156** und **196**.

Höhlen des 10. Jh. bis Mitte des 14. Jh.

Die meisten Grotten aus dem Zeitraum vom Anfang des 10. bis zur Mitte des 14. Jh. sind auffallend groß, wobei die Grotten der Song-Zeit (960–1279) durch ihr typisches Farbspektrum von Blau-Türkis- und Grüntönen auffallen. Technisch beherrschten die Künstler dieser Zeit ihr Handwerk, die Skulpturen wirken wohlproportioniert und erhaben, die Malereien technisch gekonnt, doch fehlt es ihnen allzu oft an Ausdruck und Lebendigkeit. Häufig glitten die Künstler ins Klischeehafte ab. Ins Auge fällt, dass die Stifterabbildungen immer größer werden und sich nicht nur wie bei älteren Höhlen im Vorraum oder Eingangsbereich konzentrieren, sondern nun auch große Flächen im Sanktum einnehmen. In der Malerei widmete man sich ansonsten vermehrt weltlichen Szenen. Landschaften dienen nun nicht mehr nur als Hintergrundstaffage, sondern kristallisieren sich als eigenständiges Genre heraus. Eingebettet in die Landschaft sieht man Szenen von Menschen beim Verrichten ihrer alltäglichen Arbeiten. Die Verschiebung von göttlichen zu mehr menschlichen Themen ist wohl darauf zurückzuführen, dass der Chan-Buddhismus, welcher die Verschmelzung von Glauben und alltäglichem Leben fordert, in dieser Zeit in China immer mehr an Bedeutung gewann. Die Höhlen der Yuan-Dynastie (1227–1368) sind eindeutig vom tibetischen Buddhismus geprägt, der Religion der damals herrschenden Mongolen. So findet man viele Darstellungen tantrischer Gottheiten. Stilistisch lassen sich aber auch chinesische Einflüsse erkennen. Einige Malereien dieser Zeit sind meisterhaft in Ausdruck und Pinselführung.

In die oben genannte Zeitspanne gehören zunächst die **Grotten aus der Zeit der Fünf Dynastien** (907–959). Die umlaufende Malerei eines Defilees lebensgroßer weiblicher Stifterinnen ziert die

Darstellung einer Prinzessin des alten khotanesischen Reiches Yutian in Begleitung von Hofdamen; Höhle 61 aus der Zeit der Fünf Dynastien

Wände von **Höhle 61**. Die Damen tragen kostbare Gewänder, aufwendigen Kopfputz und halten Schalen mit Blumen oder kostbare Räuchergefäße in den Händen. In Kartuschen sind ihre Titel angegeben, so wird ersichtlich, dass sich eine khotanesische und eine uighurische Prinzessin in der Prozession befinden, die einst ins Herrscherhaus von Dunhuang einheirateten. Die Westwand der Höhle ziert ein monumentales Gemälde des heiligen buddhistischen Berges Wutai (Provinz Shanxi) mit seinen Tempeln, Pagoden und Abteien. Die Klöster sind mit Namen versehen. Dazwischen arbeiten Bauern auf dem Feld und Kaufleute ziehen zu Pferde und mit Kamelen ihres Weges. Schön ist auch das Bildnis des Buddha, der auf einem Wagen durch die Wolken fährt und eine Wurfscheibe auf dem erhobenen Zeigefinger balanciert. Einige Malereien im Korridor sind jünger und stammen aus der Yuan-Zeit (1279–1368).

Höhle 98 ist ein hoher Raum mit zentraler Empore, auf der ein thronender Shakyamuni, flankiert von Ananda und Kashyapa, platziert ist. An der Ostwand findet sich die überlebensgroße Abbildung des khotanesischen Königs Li Shengtian, gut erkennbar an seiner geradezu bombastischen schirmartigen Krone, gefolgt von seiner etwas kleiner dargestellten Gemahlin mit nicht minder extravagantem Kopfputz – einer Phönixkrone, die ursprünglich wahrscheinlich aus in Silber gefassten Eisvogelfedern bestand. Hinter ihr schließt sich eine Reihe von Mönchen und Hofdamen an, deren Gesichter leider überwiegend ausgekratzt wurden. Gegenüber dem Eingang sieht

Diese Szene aus dem »Vimalakirti-Sutra« zeigt Prinzen verschiedener Nationalitäten; Höhle 454 aus der Song-Zeit

man ein ähnliches Defilee, angeführt von einer Huihu-Prinzessin in rotem Gewand, die wie der König ebenfalls vergrößert dargestellt ist. Den oberen Wandbereich zieren Darstellungen von Buddha-Ländern und die Decke die 10000 Buddhas. In den Deckenkartuschen in den Ecken finden sich Abbildungen der Vier Himmelskönige.

Weitere Grotten aus dieser Epoche sind die **Höhlen 36**, **72**, wo sich am südlichen Ende der Westwand eine kleine Darstellung des *Jatakas von Sattva, der sich der Tigerin opfert* (s. S. 214, Höhle 254) findet, und die **Höhlen 99**, **108**, **146** und **346**.

Zu den **Grotten der Song-Dynastie** (960–1036) zählt **Höhle 76**, deren Nordwand eine Darstellung des Bodhisattva Avalokiteshvara mit acht Armen und elf Köpfen schmückt. An der Ostwand sieht man eine Darstellung der acht Pagoden, welche die acht wichtigsten Stationen im Leben des historischen Buddha (s. S. 188) markieren.

In **Höhle 454** findet man eine Illustration des Vimalakirti-Sutras. Interessant ist hier die Darstellung von Prinzen verschiedener Nationalitäten, die der Predigt des Vimalakirti lauschen.

Weitere Song-zeitliche **Höhlen** sind Nr. **55** und **152**, die zwei daoistische Figuren in der hinteren Kammer birgt.

Das lebensgroße Porträt eines Königs der Westlichen Xia-Dynastie (Xixia; 1036–1227), der sich als Stifter hat abbilden lassen, findet sich an der Ostwand von **Höhle 409.** Der Herrscher trägt ein dunkles, mit großen Drachenmedaillons verziertes Gewand, eine spitze Haube auf dem Kopf und Räucherwerk vor sich her. Lakaien halten einen Schirm über sein Haupt und fächeln ihm Luft zu. Ihm gegenüber bringen seine Gemahlinnen Blumen dar. Sie tragen mantelartige Gewänder und auf dem Haupt Phönixkronen.

Unter den **Grotten der Yuan-Zeit** (1227–1268) finden sich sowohl chinesisch wie tibetisch geprägte Beispiele. **Höhle 3** birgt ein wunderbar feines und plastisches Gemälde des Bodhisattva Avalokiteshvara mit 1000 Armen und 1000 Augen. Links flankiert ihn Lakshmi, die Göttin der Weisheit, rechts Vasudeva, Vater des Gottes Krishna. Beide Figuren entstammen zwar dem indischen Götterpantheon, sind aber in chinesischer Manier dargestellt. Vasudeva mit seinem langen Bart ähnelt einem daoistischen Unsterblichen und Lakshmi einer chinesischen Dame der Yuan-Zeit. Zu Füßen des Avalokiteshvara stehen im Ausfallschritt zwei halbnackte, vielarmige Dämonengestalten mit jeweils drei Augen, Fangzähnen, wallenden Haaren und langen Bärten. Die Linke hält tantrische Attribute, wie eine Glocke, eine Wurfscheibe, ein Schwert und ein Diamantzepter in den Händen. Über der Szene schweben liebliche Apsaras.

In **Höhle 95** fällt die Malerei eines gütig blickenden Arhat mit meterlangen Augenbrauen auf. Die Malereien in **Höhle 465** sind ein-

Weißer Bodhisattva; Höhle 465 aus der Yuan-Zeit

deutig tantrisch geprägt. Die Decke zeigt in der Mitte und den vier Seitenkompartimenten die Fünf Tathagatas, die Meditationsbuddhas des tibetischen Buddhismus, die den fünf Himmelsrichtungen zugeordnet werden (s. S. 74f.). Flankiert werden sie von diversen Bodhisattvas und Heiligenfiguren. Besonders schön sind die beiden sitzenden, weißen Bodhisattvas im südlichen Deckenkompartiment. Der kleinere der beiden spielt Harfe, und der größere scheint verzückt seiner Musik zu lauschen. An den Seitenwänden sieht man Götterpaare in sexueller Vereinigung, der Yab-Yum-Haltung, Symbol für die unzertrennliche Einheit von weiblicher Weisheit (Sanskrit: *prajña*) und männlicher Methode (Sanskrit: *upaya*).

Mit Hilfe japanischer Spendengelder wurde kürzlich bei den Mogao-Grotten ein neues **Museum** eröffnet, in dem einige der schönsten Höhlen im Maßstab 1:1 minutiös rekonstruiert sind. Da innerhalb der originalen Höhlen künstliche Beleuchtung nicht gestattet ist (sie schadet den Farben), hat man hier die Gelegenheit, die Malereien bei voller Beleuchtung in ihrer Gesamtheit und nicht nur im Kegel der Taschenlampe zu genießen. Im zweiten Stock des Museums finden Wechselausstellungen zur Kunst der Seidenstraße statt.

Ausflüge von Dunhuang

Wer nach der Besichtigung der Mogao-Grotten noch Lust auf weitere buddhistische Höhlentempel verspürt, der sollte die äußerst malerisch gelegenen **Ulmenwaldtempel-Grotten** (3; Yulinsi Shiku) aufsuchen. Diese liegen südwestlich von Dunhuang im Tal des Yulin-Flusses, 75 km südlich der Stadt Anxi. In den Sandsteinklippen entlang des Flusstals finden sich insgesamt 42 Höhlen, 31 davon am Ostufer, elf am Westufer des Yulin-Flusses. Insgesamt haben sich 4200 m^2 Fläche an Wandfresken und 259 bemalte Lehmstatuen erhalten. Stilistisch weisen sie starke Ähnlichkeiten zu den Grotten von Mogao auf, sind aber größtenteils jüngeren Datums. Datiert werden sie in die Zeit von der Tang- bis zur Yuan-Dynastie (7.–14. Jh.). Die meisten Statuen in Yulin sind wegen Verwitterung oder mutwilliger Zerstörung durch Menschenhand heute in keinem guten Zustand mehr. Viele wurden im letzten Jahrhundert unzulänglich restauriert und übermalt. Von den Wandmalereien sind aber einige recht gut erhalten.

Besonders schön sind die Malereien in **Höhle 3** aus der Xixia-Zeit (1036–1226). Ein Avalokiteshvara mit 1000 Armen und 1000 Augen hält in seinen Händen verschiedene Werkzeuge, wie Schaufeln, Sägen, Musikinstrumente, Schmiedeeisen und Utensilien zum Destillieren von Schnaps. Außerdem finden sich an der Westwand kunstvolle Darstellungen der Bodhisattvas Samantabhadra und Manjushri. Ersterer wird in wehenden Gewändern auf seinem weißen Elefanten reitend vor einer Landschaft mit steil aufragenden Bergen und herr-

Heilige aus dem Gefolge des Manjushri; Höhle 3 aus der Xixia-Zeit

lichen Palästen dargestellt. Umgeben ist er von einer Entourage aus Dharmapalas und Heiligen, die ihn auf seiner Reise durch die Lüfte begleiten. Links im Bild sieht man den Pilgermönch Xuanzang, begleitet von seinem Schimmel und dem Affenkönig, auf einer Klippe stehen. Manjushri, der Bodhisattva der Weisheit, reitet auf dem Rücken eines weißen Löwen. Auch er wird von einer Gruppe Heiliger begleitet. Im Hintergrund erheben sich aus dem Dunst die Gipfel des heiligen Berges Wutai Shan, aus denen die kunstvoll geschwungenen Dächer der dortigen Klöster und Tempel aufragen.

Elegant sind auch die beiden Bilder des sitzenden Avalokiteshvara, der die Reflexion des Mondes im Wasser betrachtet, in **Höhle 2**, ebenfalls aus der Xixia-Zeit. In beiden Bildern sieht man den Bodhisattva in entspannter Haltung unter Bambuszweigen am Ufer eines Wassers rasten. Im Hintergrund steht auf einem nebelumflorten Felsen die Schädelschale und daneben eine schlanke Vase (Sanskrit: *kalasha*) aus der in einer kleinen Fontäne das Lebenswasser sprudelt.

Höhle 17 birgt eine Reihe gut erhaltener Bodhisattvas aus der Tang-Zeit (618–906), **Höhle 19** eine Darstellung des Lebensrades aus der Zeit der Fünf Dynastien (907–959).

In der Tang-zeitlichen **Höhle 25** thront Maitreya, flankiert von Bodhisattvas und Heiligen in seinem Buddha-Land an der Nordwand. In den Hintergrund der Landschaft sind Alltagsszenen der damaligen Zeit integriert. Gegenüber an der Südwand findet sich die Illustration des Buddha-Landes des Amitayus'. Im Vordergrund begleiten Musikanten auf einer Terrasse einen Tänzer. Sie spielen verschiedene Instrumente, wie das Muschelhorn, Bambusflöten, die chinesische Laute Pipa, Panflöte und die okarinaartige Sheng. Der Tänzer schlägt im Takt die Sanduhrtrommel an. Zu seinen Füßen steht ein Pipa spielender Garuda – ein Mischwesen aus Vogel und Mensch. Im Hintergrund erheben sich imposante Bauten chinesischer Palastarchitektur. Die Westwand zeigt großformatige Darstellungen der Bodhisattvas Manjushri, auf einem weißen Löwen, und Samantabhadra, auf einem

Die Westlichen Tausend-Buddha-Grotten

weißen Elefanten reitend. Begleitet werden sie jeweils von Heiligen, die Ehrenschirme tragen, und dunkelhäutigen Dienern, welche die Tiere führen. In dem Diener des Samantabhadra findet man wohl eines der seltenen Bildnisse eines Afrikaners in der Tang-zeitlichen Kunst. Der muskulöse Mann weist deutlich negroide Züge auf – krauses Haar, volle Lippen, eine ausgeprägte Nase und helle Handflächen.

Höhle 29 aus der Xixia-Zeit (1036–1226) zeigt eine Gruppe um den Bodhisattva Manjushri, dessen Reittier von einem bärtigen Krieger mit geflügelter Kappe an der Leine geführt wird. Außerdem finden sich großformatige Abbildungen von Priestern und Angehörigen des Xixia-Adels. Sie sind als Stifter der Höhle ausgewiesen.

Die **Westlichen Tausend-Buddha-Grotten** (4; Xi Qianfo Dong) liegen 35 km südwestlich von Dunhuang an der Straße Richtung Golmud. Auf der Fahrt dorthin passiert man die Filmstadt von Dunhuang (Dianying Gucheng), ein Song-Fort, 1987 für eine japanische Produktion erbaut, aber schon recht mitgenommen. Einige Kilometer weiter liegen links der Straße die Westlichen Tausend-Buddha-Grotten versteckt in der Schlucht des Dang-Flusses. Die Höhlenmalereien (4.–13. Jh.) ähneln denen von Mogao. Viele Fresken sind in den vergangenen Jahrhunderten allerdings immer wieder von wohlmeinenden Gläubigen übermalt oder ungelenk und in grellen Farben ›restauriert‹ worden. Sie befinden sich zum Teil in beklagenswertem Zustand. Sechs der 22 Höhlen sind zu besichtigen.

Verbinden lässt sich ein Besuch der Höhlen mit einem Ausflug zum **Yang-Pass** (5; Yang Guan), 62 km südwestlich von Dunhuang. In der Han-Zeit (220 v. Chr.–206 n. Chr.) bildete dieser das westliche Ende der Großen Mauer und diente als Kontrollstelle am Beginn der Südroute der Seidenstraße. Hier steht nur noch die Ruine eines alten Wachturms.

»Im Westen der Stadt befindet sich die Befestigungsanlage Yang Guan. ... Ihr Name leitet sich vom Präfekten Yang Ming her, der sich dem Haftbefehl, der gegen ihn vorlag, entzog, indem er über diese Sperrmauer flüchtete. In der Folgezeit nannten die Leute sie dann Sperre Yang.«
»Dunhuang Lu«, ca. 8. Jh.

Einige Kilometer weiter nördlich liegt **Dafangpan** (6), die Ruine einer Siedlung aus der Han-Zeit (220 v.–206 n. Chr.). Hier gab es einst große Getreidespeicher, von wo aus Grenzsoldaten und Gesandte mit Getreide für ihre Reise durch die Wüste versorgt wurden. Weiter geht die Fahrt Richtung Yumen Guan, das 98 km nordwestlich von Dunhuang liegt. Am Wegesrand erkennt man die Reste eines alten **Signalturms**, wie sie einst in Abständen von wenigen Kilometern die gesamte Große Mauer säumten. Archäologen fanden hier noch alte Holz- und Reisiglager, in denen Brennmaterial aufbewahrt wurde, um nachts Feuer und tagsüber Rauchsignale geben und so im Falle einer Gefahr Truppen herbeirufen zu können. Am **Jadetor-Pass** (7; Yumen Guan) wurden von der Han- bis zur Tang-Dynastie die über die Nordroute der Seidenstraße reisenden Karawanen kontrolliert. Da Jade eines der von den Chinesen am meisten begehrten Handelsgüter aus dem Westen war, erhielt die Passstelle den Namen Jadetor. Heute stehen noch die quadratischen Fundamente der Festung, die einst 633 m^2 Fläche einnahm und von einer 10 m hohen Mauer eingefasst war. Die Ruinen sind etwas besser erhalten als die des Yang Guan.

Rund um die Taklamakan

Bei Dunhuang teilte sich die chinesische Seidenstraße in eine Nördliche und eine Südliche Route. Die nördliche Strecke führt via Turfan und Kucha nach Kashgar, die südliche über Miran und Cherchen (Qiemo) Richtung Kashgar, wobei es zwischen Korla an der Nord- und Cherchen an der Südroute eine Querverbindung gibt, die den Lop Nor und die Ruinenstadt Loulan passiert. Heute kann man die Wüste zwischen Luntai und Niya zusätzlich auf dem Tarim Highway queren.

Unser Weg um die Taklamakan beginnt auf der Nordroute, der Südroute folgen wir dann ab Kashgar zurück Richtung Miran/Dunhuang.

Hami

Hami
Besonders sehenswert: Muslimische Grabstätten

Erste Station an der Nordroute der Seidenstraße ist Hami, eine moderne, relativ gesichtslose Stadt von 300 000 Einwohnern an der Bahnstrecke Lanzhou–Urumqi. Han-Chinesen machen etwa zwei Drittel der Bevölkerung aus, der Rest ist überwiegend uighurischer Abstammung, außerdem leben einige Hui, Kasachen, Tibeter und Mongolen in der Stadt. Hami liegt inmitten der Wüste in einer Senke, was der Oasenstadt extreme Temperaturen von bis zu –32 °C im Winter und bis zu +43 °C im Sommer beschert. Sein Wasser bezieht der Ort aus dem Tian Shan, von wo es mit Hilfe eines unterirdischen Kanalsystems, auf Uighurisch *karez* genannt (s. S. 235, Turfan), in die Stadt geleitet wird.

Die Oase Hami ist für ihre süßen Früchte berühmt, vor allem für die köstlichen Hami-Melonen (Hami Gua), die seit der Ming-Zeit als Tributware an den Kaiserhof nach Beijing geliefert wurden und noch heute in ganz China hoch geschätzt werden.

Trotz ihres wenig einladenden Klimas ist die Region schon seit Tausenden von Jahren besiedelt. Chinesische Archäologen fanden in den 70er und 80er Jahren des 20. Jh. in der Umgebung um Hami 80 Gräber mit 50 mumifizierten Leichnamen, deren Alter man auf 3000 Jahre schätzt (Gräberfeld von Wupu). In der Westlichen Han-Zeit (25–206) gründete General Ban Chao 73 v. Chr. hier nach Vertreibung der Xiongnu eine Militärkommandantur und siedelte einige chinesische Bauern an. Genannt wurde die Stadt damals Yiwu. Auch der Pilgermönch Xuanzang kannte sie unter diesem Namen, als er nach seiner für ihn beinahe tödlich verlaufenen Wüstenwanderung von Dunhuang hier Rast einlegte. Im Lauf der Geschichte wechselten die Herren der Oase immer wieder, auch lokale Fürsten regierten zeitweise die Stadt, waren meist aber der Nachbaroase von Turfan tributpflichtig. Von 1697 bis 1930 herrschte ein uighurisches Köngishaus in Hami, das seinerseits zeitweise der Qing-Dynastie unterstand.

Der alte Stadtkern von Hami wurde Ende des 19. Jh. in den muslimischen Aufständen, die zu dieser Zeit Chinesisch-Turkestan heimsuchten, zerstört. 1880 schlug Qing-General Zuo Zongtang hier seinen Hauptstützpunkt auf, nachdem er erfolgreich gegen den rebellischen Yakub Beg zu Felde gezogen war. Sir Francis Younghusband, der 1887 die Stadt besuchte, berichtet, sie habe unter den Kämpfen stark gelitten und die Bevölkerung sei auf nur etwa 6000 Einwohner

◁ Die Ruinenstadt Gaochang

Le Coq erinnert sich: »Wir sahen überall prächtige, mit echten Farben gefärbte chinesische und chotäner Teppiche, schöne Seidenstickereien, sowohl im chinesischen Stil wie in der Art von Buchara; köstliche Jadeschnitzereien aus Chotän neben chinesischem Porzellan, französischen Stutzuhren und, o Schrecken! schauerlich häßliche russische Petroleumlampen der billigsten und geschmacklosesten Art. Auch eine Kuckucksuhr schmückte eine der Wände im Empfangsraum und erfreute durch den heimatlichen Klang. Erstaunlich gut sortiert war auch der Weinkeller des Königs – trotz dessen muslimischen Glaubens.«

dezimiert worden. 1906 war dann der deutsche Archäologe Albert von Le Coq noch beim letzten König von Hami zu Gast, wenige Jahre bevor bei Zusammmenstößen zwischen den Lokalherrschern und den Qing-Truppen Residenz und Sommersitz der Hami-Könige zerstört wurden. Erhalten blieben jedoch einige Mausoleen, die heute die Hauptattraktion des Ortes bilden.

Die **Gräber der muslimischen Könige von Hami** (Hui Wangmu) liegen etwa 1 km südwestlich der Stadt. Insgesamt regierten 1697–1930 neun Könige in Hami. Lediglich die Mausoleen des siebten und neunten Königs sind erhalten. Die Grabstätte Bosirs, des siebten Königs von Hami (reg. 1832–61), ähnelt im Baustil den Mausoleen von Samarkand. Es handelt sich um einen etwa 18 m hohen, von einer Kuppel überwölbten Kubus aus Ziegelstein. Verkleidet ist der Bau mit türkisfarbenen, gemusterten Fliesen. Nischen in Gebetsteppichform flankieren den spitzbogigen Eingang. Nebenan stehen zwei schlichte hölzerne Pavillons im chinesischen Stil, im größeren ruht Shamusot, der letzte Hami-König. Westlich der Grabanlage liegt die größte **Moschee** der Stadt, deren Inneres bemalte Holzsäulen schmücken. Das Gotteshaus wurde unter Yusup, dem vierten König von Hami (reg. 1740–66), errichtet.

Westlich des Stadtzentrums verdient auch das **Grab des Gai Si** (Gai Si Mu) Beachtung. Der aus Vorderasien stammende muslimische Missionar Gess Ansari (chin.: Gai Si) wirkte im 7. Jh. in der Region. Sein Mausoleum wurde 1939 zerstört und 1945 wieder aufgebaut. Es handelt sich um einen hübschen, mit grünen Fliesen verkleideten Kuppelbau mit umlaufender Veranda. Das **Museum des Kulturbüros von Hami** (Hami Wenwuju Bowuguan) zeigt einige der 3000 Jahre alten mumifizierten Leichen, Kleidung, Tonwaren und Werkzeuge aus dem Gräberfeld von Wupun. Interessant ist auch der 56 cm hohe Stein mit dem eingravierten Gesicht eines Mannes aus dem 6.–7. Jh. Solche Steinfiguren finden sich vielfach im Grasland Nord-Xinjiangs als Grabsteine der turkstämmigen Bevölkerung. Ferner sind einige Steine mit Ritzzeichnungen von Jagdszenen, Kamelen und Wildziegen ausgestellt, die aus dem Tian Shan stammen und sich ähnlich auch entlang des Karakorum Highway in Pakistan finden.

Turfan und die Turfan-Oase

Turfan ☆☆
Besonders sehenswert:
Emin-Minarett ☆
Astana-Gräber ☆
Jiaohe ☆
Bezeklik-Grotten ☆

Houzhou, ›Land des Feuers‹, wird die Gegend um Turfan in alten chinesischen Texten genannt. Nicht ohne Grund – denn die Stadt ist der heißeste Ort in China. Im Sommer steigt die Quecksilbersäule hier zuweilen auf über 47 °C an. Die Winter dagegen sind in Turfan eisig kalt und bringen Temperaturen bis –15 °C.

Grund für dieses extreme Klima ist Turfans geographische Lage. Die Oasenstadt liegt in einer Senke, rund 80 m unter dem Meeresspiegel. Der nahe gelegene Aydingkol-See ist mit –154 m nach dem Toten Meer

Melonenhändler auf dem Basar in Turfan

der zweittiefste Punkt der Welt. Das Himmelsgebirge (Tian Shan) schützt die Senke vor den kalten Winden aus Sibirien. Regen fällt in Turfan zwar nur sehr selten – die Statistik zählt 299 Tage ohne Niederschlag im Jahr –, dennoch lebt die Oase hauptsächlich von der Landwirtschaft. Angebaut werden Weizen, Mais, Sonnenblumen, Baumwolle und Obst. Melonen, Pfirsiche, Aprikosen und Mandeln gedeihen hier besonders gut. Berühmt ist Turfan für seine zuckersüßen, kernlosen, hellen Weintrauben, die überwiegend zu Rosinen getrocknet werden. In der Umgebung Turfans sieht man überall Lehmbauten mit gitterartig durchbrochenen Wänden, in denen die Trauben auf Holzgerüsten zum Trocknen aufgehängt werden. In der Innenstadt Turfans sind einige Straßen mit Weinreben überrankt, die einen Stadtbummel selbst in der sengenden Sommersonne möglich machen. Das Pflücken der Reben, mag es auch noch so verlockend sein, ist jedoch streng verboten und wird mit einem Bußgeld geahndet.

Ihre Fruchtbarkeit verdankt die Turfan-Oase einem künstlichen Bewässerungssystem, auf Uighurisch *karez* (chin. *kan er jing*) genannt. Bis zu 40 km lange unterirdische Kanäle leiten Wasser vom Fuß des Tian Shan nach Turfan. Mit sanft abfallenden Stollen wird das Grundwasser, dessen Spiegel am Fuß des Gebirges wesentlich höher ist, angezapft und nach Turfan geführt. Den Verlauf dieser Tunnel markieren regelmäßige Öffnungen im Boden mit daneben liegenden kleinen Abraumhalden, die man überall in der Umgebung der Stadt sehen kann. Diese vertikalen Schächte dienten während der Bauzeit zum Abtransport des Erdreichs und werden heute für Wartungsarbeiten und als Brunnen genutzt. Das Karez-System hat in Turfan eine Gesamtlänge von nahezu 2000 km und bewässert die gesamte 10300 km² große Oase. Es tut hier schon seit etwa 2000 Jahren seinen Dienst und stammt ursprünglich aus Arabien. Am südwestlichen Ortsausgang von Turfan ist ein kleines Museum dem

»... Turfan liegt in einer sandigen Wildnis wie eine grüne Insel, deren Küsten nicht vom Wasser eines Ozeans, sondern vom Kies und Geröll umspült werden, denn die Trennungslinie zwischen trockener Wüste und fruchtbarem Boden ist genauso scharf wie die zwischen Ufer und Meer. Die Insel ist von einer wunderbaren Fruchtbarkeit und der Reisende, der aus der Sterilität und Dürre der Wüste kommend in die Üppigkeit Turfans tritt, ist überwältigt.«

Mildred Cable und Francesca French in »The Gobi Desert«

Karez-System gewidmet. Man kann dort in die unterirdischen Schächte hinabsteigen – im Sommer der kühlste Ort weit und breit.

Als fruchtbare Insel inmitten einer endlosen Wüste war die Turfan-Oase naturgemäß eine der wichtigsten Relaisstationen an der Seidenstraße – ein Umschlagplatz für chinesische, persische, vorderasiatische und einheimische Produkte, aber auch Ort des geistigen Austauschs. Ihr Reichtum und ihre strategische Bedeutung bescherten der Oase eine wechselhafte Geschichte: In vorchristlicher Zeit siedelten indoeuropäische Tocharer in der Gegend um Turfan. Spätestens ab dem 2. Jhz. v. Chr. herrschte von Jiaohe aus das lokale Königshaus der Cheshi über die Oase, bis ein Jahrhundert später die Chinesen das Gebiet besetzten, die Militärkommandantur Gaochang gründeten und 60 v. Chr. auch Jiaohe unter ihre Kontrolle brachten. In den folgenden Jahrhunderten wechselten sich Xiongnu und Han-Chinesen, turkstämmige Juqu und Rouran immer wieder in der Herrschaft ab. Auch die Tang vermochten das Gebiet Mitte des 7. Jh. nur für 30 Jahre zu halten, im 8. Jh. stand die Turfan-Oase unter tibetischem Einfluss, und 840 gründeten die Uighuren ein unabhängiges Königreich, das bis Anfang des 13. Jh. bestehen sollte. Unter ihrer Herrschaft blühte die religiöse wie künstlerische Kultur. Buddhismus, Manichäismus und nestorianisches Christentum existierten nebeneinander. 1209 fielen schließlich die Mongolen in der Turfan-Oase ein und zerstörten Jiaohe, das danach nie mehr bewohnt wurde. Unter ihrer Herrschaft erlebte der Seidenstraßenhandel eine neue Blüte, auch Marco Polo erreichte damals die Oase. Seit 1759 gehörte Turfan wieder zum chinesischen Reich, doch schwelte in den kommenden 100 Jahren der Widerstand der einheimischen, überwiegend uighurischen und seit dem 13./14. Jh. dem Islam anhängenden Bevölkerung gegen die chinesische Vorherrschaft. 1861 kam es zum militanten Ausbruch, als der muslimische Unabhängigkeitskampf unter Yakub Beg auch auf Turfan übergriff. Doch die Qing-Truppen schlugen den Aufstand nieder, 1884 wurde Turfan in die neu gegründete chinesische Provinz Xinjiang eingeliedert und damit endgültig dem chinesischen Reich angeschlossen.

Heute leben 310 000 Menschen in der Turfan-Oase, zwei Drittel davon sind muslimische Uighuren, der Rest überwiegend Han-Chinesen. Die Oase besteht aus der modernen Stadt Turfan, die relativ wenige historische Bauten, dafür aber eine freundliche Atmosphäre und einen bunten Basar zu bieten hat, und den alten, untergegangenen Ruinenstädten Jiaohe und Gaochang. In der Umgebung Turfans gibt es außerdem viele historische Sehenswürdigkeiten, was die Oase zu einem der interessantesten Etappenziele an der Seidenstraße macht.

Uighurische Moschee in Turfan

Turfan

Bestimmen in den Vororten hauptsächlich uighurische Lehmbauten mit üppigen Gärten das Bild, erscheint das Zentrum Turfans auf den ersten Blick grau und deprimierend wie das so vieler chinesischer

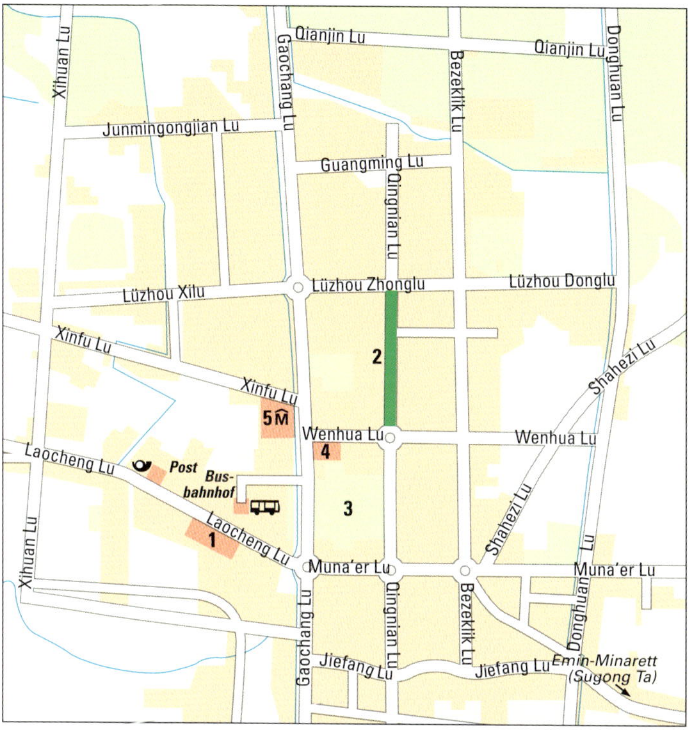

Turfan
1 Basar
2 Markt an der Qingnian Lu
3 Volkspark
4 Nachtmarkt Ecke Gaochang Lu/ Wenhua Lu
5 Ortsmuseum

Städte. Hinter den schmucklosen Betonfassaden findet sich in der Laocheng Lu jedoch ein quirlig bunter Basar (1), der sehr orientalisch anmutet. Hier werden grellbunte Stoffe in den typischen Ikat-Mustern angeboten, üppiger Samt für die Schleier der Damen, Messer, Schmuck, Kurz- und Eisenwaren und vieles mehr. In den Garküchen liegen Hammelköpfe aus und werben für die Frische der angebotenen Speisen. Händler wie Kunden sind hier überwiegend Uighuren.

Im Schatten der weinberankten Pergolen in der **Qingnian Lu** (2) werden ebenfalls allerlei Waren angeboten, die allerdings mehr auf chinesische Kundschaft zielen. Zwischen diesen beiden Märkten hat die Stadtregierung Turfans 1998 einen großen **Park** oder begrünten Platz mit einem riesigen Springbrunnen angelegt (3; Wenhua Lüyou-Gongyuan/Park des Kulturtourismus), mit dem man ganz offensichtlich den Sieg über die Wüste feiert. Bei Tage ist der schattenlose Platz nahezu menschenleer, erst am Abend belebt er sich, wenn ganz Turfan über die Nachtmärkte bummelt und sich in den zahlreichen Garküchen zu Nudelsuppe oder Shishkebabs niederlässt. Die meisten **Garküchen**, in denen man übrigens teilweise besser isst als in den Touristenhotels, finden sich auf dem Platz vor dem Kino an der Ecke Wenhua Lu und Gaochang Lu (4).

Ikats sind Seiden- oder Baumwollstoffe mit meist leuchtend bunten, geometrischen Mustern, deren Farben ineinander zu verschwimmen scheinen. Dieser Effekt wird erzielt, indem vor dem Weben die Kett- oder Schussfäden (oder beide) per Abbindetechnik in verschiedenen Farben gefärbt werden, sodass sich beim Verweben ein Muster ergibt. Die Technik ist in ganz Zentral-, Ost- und Südostasien verbreitet. Die Ikats aus Ostturkestan werden auf Uighurisch Ederis genannt. Ederis sind so genannte Schuss-Ikats, bei denen nur die Schussfäden vor dem Verweben verschiedenfarbig eingefärbt werden.

Ein paar Schritte nördlich von hier, in der Gaochang Lu Nr. 26, lohnt das kleine **Ortsmuseum** (5) von Turfan einen Besuch. Ausgestellt sind einige neolithische Funde aus Shanshan sowie Grabbeigaben aus den Gräbern von Astana, darunter auch über 1000 Jahre alte Speisen, wie Gebäck und gefüllte Teigtaschen, die sich in dem staubtrockenen Wüstenklima hervorragend erhalten haben. Interessant ist auch eine Tang-zeitliche Malerei mit dem Götterpaar Fuxi und Nügua sowie mumifizierte Leichen aus Astana. Aus den Grotten von Bezeklik stammt ein manichäischer Text in sogdischer Schrift mit der Illustration von zwei Musikern aus dem 10. Jh.

Die mythischen Gestalten Fuxi und Nügua besitzen beide den Unterleib einer Schlange und winden sich umeinander. Von Nügua heißt es, sie soll einst Ordnung in den in Chaos geratenen Kosmos gebracht und die Menschen aus Klumpen gelber Erde geformt haben – eine von mehreren chinesischen Mythen von der Entstehung der Welt.

Etwa 2 km östlich des Stadtzentrums ragt ein schlichter Ziegelturm 37 m in den Himmel. Das **Emin-Minarett** gehört zu den imposantesten historischen Gebäuden an der Seidenstraße. 1777 gab Emin Hoja, damaliger Herrscher über die Stadt, den Turm samt der dazugehörigen Moschee in Auftrag. Ein Jahr später vollendete sein Sohn Suleiman das Bauwerk, weshalb der Turm bei den Chinesen auch als Sugong Ta, Turm des Prinzen Su, bekannt ist. Das Minarett ist von rundem Grundriss, hat am Boden einen Durchmesser von 10 m und verjüngt sich nach oben hin. Errichtet wurde es aus luftgetrockneten, unglasierten Ziegeln. Im oberen Bereich sind diese in konzentrische Bänder aus geometrischen und floralen Mustern gelegt, die in der hochstehenden Sonne von Turfan schöne Licht- und Schatteneffekte erzeugen. Die angeschlossene Moschee ist ein einfacher Bau aus Holz und Lehmziegeln. Den Eingang bildet ein großer Iwan: ein hoher, rechteckiger Torbau mit zentralem Spitzbogen im Zentrum der Fassade. Das Innere ist schmucklos: Unbearbeitete Holzsäulen tragen eine mit Matten gedeckte Balkendecke, der heilige Bezirk ist überkuppelt. Als Architekt der Moschee gilt ein lokaler Baumeister namens Ibrahim. Benutzt wird die Moschee von den Gläubigen heute nur noch an hohen muslimischen Feiertagen. In der Rangfolge der großen Moscheen in Chinesisch-Zentralasien liegt das Emin-Minarett nach den Gotteshäusern von Kashgar und Kucha auf Platz Drei. Für Muslime, die sich eine Pilgerfahrt nach Mekka nicht leisten können, gelten diese drei Moscheen als die wichtigsten Wallfahrtsorte der Region.

Jiaohe

◁ Das Emin-Minarett ist aus konservatorischen Gründen heute Besuchern nicht mehr zugänglich; doch vom Dach der Moschee bietet sich ein schöner Blick über die umliegenden Weingärten und die Stadt Turfan.

Wie eine Insel erhebt sich die malerische Ruinenstadt Jiaohe (2; uigh.: Yarkhoto) 10 km westlich von Turfan auf einem 30–50 m hohen Felsplateau im Yarnaz-Tal. Ein Besuch von Jiaohe ist im Morgen- oder Abendlicht besonders reizvoll. Dann erstrahlen die Sandsteinklippen und Lehmruinen der Stadt in leuchtendem Ocker und bilden einen wunderschönen Kontrast zum üppigen Grün der umgebenden Täler. Ihr Name bedeutet auf Chinesisch ›Zusammenfluss zweier Flüsse‹ und auf Uighurisch ›Stadt auf dem Yar‹. Seit dem 2. Jh. v. Chr. war Jiaohe Hauptstadt des unabhängigen Reiches Cheshi. Doch bereits während der Westlichen Han-Dynastie verlor das Fürstentum seine Autonomie (60 v. Chr.) an die Chinesen. Vom 4.–8. Jh. fiel die Stadt unter die Kontrolle des damals mächtigeren Gaochang, im 8./9. Jh. besetzten die Tibeter vorübergehend Jiaohe, das seine Blütezeit im 9. Jh. unter uighurischer Herrschaft erlangen sollte. Nach der Eroberung durch das Heer Dschingghis' Khans im 13. Jh. wurde Jiaohe für immer verlassen.

Die Klippe, auf der Jiaohe wie eine natürliche Festung thront, hat die Form eines schlanken Weidenblattes und misst 1600 m in nord-südlicher und 300 m in ost-westlicher Richtung. Besser als in Gaochang lassen sich in Jiaohe noch die alten Stadtstrukturen erkennen. Man betritt die Ruinenstadt von Süden her und beschreitet die Hauptstraße Richtung Norden. Westlich dieses ›Boulevards‹ lagen einst die Wohnviertel. Man schätzt, dass Jiaohe zum Zeitpunkt seiner Zerstörung etwa 5000 Einwohner zählte. Von den Häusern stehen lediglich einige Mauern und Fundamente aus Stampferde. Vereinzelt lassen sich Brunnen und Backöfen erkennen. Östlich der Hauptstraße vermutet man den Verwaltungsbezirk der Stadt. Im Fall einiger großer, tief in den Boden eingelassener Räume streiten sich heute die Archäologen, ob es sich dabei um die Residenz des Regenten oder den Stadtkerker handelt. Ein mächtiger Wach- und Aussichtsturm dominiert das Stadtzentrum. Nördlich davon liegt ein großer buddhisti-

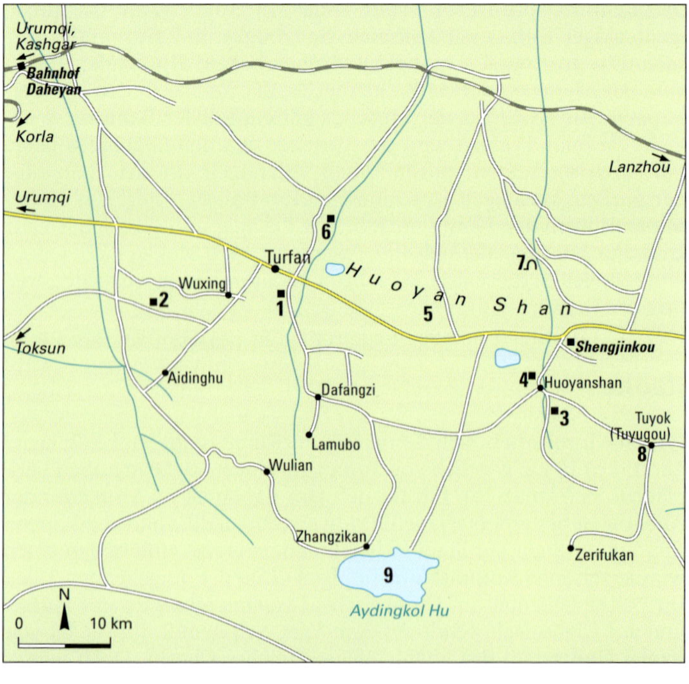

Umgebung von Turfan
1 Emin-Minarett
2 Jiaohe (Yarkhoto)
3 Gaochang (Kocho, Chotscho)
4 Gräberfeld von Astana
5 Flammende Berge (Huoyan Shan)
6 Traubental (Putao Gou)
7 Grotten von Bezeklik (Qianfo Dong)
8 Tuyok
9 Aydingkol-See

Die Ruinenstadt Jiaohe

scher Tempelkomplex, dessen Mauern hoch aufragen. Fundamente von Haupt- und Seitenhallen sowie den Mönchszellen lassen sich noch gut erkennen, ebenso ein zentraler Stupa, in dessen Nischen sich einige kopflose Buddha-Statuen erhalten haben. Am nördlichen Ende des Plateaus erheben sich die Reste des so genannten Hundert-Stupa-Tempels, der wie ein architektonisches Mandala angelegt ist. In der Mitte thront ein mächtiger Stupa mit fünf Türmen, um den sich 4 x 25 kleinere Stupas gruppieren.

Gaochang und Astana

46 km südöstlich von Turfan, in Sichtweite der Flammenden Berge, liegt die Ruinenstadt **Gaochang** (3; uigh.: Kocho/Chotscho), deren Name ›Hohe Wachsamkeit‹ bedeutet. Sie ist auch unter den Bezeichnungen Karakhoja und Idikutschari bekannt. Gaochang ist eine chinesische Gründung aus der Regierungszeit des Han-Kaisers Wudi (reg. 141–87 v. Chr.). Bis zum Ende der Han-Dynastie (220 n. Chr.) diente sie als chinesischer Außenposten in der Wüste. Von Mitte des 5. bis Mitte des 7. Jh. herrschten die stark sinisierten Clans der Juqu und Qu über Gaochang. Zwar waren sie dem chinesischen Kaiser im Osten und den türkischen Khans im Westen tributpflichtig, regierten jedoch weitgehend unabhängig.

Mit der Tang-Herrschaft über die Turfan-Oase und über Gaochang (ab 640) blühte die Stadt auf. Der Handel über die Seidenstraße und der religiöse Austausch zwischen Ost und West erreichten ihren Höhepunkt. Als der Pilgermönch Xuanzang die Stadt Gaochang im 7. Jh. besuchte, war König Qu Wentai so von ihm eingenommen, dass er ihn nicht weiterziehen lassen wollte. Xuanzang trat daraufhin in

»Der König ließ ein Zelt errichten, in dem dreihundert Personen Platz nehmen konnten. Die Königinmuter, der König, der oberste Vorsteher der Klöster des Landes und die Großwürdenträger wurden, wie es die Ordnung verlangte, in gesonderten Gruppen plaziert und hörten ihm ehrfurchtsvoll zu. Zum Zeitpunkt der Vorlesung ging der König jeden Tag mit einem Räucherfäßchen voran und geleitete Xuanzang bis zum Fuße der Kanzel. Dort bestand er darauf, ihm, demütig niederkniend, als Trittbrett zu dienen, und nötigte ihn, auf diese Weise seinen Sessel zu besteigen.«
René Grousset in »Die Reise nach Westen«

Manichäisches Wandbild mit der Darstellung des Religionsstifters Mani (links); gefunden in Gaochang

einen Hungerstreik, um den Regenten umzustimmen, erklärte sich aber schließlich auf inständiges Bitten Qu Wentais bereit, einen weiteren Monat in der Stadt zu verweilen, um dem Hof und der Bevölkerung von Turfan die buddhistische Lehre zu erläutern. Danach stattete ihn der König fürstlich aus und ließ ihn gen Westen ziehen.

Mitte des 9. Jh. eroberten die Huihe, die heutigen Uighuren, Gaochang und machten sie zur Hauptstadt ihres Reiches Kocho. Der uighurische Fürst Bugug Chan (759–780) hatte sich im 8. Jh. zum manichäischen Glauben bekannt. Viele seiner Untertanen folgten seinem Beispiel. Die 1. und 2. deutsche Turfan-Expedition von 1902/03 unter Albert Grünwedel und 1904/05 unter Albert von Le Coq brachten in Gaochang zahlreiche manichäische Handschriften mit feinen, farbigen Illustationen aus dem 8. und 9. Jh. zutage. Le Coq entdeckte zudem ein Fresko mit dem Porträt eines Mannes mit Heiligenschein, umgeben von Adoranten, das aller Wahrscheinlichkeit nach den Religionsstifter Mani darstellt. Diese Objekte sind die einzigen bildlichen Zeugnisse der manichäischen Religionsgemeinschaft, die jemals gefunden wurden. Sie werden heute im Museum für Indische Kunst in Berlin-Dahlem aufbewahrt. Wie die Reste einer kleinen Kirche beweisen, die Le Coq außerhalb der Stadtmauern entdeckte, bestand zu jener Zeit in Gaochang auch eine kleine Gemeinde nestorianischer Christen. Ein Wandgemälde, das eine Gruppe von Menschen mit Zweigen in der Hand und einen Priester zeigte – wahrscheinlich die Darstellung eines Palmsonntag-Gottesdienstes (Abb. S. 63) – zeugt davon.

Die große Mehrheit der Bevölkerung von Gaochang blieb allerdings bis ins 13. Jh. hinein buddhistisch. Davon zeugt die große Anzahl von Stupas, buddhistischen Tempeln und Klöstern im Stadtgebiet, von denen heute nur noch Fundamente übrig sind. Spätestens mit dem Einfall der Mongolen im 13. Jh. endete die buddhistische Blütezeit, und der Islam gewann an Bedeutung. Unter der mongolischen Yuan-Dynastie blieb die Stadt ein lokales Verwaltungszentrum. Ihr Untergang kam im 17. Jh., als im Zuge von Kämpfen lokaler Clans ein Teil des Bewässerungssystems zerstört wurde.

An die einst blühende Metropole an der Seidenstraße erinnern heute nur mehr eher kärgliche Relikte: Gebäudefundamente, vereinzelte Mauern aus Stampferde und Lehmziegel, die dem Besucher viel Fantasie abverlangen, will er sich die einstige Größe der Handelsmetropole vorstellen. Erkennbar ist die ehemals 11 m hohe und 5 km lange Wehrmauer aus Stampferde, die die Stadt im Quadrat umgab. In deren Zentrum stand, ebenfalls von einer Mauer umschlossen, der Königspalast, von dem heute noch einige Fundamente und eine erhöhte Plattform im Zentrum zeugen. Die Anlage mit einer äußeren und einer inneren Stadt folgt dem Vorbild der damaligen chinesischen Hauptstadt Chang'an. Allerdings fand man in Gaochang innerhalb der Stadtmauer fast ausschließlich religiöse Bauwerke und Gräber. Wahrscheinlich diente der Ort vornehmlich als Residenz- und Tempelstadt, hinter deren Mauern die Bevölkerung in Zeiten der Bedrohung Schutz suchen konnte.

In der südwestlichen Ecke des Ruinenfelds haben sich die Gemäuer eines buddhistischen Klosters relativ gut erhalten. Von dessen erhöhter Plattform gewinnt man einen guten Überblick über die gesamte Anlage.

Als Anfang des 20. Jh. die beiden deutschen Turfan-Expeditionen Gaochang besuchten, war von den Gemäuern noch wesentlich mehr erhalten als heute. Grünwedel spricht in seinem Bericht von »Hunderten von Terrassentempeln und grandiosen Gewölbebauten«, die »eine mächtige Fläche Land« bedeckten. Auch die Fotos, die Le Coq damals von der Stadt machte, zeigen noch relativ hohe Mauerreste

In der Ruinenstadt Gaochang

mit Gewölben und Torbögen im iranischen und indischen Stil, die man heute in Gaochang vergeblich sucht. Außer den Deutschen besuchte auch Sir Aurel Stein Gaochang und nahm 1914 ebenfalls Grabungen vor. Chinesische Archäologen widmeten sich der Stadt erstmals in den 50er Jahren des 20. Jh. Die meisten Funde, die bei diesen Ausgrabungen gemacht wurden, befinden sich heute im Provinzmuseum von Urumqi. Grünwedel und Le Coq bargen in Gaochang neben Wandmalereien und Manuskripten auch ein schönes Fußbodenfresko sowie die Köpfe einiger hellenistisch beeinflusster buddhistischer Statuen, die heute im Museum für Indische Kunst in Berlin zu besichtigen sind. In einem manichäischen Heiligtum entdeckte Le Coq außerdem eine Bibliothek, deren Handschriften und Malereien indes alle zerstört waren. Einen grausigen Fund machte er in einem unterirdischen Gewölbe: die Skelette von über 100 buddhistischen Mönchen, die vermutlich 1000 Jahre zuvor im Zuge der Buddhistenverfolgung (9. Jh.) brutal ermordet worden waren.

Im **Gräberfeld von Astana** (4), wenige Kilometer nordwestlich von Gaochang, setzten die Bürger der Stadt über einen Zeitraum von 500 Jahren (273–778) ihre Toten bei. Mehr als 400 Gräber von Bauern, Händlern, Offizieren und Beamten samt ihrer Ehefrauen verteilen sich auf einem Areal von 10 km^2. Die meisten Bestatteten sind chinesischer Abstammung. Drei der Gruften sind heute der Öffentlichkeit zugänglich. Die Grabkammern liegen etwa 6 m unter der Erdoberfläche und sind jeweils etwa 10 m^2 groß. Schlichte, farbige Malereien zieren in zwei Gräbern die Wände.

Im ersten Grab (Tang-Zeit; 618–906) ziert ein Wandbild, wie ein Paravent in sechs Abschnitte unterteilt, die Stirnseite der Kammer. In den vier mittleren Kompartimenten sind vier verschiedenfarbige männliche Gestalten abgebildet. Sie verkörpern in konfuzianischer Tradition die einzelnen Lebensabschnitte eines Menschen. Von links nach rechts, durch die Schriftzeichen für Jade, Gold und Stein kenntlich gemacht: Der Jademann symbolisiert die Jugend, in der der Mensch rein sein soll wie Jade; dem Goldmann sind Hände ge- und Augen verbunden, er repräsentiert das mittlere Lebensalter, in dem man lernen und nicht sozial agieren soll. Der Steinmann steht für die Reife; mit erhobenen Armen und offenem Gesicht signalisiert er, dass man sich in diesem Lebensalter gesellschaftlich engagieren und Gelerntes weitergeben soll. Der Mann rechts außen – ohne Schriftzeichen – symbolisiert das Alter, in dem der Mensch Ausgeglichenheit und innere Ruhe erlangt haben soll.

Wandmalerei im Gräberfeld von Astana

Das zweite zu besuchende Grab stammt aus der gleichen Epoche und zeigt Wandmalereien von Blumen und Vögeln.

Im dritten Grab hat man die Mumien eines Mannes und einer Frau unter Glas ausgestellt. Im extrem trockenen Wüstenklima von Turfan sind die Leichname kaum verwest und auf natürliche Weise mumifiziert. Die Haut der Toten hat sich lederartig verhärtet.

Viele Grabbeigaben aus den Astana-Gräbern haben sich gut erhalten, sogar Textilien oder Speisen. So brachten chinesische Archäologen in Astana Anfang der 70er Jahre des 20. Jh. eine große Anzahl kostbarer Seidengewebe zutage, die neben typisch chinesischen Mustern auch zentral- und vorderasiatische Motive zeigen. Als ›Wegzehrung‹ gab man einigen Toten Brote, kleine Kuchen oder gefüllte Teigtaschen (*jiaozi*) mit auf ihre Reise ins Jenseits. Daneben fand man Figurinen aus Lehm und Ton, Dinge des täglichen Gebrauchs sowie etliche Malereien und Schriften auf Seide und Papier, darunter Kauf- und Pachtverträge, Inventurlisten, Verwaltungsschreiben, militärische Dokumente und dergleichen mehr – Dokumente, die Auskunft geben über das Leben in der Wüstenoase zur damaligen Zeit. Diese wie viele andere Funde aus Astana, darunter auch weitere Mumien, sind heute im Museum von Turfan und dem Provinzmuseum von Urumqi zu besichtigen.

»Wie das Licht, das durch einen Ritz geht, nicht andauert, wie der Lichtstrahl nicht erhalten werden kann, so sind die Jahre an ihrem Ende angekommen, und das Leben ist erschöpft (...) Der Jadebaum ist vertrocknet. Für immer hat sie die Tage verlassen, für immer hat sie das Netz des Leidens (dieser Welt) durchschnitten.«
Grabinschrift der Frau Jia (667) in Astana

Die Flammenden Berge und die Grotten von Bezeklik

Die **Flammenden Berge** (5; Huoyan Shan), die Uighuren nennen sie Kiziltag, Rote Berge, ziehen sich über fast 100 km am Nordrand der Turfan-Oase entlang und schirmen die Turfan-Senke gegen die kühlen Winde aus dem Norden ab. Ihre höchste Erhebung ist 851 m hoch, die Hänge sind vegetationslos und zerklüftet und nehmen in der Abendsonne eine glutrote Farbe an, was dem Gebirge seinen Namen eintrug. Im Sommer kann die Bodentemperatur in den Flammenden Bergen über 70 °C erreichen. Im berühmten Roman »Die Reise nach Westen« wagt der Pilgermönch Xuanzang seine Reise über die heiß glühenden Flammenden Berge nicht fortzusetzen. Daraufhin leiht sich der Affenkönig Sun Wukong den magischen Fächer der Eisenfächerprinzessin. Kein leichtes Unterfangen, da diese sich zunächst sträubt. Ein Kampf zwischen beiden entbrennt. Erst als sich Sun Wukong in ein kleines Insekt verwandelt, das im Magen der Prinzessin Unfug treibt und ihr Unwohlsein verschafft, willigt sie ein, ihm ihren Fächer auszuhändigen. Doch sie gibt ihm einen falschen, der die Flammen nur noch höher schlagen lässt. Letztendlich gelangt der Affenkönig aber doch in den Besitz ihres Zauberfächers und kann mit dem ersten Schlag das Feuer in den Bergen löschen. Mit dem zweiten Schlag kommt ein Wind auf, der Regenwolken herantreibt, die die glühende Erde abkühlen. Xuanzang und seine Begleiter können ihre Reise nach Westen fortsetzen.

Am Westende der Flammenden Berge, 12 km nordöstlich von Turfan, liegt das **Traubental** (6; Putao Gou), ein öffentlicher Park mit Obstbäumen und Wegen, die von mit Wein berankten Pergolen überschattet werden. An den zahlreichen Verkaufsständen wird lokal produzierter Wein verkauft.

Eingebettet in die dramatische Landschaft der Flammenden Berge liegen 56 km nordöstlich von Turfan und 8 km nördlich von Gao-

Heute hat man in der atemberaubenden Landschaft bei den Grotten von Bezeklik einen kitschigen Themenpark »Reise nach Westen« angelegt.

Insgesamt sind heute sechs der Höhlen von Bezeklik zur Besichtigung freigegeben. Ein Besuch lohnt sich trotz der stark dezimierten Fresken allein schon wegen der landschaftlich grandiosen Lage.

chang die buddhistischen **Grotten von Bezeklik** (7; Titelbild). Der Name ist uighurisch und bedeutet ›Ort, wo es Bilder gibt‹, die Chinesen nennen sie Qianfo Dong, Tausend-Buddha-Höhlen. Insgesamt 83 Grotten liegen etwa 80 m über der Schlucht des Murtuq-Flusses eingebettet in die gelbliche Lössklippe. Gläubige Buddhisten legten sie zwischen dem 5. und 14. Jh. an. Im Aufbau ähneln die Grotten denen von Kizil und Dunhuang. Die älteren bestehen aus einer viereckigen Cella mit zentralem Stupapfeiler, der ein Portikus oder eine offene Galerie vorgelagert ist. Die jüngeren Höhlen sind einfache, rechteckige Räume, überspannt von Kuppeln oder Tonnengewölben. Einige Grotten sind direkt in den Fels geschlagen, andere besitzen einen Vorbau aus ungebrannten Lehmziegeln.

Die Grotten sind heute in keinem guten Zustand, in nur etwa 40 Höhlen finden sich Malereifragmente, Skulpturen sind nirgends mehr vorhanden – nicht zuletzt, weil westliche Wissenschaftler Anfang des 20. Jh. die meisten der Wandfresken abmontierten. Die größte ›Ausbeute‹ erzielten dabei die Deutschen Grünwedel und Le Coq. 1905 fanden sie viele Höhlen bereits von ikonoklastischen Muslimen beschädigt vor, Gesichter der Heiligenbildnisse waren ausgekratzt oder mit Lehm verschmiert. Einige Grotten waren jedoch bis zur Decke mit Flugsand angefüllt, unter dem bestens erhaltene Wandmalereien zum Vorschein kamen.

Grünwedel und Le Coq montierten die schönsten Fresken von Bezeklik ab und verbrachten sie nach Berlin, wo der größte Teil im Zweiten Weltkrieg den Bombenangriffen der Alliierten zum Opfer fiel. Die Reste sind heute im Berliner Museum für Indische Kunst ausgestellt, darunter auch die Darstellung zweier Kaufleute mit europäischen Gesichtszügen, Vollbärten und rötlichem Haar, die dem Buddha Gaben darbringen, aus Höhle 20. Die zerstörten Fresken sind als Reproduktionen in Le Coqs Publikation »Chotscho« überliefert. 1914 besuchte Sir Aurel Stein Bezeklik und nahm ebenfalls Wandmalereien ab, welche sich heute im Besitz des Indischen Nationalmuseums in Delhi befinden. Die Chinesen sind über das Verschwinden dieser Kunstwerke sehr verbittert. In einem Video, welches heute Besuchern in einer der leeren Höhlen gezeigt wird, haben sie versucht, einige der Grotten mit den Malereien aus Berlin per Computergrafik zu rekonstruieren.

Ein in zahlreichen Malereien wiederkehrendes Motiv sind die so genannten Pranidhi-Darstellungen – Legenden, in denen ein Bodhisattva in einer früheren Geburt dem Buddha eines vergangenen Weltzeitalters begegnet und von ihm die Verkündigung seiner späteren Buddhaschaft empfängt. In diesem beliebten Thema des Mahayana-Buddhismus steht im Zentrum der Darstellung meist ein überlebensgroßer Buddha, der sich einem ihm zur Seite stehenden Bodhisattva zuwendet. Flankiert werden die beiden von Personengruppen, die von Höhle zu Höhle variieren. Überwiegend handelt es sich um Devatas – himmlische Wesen, die zwar den Götterhimmel bewohnen, doch noch dem Kreislauf der Wiedergeburten unterliegen –, Mönche oder Adoranten aus der einfachen Bevölkerung. Meist herrschen in den Wandmalereien die Farben Rot, Grün und Braun vor; ihre Zeichnung ist linear, der Stil unverkennbar chinesisch geprägt, auch wenn sich die Komposition der Figuren an den Gandhara-Stil anlehnt und einige Details in Kleidung und Rüstungen der Figuren sassanidisch beeinflusst sind. Vereinzelt finden sich tantrische Elemente, die den tibetischen Einfluss auf die Turfan-Oase im 8./9. Jh. spüren lassen. Dazu zählen beispielsweise Darstellungen der Dakinis, der weiblichen Entsprechungen der Fünf Tathagatas (s. S. 74f.), dargestellt als vielarmige Göttinnen sowohl in friedfertigen als auch zornvollen Aspekten. In ihren Händen halten sie typische Attribute: Opfermesser, Seilschlinge, Vajra und Totenschädel. Das vor Ort am besten erhaltene Fragment findet sich heute in Höhle 33. Es zeigt eine Gruppe von Devatas und Menschen verschiedener Nationalitäten, wie sie den soeben verstorbenen Buddha beweinen. Das Buddha-Bildnis selbst ist nicht mehr erhalten. Auch in den Höhlen 16 und 17 entdeckt man noch einige gut erhaltene Malereifragmente.

Die Höhleneingänge flankieren meist Darstellungen von Stiftern – Männer und Frauen des lokalen Adels in ihren charakteristischen Trachten. Außerdem finden sich Bildnisse von Mönchen – indische in safranfarbenen Togen und chinesische in roten Gewändern, deren Namen jeweils in Brahmi- oder chinesichen Schriftzeichen angegeben sind. Des weiteren entdeckte man Inschriften in Uighurisch und Sanskrit, ein Beweis für die Vielsprachigkeit in der Turfan-Oase.

70 km östlich von Turfan liegt in einem fruchtbaren Tal der Flammenden Berge der Ort **Tuyok** (8; Tuyugou). Das charmante Bauerndorf, in dem die Zeit stehen geblieben zu sein scheint, und das be-

Ein Besuch der Grotten von Tuyok muss über CITS organisiert werden. Wer auf eigene Faust die Höhlen besucht, riskiert, diese verschlossen vorzufinden. Der lokale Wachmann ist nicht leicht aufzutreiben und verlangt horrende Eintrittspreise.

Moschee in Tuyok

rühmt ist für seine kernlosen Trauben, besitzt eine kleine Gruppe buddhistischer Höhlentempel aus dem 4. Jh. – die ältesten in der Turfan-Oase. Albert von Le Coq, der Tuyok 1905 besuchte, schreibt, die Klosteranlage klebe »wie ein Schwalbennest« an dem senkrechten Berghang. Heute sind noch 46 Höhlen erhalten, neun davon mit Spuren von Fresken. Besuchern stehen allerdings nur vier Höhlen offen.

Der **Aydinkol-See** (9; Aiding Hu), ein Salzsee 55 km südöstlich von Turfan, ist mit seiner Lage von 154 m unter dem Meeresspiegel nicht nur einer der tiefsten, sondern auch einer der trostlosesten Orte auf der Welt. Aydingkol bedeutet Mondsee, und in der Tat findet der Besucher, der sich hierher verirrt, eine vegetationslose, von einer Salzkruste überzogene Mondlandschaft vor. Eine verlassene Fabrik liegt am Ufer des Sees, in der einst 3000 Beschäftigte Glaubersalz gewannen. Viele der Arbeiter wurden aus Chinas Osten während der Kulturrevolution hierher verschickt, um den ›Westen zu erschließen‹. Einige Arbeiterbaracken sind heute noch bewohnt. Die Straße zum Aydingkol ist sehr schlecht und die anstrengende Anfahrt dorthin kaum den Aufwand wert.

Urumqi und Umgebung

Urumqi

Urumqi ☆
Provinzmuseum ☆

Kommt man aus Turfan oder einer der anderen umliegenden Wüstenstädte mit ihrem typischen orientalischen Flair, könnte der Kontrast kaum größer sein. Mit seinen modernen Hochhäusern und breiten Boulevards wirkt Urumqi eher wie eine der Boomtowns der chinesischen Ostküste. Zwar bedeutet ihr chinesischer Name Wulumuqi so viel wie ›schöne Weide‹, doch bestimmen eher qualmende Fabrikschlote, die Stadtautobahn und moderne Einkaufszentren das Bild der Stadt. 1,6 Millionen Menschen, fast zwei Drittel davon Han-Chinesen, der Rest überwiegend Uighuren und daneben Hui, Kasachen, Mandschuren, Mongolen, Xibe und Russen, leben in Urumqi, der Hauptstadt der Autonomen Region Xinjiang-Uighur. Sie liegt in 900 m Höhe an den nördlichen Ausläufern des Tian Shan und südlich des Beckens der Dsungarei und rühmt sich, die am weitesten vom Meer entfernt gelegene Stadt der Welt zu sein. 2250 km sind es zum nächsten Ozean. Sehenswertes hat Urumqi wenig zu bieten, bildet aber einen wichtigen Verkehrsknotenpunkt und ein Aufenthalt in der Stadt ist deshalb meist unvermeidlich.

Zwar existierte hier schon seit dem 1. Jh. v. Chr. ein chinesischer Militärposten, im Seidenstraßenhandel spielte Urumqi aber keine Rolle. Als im 18. Jh. die Chinesen die Kontrolle über die Region ergriffen, gründeten sie 1762 hier die Stadt Dihua, was ›Gefügigmachung‹ bedeutet. Von Dihua aus unternahmen die Truppen des Qianlong-Kaisers (reg.

Blick auf Urumqi

1736–95) ihre Eroberungszüge in die Dsungarei, außerdem begann man die reichhaltigen Silber- und Bleivorkommen auszubeuten.

1864 rebellierten in dieser Gegend die einheimischen Muslime unter Führung Tuomings, der sich zum Reinen und Wahrhaftigen Muslimischen König erklärt hatte, gegen die Qing-Regierung. Yakub Beg, der seinerseits gegen die Chinesen in den Kampf zog und das unabhängige Königreich Kashgarien gegründet hatte, konnte sich jedoch gegen ihn, nicht aber gegen die Chinesen durchsetzen, die Dihua 1884 zur Hauptstadt der neu gegründeten chinesischen Provinz Xinjiang ernannten. Nach dem Sturz des Qing-Kaiserhauses und der Ausrufung der Republik China kontrollierten nacheinander eine Reihe von Warlords die Stadt. Urumqi hatte in dieser Zeit den Ruf eines düsteren Ganovennests, und niemand, der die Stadt damals besuchte, verlor ein gutes Wort über sie.

Mag Urumqi auch in der Vergangenheit für die Geschichte der Seidenstraße bedeutungslos gewesen sein, für den kulturinteressierten Seidenstraßenreisenden bietet das **Provinzmuseum** (1) in der Xibei Lu heute ein hoch interessantes Anlaufziel. Das Museum teilt sich in zwei große Abteilungen; die erste widmet sich den ethnischen Minoritäten Xinjiangs, zeigt u. a. ein uighurisches Haus, verschiedene Arten von Jurten, Möbel, Trachten, Musikinstrumente, Waffen und Dinge des täglichen Gebrauchs. Die zweite Sektion thematisiert die Geschichte der Seidenstraße und präsentiert Funde aus der gesamten Provinz: aus den berühmten Ausgrabungsstätten in Turfan, Khotan, Kucha, Loulan und Niya.

Urumqi
1 Provinzmuseum
2 Hongshan-Park
3 Erdaoqiao-Markt
4 Nachtmarkt

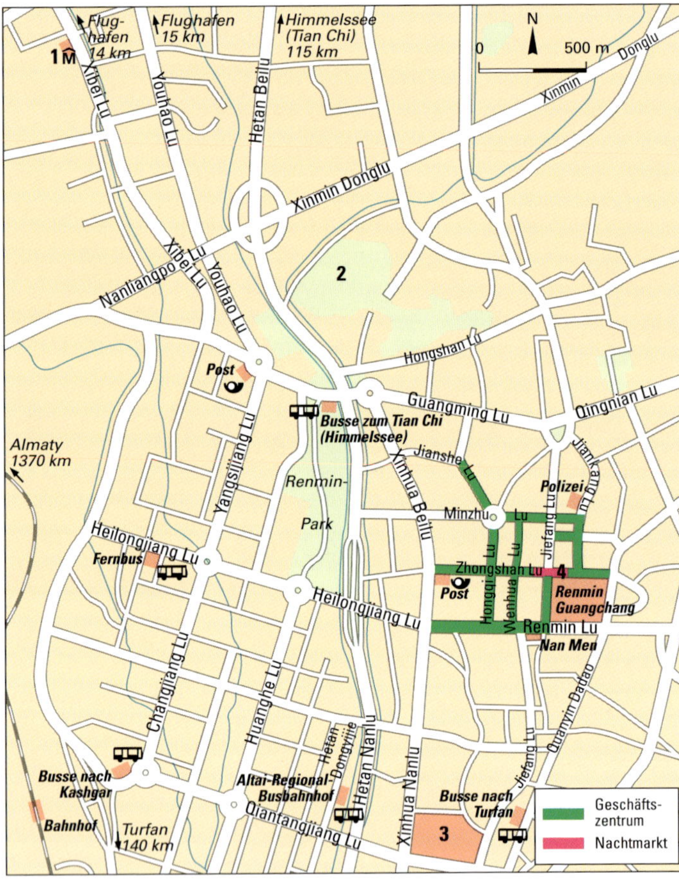

Gegenwärtig befindet sich das Museum im Umbau, deshalb stehen nur einige Ausstellungsräume Besuchern offen. Eine vollständige Wiedereröffnung ist für 2006 vorgesehen. Dann sollen z. B. den Fresken aus Kizil (s. S.255f.) eigene Räume gewidmet sein.

Besondere Aufmerksamkeit verdienen die mehr als 3000 Jahre alten Mumien aus Cherchen, Loulan und Hami, die offensichtlich nicht chinesischen, sondern indoeuropäischen Ursprungs sind. Die berühmteste von ihnen ist sicherlich die ›Schönheit von Loulan‹, der Leichnam einer etwa 40-jährigen Frau, den man 1980 in Loulan ausgraben konnte. Die Frau ist nahezu 180 cm groß, ihr Gesicht umrahmen lange, braune Haare, die mit einem Mittelscheitel geteilt sind. Sie trägt knöchelhohe Ledermokkassins sowie einen Rock aus Ziegenhaut, darüber ein Cape aus gewebter Schafwolle sowie eine Filzkappe, die seitlich mit einer Gänsefeder geschmückt ist. Die Untersuchung per C-14-Methode ergab, dass der Leichnam der Frau etwa 3800 Jahre alt ist, also 2000 Jahre vor dem Zeitpunkt gestorben ist, zu dem chinesische Truppen erstmals die Gegend um Loulan betraten. Die politische Bedeutung dieses Umstands ist in Xinjiang, wo die uighurische Bevölkerung immer wieder gegen die chinesische Vorherrschaft rebelliert, nicht zu unterschätzen. Viele Uighuren verehren die »Schönheit von Loulan« daher als ihre ›Urmutter‹. Man hat ihr Gesicht rekonstruiert, und auf den Märkten findet man ihr Porträt häufig auf Hüllen von CDs und Musikkassetten.

›Nur‹ etwa 3000 Jahre alt ist die Mumie eines hellhaarigen, bärtigen, fast 2 m großen Mannes, die 1985 in Zaghunluq (Zhagunluke), Kreis Cherchen (Qiemo), etwa 150 km östlich von Niya (Minfeng) ans Licht gebracht wurde. Man schätzt das Alter des Mannes auf etwa 55 Jahre. Er trägt wollene Hosen und ein Hemd sowie weiße Hirschlederstiefel. Auch entdeckte man in Zaghunluq die Mumie eines acht bis zwölf Monate alten Babys. Es ist in eine rote Decke gewickelt und trägt eine blaue Kappe. Neben ihm fand man ein Rinderhorn sowie ein ›Fläschchen‹ aus einer gegerbten Schafszitze.

Unter den jüngeren archäologischen Funden des Museums sind besonders die bis zu 2000 Jahre alten Fragmente von Seidenbrokaten und -damasten interessant, von denen einige chinesische, andere sassanidische Dekormotive zeigen. Bemerkenswert darunter das Fragment eines etwa 2000 Jahre alten Wandbehanges mit eindeutig westlichem, antikisierendem Dekor, das 1984 in Shanpula, Kreis Loupu, ausgegraben wurde. Es zeigt im oberen Teil einen von Blumen umrankten, Flöte spielenden Zentaur und darunter das Porträt eines Kriegers im Halbprofil mit mediterranen Gesichtszügen und welligem Haar, der einen Speer in der Hand hält. Interessant ist auch der Fund einer metallenen Schutzbrille aus einem der Astana-Gräber bei Turfan, die man wahrscheinlich im Falle eines Sandsturms trug.

Beliebtestes Feierabend- und Wochenendziel der Einwohner Urumqis ist der **Hongshan-Park** (2) nördlich des Stadtzentrums. Weithin

Die Mumien haben sich bemerkenswert gut erhalten, da ihre Gräber in extrem trockenem, salzhaltigem Sandboden lagen, was ihre natürliche Konservierung begünstigt hat. Chinesische Wissenschaftler entdeckten außerdem, dass die Leichname mit einer Paste eingerieben waren, die anscheinend ihrer Konservierung diente. Im Lauf der Jahrtausende ist diese zu einem gelblichen Pulver getrocknet, dessen Zusammensetzung man noch nicht hat analysieren können. Man weiß lediglich, dass es sich um ein tierisches Protein handelt.

1785/86 wurde Urumqi von Überschwemmungen heimgesucht, die nach traditioneller chinesischer Auffassung auf einen wütenden Drachen zurückzuführen sind. Ein solcher soll im Urumqi-Fluss sein Unwesen getrieben haben. Um die Negativ-Energien von der Stadt abzuleiten errichtete man zwei Pagoden.

sichtbar ist eine Pagode, von der aus man einen weiten Blick über die Stadt genießt. Die graue, neunstöckige und nur 8 m hohe Zhenglong Ta (Den Drachen unterdrückende Pagode) wurde 1788 errichtet. Des Weiteren gibt es hier einen See mit Bootsverleih, einen Sessellift, Karussels und einen kleinen Zoo.

In der Umgebung von Xinhua Lu und Jiefang Lu findet man das moderne **Geschäftszentrum** Urumqis. Auf der Xinhua Lu liegen die meisten großen modernen Kaufhäuser, die Jiefang Lu bietet eine orientalischere Atmosphäre mit Teppichhändlern, Stiefelmachern, Verkäufern bestickter Mützen, Leder- und Pelzhändlern. Textilien, wie pakistanischen Brokat und bunte uighurische Seiden, Wollteppiche, Yengisar-Messer, Töpfe und Kessel findet man auf dem **Erdaoqiao-Markt** (3) zwischen Xinhua Lu und Jiefang Lu. Abends bieten zahlreiche muslimische Garküchen auf dem **Nachtmarkt** (4) in der Zhongshan Lu ihre Leckereien an.

Der Himmelssee

Himmelssee ☆ Besonders sehenswert: reizvolle Berglandschaft

Wären da nicht die kasachischen Jurten – und die Heerscharen chinesischer Touristen –, man könnte meinen, man sei in den heimischen Alpen: grüne Almen, dunkle Tannenwälder und schneebedeckte Gipfel spiegeln sich in den blauen Wassern des Himmelssees (Tian Chi). Dieser liegt in den Bergen 110 km nordöstlich von Urumqi und bietet nach Durchquerung der Wüste eine willkommene landschaftliche Abwechslung. Die Legende erzählt, Kaiser Mu der Zhou-Dynastie habe sich hier 985 v. Chr. mit der Königinmutter des Westens getroffen. Der glasklare See soll der daoistischen Göttin angeblich als Schminkspiegel gedient haben.

Eine Umrundung des Sees ist in einem Tag nicht zu schaffen. Wer die Landschaft intensiver genießen möchte, kann im örtlichen Hotel oder ganz zünftig bei kasachischen Familien in Jurten übernachten.

Der Himmelssee liegt in 1980 m Höhe vor der majestätischen Kulisse des schneebedeckten, 5445 m hohen Bogda Feng, des Göttlichen Gipfels (mongolisch). Auf dem See werden Bootsrundfahrten angeboten. Am Nordufer, wo die Straße endet und die Touristen ihre Busse verlassen, posieren kasachische Kinder für ein paar Yuan in bunten Trachten für ein Foto. Am Westufer gibt es verschiedene Wanderwege; auch Pferdetrecks hinauf zur Schneegrenze werden angeboten.

Von Urumqi nach Kashgar

Pünktlich zum 50-jährigen Bestehen der Volksrepublik China wurde im Oktober 1999 die 1480 km lange Bahnstrecke Urumqi–Kashgar fertig gestellt, was nun das relativ bequeme Bereisen des westlichen Teils der Seidenstraße in Xinjiang möglich macht. Die obligaten Stopps, die Busreisende bisher im tristen Korla und dem relativ uninteressanten Aksu einlegen mussten, können nun wegfallen.

Die Bahnfahrt von Urumqi bis Kashgar nimmt stolze 36 Stunden in Anspruch. Etwa auf der Hälfte der Strecke bietet sich Kucha als nächster Halt an, neben Turfan einer der wichtigsten und interessantesten Orte auf dem chinesischen Abschnitt der Seidenstraße. Die Stadt hat zahlreiche historische Sehenswürdigkeiten zu bieten und ist ein guter Ausgangspunkt für Ausflüge in die weitere Umgebung.

Kucha (Kuqa)

Kucha ☆
Besonders sehenswert:
Grotten von Kizil ☆

Kucha (chin.: Kuche), heute ein kleines, ruhiges, orientalisch anmutendes Städtchen, zählte einst zu den wichtigsten Kulturzentren Zentralasiens. Bis zur türkischen Eroberung im 9. Jh. waren die meisten Bewohner Kuchas wie auch die lokale Herrscherfamilie Tocharer. Daneben hatten sich Sogdier, Inder, Tibeter, Chinesen und sogar Syrer in der Stadt angesiedelt.

Zu Wohlstand gelangte Kucha, das die Chinesen Qiuci nannten, vor allem als Umschlagplatz für Seide und Pferde. Die durch die Zolleinnahmen gut gefüllte Staatskasse begünstigte das Erblühen der eigenständigen kuchäischen Kultur. Bereits früh, wahrscheinlich schon um die Zeitenwende, kam die Oase mit dem Buddhismus in Kontakt. Eine Schrift aus dem Jahr 266 zählt Kucha zu den buddhistischen Ländern. In dieser Zeit entstanden in der Umgebung der Stadt die ersten Klöster und Grottentempel mit wunderbaren Wandfresken. Wie man aus den Berichten verschiedener Pilgermönche weiß, war der Stadtstaat damals ein Zentrum des Hinayana-Buddhismus. Kuchas wohl bekanntester Sohn jedoch, der Mönch Kumarajiva (344–413), Sohn eines indischen Geistlichen und einer kuchäischen Prinzessin und bedeutender Übersetzer zahlreicher buddhistischer Texte ins Chinesische, war Anhänger des Mahayana. Daher vermutet man, dass in der Oase beide Richtungen parallel praktiziert wurden.

Ihre Lage am Nordwestrand des Tarim-Beckens, im Spannungsfeld zwischen den wiederholt einfallenden Nomadenstämmen der zentralasiatischen Steppe und dem expansionswütigen chinesischen Großreich, bescherte der Oase eine wechselvolle politische Geschichte. Trotz sich häufig ändernder Machtverhältnisse in der Region konnte Kucha aber, dank des diplomatischen Geschicks seiner Könige, meist eine relative Unabhängigkeit wahren. Schon seit vorchristlicher Zeit bestanden Kontakte zwischen Kucha und China. So reiste 65 v. Chr. der kuchäische König Jiangbin mit seiner Gemahlin zu einer Audienz zum chinesischen Kaiser nach Chang'an. Nach ihrer Heimkehr führten sie am kuchäischen Hof chinesischen Lebensstil ein, brachten chinesische Künstler, Handwerker und Soldaten als ›Entwicklungshelfer‹ ins Land – was ihre Untertanen nicht gerne sahen. Deren Misstrauen bestätigte sich wenige Jahre später, als sich die Chinesen der Region mit Gewalt bemächtigten und sie der neu etablierten chinesischen Präfektur Xiyu angliederten. Nach erneuter kurzer Unabhängigkeit machte der chinesische General Ban Chao Kucha im Jahr 91 zu seinem Hauptquartier.

Die Künste der kuchäischen Musiker lobte auch der Pilgermönch Xuanzang, als er im 7. Jh. die Stadt besucht. Er bemerkt: »Das begnadete Flöten- und Lautenspiel der Musiker des Landes stellt alle anderen Königreiche in den Schatten.«

Auch nachdem gut 100 Jahre später das Han-Reich zerbrach, blühte der Handel über die Seidenstraße weiter, Kuchas wirtschaftlicher und kultureller Aufstieg wurde von solch politischen Machtverschiebungen kaum getrübt. Nicht zuletzt war Kucha asienweit für seine wunderbare Musik und reizenden Tänzerinnen bekannt. Die Qiuci-Musik war vor allem während der Tang-Dynastie (618–906) Kuchas erfolgreichster Exportschlager und avancierte in dieser Epoche gar zur offiziellen Hofmusik des chinesischen Kaiserhauses.

658 wurde Kucha erneut von den Chinesen erobert. Sie machten die Oase zur Hauptstadt der chinesischen Präfektur Anxi und ließen über eine Strecke von 4950 km Meilensteine vom Kaiyuan Men, dem westlichen Stadttor des alten Chang'an und Anfangspunkt der Seidenstraße, bis dorthin aufstellen. Im 9. Jh. fielen die Uighuren in Kucha ein und vernichteten oder vertrieben den Großteil der tocharischen Bevölkerung. Im 13. Jh. bemächtigten sich die Mongolen der Oase, die Teil des Tschaghatai-Khanats Uighuristan wurde. In dieser Zeit begann die Islamisierung der örtlichen Bevölkerung, und die buddhistischen Heiligtümer verfielen.

In den folgenden Jahrhunderten kam es in der Region immer wieder zu Machtkämpfen zwischen den lokalen Herrscherhäusern, wiederholt geriet Kucha dabei unter die Kontrolle des benachbarten Kashgar. 1864 schloss sich Kucha den muslimischen Rebellen Yakub Begs im Kampf gegen die Qing an und wurde 1867 Teil von dessen unabhängigem Reich Kashgarien. 1877 konnten die Chinesen die Kontrolle über die Oase wieder herstellen und gliederten Kucha wenige Jahre später in die neue chinesische Provinz Xinjiang ein.

Ausländische Wissenschaftler erreichten Kucha erstmals Ende des 19. Jh. 1890 erstand der Brite Hamilton Bower dort ein Manuskript, das in der Gelehrtenwelt Aufsehen erregte. Es handelte sich um einen medizinischen Text in Brahmi-Schrift, der in einem verfallenen Stupa entdeckt wurde. Die ersten Grabungen in Kucha nahmen 1902 japanische Archäologen der Otani-Mission vor. 1906 folgten die Deutschen Grünwedel und Le Coq, kurz darauf die russischen Brüder Beresowsky und der Franzose Paul Pelliot. 1909 trafen Sir Aurel Stein und eine zweite Gesandtschaft des Grafen Otani in Kucha ein, 1910 der Russe Sergei Oldenburg. Sie alle nahmen Grabungen vor und schafften reichhaltiges Fundmaterial in ihre heimatlichen Museen. Kein Wunder also, dass die spektakulärsten archäologischen Relikte aus Kuchas einstiger Blütezeit heute im Ausland – die meisten davon in Berlin – zu besichtigen sind. Dennoch lohnt heute ein Besuch in der Oase. In der Umgebung von Kucha gibt es eine Reihe hochinteressanter archäologischer Stätten zu sehen.

Im modernen Kucha leben heute etwa 85 000 Einwohner. Rund drei Viertel der Bewohner sind uighurischer Abstammung, ein Viertel Han-Chinesen. Die Stadt teilt sich in einen neuen Teil im Osten und einen alten Teil im Westen, dazwischen liegen die **Ruinen des**

Grab des Molena Ashidin Hodja

alten Qiuci (Qiuci Gucheng). Von der antiken Stadt sind nur noch einige spärliche Fundamente und Wälle aus Stampferde zu sehen.

Das Bild der **Altstadt** von Kucha prägen schmale, ungepflasterte Gassen und Lehmbauten, die Neustadt breite Straßen und gesichtslose Betonblocks. Es gibt wenig Industrie, Kucha lebt primär von der Landwirtschaft. Angebaut werden wie zu Xuanzangs Zeiten hauptsächlich Getreide, Baumwolle und Obst, lokale Spezialität sind Aprikosen.

Freitag ist Basartag in Kucha. Rund 30 000 Bauern kommen dann aus dem Umland und veranstalten in der Altstadt, im ausgetrockneten Flussbett nahe der Renmin Lu, einen großen, bunten orientalischen Markt.

Sehenswert ist die **Freitagsmoschee** (Jiaman Qingzhen Si) in der Altstadt, die 3000 Betenden Platz bietet. Sie ist nach der Id-Kah-Moschee in Kashgar die größte Xinjiangs. Ihren Eingang markiert ein 18 m hoher Iwan aus Ziegeln aus dem Jahr 1923. Das Innere zieren bunt bemalte Holzsäulen. Ein paar Schritte weiter, in der Linji Lu, befindet sich das **Ortsmuseum** von Kucha, in dem einige archäologische Funde aus den umliegenden Höhlen und Ruinenstätten ausgestellt sind.

In der Wenhua Lu, im neuen Teil der Stadt, lohnt außerdem das **Grab des Molena Ashidin Hodja** (Moranaershiding Mazar), eines arabischen Missionars, der im 14. Jh. in Kucha wirkte, einen Besuch.

Die Umgebung von Kucha

Zur Besichtigung der Grotten von Kizil empfiehlt es sich, eine Taschenlampe mitzubringen. Fotografieren ist nur gegen Zahlung hoher Gebühren erlaubt. Taschen müssen am Eingang abgegeben werden.

Grotten von Kizil

Im Kreis Baicheng, 73 km nordwestlich von Kucha, liegen in einer Felswand entlang des Muzat-Flusses über 3,2 km verteilt insgesamt 236 buddhistische Höhlentempel. Die Grotten von Kizil (1) wurden bereits im 3. Jh. angelegt und stellen damit den ältesten buddhisti-

Umgebung von Kucha
1 Grotten von Kizil
2 Höhlen von Kizil-gaha
3 Kumtura
4 Simsim-Grotten
5 Ar-Yi-Grotten
6 Subashi

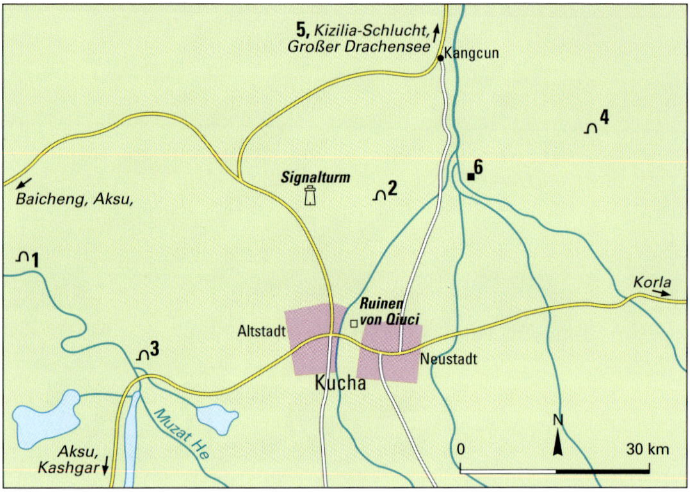

»Seit Jahren bemühe ich mich, eine vernünftige Entwicklung der buddhistischen Kunst auszudenken und vor allem jenen alten Weg kennenzulernen, der die Kunst der römischen Kaiserzeit etc. dem fernen Osten vermittelte. Was ich hier gesehen habe, geht über alle Begriffe. Hätte ich nur Hände genug, um all das zu kopieren, (denn) hier bei Kyzil sind gegen 300 Höhlen, alle mit Fresken, z.T. sehr alten und schönen.«
Albert Grünwedel in einem Brief vom 2. April 1906

schen Höhlenkomplex in China dar (die Mehrzahl der Grotten stammt allerdings aus dem 6.–10. Jh.).

Die schönsten Malereien und fast alle Statuen aus den Grotten von Kizil trugen Anfang des 20. Jh. die deutschen Archäologen Albert von Le Coq und Albert Grünwedel ab und brachten sie nach Berlin. Le Coq entwickelte gemeinsam mit Theodor Bartus eine Technik, um die Fresken aus der Wand zu brechen. Die Malereien wurden mit einem Messer in 3–4 m^2 große Felder geschnitten und die Stücke von der Seite mit Hilfe eines Fuchsschwanzes vorsichtig von der Wand gelöst. Verpackt wurden die Fresken in mit Filz, Riedgras und Baumwolle gepolsterten Kisten und dann per Kamel und Boot zum nächsten Bahnhof gebracht, wo sie die Reise mit der Transsibirischen Eisenbahn nach Berlin antraten. Trotz des ›archäologischen Raubbaus‹ der Deutschen lohnt sich der Besuch der Grotten von Kizil noch immer. Einige Höhlen wurden erst vor einigen Jahren entdeckt. Von den noch intakten 135 Höhlen sind acht Grotten heute Besuchern über eiserne Treppen und Betonstege zugänglich.

Bemerkenswert ist das völlige Fehlen chinesischer Stileinflüsse auf den frühen Wandfresken von Kizil. Stattdessen zeigen sie deutlich indo-hellenistische Stilelemente in der Art Gandharas sowie einige Details persischer Provenienz. Erst in den Grotten, die nach 658 entstanden, dem Jahr, als die chinesischen Tang-Truppen Kucha vereinnahmten, wurden chinesische Stileinflüsse wirksam. Hauptthema der meisten Wandmalereien in Kizil bilden die Jatakas, Erzählungen über die früheren Existenzen des Buddha, in denen er sich selbstlos opfert, um andere zu retten. Etwa 80 verschiedene dieser Geschichten kann man auf den Wandmalereien unterscheiden, 60 davon konnten Wissenschaftler bisher identifizieren.

Einige der Grotten von Kizil dienten Mönchen als Wohnhöhlen oder Rezitations- und Meditationsräume. Die meisten Höhlen aber waren Kulträume zur Verehrung des Buddha. Ihr Aufbau ist fast überall gleich: Die Cella mit dem Kultbild ist direkt in den Fels geschlagen, rechteckig im Grundriss und von einem Tonnengewölbe überspannt. Im hinteren Teil der Höhle befindet sich meist ein zentraler Stupapfeiler mit einem Sockel für das aus Lehm modellierte Buddha-Bildnis, welches heute allerdings in fast allen Höhlen fehlt. Von Tonnengewölben überspannte Korridore führen um den Stupapfeiler herum und gestatten seine Umwandlung. In einigen Höhlen finden sich auch Kuppeln, Laternen- oder Kassettendecken, manchmal ist der Cella ein Vorraum vorgelagert.

Grottentempel dieses Typs weisen in Kizil ein sich stetig wiederholendes Dekorationsschema auf, das sich lediglich in Details unterscheidet: Die Pfeilernische für die zentrale Buddha-Statue schmückt im Allgemeinen eine gemalte oder modellierte Berglandschaft. Darin wurde meist der Erleuchtete in einer Hütte sitzend dargestellt, den Gott Indra und Begleiter empfangend.

Die Seitenwände der Höhle zeigen meist den predigenden Buddha oder Szenen aus seinem Leben. Oberhalb davon verläuft ein gemalter oder modellierter Gitterbalkon, auf dem Musiker oder Blumen darbringende Adoranten dargestellt sind. Manchmal ist dieser Balkon aus Holz errichtet und die Figuren sind aus Lehm modelliert. Dem schließt sich nach oben hin ein Fries mit der Darstellung eines Gewässers an, in dem sich Wasser- und Fantasietiere tummeln. Die Celladecke zieren kulissenhafte Berglandschaften mit Szenen aus den Jatakas. Diese stilisierten Hügelketten bilden keinen einheitlichen Raum, sondern voneinander getrennte, rhombenförmige Kompartimente, in welche die Schlüsselszenen aus verschiedenen Legen-

Kizil – 1000-Buddha-Höhlen

Fragment einer Predigtszene; Statuenhöhle, um 500 n. Chr.

»Unvergeßlich wird mir der Eindruck bleiben, den die Stifterbilder der tocharischen Fürsten gewährten, als ich zum ersten Mal in der Oase von Kutscha einen ihrer verschütteten Tempel öffnete und betrat. Denn während die Ritter und Fürsten, die in den Tempeln der Oase von Turfan ihre Porträtgemälde hinterlassen haben, in Gesichtszügen und Tracht durchaus ihre asiatische Abstammung und Kultur verrieten, sah man sich hier vor Bildern, die auf das lebhafteste an Darstellungen aus der europäischen Ritterzeit gemahnten.«
Albert von Le Coq

den formelhaft eingefügt sind – dies weicht deutlich von der gestalterischen Konzeption in den Mogao-Höhlen bei Dunhuang ab, wo die Handlungsabläufe der Jatakas in erzählerischen Episoden dargestellt werden. Im Scheitel des Tonnengewölbes schweben die personifizierte Sonne, der Mond, Garudas, Windgötter und geflügelte Buddhas. Die Wände der Umwandlungsgänge um den Stupapfeiler zeigen Stifterfiguren oder Szenen nach dem Tod des Buddha. Auf der Cellarückwand, hinter dem Pfeiler, ist meist der Erleuchtete im Moment seines Eingangs ins Nirvana dargestellt – entweder in gemalter Form oder in Lehm modelliert. Auf der Vorderwand der Cella, dem Stupa gegenüber, finden sich Darstellungen von Bodhisattvas oder Stifterfiguren. Stifter und Schutzgötter zieren auch die Türlaibungen und -pfeiler. Oberhalb des Eingangs in der Lünette thront schließlich Buddha Maitreya, umgeben von seinen Begleitern, der dem Gläubigen beim Verlassen des Kultraums Hoffnung auf Erlösung durch das Kommen eines Buddhas in der Zukuft geben soll.

Ausgeführt wurden diese Malereien in Tempera-Farben. Den angerauten Sandstein der Höhlenwände glättete man mit einer 1–3 cm dicken Lehmschicht, die mit Stroh und Tierhaaren vermischt war. Darauf trug man eine dünne weiße Gipsgrundierung auf. Die Konturen wurden freihändig oder mit Papierpausen gesetzt und schließlich farbig ausgemalt. Prominente Farben in Kizil sind vor allem ein leuchtendes Ultramarinblau aus Lapislazuli, Grün aus Kupfersilikat, Rot aus Eisenoxyd und Schwarz aus Holzkohle.

Einer der Schöpfer dieser herrlichen Malereien hat sich im Gang der von Grünwedel und Le Coq nach ihm benannten **Malerhöhle** (Nr. 207) mit seinem Porträt verewigt. Signiert hat er mit »chitrakara tutukashya«, »Bildnis des Malers Tutuka«. Der Künstler hat schulterlanges Haar und ist in pluderige Hosen, die in hohen Schaftstiefeln stecken, und eine persisch anmutende, taillierte Tunika mit aufgeschlagenem Kragen gekleidet. Seine wohlhabenden ›Sponsoren‹, die den Bau der Höhlen finanzierten und sich auf den Höhlenwänden haben abbilden lassen, sind ähnlich, doch prächtiger gewandet. Auffällig sind die typisch sassanidischen Muster auf den Gewändern: Perlmedaillons mit Enten und Eberköpfen – Motive die vereinzelt auch in Schmuckborten in der Architektur wiederkehren. Namen und Titel der einzelnen Stifter sind neben ihnen in Kartuschen auf Sanskrit oder Uighurisch vermerkt.

Im Folgenden seien die wichtigsten Grotten kurz beschrieben. Die Chinesen haben die Höhlen nummeriert: sofern diese bekannt sind, sind auch die Namen angegeben, die Grünwedel und Le Coq den Grotten einst gaben. Über die genaue Datierung der Höhlen von Kizil herrscht bis heute noch Uneinigkeit unter den Wissenschaftlern. Chinesische Archäologen setzen die Entstehungszeit einiger Höhlen bis zu 200 Jahre früher an als westliche Forscher.

In **Höhle 1** entdeckt man im hinteren Raum besonders schöne Darstellungen von fliegenden Ghandarvas. Die muskulösen männlichen Figuren tragen Hüftröcke und haben seidige Bänder um die Arme geschlungen. Ihren Kopf schmücken Perlenkronen mit seitlich wehenden Bändern, wie man sie von Abbildungen sassanidischer Herrscher kennt.

Höhle 8, die Sechzehn-Schwertträger-Höhle, benannten Grünwedel und Le Coq nach den schönen Ritterfiguren, die einst die Wände zierten und sich heute in Berlin befinden. Datiert wird sie in die erste Hälfte des 7. Jh. Erhalten haben sich u. a. einige fliegende, musizierende Gandharvas sowie Darstellungen der 1000 Buddhas, deren Vergoldung allerdings abgekratzt wurde. Auch Fragmente aus der Lebensgeschichte des Buddha sind noch zu erkennen.

In **Höhle 17**, der Bodhisattva-Gewölbe-Höhle aus dem 6. Jh., entdeckt man gut erhaltene Deckenmalereien. In rautenförmigen Kartuschen sind verschiedene Jatakas dargestellt, darunter auch die *Geschichte von Sattva, der sich der Tigerin opfert* (s. S. 214, Mogao-Höhle 254). Im Bogen über der Tür ist das Bild eines sitzenden Maitreya mit zehn Zuhörern an seiner Seite sehr gut erhalten. Auf der Cellarückwand findet sich die Darstellung eines Buddha im Moment seines Eingangs ins Nirvana. Blau, Grün, Schwarz und Weiß sind die dominierenden Farben, wobei man annimmt, dass das Schwarz ursprünglich Rot war, das später oxidierte.

Höhle 38, die Musikerchor-Höhle, gehört zu den schönsten Höhlen von Kizil. Sie wurde benannt nach der Abbildung von 28 Musikern, ausgestattet mit Instrumenten wie der chinesischen Laute (*pipa*), Flöten und Trommeln. Chinesische Wissenschaftler datieren sie ins 4., westliche ins 7. Jh. Über der Tür sieht man Maitreya, umgeben von Zuhörern. Die Decke zieren Abbildungen der Jatakas in rhombenförmigen Kartuschen, darunter das *Vishvanthara-Jataka vom freigebigen Prinzen Sudana* (s. S. 219, Mogao-Höhle 428). Dargestellt ist die Szene, in der der Gott Indra in Gestalt eines bösartigen Brahmanen, hier dargestellt mit blauer Körperfarbe, von Sudana seine beiden Kinder fordert, um ihn auf die Probe zu stellen. Auch das beliebte *Mahakapi-Jataka* vom königlichen Affen, der sein Volk rettet, indem er sich als ›lebende Brücke‹ zwischen zwei Bäumen über den Fluss hängt ist hier zu finden. Die Wände zieren ferner Abbildungen von Stupas mit dem meditierenden Buddha. Besonders schön ist die eines Flöte spielenden Apsara.

In **Höhle 60**, der Größten Höhle, aus dem 6./7. Jh., legten chinesische Wissenschaftler einen 52 cm hohen Fries mit paarweise gegenüberstehenden Enten in Perlmedaillons frei – ein Motiv aus der

Fragment eines sassanidischen Entenfrieses; Höhle 60 (Größte Höhle), 6./7. Jh.

sassanidischen Textilkunst. Von den Hälsen der Enten wehen flatternde Bänder, eine jede trägt ein Perlenhalsband im Schnabel. Ein Fragment desselben Frieses befindet sich im Museum für Indische Kunst zu Berlin.

Höhle 80, die Höllentopf-Höhle, wird in das 7. Jh. datiert. An der Decke erkennt man einige Jataka-Darstellungen und an den Seitenwänden sitzende Bodhisattvas. In der leeren Buddha-Nische erinnert ein kyrillisches Graffiti aus dem Jahr 1934 daran, dass hier einst russische Emigranten Unterschlupf fanden. In der Lünette darüber thront der die Lehre verkündende Buddha, umgeben von Adoranten.

In recht gutem Zustand sind die Deckenmalereien von **Höhle 171** mit den für Kizil so typischen Darstellungen der Jatakas in rhombenförmigen Kartuschen. Leider haben Bilderschänder die Körper des Buddha in den Malereien zerstört. In der Lünette findet sich eine schöne Darstellung des predigenden Maitreya, umgeben von Adoranten.

In **Höhle 110**, der Treppenhöhle, erkennt man an der linken Höhlenwand Reste eines Bildes, das eine Szene aus dem Leben des historischen Buddha Shakyamuni zeigt. Er sitzt auf dem Rücken eines Schimmels und lässt sein behütetes Leben im elterlichen Palast hinter sich, um in die Welt hinauszuziehen und Erkenntnis zu suchen.

Die **Höhlen 165** und **167**, die Kassettenhöhlen 3 und 5, weisen für Kizil einzigartige Kassettendecken mit floralem Dekor auf.

In **Höhle 175**, der Versuchungshöhle, hat sich an der rechten Korridorwand die Abbildung einer Reihe von Mönchen in fließenden Togen und mit kurz rasiertem Haar gut erhalten. Gegenüber erkennt man eine Szene, die Männer in spitzen Kappen bei der Feldarbeit zeigt.

In **Höhle 189** findet man ein in kräftigen Farben gehaltenes Wandbild der 10000 Buddhas sowie die Reste einer Darstellung des ins Nirvana eingehenden Buddha, den seine Jünger beweinen.

Etwa 500 m hinter dem Höhlenkomplex von Kizil liegt die **Quelle der Tränen**, um die sich eine schöne Legende rankt. So heißt es, dass sich die Tochter des Königs von Qiuci einst unsterblich in einen jungen Steinmetz verliebte, dessen Lieder sie betört hatten. Der arme junge Mann warb mutig beim Vater der Prinzessin um die Hand seiner Tochter, doch dieser wies ihn harsch zurück. Dann aber besann der Vater sich und stellte eine Bedingung: Wenn der junge Steinmetz ihm 1000 Höhlen in den Fels schlüge, bekäme er die Königstochter zur Frau. Der Bildhauer ging daraufhin optimistisch an die Arbeit, als er aber Jahre später die 999. Höhle aus dem Fels schlug, starb er an Erschöpfung. Die Prinzessin weinte sich vor Gram um ihn zu Tode. An dieser Stelle entspringt heute eine Quelle.

Auf dem Rückweg von Kizil kann man noch einen kurzen Blick auf die **Höhlen von Kizilgaha** (2), 14 km nördlich von Kucha, werfen. Die meisten der Fresken sind indes stark beschädigt. In der Nähe der Grotten stehen die 15 m hohen Reste eines Wachturms des 2.–3. Jh. Der Name des Wachturms und der Grotten von Kizilgaha leitet sich angeblich von dem Uighurischen Kizdorha ab, ›Bleib, meine Tochter!‹. Der Legende nach herrschte einst ein Tyrann über die Gegend, dem ein Hellseher prophezeit hatte, dass seine schöne Tochter in den nächsten 100 Tagen sterben würde. Der besorgte Vater sperrte daraufhin seine Tochter in den Turm und ließ sie streng bewachen. 99 Tage überstand sie schadlos, aber am 100. Tag biss sie in einen Apfel, aus dem ein Skorpion schlüpfte und die Schöne tödlich stach. Der untröstliche Vater warf sich vor dem Turm in den Staub und rief immer wieder: »Bleib meine Tochter!«, doch die Götter kamen ihm nicht zu Hilfe.

Als Le Coq und Grünwedel die Höhlen vorfanden, waren die meisten der Malereien von einer dicken weißen Schimmelschicht überwachsen. Le Coq erinnert sich: »Ich holte chinesischen Schnaps – für Europäer ungenießbar – und wusch mittels eines Schwammes alle Wände ab. Während der Nacht – wahrscheinlich als Folge dieser Arbeit – erhöhte sich meine Temperatur und ich bekam sehr starke Kopfschmerzen. (Keine ungerechtfertigten Verdächtigungen, bitte!)«
Albert von Le Coq, 1928

Höhlen von Kumtura

30 km südwestlich von Kucha liegt ein weiterer bedeutender buddhistischer Höhlenkomplex (3). In Kumtura, am Ufer des gestauten Muzat-Flusses, haben sich 112 Höhlen mit insgesamt 4000 m^2 an Wandmalereien aus dem 4.–7. Jh. erhalten. Auch hier haben Grünwedel und Le Coq ausgiebig gegraben und die schönsten Fresken nach Berlin geschafft. In **Höhle 21** (4.–5. Jh.) aber ist z. B. eine stark vom Gandhara-Stil geprägte Kuppeldecke mit zentralem Lotos und 13 stehenden Bodhisattvas grandios erhalten. Die Heiligen sind mit schmalen Schnauzbärtchen und langen, über die Schulter fallenden Locken dargestellt. Sie tragen Kronen, Hüftröcke, weich fallende Stolen und üppigen Schmuck über den muskulösen, nackten Oberkörpern. Auffällig sind die verschiedenen Handhaltungen der Figuren, mit nach Art des indischen Tanzes graziös abgespreizten Fingern.

In **Höhle 20** findet sich eine ähnliche, wenn auch weniger fein ausgeführte Kuppeldecke mit Darstellungen von Buddhas und Bodhisattvas. Außerdem ist hier die Lehmstatue eines sitzenden meditierenden Buddhas erhalten geblieben.

Höhle 46 (4.–5. Jh.) erinnert in ihrem Aufbau stark an die Grotten von Kizil. Das Tonnengewölbe schmücken rautenförmige Kartuschen mit Darstellungen des lehrenden Buddha. Die Deckenkrone zieren Darstellungen des Sonnengottes, des Windgottes und des Garuda; die Lünette zeigt den predigenden Maitreya mit seinen Zuhörern.

Der Großteil der Tang-zeitlichen Höhlen von Kumtura (618–906) weist in den Malereien deutliche chinesische Stileinflüsse auf. So ist in **Höhle 14** ein Buddha-Land abgebildet, wie man es in ähnlicher Weise aus Dunhuang kennt. **Höhle 16** zeigt weibliche fliegende Apsaras mit eindeutig chinesischen Gesichtszügen, **Höhle 79** chinesische Mönche und uighurische Stifter, deren Namen in nebenstehenden Kartuschen in chinesischen und uighurischen Schriftzeichen angegeben sind.

Als Xuanzang, der berühmte Pilgermönch, Kucha im 7. Jh. besuchte, erwähnte er in seinen Aufzeichnungen, dass die Bewohner der Stadt neugeborenen Kindern den Hinterkopf mit einem Holzbrett flachpressten – ein Schönheitsideal, das sich auch im alten koreanischen Reich Silla und bei den Mayas in Mittelamerika findet. Die Entdeckung eines Leichnams mit abgeflachtem Schädel, den chinesische Forscher bei Subashi in einem Grab aus dem 3.–5. Jh. fanden, bestätigt die Beobachtung des Pilgermönchs.

Die Grotten von Simsim und Ar-Yi

Wer der buddhistischen Höhlen noch nicht müde ist, kann außerdem noch die **Grotten von Simsim** (4) und Ar-Yi in sein Besichtigungsprogramm aufnehmen.Erstere, der Simsim-Komplex umfasst 52 Höhlen, die zeitlich und stilistisch ähnlich wie die Grotten von Kumtura einzuordnen sind, liegen 45 km nordöstlich von Kucha in einem Tal der Qultagh-Berge. Der Name Simsim leitet sich aus dem Uighurischen ab und bedeutet ›plätschernder Fluss‹. Mit 18,5 m Deckenhöhe ist Grotte Nr. 11 am Südhang des Tales nicht nur die größte Grotte des Komplexes, sondern auch in ganz Xinjiang. Relativ gut erhaltene Wandfresken finden sich vor allem in den Höhlen 30, 32, 42, 44 und 48.

Die **Ar-Yi-Grotten** (5), 60 km nördlich von Kucha, wurden erst kürzlich entdeckt. Die Malereien in den Grotten, welche Bildnisse von Buddhas und Bodhisattvas und auch die Darstellung eines Buddha-

Landes zeigen, werden in die Wei- bis Tang-Zeit datiert. Die Mehrzahl der dortigen Inschriften sind in chinesischen Schriftzeichen ausgeführt und nennen chinesische Familien als Stifter. Eine Inschrift in bisher unbekannten, wahrscheinlich dem Tocharischen verwandten Schriftzeichen, gibt den Wissenschaftlern noch Rätsel auf. Die Untersuchungen an den Grotten dauern noch an. Ob eine Besichtigung der Ar-Yi-Grotten möglich ist, sollte man beim Quici Grottoes Research Institute bei den Kizil-Grotten oder einem lokalen Reisebüro erfragen.

Wer der Wüste müde ist, der kann zum Großen Drachensee (Dalong Chi) entfliehen, der im Tian Shan, umgeben von grünen Almen und dunklen Tannenwäldern, etwa 100 km nördlich von Kucha liegt. Auf dem Weg dorthin sollte man bei der imposanten Kizilia-Schlucht mit ihren bizarren Felsformationen einen Stopp einlegen.

Die Ruinen von Subashi

20 km nördlich von Kucha haben sich beidseits des Kucha-Flusses die Ruinen der Stadt Subashi (6) erhalten. Die Klosterstadt aus dem 4. Jh. wurde im 12. Jh. zerstört oder verlassen. Zwei große Klosteranlagen, zu ihrer Zeit als Zhaohuli-Tempel bekannt, schmiegen sich an die Ufer des trockenen Flussbetts. Erkennbar sind heute noch auf jeder Flussseite drei Stupas, die sich symmetrisch gegenüberstehen. Reste von Klostermauern lassen frei stehende Viharas im Stil Gandharas erkennen. Auch Meditationshöhlen finden sich. Im größeren Stadtteil (700 x 180 m) am Westufer fällt insbesondere der Weststupa mit seiner großen Aufgangsrampe ins Auge.

Ruinen von Subashi

Kashgar

Kashgar ☆
Besonders sehenswert:
Malerische Altstadt
Pittoresker Sonntagsmarkt ☆☆
Abakh-Hoja-Grab ☆

Kashgar (Kashi) – noch ein Mythos an der Seidenstraße. Einst stießen hier die Nördliche Route der Seidenstraße, über Turfan und Kucha kommend, und die Südliche Route aus Khotan und Yarkand zusammen. Von Kashgar aus zogen die Karawanen weiter gen Westen – ins Ferghana-Tal, nach Samarkand, Persien und Syrien – oder schlugen die Route über die Gipfel des Karakorum-Gebirges nach Indien ein. Seit Jahrhunderten lebt die Stadt vom Handel. In Kashgar hat der Reisende endgültig das Gefühl, China hinter sich gelassen zu haben. Zwar finden sich auch hier die breiten Boulevards der chinesischen ›Neuzeit‹ samt ›Volksplatz‹ und Mao-Statue, doch hat sich die Stadt ihren mittelalterlich anmutenden, orientalischen Charakter weitgehend bewahren können. Bunte Basare, schlanke Minarette, Eselskarren, Männer mit langen Bärten und bunt bestickten Kappen auf dem Kopf und tief verschleierte Frauen in wallenden Gewändern prägen die Atmosphäre der Stadt. Wer auch nur ein wenig Türkisch spricht, kommt bestens zurecht, denn 93 % der 300 000 Einwohner Kashgars sind Uighuren, deren Sprache mit dem Türkischen eng verwandt ist. Nur 6 % der Bevölkerung sind Han-Chinesen, der Rest Tadschiken, Kirgisen, Usbeken, Kasachen, Tataren, Xibe, Mongolen, Dauren und Hui.

Die 1289 m hoch gelegene Oase, übrigens die größte in China, liegt am westlichen Ende des Tarim-Beckens in einem fruchtbaren Lössbecken, das vom Kashgar-Fluss bewässert wird. Die relativ üppigen Wasservorräte erlauben sogar den Reisanbau, Hauptanbauprodukte aber sind Baumwolle und zahlreiche Obstsorten.

Obwohl Kashgar auf eine mehr als 2000 Jahre alte Geschichte zurückblicken kann, hat sich in seiner Umgebung kaum vorislamische Architektur erhalten, da die Oase vielfach von Naturkatastrophen und Kriegen heimgesucht wurde. Die wechselvolle Geschichte der Stadt liest sich wie die so vieler Oasen im Tarim-Becken. Die Chinesen drangen erstmals im 2. Jh. v. Chr. bis in die Kashgar-Oase vor, die sich damals in der Hand der Yuezhi befand. Die Chinesen vermochten die Oase, von ihnen damals Shule geheißen, bis zum 1. Jh. n. Chr. zu halten, dann eroberten die Yuezhi das Gebiet für einige Jahre zurück. Doch General Ban Chao gewann im Jahr 73 Shule erneut für die Han. Dem General, der sich 31 Jahre in Zentralasien aufhielt und zahlreiche Oasen für die Han eroberte, gelang es, das von Bürgerkriegen erschütterte Gebiet zu befrieden und die Handelsrouten zu sichern. Der Handel blühte, doch in den folgenden Jahrhunderten wurde die reiche Oasenstadt immer wieder Ziel der Überfälle von Steppenvölkern.

Xuanzang, der im 7. Jh. die Stadt besucht, erwähnt in seinen Aufzeichnungen, dass viele der Bewohner Kashgars grüne Augen hätten – ein Hinweis auf die indoeuropäische Herkunft seiner Bewohner. Er bemerkt den indischen Ursprung der in Kashgar üblichen Schrift, die sich wahrscheinlich vom Kharoshti ableitete, welches damals in Gandhara verwendet wurde.

Seit dem 2. Jh. n. Chr. begann der Buddhismus, zunächst die Hinayana-Richtung, in der Oase Einfluss zu gewinnen. Doch auch Anhänger des Zoroastrismus lebten vermutlich hier, zumindest finden sich entsprechende Hinweise in Berichten der Tang-Historiographen. Ab Ende des 7. Jh. herrschten im Wechsel Tibeter, Osttürken, kharakha-

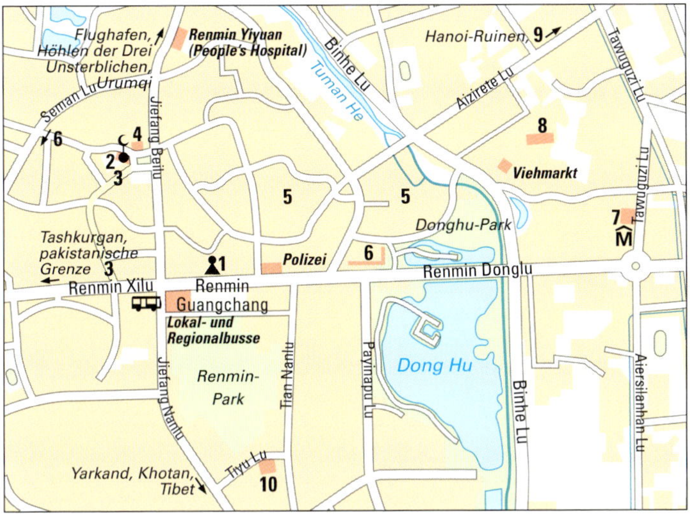

Kashgar
1 Mao-Statue
2 Id-Kah-Moschee
3 Basar
4 Markt der Gold- und Silberschmiede
5 Altstadt
6 Reste der Stadtmauer
7 Bezirksmuseum (Kashi Diqu Bowuguan)
8 Sonntagsmarkt
9 Grabmal des Abakh Hoja
10 Mausoleum des Yusuf Hash Hajip

nidische Türken und ab 1219 Mongolen in der Stadt. Unter den Türken hielt der Islam Einzug in die Region.

Im 14. Jh. machte der gefürchtete Tamerlan, Nachfahr des Dschinghis Khan und Vorfahr des Herrscherhauses der Moguln, die Stadt dem Erdboden gleich und tötete fast alle ihre Bewohner. Im 16. Jh. etablierte sich der ursprünglich aus der Gegend um Samarkand und Buchara stammende Hoja-Clan, Führer einer islamischen Sekte, in Kashgar. Die Hojas entzweiten sich jedoch und spalteten sich in die Sekten der Weißen bzw. der Schwarzen Berge.

Zwar war Kashgar ab Mitte des 18. Jh. wieder chinesisch, doch im 19. Jh. setzte sich Yakub Beg an die Spitze muslimischer Rebellen und rief 1860 sein Königreich Kashgarien aus – mit Kashgar als Hauptstadt (1862–75). Emir Yakub Beg, den Titel verlieh ihm der osmanische Kalif, schloss Verträge mit den Russen und den Briten; beide Nationen hatten Interesse daran, dass China in Zentralasien an Einfluss verlor. Die Russen eroberten 1871 das Ili-Tal, die Briten sahen in Kashgarien einen Pufferstaat, der Britisch-Indien gegen die Russen im Norden schützte. Zwischen die Linien der muslimischen Rebellen geriet 1857 der junge deutsche Geologe Adolph von Schlagintweit. Er wurde vom lokalen Khan als Spion verdächtigt und in Kashgar hingerichtet. Mit seinen Brüdern Hermann und Robert hatte er zuvor im Auftrag Alexander von Humboldts drei Jahre lang den Verlauf des Himalaya, des Karakorum-Gebirges und des Kunlun erforscht. Die Brüder leisteten Pionierarbeit in der Gletscherforschung und entdeckten, dass nicht der Kaukasus, wie bisher allgemein angenommen, sondern der Himalaya das höchste Gebirge der Welt ist. Die Chinesen errichteten später in der Nähe von Kashgar ein Denkmal zu Ehren Schlagintweits, welches aber bei einer Überschwemmung zerstört wurde.

»Cascar war einst ein Königreich, aber heute ist es dem Großkhan untertan. Die Bevölkerung bekennt sich zum Islam. (...)Die Einwohner leben von Handel und Gewerbe. Sie haben prächtige Gärten, sie pflegen ihre Weinreben und besitzen schöne Güter. Die Baumwollstaude wächst hier [und ebenfalls Flachs und Hanf.] Händler aus Cascar reisen durch die ganze Welt...«

Marco Polo in »Il Milione«

1877 schließlich wurde Kashgar unter Führung des chinesischen Generals Zuo Zongtang zurückerobert und 1884 der neuen chinesischen Provinz Xinjiang angeschlossen. Doch die Region blieb ein Unruheherd. 1933 rief Ma Zhongying hier gar die Unabhängige Muslimische Republik Ostturkestan aus. Er wurde allerdings vom chinesischen Warlord Sheng Shicai mit sowjetischer Hilfe alsbald vertrieben. Kashgar geriet wieder unter chinesische Kontrolle und sollte es auch nach der chinesischen Revolution von 1949 bleiben. Bereits 1882 hatten die Russen ein Konsulat in Kashgar eingerichtet, zwei Jahre später gründeten die Briten eine Handelsmission, welche sie 1892 ebenfalls in ein Konsulat umwandelten. Erster britischer Konsul war Sir George McCartney, der 26 Jahre lang in Kashgar verweilen sollte. Er und seine Frau schufen dort eine kleine Oase britischer Lebensart im britischen Konsulat Chini-Bagh, ›chinesischer Garten‹, und beherbergten während dieser Jahre eine illustre Gästeschar, darunter Sven Hedin, Sir Aurel Stein, Albert von Le Coq, Paul Pelliot, die Brüder Roosevelt sowie die Journalisten Peter Fleming und Kini Maillart.

Seit dem Zerbrechen der Sowjetunion und der Unabhängigkeit der zentralasiatischen Nachbarstaaten wächst auch unter den Uighuren der Wunsch nach Selbstständigkeit. Der Islam und erstarkende Fundamentalismus spielen dabei eine nicht zu unterschätzende Rolle. In den letzten Jahren kam es deshalb in der Umgebung Kashgars wiederholt zu Demonstrationen und Ausschreitungen gegenüber den machthabenden Chinesen.

Die Id-Kah-Moschee ist die größte Moschee in China.

Markstein des modernen, ›chinesischen‹ Kashgar ist die monumentale **Mao-Statue** (1) am großen Volksplatz (Renmin Guangchang) an der östlichen Renmin Lu.

Östlich von ihr finden sich an der Kreuzung von Jiefang Lu und Renmin Lu einige große Kaufhäuser chinesischen Stils. Das ›wahre‹ Zentrum Kashgars aber liegt im Umkreis der **Id-Kah-Moschee** (2; Aidiga Qingzhen Si), der größten Moschee Chinas. Sie kann bis zu 5000 Menschen fassen, und an hohen muslimischen Feiertagen kommen bis zu 10000 Gläubige aus dem gesamten Umland und versammeln sich auf dem großen Vorplatz der Moschee zum Gebet. Ursprünglich im 9. Jh. gegründet, ist der heutige Bau etwa 500 Jahre alt. Den Eingang des Gotteshauses markiert ein mächtiger, gelb und weiß gestrichener Iwan, den zwei mit blau-weiß glasierten Ziegeln verzierte Minarette flankieren. Im Inneren gelangt der Besucher durch einen Garten zur schlichten Gebetshalle am westlichen Ende. Die Kassettendecke ist mit bunten, überwiegend floralen Malereien verziert, ebenso die 140 hölzernen Säulen mit geschnitzten Kapitellen, die das Dach tragen. Rund um die Moschee erstreckt sich der permanente **Basar** (3) von Kashgar.

Am Nordende des großen Vorplatzes findet sich der überdachte **Markt der Gold- und Silberschmiede** (4). Als besonders reizvoll entpuppt sich die Gasse westlich der Moschee, wo man Kupferschmieden, Musikinstrumentenbauern, Zimmerleuten, Bäckern und anderen Handwerkern bei der Arbeit zusehen kann. Farbenfroh lackierte Babywiegen mit Abfluss für das ›kleine Geschäft‹ und messingbeschlagene Aussteuerkisten stehen hier zum Verkauf, alte Männer mit langen Bärten und bunt bestickten Kappen auf dem Hinterkopf sitzen im Teehaus beim Plausch, Zahnärzte werben mit grellbunt gemalten Schildern und drastischen Darstellungen für ihre Künste.

Östlich der Moschee, zwischen Jiefang Beilu und dem Tuman-Fluss, liegt die **Altstadt** (5) von Kashgar mit niedrigen Lehmhäusern und verwinkelten Gassen, die kürzlich unter Denkmalschutz gestellt wurde. Das Viertel ist fest in uighurischer Hand, und Chinesen ist es so gut wie unmöglich, sich hier anzusiedeln. Auf der Hauptstraße findet man Tabakverkäufer, Töpfer, die an ihren Drehscheiben arbeiten, und Hufschmiede, vor deren Werkstätten Pferde und Esel wortwörtlich ›in den Seilen hängen‹.

Reste der **Stadtmauer** (6), die das alte Kashgar einst umgab, lassen sich noch in der Renmin Donglu in Höhe der Payinapu Lu und südlich der Seman Lu erkennen.

Im Ostteil der Stadt, in der Tawuguzi Lu, südlich des Kashgar Hotels, befindet sich das **Bezirksmuseum von Kashgar** (7; Kashi Diqu Bowuguan), welches eine kleine Ausstellung der Geschichte der Seidenstraße mit Funden aus der Umgebung zu bieten hat.

Ein besonderes Ereignis, das man keinesfalls versäumen sollte, ist der **Sonntagsmarkt** (8) von Kashgar, angeblich der größte Basar Asiens. Er ist wahrhaft einzigartig, und nirgendwo am chinesischen Teil der Seidenstraße wird man sich so sehr ins Mittelalter zurückversetzt

»... Natürlich gab es immer den Basar. Die Waren, die Architektur, die Atmosphäre waren die gleichen wie in Jarkand, Khotan und Kerija. Aber die Menschen waren nicht die gleichen. Schlitzäugige Kirgisen und bärtige Tadschiken aus den Bergen stolzierten mit einem Anflug von Hochmut zwischen den zurückhaltenden Turkis umher. Hier und da verrieten ein steifer Roßhaarschleier und ein bunt gefiedertes Gewand eine Frau aus Andischan oder Samarkand. Gelegentlich holperte ein russischer Lastwagen aus Urumtschi herein und trieb die Truppen von Müßiggängern auseinander, die sich immmer auf dem Platz vor der Hauptmoschee versammelten ...«

Peter Fleming: »Tatarennachrichten«, 1936

Sonntagsmarkt in Kashgar

fühlen wie hier. Für Fotografen ein wahres Schlaraffenland! Jeden Sonntag strömen Zehntausende Bauern und Händler aus der Umgebung in den Nordosten der Stadt und bieten auf dem Brachland östlich des Tuman-Flusses ihre Produkte an. Besonders lebhaft geht es sonntags in den frühen Morgenstunden auf dem Viehmarkt zu, wo Esel, Ziegen, Schafe, Pferde und manchmal auch Kamele angeboten werden. Ein Teil der Marktbuden an der Aizerete (Aizilaiti) Lu ist heute fest installiert und an allen Tagen der Woche geöffnet. Schier endlos ziehen sich verschiedene Sektionen für Seiden- und Baumwollstoffe, Kleidung, geschmiedete Dolche, Teppiche, bestickte Kappen, Pelze, Sättel, Töpfe und Eisenwaren, Seile, Obst, Gemüse, Gewürze und Garküchen hin. In den ruhigeren Ecken sitzen die Barbiere und stutzen imposante Bärte oder rasieren den älteren Herren mit langen Messern das Haupt. »Posch! Posch!« wird der in der Bilderflut verzückte Tourist in dem bunten Gewimmel immer wieder hören, was so viel heißt wie »Bahn frei!«, wenn er wieder einmal einem schwer beladenen Eselskarren oder einem Bauern mit einer Ziegenherde im Weg steht.

Das **Grabmal des Abakh Hoja** (9; Xiangfei Mu) erinnert in seiner Form ein wenig an das Taj Mahal, auch wenn es deutlich kleiner und bescheidener ausfällt. Der Bau aus dem Jahr 1640, eine der heiligsten islamischen Stätten in Xinjiang, liegt inmitten eines Gartens etwa 5 km vom Zentrum entfernt in einem nordöstlichen Vorort Kashgars. Das Mausoleum misst 39 m in der Länge und 26 m in der Höhe. An den vier Ecken des kubusförmigen Baus erhebt sich jeweils ein minarettartiger Turm; auch der Iwan, der zentrale Torbau mit Spitzbogen, ragt über die Außenmauer empor. Das Zentrum des Kubus überwölbt eine Kuppel von 17 m Durchmesser. Farbig glasierte Ziegel, vornehmlich in sattem Grünton gehalten, verkleiden einen Großteil des gesamten Baus. Vor dem Mausoleum breitet sich ein Blumengarten im persischen Charbagh-Stil mit zentralem Wasserbassin aus. Charbagh bedeutet im Persischen geviertelter Garten. Meist ist ein solcher Garten quadratisch angelegt, sich kreuzende Zentralachsen in Form von Wegen oder Wasserbassins teilen ihn in vier kleinere Quadrate. Die entfernte Ähnlichkeit des Xiangfei Mu mit dem Taj Mahal kommt nicht von ungefähr, stammte doch Shah Jahan, der im indischen Agra den Bau des weltberühmten Grabmals für seine verstorbene Frau in Auftrag gab, aus dem Geschlecht der Moguln, welche ursprünglich aus der Gegend um Samarkand kamen, wo dieser Baustil seinen Ursprung hat. Ebenso wie der ›Traum aus weißem Marmor‹ wurde das Grab des Abakh Hoja Mitte des 17. Jh. erbaut. Es wurde 1640 fertig gestellt.

Die Farbe Grün war der Überlieferung nach die Lieblingsfarbe des Propheten Mohammed. Bis heute ist das Tragen eines grünen Turbans den Kalifen, den Nachfolgern des Propheten, vorbehalten. Auch das heilige Banner, die kostbarste Reliquie des Islam, ist von grüner Farbe.

In Auftrag gegeben hatte das Grabmal Abakh Hoja (Aba Hezhou) höchstpersönlich, allerdings nicht als seine eigene Ruhestätte, sondern für seinen Vater Mohammed Yusuf, einen muslimischen Missionar, der aus Usbekistan stammte, in Kashgar eine Koranschule leitete und dort 1639 starb. Abakh Hoja selbst brachte es allerdings zu weit größerem Ruhm als sein Vater. Er herrschte 1678–80 und 1682– 93 über Kashgar, Kucha, Korla, Aksu, Khotan und Shache. Zudem war er Oberhaupt der islamischen Sekte der Weißen Berge (Baishan) und wurde als ein Prophet zweiten Ranges nach Mohammed verehrt. Nach seinem Tod 1693 benannte die Bevölkerung Kashgars das Mausoleum, in dem Abakh neben seinem Vater bestattet wurde, nach ihm um.

Der Baustil des Grabmals des Abakh Hodja erinnert an das Taj Mahal.

Im Inneren der Kuppelhalle befinden sich 58 Gräber, geschmückt mit floral gemusterten, blau-weißen Fliesen und bunten Überwürfen aus Samt und Seide. Hier liegen fünf Generationen der Familie Hoja begraben. Der erhöht in der Mitte liegende Kenotaph ist der des Abakh, rechts daneben ist sein Vater Mohammed bestattet. Ein kleines Grab in der hinteren rechten Ecke der Halle gehört der berühmten Enkelin Abakh Hojas, Maryam Ezim, auch unter dem Namen Iparhan oder Xiang Fei bekannt, Duftende Konkubine. Iparhan (geb. 1734) war eine Konkubine des Qianlong-Kaisers (reg. 1736–95) und wurde 1759, nach der Eroberung Kashgars durch die Truppen der Qing, nach Beijing an den Kaiserhof gebracht. Man verlieh ihr dort den Namen ›Duftende Konkubine‹, da ihre Haut angeblich von Natur aus einen süßen Duft verströmte. Der Legende nach soll sie jahrelang den Avancen des Kaisers widerstanden haben und wurde schließlich im Alter von 29 Jahren von dessen Mutter zum Selbstmord gezwungen. Es heißt, der Sarg der Xiang Fei wäre später in einer dreijährigen Reise nach Kashgar überführt und im Grabmal ihres Großvaters bestattet worden. Für die Uighuren wurde Xiang Fei zum Inbegriff der Standhaftigkeit gegen die chinesische Vorherrschaft, deshalb wünschten viele, sich im nahe gelegenen Friedhof beisetzen zu lassen. Chinesische Historiker haben nun aber herausgefunden, dass Xiang Fei höchstwahrscheinlich mit der Konkubine Rong Fei identisch ist, welche durchaus mit der Westpolitik des chinesischen Kaisers einverstanden war. Sie starb im Alter von 55 Jahren und wurde mit allen Ehren in den Östlichen Qing-Gräbern bei Zunhua, unweit von Beijing, beigesetzt. Die Veröffentlichung dieser Nachricht löste bei der Mehrzahl der Uighuren Entsetzen aus, und die meisten haben es seither aufgegeben, der Duftenden Konkubine ihre Gunst zu erweisen.

Links neben dem Grabmal befinden sich die **Medrese** (Koranschule) und einige Schritte weiter, nach Westen in Richtung Mekka ausgerichtet, die **Moschee**, ein offener, 1873 im Auftrag Yakub Begs errichteter Bau. Schön geschnitzte, farbig verzierte Holzsäulen tragen das Dach, und zuweilen sind in dem floralen und geometrischen Zierwerk der Kapitelle Reihen der aus dem Buddhismus entlehnten Swastikas zu erkennen.

Passiert man die schwere Holztür an der Nordseite, gelangt man rechter Hand zu einem **muslimischen Friedhof** mit Hunderten von Gräbern aus gestampftem Lehm. Es geht die Legende, dass Yakub Beg in einem dieser unmarkierten Gräber bestattet sein soll.

Im Süden der Stadt, in der Tiyu Lu, ist eine weitere Grabstätte einen Besuch wert, das **Mausoleum des Yusuf Hash Hajip** (10). Der uighurische Gelehrte Yusuf (1019–85) verfasste das »Kutatku Bilik«, »Die Weisheit königlichen Ruhmes«, ein über 13 000 Zeilen langes Gedicht über Politik, Kultur und Gesellschaft der Uighuren zur Zeit der Karakhaniden. Der uighurische Khan verlieh ihm daraufhin 1070 den Titel eines königlichen Ratgebers (*hash hajip*). Zwar ist das Original dieses uighurischen Literaturklassikers verschollen, es existieren aber Kopien in Wien, Kairo und im usbekischen Namangan.

18 km nordwestlich von Kashgar liegen die **Höhlen der Drei Unsterblichen** (Sanxian Dong), die in das 2./3. Jh. datiert werden und damit wahrscheinlich die ältesten buddhistischen Höhlen auf chinesischem Boden sind. Da sie sehr schlecht erhalten – ein kopfloser Buddha-Torso, Reste von Malereien – und nur über Leitern erreichbar sind (organisiert über ein lokales Reisebüro), lohnt sich eine Besichtigung nur für wissenschaftlich stark Interessierte. Jede der Grotten besteht aus zwei Kammern. Ursprünglich waren die drei Höhlen nicht miteinander verbunden, heute finden sich jedoch in späterer Zeit angelegte Durchgänge. Interessant ist, dass sich nur Buddha-Bildnisse, aber keinerlei Jataka-Geschichten oder Stifterbilder in den Darstellungen finden.

22 km nordöstlich von Kashgar finden sich die spärlichen Überreste des **alten Hanoi** (Hannuoyi Gucheng). Die Hauptstadt des Shule-Königreichs hatte ihre Blütezeit im 7.–11. Jh. Es sind nur noch einige Fundamente und Spuren der alten Karez-Bewässerungskanäle erkennbar. Weithin sichtbar ragt die Tang-zeitliche (618–906), 12 m hohe Mor-Pagode mit quadratischem Sockel und zylinderförmigem Bumpa aus den Trümmern. Archäologen haben in der verlassenen Stadt alte Münzen und Porzellanscherben ausgegraben, die im Museum von Kashgar aufbewahrt werden.

Von Kashgar Richtung Dunhuang oder Korla

Von Kashgar nach Khotan

Von Kashgar aus kann man nun die Taklamakan an ihrer Südseite umfahren. Die Entfernung von Kashgar bis Khotan beträgt 510 km, eine Strecke, die sich im Geländewagen in zehn Stunden bewältigen lässt. Wer sich Zeit lassen möchte oder mit öffentlichen Bussen unterwegs ist, kann in einer der kleineren Oasenstädte am Weg einen Etappenstopp einlegen. Erwähnung verdient, obwohl er keine weiteren Sehenswürdigkeiten aufweist, zum Beispiel der Ort **Yengisar** (Yingjisha), 68 km südöstlich von Kashgar. Er ist berühmt für seine mit Ziselierungen und bunten Einlegearbeiten verzierten Messer und Dolche. In einer Manufaktur (Yengjisha Xian Xiao Dao Chang) im Stadtzentrum kann man sich die Produktion dieser Messer anschauen.

Via Yengisar erreicht man nach weiteren 125 km **Yarkand** (Shache), das zeitweise als Handelsstadt eine größere Bedeutung besaß als Kashgar. Die Stadt liegt in einer 3200 km^2 großen fruchtbaren Oase am Yarkand-Fluss. Ihre Geschichte reicht über 2000 Jahre zurück. Seit dem 2. Jh. v. Chr. kannten die Chinesen Yarkand als Königreich von Shache, wie sie die Stadt auch heute noch nennen. Im 12.–13. Jh. diente es dem mongolischen Khanat von Tschaghatai als Hauptquartier. In dieser Zeit passierte auch Marco Polo die Oase. Relikte aus Yarkands Blütezeit als Handelsposten an der Südlichen Seidenstraße der vorislamischen Zeit haben sich leider nicht erhalten. Heute leben in der Oase 70 000 Menschen. Die Stadt teilt sich in einen modernen chinesischen Teil im Westen und die uighurische Altstadt im Osten. Sehenswert ist die Altyn-Moschee (Aletun Qingzhen Si) mit dem neu errichteten, prächtigen Grab der Aman Isa Khan (1526–60). Die Dame, Gemahlin des Khan von Yarkand, war eine berühmte Dichterin und Musikerin. Hinter der Moschee erstreckt sich ein großer muslimischer Friedhof mit dem Mausoleum des Yeti Sultan. Gegenüber der Moschee erhebt sich das Orda Darvaza, einst Eingangstor der alten Zitadelle und einziges Relikt der ehemaligen Königsresidenz von Yarkand. Nicht weit entfernt von hier stößt man auf die Gräber der Könige von Yarkand. Das Zentrum der Altstadt mit dem Basar erstreckt sich links der Moschee. Am Kulturpark (Wenhua Gongyuan) finden sich einige uighurische Teehäuser. Nördlich der Altyn-Moschee wird außerdem jede Woche ein Sonntagsmarkt abgehalten, der zwar nicht ganz so groß, aber ähnlich bunt wie der in Kashgar ist.

Nach weiteren zwei Stunden Fahrt passiert man **Khargilik** (Yecheng) mit seiner imposanten Freitagsmoschee aus dem 15. Jh. und einem lebhaften Basar. Nach weiteren fünf bis sechs Stunden Autofahrt erreicht man schließlich Khotan.

Khotan (Hetian)

»Wie die meisten großen Städte in Sinkiang teilt sich Khotan in eine Alt- und eine Neustadt. Die Neustadt, umgeben von einer hohen Zinnenmauer, war ursprünglich das chinesische Quartier und beherbergt auch heute noch alle offiziellen Jamen und die meisten Geschäfte und Wohnsitze der chinesischen Händler. Die Altstadt, das Quartier der Einheimischen, ist nicht befestigt.«

Khotan (Hetian)
Besonders sehenswert:
Pittoresker Sonntagsmarkt
Ruinenstädte in der Umgebung

Wie Peter Fleming die Stadt Khotan (auch Hotan, chin.: Hetian) in den 30er Jahren des 20. Jh. beschreibt, so präsentiert sie sich noch heute. Khotan teilt sich in einen modernen chinesischen und einen uighurischen Teil und unterscheidet sich damit nicht sonderlich von anderen Orten in Xinjiang. Dass Khotan einst das bedeutendste Zentrum buddhistischer Kultur an der Südroute der Seidenstraße bildete, sieht man der Stadt nicht mehr an. Der gierige Sand der Taklamakan hat die Pracht des alten Khotan verschlungen. Nur einige Ruinen aus glanzvollen Tagen sind geblieben und können heute besichtigt werden.

Wie in den benachbarten Oasen von West-Xinjiang bestand die Bevölkerung Khotans aus iranischen Saken, Indern und Chinesen. Wahrscheinlich um die Zeitenwende hatten sich Saken aus dem persischen Raum am Südrand der Taklamakan-Wüste und in der fruchtbaren Khotan-Oase angesiedelt. Die Könige Khotans rekrutierten sich zumindest bis zum 3. Jh. aus indischen Familien. Der Pilgermönch Xuanzang berichtet, dass die Könige Khotans der Legende nach Abkömmlinge des Gottes Vaishravana gewesen seien: Als einst ein kinderloser König im Tempel des Gottes um einen Sohn betete, öffnete sich die Statue der Gottheit und heraus trat ein Kind. Der überglückliche König nahm den Knaben in seinen Palast, doch der Säugling wollte die Milch, die man ihm anbot, nicht trinken. Verzweifelt wandte sich der König erneut an Vaishravana. Plötzlich öffnete sich die Erde vor der Figur und formte sich zu einer Brust, an der sich der Säugling sogleich labte und zu einem mächtigen König heranwuchs. So kam das Reich zu seinem Namen Kustana, ›Brust der Erde‹. Davon leitet sich der Name Khotan ab. Seit frühester Zeit bestanden aber auch enge Kontakte zwischen der Khotan-Oase und China, Münzen in Kharoshti und Chinesisch beschriftet deuten darauf hin. Wahrscheinlich bezogen die Chinesen bereits seit dem 5. Jh. v. Chr. aus Khotan die begehrte Jade. Das kostbare Gestein wurde als Kiesel in den Flüssen um Khotan und Yarkand gefunden, die aus dem Kunlun-Gebirge kommen und sich schließlich in der Taklamakan verlieren.

»Dieses Land ist reich und glücklich; seine Bewohner sind wohlhabend, sie haben alle den Glauben angenommen und finden Vergnügen an religiöser Musik. Die Zahl der Priester geht in die Zehntausende.«
Faxian

Die Oase geriet im 1. Jh. v. Chr. erstmals unter den politischen Einfluss Chinas: General Ban Chao zog mit seinen Truppen in Khotan ein und nannte das Reich Yutian (nicht zu verwechseln mit der heute gleichnamigen, weiter östlich gelegenen Oasenstadt).

Als 399 der Pilgermönch Faxian in der Oase auf seinem Weg nach Indien Station machte, zählte er 14 große Klöster und beschrieb einen prächtigen Festumzug anlässlich eines buddhistischen Feiertags, bei dem reich geschmückte Wagen mit goldenen und silbernen Buddha-Figuren durch die Stadt gezogen werden. 644 schätzte Xuanzang, als er die Oase besuchte, dass es an die 100 Klöster und 5000 Mönche in Khotan gab – und er wies darauf hin, dass hier inzwischen Seide produziert wurde (s. S. 33). Die Seidenproduktion trug natürlich erheblich zum wachsenden Reichtum der Oase bei.

Im 6. Jh. geriet Khotan unter die Herrschaft der Hephthaliten (Weiße Hunnen; 502–556) und wurde wenig später von den Westtürken vereinnahmt (565–631). In den folgenden Jahrhunderten bemächtigten sich in einem Turnus von etwa 100 Jahren Chinesen (640), Tibe-

Darstellung der Seidenprinzessin; gefunden in Dandanuilik, 6. Jh.

Die Kharakhaniden waren eine türkische Dynastie, die 999–1211 Transoxanien, das Gebiet zwischen Syr Darya und Amu Darya, beherrschte.,

ter (759) und Uighuren (865) Khotans. 982 fiel Khotan unter die Herrschaft des Kharakhaniden-Fürst Harun Bughra Khan, mit dem die Blütezeit der buddhistischen Kultur dort ihr Ende fand. Die meisten Bewohner Khotans konvertierten zum Islam.

Das Bezirksmuseum ist wegen Renovierung zur Zeit geschlossen, wird aber 2006 wieder eröffnet.

Heute leben 1,2 Millionen Menschen in der Khotan-Oase, davon etwa 80 000 in der Stadt Khotan selbst. 95 % der Bevölkerung sind Uighuren. Weiterhin stellt die Seidengewinnung einen signifikanten Wirtschaftszweig in der Oase dar. Berühmt ist Khotan für seine schönen Atlasseiden in strahlenden Farben und mit den typischen Ikat-Mustern, die auf Uighurisch *ederis* (chin.: *aidelaixi*) genannt werden. Neben Maulbeerbüschen für die Seidenraupenzucht werden in der Oase Baumwolle, Getreide, darunter auch Reis, und Obst angebaut. Jade findet man zwar noch immer in den Flüssen, die aus dem Kunlun kommen, doch ist der Ertrag gering.

Übrigens gelang es dem khotanesischen Fälscher Islam Akhun, jahrelang westliche Wissenschaftler an der Nase herumzuführen. 1889 verkaufte er erstmals ein ›antikes‹ Dokument aus eigener Manufaktur an den Briten Lieutenant Bower. Es war mit Schriftzeichen beschrieben, die Islam Akhun sich selbst ausgedacht hatte. Der nichtsahnende Bower legte das Dokument in Oxford dem anerkannten Sprachwissenschaftler Dr. Rudolph Hoernle vor, der wenig später deklarierte, es sei das älteste Schriftstück, das jemals auf der Welt gefunden wurde. Über diese Handschrift sowie einige weitere aus der Hand Akhuns wurden eine Reihe wissenschaftlicher Abhandlungen publiziert. Sir Aurel Stein, der in ganz Zentralasien gegraben, aber nie eine solche Schrift gesehen hatte, entlarvte 1901 den Fälscher. Zur Ehrenrettung Hoernles muss man sagen, dass auch andere Experte wie Sven Hedin sich von den exzellent gefälschten Papieren hatten täuschen lassen.

Das Bezirksmuseum ist wegen Renovierung zur Zeit geschlossen, wird aber 2006 wieder eröffnet.

In der Stadt selbst sind die **Freitagsmoschee**, ein Hofkomplex mit einem großen Schmucktor aus dem Jahr 1870, und das **Bezirksmuseum von Khotan** in der Beijing Xilu erwähnenswert. Es stellt einige Ausgrabungsfunde der Region aus, darunter Bronzegerät, geschnitzte Holzskulpturen und -balken, Keramiken und Freskenfragmente. Besondere Aufmerksamkeit verdienen zwei über 1500 Jahre alte mumifizierte Leichen sowie ein bemalter Holzsarg. Gleich nebenan liegt die **Jadeschleiferei** von Khotan, die man besichtigen kann. Sehr groß und bunt ist der **Sonntagsmarkt** im Ostteil der Stadt. Am interessantesten sind die Abteilungen für Teppiche, Seiden und bestickte Kappen sowie der Viehmarkt, auf dem leidenschaftlich gefeilscht wird.

Die Umgebung von Khotan

Die **Ruinen von Yotkan** (Yuetegan Yizhi), vom 1.–8. Jh. Hauptstadt des alten Yutian (Khotan), liegen 10 km westlich von Khotan, unter einer 4 m dicken Löss-Schlamm-Schicht begraben. Als erster westlicher Forscher besuchte Sven Hedin im Januar 1896 die Ruinenstadt. Er beobachtete damals, dass die Bewohner der Gegend dort insbe-

Tönerne Kamelfiguren aus den Ruinen von Yotkan

sondere nach Überschwemmungen regelmäßig gruben und Fundstücke zutage förderten. Hedin selbst fand nur einige wenige antike Gegenstände in den Ruinen, denn im Januar war, wie er sagte, »die Antiquitätenernte dieser Saison schon eingebracht«. Er konnte allerdings bei den einheimischen Schatzsuchern einige Terrakottastatuetten des Buddha, von Männern, Frauen und Kamelen sowie ein kupfernes Kreuz erstehen. Diese Dinge befinden sich heute im Besitz der Sven-Hedin-Stiftung in Stockholm. Später besuchten Sir Aurel Stein und drei japanische Expeditionen Yotkan, die ebenfalls Grabungen vornahmen. Heute gibt es vor Ort nicht mehr viel zu sehen. Das Ausgrabungsgelände ist weitgehend von Obstplantagen überwachsen. Einige Funde aus Yotkan kann man im Museum von Khotan besichtigen, darunter ein tönernes Wein- oder Wassergefäß in Form eines Männerkopfes mit Bart, der eindeutig westliche Gesichtszüge aufweist. Derartige Gefäße hat man in Yotkan in verschiedenen Variationen gefunden.

25 km südlich von Khotan am westlichen Ufer des Yurungkax-Flusses bestand zwischen dem 2. Jh. v. Chr. und dem 9. Jh. n. Chr. die Stadt **Melikawat** (Malikawate Gucheng), auch Malikuwatur genannt. Heute sind nur noch wenige Fundamente sichtbar. Archäologen fanden Lehmskulpturen und einige chinesische Münzen der Han-Zeit (220 v.–206 n. Chr.).

Tief in der Wüste und nur per Geländewagen oder Kamel kann man zwei weitere historische Orte besuchen: 90 km von Khotan entfernt liegt die **Klosteranlage Rawak** mit dem größten Stupa der Gegend und 200 km entfernt die Ruinenstadt **Dandan-uilik** mit Wohnbauten und mehreren Kultanlagen. An beiden Stätten brachte Sir Aurel Stein einst Skulpturen im gandharischen Stil und einige feine Malereien zutage, die sich heute im Besitz des Britischen Museums befinden.

Von Khotan nach Cherchen

Der Weg gen Osten führt durch Sümpfe und fruchtbares Ackerland. Nach 160 km erreicht man **Keriya** (Yutian), dessen chinesischer Name häufig mit dem gleichnamigen alten Königreich von Khotan verwechselt wird.

Niya (Minfeng)

Niya (Minfeng)
Besonders sehenswert: Ruinenstadt

Nach weiteren 120 km kommt man nach Niya (Minfeng), eine kleine Oase mit 23 000 Einwohnern. Hier muss man sich entscheiden, ob man entlang der Südroute der Seidenstraße Richtung Osten reisen möchte oder den 1995 fertig gestellten Tarim Highway gen Norden über 520 km quer durch die menschenleere Wüste Taklamakan nach Luntai nimmt. In Niya versammeln sich im Herbst jeden Jahres Tausende gläubiger Muslime, um Imam Jafer Sadik zu ehren, in fünfter Generation Nachfahr des Propheten Mohammed, der in **Niya Mazar**, einige Kilometer nördlich, in der Wüste seine letzte Ruhe fand.

»Beim Verlassen von Ni-jang (=Niya) betritt der Reisende eine unermeßliche Wüste aus Treibsand. Der Sand häuft sich auf oder zerstreut sich je nach der Laune des Windes, der ihn in Wirbeln vor sich her treibt. Diese Wüste erstreckt sich endlos nach allen Seiten, und niemand weiß sich in ihr zurechtzufinden. Zu ihrer Orientierung haben die Reisenden keine anderen Anhaltspunkte als die menschlichen Gebeine und Knochenreste der Tiere, welche von den Karawanen zurückgelassen wurden, die vor ihnen des Weges gezogen waren. Nirgendwo gibt es eine einzige Wasserstelle oder einen Weideplatz.«
Xuanzang, 7. Jh.

150 km nördlich des modernen Niya liegt verlassen in der Wüste die **Ruinenstadt des alten Niya**, das während der Westlichen Han-Zeit (206 v.–9 n. Chr.) wahrscheinlich Hauptstadt des Reiches Jingjue war und später zum Königreich Shanshan gehörte. Erste Ausgrabungen nahm dort 1901 Sir Aurel Stein vor. Er fand damals Fragmente von Wandfresken, Teile von geschnitzten Holzmöbeln, Reste einer Laute, eine alte Mausefalle, einen Schusterleisten, zahlreiche Lederstücke, in Kharoshti beschriebene Holztafeln und vieles mehr. Die Objekte befinden sich heute im Bestand des Britischen Museums. Folgt man Stein, so muss man davon ausgehen, dass gegen Ende des 3. Jh. n. Chr. Niya von seinen Bewohnern allmählich verlassen wurde, wahrscheinlich, weil sich die Wüste der Stadt bemächtigte und der Wasservorrat versickerte. Die Chinesen nahmen die archäologische Arbeit in Niya 1959 auf, und seit 1988 gruben chinesische und japanische Archäologen gemeinsam. Dabei entdeckte man ein Grab mit den etwa 2000 Jahre alten mumifizierten Leichen eines Ehepaares, gehüllt in kostbare Seidenbrokate. Zu ihren Grabbeigaben gehörte auch ein chinesischer Bronzespiegel – in Stoff eingeschlagen und in einer Lackdose aufbewahrt. Diese Funde befinden sich heute im Besitz der Museen von Khotan und Urumqi. Einige der Schriftstücke, die meisten waren offizielle Anweisungen, Haftbefehle, Abrechnungen etc., waren mit Tonsiegeln – teils mit Bildnissen griechischer Gottheiten – versehen. So identifizierte man Darstellungen des Eros, des Herakles und der Pallas Athene mit Schild und Donnerkeil. Andere Siegel zeigen Porträts von Männern und Frauen, wieder andere trugen chinesische Schriftzeichen.

Die Ruinenstadt nimmt insgesamt eine Fläche von 150 km^2 ein. Sonnengebleichte Holzpfeiler ragen wie abgebrochene Streichhölzer aus dem verwehten Sand. Auch die Reste eines Stupa aus Lehmziegeln sind noch zu erkennen. Vor wenigen Jahren wurden bei Grabungen 40 km nördlich des alten Niya außerdem einige neolithische Keramiken und Werkzeuge gefunden, die darauf schließen lassen, dass das Gebiet seit mindestens 2500 Jahren besiedelt ist.

Von Niya über Charklik (Ruoqiang) nach Dunhuang oder Golmud

Miran
Besonders sehenswert: Ruinenstadt

Folgt man der Südlichen Seidenstraßenroute Richtung Osten, so liegt in 180 km Entfernung Qiemo. Auf dem Weg dorthin passiert man etwa auf halber Strecke den kleinen Ort **Endere** (Andi'er Muchang), in dessen Umkreis sich drei weitere im Sand versunkene Ruinenstädte finden: **Daozilike**, **Xiayangtake** und **Aqikekaoqike**. Die ersten beiden liegen rund 20 km südöstlich von Endere. Hier sind ähnlich wie in Niya einige Fundamente und Holzbalken von Gebäuden sowie die etwa 7 m hohen Reste eines buddhistischen Stupa zu sehen Aqikekaoqike, etwa 20 km südwestlich von Endere, weist noch Spuren einer alten Festungsmauer auf.

Erste Grabungen nahm Sir Aurel Stein auch hier 1901 vor. Ähnlich wie in Niya endeckte er einige Holztafeln mit Kharoshti-Schrift, Fragmente buddhistischer Lehmstatuen und Malereien.

Der Pilgermönch Xuanzang schreibt, dass er Endere 645 auf seinem Weg von Indien nach China unbewohnt vorfand. Stein aber entdeckte in den Trümmern von Endere ein auf 719 datiertes chinesisches Dokument, das den Besuch eines chinesischen Verwaltungsbeamten verzeichnet. Darüber hinaus fielen Stein tibetische Graffiti auf der Festungsmauer auf. Er folgerte, dass Endere einige Jahrhunderte verlassen lag, bevor es im späten 7. Jh. von Chinesen wieder besiedelt wurde. Diese mussten allerdings gegen Ende des 8. Jh. den angreifenden Tibetern weichen.

Cherchen (Qiemo) ist eigentlich nicht mehr als ein Straßendorf, über das an durchschnittlich 150 Tagen im Jahr Sandstürme hinwegfegen. Immerhin widmete Marco Polo der Stadt in seinen Aufzeichnungen ein Kapitel. Wenige Kilometer südwestlich von Cherchen finden sich noch unspektakuläre Fundamentreste einer alten Stadt, in denen chinesische Archäologen in den 80er Jahren des 20. Jh. einige chinesische Urkunden aus der Yuan-Zeit (1279–1368) entdeckt haben. Auf dem nahe gelegenen **Friedhof von Zaghunluq** (Zhagunluke) entdeckte man 1985 fünf etwa 3000 Jahre alte, exzellent erhaltene Mumien: Der Mann, die drei Frauen und das Baby sind indo-europäischer Abstammung und weisen farbige Gesichtsbemalungen auf. Sie können im Museum von Urumqi besichtigt werden.

Tönerner Krug; gefunden auf dem Friedhof von Zaghunluq

Nach weiteren 320 km Fahrt in östlicher Richtung erreicht man **Charklik** (Ruoqiang). Die Stadt selbst ist zwar klein und trostlos, aber immerhin Regierungssitz des gleichnamigen Landkreises, welcher sich über stolze 200 000 km² erstreckt – damit ist er mehr als doppelt so groß wie Österreich.

In einer Tagestour von Charklik kann man die 74 km östlich gelegene Ruinenstadt **Miran** (Milan Gucheng) besuchen. Sven Hedin

Fresko-Fragment aus Miran mit den typischen großen Augen

»Während der nächsten Tage hatte ich oft das Gefühl, ich befände mich eher in den Ruinen irgendeiner Villa in Syrien oder einer anderen östlichen Provinz des Römischen Reiches als in denen eines buddhistischen Heiligtums im äußeren Grenzgebiet Chinas.«
Sir Aurel Stein

entdeckte sie im Jahr 1900 wieder, Sir Aurel Stein nahm 1907 und 1914 erste Grabungen vor. Dabei förderte er tibetische Dokumente aus dem 8. und 9. Jh. zutage, woraus sich schließen lässt, dass die Stadt wie Endere in dieser Zeit von den Tibetern besetzt war. Viel spektakulärer aber waren die Wandmalereien aus dem 3. Jh. n. Chr., die er an den Wänden frei stehender buddhistischer Tempelbauten entdeckte – aus einer Zeit, als die Stadt vermutlich ein Außenposten des Reichs Shanshan war. Die Fresken sind die ältesten, die je in Ostturkestan gefunden wurden. Stilistisch sind sie stark vom hellenistisch-römischen Stil Gandharas geprägt. Das Britische Museum besitzt heute ein solches Gemäldefragment, welches einen Engel mit Flügeln und männlichen Gesichtszügen zeigt, das vom Stil her koptische oder byzantinische Malereien in Erinnerung ruft. Ein weiteres Fragment, heute im Besitz des Nationalmuseums in Delhi, zeigt Girlanden tragende Eroten mit mediterranen Gesichtszügen und übergroßen Augen. Die westlichen Einflüsse in den Malereien von Miran sind so dominant, dass die Annahme nahe liegt, sie seien von einem westasiatischen Künstler geschaffen worden. Tatsächlich besagt eine Aufschrift: »Dieses Fresko ist das Werk des Tita, der dafür 3000 Bhamakas erhalten hat.« Den Namen des Künstlers interpretierte Stein als eine Abwandlung des römischen Namens Titus. Nicht nur ihr Alter betreffend, auch stilistisch sind die Malereien von Miran einzigartig und heben sich diesbezüglich deutlich von den Fresken anderer buddhistischer Zentren in Ostturkestan ab.

Heute ist in Miran mehr zu sehen als in so manchen anderen Ruinenstädten an der Südlichen Seidenstraße. Erhalten haben sich einige Fundamente von Klosteranlagen und Stupas aus dem 3. Jh. sowie Reste der tibetischen Garnison und Stadtbefestigung aus dem 8. Jh. Chinesische Archäologen haben seit den 50er Jahren des 20. Jh. in Miran weitere Fresken, Schriftstücke in Kharoshti-Schrift und Seidenfragmente ausgegraben (heute im Museum von Urumqi).

In Charklik verzweigt sich die Straße erneut, und der Reisende muss wählen. Entweder schlägt man die Route gen Norden ins 480 km entfernte Korla ein oder entscheidet sich für die reizvollere, aber äußerst anstrengende und nicht ungefährliche Südroute, die über den Altun Shan in die Provinz Qinghai hinein weiter nach Golmud oder Dunhuang verläuft. Die ehemalige Seidenstraße muss man in Charklik in jedem Fall verlassen, denn diese verlief ursprünglich über Miran und das Lop Nor zum Yumen- oder Yangguan-Pass bei Dunhuang.

Die Route über den Altun Shan nimmt mindestens drei Tage in Anspruch und führt über das asbestverseuchte **Mangnai** (Shimiankuang) und **Lenghu**. Die Fahrt ist nicht ungefährlich, da Erdrutsche immer wieder die Straße unpassierbar machen. Übernachtet wird in sehr einfachen Herbergen. Das **Altun-Gebirge** ist heute ein Naturschutzgebiet von 45 000 km^2 Größe, in dem u. a. Wildkamele, Wildyaks, Wildesel, Tibet-Gazellen und Schneeleoparden vorkommen.

Hier entdeckte der russische Forscher Nikolai Przewalski in den 80er Jahren des 19. Jh. außerdem die letzte Wildpferd-Art, das nach ihm benannte Equus caballus pzewalskii. Das Przewalski-Pferd findet man indes hier heute nicht mehr.

Durch die Taklamakan nach Korla

Die Straße von Charklik nach Korla, die etwa 15 Stunden in Anspruch nimmt, passiert die Wüste Lop, mitten in der großen Taklamakan. Im Osten der Wüste liegt das salzverkrustete Bett des Lop Nor, Überrest eines riesigen Sees, der während der letzten Eiszeit das gesamte Tarim-Becken einnahm. Sven Hedin stellte im Jahr 1900 fest, dass das **Lop Nor** seit ca. 20000 Jahren ›wanderte‹, sein Bett mehrfach um über 100 km verlegt hatte. Dies erklärt sich daraus, dass die Schmelzwasser führenden Flüsse aus den Bergen, die den See speisten, wiederholt ihren Lauf änderten. Bis in die 50er Jahre des 20. Jh. hinein führte der damals etwa 2000 km^2 große Lop Nor noch Wasser. Seit den 70er Jahren ist er ausgetrocknet, da die Chinesen vom Tarim-Fluss, dem Hauptzufluss des Sees, immer mehr Wasser für die landwirtschaftliche Bewässerung abzweigen. Da das Gebiet um den Lop Nor chinesisches Atomtestgebiet ist, ist ein Ausflug zu den Ruinen der alten Stadt **Loulan** am Nordwestufer des Lop Nor aus gesundheitlichen Gründen nicht ratsam, obwohl dieser von Reisebüros in Korla angeboten wird. Erwähnung findet Loulan als eigenständiges Königreich in chinesischen Texten erstmals 176 v. Chr. Die Geschichte der Han (»Han Shu«) besagt, dass chinesische Truppen die Stadt bereits 77 v. Chr. auslöschten. Danach wird das Gebiet als dem Reich Shanshan zugehörig beschrieben. Schriftstücken in der gandharischen Kharoshti-Schrift und in Chinesisch, die vor Ort gefunden wurden, ist zu entnehmen, dass die Stadt schließlich um das Jahr 330 n. Chr. von ihren Bewohnern verlassen wurde.

1964–96 führten die Chinesen im Gebiet des Lop Nor 40 unterirdische nukleare Tests aus. Regierungssprechern zufolge kam dabei niemand durch atomare Strahlung zu Schaden. Mitglieder der uighurischen Unabhängigkeitsbewegung berichteten jedoch vom vermehrten Auftreten mysteriöser Krankheitsfälle in Südwest-Xinjiang.

In Loulan stehen noch die Relikte der alten Stadtbefestigung, Gebäudefundamente und die 10 m hohen Ruinen eines buddhistischen Stupa. Auffällig ist, dass die Häuser auf nahezu identische Weise wie die Häuser des alten Niya gebaut wurden. Entdeckt und erstmals vermessen wurde die versunkene Stadt 1900 von Sven Hedin. 1906 nahm Sir Aurel Stein ausführliche Grabungen vor. Seit den 80er Jahren des 20. Jh. graben auch chinesische Archäologen intensiv in Loulan. Zutage kamen zahlreiche Woll- und Seidentextilien, Münzen, Bronzespiegel, Lackwaren und mehr als 700 Fragmente von Dokumenten, die meisten in Chinesisch, einige in der gandharischen Kharoshti-Schrift verfasst.

Nicht weit von Loulan, auf dem **Friedhof von Gumugou**, entdeckten chinesische Archäologen außerdem 1980 die etwa 3800 Jahre alte Mumie der »Schönheit von Loulan«, einer Frau indoeuropäischer Abstammung, die heute im Museum von Urumqi zu besichtigen ist.

Auf dem Karakorum Highway nach Pakistan

Von Kashgar nach Tashkurgan

Der 1284 km lange Karakorum Highway zählt mit Sicherheit zu den atemberaubendsten Fernstraßen der Erde. Er führt von Kashgar in Richtung Südwesten über die Pässe des Pamir, des Karakorum-Gebirges und des Himalaya, durch das Tal des Indus, vorbei an mehreren Siebentausender-Gipfeln und dem 8125 m hohen Nanga Parbat bis hinunter in die fruchtbaren Niederungen um Islamabad, die Hauptstadt Pakistans. Der höchste Pass, den die Straße überwindet, ist der 4730 m hohe Khunjerab-Pass, der zugleich die Grenze zwischen China und Pakistan bildet. Die Strecke von Kashgar bis Islamabad ist mit dem Bus oder Jeep in fünf Tagen zu schaffen. Schlechtes Wetter und die hier häufig auftretenden Erdrutsche können die Fahrt allerdings verlängern. Man sollte deshalb besser eine Woche einplanen – allein schon, um die wunderbaren Hochgebirgslandschaften an der Strecke, besonders das reizvolle Hunza-Tal, ein wenig genießen und erkunden zu können.

Erbaut wurde der Karakorum Highway 1967–82 als chinesisch-pakistanisches Gemeinschaftsprojekt. 1986 wurde die Strecke für den Tourismus freigegeben. 15 000 pakistanische Soldaten und 20 000 chinesische Arbeiter bauten an der Straße. Mindestens 500 Männer ließen bei den Bauarbeiten ihr Leben. Immer wieder sieht man am Wegesrand Friedhöfe und Gedenkstätten für die ›Märtyrer des Karakorum Highway‹. Heute sind entlang des pakistanischen Teils der Fernstraße Hunderte von Soldaten dazu abkommandiert, die Straße instand zu halten, von Steinschlag zu räumen und Auswaschungen auszubessern.

Der Highway führt zunächst durch die Kashgar-Oase an schlanken Pappeln, Reis- und Baumwollfeldern vorbei in Richtung Westen. Nach etwa 45 km passiert man die kleine Oasenstadt **Upal** (Wupoer), die ein kleines Mausoleum besitzt, gewidmet dem uighurischen Philologen Muhammed al-Kashgari. Kashgari verfasste um 1071 das »Diwan Lughat at-Turk«, ein Kompendium der Turk-Dialekte. Das enzyklopädische Wörterbuch listet die verschiedenen Dialekte mit Beispielen aus der Turki-Dichtkunst aus vorislamischer Zeit auf. Zwar existiert das Originalwerk nicht mehr, man hat aber in Istanbul eine persische Abschrift aus dem 15. Jh. ausfindig machen können. Kashgaris Mausoleum, das lange zerstört war, wurde 1984 wieder aufgebaut.

Hinter Upal biegt die Straße nach Süden ab und durchquert eine steinige Ebene, bis sie nach etwa 35 km den Ghez-Fluss erreicht. Entlang des Ufers windet sie sich nun in östlicher Richtung durch eine schroffe, nahezu vegetationslose Schlucht, deren Sandstein-Felsen in einem Farbspektrum von Ocker über Orange bis Weinrot leuchten, hinauf bis in eine Höhe von 3300 m. Linker Hand eröffnen sich auf dieser Strecke immer wieder grandiose Ausblicke auf den schneebedeckten Gipfel des 7719 m hohen **Kongur Shan**.

◁ *Berglandschaft bei Passu*

»Vom Augenblick an, da man die Berge des Pamir betreten hat, bringt einen jeder Schritt allmählich höher. Nach vier Tagen erreicht man den Gipfel. Verglichen mit der Ebene will es scheinen, als befände man sich tatsächlich auf halbem Weg zum Himmel. Auf der einen Seite fließen die Flüsse alle nach Osten, auf der anderen alle nach Westen. Gemeinhin heißt es, dass dies der Mittelpunkt des Himmels und der Erde ist.(...).«
Pilgermönch Songyun im Jahr 522

Auf der Höhe des Canyons angekommen, ändert sich die Landschaft schlagartig. Es öffnet sich ein sanftes Tal mit weiten Wasserflächen, aus denen sich der Ghez speist, gesäumt von Sanddünen, Grasland und schneebedeckten Gipfeln. Kirgisische Nomaden, die hier im Sommer mit ihren Herden umherziehen, nennen die Gegend Kumtagh, ›Sandberg‹. Die Straße biegt nun wieder Richtung Süden ab und verläuft durch ein weites Hochtal am Fuß des Kongur-Massivs entlang zum 3700 m hoch gelegenen **Karakul-See**, dem ›Schwarzen See‹. In seinen klaren Wassern spiegelt sich majestätisch der 7546 m hohe, schneebedeckte **Muztagh Ata**, der ›Vater der Eisberge‹. Einige Nomadenzelte säumen die Ufer des Sees, hier grasen Yakherden und ab und an Kamele. Die Fahrt geht weiter durch ein malerisches Hochtal und windet sich in Serpentinen über den 4300 m hohen Kelasi-Pass, von dem sich nochmals ein herrlicher Blick auf den Muztagh Ata bietet. Die Straße verläuft hier nur etwa 10 km östlich der tadschikischen Grenze. Hat man den Pass, der auch die Wasserscheide bildet, überwunden, geht es hinab in die fruchtbaren Niederungen des Tashkurgan-Flusses. In diesem Gebiet siedeln hauptsächlich Tadschiken, die sich durch ihre feinen, scharf geschnittenen Gesichtszüge und farbenfrohe Kleidung von den Kirgisen nördlich des Passes unterscheiden. Nach etwa 300 km und acht Stunden Fahrt erreicht man Tashkurgan.

Tashkurgan – der Steinerne Turm des Ptolemäus?

Tashkurgan
Besonders sehenswert:
Festung
Landschaftsbild

Tashkurgan ist zwar nicht mehr als ein tristes Straßendorf mit ein paar Läden und einfachen Herbergen, doch blickt der Ort als Handelsposten an der Seidenstraße auf eine mehr als 2000 Jahre alte Geschichte zurück. Tashkurgan bedeutet ›Steinerne Stadt‹, eine Bezeichnung, die von der alten Befestigungsanlage nordwestlich der Hauptstraße herrührt. Chinesische Wissenschaftler schätzen das Alter des zinnenbewehrten Gemäuers auf etwa 600 Jahre. Tashkurgans Rolle als Handelsposten auf der Südlichen Seidenstraße ist aber vermutlich wesentlich älter. Man geht davon aus, dass der Ort möglicherweise mit dem Steinernen Turm (Lythinos pyrgos) identisch ist, den der Naturforscher Claudius Ptolemäus um 150 n. Chr. in seinen Aufzeichnungen erwähnt.

Die Kenntnis über den vollständigen Verlauf der Seidenstraße von Chang'an bis zum Mittelmeer war zur damaligen Zeit auf Seiten der Römer wie Chinesen gleichermaßen ungenau und endete jeweils etwa in der Umgebung des Pamir-Gebirges. In den Aufzeichnungen des Ptolemäus findet sich, dass die Seidenstraße hinter Baktra (Balkh) die Komedoi-Berge überwinde, womit wohl der Pamir gemeint ist, und dort auf den Steinernen Turm treffe. Danach begann für die Römer *terra inkognita*. Ptolemäus listet lediglich einige Namen von Städten auf, die jenseits des Steinernen Turmes auf dem Weg zur »Sera metropolis«, der ›Hauptstadt des Seidenlandes‹, lagen: das skythische Issedon, Damna, Daxata und Throana – vermutlich Kucha, Karashar, Yumenguan bzw. Dunhuang.

Der Karakorum Highway ▷

KIRGISISTAN
TADSCHIKISTAN
AFGHANISTAN
PAKISTAN
CHINA
INDIEN
XINJIANG
Pamir
Karakorum
0
100 km
N
Kashgar
Shufu
Shule
Upal
Tassutan
Yengisar
Ghez
Bulunkul
Kongur Shan
7719 m
Karakul-See
Muztagh Ata
7546 m
Yarkand
Karghalik
Tashkurgan
Davdar
Dih
Khunjerab-Pass
Batura-Gletscher
Sust
Qarun Koh
7164 m
Ultar-Gipfel
7388 m
Passu
Shimshal
Karimabad
Gulmit
Khunjerab-Nationalpark
Chalt
Ganesh-Steine
Mastuj
Teru
Gupis
Phander
Gilgit-Fluss
Sherqila
Ghulmet
Rakaposhi
7790 m
Hunza-Fluss
Hispar-Gletscher
Shandur-Pass
NORTHERN AREAS
Gilgit
Sassi
Biafo-Gletscher
K2
8611 m
Masherbrum
7821 m
Paiju
Siachen-Gletscher
Bunji
Baltoro-Gletscher
Shatial
Kalam
Sazin
Chilas
Indus
Kachura-See
Shigar
Skardu
Astor
8125 m
Nationalpark Zentral-Karakorum
NORTH-WEST FRONTIER PROVINCE
Dasu
Nanga Parbat
Satpara-See
Babusar-Pass
Gol
Kontroll-Linie
Burzil-Pass
Deosai
Besham
Banna
Naran
Mingora
Thakot
Balakot
Panamik
Kargil
Khalsi
Tarbela Reservoir
Mansehra
Drass
Abbottabad
Srinagar
Havelian
Ayubia Nationalpark
Pahalgam
Leh
Indus
Murree
Zanskar-Kette
Taxila
Punch
Islamabad
Rawalpindi
AZAD, JAMMU, KASHMIR
KASHMIR
ZANSKAR
PUNJAB
Padum
LADAKH
Naoshera

Festung Tashkurgan

Seine Angaben stützte Ptolemäus auf die des Geographen Marynos von Tyros. Der wiederum berief sich auf die Beschreibungen des mazedonischen Händlers Maesius Titianus. Keiner von diesen Männern war jemals selbst bis zum Steinernen Turm vorgedrungen, sie stützten ihre Aussagen gleichermaßen aufs Hörensagen.

Über den Khunjerab-Pass nach Hunza

Die Strecke bis zum Khunjerab-Pass führt weiterhin durch die herrlich sanften Hochtäler des Pamir, bis am Horizont wie eine schwarze Wand die dunklen Zinnen des Karakorum-Gebirges auftauchen. Zunächst passiert man am Fuß des Passes einen Wachturm und die letzte chinesische Kontrollstelle. Dann windet sich die Straße den 4733 m hohen **Khunjerab-Pass** hinauf. Sein Name bedeutet auf Wakhi, der Sprache der hiesigen tadschikisch-stämmigen Bevölkerung, ›Tal des Blutes‹: Die Karawanenführer schlitzten ihren Pferden, die wie die Menschen unter Höhenkrankheit litten, die Nüstern auf, weil sie glaubten, das Nasenbluten würde ihnen die Strapaze des Aufstiegs erleichtern. Andere interpretieren den Namen Khunjerab schlicht als ›Pass des Khans‹.

Ein von pakistanischen Soldaten bewachter Gedenkstein markiert die Grenze zwischen Pakistan und China. Hinter der Passhöhe lässt man die sanften grünen Hochtäler des Pamir endgültig hinter sich und tritt ein in die schroffen Geröllwüsten und steilen Schluchten des

Karakorum, des ›Schwarzen Steins‹. Auf pakistanischer Seite betritt man nun den 2270 km^2 großen **Khunjerab-Nationalpark**, ein Schutzgebiet für das seltene Marco-Polo-Schaf und den Schneeleoparden. Durch das Tal des Khunjerab-Flusses, der sich später mit dem Ghujerab- zum Hunza-Fluss vereint, windet sich die Straße hinab nach **Sust**, dem offiziellen pakistanischen Grenzposten. Der Ort ist ein gesichtsloses Straßendorf mit einigen einfachen Hotels und Restaurants für die vielen Bus- und Lastwagenfahrer.

Weiter geht die Fahrt durch eine nun wieder etwas freundlichere, vegetationsreichere Landschaft, vorbei an mehreren Sechstausender-Gipfeln durchs obere Hunza-Tal. Kurz vor Passu passiert man rechter Hand den gewaltigen **Batura-Gletscher**, mit 52 km Länge der größte im Karakorum. Seine Eismassen reichen beinahe bis an die Straße heran, sind aber wie das sie umgebende Gestein von dunkelgrauer Farbe und daher schwer zu erkennen.

Der größte Ort zwischen Sust und Hunza ist **Gulmit**, wo sich die alte Winterresidenz der Mirs von Hunza befindet. Der Ort besitzt außerdem ein kleines charmantes Museum, in dem unter anderem eine bunte Sammlung von Karten, alten Werkzeugen, Waffen und ein ausgestopfter Schneeleopard ausgestellt sind.

Kurz vor Karimabad liegen am Karakorum Highway, einige hundert Meter vor der Brücke über den Hunza-Fluss, die **Ganesh-Steine** mit Inschriften in Kharoshti, Brahmi, Gupta, Sogdisch und Tibetisch. Eine Inschrift aus dem Jahr 419 erwähnt den mächtigen König Chandragupta II., der Anfang des 5. Jh. über große Teile Indiens herrschte. Auch ein Porträt des parthischen Königs Gondophares, im 1. Jh. Herrscher über Gandhara, findet sich hier. Daneben sieht man Jagdszenen und Darstellungen von Ibexen – in vorislamischer Zeit verehrte die lokale Bevölkerung diese Wildziegen als Lieblingstiere der Bergfeen.

In **Ganish** ist der Dorfplatz mit einem von Bäumen überschatteten Brunnen und vier mit Schnitzereien verzierten kleinen Moscheen sehenswert. Seine Restaurierung durch die Aga-Khan-Kulturstiftung gewann 2002 den Asia Pacific Heritage Award der UNESCO.

Hunza und Nagar

Hunza-Tal ☆☆
Besonders sehenswert:
Landschaftsbild
Baltit Fort

Um das Volk der Hunzakuts ranken sich viele Legenden. Die mediterranen Gesichtszüge, die blauen Augen und hellen Haare vieler Bewohner des Hunza-Tals sind Grund für Spekulationen. Die Hunzakuts selbst sagen, sie stammten von Soldaten aus dem Heer Alexanders des Großen ab, der 325 v. Chr. durch Nordpakistan zog. Eine andere Legende erzählt, dass die Könige von Hunza aus einer Allianz zwischen dem mazedonischen Feldherrn selbst und einer lokalen Bergfee hervorgegangen sein sollen. Beweise für die griechische Herkunft der Hunzakuts konnten bisher nicht erbracht werden.

Die deutschen Wissenschaftler Karl Jettmar und Hermann Kreutzmann gehen davon aus, dass die Hunzakuts seit Jahrtausenden in den Tälern des Hindukush und Karakorum siedeln. Ihre Sprache, Burushashki, ist autochthon, d. h. mit keiner anderen Sprache auf der Welt verwandt. Tibetische Dokumente des 7. Jh. nennen die Gegend des heutigen Hunza »Bruza« und deren Bevölkerung »Burushos«. Für das Jahr 740 verzeichnen weitere Dokumente eine Hochzeit zwischen einem König von Bruza und einer tibetischen Prinzessin.

Die Ismailiten sind so genannte Siebener-Schiiten. Sie benennen sich nach Ismail, dem Sohn des sechsten Imams der Schiiten in der Abstammungslinie nach Ali, dem Vetter und Schwiegersohn des Propheten Mohammed. Ismails frühzeitiger Tod 732 – er starb noch vor seinem Vater – löste eine Nachfolgekrise aus. Während die Mehrheit der Schiiten, die Zwölfer, sich zu Ismails älterem Bruder Musa-al-Kazim bekannten, machten die Siebener die Nachfolger des verstorbenen Ismail, des ihrer Ansicht nach rechtmäßigen siebten Imams, zu ihren geistigen Oberhäuptern. Der in der Schweiz lebende Karim Aga Khan IV. gilt als direkter Nachkomme Alis und amtiert seit 1957 als 49. Imam der Ismailiten.

Archäologisch nachweisen lässt sich, dass das Tal am Mittellauf des Hunza-Flusses spätestens im 11. Jh. besiedelt wurde. Die Dörfer Altit, Baltit und Ganesh sind Gründungen aus dieser Zeit. Seit damals herrscht auch die Familie der Mirs von Hunza in direkter Linie über das Tal. 900 Jahre stellten sie die Könige Hunzas und lebten hauptsächlich von der Besteuerung und nicht selten auch von der Plünderung der passierenden Handelskarawanen. Skrupellos nahmen sie durchziehende Reisende gefangen und verkauften sie als Sklaven. Im 18. Jh. gaben die Hunzakuts diese Form der ›Erwerbstätigkeit‹ allmählich auf und betrieben vermehrt Landwirtschaft. Sie entwickelten verfeinerte Bewässerungstechniken und verwandelten ihr karges, sonnendurchflutetes Tal in einen blühenden Obst- und Gemüsegarten. Im 16. und 17. Jh. wandten sich die Bewohner der abgelegenen Täler Nordpakistans erstmals dem Islam zu, vorwiegend in seiner schiitischen Ausprägung . Bis dahin waren die Hunzakuts Animisten gewesen, die Naturphänomene vergöttlichten und Bergfeen verehrten. In den 20er Jahren des 18. Jh. bekannte sich der Mir von Hunza zum Ismailitentum und forderte seine Untertanen auf, es ihm gleichzutun. Bis heute sind die meisten Bewohner von Hunza Anhänger dieser relativ liberalen Richtung des Islam, in der Familien sich gemeinsam in der *jamat khana*, einer Art Gemeindezentrum, zum Gebet versammeln, Frauen sich nicht verschleiern müssen und die schulische Ausbildung von Mädchen besonders gefördert wird. Das geistige Oberhaupt der Ismailiten ist der Aga Khan, dessen Stiftung mit zahlreichen Bildungs- und Entwicklungshilfeprojekten im Hunza-Tal präsent ist.

1761–1937 waren die Mirs von Hunza den Khanen und Militärherrschern Xinjiangs tributpflichtig. 1891 eroberten die Engländer mit Militärgewalt das Tal. Der regierende Mir floh nach Xinjiang, und die Briten setzten dessen Bruder Mohammed Nazim Khan als neuen Regenten ein. Hunza behielt zwar formal seine Unabhängigkeit, die Briten unterhielten dort aber bis 1947, wie in vielen anderen ›unabhängigen‹ Königreichen Britisch-Indiens, einen ›politischen Agenten‹, der dem Mir ›beratend‹ zur Seite stand.

Auch nachdem Pakistan im August 1947 seine Unabhängigkeit erklärt hatte, änderte sich in Hunza recht wenig. Die Mirs behielten die Regierungsgewalt und unterhielten weiterhin ihren eigenen Verwaltungsapparat. Erst 1974, unter der Regierung Zulfikar Ali Bhuttos, verloren sie ihre politische Macht, und Hunza wurde in die Verwaltungszone der Northern Areas eingegliedert. Die ehemalige Königsfamilie von Hunza residiert noch heute in Karimabad, sie besitzt zwar keine politische Macht mehr, genießt aber in der Bevölkerung hohes Ansehen.

Seit Beginn des 20. Jh. kursiert in der westlichen Welt der Mythos von der außergewöhnlichen Langlebigkeit der Bewohner des Hunza-Tals. Schuld daran ist zum einen sicherlich James Hiltons Roman »Lost Horizon« aus dem Jahr 1933, der von den glücklichen, alterslosen Bewohnern »Shangrilas«, eines weltvergessenen Tals, versteckt hinter den unüberwindlichen Gipfeln des Himalaya, erzählt. Doch auch die Publikation »Hunza, das Volk, das keine Krankheit kennt« des Schweizer Ernährungswissenschaftlers R. Bircher – Erfinder des berühmten Bircher-Müslis – trug zu der Legende bei, die Hunzakuts seien ein Volk von Methusalems. Tatsächlich ernähren sich die Hunzakuts sehr gesund, nämlich hauptsächlich von Getreide, getrockneten Aprikosen, Nüssen, Joghurt und Gemüsen und mussten früher im Frühling, wenn die Vorräte knapp wurden, regelmäßig Fastenzeiten einlegen. Die extrem harten Lebensbedingungen ließen die Menschen nicht älter werden als anderswo, sondern sehr früh altern, weshalb der Eindruck entstand, die Bevölkerung des Hunza-Tals weise einen unverhältnismäßig hohen Anteil an kerngesunden Greisen auf. Auch lag bis in die 80er Jahre des 20. Jh. die Säuglingssterblichkeitsrate in Hunza bei 25 %, und 7 % der Kinder kamen wegen Jodmangels und Inzucht geistig behindert zur Welt. Heute leben im Hunza-Tal etwa 32000 Menschen.

Karimabad und Baltit Fort

Besonders sehenswert: Baltit Fort

›Hauptstadt‹ des Tales ist **Karimabad**, ein freundlicher Ort mit etwa 5000 Einwohnern, der sich hoch über dem Karakorum Highway an die sonnenbeschienene nördliche Talseite unterhalb des 7388 m hohen, ewig schneebedeckten **Ultar-Gipfels** schmiegt. Daneben erhebt sich eine 600 m hohe schneefreie Felsnadel aus Granit, **Bubulimating** genannt. Zu der Felsnadel Bublimating erzählen sich die Hunzakuts folgende Geschichte: Einst heiratete ein tibetischer Dämonenkönig eine Hunza-Prinzessin namens Bubuli. Der Dämonenkönig träumte, dass sein Land während seiner Abwesenheit angegriffen wurde, und entschied sich daher, nach Tibet zu ziehen, um nach dem Rechten zu schauen. Seiner Frau versprach er, er werde zu ihr zurückkehren, wenn den Eseln Hörnern und den Mühlsteinen Bärte wüchsen und die Flüsse bergauf flössen. Damit der Prinzessin in seiner Abwesenheit nichts passierte, setzte er sie auf die Felsspitze, übergab ihr einen großen Sack voll Hirse und einen Hahn und befahl ihr, dem Vogel jedes Jahr ein Hirsekorn zu geben. Wenn der Sack geleert sei, so sagte er, kehrte er zurück. So sitzt die einsame Prinzessin noch heute dort oben, und wenn im Winter die Schneestürme über Hunza ziehen, hört man sie bis unten im Tal bitterlich weinen.

Über Karimabad, den grünen Terassenfeldern und Aprikosenhainen des Hunza-Tals und vor der atemberaubenden Kulisse der schneebedeckten Siebentausender-Gipfel thront majestätisch das mittelalterliche **Baltit Fort**. Baltit Thamo Thaan, Königspalast von Baltit, wird es im einheimischen Burushashki genannt. Bewohnt wird das Fort von den Mirs von Hunza schon seit Jahren nicht mehr, diese haben sich in Karimabad bereits 1945 eine modernere und komfortablere Residenz errichtet. Über die Geschichte des Forts ist nicht viel bekannt, da man kaum schriftliche Quellen gefunden hat, die darüber Auskunft geben könnten. Für die Grundmauern des Forts konnten Wissenschaftler kürzlich per C-14-Methode ein Alter von 700 Jahren bestätigen. Über die Jahrhunderte hinweg wurde das Fort mehrfach verstärkt und vergrößert. Im 17. Jh. ließ Prinzessin Sha-Katun von Baltistan die Burg erheblich ausbauen und verschönern, nachdem sie Ayesho II., den Mir von Hunza, geehelicht hatte. Ihr Vater hatte ihr als ›Aussteuer‹ Künstler aus der Heimat mitgegeben, die ihr zukünftiges Heim etwas wohnlicher machen sollten.

Anfang des 20. Jh. versuchten die Mirs von Hunza die mittelalterlichen Gemäuer durch Tapeten, Vorhänge und westliche Möbel etwas ›zeitgemäßer‹ zu gestalten. Zu dieser Zeit erhielt es auch seinen weißen Verputz. 1945 verließ die Familie des Mir schließlich das Fort, in dem es weder Strom noch fließendes Wasser gab, und die Burg verfiel. 1989 übergab der jetzige Mir, Ghanzanfar Ali, das Gemäuer dem Baltit Heritage Trust, und im Jahr darauf begann man mit der umfangreichen Restaurierung, die 1996 abgeschlossen war. Heute soll das Gemäuer angeblich erdbebensicher sein. Finanziert wurde das Projekt größtenteils von der Aga-Khan-Kulturstiftung. Die Kosten beliefen sich auf 1,7 Millionen US-$.

Baltit Fort

Das Baltit Fort präsentiert sich heute als Museum und ist ausschließlich unter fachkundiger Führung zu besichtigen. Die Räumlichkeiten wurden mit viel Liebe zum Detail restauriert. Zwar ist die originale Einrichtung nicht mehr erhalten, sie wurde jedoch mit altem Mobiliar und Textilien aus der Gegend geschmackvoll nachempfunden. Die Familie des Mir von Hunza spendete der Sammlung einige kostbare Gewänder und Kashgar-Teppiche, lokale Familien steuerten für die Gegend typische Werkzeuge und Artefakte bei. Im **Erdgeschoss** besichtigt man das alte Gefängnis, das ›Wohnzimmer‹ mit schönem geschnitzten Gebälk, das Schlafgemach der Rani und die Burgküche. Im **1. Stock** befinden sich die Terrasse mit dem Königsthron, der repräsentative Empfangsraum, das Schlafzimmer des Mir, die Gemächer und der private Innenhof der Rani sowie Lagerräume. Alte Fotos und Schriftstücke, eine Diashow sowie eine Bibliothek bieten Möglichkeiten, sich eingehender über die Geschichte des Forts und der Menschen des Hunza-Tals zu informieren.

Unterhalb des Forts windet sich vom zentralen Polofeld die **Basarstraße von Karimabad** den Berg hinab. Der Tourismus hat das ursprüngliche Bild des Ortes zwar bereits stark verändert, dafür ist die Atmosphäre hier aber äußerst freundlich und die Bevölkerung Fremden gegenüber viel aufgeschlossener als in anderen Gegenden Pakistans.

Die große Auswahl an Übernachtungsmöglichkeiten jeglicher Preisklasse macht Karimabad zum idealen Ausgangspunkt für Spaziergänge und Ausflüge in die touristisch weniger erschlossene Umgebung.

Schöne Ausblicke über das Tal und das gegenüberliegende Massiv des Rakaposhi bieten sich bei Spaziergängen entlang der **Bewässerungskanäle** Karimabads, von den Einheimischen *gotsils* genannt. Das Wasser, das vom Ultar-Gletscher oberhalb Karimabads stammt, ist glimmerhaltig und deshalb etwas trüb. Einige dieser Kanäle sind bis zu 900 Jahre alt und dienen nicht nur der Bewässerung der Felder, sondern auch zur Wasserversorgung der Haushalte. Auf keinen Fall sollte man das Wasser in irgendeiner Weise verunreinigen.

Ein etwa 45-minütiger Fußweg führt in das 2000-Seelen-Dorf **Altit**, hinter dem Hügel östlich von Karimabad. Die Attraktion des Ortes bildet das malerische Altit Fort, das am Rande einer Klippe 300 m über dem Hunza-Fluss und dem Karakorum Highway thront. Die dunklen, schmucklosen Räume der steinernen Burg – allein der Thronsaal weist geschnitztes Gebälk auf – standen lange leer. Gegenwärtig wird das Fort von der Aga-Khan-Kulturstiftung restauriert und ist deshalb für Besucher geschlossen.

Die Bewohner der unterhalb des Forts liegenden Wohnhäuser reagieren empfindlich, wenn man vom Burgdach aus in ihre Innenhöfe hinein fotografiert. Man sollte daher davon absehen.

Nagar

Nagar ☆
Besonders sehenswert: Landschaftsbild

Das Tal des Nagar-Flusses, der bei der Brücke südlich von Karimabad in den Hunza-Fluss mündet, gehörte bis ins 15. Jh. hinein zum Königreich von Hunza. Dann aber spaltete sich Nagar als unabhängiges Reich ab und lebte von da an in blutiger Feindschaft zu seinem Nachbarn. Der Legende nach geht die Spaltung auf die Zwillingsbrüder Maglot und Girkis zurück, Söhne des einstigen Mirs von

Hunza, die sich angeblich seit frühester Kindheit gegenseitig abgrundtief hassten und ein Leben lang bekriegten. Heute trennt mehr als nur Geschichte die Bevölkerung von Hunza und Nagar. Im Gegensatz zu den weltoffenen Ismailiten im Hunza-Tal sind die Bewohner Nagars strenggläubige Schiiten. Die Hunzakuts unken außerdem, dass der kalte Schatten des Rakaposhi, in dem die Nagaris leben, sich auf deren Seele geschlagen habe, im Gegensatz zu den Hunzakuts selbst, deren warmes weltoffenes Gemüt von der Wärme und dem Licht ihres sonnenbeschienenen Tals rühre.

Eines aber haben die Nagaris den Hunzakuts voraus: Ihr Tal ist wasserreicher und damit fruchtbarer als das Hunza-Tal, daher besteht kein Bedarf für ein ausgeklügeltes Bewässerungssystem. Die Bevölkerung Nagars zählt etwa 36000 Menschen. Vom Tourismus ist das Tal bisher weitgehend verschont geblieben. Die Nagaris sind Fremden gegenüber recht reserviert und reagieren empfindlich auf Touristen, die sich nicht ›anständig‹ kleiden oder in ihren Dörfern fotografieren. Von einem Besuch des schönen Tals sollte dies jedoch niemanden abhalten. Besonders reizvoll ist ein Ausflug von Karimabad aus per Jeep zum **Hoper-Gletscher**, den man bei diversen Reisebüros in Karimabad buchen kann. Der Gletscher fällt vom 7270 m hohen Diran-Gipfel auf 2270 m herab – dies macht ihn zum weltweit tiefsten Gletscher in der Zone zwischen dem 40. und 35. Breitengrad. 1990 ergaben Messungen, dass sich der Gletscher pro Tag 3 m talwärts bewegt.

Von Hunza über Gilgit nach Taxila

Die etwa 110 km lange Fahrt von Hunza nach Gilgit dauert etwa zwei bis drei Stunden. Landschaftlich gehört sie gewiss zu den schönsten Abschnitten des Karakorum Highway. Nach etwa 30 km passiert man den **Rakaposhi-Aussichtspunkt**, von wo sich ein herrlicher Blick auf den 7790 m hohen Eisriesen bietet. Nach weiteren 20 km, kurz vor der Ortschaft Chalt, erreicht man ein geologisch bedeutsames Gebiet: Hier stoßen die indische und zentralasiatische Platte aufeinander. Vor etwa 50 Millionen Jahren stießen der indische Subkontinent und der eurasische Kontinent aufeinander. Seither üben diese beiden tektonischen Platten Druck aufeinander aus und schieben sich übereinander. Die gewaltige Druck- und Schubkraft verursachte ein allgemeines Anheben der Region. Noch heute bewegt sich die indische Platte mit einer Geschwindigkeit von 5 cm pro Jahr nach Norden, und der Himalaya ›wächst‹ jährlich um bis zu 1,5 cm. Diese tektonische Aktivität erklärt auch, warum die Gegend hier durchschnittlich alle drei Minuten von kleinen, kaum spürbaren Erdbeben erschüttert wird. Eine kleine **Gedenktafel** mit der Aufschrift »Here the continents collide« macht darauf aufmerksam.

Blick auf den Rakaposhi

Etwa 15 km vor Gilgit durchfährt man den Ort **Dainyor**. Dort nennt ein Felsen mit Sanskrit-Inschriften aus dem Jahr 731 eine Folge von tibetischen Herrschern, die im 7./8. Jh. über die Gilgit-Region geboten.

Gilgit

Gilgit
Besonders sehenswert: Landschaftsbild

Gilgit, ein Städtchen von etwa 30 000 Einwohnern und Verwaltungszentrum der 70 000 km^2 großen Northern Areas, liegt im 1500 m hoch gelegenen Tal des Gilgit-Flusses, der sich unweit der Stadt mit dem Hunza-Fluss vereint. Mächtige Gipfel, als höchster der 6134 m hohe Dobani westlich der Stadt, umgeben das Tal.

Funde alter Steininschriften, Ritzzeichnungen und Dokumente zeugen davon, dass das Gilgit-Tal seit Jahrtausenden besiedelt ist und verschiedensten Völkern als Heimat diente. So war die Region im 1.–3. Jh. Teil des buddhistischen Kushan-Reiches und anschließend des ebenfalls buddhistischen Reiches von Bolor. Der Pilgermönch Faxian, der das Tal 403 auf seinem Weg von China nach Indien durchwanderte, berichtet von einer blühenden buddhistischen Kultur, von der heute noch die Ruinen eines Klosters und ein in Stein gemeißeltes Buddha-Bildnis vor den Toren der Stadt erzählen. Im 8. Jh. stritten Chinesen, Tibeter und Araber um die Vormacht in der Region. Nachdem Gilgit im 7.–8. Jh. unter tibetischer Oberhoheit stand, wo-

Die Große Moschee von Gilgit

von die Steininschriften von Dainyor (s. S. 291) berichten, eroberten 747 die Chinesen das Tal, wurden aber bereits vier Jahre später von arabischen Truppen vertrieben. Im 10. Jh. erfolgte die Invasion der Shins, eines europoiden Stammes, der die Burushashki sprechende Bevölkerung Gilgits ins Hunza-Tal verdrängte. Shina, die Sprache der Shins, wird noch heute in der Region gesprochen. Mit den hinduistischen Shins endete die Zeit der buddhistischen Kultur in Gilgit. Im 11. Jh. wurde das Tal vom unabhängigen Königreich Dardistan vereinnahmt. In den folgenden Jahrhunderten verblasste dessen Macht jedoch allmählich, und in den einzelnen Tälern des Karakorum und Hindukush bildeten sich eigenständige Königreiche heraus. In dieser Zeit, etwa seit dem 15. Jh., konvertierte die gesamte Bevölkerung der Region schließlich zum Islam. Ab Mitte des 19. Jh. spielte Gilgit eine bedeutende Rolle im ›Great Game‹, dem britisch-russischen Wettlauf um die Vormacht in Zentralasien. 1877 errichteten die Briten in Gilgit einen ersten Außenposten ihres Empire. Gilgit war damals völlig von der Außenwelt abgeschnitten. Weder führte eine Straße dorthin, noch bestand eine Telegrafenverbindung. Als John Biddulph, der erste politische Agent Großbritanniens, 1877 in Gilgit einzog, dauerte die 370 km lange Reise von Srinagar noch drei Wochen und führte über schmale Trampelpfade, die sogar für Lastponys zu gefährlich waren. Biddulph bediente sich deshalb einer aus ›Last-Schafen‹ bestehenden Karawane. Diese war zwar nicht unbedingt einem Abgesandten der britischen Krone angemessen, erwies sich indes auf der beschwerlichen Reise als äußerst nützlich: Für die Tiere mussten keine Futtervorräte mitgeführt werden, und man konnte sie notfalls als Wegzehrung verspeisen.

Vier Jahre später schon wurde Gilgit von aufständischen Kohistanis überrannt und der Abgesandte vertrieben. Nachdem die Briten für die Errichtung einer verbesserten Straßenverbindung von Srinagar nach Gilgit gesorgt hatten, errichteten sie 1889 erneut einen Außenposten, stationierten diesmal auch Truppen und unternahmen von dort aus 1891 ihren Eroberungszug ins Hunza-Tal. 1935 wurde schließlich der kleine Flugplatz von Gilgit eingeweiht. Bis heute ist Gilgit ein Ort mit mächtiger Militärpräsenz. Den Grund dafür bildet Gilgits Nähe zur indisch-pakistanischen Frontlinie im Kashmir-Konflikt.

Gilgit hat an Sehenswürdigkeiten nicht viel zu bieten. Interessant sind lediglich die imposante **Hängebrücke** über den Gilgit-Fluss und der bunte **Basar**, auf dem neben lokalen und pakistanischen Produkten auch viele Importwaren aus China angeboten werden.

In dem kleinen Seitental **Kargah Nala**, 10 km westlich der Stadt, lassen sich die Überreste eines monumentalen, in den Fels geschlagenen Buddha erkennen. Der 3 m hohe Kargah-Buddha präsentiert sich stehend, die rechte Hand auf der Brust. Löcher im Fels um die Figur deuten darauf hin, dass früher ein hölzerner Vorbau den Buddha schützte. Archäologen datieren die Entstehung der Figur in das 7. Jh.

Einer lokalen Legende nach suchte einst eine Dämonin namens Yakshini die Gegend um Gilgit heim. Einem frommen Pilger, der eines Tages des Weges kam, gelang es, die Dämonin hier an den Felsen zu nageln. Außerdem sicherte er den Dörflern zu, dass solange er lebe, es der Dämonin nicht gelingen würde, sich zu befreien. Auch nach seinem Tod wären sie vor ihr sicher, so sie seinen Leichnam unter ihr bestatteten. Die Dorfbewohner töteten den Pilger daraufhin sofort und begruben ihn am Fuß des Felsens. Seither ist Gilgit vom Fluch der

Der Kashmir-Konflikt geht zurück auf das Jahr 1846, als ein Hindu-Füst als Herrscher über ein überwiegend von Muslimen bewohntes Gebiet eingesetzt wurde. Mit dem Anschluss Kashmirs an Indien und nicht ans muslimische Pakistan waren weitere Konflikte vorprogrammiert. Bis heute gärt es in der Region, und immer wieder fallen Schüsse an der indisch-pakistanischen Grenze. UNO-Truppen bemühen sich hier darum, eine Eskalation zu verhindern. Den Reisenden auf dem Karakorum Highway werden diese Kampfhandlungen nicht berühren, und er kann sich, sofern er sich nicht in unmittelbare Nähe der Grenze begibt, sicher fühlen. Selbst gebaute Raketenattrappen auf den Dächern von Moscheen und Privathäusern, die mahnend in Richtung Indien zielen, wird man aber immer wieder entlang der Straße sehen. Sie erinnern daran, dass es noch ein langer Weg bis zur friedlichen Lösung des Kashmir-Konflikts ist.

Dämonin befreit. Das schattenhafte Buddha-Bildnis interpretieren die Dorfbewohner als die an den Fels geschlagene Dämonin.

In der Nähe des Buddha-Bildnisses, etwa 400 m flussaufwärts, entdeckten Archäologen die Überreste eines buddhistischen Klosters, eines Stupas und einer Höhle. Dort kamen in den 30er–50er Jahren des 20. Jh. auch einige auf Birkenrinde geschriebene buddhistische Sanskrit-Texte, bekannt als »Gilgit-Manuskripte«, ans Licht. Die Schriften listen die Namen lokaler Herrscher der Region auf und nennen die Namen einiger berühmter Pilger, die Gilgit besuchten. Heute verteilen sich die Gilgit-Manuskripte auf die Museen von London, Delhi, Srinagar, Rom und Karachi.

Von Gilgit nach Taxila

Der Österreicher Hermann Buhl bezwang 1953 als erster den Nanga Parbat, der viele das Leben kostete, darunter der Brite Alexander Frederick Mummery 1895, die Deutschen Willy Merkl, Willo Welzenbach und Uli Wieland 1934 sowie 1970 Günther Messner.

Chilas ☆
Besonders sehenswert: Felszeichnungen

Auf der Weiterfahrt auf dem Karakorum Highway von Gilgit in Richtung Chilas erreicht man nach 43 km den **Indus**. Der gewaltige Strom, dessen graubraune Wassermassen aus dem Himalaya herabstürzen, vereint sich hier mit den blaugrünen Wassern des Gilgit-Flusses. Ein Gedenkstein erinnert daran, dass an dieser Stelle drei mächtige Gebirge aufeinander treffen: das Karakorum im Nordosten, der Hindukush im Nordwesten und der Himalaya im Süden. Von hier aus verläuft der Karakorum Highway über 340 km am Ufer des Indus entlang. Wenig später eröffnen sich von der Straße aus herrliche Ausblicke auf den 8125 m hohen **Nanga Parbat**, den achthöchsten Berg der Welt. Auf Kashmiri bedeutet sein Name ›Nackter Berg‹, und die Einheimischen glauben, dass auf seinen Höhen Dämonen, Feen und Ungeheuer hausen.

Nach weiteren 40 km überquert der Highway auf der **Raikhot-Brücke** den Indus und erreicht nach erneuten 54 km **Chilas**, ein unscheinbares Straßendorf, in dessen Umkreis sich einige hochinteressante **Felsbilder** befinden, für deren Besichtigung man sich etwas Zeit nehmen sollte. Entlang des Indus gibt es über eine Strecke von etwa 100 km mehr als 30 verschiedene Standorte mit insgesamt 3000 Bildern und 5000 Inschriften, welche über Jahrtausende hinweg in den Fels geritzt wurden. Sie zeigen Jagdszenen, Tier- und Dämonendarstellungen aus prähistorischer Zeit (5.–2. Jahrtausend v. Chr.), buddhistische Darstellungen von Stupas, dem predigenden Buddha und szenische Darstellungen der Jatakas (1.–9. Jh.). Aus dem 9./10. Jh. sind Sonnenzeichen und Darstellungen von Äxten überliefert, und immer wieder stößt man auf profane ›Graffitis‹ durchreisender Händler oder Pilger, die sich hier mit ihrem Namen verewigten. Die jüngsten Inschriften – abgesehen von zeitgenössischen der Bauarbeiter des Karakorum Highway – stammen aus dem 14./15. Jh. Insgesamt hat das pakistanisch-deutsche Wissenschaftlerteam, welches die Felsbilder entlang des Highway seit 1979 gemeinsam untersucht hat, zehn verschiedene Schriften identifizieren können, darunter Brahmi, Kharoshti, Sogdisch, Chinesisch und sogar Hebräisch. Die Felsbilder zeu-

Sonnenräder und Ibexe; Felszeichnung bei Chilas

gen von einer bunten Schar von Reisenden, welche jahrhundertelang über die scheinbar unüberwindbaren Pässe des Karakorum wanderte. Die größten Ansammlungen dieser Felsbilder kann man direkt am Karakorum Highway in der Nähe der Stadt Chilas besichtigen. Besonders häufig findet man Darstellungen der so genannten Sonnenräder, Reiterfiguren und Ibexe mit übertrieben großem Gehörn, einem Symbol der Fruchtbarkeit. Der Standort **Chilas II** zeigt darüber hinaus buddhistische Stupas, Reiterfiguren sowie Schlacht- und Jagdszenen. Am Standort **Chilas I** finden sich Friese mit Tier- und Menschendarstellungen, die auf das 1. Jh. datiert werden. Auch Darstellungen großer buddhistischer Stupas sowie des predigenden Buddha aus späterer Zeit sind zu finden.

Etwa 50 km westlich von Chilas, kurz vor der Ortschaft **Shatial**, sind weitere schöne Felsbilder zu besichtigen. Auf einem großen, flachen Stein finden sich Darstellungen zweier pagodenartiger Stupas und Darstellungen des *Shivi-Jatakas* aus dem 4. Jh. (s. S. 214, Mogao-Höhle 254). Das Bildnis zeigt König Shivi mit den typischen Merkmalen eines Buddha mit der Taube auf dem Schoß vor einem Baum. Rechts daneben steht eine Figur, die das Fleisch des Königs gegen die Taube aufwiegt. Zahlreiche Inschriften in Sogdisch, Kharoshti und Brahmi, meist Namen von Karawanenführern, oberhalb der Darstellung stammen aus dem 3.–7. Jh.

Die meisten Felszeichnungen im Indus-Tal sind in Steine mit dunkler, glänzender Oberfläche geritzt, unter der viel helleres Gestein zum Vorschein kommt. Die dünne, braunschwarze Kruste bezeichnet man als ›Wüstenlack‹. Durch feine Haarrisse dringt Feuchtigkeit in das Gestein ein und löst die enthaltenen Metalloxide – meist Eisen oder Mangan. Durch Verdunstung und Kapillareffekt steigt diese Lösung an die Oberfläche des Felsens. Das Wasser verdampft, und zurück bleibt eine dünne, metallisch glänzende Patina. Die Bildung des Wüstenlacks nimmt Jahrhunderte in Anspruch. Dies half dem deutsch-pakistanischen Wissenschaftlerteam bei der Datierung der Felszeichnungen. Das Maß, in dem sich über den geritzten Zeichnungen wieder Wüstenlack gebildet hatte, konnte zumindest einer groben zeitlichen Einordnung dienen. Jedoch war zu berücksichtigen, dass sich der Wüstenlack je nach Gestein und Lage des Felsens unterschiedlich schnell bildet. So konnten lediglich die Bilder miteinander verglichen werden, bei denen die Konditionen für die Bildung identisch waren, d. h. in den meisten Fällen nur in ein und denselben Stein geritzte Bilder.

Das Darel-Tal sollte ebenso wenig wie die Seitentäler Kohistans ohne Führer oder Polizeischutz besucht werden.

Bei Shatial zweigt nach Norden hin das kleine **Darel-Tal** vom Indus-Tal ab, vom 4. bis 15. Jh. Standort eines der wichtigsten buddhistischen Zentren an diesem Abschnitt der Seidenstraße. Sowohl Faxian als auch Xuanzang berichten davon in ihren Aufzeichnungen und erwähnen eine 30 m hohe hölzerne Figur eines Maitreya im Tempel von Poguch im Darel-Tal. Von den Heiligtümern ist heute nichts mehr zu sehen, aber einige Moscheen weisen in ihren Schnitzerei-Verzierungen noch Einflüsse buddhistischer Motive auf.

Durch tiefe Schluchten, die am Tag nur für wenige Stunden die Sonne sehen, führt der Weg weiter am Indus entlang. Manchmal verläuft die Straße hier in schwindelnder Höhe einige hundert Meter oberhalb des Stromes. Die Strecke durch die engen Schluchten **Kohistans** ist diejenige, die beim Bau des Karakorum Highway die meisten Menschenleben forderte. Die Landschaft ist hier genauso rau und abweisend wie die Menschen, die in ihr leben. In Pakistan wird die Region auch Yagistan, ›Gebiet der Unregierbaren‹, genannt und galt lange als Zuflucht für Gesetzlose. Fremde sind hier nicht gern gesehen, und Reisenden sei dringend davon abgeraten, sich auf eigene Faust in die Seitentäler zu begeben. Ein Besuch sollte nur in Begleitung eines kompetenten lokalen Führers oder mit Polizeischutz unternommen werden.

1. Edikt: »Früher wurden in der Küche des Göttergeliebten, des freundlich schauenden Königs täglich viele hunderttausende von Tieren zum Essen geschlachtet, aber jetzt nach dieser Dharma-Inschrift werden nur drei Tiere getötet, zwei Pfauen und eine Gazelle, und sogar dieser drei Tiere werden künftig nicht mehr getötet werden.«

Die Fahrt auf dem Karakorum Highway führt durch den 1974 von einem furchtbaren Erdbeben zerstörten Ort **Pattan** via **Jijal** (etwa 5 km nördlich von Besham), wo markante Gesteinsformationen ins Auge fallen – hier stoßen die grünlichen Gesteinsmassen der Ozeanischen Platte, die normalerweise in 30 km Tiefe liegt, mit dem grau-weißen Quarzgestein der Indischen Platte aufeinander – und **Besham** nach **Thakot**. In Thakot verlässt der Highway den Indus. Über Serpentinen geht es über einen 1670 m hohen Pass und danach weiter durch eine grünere, lieblichere Landschaft mit Reisterrassen und Teefeldern bis zu dem lebhaften Basarort **Mansehra**, wo sich ein kurzer Stopp bei den **Ashoka-Steinen** anbietet. Zwei Granitfelsen direkt am Karakorum Highway, einer nördlich, einer südlich der Straße, tragen Edikte des indischen Reichseinigers Ashoka (reg. 273–232 v. Chr.) der Maurya-Dynastie. Nach seinem brutalen Feldzug gegen das Reich Kalinga, bei dem Tausende Menschen starben, plagte den Kaiser das Gewissen. Er wandte sich daraufhin dem Buddhismus zu und predigte die buddhistische Lehre und die Gewaltlosigkeit. Landesweit ließ er Felsen oder Säulen mit eingemeißelten Edikten aufstellen, in denen er seine Untertanen zu Rechtschaffenheit, Toleranz, gegenseitigem Respekt und Mitgefühl auffordert. Er verurteilt die Tierschlachtung, ruft zum Vegetarismus auf und kündigt die Eröffnung von Krankenhäusern für Menschen und Tiere an. Leider sind die Inschriften auf den Edikt-Felsen von Mansehra stark verwittert und deshalb kaum noch zu erkennen.

Über die noch sehr britisch anmutende Garnisonsstadt **Abottabad**, benannt nach dem britischen Offizier James Abbott, geht die Fahrt weiter nach **Havelian**, wo der Karakorum Highway offiziell endet. Von hier aus sind es noch etwa 50 km bis Taxila, dem letzten großen kulturellen Höhepunkt an der alten Seidenstraße von China nach Pakistan.

Die Edikte Ashokas wurden in den verschiedenen Gegenden seines Großreiches in den dort üblichen Volkssprachen eingemeißelt. Zwei Ediktfelsen befinden sich heute auf pakistanischem Boden: in Mansehra und in Shabaz Garhir. Die Inschriften auf pakistanischem Boden sind in Kharoshti, der Schrift von Gandhara, ausgeführt.

Taxila – Zentrum der Gandhara-Kultur

Taxila ☆☆
Wiege der Gandhara-Kultur
Besonders sehenswert:
Dharmarajika-Stupa ☆
Jandial ☆
Jaulian ☆☆
Museum ☆☆
Sirkap ☆☆

Taxila, ehemaliges Zentrum der buddhistischen Gandhara-Kultur, liegt 35 km nordwestlich von Islamabad entfernt an der Bahnstrecke nach Havelian. Die Ruinen der einst blühenden Stadt des Handels, der Gelehrsamkeit und des Buddhismus entdeckte in den 60er und 70er Jahren des 19. Jh. der britische Archäologe Alexander Cunningham. Erste archäologische Ausgrabungen nahm 1913 Sir John Marshall vor, der seine Arbeit in mehreren Publikationen wissenschaftlich dokumentierte. 1980 erklärte die UNESCO die insgesamt 50 archäologischen Stätten Taxilas, welche sich über ein Gebiet von 25 km^2 verteilen, zum Weltkulturerbe der Menschheit.

Die Blütezeit Taxilas währte nahezu 1000 Jahre. Sie begann etwa im 6. Jh. v. Chr. und endete 455 n. Chr. mit dem Einfall der Hephthaliten, der Weißen Hunnen. Im Lauf der Geschichte überrollten wiederholt Invasionen fremder Völkerschaften die Stadt. In Taxila flossen indische, griechisch-römische und iranische Einflüsse zusammen und brachten eine eigenständige buddhistische Kultur hervor, die von hier aus über die Seidenstraße weit nach Zentral- und Ostasien hin ausstrahlte. So wurde im Königreich Gandhara, das sich über die gesamte Peshawar-Ebene erstreckte und dessen Hauptstadt Taxila war, etwa im 1. Jh. n. Chr. erstmals der Buddha als Mensch abgebildet. Die typische Buddha-Darstellung wurde hier in Gandhara geprägt und von anderen buddhistischen Kulturen übernommen (s. S. 69f.).

Das große indische Epos »Ramayana« berichtet, dass Bharata, der Bruder des Rama, einer Inkarnation des Gottes Vishnu, Taxila gründete. Erwähnung findet die Stadt außerdem im Epos des »Mahabharata« und in den buddhistischen Jatakas. Benannt wurde Taxila nach Taksha, dem ersten Sohn des Bharata, der als erster Herrscher über die Stadt eingesetzt wurde, Takshasila, ›Hügel des Taksha‹. Griechische Schreiber gräzisierten den Namen zu Taxila.

Aus der Sprache der persischen Besatzer, dem Aramäischen, entwickelte sich später die Kharoshti-Schrift, welche im Reich Gandhara und bis tief nach Zentralasien hinein Verbreitung fand.

516 v. Chr. eroberten die achämenidischen Perser unter der Führung Dareios I. Taxila und machten es zur Hauptstadt der östlichsten Provinz ihres Reiches. Unter der Herrschaft der Perser entwickelte sich Taxila zu einem Zentrum der Gelehrsamkeit. Die Stadt, gelegen auf dem heutigen Bhir Mound, besaß eine große Universität, in der die Veden gesungen und die großen indischen Epen des »Mahabharata« und »Ramayana« rezitiert wurden. Außerdem wurden hier Medizin, Pharmazie, Jura, Wirtschaftspolitik, Architektur, Malerei, Skulptur, die Kunst der Jagd, des Bogenschießens und Elefantenkunde gelehrt. Im 5. Jh. v. Chr. verfasste der berühmte indische Gelehrte Panini an der Universität von Taxila seine »Grammatik des Sanskrit«, das »Ashtadhyayi«, und im 4./3. Jh. schrieb der Staatslehrer Kautilya, gemeinhin als ›indischer Machiavelli‹ bekannt, das »Arthashastra«, das »Lehrbuch vom materiellen Gewinn«.

326 v. Chr. marschierte Alexander der Große in Taxila ein. Der lokale Herrscher unterwarf sich kampflos den überlegenen Truppen des Mazedoniers. Im 2. Jh. v. Chr. nahmen dann die indischen Maurya Taxila ein, deren dritter und mächtigster Kaiser, Ashoka, Taxila als Vizekönig seines Vaters regierte, bevor er 272 Herrscher über das indische Großreich wurde und sich wenig später zum Buddhismus bekannte. Ashoka ließ die Asche des im 5. oder 4. Jh. v. Chr. verstorbenen historischen Buddha auf acht monumentale Stupas in seinem Reich verteilen. Einer davon war aller Wahrscheinlichkeit nach der Dharmarajika-Stupa von Taxila.

Ab 185 v. Chr. stand Taxila dann etwa 100 Jahre lang unter Herrschaft der Baktrier. Diese gründeten in Taxila die neue Stadt Sirkap und wurden bald darauf von den zentralasiatischen Saken, einem skythischen Stamm, abgelöst, den um 20 n. Chr. wiederum die persischen Parther vertrieben. Der parthische König Gondophares (reg. um 19–45 n. Chr.) soll den Apostel Thomas und den Neo-Pythagoräer Apollonius von Tyana in Taxila empfangen haben. Apollonius' Biograph Philostratos bezeichnet Taxila (Sirkap) als befestigte Stadt, angelegt nach symmetrischem Plan und von vergleichbarer Größe wie die Stadt Niniveh. Die Parther herrschten nur 40 Jahre in Taxila: Im Jahr 60 n. Chr. wurden sie von den Kushanas abgelöst. Vima Kadphises, der zweite Kushana-Herrscher, gründete Sirsukh, die dritte Stadt Taxilas. Unter der Herrschaft der Kushana (um 60–455) und insbesondere in der Regierungszeit Kanishkas I. (78–128; Datierung nicht gesichert) entwickelte sich Taxila im 2. Jh. zu einem bedeutenden Zentrum des Mahayana-Buddhismus. Nagarjuna, der große Mahayana-Philosoph, lehrte und predigte hier in dieser Zeit, und Charaka, der Leibarzt des Kanishka, verfasste in Taxila seinen bedeutenden Klassiker zur indischen Heilkunst Ayurveda.

Im 4. Jh. scheinen die Sassaniden Taxila erobert, wohl aber nicht zerstört zu haben. Sassanidische Münzfunde mit dem Bildnis Shapurs II. (310–379), die in Taxila gemacht wurden, lassen diesen Schluss zu. Als im Jahr 403 der chinesische Pilgermönch Faxian die Stadt besuchte, fand er noch eine blühende buddhistische Kultur vor. Doch ein halbes Jahrhundert später, 455, fielen die zentralasiatischen Hephthaliten in Taxila ein und verwüsteten die Stadt und deren umliegende Klöster vollständig. Von diesem Schlag sollte sich Taxila nie mehr erholen. Der chinesische Pilgermönch Xuanzang, der im 7. Jh. durch Taxila zog, stand nur noch vor Ruinen.

Besichtigung von Taxila

Zentrum des antiken Taxila und für jeden Besucher ein ›Muss‹ ist das **Taxila-Museum** (1), in dem die wichtigsten Funde der Umgebung – Skulpturen, Reliefs, Schmuck, Münzen und Dinge des alltäglichen Gebrauchs – zusammengetragen und ausgestellt sind. Die Sammlung, welche in einem reizvollen Kolonialbau inmitten eines üppigen Gartens untergebracht ist, gehört zu den bedeutendsten gandharischer Kunst überhaupt. Eine Reliefkarte der Umgebung vermittelt hier einen guten Überblick über die Lage der zahlreichen Ausgrabungsstätten von Taxila. Im nördlichen Flügel des Museums sind Bildwerke aus Stein, Stuck, Lehm und Terrrakotta ausgestellt. Blickfang ist ein mächtiger, schirmförmiger Stupa-Aufsatz aus Stein. Die ausgestellten buddhistischen Reliefs bilden verschiedene Stationen aus dem Leben des historischen Buddha von seiner Geburt bis zum Eingang ins Nirvana ab. Stilistisch zeigen sie deutlich griechisch-römische Einflüsse. Zu den schönsten Skulpturengruppen zählt ein von seinen Jüngern flankierter, sitzender Buddha mit verklärtem Gesichtsausdruck aus dem

Eine ausführliche Besichtigung aller Ruinenstätten von Taxila nimmt etwa ein bis zwei Tage in Anspruch. Stehen nur einige Stunden zur Verfügung, sollte man auf jeden Fall das Museum, die Stadt Sirkap, das Kloster Jaulian und eventuell den Dharmarajika-Stupa besichtigen. Zwischen den Besichtigungspunkten verkehren Sammeltaxis.

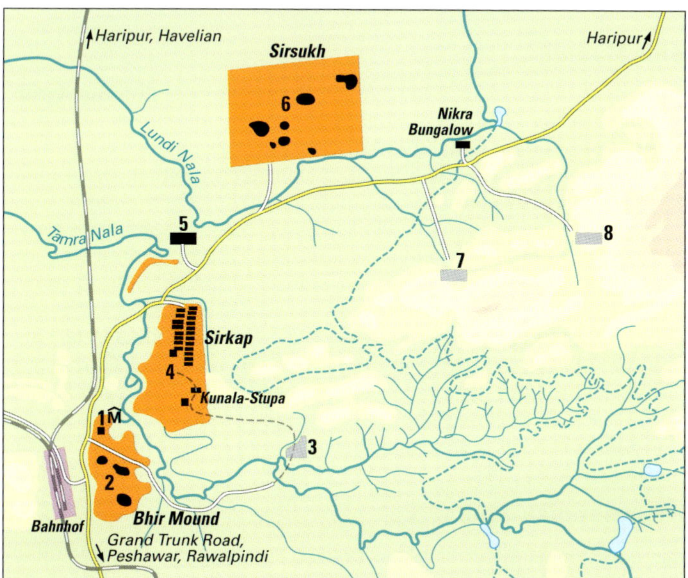

Taxila
1 Taxila-Museum
2 Bhir Mound
3 Dharmarajika-Stupa
4 Sirkap
5 Jandial-Tempel
6 Sirsukh
7 Mohra Moradu
8 Jaulian

Kloster Jaulian (s. S. 305). Daneben finden sich zahlreiche Buddha-Büsten aus Stuck, überwiegend aus dem 3.–5. Jh. Besondere Aufmerksamkeit verdient die gräkoromanische Bronzestatuette des ägyptischen Lichtgottes Harpokrates, Sohn der Isis und des Osiris, hier in seiner Kindergestalt als Horus dargestellt. Die Figur, die vermutlich aus Alexandria, dem Zentrum des Horus-Kults, ihren Weg nach Taxila fand, wurde in Sirkap ausgegraben, zusammen mit einem Schildknauf, den eine Darstellung des Dionysos ziert. Der südliche Flügel des Museums präsentiert Gegenstände des täglichen Gebrauchs. Ein kleiner Nebenraum des Museums mit Münzen aus dem 3. Jh. v. Chr. bis 5. Jh. n. Chr. lohnt einen Blick. Viele der frühen, griechisch-baktrischen Münzen sind zweisprachig in Griechisch und Kharoshti beschriftet und zeigen Bildnisse der griechischen Götter Zeus, Athene, Nike, Herakles und Apoll. Anhand von Münzen der sakischen und parthischen Zeit, die mit Herrscherporträts versehen sind, ließen sich 29 verschiedene Regenten identifizieren. Besonders interessant sind die Münzen aus der Zeit des Kushana-Königs Kanishka I. (reg. um 78–144), die jeweils ein Bildnis desselben auf der einen und verschiedene Götterbildnisse auf der Kehrseite tragen. So ließ sich der offensichtlich tolerante Kanishka mit dem Buddha, dem indischen Gott Shiva, dem persischen Gott Ahura Mazda und den griechischen Göttern Herakles und Helios abbilden.

In der Umgebung des Museums liegen die drei Stadtgründungen Taxilas – Bhir Mound, Sirkap und Sirsukh – sowie zahlreiche Stupas und Tempel, von denen die wichtigsten Dharmarajika, Jandial, Mohra Moradu und Jaulian sind.

Bhir Mound

Bhir Mound (2) ist die älteste (6.–2. Jh. v. Chr.) der drei Stadtgründungen Taxilas. Von der Anlage ist heute nur noch sehr wenig zu sehen. Etwa 200 m südlich des Museums lassen sich noch einige Fundamentreste erkennen. Die Stadt, welche sich westlich des Tamra-Nala-Flusses erstreckte, besaß einen unregelmäßigen Umriss, Straßen und Gassen waren willkürlich angelegt. Bhir Mound muss in seinem Stadtbild den heutigen pakistanischen Dörfern geähnelt haben. Die nach außen hin fensterlosen Häuser öffneten sich zu einem Innenhof. Zwar verfügte die Stadt über Abwasserkanäle, nicht aber über Brunnen. Frischwasser mussten die Bewohner aus dem Fluss schöpfen. Der Achämenidenkönig Dareios I. zog 518 v. Chr. hier in die Stadt ein, 326 v. Chr. tat es ihm Alexander der Große gleich, und im 3. Jh. v. Chr. regierte Ashoka als Vizekönig seines Vaters das Reich Gandhara von dieser Stelle aus, bevor er zum Einiger Indiens wurde.

Dharmarajika-Stupa

Die bedeutendste Sakralanlage Taxilas, der mächtige Dharmarajika-Stupa (3), auch Chir Tope genannt, findet sich etwa 3 km östlich des

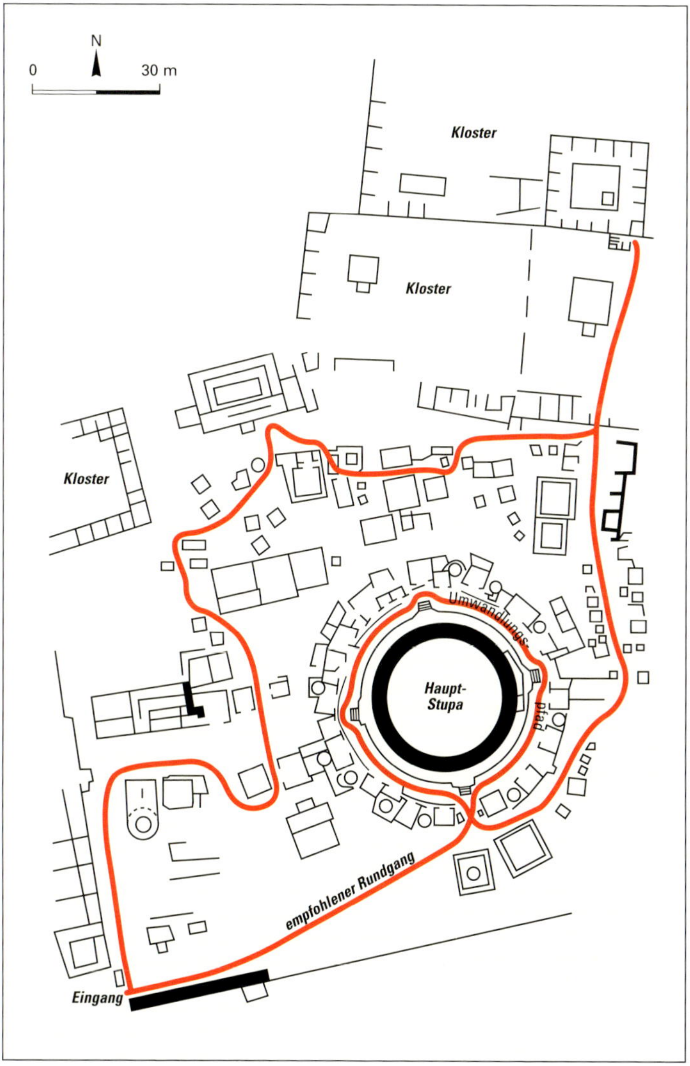

Dharmarajika-Stupa

Museums. Wahrscheinlich gab Kaiser Ashoka den zentralen Stupa mit einem Basisdurchmesser von 50 m im 3. Jh. v. Chr. in Auftrag, um die Asche des Buddha zu beherbergen. Damit ist die Pagode die wohl älteste in ganz Pakistan. Ein Erdbeben im Jahr 30 n. Chr. zerstörte leider den Originalbau, der danach vergrößert wieder aufgebaut wurde. In seinem Umkreis errichtete man Votivstupas und ein Mönchskloster. Die heute sichtbare Außenmauer des Zentralstupa stammt aus

Über die Herkunft des Namens Dharmarajika gibt es verschiedene Theorien. Einige sagen, die Struktur des Stupa mit aus dem Zentrum herausragenden Mauern erinnere an das Dharmachakra, das Rad der Lehre, andere meinen, er leite sich von Dharmaraja, ›Herr des Gesetzes‹, einem Namen Buddhas, ab.

dem 2. Jh. n. Chr., der Zeit des Kushana-Königs Kanishka I. Um das Jahr 455 fiel die Anlage schließlich dem Angriff der Weißen Hunnen zum Opfer. Die Dharmarajika-Pagode war ursprünglich ein halbkugeliger, mit Figuren, Ornamenten und einem zentralen Chattra-Mast verzierter Bau, dessen Mauern verputzt, bemalt und vergoldet waren. In ihrem Aufbau ähnelte die Pagode damit dem berühmten Stupa von Sanchi. Zwei Umwandlungswege umgaben ihn, einer an der Basis und ein zweiter auf einer erhöhten Terrasse, zu der an den vier Kardinalpunkten Stufen hinaufführten. Heute ist der Stupa noch 15 m hoch. An der Ostseite sind Reste dekorativer Stuckfriese mit korinthischen Pilastern erkennbar. Die Verkleidungsmauern sind eingebrochen, sodass die Füllung aus Bruchstein offen liegt.

Nordöstlich des Stupa finden sich in den Seitenkapellen die Füße von vier monumentalen Buddha-Statuen, von denen die mächtigste einmal eine Größe von 11 m besaß. Das weitläufige Kloster im Norden der Anlage umfasst fünf Höfe mit jeweils einem Stupa in deren Zentrum sowie eine Badestelle. Den größten der Höfe umgeben 104 Mönchszellen.

In einer Kapelle westlich des Stupa fanden sich eine silberne Vase mit einer Schriftrolle und eine goldene Schatulle, die Knochensplitter enthielt. Der Handschrift in Kharoshti ist zu entnehmen, dass die Reliquie vom historischen Buddha stammen soll und 78 n. Chr. von Urasaka eingemauert wurde, um dem König der Kushana, seiner Familie und seinen Freunden Gesundheit zu bringen und sie zum Nirvana zu führen.

Sirkap
1 Eingang
2 Apsis-Tempel
3 Pagode mit dem doppelköpfigen Adler
4 Private Audienzhalle

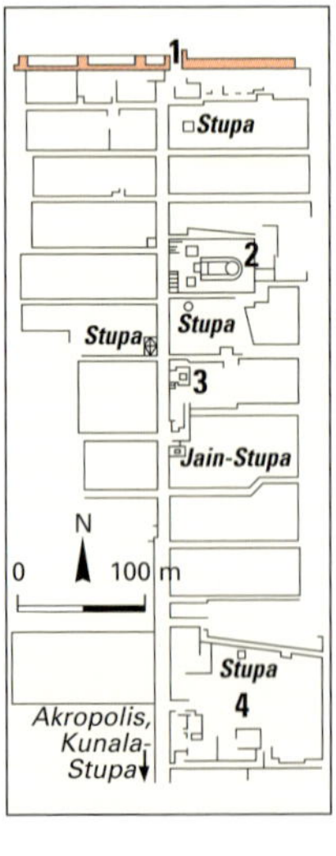

Sirkap

Sirkap (4), die zweite Stadt Taxilas, liegt nordöstlich des Museums auf der Ostseite des Tamra-Nala-Flusses. Die baktrischen Griechen legten Sirkap 185 v. Chr. als neuen Stadtteil an, während Bhir Mound noch weiterhin bewohnt wurde. Das Erdbeben von 30 n. Chr. zerstörte auch Sirkap, doch ließ der Parther Gondophares (reg. um 19–45 n. Chr.) die Stadt wieder aufbauen. Nach einer Pestepidemie wurde die Stadt im 2. Jh. zugunsten des neu errichteten Sirsukh (s. S. 305) aufgegeben. Sirkap ist schachbrettartig geordnet und übersichtlich. Die Stadt, ehemals von einer 5,5 km langen, 6–9 m hohen und 6 m breiten Stadtmauer umgeben, besitzt einen rechteckigen Grundriss. Eine in nord-südlicher Richtung verlaufende, breite Hauptstraße durchschneidet das Zentrum. Von den Gebäuden sind heute nur noch die Grundmauern erhalten, doch mit etwas Fantasie ersteht das Stadtbild vor den Augen des Betrachters.

Man betritt die Stadtanlage von Norden her. Entlang der 600 m langen **Hauptstraße** reihen sich Wohnhäuser mit kleinen, einräumigen Ladenfronten, wie man sie heute noch in den Basaren Pakistans findet. Das erhaltene solide Mauerwerk der Häuser ist nur etwa bis zu 1 m hoch, darüber bestanden die Wände aus Lehm. Holzbalken stützten die Flachdächer. Pigmentfunde verraten, dass die meisten

Häuser gekalkt und bunt gestrichen waren. Wie in Bhir Mound verfügte die Stadt über keine Brunnen, der Fluss diente als Wasserquelle. Fast jeder Häuserblock besaß einen buddhistischen oder jainistischen Stupa, von denen man heute noch die Basen erkennen kann.

Folgt man vom nördlichen Eingang aus der Hauptstraße einige Schritte gen Süden, so erreicht man den auf der linken Straßenseite gelegenen **Apsis-Tempel**. Einst erhob er sich auf einer Terrasse von 70 x 40 m, zu der eine Treppe hinaufführte. Heute erkennt man nur noch die Fundamente eines rechteckigen Tempels, der nach Osten hin zu einer halbrunden Apsis ausläuft. Lediglich zwei Basen erinnern an die Stupas, die früher den Eingang flankierten. Der Tempel wurde nach dem Erdbeben von 30 n. Chr. auf Gebäudetrümmern aus sakischer und parthischer Zeit errichtet. Der britische Archäologe John Marshall entdeckte hier zahlreiche Stuckstatuen, von denen einige rein hellenistischen Stils sind und wahrscheinlich vor Ort von einem westlichen Künstler angefertigt wurden. Außerdem brachte Marshall kostbaren Gold- und Silberschmuck ans Licht.

Eine der interessantesten Ruinen in Sirkap ist die **Pagode mit dem doppelköpfigen Adler**, einige Schritte die Hauptstraße hinunter auf der linken Straßenseite. Ein Kranz von Pilastern mit korinthischen Kapitellen, die einen Architrav tragen, gliedert die quadratische Basis dieses Stupas. Zwischen den Pilastern sind portalförmige Nischen mit verschiedenen Ziergiebeln eingelassen. Links und rechts der Treppe findet man eine griechische Ädikula – eine Nische mit Säulen und Dreiecksgiebel –, in der Mitte spitz zulaufende ›bengalische Dächer‹ und außen Torana, mehrfach gestufte Torbögen, wie man sie aus der indischen Tempelarchitektur kennt. Auf der Dachspitze einiger dieser Nischen erkennt man einen kleinen Vogel mit zwei Köpfen, den Marshall als Doppelkopfadler interpretiert. Das heraldische Tier, das wahr-

Pagode mit dem doppelköpfigen Adler

scheinlich mit den skythischen Saken seinen Weg nach Taxila fand, spielt im gesamten indogermanischen Kulturkreis eine Rolle. Es findet sich bei den Hethitern, in Byzanz, als Wappentier des russischen Zaren, der deutschen und österreichischen Kaiser sowie der Könige der Kandy-Fürsten von Sri Lanka. Ursprünglich war der Stupa mit Stuck verputzt und bemalt, worauf Pigmentfunde von Gelb, Karmin und Rot hindeuten. Eine Säule, die man in der Nähe des Stupa fand, scheint die Vermutung der Linguisten zu bestätigen, die davon ausgehen, dass die Kharoshti-Schrift in Taxila aus dem Aramäischen entwickelt wurde. Die achteckige Marmorsäule trägt eine aramäische Inschrift, welche Kaiser Ashoka als »Priyadarsi« erwähnt, einen Titel, den er als Gouverneur von Taxila führte. Danach kann die Säule auf das 3. Jh. v. Chr. datiert werden. Das Aramäische war um 500 v. Chr. von den Achämeniden in Taxila eingeführt worden.

Begibt man sich weiter Richtung Süden, so passiert man linker Hand ein weiteres **Stupa-Fundament** und gelangt schließlich am Ende der Hauptstraße zum **Königspalast**. Hier gruppieren sich zahlreiche Räume um zwei Höfe; damit entspricht der Palast in seinem Aufbau weitgehend Bürgerhäusern, ist jedoch großzügiger dimensioniert. In der südwestlichen Ecke der Anlage, der Königsresidenz gegenüber, erhebt sich ein abgeflachter Hügel – die befestigte Oberstadt oder **Akropolis** von Sirkap.

Der auf einem Hügel gelegene **Kunala-Stupa** südlich des Palastes stellt ein beliebtes Pilgerziel für Blinde dar: Der Stupa ist nach dem Sohn Ashokas benannt, der hier einst geblendet wurde. Der Legende nach soll Kunala so schöne Augen gehabt haben, dass sich seine Stiefmutter in ihn verliebte. Als er ihre Gefühle nicht erwiderte, überzeugte sie ihren Gemahl, Kaiser Ashoka, Kunala als Vizekönig nach Taxila zu entsenden. Bald darauf schickte sie einen gefälschten Befehl des Kaisers in die Stadt, Kunala zu blenden. Seine Minister weigerten sich zunächst, doch der getreue Kunala bestand auf der Ausführung der Strafe. Als Ashoka von der Intrige seiner Frau erfuhr, ließ er sie töten. Der freigelegte Kunala-Stupa ist nicht ganz so alt wie diese Geschichte.Er stammt aus dem 1. Jh. v. Chr.; der größere, ihn umgebende Stupa ist etwa 500 Jahre jünger.

Der Tempel von Jandial

700 m nördlich vom Nordeingang Sirkaps erhebt sich auf einem künstlichen Hügel der Tempel von Jandial (5). Von den baktrischen Griechen Mitte des 2. Jh. v. Chr. errichtet, folgt er in seinem Aufbau der klassisch griechischen Ordnung. Der Tempel ist von rechteckigem Grundriss und besitzt eine Cella mit Vorhalle (Pronaos), Sanktuarium (Naos) und Hinterem Raum (Opisthodomos). Darum herum verläuft ein Peristyl – im klassisch griechischen Tempel meist eine Säulenreihe, hier aber ein Mauerwerk mit 20 großen, eingelassenen Fenstern. An der Südseite, dem Haupteingang des Tempels, finden sich Reste ionischer Säulenbasen und Kapitelle aus Sandstein. Auffällig ist, dass der

hintere Raum des Gebäudes kleiner als beim klassischen griechischen Tempel ist. Außerdem führt hier – ganz ungriechisch – eine Treppe nach oben. Nach Meinung des Archäologen Marshall bildete der massive Mauerblock zwischen Sanktuarium und Hinterem Raum das Fundament für einen etwa 13 m hohen Turm.

Figuren fand man in Jandial nicht. Marshall vermutete, dass es sich um einen zoroastrischen Feuertempel handelte. Solche Kultstätten zeichneten sich durch Türme aus, auf denen das heilige Feuer entzündet und als Symbol der Reinheit und des göttlichen Lichts verehrt wurde. Zwar teilen nicht alle Wissenschaftler seine Theorie, eine alternative Interpretation liegt aber bisher nicht vor.

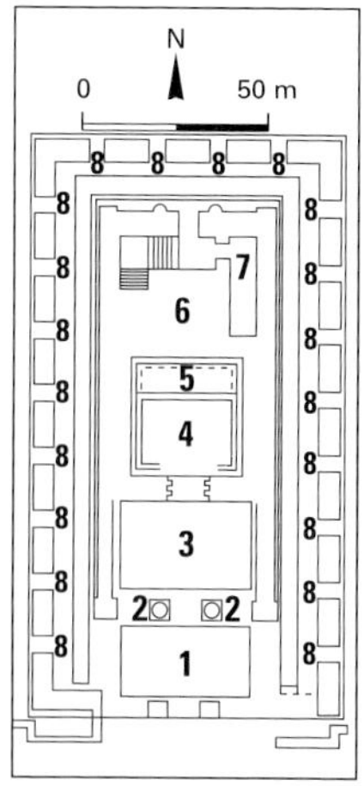

Jandial-Tempel
1 Vordere Terrasse
2 Ionische Säulen
3 Vorhalle (Pronaos)
4 Sanktuarium (Naos)
5 Plattform
6 Turm
7 Hinterer Raum (Opisthodomos)
8 Fenster in ›Peristyl-Mauer‹

Sirsukh und Mohra Moradu

Sirsukh (6), die dritte und letzte Stadtgründung Taxilas, wurde wahrscheinlich von dem Kushana-Herrscher Vima Kadphises Ende des 1. oder Anfang des 2. Jh. als Provinzhauptstadt gegründet und Mitte des 5. Jh. von den Hunnen zerstört. Viel zu sehen gibt es hier nicht, denn der größte Teil der Trümmer liegt noch auf Bauernland unter der Erde verborgen. Lediglich ein Haus mit zwei Höfen wurde bisher in Sirsukh freigelegt. In ihrer Bausubstanz ähnelt es den Häusern in Sirkap, mit dem Unterschied, dass die Mauern in Sirsukh aus Quadersteinen errichtet sind.

5 km nordöstlich des Museums und etwa 1500 m südöstlich von Sirsukh erheben sich auf einer Terrasse die Ruinen des Klosters und des Stupa von **Mohra Moradu** (7). In einer der Mönchszellen erblickt man hinter einem Holzverschlag einen exzellent erhaltenen Votivstupa aus dem 3.–4. Jh.

Das Kloster Jaulian

Auf einem Hügel oberhalb des Flusses Lundi Nala, östlich von Mohra Moradu, findet sich die am besten erhaltene Ruinenstätte von Taxila. Die buddhistische Klosteranlage Jaulian (8) wurde zur Kushana-Zeit im 2. Jh. errichtet und von den Hunnen etwa 300 Jahre später zerstört. Zu sehen sind hier heute noch die Gemäuer eines Klosters sowie mit relativ gut erhaltenen Statuen und Reliefs verzierte Stupas. Die Anlage ist besonders gesichert und wird Tag und Nacht bewacht. Man erreicht sie über einen Fußweg von Norden her. Links erheben sich die Mauern eines buddhistischen Klosters. Rechts davon liegen zwei Stupa-Höfe.

Im **vorderen Hof** finden sich fünf mit Reliefs verzierte Basen von Stupas, welche Darstellungen des Buddha, der Bodhisattvas, allegorische Szenen aus dem Leben des Buddha, Reihen von Elefanten, Löwen und Atlanten zeigen. Auf einem kleinen Stupa entdeckt man außerdem eine Kharoshti-Inschrift mit der Angabe von Namen und Titel seines Stifters. Im **hinteren Hof** haben sich die Fundamente des mächtigen, einst 20 m hohen Hauptstupa aus der frühen Kushana-Periode erhalten. An der

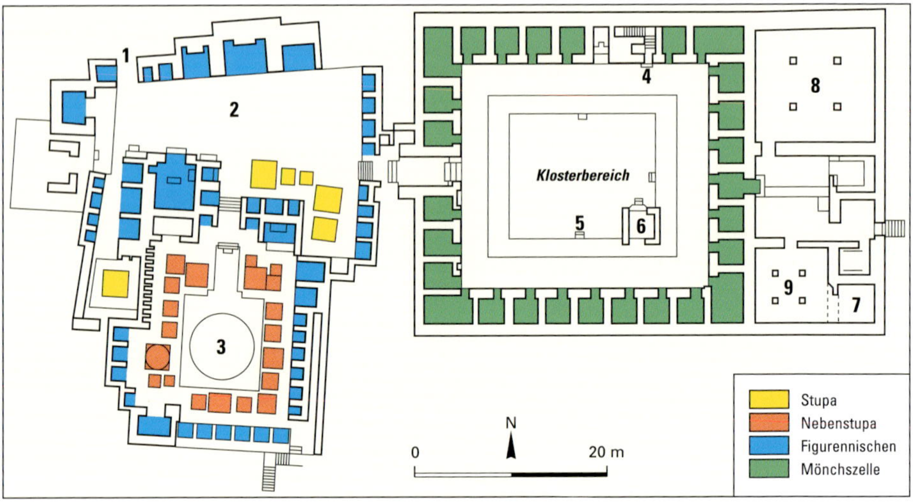

Stupa und Kloster Jaulian
1 Eingang
2 Unterer Stupa-Hof
3 Hauptstupa
4 Stufen ins Obergeschoss
5 Brunnen
6 Waschraum
7 Küche
8 Refektorium
9 Lagerraum

Nord- wie Südseite des Stupas finden sich noch monumentale Buddha-Bildnisse. Um den mächtigen Zentralstupa herum gruppieren sich zahlreiche kleinere, üppig dekorierte Nebenstupas. Der mittlere, an der Südseite, zeigt die Reproduktion eines besonders schönen Bodhisattva-Bildnisses (Original im Taxila-Museum).

Östlich der Stupa-Höfe schließt sich ein **Kloster** mit 27 um einen quadratischen Innenhof gruppierten Mönchszellen an. Ursprünglich besaß der Klosterbau zwei Stockwerke, wobei eine hölzerne Galerie das Obergeschoss umlief. Lediglich die Treppen, die nach oben führten, sind noch erhalten. Die Wände des Hofes waren verputzt und bemalt. In der Mitte befindet sich ein Brunnen mit einem angeschlossenen Waschraum in der Ecke. An der Ostseite des Klosters liegen die Küche, das Refektorium und Lagerräume.

Islamabad und Rawalpindi

Islamabad

Islamabad
Besonders sehenswert: Moderne Hauptstadt vom Reißbrett

Islamabad, seit 1962 Hauptstadt Pakistans, ist eine moderne, weitläufige und grüne Stadt, mit zivilisiertem Verkehr, großen Parks, weiten Alleen und geordneten Basarvierteln. Dennoch wirkt die Stadt auf den Besucher langweilig und zentrumslos und gehört damit wohl zu den unsympathischsten Städten Pakistans.

Seit der pakistanischen Unabhängigkeit von 1947 diente zunächst die Hafenstadt Karachi als Regierungssitz für das damals noch vereinte West- und Ostpakistan. Doch weder ihre wenig zentrale Lage noch ihr heißes Klima waren ideal für eine Kapitale. So fiel die Entscheidung, im kühleren, wasserreichen Norden des Landes eine neue Hauptstadt anzulegen. Die Planungen begannen 1958 unter Präsident Ayub Khan. Ein griechisches Architekturbüro, Doxiadis & Partner, entwarf die Stadtanlage. 1961 setzte man den ersten Spatenstich, zwei Jahre später war die neue Hauptstadt bezugsfertig. Bis zur Trennung von Ostpakistan, dem heutigen Bangladesh, 1971, waren allerdings noch einige Regierungsinstitutionen in Dacca angesiedelt. Erst danach wurde Islamabad endgültig zur vollwertigen Hauptstadt Pakistans erklärt.

Islamabad wurde als großes Dreieck vor der Kulisse der grünen Margalla-Hügel angelegt. Schachbrettartig durchziehen breite Alleen die Stadt und teilen sie in große quadratische Viertel, die wie bei einem Schiffe-Versenken-Spiel mit Buchstaben-Zahlen-Kombinationen (E-8 bis I-10) bezeichnet sind. Diese Viertel besitzen jeweils spezifische Funktionen, so gibt es ein Geschäftsviertel, ein Universitätsviertel, ein Diplomatenviertel, ein Industrieviertel, den Park etc. Jedes dieser Viertel ist mit einem eigenen Geschäftszentrum (*markaz*) und einem Park ausgestattet. Künstliches Zentrum Islamabads ist der **›Nullpunkt‹** (Zero Point) an der Kreuzung Shah Faisal Avenue und Sharah-i-Kashmir-Straße. Zwischen den F- und G-Blocks liegt das **Geschäftsviertel** der so genannten Blue Area. Die interessantesten Geschäfte und Restaurants findet man in den Vierteln F-6 (Super Market), F-7 (Jinnah Super Market) und G-6 (Melody Market). Östlich davon liegen die meisten **Regierungsgebäude** und das **Diplomatenviertel**.

Die futuristische **Shah-Faisal-Moschee** im Norden der Stadt, auf deren Vorplatz die Grabstätte des 1988 bei einem Flugzeugabsturz

Die Moschee steht Besuchern offen. Adäquate Kleidung – lange Ärmel, lange Hosen – ist obligatorisch. Schuhe werden am Eingang abgegeben. Frauen müssen ein Kopftuch tragen und das Innere der Moschee durch einen separaten Eingang betreten. Fotografieren ist nur in den äußeren Anlagen gestattet.

Shah-Faisal-Moschee

ums Leben gekommenen Militärdiktators Zia ul-Haq steht, beeindruckt vor allem mit ihren gewaltigen Dimensionen. Ein achtfach gefaltetes, zeltförmiges Dach krönt das schneeweiße, aus Marmor gefertigte Zentralgebäude, das sich strahlend gegen die grünen Margalla-Hügel abhebt. Vier schlanke, 90 m hohe Minarette flankieren den Bau. Sein Name erinnert an Schah Faisal von Saudi-Arabien, der das 25 Millionen US-$ teure Bauwerk hauptsächlich finanzierte. Entworfen wurde es von dem türkischen Architekten Vedat Dalokay. Die Mosaiken im Inneren stammen von dem pakistanischen Künstler Gulgee. Besonders stolz ist man auf den überdimensionierten Kronleuchter. Die Moschee bietet in ihrem Inneren 15 000 Menschen und auf ihrem weitläufigen Vorhof weiteren 85 000 Menschen Platz. Unterhalb der Versammlungsterrasse liegen das Zentrum für Islamische Forschung, eine Bibliothek und die Büros der Fakultät für Islamisches Recht (Shariat).

Südöstlich der Moschee lohnt das kleine **Islamabad-Museum** mit seiner Sammlung archäologischer Funde aus ganz Pakistan einen kurzen Besuch. Einen schönen Blick auf Islamabad aus der Vogelperspektive genießt man vom **Daman-e-Koh-Aussichtspunkt** in den Margalla-Hügeln nördlich der Stadt, zu dem man von der Kadir Avenue aus in etwa 45 Minuten hinauflaufen kann. Das **Lok-Virsa-Museum** im Shakarparian-Park im Süden Islamabads besitzt eine Sammlung von Kunsthandwerk und Musikinstrumenten aus den verschiedenen Regionen Pakistans. Angeschlossen ist das **Institute of Folk and Traditional Heritage** mit einer Bibliothek und einer Tonträger-Sammlung lokaler Folklore-Musik.

Rawalpindi

Rawalpindi
Besonders sehenswert: reizvolle Basare

Islamabads 15 km südlich gelegene ›Zwillingsstadt‹ ist das genaue Gegenteil von ihr. Rawalpindi ist chaotisch, schmutzig, laut und voller Leben. Die Stadt erstickt im Verkehr. Es herrscht ein unübersichtliches Gedränge von überfüllten Bussen, bunten Sammeltaxis, Motorrikschas, Pferdedroschken, Eselskarren und Menschen. Außer in der Altstadt, in der sich noch einige Havelis finden, mehrstöckige Handelshäuser mit reich verzierten Holzbalkonen, ist das Stadtbild grau und gesichtslos. Farbflecke bilden die überdimensionierten, grellen Filmplakate, die von jeder Straßenecke leuchten.

Rawalpindi hat an klassischen Sehenswürdigkeiten nicht viel zu bieten, doch die **Altstadt** nordöstlich der Fowara Chowk ist ein einziges malerisches Wirrwarr von orientalisch-bunten Basargassen, in denen es Spaß macht zu bummeln und zu schauen. Der größte und interessanteste ist der **Rajah-Basar**, der sich aus verschiedenen ›Abteilungen‹ zusammensetzt. So findet man auf dem **Moti-Basar** Kaschmir-Schals, Kleidung, Plastikschmuck, Schuhe, Haarteile und Kosmetik für Damen, im **Bohr-Basar** Medikamente und andere Heilmittel,

Kashmir Road in Rawalpindi

im **Trunk-Basar** Koffer und Gepäck, im **Sarafa-Basar** Silber- und Goldschmuck, im **Kalan-Basar** Schuhe, Strümpfe und Stoffe und im **Bara-Basar**, dem ›Schmuggler-Basar‹, Elektronikgeräte und Musik.

Nördlich des Basars erstreckt sich der **Rotlicht-Bezirk**, östlich die alten **Hindu- und Sikh-Viertel** mit einigen schönen Havelis, zahlreichen Tempelchen und dem **Transvestiten-Viertel**. Die Gruppe der Transvestiten steht in Pakistan in der gesellschaftlichen Hierarchie ganz unten, wird aber toleriert. Die Transvestiten leben in Großstädten meist in Enklaven zusammen, werden von einer gewählten ›Königin‹ angeführt und traditionell bei Hochzeiten und Geburtstagsfeiern als Tänzerinnen engagiert.

Gegründet wurde Rawalpindi vor etwa 500 Jahren von dem Stammesfürsten Rawal aus dem Stamm der Gahkkar, nach dem sie auch ihren Namen, ›Platz des Rawal‹, trägt. Strategische Bedeutung erlangte die Stadt aber erst unter der Herrschaft der Moguln, die im 16. Jh. eine große Reichsstraße von Delhi nach Kabul anlegten, welche durch Rawalpindi verlief. Im frühen 19. Jh. eroberten die Sikhs unter Führung Ranjit Singhs die Stadt und bauten sie zum Handelszentrum aus. 1849 vertrieben britische Truppen die Sikhs, doch lebte noch bis zur Trennung Pakistans von Indien eine bedeutende Sikh-Minderheit in der Stadt.

Die Briten errichteten südlich der Altstadt ein so genanntes Cantonment, einen Militärstützpunkt mit Verwaltungszentrum, Kirchen, Schulen, großzügigen Bungalows und Gärten für die britischen Beamten und Offiziere und dem obligaten Club. Auch nach der Ausrufung der Unabhängigkeit Pakistans im Jahr 1947 sollte Rawalpindi ein bedeutender Militärstützpunkt bleiben und ist dies bis heute.

Pakistanischer Lastwagen ▷

Hino

Tipps und Adressen

Alle wichtigen Informationen für Ihre Reiseplanung und für unterwegs

Inhalt

Hinweise für die Reiseplanung

Auskunft

... in Deutschland

Fremdenverkehrsamt der VR China
Ilkenhanstr. 6,
60433 Frankfurt a. M.;
Tel. 069/52 01-35,
Fax 069/52 84 90,
www.fac.de
Mo–Do 9–12, 14–17,
Fr 9–12 Uhr.

Gesellschaft für Deutsch-Chinesische Freundschaft e.V.
Schenkendorfstr. 9,
60431 Frankfurt a. M.;
Tel. 06007/91 87 60,
Fax 91 87 66,
www.chinaseiten.de

Deutsch-Pakistanisches Forum e.V.
Postfach 080501
10117 Berlin
Vorstand: Tel. 030/22 77 45 45, Fax 030/22 77 67 80
Geschäftsführung':
Tel. 030/25 49 14 22,
Fax 030/784 26 44

Informationen in China
In China bieten neben den staatlichen Reisebüros CITS (China International Travel Service), CTS (China Travel Service) und CYTS (China Youth Travel Service) heute zahlreiche Privatveranstalter ihre Dienste an.

E-Mail:
mahmood@wz-berlin.de
www.deutsch-pakistanisches-forum.de

Deutsch-Pakistanische Gesellschaft e.V.
c/o Dr. Talat Mahmood
Kaiser-Wilhelm-Platz 3a
10827 Berlin

Informationen vor Ort
Adressen und Rufnummern von Informationsstellen und Reisebüros an der Seidenstraße finden Sie unter ›Auskunft‹ im Kapitel ›Informationen für unterwegs‹.

c/o Ahmed Maqsood
Schurkamp 3
24220 Flintbeck
c/o Mohammad Rafiq
Weltzienstr. 9
76135 Karlsruhe
Tel: 0721/85 86 98

... im Internet

... zu Pakistan
www.tourism.gov.pk
www.paklinks.com
www.nation.com.pk
... zu China
www.chinaweb.de
(Deutsch/Englisch).
www.chinats.com
www.travelchinaguide.com
(Englisch).
www.auswaertigesamt.de
Über Internet können beim Auswärtigen Amt in Bonn allgemeine Länderinformationen, Einreise- und Zollbestimmungen sowie aktuelle Hinweise zur Gesundheitsvorsorge aktuell abgefragt werden:

Diplomatische Vertretungen

... in Deutschland

Botschaft der VR China
Märkisches Ufer 54,
10179 Berlin;
Tel. 030/27 58 80,
Fax 030/27 58 82 21.
www.china-botschaft.de
Mo–Fr 8.30–12.30,
14.30–18 Uhr;
Visa-Abteilung:
Brückenstr.10,
10179 Berlin;
Tel. 030/27 59 08 83,
27 59 08 84, 27 59 27 92,

Informationen in Pakistan
Für Pakistan benennen wir die Touristeninformationen der staatlichen PTDC (Pakistan Tourism Development Corporation).
Daneben bieten private Agenturen ihre Dienste an: Größtes und renommiertestes privates Reisebüro mit qualifizierten englisch- und teils auch deutschsprachigen Führern ist Travel Walji's Private Ltd.

27 59 27 93,
Fax 48 83 97 31.
Mo–Fr 9–12 Uhr.

Botschaftsaußenstelle der VR China
Kurfürstenallee 12,
53177 Bonn;
Tel. 0228/955 97 16,
Fax 36 16 35.
Visa-Abteilung:
Tel. 955 97 22,
Fax 36 23 50.
Mo–Fr 9–12 Uhr.

Generalkonsulate der VR China
Elbchaussee 268,
22605 Hamburg;
Tel. 040/82 27 60 13,
Fax 040/822 62 31.
Visa-Abteilung:
Tel. 040/82 69 75,
Fax 040/822 62 31.
Mo–Fr 9–12 Uhr.

Romanstr. 107,
80639 München;
Tel. 089/17 30 16 25.
Visa-Abteilung:
Tel. 089/17 30 16 12,
Fax 089/17 30 16 19.
Mo–Fr 9–12 Uhr.

Botschaft von Pakistan
Schaperstr. 29,
10719 Berlin;
Tel. 030/212 44-0.
Mo–Do 9–11.30 Uhr,
nachmittags n. V. Abholung eines beantragten Visums möglich;
telefonische Sprechstunde Mo–Do 15–17 Uhr.

Generalkonsulat der IR Pakistan
Waldschmidtstr. 39
60316 Frankfurt a. M.;
Tel. 069/42 10 12 15,
Fax 069/42 10 17.
Mo–Fr 9–16 Uhr.

Honorargeneralkonsulate der IR Pakistan
Warburgstr. 50,
20354 Hamburg;
Tel. 040/411 13 15,
Fax 040/411 13 13.
Mo–Do 9–13 Uhr.

Höchlstraße 2,
81675 München;
Tel. 080/348 80,
Fax 089/145 62 44.
Mo, Di, Do 9–12 Uhr.

Präsident-Kennedy-Platz 1,
28203 Bremen;
Tel. 0421/236 10,
Fax 0421/367 82 32.
Mo–Fr 9–12 Uhr.

Botschaft von Kasachstan
Nordendstr. 14,
13156 Berlin;
Tel. 030/470 07-113/110.
Mo, Di, Do, Fr 9–13 Uhr.
Visa-Abteilung:
Tel. 030/47 00 71 35

... in Österreich

Botschaft der VR China
Metternichgasse 4,
1030 Wien;
Tel. 01/714 31 49.
www.chinaembassy.at
Mo–Fr 9–11,
Mo–Mi 14–16 Uhr.

Botschaft Pakistans
Hofzeile 13,
1190 Wien;
Tel. 01/368 73-81, -82.
Mo–Fr 10–13 Uhr.

Botschaft von Kasachstan
Felix-Mottl-Str. 23,
1190 Wien;
Tel. 01/367 91 75,
Fax 01/367 91 75 33.
Mo–Fr 9–13, 14–18 Uhr.
Visa-Abteilung:
Gentzgasse 132/2,
1180 Wien;
Tel./Fax: 01/479 02 43.
Mo–Fr 9–11.30 Uhr.

... in der Schweiz

Botschaft der VR China
Kalcheggweg 10,
3006 Bern;
Tel. 031/352 73 33.
www.china-embassy.ch
Visa-Abteilung:
Tel. 031/351 45 93.
Mo–Fr 9–12,
15–17.30 Uhr.

Generalkonsulat der VR China
Bellariastr. 20,
8002 Zürich;
Tel. 044/201 10 05.
Visa-Abteilung:
Tel. 044/201 10 73.

Botschaft der IR Pakistan
Bernastr. 47,
3005 Bern;
Tel. 031/350 17 90.
Mo–Fr 9–13.30,
14–17 Uhr.
Visa-Abteilung:
Mo–Fr 10–12 Uhr

Botschaft von Kasachstan
Alleeweg 15,
3006 Bern;
Tel. 031/351 79 69,
Fax 031/351 79 75.
Mo–Fr 9–12 Uhr.

Anreise

... nach Beijing

... mit dem Flugzeug
Alle großen europäischen Fluggesellschaften bieten nahezu täglich Flüge von Europa nach Beijing an. Die Flugzeit beträgt etwa neun Stunden.

... mit der Bahn
Die Reise mit der transsibirischen Eisenbahn hat leider in den letzten Jahren viel von ihrem Reiz verloren, zum einen wegen der wachsenden Kriminalität in Russland, zum anderen da sie immer mehr von Händlern benutzt wird, die in den Abteilen ihre Waren transportieren. Es gibt drei Möglichkeiten, mit der Bahn nach China zu fahren:
Berlin–Moskau–Ulan Bator (Mongolei)–Beijing (mit dem chinesischen Zug)
Berlin–Moskau–Beijing durch die Mandschurei (mit dem russischen Zug)
Die Fahrt Berlin – Beijing dauert 6–8 Tage und kostet etwa 300 Euro im 4-Bett-Abteil und ca. 600 Euro im 2-Bett-Abteil. Die Fahrkarte Beijing – Berlin, in China gekauft, ist billiger, allerdings sind die Züge meist lange im Voraus ausgebucht.
Berlin–Moskau–Almaty (Kasachstan)–Urumqi
Zwischen Almaty und Urumqi verkehrt Mo und Sa ein Zug (Fahrtzeit 32 Std.). Mo–Sa verkehren zwischen Almaty und Urumqi auch Überlandbusse (Fahrtzeit 24 Std.). Der Preis für diese Strecke beträgt per Bus oder Bahn ca. 50 Euro. Für Kasachstan ist ein Visum erforderlich.

... nach Pakistan

Mehr als 20 internationale **Fluggesellschaften** fliegen Karachi an, PIA (Pakistan International Airlines) und British Airways fliegen auch direkt von Europa nach Islamabad/Rawalpindi.

Einreise- und Zollbestimmungen

Visa

... für die VR China
Für die Einreise in die VR China benötigt man ein Visum und einen Reisepass, der mindestens ein halbes Jahr über die Aufenthaltsdauer hinaus gültig ist. Touristenvisa stellen die chinesischen Botschaften und Konsulate aus. Ein Standard-Touristenvisum gilt 30 Tage und für eine einmalige Einreise. Sie brauchen ein Antragsformular, ein Passbild und Ihren Reisepass. Die Bearbeitung dauert in der Regel drei bis fünf Tage.

Für Hongkong und Macau benötigen Sie nur Ihren Pass.

Visa für China sind in Hongkong innerhalb eines Tages in jedem größeren Reisebüro zu bekommen oder im Visa Office des Außenministeriums der VR China, China Resources Building, Low Block, 5. Stock, 26, Harbour Road, Wanchai, Hongkong; Tel. 25 85-17 94, 25 85-17 00. Mo–Fr 9–12.30, 14–17, Sa 9–12.30 Uhr.

... für Pakistan
Die Visapflicht für westeuropäische Reisende nach Pakistan wurde am 26. Sept. 2001 wieder eingeführt. Reisende, die kein Visum haben, werden an den Flughäfen/Grenzen zurückgewiesen. Visa erhält man bei den pakistanischen Botschaften und Konsulaten in Deutschland, Österreich und der Schweiz. Ein Touristenvisum gilt drei Monate. Für die Beantragung des Visums benötigt man einen gültigen Reisepass, ein Antragsformular und zwei Passbilder.

Devisen- und Zollvorschriften

Die Einfuhr von Fremdwährungen in die VR China und nach Pakistan ist in beliebiger Höhe erlaubt.

... in die VR China
Untersagt ist die Einfuhr von Waffen, Munition, Sendeanlagen, Rauschmitteln, verseuchten Lebensmitteln, Tieren sowie pornografischer und konterrevolutionärer Literatur. Zollfrei einführen darf man nach China 400 Zigaretten und zwei Flaschen Spirituosen.
Bei der Einreise muss eine Gesundheits- und Zollerklärung ausgefüllt werden, deren Kopie bei der Ausreise

vorzulegen ist. Devisen und Wertsachen (z. B. Kameras) müssen deklariert werden. Filmkameras über 16mm sind genehmigungspflichtig.

... nach Pakistan
Es dürfen 200 Zigaretten und 250 ml Parfum zollfrei eingeführt werden. Die Einfuhr von Waffen und Alkoholika nach Pakistan ist verboten.

... aus der VR China
Antiquitäten dürfen aus China nur mit dem roten Siegel eines staatlichen Antiquitätengeschäfts und Zertifikat ausgeführt werden.

Bedenken sollte man, dass in Deutschland die Einfuhr von Elfenbein, Schildpatt, Korallen und anderen Produkten von geschützten Tieren verboten ist, diese aber in China angeboten werden. Bei der Einfuhr solcher Produkte nach Europa drohen hohe Geld- oder auch Haftstrafen. Auf chinesischen Märkten werden außerdem häufig gefälschte Designer-Artikel (Uhren,Taschen, Brillen, Kleidung) und raubkopierte CDs und DVDs angeboten. Vorsicht bei der Einfuhr in die EU! Bei ein oder zwei Artikeln, wird der Zoll kaum etwas sagen, wer aber einen Koffer voll Imitate einführt muss mit Beschlagnahmung oder gar einer Geldstrafe rechnen.

... aus Pakistan
Die Ausfuhr von Antiquitäten aus Pakistan ist verboten. Teppiche dürfen nur bis zu einem Wert von 25 000 PKR ausgeführt werden, Schmuck bis zu einem Wert von 10 000 PKR, dabei muss ein Nachweis erbracht werden, dass mit Devisen bezahlt wurde. Für Teppiche benötigt man eine Ausfuhrgenehmigung.

Gesundheitsvorsorge

Aufgrund der enormen Höhenunterschiede (bis zu 5000 m), der großen Klimaschwankungen zwischen Hochland und Wüste und der körperlichen Anstrengung einer Reise entlang der Seidenstraße sollte man sich diese nur bei bester Gesundheit zutrauen. Ein Check-up beim Arzt kurz vor Reiseantritt ist vor allem älteren Reisenden anzuraten.

Besondere Schutzimpfungen sind für die Einreise nach China nicht vorgeschrieben. Empfehlenswert sind Impfungen gegen Tetanus, Polio, Diphterie, Typhus und Hepatitis A und B sowie Gammaglobulin zur Stärkung des Immunsystems. Die Tropeninstitute raten für Pakistan zudem zu einer Malaria-Prophylaxe. Gegen eine Gebühr von ca. 20 Euro erhalten Sie beim Hamburger Tropeninstitut nähere Informationen über die Gesundheitslage im betreffenden Reisegebiet (Tel. 0900/1234 999, www.gesundes-reisen.de).

Ihre Reiseapotheke sollte in jedem Fall ein leichtes Schmerzmittel, Medikamente zur Wundbehandlung, gegen Erkältung (auch im Sommer, wegen der Klimaanlagen!) sowie gegen Magen- und Darmbeschwerden (wegen des ungewohnten Essens) enthalten. Auch die Mitnahme von Einwegspritzen sei empfohlen.

Leitungswasser sollte in China und Pakistan nur abgekocht getrunken, rohes Obst und Gemüse stets geschält werden.

Das Gesundheitswesen ist in Ostchina relativ gut, in den strukturschwachen Gebieten Westchinas (Gansu, Qinghai, Xinjiang) und Nordpakistans dagegen nur unzureichend ausgebaut.

Das Auswärtige Amt rät dringend eine Auslandskrankenversicherung mit Rückholversicherung abzuschließen.

Klima und Reisezeit

Der Khunjerab-Pass ist für Gruppen nur vom 1. Mai bis 31. Oktober, für Einzelreisende vom 1. Mai bis 15. November geöffnet. Eine Reise über den Karakorum Highway ist somit nur im Sommerhalbjahr möglich.

Für Ostchina (Beijing/Xi'an) und Nordpakistan gelten Frühling und Herbst als die besten Reisezeiten, mit gemäßigten Tagestemperaturen und weniger Regen als im Sommer. Warme Kleidung ist in dieser Zeit jedoch unbedingt erforderlich, da es in den Hochlagen recht kalt werden kann.

Im Sommer ist es in Ostchina schwülwarm: leichte Sommerkleidung und einen Regenschutz mitnehmen. Wegen der Klimaanlagen in Hotels und Restaurants sollte man aber auch eine Strickjacke oder einen Pullover dabeihaben.

Westchina hat ein trockenes Kontinentalklima mit Sommertemperaturen von teils über 40 °C. Leichte Kleidung und ein Sonnenhut leisten hier gute Dienste. In den Hochlagen kann es aber auch zu dieser Zeit kalt werden, auf den 4000–5000 m hohen Pässen im tibetischen Hochland, dem Pamir und Karakorum kommt es auch im Hochsommer mitunter zu Schneefällen.

Die Winter sind in Nordost- wie in Westchina sehr kalt und trocken.

Tipps zu Reise und Unterkunft

Wer individuell nach China reist, braucht Zeit und Geduld. Mit Englisch kommt man inzwischen in den großen Städten zwar recht gut weiter, doch wer individuell über Land reist, sollte zumindest einen Sprachführer dabeihaben oder sich rudimentäre Chinesisch-Kenntnisse aneignen.

In Pakistan fällt die Kommunikation dagegen leicht, da viele Leute gut Englisch sprechen.

In Xinjiang öffnen ein paar türkische Worte dem Reisenden mitunter Tür und Tor.

Flug- und Bahntickets erhält man in China bei lokalen Reisebüros und an der Rezeption größerer Hotels. Es ist nicht immer möglich Retour-Tickets zu kaufen. Häufig muss das Rückfahrtbillet am Zielort erworben werden.

Hotels lassen sich bequem übers Internet buchen (z. B. www.expedia.de), Vorsicht allerdings bei asiatischen Billiganbietern! Häufig kann man an der Rezeption vor Ort einen besseren Zimmerpreis aushandeln. Das gilt vor allem in der Nebensaison (Juni/Juli und in den Wintermonaten).

Ausflüge von den großen Städten ins Umland lassen sich über Hotels oder örtliche Reisebüros buchen. Die meisten Hotels vermitteln auch ein Fahrrad oder Taxi. Es ist allerdings billiger, einen Taxifahrer von der Straße für einen halben oder ganzen Tag anzuheuern und mit ihm einen Pauschalpreis auszumachen (wenn das sprachlich möglich ist).

Persönliche Führer (englischsprachig, seltener deutschsprachig) lassen sich in China über das örtliche CITS-Büro oder private Reisebüros arrangieren, bei einigen wichtigen Sehenswürdigkeiten, stehen sie auch am Eingang bereit.

Wer die Sprachbarriere scheut und in relativ kurzer Zeit viel sehen will, sollte sich einer Gruppen- oder Studienreise anschließen. Das Angebot der Reiseveranstalter rangiert von relativ komfortablen, informativen Studienreisen bis hin zu abenteuerlichen Expeditionen und Trekking-Touren.

Bemerkung zum Hotelstandard

Bei einer Reise über die Seidenstraße muss man auf Komfortverzicht gefasst sein. Während die Hotels der Luxus- und gehobenen Kategorie weitgehend westlichem Standard entsprechen, werden Häuser der preiswerten und Standard-Kategorie insbesondere in Gansu, Qinghai, Xinjiang und Nordpakistan westeuropäischen Erwartungen nicht immer gerecht. Zwar haben sich Hotelqualität und Service in diesen Gebieten in den letzten Jahren stark verbessert, vielerorts sind Wasser und Stromversorgung aber immer noch unregelmäßig und die hygienischen Verhältnisse nicht immer zufriedenstellend.

Für Übernachtungen in einfachen Unterkünften und im Zug empfiehlt es sich, einen Jugendherbergsschlafsack oder eigene Laken dabeizuhaben. Auch eine Taschenlampe leistet gute Dienste.

Die Preise reichen von ca. 1 US-$ für ein Bett in einer einfachen Unterkunft bis zu deutlich über 100 US-$ in Hotels der internationalen Luxuskategorie.

Informationen für unterwegs – Von Ort zu Ort

Aksu (VR)

Vorwahl 0997

Auskunft

Aksu Travel Service
42, Yingbin Lu; Tel. 251 28 55.

Hotels

Yinhai Hotel (S)
2 Dong Dajie; Tel. 213 18 22, Fax 213 18 11.
Neuer Hotelbau im Zentrum, bestes Haus am Platz.

Aksu Friendship Hotel (P)
42, Yingbin Lu;
Tel. 251 32 00, Fax 251 35 11.
Schlichtes Haus, Schlafsaal, einfache Doppelzimmer.

Restaurants

Die Restaurants **Weiyuange Jiudian** und **Tiannan Fandian** in der Dong Dajie bieten ordentliches Essen.

Beijing (VR)

Vorwahl 010

Auskunft

Beijing Tourismus Hotline
Tel. 65 13 08 28
(24 Std. in Englisch)

Beijing Touristeninformation
am Flughafen; Tel. 64 59 81 48
27 Sanlitun Beilu, Chaoyang;

Hotelkategorien
(L) = Luxus, ab 100 US-$
(G)= gehobener Standard, ab 70 US-$
(S) = Standard, 25–70 US-$
(P) = preiswerte Unterkunft, 1–25 US-$

Tel. 64 17 66 27
10 Dengshikou Xijie, Dongcheng; Tel. 65 12 30 43.
Lobby des Zhongyan Hotels, Guangwai Dajie, Fengtai; Tel. 63 32 39 83
40 Zhongguancun Dajie, Haidian; Tel. 82 62 28 95.
3 Hufang Lu, Xuanwu; Tel. 63 51 00 18.
Alle täglich 9.30–17.30 Uhr.

CITS
28 Jianguomenwai Dajie; Tel. 65 15 93 17.

Sehenswürdigkeiten

Altes Observatorium
(Gu Guanxiang Tai)
Jianguomennei Dajie, Ecke Chaoyangmen Nandajie.
Mi–So 9–11, 13–16.30 Uhr.

Alter Sommerpalast
(Yuanming Yuan)

Ländervorwahl China
0086

Ländervorwahl Pakistan
0092

Etwa 15 km nordwestlich des Zentrums, östlich des Yihe Yuan. Täglich 7–19 Uhr.
1860 zerstörter Park; Modell des ›Gebäudes im europäischen Stil; partieller Wiederaufbau des Parks ist in Arbeit.

Beihai-Park
(Beihai Gongyuan)
Nordwestlich des Kaiserpalastes, Südeingang Wenjin Jie, Nordeingang Di'anmen Xidajie.
Täglich 7–19 Uhr.

Himmelstempel (Tian Tan)
Südöstlich des Zentrums im Chongwen Distrikt, Nordeingang Tiantan Lu, Osteingang Tiantan Donglu, Südeingang Yongdingmen Donglu, Westeingang Tianqiao Nanlu.
Täglich 8.30–18.30 Uhr.
Eine der imposantesten Sakralanlage Chinas mit gewaltigen Rundbauten.

Kaiserliche Akademie
(Guozijian)
Guozijian Jie, einige Schritte westlich des Konfuziustempels
Täglich 9–17 Uhr.

Kaiserlicher Ahnentempel
(Tai Miao)
Östlich des Tian'an Men
Täglich 6–21 Uhr, im Sommer bis 22 Uhr.

Kaiserpalast
(Verbotene Stadt, Gugong)
Nördlich des Tian'anmen Guangchang, Haupteingang

Mittagstor (im Süden) Nordtor Jingshanqian Jie.
Täglich 8.30–17 Uhr, letzter Einlass 15.30 Uhr.
Der riesige Palast der (Außenmauern 960 x 750 m) ist heute Palastmuseum. Bertolucci drehte hierden Film »Der letzte Kaiser«.

Kloster der Weißen Wolke
(Baiyun Guan)
Baiyun Lu (Fuxingmennei Dajie), westlich des Zentrums.
Sitz der Daoistischen Vereinigung Chinas, eines der bedeutendsten daoistischen Zentren Chinas.

Kohlehügel (Mei Shan)
Südeingang Jingshanqian Jie, Osteingang Jingshandong Jie.
Täglich 6–22 Uhr.
Park im Norden des Palastes. Bei klarem Wetter sensationeller Blick über den Gugong.

Konfuziustempel
(Kong Miao)
13, Guozijian Jie.
Täglich 8.30–17 Uhr.

Kunsthalle
(Zhongguo Meishuguan)
Wusi Dajie.
Täglich außer Mo 9–16 Uhr.
Wechselnde Ausstellungen.

Lamatempel (Yonghe Gong)
Yonghegong Dajie, Ecke Andingmendong Dajie.
Täglich außer Mo 9–16.30 Uhr.
Tempel des tibetischen Buddhismus.

Lu-Xun-Museum
(Lu Xun Bowuguan)
Fuchengmennei Dajie.
Täglich außer Mo und Mi 9–11, 13–16 Uhr.

Mao-Zedong-Gedenkhalle
(Mao Zhuxi Jiniantang)
Tian'anmen Guangchang.
Täglich 8.30–11.30 Uhr.
Mao im Glassarg.

Museum der Chinesischen Geschichte und Revolution
(Zhongguo Lishi, Zhongguo Geming Bowuguan)
Ostseite des Tian'anmen Guangchang.
Di–So 8.30–15.30 Uhr.

Niujie-Moschee (Niujie Qingzhensi)
Guang'anmennei Dajie.
Täglich 8 Uhr bis Sonnenuntergang.
Größte Moschee Beijings, im Stil eines chinesischen Tempels errichtet. Frauen ist der Zutritt zur Gebetshalle nicht gestattet. Während des Freitagsgebets dürfen auch männliche Nicht-Muslime die Gebetshalle nicht betreten.

Sommerpalast (Yihe Yuan)
9 km nordwestlich des Stadtzentrums.
Täglich 9–16 Uhr.
290 ha großer kaiserlicher Park mit Pagoden, See und der Suzhou-Straße im Qing-Stil. Beliebtes Ausflugsziel auch der Beijinger.

Palast des Prinzen Gong
14, Liuyin Jie.
Bezaubernde alte Adelsresidenz im Hutong-Viertel nördlich des Beihai-Parks.

Öffnungszeiten der Sehenswürdigkeiten in China
Sehenswürdigkeiten täglich 8.30/9 Uhr–16.30/17 Uhr; letzter Einlass ist um 15.30/16 Uhr. Museen sind meist montags geschlossen.

Parkanlagen öffnen meist gegen 7 Uhr und schließen um 20 Uhr.

Abweichende Öffnungszeiten geben wir an.

Residenz der Song Qingling
(Song Qingling Guju)
Houhai Beiyan.
Täglich außer Mo 9–16 Uhr.

Tempel der Allgemeinen Nächstenliebe
(Guangji Si)
Ecke Xisi Beidajie und Fuchengmennei Dajie.
Sitz der Chinesischen Buddhistischen Gemeinschaft.

Tempel der Fünf Pagoden
(Wuta Si)
Baishiqiao Lu, nördlich des Zoos.
Tempel mit markanter fünftürmiger Vajra-Pagode.

Tempel der Großen Glocke
(Dazhong Si)
Beisanhuan Xilu.
Glockensammlung, Glanzstück ist die riesige Yongle-Glocke.

Tempel der Himmlischen Ruhe (Tianning Si)
Tianningsi Qiao, am westlichen Stadtgraben.

Tempel der Quelle des Gesetzes (Fayuan Si)
Fayuansi Qianjie.
Täglich außer Mi 8.30–11.20, 13.30–15.30 Uhr.

Tempel der Weißen Pagode (Baita Si)
Westlich des Beihai-Parks, Fuchengmennei Dajie/Ecke Zhaodengyu Lu.
Tibetischer Chörten, der auf die Liao-Zeit zurückgeht.

Wohnsitz des Guo Moruo
18, Qianhai Xijie.
Täglich außer Mo 9–16 Uhr.
Wohnsitz des Mei Lanfang (Mei Lanfang Guju)
9, Huguosi Dajie;
Täglich außer Mo 9–16 Uhr.

Ausflüge von Beijing

Acht Große Stätten (Badachu)
In den Westbergen (Xi Shan).
Acht Tempel sind hier über einen 5 km langen Rundweg erschlossen.

Große Mauer (Chang Cheng)
Bei Beijing können Teilstücke der Ming-Mauer besucht werden: in Badaling (70 km nördlich, sehr touristisch), Mutianyu (90 km nordöstlich), Simatai oder Jinshanling (ca. 120 km nordöstlich).

Marco-Polo-Brücke (Lugou Qiao)
88, Beijie, Fengtai-Distrikt, 15 km südöstlich von Beijing.
Alte Steinbrücke.

Ming-Gräber (Ming Shisan Ling)
Zhaoling, Kreis Changping, 50 km nördlich von Beijing.
Täglich 8.30–17 Uhr.
Grabstätte von 13 Kaisern der Ming-Dynastie. Eine Gruft ist begehbar, Museum.

Tempel des Teichs und der Wilden Maulbeeren (Tanzhe Si)
45 km südwestlich in den Bergen von Mentougou.
Eine der ältesten Tempelanlagen Chinas.
Tempel des Weihealtars (Jietai Si)
8 km östlich des Tanzhe Si am Ma'an-Berg.

Park des Duftenden Berges (Xiangshan Gongyuan)
Haidian-Distrikt.
Täglich 8–17 Uhr.
Ehemals eine kaiserliche Sommerfrische, heute beliebtes Ausflugsziel mit dem Xiangshan-Park, dem **Tempel der Azurblauen Wolke** (Biyuan Si) und seiner Diamantenthron-Pagode und dem **Tempel des Schlafenden Buddha.**

Zhoukoudian (Zhoukoudian Yizhi Bowuguan)
Fangshan-Distrikt, 50 km südlich von Beijing.
Fundort des Pekingmenschen, Museum.

Hotels

Die Hotels in Beijing sind erheblich teurer als in anderen Städten an der Seidenstraße. So kostet in der chinesischen Hauptstadt ein Doppelzimmer der Luxuskategorie 200–350 US-$. Hotels der gehobenen Kategorie liegen bei etwa 100–200 US-$, der Standardkategorie 50–100 US-$ per Doppelzimmer. Schlafsaalbetten kosten je nach Lage des Hotels 5–15 US-$.

The Peninsula Palace Hotel (L)
8, Jinyu Hutong (Wangfujing);
Tel. 85 16 28 88,
Fax 65 10 63 11;
www.beijing.peninsula.com.
Exklusives Luxushotel mitten im Geschäftszentrum und direkt um die Ecke von Chinas neuester und mondänster Einkauspassage, dem Xindong'an Plaza.

Grand Hyatt Beijing (Beijing Dongfang Junyue Dajiudian) (L)
1, Dong Chang'an Jie;
Tel. 85 18 12 34,
Fax 8518 00 00;
www.beijing.grand.hyatt.com.
Neues Luxushotel, ideal gelegen, direkt an der Wangfujing und nur ein paar Schritte von der Verbotenen Stadt entfernt. Mit mehreren erstklassigen Restaurants und opulenter Poolanlage.

Beijing Hotel (Beijing Fandian) (G)
33, Dong Chang'an Jie;
Tel. 65 13 77 66,
Fax 65 13 73 07;
www.chinabeijinghotel.com.
Beijings ältestes Hotel im westlichen Stil, gegründet 1900, hat viel prominente Gäste gesehen. Ideale Lage

am Chang'an-Boulevard, Ecke Wangfujing. Viel Atmosphäre, Service für diese Preisklasse aber nicht immer zufriedenstellend.

Prime Hotel (Huaqiao Dasha) (G)
2, Wangfujing Dajie;
Tel. 65 13 66 66,
Fax 65 13 42 48;
www.primehotel.com..
Modernes Haus mit großzügigen Zimmern und gutem Service. Zentral an Beijings Haupteinkaufsstraße.

Holiday Inn Crowne Plaza (G)
48, Wangfujing Dajie;
Tel. 65 13 33 88,
Fax 65 13 25 13.
Solider Komfort direkt an Beijings Flaniermeile.

Xiangshan Hotel (Fragrant Hill Hotel) (G)
Xiangshan-Park,
Haidian-Distrikt;
Tel. 62 59 11 66,
Fax 68 49 88 66;
www.xsfd.com.
Für den, der Ruhe sucht: Vier-Sterne-Hotel in den grünen Westbergen vor der Stadt. Der moderne Bau stammt vom Star-Architekten Yeoh Ming Pei, dem Schöpfer der Louvre-Pyramide.

Bamboo Garden Hotel (Zhu Yuan Binguan) (S)
24, Xiaoshi Qiao Hutong,
Xicheng Qu;
Tel. 64 03 22 29,
Fax 64 01 26 33.
Geschmackvoll im Qing-Stil eingerichtete Zimmer in einem alten Hofkomplex westlich des Trommelturms.

Haoyuan Binguan (S)
53, Shijia Hutong,
Dongcheng Qu;
Tel. 65 12 55 57,
Fax 65 25 31 79.
Dieser hübsche Qing-zeitliche Hofkomplex gehörte einst Mao-Nachfolger Hua Guofeng. Das komfortabelste unter den Hofhotels, günstig in einer Seitengasse der Dongdan Beidajie gelegen.

Tianlun Songhe Hotel (S)
88, Dengshikou Dajie;
Tel. 65 13 88 22,
Fax 65 13 90 88;
www.songhehotel.com.
Zentral in einer Seitenstraße der Wangfujing gelegen.

Lüsongyuan Hotel (S/P)
22, Banchang Hutong;
Tel. 64 04 04 36, 64 01 11 16,
Fax 64 03 04 18;
www.the-silk-road.com.
Einfaches, sauberes, freundliches Hotel in einer Qing-zeitlichen Hutong, Schlafsaal, ordentliche Doppelzimmer. Beste Option in der unteren Preisklasse, zentral gelegen.

Restaurants

Afanti
Houguaibang Hutong,
Chaoyangmennei Dajie;
Tel. 65 25 10 71.
Xinjiang-Spezialitäten, oft Musik- und Tanzbegleitung.

Bianyifang Kaoya Dian
2, Chongwenmenwai Dajie;
Tel. 67 12 05 05.
Berühmtes Pekingenten-Restaurant.

Donglaishun
198, Wangfujing Dajie;
Tel. 65 28 09 32.
Einfaches Ambiente in modernem Shoppingcenter; berühmt für mongolischen Feuertopf.

Fangshan
1, Wenjin Jie, auf der Jadeinsel im Beihai-Park;
Tel. 64 01 11 84.
Reservierung erforderlich. Exquisite kaiserliche Hofküche, aber überteuert.

Gongdelin
158, Qianmen Nandajie;
Tel. 65 11 25 42.
Traditionshaus für vegetarische Küche.

Kong Yiji Jiulou
Denei Dajie
Tel. 66 18 49 17.
Beliebtes Restaurant im Stil einer Gelehrtenstube. Man kann auch im Garten essen. Direkt neben dem Teehaus der Familie Fu, Resevierung empfohlen.

Quanjude Kaoya Dian
32, Qianmen Dajie;
Tel. 67 01 13 79.
Das älteste Pekingenten-Restaurant der Stadt (von 1864).
weitere Filialen:
14, Qianmen Xidajie,
Tel. 65 11 24 18;
13, Shuaifuyuan Hutong,
Wangfujing;
Tel. 65 25 33 10

Siheyuan (The Courtyard)
95, Donghuamen Lu;
Tel. 65 26 88 83.
Edles Restaurant in einem alten Hofhaus mit Blick über den Wassergraben der Verbotenen Stadt. Mit Galerie im Untergeschoss und Zigarrenlounge.

Temple Kitchen
171, Fuchengmennei Dajie;
Tel. 66 17 11 19, 66 18 11 19.
Feine chinesische Küche in zwei äußerst geschmackvoll restaurierten Nebenhöfen des Tempels der Weißen Pagode (Baita Si). Teuer, Reservierung empfohlen.

Tingliguan Fanzhuang
Im Sommerpalast;
Tel. 62 58 25 04.
Reservierung erforderlich.
Kaiserliche Hofküche.

Xihe Yaju Restaurant
In der Nordostecke des Ritan-Parks;
Tel. 65 01 03 85.
Sichuan- und Kanton-Küche, im Sommer kann man draußen speisen.

Sichuan Fandian
51, Xi Rongxian Hutong;
Tel. 66 03 32 91.
Sichuan-Küche in einem stilvollen alten Wohnhof.

Nachtleben

… Pekingoper
Pekingopern-Theater Zhengyi Ci
220, Xiheyan Dajie, Xuanwu-Distrikt;
Tel. 831 51 50.
Täglich 19.30 Uhr. Ein Beijinger Jungunternehmer rettete das älteste Beijinger Opernhaus vor dem Abbruch. Heute präsentiert sich der Bau aus dem 17. Jh. liebevoll restauriert. Man kann während der Aufführung speisen.

Huguang-Theater
(Huguang Huiguan Lou)
3, Hufang Lu;
Tel. 63 51 82 84.
Täglich 19.30 Uhr.
Ähnlich schönes Ambiente wie im Zhengyi-Ci-Theater. Hier gründete Sun Yat-sen 1912 die Guomindang.

Residenz des Prinzen Gong
14, Liuyin Jie (westlich des Hinteren Sees/Hou Hai).
Hier gibt es tagsüber bis 16.30 Uhr mehrmals kurze Pekingopern-Darbietungen.

Liyuan-Theater
Im Qianmen Hotel,
175, Yong'an Lu;
Tel. 63 01 66 88.
Täglich 19.30 Uhr.
Hinten Theaterbestuhlung, weiter vorne Tische und Stühle (bei diesen teureren Plätzen sind Tee und Snacks sind in den Ticketsinklusive; andere Getränke werden vom Qianmen Hotel gegen Bezahlung angeboten). Wenig Atmosphäre, aber die qualitativ beste Opernaufführung der Stadt.

Tianqiao Le Chaguan
Beiwei Lu;
Tel. 63 04 06 17.
Abendessen ab 18.30 Uhr, Aufführungsbeginn 20 Uhr. Hier kann man vor der Aufführung Pekingente speisen.

… Akrobatik
Chaoyang-Theater
36, Dongsanhuan Beilu;
Tel. 65 07 24 21.
Show täglich 19.15 Uhr.

Restaurants in China
In China isst man recht früh, mittags gegen 12 Uhr und abends ab 17 Uhr. Dem entsprechen die Öffnungszeiten der meisten Lokale: 10.30–14, 17–20 Uhr. Viele kleine private Restaurants sind tagsüber durchgehend geöffnet und schließen wie das Gros der Hotelrestaurants erst gegen 22 Uhr, haben oft aber bis Mitternacht geöffnet. Wer sichergehen will, freundlich bedient zu werden, sollte spätestens bis 19 Uhr sein Lokal gefunden haben.

Wir listen Restaurants mit ortstypischer Küche.

Auf Nachtmärkten (ca. 18 Uhr bis Mitternacht) und in Garküchen am Straßenrand isst man übrigens oft für wenig Geld vorzüglich.

Restaurants in Pakistan
Im Gegensatz zu China isst man in Pakistan eher später: mittags etwa zwischen 13 und 14 Uhr, abends zwischen 19 und 21 Uhr. Die meisten Restaurants sind tagsüber durchgehend geöffnet und schließen zwischen 22 und 23 Uhr.

... Teehäuser
Teehäuser finden sich wieder eine ganze Reihe in Beijing, hier eine Auswahl:

Sanwei-Buchladen
60, Fuxingmennei Dajie;
Tel. 66 01 32 04.
Täglich 9.30–22.30 Uhr, Samstagabend ab 20.30 Uhr Konzerte (Klassik/Jazz). Teehaus im zweiten Stock des Buchladens.

Laoshe-Teehaus
3, Qianmenxi Dajie, 3. Stock;
Tel. 63 03 68 30.
Täglich19.30–21 Uhr.
Akrobatik und Opern.

Liulichang-Teehaus
76, Liulichang Xilu.

Teehaus der Familie Fu
Houhai Nan'an;
Tel. 66 16 07 25.
Elegantes Teehaus am Südufer des Hinteren Sees (Hou Hai), gelegentliche Dichterlesungen und Konzerte.

Wufu-Teehaus
104, Dianmenwai Dajie;
Tel. 64 05 96 48.
Täglich 10.30–22.30 Uhr.

Ziteng Lu Chaguan
1, Nanchang Jie;
Tel. 66 06 66 14.
Kleines ruhiges Teehaus direkt am Westtor der Verbotenen Stadt.

... Bars
Beijings schickste Szene-Bars und Restaurants konzentrieren sich gegenwärtig in **Houhai**, dem Viertel nördlich des Beihai-Parks, entlang der Lotus Lane (Hehua Shichang) am Westufer des Vorderen Sees (Qian Hai), und dem Südufer des Hinteren Sees (Hou Hai), sowie in dem **Künstlerviertel Dashanzi**, im Nordwesten Beijings.

Zahlreiche Lokale mit viel internationalem Publikum findet man außerdem in der **Sanlitun Lu** in Beijings Diplomatenviertel sowie in der Umgebung des Süd- und Westtors des **Chaoyang-Parks**. Ein jüngeres Publikum trifft sich in den Bars des **Haidian-Distrikts**, Beijings Univiertel.

Besham (Pak)

Vorwahl 0987

Hotels

PTDC Motel (S)
Am Karakorum Highway, 3 km südlich des Ortes;
Tel. 40 03 03.
Bungalows in einer Gartenanlage oberhalb des Indus.

Chilas (Pak)

Vorwahl 05812

Hotels

Panorama Hotel & Restaurant (S)
Tel. 506 64.
Zimmer mit Klimaanlage, eigenen Verandas und schönem Ausblick, gute Küche.

Sehenswürdigkeiten

Chilas I: Felsbilder am östlichen Ortsausgang direkt am Karakorum Highway und am Nordufer des Indus, westlich und östlich der Thalpan-Brücke.
Chilas II: Felsbilder am östlichen Ortsausgang am Südufer des Indus (von der Ortsmitte kommend bei der Polizei rechts).
Shatial: Felsbilder 50 km westlich von Chilas, kurz vor Shatial am Südufer des Indus.

Dunhuang (VR)

Vorwahl 0937

Auskunft

CITS
32, Mingshan Lu;
Tel. 882 24 74, 882 55 84,
Fax 882 21 73.

Dunhuang Solar Energy International Travel Service
5, Shazhou Beilu;
Tel. 882 99 98,
Fax 882 21 21.

Sehenswürdigkeiten

Kreismuseum
(Xian Bowuguan)
Yangguan Donglu;
Tel. 882 29 81.
Täglich 8–18 Uhr.

Mogao-Grotten (Mogao Ku)
25 km südöstlich von Dunhuang.
Täglich 8–17 Uhr.
Nur mit Führung (es gibt

auch englisch- und deutschsprachige Führer). Kameras und Handtaschen müssen abgegeben werden. Taschenlampe empfohlen.
Die Mogao-Grotten zählen zu den schönsten buddhistischen Höhlentempeln Chinas. Ein Highlight.

Ausflüge von Dunhuang

Ulmenwaldtempel-Grotten (Yulinsi Shiku)
75 km südlich von Anxi im Tal des Yulin-Flusses.

Westliche Tausend-Buddha-Grotten (Xi Qianfo Dong)
35 km südwestlich von Dunhuang Richtung Golmud. Am besten mit dem Taxi erreichbar. Taschenlampe empfohlen.

Hotels

Silk Road Dunhuang Hotel (Dunhuang Shanzhuang) (L)
Dunyue Lu, 4 km vor der Stadt, nahe den Sanddünen; Tel. 888 20 88, 822 86 78, Fax 888 20 86; www.the-silk-road.com.
Luxushotel im Palaststil; geschmackvoll eingerichtete Zimmer, schöner Blick auf die Sonnenauf- und -untergänge über den Sanddünen der Wüste.

Grand Sun Hotel
(Taiyang Dajiudian) (G)
5 Shazhou Beilu;
Tel. 882 99 98.
Modernes Hotel mit großen und komfortablen Zimmern.

International Hotel (S)
28, Mingshan Lu;
Tel. 882 86 38.
Modernes, komfortables Hotel im Zentrum von Dunhuang.

Jiari Dajiudian (S)
18, Mingshan Lu;
Tel./Fax 882 52 58.
Sauber und rauchfrei.

Restaurants

Über CITS lässt sich in Dunhuang ein Essen in einem traditionellen Hofhaus mit Musikbegleitung buchen (meist muss man sich hierfür als Gruppe zusammenschließen). Zu den Spezialitäten gehören u. a. geschmorte Kamelfüße.

Auf der **Yangguan Donglu** finden sich zahlreiche kleine Restaurants. Abends errichten außerdem viele Garküchen hier ihre Stände. Vor allem in den Lokalen im großen Hof auf der Südseite der Straße, östlich der Marktgasse, kann man den Abend angenehm bei einem Sanpaotai-Tee oder einem Bier ausklingen lassen.

John's Information Café
Auf dem Gelände des Feitian Hotel, 22, Mingshan Lu.
Das Café ist Treffpunkt der Rucksackreisenden und zugleich Infobörse.

Charlie Johng's Café
Nördlich des Feitian Hotel.
Kleines Privatrestaurant, wo westliche und chinesische Gerichte angeboten werden.

Nachtleben

Im Sommer findet im Theater des Dunhuang Hotels (14, Yangguan Donglu) allabendlich eine Show mit Musik und Tanz statt, inspiriert von den Malereien in den Mogao-Grotten.

Gilgit (Pak)

Vorwahl 05811

Auskunft

PTDC
Im Motel Chinar Inn,
Babar Road; Tel. 542 62.

Gilgit Conversation & Information Centre
Im PTDC, Motel Chinar Inn, s. o.; Tel. 556 58.
Kleine Bibliothek über die Natur der Region.

Travel Walji's Private Ltd.
Airport Road;
Tel. 526 65;
www.waljis.com.

Hotels

Serena Lodge (S)
Jutial Cantonment;
Tel. 558 94, Fax 559 00.
Eine Oase des Komforts, stilvoll, exzellenter Service, außerhalb der Stadt, schöner Blick, gutes Restaurant, Shop, Garten.
Eher gehobener Standard, erheblich besser als so manches ›Standard‹-Hotel in China, preislich aber relativ günstig.

Gilgit Continental Hotel (P)
River View Road; Tel. 535 69.
Geräumige, saubere Zimmer, teils mit Flussblick. Im Sommer im Dachrestaurant Grillabende mit Live-Musik.

Riviera (P)
River View Road;
Tel. 541 84.
Zimmer teils mit Flussblick, schöner Garten.

Hami (VR)

Vorwahl 0902

Auskunft

CITS
Tel. 236 03 56.

Sehenswürdigkeiten

Grab des Gai Si (Gai Si Mu)
Tianshan Nanlu.
Grab eines muslimischen Missionars aus Vorderasien.

Gräber der Könige von Hami (Hui Wangmu)
1 km südwestlich der Stadt in einer Seitenstraße der Tianshan Nanlu.
Mausoleen des siebten und neunten Königs von Hami.

Museum des Kulturbüros von Hami (Hami Wenwuju Bowuguan)
Tianshan Donglu.

Hotels

Jiageda Binguan (P)
Aiguo Beilu;
Tel. 223 21 40, Fax 223 93 94.
Einfaches Haus, beste Zimmer im Ort. Schlafsaal und Doppelzimmer mit Klimaanlage vorhanden. Langsamer Service.

Restaurant

In der Nähe des Busbahnhofs findet allabendlich ein **Nachtmarkt** statt.

Hunza/Karimabad (Pak)

Vorwahl 05821

Die Stromversorgung in Karimabad ist unregelmäßig, häufig kurze Stromausfälle. Das Leitungswasser in den Hotels ist Hochgebirgswasser von guter Qualität (trinken sollte man es vorsichtshalber nicht), aber manchmal trübe wegen des hohen Glimmeranteils.

Auskunft

Travel Walji's Private Ltd.
Über dem Tourist Park Hotel;
Tel. 572 03.

Sehenswürdigkeiten

Baltit Fort
April–Okt. täglich 9–13, 14–17.30 Uhr.; Nov.–März täglich 9.30–16 Uhr.
Ehemaliger Sitz der Mirs von Hunza, aus Mitteln der Aga-Khan-Kulturstiftung mit Liebe zum Detail restauriert.

Altit Fort
Im Dorf Altit bei Baltit, Täglich 8–ca. 18 Uhr.
Kleineres Fort in malerischer Lage. Gegenwärtig wegen Renovierung geschlossen.

Ganish
Sehenswerter Ortskern mit Brunnen und Moscheen.

Hotels

Darbar Hunza Hotel (S)
Karimabad;
Tel. 571 05.
Bestes und größtes Hotel am Ort, im Besitz der Familie des Mirs von Hunza. Im Vergleich zu chinesischen Hotels dieser Kategorie kann man es eher dem gehobenen Standard zu rechnen. Herrlicher Blick und zwei Restaurants. Zentral am Südende des Basars gelegen.

Hunza Baltit Inn (P)
Bazaar Road, Karimabad;
Tel. 570 12.
Relativ kleine, doch angenehme und saubere Zimmer, jedes mit wunderbarem Blick und Zugang zum Garten. Aufmerksamer Service, gute Küche. Am Südende der Basarstraße gelegen.

Hilltop (P)
Bazaar Road,
Karimabad;
Tel. 571 45.
Mit Garten, schönem Blick, freundlichem Service und guter Küche.

Kisar Inn (P)
Am Polofeld in Altit;
Tel. 570 74
Schlicht, mit freundlicher

Atmosphäre, hübschem Garten und last but not least gutem Essen.

Eagle's Nest (P)
In 3000 m Höhe in Melishkar; Tel. 582 74.
Einfache Unterkunft, doch hoch über Hunza gelegen, mit atemberaubendem Blick auf den Rakaposhi, ausgesprochen freundlicher Service.

Restaurants

In der Basarstraße finden sich zahlreiche kleine **Restaurants**.

Der **Baltit Inn** kann einen Abend mit traditioneller Hunza-Küche, -Musik und -Tanz arrangieren.

Islamabad (Pak)

Vorwahl 051

Auskunft

PTDC
Aga Khan Road,
Markaz F-6 (Super Market);
Tel. 920 27 66, 921 27 60,
Fax 920 40 27.
Im Flughafen Islamabad, gegenüber der Internationalen Ankunftshalle;
Tel. 928 05 63.

Travel Walji's Private Ltd.
10, Walji's Building,
Khayaban-e-Shurawardy,
P.O. Box 1088;
Tel. 287 02 01-9,
Fax 227 07 53,
www.waljis.com.

Sehenswürdigkeiten

Islamabad-Museum
Garden Ave.;
Tel. 22 38 26.
Mo, Di, Do 9.30–16.30,
Fr bis 12.30 Uhr.

Lok-Virsa-Museum
Shakarparian Park,
Garden Road;
Tel. 920 16 51, 920 39 83.
Mo–Do, Sa 8.30–16 Uhr.

Shah-Faisal-Moschee
Am Nordende der 8th Ave.
Täglich 8–15 Uhr.

Hotels

Marriott Hotel (L)
Aga Khan Road F- 5/1;
Tel. 282 61 21,
Fax 282 51 13.
Modernes Hotel der internationalen Luxusklasse mit Pool und mehreren Restaurants.

Serena Hotel (L)
Khayaban-e-Suhrawardy Road, G-5;
Tel. 287 40 00,
Fax 287 10 92;
www.serenahotels.com.
Elegantes, im lokalen Stil eingerichtetes 5-Sterne-Hotel mit Pool, fünf exzellenten Restaurants und Gartenanlage.

Holiday Inn (L/G)
Municipal Road G-6/2;
Tel. 282 73 11,
Fax 227 32 73.
Modernes, angenehmes Hotel internationalen Standards im Zentrum.

Ambassador Hotel (S/P)
Aabpara Market, Khayaban-e-Suhrawardy, G-6/1;
Tel. 282 40 11.
Kleines Hotel mit einfachen, aber klimatisierten Zimmern, Garten und freundlichem Service.

Restaurants

Bolan Saltish
5, Benazir Plaza 72,
Blue Area;
Tel. 287 78 78.
Spezialitäten Belutschistans, z B. gegrilltes Huhn und Lamm.

Kashmirwala's Daman-e-Koh
Daman-e-Koh Viewpoint;
Tel. 227 11 86.
Herrlicher Blick, drinnen speist man vom Buffet, draußen vom Grill.

Jahangir Balti & Bar-b-q,
64 e, Masco Plaza,
Jinnah Ave., Blue Area;
Tel. 227 09 63, 227 05 54.
Klassische pakistanische Küche, Spezialität: Kebabs und Spezialitäten Nordpakistans.

Kabul
Im Jinnah Super Market,
College Road;
Tel. 265 09 53.
Hier serviert man afghanische Spezialitäten.

Omar Khayam
Blue Area, Jinnah Ave.;
Tel. 281 28 47.
Empfehlenswertes Restaurant mit iranischer Küche.

Usmania
13, West, Blue Area, beim Civic Hotel; Tel. 287 25 35.
Curries und Grillgerichte.

Jiayuguan (VR)

Vorwahl 0937

Auskunft

CITS
2, Shengli Beilu;
Tel. 622 69 31, Fax 622 69 31.

Sehenswürdigkeiten

Festung Jiayuguan (Jiayuguan Chenglou) und **Museum zur Geschichte der Großen Mauer**
5 km nordwestlich des Stadtzentrums.
Täglich 8–18.30 Uhr.
Gewaltige Festung; ein Highlight an der Seidenstraße.

Ausflüge von Jiayuguan

Gräber der Wei- und Jin-Zeit (Xincheng Weijinmu)
20 km nordöstlich von Jiayuguan. Täglich 8–18.30 Uhr.

Hängende Mauer (Xuan Bi)
7 km nordwestlich von Jiayuguan.
Täglich 8.30 bis Sonnenuntergang.
Renoviertes Teilstück der Großen Mauer.

Hotels

Changcheng Binguan (Great Wall Hotel) (S)
6, Jianshe Xilu;
Tel. 622 63 06,
Fax 622 60 16.
Hotel in tristem Bau aus den 1950er Jahren, abgewohnte Zimmer, mäßiger Service, aber dennoch bestes Haus am Ort.

Jiayuguan Binguan (S/P)
1, Xinhua Beilu;
Tel. 622 61 58,
Fax 622 71 74.
Einfaches Haus. Schlichte Doppelzimmer und Schlafsaal im alten, etwas komfortablere Zimmer im neuen Trakt.

Taihe Shanzhuang (P)
Tel. 639 66 16
Im Stil eines alten Hofhauses direkt an der Festung Jiayuguan.

Jiuquan (VR)

Vorwahl 0937

Auskunft

CITS
4, Cangmen Lu;
Tel. 261 32 75, Fax 261 41 21.

Sehenswürdigkeiten

Dingjia-Zha-Mausoleum
(Dingjia Zha Bihua Mu)
3 km westlich von Jiuquan Richtung Jiayuguan.
Aus der Zeit der 16 Reiche.

Ortsmuseum (Jiuquan Shi Bowuguan)
Gongyuan Lu, östlich des Zentrums.
Funde aus der Umgebung.

Park der Weinquelle
(Jiuquan Yuan)
Gongyuan Lu, östlich.

Ausflüge von Jiuquan

Grotten am Manjushri-Berg
(Wenshushan Shiku)
15 km südwestlich von Jiuquan.
Buddhistische Höhlen und kleine daoistische Tempel.

Hotels

Jiuquan Binguan (P)
33, Jiefang Lu;
Tel. 261 42 34,
Fax 261 47 50.
Einfache Unterkunft mit Schlafsaal und einfachen Doppelzimmern, langsamer Service.

Kashgar (VR)

Vorwahl 0998

Auskunft

CITS
144, Seman Lu;
Tel. 298 31 56,
Fax 282 30 87.

CTS
93, Seman Lu, neben dem Caravan Café;
Tel. 283 28 75,
Fax: 282 25 52.

John's Information & Café
Im Hof des Seman Hotel;
Tel. 258 11 86,
Fax 258 00 96.

Sehenswürdigkeiten

Bezirksmuseum
(Kashi Diqu Bowuguan)
19, Tawuguzi Lu.
Täglich 7.30–12, 16–20 Uhr.

Id-Kah-Moschee
(Aidiga Qingzhen Si)
Idkah-Platz im Zentrum (Jiefang Beilu).
Größte Moschee Chinas, fasst bis zu 5000 Menschen.

Grabmal des Abakh Hoja
(Xiangfei Mu)
Aizerete (Aizilaiti) Lu, 5 km nordöstlich des Zentrums.
Täglich 7.30–18 Uhr.
Der mit grünen Ziegeln gestaltete Bau erinnert an das Taj Mahal.

Mausoleum des Yusuf Hash Hajip
(Yusufu Hasi Hajifu Mu)
Tiyu Lu.
Mausoleum eines uighurischen Gelehrten.

Sonntagsmarkt
(Xingqiri Shichang)
Aizerete (Aizilaiti) Lu.
So Sonnenaufgang–Mittag.
Der Viehmarkt frühmorgens ist besonders sehenswert.

Ausflüge von Kashgar

Altes Hanoi
(Hannuoyi Gucheng)
35 km nordöstlich Kashgars.
Fundamente, Tang-Pagode.

Höhlen der Drei Unsterblichen (Sanxian Dong)
18 km nordwestlich von Kashgar.
Schlecht erhalten, nur mit Leitern und mit Hilfe eines lokalen Reisebüros erreichbar, nur für wissenschaftlich stark Interessierte.

Hotels

Seman Hotel (G/S/P)
170, Seman Lu;
Tel. 258 21 29, Fax 258 28 61.
Weitläufiger Komplex auf dem Gelände des ehemaligen russischen Konsulats. Schlafsäle, einfache Doppelzimmer. Fünf Zimmer und zwei Suiten gehobenen Standards im renovierten Konsulatsgebäude. Bestes Haus im Ort.

Kashgar Hotel
(Kashi Gaer Binguan) (S)
57, Tawuguzi Lu;
Tel. 265 23 67,
Fax 265 46 79.
Etwas außerhalb in einer weitläufigen Gartenanlage. Frisch renovierte Zimmer.

Qiniwake Binguan
(Chini Bagh Hotel) (S/P)
144, Seman Lu;
Tel. 298 21 03
Fax 298 22 99.
Auf dem Gelände des alten britischen Konsulats gelegenes einfaches Hotel.

Restaurants:

Garküchen mit uighurischer Küche bauen abends ihre Stände vor der Id-Kah-Moschee auf. Einfache chinesische **Restaurants** (mit Gemüsegerichten für Vegetarier) finden sich in der Yunmulakexia Lu.

Caravan Café
120, Seman Lu;
Tel. 298 18 64;
www.caravancafe.com.
Bester Kaffee und Kuchen in der Stadt, Reisebüro und Infobörse.

Intizar
Renmin Xilu.
Authentische uighurische Küche.

John's Café
Seman Lu, im Hof des Seman Hotel; Tel. 258 11 56;
www.johncafe.net.
Treffpunkt der Rucksacktouristen in Kashgar.
Restaurant, Reisebüro und Infobörse.

Welcome Restaurant
144, Seman Lu.
Chinesisches Restaurant auf dem Gelände des Chinibagh Hotel.

Khotan (VR)

Vorwahl 0903

Auskunft

CITS
23, Tamubake Xilu;
Tel. 202 60 90.

Sehenswürdigkeiten

Bezirksmuseum
(Hetian Diqu Bowuguan)
Beijing Xilu.

Sonntagsmarkt (Xingqiri Shichang)
Im Ostteil der Stadt.

Ausflüge von Khotan

Dandan-uilik
200 km von Khotan.
Ruinenstadt mit Wohnbauten und Kultanlagen.

Klosteranlage Rawak
90 km von Khotan.
Größter Stupa der Gegend.

Melikawat (Malikawate Gucheng)
25 km südlich von Khotan.
Nur wenige Fundamente.

Ruinen von Yotkan (Yuetegan Yizhi)
10 km westlich von Khotan.
Nicht mehr viel zu sehen.

Hotels

Hetian Yin Binguan (S/P)
4, Tanayi Beilu;
Tel. 202 28 24,
Fax 202 36 88.
Bestes Haus am Ort.

Restaurants

Einfache **uighurische Restaurants** finden sich vorwiegend in der Altstadt, **chinesische** hingegen in der Neustadt.

Korla (VR)

Vorwahl 0996

Auskunft

Bayingouleng Travel Service
Baying Donglu;
Tel. 202 43 41, 203 64 77,
Fax 202 43 71.

Hotels

Silver Star Hotel (S)
36, Renmin Donglu;
Tel. 202 88 88.

Restaurants

Luohan Jiujia
Renmin Donglu.
Spezialität: mongolischer Feuertopf.

Kucha (VR)

Vorwahl 0997

Auskunft

CITS
Im Qiuci Binguan (Qiuci Hotel), 93, Tianshan Xilu;
Tel. 712 20 05, 712 11 30.

Sehenswürdigkeiten

Freitagsmoschee
(Jiaman Qingzhen Si)
In der Altstadt, zwischen Linji Lu und Tianshan Lu.
Zweitgrößte Moschee Xinjiangs.

Grab des Molena Ashidin Hodja
(Moranaershiding Mazar)
In der Neustadt, Wenhua Lu.

Ruinen des alten Qiuci
(Qiuci Gucheng)
Zwischen Alt- und Neustadt.

Ausflüge von Kucha

Grotten von Kizil
(Kezi'er Qianfo Dong)
Kreis Baicheng, 73 km nordwestlich von Kucha.
Taschenlampe ist sinnvoll.
Taschen müssen am Eingang abgegeben werden,
Fotografieren nur gegen hohe Gebühr.
Bedeutende buddhistische Höhlen.

Grotten von Ar-Yi
(Ar-Yi Qianfo Dong)
60 km nördlich von Kucha.

Grotten von Simsim
45 km nordöstlich von Kucha.

Höhlen von Kumtura
(Kumutula Qianfo Dong)
30 km südwestlich von Kucha.
Bedeutende buddhistische Höhlen.

Subashi (Subashi Gucheng)
20 km nördlich von Kucha.
Ruinen der früheren Klosterstadt Subashi.

Hotels

Quici Binguan (S)
93, Tianshan Xilu;
Tel. 712 20 05, Fax 712 51 15.
Etwas außerhalb, westlich der Stadt gelegen. Gilt zwar als bestes Haus am Ort, Zimmer aber teilweise muffig und abgewohnt.

Kuche Fandian (S/P)
8, Tianshan Xilu;
Tel. 712 02 85.
Weitläufige Hotelanlage mit Pool und großzügigen Zimmern. Ein gutes Restaurant befindet sich in der Anlage, die ein gutes Preis-Leistungs-Verhältnis bietet.

Restaurants

Ein **Nachtmarkt** mit Garküchen findet allabendlich vor der Moschee statt.

Musilin Canting
Wenhua Lu.
Muslimische Küche.

Quici Fandian
Yuoyi Lu.

Qingchun Fandian
Renmin Lu.

Lanzhou (VR)

Vorwahl 0931

Auskunft

CITS
10, Nongminxiang,
11. Etage;
Tel. 881 93 95.

Silkroad International Travel Service
10, Nongminxiang;
Tel. 841 44 98, Fax 841 84 57.

CTS
434, Donggang Xilu;
Tel. 841 43 46, Fax 841 37 58.

Western Travel Service
434, Donggang Xilu;
Tel. 885 29 29.

Sehenswürdigkeiten

Park am Berg der Fünf Quellen (Ququanshan/Lanshan Gongyuan)
Heping Lu. Täglich 9–22 Uhr (auch der Sessellift).

Park am Berg der Weißen Pagode (Baitashan Gongyuan)
Am Nordufer des Huang He, an der Zhongshan-Brücke. Täglich 6.30–22 Uhr, Sessellift bis 19 Uhr.

Provinzmuseum (Gansu Sheng Bowuguan)
Xinjin Xilu, gegenüber dem Friendship Hotel.
Di–Sa 9–12, 14.30–17 Uhr; in den Wintermonaten geschl. Frisch renoviert. Hier steht eine originalgroße Kopie des berühmten Fliegenden Pferdes von Gansu.

Ausflüge von Lanzhou

Binglingsi-Grotten (Binglingsi Shiku)
75 km südwestlich von Lanzhou.
Nur per Boot und abhängig vom Wasserstand zu erreichen. Beim CITS Lanzhou erkundigen! Wahrzeichen: die 27 m hohe Skulptur eines sitzenden Buddha Maitreya.

Hotels

Sunshine Plaza Hotel (L/G)
408, Qingyang Lu;
Tel./Fax 460 88 88.
Neues Luxushotel im Zentrum.

Lanzhou Legend Hotel (Lanzhou Feitian Dajiudian) (G)
529, Tianshui Nanlu;
Tel. 853 28 88, Fax 853 23 33;
www.lanzhoulegendhotel.com.
Komfortables Haus internationalen Standards in zentraler Lage, guter Service, exzellentes Restaurant.

JJ Sun Hotel (Jinjiang Yangguang Jiudian) (G)
481, Donggang Xilu;
Tel. 880 55 11, Fax 885 47 00;
www.jjsunhotel.com.
Neues, gut geführtes Hotel, gutes Preis-Leistungs-Verhältnis.

Lanzhou Binguan (S/P)
434, Donggang Xilu;
Tel. 841 63 21, Fax 841 86 08.
Zentral gelegener, renovierter 1950er-Jahre-Bau im sino-stalinistischen Stil. Angenehm, komfortable Doppelzimmer im neuen, einfachere und günstigere Zimmer im alten Flügel, Schlafsäle vorhanden.

Restaurants

Der **Nachtmarkt** in der Hezheng Lu (zwischen Tianshui Lu und Pingliang Lu) bietet eine große Auswahl an Essenständen mit Spezialitäten Westchinas.

Baisuiji
Donggang Xilu, 50 m westlich des Lanzhou Binguan.
Spezialität: Huhn, das in einer würzig-scharfen Brühe am Tisch zubereitet wird.

Nengrenju
Tianshui Lu.
Spezialität: Lamm-Feuertopf mit Erdnusssauce.

Wang Long San
326, Wudu Lu.
Beste Rindernudelsuppe (*niuroumian*) der Stadt.

Maiji Shan (VR)

s. Tianshui/Maiji Shan

Rawalpindi (Pak)

Vorwahl 051

Auskunft

PTDC
Zi. 7, Flashman's Hotel,
The Mall;
Tel. 5927 20 16.

Hotels

Pearl Continental (L)
Mall Road;
Tel. 556 60 11, Fax 556 39 27.
Rawalpindis einziges Luxushotel, etwas plüschiges Ambiente, Swimming-Pool, Tennisplatz, Internet-Café.

Shalimar (G/S)
Off the Mall;
Tel. 56 29 01, Fax 56 60 61.
Freundliches Mittelklasse-Hotel mit Pool, gegenüber vom Pearl Continental.

Hotel Holiday Crowne Palace (S)
232, Iftikhar Road;
Tel. 556 80 68, Fax 558 39 60.
Ordentliche Zimmer mit Telefon, Kühlschrank und Fernseher. Gutes Restaurant, freier Flughafen-Transfer.

Restaurants

Jehangir Balti Murgh
132, Kashmir Road;
Tel. 56 33 52.
Garten, Grillspezialitäten.

Usmania
Sher Pau Road.
Pakistanische und chinesische Küche.

Sust

Vorwahl 05823

Auskunft

PTDC Motel
Tel. 510 30.
nur 1. Mai–1.Okt.

Hotels

PTDC-Motel (S)
Direkt an der Grenzkontollstation in Sust;
Tel. 510 30; (nur 1.Mai–1.Okt. offen).
Saubere, angenehme Zimmer, kleiner Garten, gutes Restaurant.

Riviera (S)
Tel. 772 39.
Komfortabel, sauber.

Tashkurgan (VR)

Vorwahl 0998

Hotels

Pamir Hotel (P)
Tel. 342 10 85.
Einfaches Hotel mit teilweise sehr abgewohnten Mehrbettzimmern im Nord- und komfortableren Doppelzimmern im Südflügel. Warmwasser nur zu begrenzten Zeiten. Schlichtes Restaurant mit muslimischer Küche.

Traffic Hotel
(Jiaotong Binguan) (P)
Tel. 342 11 92
Einfaches Hotel mit Mehrbett- und schlichten Doppelzimmern.

Taxila (Pak)

Vorwahl 0596

Auskunft

PTDC
Im Shahryar's Motel, gegenüber dem Taxila-Museum,
Museum Road;
Tel. 931 42 64.

Sehenswürdigkeiten

Taxila-Museum und Ausgrabungsfelder
Im Sommer täglich 8.30–12.30, 14.30–17,
im Winter 9–12, 14–16 Uhr,
jeden ersten Mo im Monat geschl.
Zentrum des alten Gandhara-Reiches, Wiege der buddhistischen Gandhara-Kunst. Ein absolutes Highlight.

Hotels

Shahryar's Motel & Restaurant (P)
Gegenüber dem Museum;
Tel. 931 42 64.
Einfaches, aber freundliches Haus mit kleinem Garten, Buchladen und ordentlichem Restaurant.

Es besteht die Möglichkeit, komfortable Zimmer im

Gästehaus des Museums oder im **Nikra Bungalow** der Archäologischen Abteilung (bei Jaulian) zu mieten; zu buchen sind diese über das Museum Taxila, Tel. 931 42 70.

Tianshui/Maiji Shan (VR)

Vorwahl 0938

Auskunft

CITS
Minzhu Donglu, Qincheng District; Tel. 821 35 21.

Sehenswürdigkeiten

Maijishan-Grotten
(Maijishan Shiku)
35 km südöstlich von Tianshui. Täglich 9–17 Uhr. Kameras und Handtaschen müssen abgegeben werden. Zählen zu den bedeutendsten buddhistischen Höhlenkomplexen Chinas.

Hotels

Maiji Shanzhuang (P)
500 m von den Maijishan-Grotten; Tel. 138 93 88 -6500. Etwas abgewohnt; mit Restaurant. Schlafsäle, einfache Doppelzimmer. Guter Ausgangspunkt für die Besichtigung der Grotten.

Zhiwuyuan Zhaodaisuo (P)
Tel. 223 10 25
Einfache, aber schön gelegene Herberge inmitten des Botanischen Gartens, 15 Minuten Fußweg von den Maijishan-Grotten.

Restaurants

Musilin Canting
Dazhong Lu.
Muslimische Küche.

Shancheng Huoguo
Erma Lu.
Mongolischer Feuertopf.

Tianfu Jiujia
Erma Lu.
Chinesische Küche.

Turfan (VR)

Vorwahl 0995

Auskunft

CITS
Im Oasis Hotel, 41 Qingnian Lu; Tel. 855 34 02, Fax 852 86 88

Sehenswürdigkeiten

Emin-Minarett (Emin Ta)
2 km östlich des Stadtzentrums. Täglich von Sonnenauf- bis Sonnenuntergang.

Ortsmuseum (Tulufan Bowuguan)
Gaochang Lu. Täglich 9–13, 15.30–19 Uhr (Beijing-Zeit).

Ausflüge von Turfan

Gaochang
(Kocho, Chotscho)
46 km südöstlich von Turfan. Ruinenstadt.

Gräberfeld von Astana
(Asitana Gumuqu)
Nordwestlich von Gaochang. Friedhof von Gaochang.

Grotten von Bezeklik
(Bozikelike Qianfo Dong)
56 km nordöstlich von Turfan. Landschaftlich sehr reizvoll, jedoch in eher schlechtem Zustand. Ein Großteil der Fresken und Skulpturen befinden sich heute im Berliner Museum für Indische Kunst.

Jiaohe (Yarkhoto)
10 km westlich von Turfan. Ruinenstadt, gut erkennbare alte Stadtstrukturen.

Traubental (Putao Gou)
12 km nordöstlich von Turfan.
Öffentlicher Park, Weinverkauf.

Hotels

Turfan Grand Hotel
(Tulufan Dafandian) (G/S/P)
20, Gaochang Lu; Tel. 855-38 68, Fax 0995/855-39 08; www.hoitakhotel.com. Neues Haus unter Hongkonger Management. Von sauberen Schlafsälen über komfortable Standardzimmer bis zu luxurösen Suiten ist alles vorhanden.

Turfan Oasis Hotel (Tulufan Lüzhou Binguan) (G/S)
41, Qingnian Lu; Tel. 852 24 91, Fax 852 33 48; www.the-silk-road.com.

Zentral gelegen, mit von Wein überranktem Hof. Der frisch renovierte Osttrakt bietet komfortable Zimmer mit Klimaanlage, die übrigen Zimmer zeigen schon Alterserscheinungen. Schlafsaal vorhanden. Gemütlicher Biergarten.

Turfan Hotel
(Tulufan Binguan) (G/S)
2, Qingnian Lu;
Tel. 852 14 16,
Fax 852 32 62.
Mit Pool und von Wein überranktem Hof, in dem jeden Abend Folkloreveranstaltungen stattfinden. Ruhige und komfortable Doppelzimmer, Schlafsaal vorhanden.

Restaurants

Turfan ist nicht gerade berühmt für seine kulinarische Vielfalt. Annehmbar isst man in den Restaurants der genannten **Hotels**, die uighurische und chinesische Gerichte anbieten.

Schmackhafte uighurische Snacks – insbesondere die würzigen Kebabs – bekommt man bis in den späten Abend auf dem **Nachtmarkt** in der Gaochang Lu auf dem Platz vor dem Kino.

John's Information Café
Qingnian Lu, gegenüber vom Turfan Hotel;
www.johncafe.net.
Café in einem schattigen Innenhof, das westliche Snacks bietet, Infobörse und Reisebüro.

Shiji Xing
Xinzhan, Ecke Dingzi Lu (im Norden der Stadt);
Tel. 855 11 99.
13.30 Uhr bis in die Nacht. Man sitzt hier angenehm an einem Bachlauf unter Traubenranken. Hier wird uighurische Küche serviert. Gut sind vor allem die Kebabs und die Lammkoteletts (*Shiji Xing yangpai*). Jeden Abend Folklorevorführung und Tanz ab 21.30 Uhr.

Nachtleben

Im Garten des **Turfan Hotels** (Tulufan Binguan; s. o.) findet im Sommer allabendlich eine uighurische Folkloredarbietung mit Musik und Tanz statt, ebenso im **Shiji Xing** (s. o.).

Urumqi (VR)

Vorwahl 0991

Auskunft

CITS
38, Xinhua Nanlu;
Tel. 282 14 29, 221 81 18, 283 14 15
Fax 281 06 89, 281 86 91.

CYTS
9, Jianshe Lu;
Tel. 281 86 34,
Fax 281 70 78.

CTS
51, Xinhua Nanlu;
Tel. 286 62 10,
Fax 286 21 31.

Sehenswürdigkeiten

Hongshan-Park
(Hongshan Gongyuan)
Hongshan Lu.

Provinzmuseum (Xinjiang Zizhiqu Bowuguan)
132, Xibei Lu;
Tel. 453 64 36.
Täglich 10–13.30, 15.30–18.30 Uhr.
Objekte der ethnischen Minoritäten und Funde aus den Ausgrabungsstätten in Turfan, Khotan, Kucha, Loulan und Niya, darunter Mumien indoeuropäischen Ursprungs.

Einige Ausstellungsräume sind schon seit Jahren wegen Renovierungsarbeiten geschlossen, diese sollen allerdings 2006 abgeschlossen werden.

Ausflüge von Urumqi

Himmelssee (Tian Chi)
See im Tian Shan, Lebensraum der Kasachen.

Hotels

Haide Jiudian
(Hoi Tak Hotel) (L)
1, Dongfeng Lu;
Tel. 232 28 28
Fax 232 18 18.
www.hoitakhotel.com.
Gut geführtes Luxushotel. Zentral gelegen mit gutem Restaurant und Café.

Holiday Inn Hotel
(Jiari Dajiudian) (L)
168, Xinhua Beilu;
Tel. 281 87 88,
Fax 281 74 22.

Eine Oase des Komforts in Xinjiang. Modernes Luxushotel internationalen Standards mit mehreren guten Restaurants und Pool.

Kempinski (L)
www.kempinski.com
Eröffnet im März 2006, mit Paulaner Brauhaus.

City Hotel
(Chengshi Dajiudian) (S)
119, Hongqi Lu;
Tel. 230-99 11, Fax 230-53 21.
Zentral gelegenes, angenehmes 3-Sterne-Hotel mit überwiegend japanischer Klientel. Saubere Zimmer mit Holzfußböden. Teehaus.

Bogeda Hotel
(Bogeda Binguan)(S/P)
10, Guanming Lu;
Tel. 886 39 10,
Fax 886 57 69.
Dieses freundliche Hotel bietet saubere Standardzimmer und auch einen Schlafsaal.

Restaurants

Die größte Auswahl an **Restaurants** findet sich in der Jianshe Lu und der Hongqi Lu im Stadtzentrum.

Hervorragend (chinesisch/westlich/uighurisch) isst man in den **Restaurants des Holiday-Inn-Hotels**.

Meisheng Yanhuiting
Xinhua Nanlu (neben der Bank of China).
Bekannt für seine authentische uighurische Küche und seine Musik- und Tanzdarbietungen.

Avral Eisdiele
(Ayoulali Xian Niunai Bingqiling Dian)
193, Shengli Lu.
Wer Appetit auf Pistazieneis verspürt: hier gibt es gutes.

Wuwei (VR)

Vorwahl 0935

Auskunft

CITS
Xixiaoshizi;
Tel. 221 22 37,
Fax 221 23 56.

Sehenswürdigkeiten

Kumarajiva-Pagode
(Luoshi Si Ta)
Bei Dajie.
Ziegelpagode aus dem 7./8. Jh.

Leitai-Grab (Leitai Han Mu)
Beiguan Zhongjie.
Grab aus der Östlichen Han-Zeit, auf dem Gelände eines daoistischen Tempels gelegen.

Stadtmuseum
(Shi Bowuguan)
Xin Qingnian Xiang (geht von der Nan Dajie ab).
Museum im alten Konfuziustempel, sehr schöne Tempelanlage, bedeutend: die Xixia-Stele.

Tempel der Großen Wolke
(Dayun Si)
Zhonglou Lu.
Relikte eines ehemals bedeutenden Tempels.

Hotels

Tianma Binguan (S)
Xixiaoshezi;
Tel. 221 51 70,
Fax 221 23 56.
Bestes Haus am Platz, Komfortablere, teurere Zimmer mit Lift im neuen, schlichtere, günstigere Zimmer im alten Trakt ohne Lift. Langsamer Service.

Liangzhou Hotel (S)
68, Dongdajie;
Tel. 221 24 50
Fax 221 30 08.
Einfache Doppelzimmer und etwas komfortablere Suiten. Langsamer Service.

Restaurants

Nachtmarkt mit Garküchen
Xi Dajie, gegenüber dem Park.

Xi'an (VR)

Vorwahl 029

Auskunft

CITS
Im Belltower Hotel (s. u.), 2. Stock;
Tel. 85 24 18 64.

Golden Bridge Travel Service
Im Belltower Hotel (s. u.), 2. Stock;
Tel. 87 25 79 75.

Xi'an Tourist Information Services Centre
Jiefang Lu,
Tel. 87 45 50 43.

CTS
63, Chang'an Lu;
Tel. 85 26 17 60
und
339, Dong Dajie;
Tel. 87 25 96 93;
www.toureasy.net.

Sehenswürdigkeiten

Große Moschee
(Qingzhen Dasi)
Huajue Xiang.
Täglich 8–20.30 Uhr.
Zutritt zur Gebetshalle ist Nichtmuslimen verwehrt. Moschee im Stil eines chinesischen Tempels.

Große Wildganspagode
(Dayan Ta)
Yanta Lu, 4 km außerhalb des alten Stadtkerns.
Täglich 8.30–19 Uhr.
Wirkstätte des Pilgermönchs Xuanzang und Wahrzeichen Xi'ans.

Historisches Museum der Provinz Shaanxi (Shaanxi Sheng Lishi Bowuguan)
90, Xiaozhai Donglu.
Täglich 8.30–17.30 Uhr.
Handtaschen müssen abgegeben werden, Fotografieren ist erlaubt. Eines der bedeutendsten und modernsten Museen Chinas.

Kleine Wildganspagode
(Xiao Yanta)
76, Youyi Lu.
Täglich 8.30–17 Uhr.

Stadtmauer
Täglich 8–22 Uhr.
Alle vier Torbauten sind zugänglich, am imposantesten präsentiert sich das Südtor.

Stelenwald-Museum
(Beilin Bowuguan)
Shuyuanmen.
Täglich 8–18 Uhr.
Große Stelensammlung im ehemaligen Konfuziustempel; Nestorianerstele von 781.

Ausflüge von Xi'an

Banpo-Museum
(Banpo Bowuguan)
1, Banpo Lu, Baqiao-Distrikt, 6 km östlich von Xi'an.
Täglich 8–18.30 Uhr.
Neolithische Siedlung.

Grabanlage des Qin Shihuangdi (Terrakottaarmee)
Bei Lintong.
Täglich 7–18 Uhr.
Ein Muss für jeden Chinareisenden. Hier bewachen Tausende tönerner Krieger das Grab des Reichseinigers.

Han-Gräber (Han Mu)
Im Kreis Xianyang, 25 km nordwestlich von Xi'an.
Gräber der Han-Kaiser Jingdi (Yang Ling) und Wudi (Mao Ling), Museum.

Huaqing-Quellen
Bei Lintong, 35 km nordöstlich von Xi'an.
Täglich 8–19 Uhr.
Kaiserliche Thermalbäder, Park.

Tang-Gräber (Tang Mu)
Bei Qianxian, 80 km nordwestlich von Xi'an .
Gräber der Tang-Herrscher und ihrer Angehörigen.

Tempel des Dharma-Tores
(Famen Si)
Im Kreis Fufeng, 120 km westlich von Xi'an.
Täglich 8–18 Uhr.
Einer der bedeutendsten buddhistischen Tempel Chinas, birgt vier Fingerknochen Buddha Shakyamunis; exquisites Museum mit kostbaren Objekten.

Hotels

ANA Grand Castle (L)
12, Xi Duan Huacheng Nan;
Tel. 723 1800,
Fax 723 12 44.
Modernes japanisches Luxushotel im Palaststil. Relativ kleine, aber sehr komfortable Zimmer. Günstig am südlichen Stadttor gelegen.

Hyatt Regency (Afanggong Kaiyue Fandian) (L)
158, Dong Dajie;
Tel. 87 23 12 34,
Fax 87 21 67 99;
www.hyatt.com.
Zentral gelegenes 5-Sterne-Hotel internationalen Ranges mit exzellentem Service. Bestes und teuerstes Haus am Ort.

Belltower Hotel
(Zhonglou Fandian) (G)
100, Nan Dajie;
Tel. 87 60 00 00,
Fax 721 12 17.
Architektonisch zwar keine Schönheit bietet das Belltower-Hotel komfortable Zimmer, soliden Service und eine ideale Lage, direkt am Glockenturm.

Sofitel on Renmin Square (G)
319, Dongxin Jie;
Tel. 87 92 82 28,
Fax 87 92 89 99.
Modernes Komforthotel in zentraler Lage.

Melody Hotel (S)
86, Xi Dajie;
Tel. 728 88 88
Fax 727 36 01.
Günstige Zimmer mit Blick auf den Trommelturm.

Restaurants

Berühmt ist Xi'an für seine **Nachtmärkte** mit unzähligen Garküchen (gekennzeichnet durch rote Lampen). Der lebhafteste findet jeden Abend im muslimischen Viertel nördlich des Trommelturms statt. In der Qingzhen Shipin Jie und der Dami Shijie täglich **Essensmarkt**.

Baiyunzhang Jiaoziguan
Dong Dajie, schräg gegenüber vom Hotel Royal Xi'an.
Große Auswahl an gefüllten Teigtaschen (*jiaozi*).

Defachang Jiudian
3, Xi Dajie;
Tel. 727 64 53.
Schließt um 20 Uhr.
Berühmtes Restaurant für kunstvoll zubereitete Teigtaschen (*jiaozi*).

Laosunjia Fanzhuang
78 Dongguan Zhengjie;
Tel. 87 24 09 36.
Muslimische Spezialitäten, Lamm-Fondue (*shuanguozi*).

Tongshengxian Paomo Guan
33, Xi Dajie.
Spezialität: mongolischer Feuertopf und Lammsuppe (*yangrou paomo*).

Nachtleben

Tang-Show
Aufwendige Dinner-Show mit Musik und Tanzvorführung im Tang-zeitlichen Stil. Ein bisschen kitschig, aber professionell gemacht. Mit großem Orchester, Solisten und Ballett. Mit Fünf-Gänge-Menü. Sie findet statt im **Tang-Dynastie-Restaurant**, 75, Chang'an Lu;
Tel. 526 16 33, Reservierung erforderlich.

Ein beliebter **Nachtclub** ist das **1+1** (Yijiayi), 285 Dong Dajie.

Xiahe (VR)

Vorwahl 0941

Auskunft

Labrang Travel Service
Laizhoucun;
Tel. 712 51 68.

Sehenswürdigkeiten

Kloster Labrang
(Labuleng Si)
Englischsprachige Führungen 10, 15 Uhr ab Haupttor. Chinesische Führungen 8.30, 10, 14.30, 16 Uhr. Nov.–Feb. für Besucher geschlossen. Neben dem Kumbum bei Xining eines der wichtigsten Zentren und größten Klöster des tibetischen Buddhismus außerhalb des tibetischen Kernlands.

Hotels

Labrang Hotel
(Labuleng Binguan) (S)
70 Laizhaocun;
Tel. 712 18 49, Fax 712 13 28.
Die Zimmer liegen in kleinen Häusern, die von außen wie Jurten gestaltet sind; etwas außerhalb, aber schön gelegen. Auch einfachere Doppel- und Mehrbettzimmer im Haupttrakt. Zeigt Alterserscheinungen.

Overseas Tibetan Hotel
(Huaqiao Fandian) (S)
77, Renmin Xijie;
Tel. 712 26 42, Fax 712 18 72.
Gut geführtes Haus mit den komfortabelsten Zimmern im Ort. Schlafsaal vorhanden.

Tara Guesthouse
(Cairang Zhuoma Lüshe) (P)
268, Yage Tang;
Tel. 712 12 74.
Einfache, saubere Zimmer ohne Bad im tibetischen Stil. Freundlicher Service.

Restaurants

Snowland Restaurant
An der Hauptstraße westlich des Tara Guesthouse.
Tibetische Küche.

Everest Restaurant
Neben dem Overseas Tibetan Hotel (s. o.).
Tibetische und chinesische Speisen, nepalesische Curries.

Xining (VR)

Vorwahl 0971

Auskunft

CITS Xining
156, Huanghe Lu;
Tel. 614 48 88, Fax 613 10 80;
im Xining Hotel:
Tel. 812 98 42, Fax 812 98 42.

CTS
Im Longyuan Hotel,
Jianguo Lu; Tel. 817 09 23.

Sehenswürdigkeiten

Nordbergtempel (Beishan Si)
Nördlich des Zentrums am Beichuan-Fluss.
Daoistische Tempelanlage.

Provinzmuseum
(Qinghai Sheng Bowuguan)
Gonghe Lu.
Di–So 9–17 Uhr.

Südberg (Nan Shan)
Nanshan Lu.
Park mit Aussichtspavillon.

Ausflüge von Xining

Kumbum-Kloster (Ta'er Si)
Huangzhong, 25 km südlich von Xining.
Neben dem Labrang das bedeutendste tibetische Kloster außerhalb des tibetischen Kernlands.

Hotels

Silk Road Tsongkha Hotel
(Zongka Binguan) (G)
57, Yingbin Silu, Lusha'er Zhen, Huangzhong Xian;
Tel. 223-67 60, Fax 223-99 68;
www.the-silk-road.com.
Komfortables Hotel im tibetischen Stil gegenüber dem Kumbum-Kloster. Etwas überteuert, aber in der Nebensaison Rabatt möglich.

Haiyi Jiari Fandian (G/S)
41, Wusi Dajie;
Tel 613-96 66,
Fax 615-25 55.
Gut geführtes Haus mit geräumigen Zimmern.

Jianyin Binguan (G/S)
55, Xi Dajie;
Tel. 826 18 85, 826 15 61,
Fax 826 15 51.
Zentral, angenehm, gutes Restaurant. Doppelzimmer in verschiedenen Preislagen.

Zhongfayuan Fandian (S)
1, Shulin Xiang;
Tel. 711-18 88,
Fax 711-19 99;
www.xnyts.com.
Saubere Standardzimmer, effektiver Service.

Restaurants

Eine große Auswahl an Restaurants findet sich in der **Shuijing-Gasse** (Shuijing Xiang). Gut isst man ferner in den Restaurants der angegebenen **Hotels**.

Ma Linhan Yi Kao
276, Shuijing Xiang;
Tel. 822 18 35.
Grillspezialitäten.

Xiaoyuanmen Shifu
188, Dongguan Dajie.
Muslimisches Restaurant.

Zhangye (VR)

Vorwahl 0936

Auskunft

CITS
Im Zhangye Binguan;
Tel. 821 41 84.

Sehenswürdigkeiten

Tempel des Großen Buddha
(Dafo Si)
Minzhu Xijie.
Figur des ins Nirvana gehenden Shakyamuni (34,5 m).

Tempel des Langen Lebens
(Wanshou Si)
Xianfu Jie.

Ausflüge von Zhangye

Pferdehuf-Grotten (Matisi Shiku)
60 km südlich, im Autonomen Kreis Sunan Yurguzu.

Hotels

Zhangye Binguan (S)
56, Xianfu Nanjie;
Tel. 821 26 01, Fax 821 38 06.
Durchschnittliches, aber bestes Haus am Ort. Im neuen Trakt komfortablere Zimmer.
Auch Mehrbettzimmer.

Reiseinformationen von A bis Z

Aktivitäten

Bergsteigen

Bergtouren in Qinghai bietet die **Qinghai Mountaineering Association** an:
7, Tiyu Xiang, Xining ;
Tel. 823 88 77, Fax 823 89 33;
www.qma.org.cn.

Berg-Expeditionen zum Muztagh Ata oder **Kongur Shan** können von Kashgar aus organisiert werden, z. B. über die
Xinjiang Kashgar Mountaineering Association
8, Tiyu Lu, Kashgar;
Tel. 0998/282 36 80,
Fax 0998/282 29 57.

Pakistan besitzt fünf Achttausender- und mehr als 100 Siebentausender-Gipfel, von denen einige noch nicht bezwungen wurden. In der Regel müssen Genehmigungen für eine Gipfelbesteigung ein Jahr im Voraus bei den pakistanischen Behörden eingeholt werden.
Anträge richte man an eine **Pakistanische Botschaft** oder die **Tourism Division**, College Road,
F-7/2 Islamabad.

Golf

Golfplätze gibt es mittlerweile in vielen großen chinesischen Städten. **Adressenliste** im Internet unter:
http://worldgolf.com/
courses/chingcs.html

Beijing Golf Club
33, Dong Chang'an Jie, in der Nähe des Flughafens, über Pan Asia Co., Rm 7031, Beijing Hotel;
Tel. 010/500 77 66.
18 Löcher.

Beijing International Golf Club
Bei den Ming-Gräbern;
Tel.010/33 13 46.
18 Löcher

Huatang International Golf Club
Yanjiao Development Zone;
Tel. 010/61 59 39 32.
18 Löcher.

Xi'an International Golf Club
Caotan Farm;
Tel. 029/667 71 11.

Xi'an Ya Jian International Golf Course
Caoting Resort,
Kreis Huxian.

Xue Lian Shan Golf Club
West Hot Spring Road,
Shuimogou-Distrikt,
Urumqi, Xinjiang;
Tel. 0991/487 41 98.

Islamabad Golf Club
Murree Road,
Shakarparian Park;
Tel. 051/282 93 20-1,
21 62 25. 18 Löcher.

Per Fahrrad über den Karakorum Highway

Jedes Jahr trifft man immer mehr Wagemutige, die die anstrengende Tour über den fast 5000 m hohen Khunjerab-Pass wagen. Detaillierte Angaben für Fahrradfahrer finden sich in der Lonely Planet-Publikation »Karakorum Highway« (englischsprachig).

Wer den steilen Anstieg scheut, kann sein Rad auch per Bus auf den Pass mitnehmen und von dort aus – meist bergab – nach China weiterreisen. Ab Kashgar kann man das Rad in den Zug verladen und bis Urumqi/Xi'an/Beijing mitnehmen.

Pferde- und Kameltreks

Am **Himmelssee** im Tian Shan (s. S. 252) werden ein- oder mehrtägige Ausflüge in die Berge zu Pferd angeboten.

In **Dunhuang** besteht die Möglichkeit, mit dem Kamel zu den Mogao-Grotten zu reiten. Die Karawane startet gewöhnlich vor Sonnenaufgang und braucht ca. 3 Stunden. Zu buchen über CITS oder andere örtliche Reisebüros.

In **Kashgar** bieten einige Reisebüros auch Ausflüge mit Kameltreks zum Karakul-See an.

Rafting oder Kajak

Rafting oder Kajakfahrten auf dem Indus, Hunza- oder Gilgit-Fluss bietet z. B. das Reisebüro Walji's (s. Rubrik ›Auskunft‹ im Kapitel ›Informationen für unterwegs‹) an.

Wandern und Trekking

In Karimabad (Hunza) und Gilgit bieten zahlreiche Reisebüros Trekkingtouren mit Führer an. Dort kann auch die notwendige Ausrüstung gemietet werden. Keinesfalls sollte man sich auf eigene Faust auf Bergtouren begeben. Erkundigen Sie sich vorher, z. B. in Ihrem Hotel, nach erfahrenen Führern.

Apotheken

Die **chinesischen Apotheken** sind gut sortiert und führen neben den gängigen westlichen Medikamenten meist auch Naturheilmittel der chinesischen Medizin. Lassen Sie sich vor dem Gang in eine Apotheke Ihre Beschwerden auf Chinesisch aufschreiben!

In Pakistan findet man in den größeren Städten gut sortierte Apotheken.

Ärztliche Versorgung

Ärztliche Behandlungen müssen in der VR China und in Pakistan vor Ort bar bezahlt werden.

... in China

In China besitzen viele der großen Hotels einen Vertragsarzt oder eine Erste-Hilfe-Station, die Sie bei schwereren Fällen an ein Krankenhaus weiterleitet. In den großen Städten wie Beijing findet man heute auch Krankenhäuser internationalen Standards.

... **Notfalladressen**
Ambulanz: Tel 120

Asia Emergency Assistance
Building C, BITC Leasing Center No.1,
Xingfu Sancun Beilu,
Beijing
Tel. 01/64 62 91 00 oder 64 62 91 12.
24-Stunden-Hotline.

International Medical Center
Room 106, Beijing Lufthansa Center,
50, Liangmaqiao Lu, Beijing;
Tel.. 01/64 65 15 61,
64 65 15 62, 64 65 15 63
24-Stunden-Hotline,
(auch zahnärztliche Dienste).

Chinesisch-Deutsche Polyklinik
Im Keller des Landmark Towers, 8, Dongsanhuan Beilu, Tower 2, Beijing;
Tel.. 01/65 01 19 83.

... in Pakistan

In Pakistan findet man in den größeren Städten fähige Ärzte, die meist sehr gut Englisch sprechen.

Krankenwagen-Notruf: 115 (in allen größeren Städten).

Empfehlenswerte Hospitäler
Aga Khan Hospital
Stadium Road, Karachi;
Tel. 021/493 00 56.

PIMS (Pakistan Institute for Medical Sciences)
Shah Faisal Ave.,
Sector G-8/3, Islamabad;
Tel. 051/285 95 11.

Shifa International Hospital
Pitras Bukhari Road,
Sector H-8/4, Islamabad;
Tel. 051/44 68 30.

Achtung: Für Injektionen sollte man sich vorher in einer Apotheke Einwegspritzen besorgen – wenn man sie nicht in der Reiseapotheke mit sich führt.

Vorsicht auch bei Blutkonserven! Sie werden in Pakistan weder auf AIDS noch auf Hepatitis hin untersucht.

Behinderte

Behindertenfreundliche Einrichtungen sind sowohl in China als auch in Pakistan selten. Fast alle größeren Hotels besitzen allerdings Aufzüge, sodass Rollstuhlfahrer und Gehbehinderte nicht unbedingt auf Zimmer im Erdgeschoss angewiesen sind. Seh- oder Hörgeschädigte sollten sich dem aggressiven Straßenverkehr in China wie in Pakistan grundsätzlich nicht ohne Begleitung aussetzen.

Betteln

Das mangelnde soziale Netz hat **in China** so manchen in Not gebracht. Vor allem Chinas Westen ist von der Armut betroffen. Meist sieht man alte Leute und Körperbehinderte betteln. Nichts spricht dagegen, ihnen etwas zu geben. Bettelnde Kinder sollte man dagegen auf keinen Fall unterstützen, da diese häufig von ihren Eltern in die Touristenzentren zum Betteln statt in die Schule geschickt werden.

In Pakistan wird die islamische Armensteuer automatisch den Bürgern von ihren Bankkonten abgebucht. Die Armut ist deswegen dort weit weniger augenfällig als beispielsweise in Indien.

Grundsätzlich gilt überall: Erziehen Sie Kinder nicht zum Betteln! Geben Sie weder Geld noch ›Geschenke‹ wie Süßigkeiten oder Stifte.

Diplomatische Vertretungen

... in China

Botschaft der Bundesrepublik Deutschland
175, Dongzhimenwai Dajie, Sanlitun,
100600 Beijing;
Tel. 010/85 32 90 00,
Fax 65 32 53 36;
www.deutschbotschaft-china.org.
Mo–Do 8–12, 13–16,
Fr 8–12, 12.30–14 Uhr.

Botschaft der Republik Österreich
5, Xiushi Nanjie, Jianguomenwai,
Beijing;
Tel. 010/65 32 20-61 bis -63,
Fax 65 32 15 05;
www.aussenministerium.at/peking.
Mo–Fr 9–17 Uhr.

Botschaft der Schweiz
13, Dongwu Jie, Sanlitun,
Beijing;
Tel. 010/65 32 27 36,
Fax 010/65 32 43 53;
www.eda.admin.ch/beijing.
Mo–Fr 9–17 Uhr.

... in Pakistan

Botschaft der Bundesrepublik Deutschland
Diplomatic Enclave,
Ramna 5, P.O. Box 1027,
Islamabad;
Tel. 051/227 94-30 bis -35;
www.islamabad.diplo.de.
Mo, Fr 8–13,
Di, Mi, Do 8–16 Uhr.

Botschaft der Republik Österreich
House No. 13, 1st Street,
Shalimar, F-6/3,
P.O. Box 1018,
Islamabad;
Tel. 051/227 92-37 bis -38.
Mo–Fr 9–12 Uhr,
in Notfällen bis 16.30 Uhr.

Botschaft der Schweiz
Diplomatic Enclave, Street 6,
G-5/4, P.O. Box 1073,
Islamabad;
Tel. 0051/22 79-291 bis -293.
Mo–Do 8.30–16,
Fr 8.30–13 Uhr.

Generalkonsulat Karachi der Schweiz
Clifton No. 98,
Karachi;
Tel. 021/587 39 87.
Mo–Fr 8–15 Uhr.

Einkaufen

Generell gilt in China, auf der ganzen Seidenstraße und in Pakistan: beim Einkauf stets handeln!

In China haben lediglich staatliche Läden und Kaufhäuser, in Pakistan die vom Staat subventionierten Kunsthandwerksläden festgelegte Preise. In China ist selbst in staatlichen Antiquitätengeschäften meist am Preis noch etwas zu machen.

Bedenken Sie, dass in China viele **Produkte** angeboten werden, die **von geschützten Tieren** stammen und deren Einfuhr nach Europa verboten ist (s. Devisen- und Zollvorschriften).

Auch bei der Einfuhr von **Designerimitaten** (Taschen, Uhren, Brillen, Kleidung) in die EU ist Vorsicht geboten! s. auch unter ›Devisen- und Zollvorschriften‹, S. 316.

Beim Kauf von **Antiquitäten** sollte man stets eine Quittung für den Zoll verlangen. Diese ist allerdings nicht immer eine Garantie für die Echtheit der betreffenden ›Antiquität‹, das gilt ebenso für die Siegel der staatlichen chinesischen Antiquitätenläden. Es sind vor allem in China mehr Fälschungen als

Originale auf dem Markt. Verlassen Sie sich beim Kauf auf ein geschultes Auge.

... in Beijing

Haupteinkaufsstraßen: Wangfujing, Qianmen Dajie, Dazhalan, Xidan, Dongdan, Dongsi.

Kunsthandwerk & Antiquitäten:
›Antiquitätenstraße‹ Liulichang.
Beijing Curio City (Beijing Guwen Cheng), 21 Dongsanhuan Nanlu.
Chaowai-Markt, in zwei großen Hallen nördlich des Ritan-Parks, spezialisiert auf alte Möbel.
Hongqiao-Markt, beim Nordeingang des Himmelstempels.
Panjiayuan-Markt, zwischen Panjiayuan- und Huawei-Brücke an der östlichen Ringstraße. Sa/So, Morgengrauen bis 15 Uhr.

Zeitgenössische chinesische Kunst:
Courtyard Gallery, 95, Donghuamen Dajie; Tel. 65 26 88 82; www.courtyard-gallery.com.
Red Gate Gallery, Im Dongbianmen-Wachturm der ehemaligen Stadtmauer, Chongwenmen Dongdajie; Tel. 65 25 10 05; www.redgategallery.com. Täglich 10–17 Uhr.
789 Space
Dashanzi Art District, 4, Jiuxianqiao Lu, Chaoyang District; Tel. 64 38 48 62, 64 37 62 48; www.798space.com.
Von ostdeutschen Architekten in den 1950ern im Bauhausstil errichtete Fabrik, in der heute Ausstellungen, Konzerte und Kulturveranstaltungen stattfinden, mit Café und Buchladen.

Im weitläufigen Dashanzi-Areal finden sich darüber hinaus weitere Galerien und Künstlerateliers.

Kleidung und Seide:
In Beijings Diplomatenviertel findet täglich ein **Seidenmarkt** (Xiushui Jie Shichang,) statt, neben Seide günstige Knock-offs berühmter Markenkleidung, -uhren und -taschen.

... in Xinjiang

Basare in Turfan, Urumqi, Kashgar, Kucha und Khotan (s. Reiseteil).

... in Pakistan

Basare in Karimabad, Gilgit, Rawalpindi (s. Reiseteil).

Kunsthandwerk in Islamabad:
Juma Bazaar, zwischen Garden Road und Municipal Road, G-6/4. Sonntags. Großer Kunsthandwerksmarkt: Teppiche, Schmuck, Leder, Textilien etc.
Antiqua Antique and Handicraft Emporium, Super Market, F-6. Große Auswahl an Antiquitäten und Kunsthandwerk.
Nomad Gallery, Jinnah Market. Kunsthandwerk afghanischer und pakistanischer Frauengruppen.

Kunsthandwerk in Rawalpindi:
Am meisten Spaß macht das Einkaufen in den pittoresken Gassen des **Rajah-Basars**, wo man Schmuck, Kashmirschals, Stickereien, Textilien, Schuhe, einfach alles, findet.

Essen und Trinken

s. auch Gesundheitsvorsorge.

... in China

Die Restaurants der gehobenen Hotels bieten meist eine Palette an Gerichten chinesischer Lokalküchen: scharfe Sichuan-Gerichte, leichte Speisen mit Meeresfrüchten aus Guangdong, Pekingente und eher Süßliches von Chinas Ostküste.

In den einfachen Restaurants Nordwestchinas und auf Nachtmärkten wird die ›deftige‹ dortige regionale Küche serviert, in der Nudelteig, Lammfleisch, Knoblauch, Tomaten, Paprika und Auberginen verarbeitet werden.

Typische Gerichte Nordwestchinas
Huoguo: Feuertopf, eine Art Fondue mit verschiedenen Gemüsen und Fleisch in würziger Brühe
Jiaozi: gedämpfte, mit Fleisch, Fisch, Geflügel,

Shrimps oder Gemüse gefüllte Teigtaschen
Guotie: gebratene Teigtaschen
Shuijiao: in Wasser gekochte Teigtaschen
Kaorouchuan: gegrillte Kebabs (Fleischspießchen), meist Lamm
Lamian: scharfe Nudelsuppe
Ruojiabing: Teigtaschen, gefüllt mit würzigem Lammfleisch und Zwiebeln
Niuroumian: scharfe Rindfleischnudelsuppe
Lazhirou: Schweinerippchen in einer dunklen, süßlichen, mit Anis, Kardamom, Ingwer und Sichuan-Pfeffer gewürzten Sauce (Spezialität Xi'ans)
Lawei Yangrou: gepökeltes Hammelflesich (Spezialität Xi'ans)
Yangrou Paomo: Fondue, bei dem Brotstückchen in eine würzige Lammsuppe getunkt werden
Suannai: Joghurt

Spezialitäten der uighurischen Küche
Kebabs: gegrillte, mit Kreuzkümmel und Chili gewürzte Lammspießchen
Pulou: ein würziger Reispilaf mit Lammfleisch oder Kürbis, Möhren, Kardamom, Rosinen und Nüssen
Laghman: ein Eintopf aus Lammfleisch, Auberginen, grünen Bohnen, Tomaten und Paprika, der mit Nudeln gegessen wird
Manta: mit Lammfleisch gefüllte Teigtaschen
Samsas: die uighurische Version pakistanischer Samosas (s.u.)
Chushira: scharfe Suppe mit Teigtaschen
Apke: Suppe mit Ziegenkopf und Innereien
Nan: Fladenbrot, ähnlich dem türkischen
Maroji: handgerührtes Vanilleeis

Xinjiang hat ein reichhaltiges Früchteangebot, besonders gut sind Wasser- und Honigmelonen, Aprikosen, Pfirsiche und Trauben.

Getränke
Chinesisches Volksgetränk Nr.1 ist der **Tee** (*cha*), der ohne Zusätze zu jeder Tageszeit getrunken wird. Heißes, abgekochtes Wasser und Teebeutel findet man gratis auf jedem Hotelzimmer.

Babaocha oder **Sanpaotai** ist eine Mischung aus Tee, verschiedenen getrockneten Früchten und Blüten und Kandiszucker, die besonders gern in Westchina getrunken wird.

Zum Essen trinken Chinesen am liebsten ihr lokales **Bier** (*pijiu*), zu besonderen Anlässen auch hochprozentige **Schnäpse** (*baijiu*) aus Hirse (z. B. Maotai) oder anderem Getreide.

In der Provinz Shandong und in der Turfan-Oase werden außerdem keine schlechten **Traubenweine** (*putaojiu*; z B. Qingdao-Riesling und Loulan-Rotwein) hergestellt. Zu empfehlen sind meist auch Weine der Marken Chang Cheng (Great Wall) und Wangchao (Dynastie).

Eine uighurische Spezialität ist **Durap**, ein Eisgetränk aus Joghurt und Honig, das aus hygienischen Gründen allerdings vor Ort mit Vorsicht zu genießen ist. Ansonsten trinkt man auch in Xinjiang gerne **Chai** (Tee) und **Pivo** (Bier).

... in Pakistan

Die meisten Hotels bieten ein Mittags- und Abendbuffet mit einer Auswahl an verschiedenen Curries, Gemüsen, Reis, Linsen, Fladenbrot und Desserts an.

Spezialitäten der pakistanischen Küche
Curries: verschiedene Gemüse mit Lamm-, Huhn- oder Rindfleisch in würziger Sauce, die mit Chapattis oder Reis gegessen werden
Dhal: würziges Linsengericht, als Beilage gereicht
Kebabs: gegrillte Lammspieße
Tikka: würzig mariniertes, gegrilltes Huhn, Lamm oder Rind
Samosa: mit Fleisch und/oder Gemüse gefüllte Teigtasche
Pakora: frittiertes Gemüse im Teigmantel
Chapatti: dünnes ungesäuertes Fladenbrot aus Weizenmehl
Chutney: scharfe, kalte Sauce aus Gemüsen oder Mango und Gewürzen

Raita: kalte, frische Joghurt-Sauce mit Kräutern und Gurke

Süßspeisen
Bharfi: marzipanähnliches Dessert aus durch langes Kochen eingedickter Milch
Rasgula: Bällchen aus eingekochter Milch mit Zuckersirup
Jalebi: in Öl ausgebackene Zuckerkringel

Getränke
Dudh Chai: mit Ingwer, Kardamom und Zimt gewürzter Milchtee
Qahwah: grüner Tee mit Zucker und Kardamom
Sharbat: hausgemachte Limonade
Zum Essen wird meist gratis Wasser gereicht, aus hygienischen Gründen besser nicht trinken. Trinken Sie nur in Flaschen abgefülltes Mineralwasser oder Softdrinks, deren Verschluss intakt ist.

In Pakistan herrscht striktes **Alkoholverbot**. Viele Restaurants bieten aber alkoholfreies Bier und schmackhafte Fruchtcocktails an.

Feste und Feiertage

... in China

Staatliche Feiertage
1. Jan.: Neujahr.
Feb./März: Chinesisches Neujahrsfest, die meisten Chinesen haben eine Woche frei; s. auch rechte Spalte Frühlingsfest.
8. März: Internationaler Frauentag
1. Mai: Tag der Arbeit, Chinesen haben eine Woche Urlaub.
4. Mai: Jugendtag zum Gedenken an die 4.-Mai-Bewegung von 1919.
1. Juni: Kindertag.
1. Juli: Gründungstag der KPCh.
1. Aug.: Gründungstag der Volksbefreiungsarmee.
1. Okt.: Nationalfeiertag zur Gründung der VR China 1949, Chinesen haben eine Woche Urlaub.

Oft ist es an diesen Tagen bei Sehenswürdigkeiten besonders voll, da viele Chinesen an diesen Tagen frei haben. Geschäfte und Restaurants sind aber geöffnet.

Die **Urlaubswochen** um das Chinesische Neujahrsfest, den 1. Mai und den 1. Okt. sollte man möglichst meiden, da Transportwesen und Hotels meist hoffnungslos ausgebucht sind.

Traditionelle Feiertage
Obwohl er bereits im Jahre 1912 offiziell von unserem westlichen Kalender abgelöst wurde, bestimmt der alte chinesische **Mondkalender** noch immer die meisten chinesischen Feiertage.

Der chinesische Mondkalender hat nur 354 Tage und unterteilt sich in zwölf Monate zu 29–30 Tagen. Monatsanfang ist bei Neumond. Alle zwei bis drei Jahre wird ein Schaltmonat eingelegt. Feiertage lassen sich wegen dieser Unregelmäßigkeit nur schwer festlegen und verschieben sich alljährlich.

Frühlingsfest (Chunjie):
1.Tag des 1. Monats (drei Tage lang). Das Frühlingsfest ist das wichtigste chinesische Fest und bedeutet den Chinesen etwa so viel wie uns Weihnachten, markiert aber das Chinesische Neujahr. Begangen wird es am 1. Tag des chinesischen Mondkalenders, der zwischen den 21. Januar und 19. Februar fällt. Am Vorabend des Feiertags kommt die Familie zu einem Festessen zusammen. Anschließend vertreibt man mit Feuerwerk und Chinakrachern die bösen Geister des alten Jahres. Am nächsten Tag besucht man Verwandte und Freunde und macht sich kleine Geschenke. In einigen Städten werden Löwen- oder Drachentänze aufgeführt.

Zum Neujahrsfest bringt man an der Haustür Bilder und Sprüche mit glückbringender Symbolik an, die das folgende Jahr Haus und Familie vor bösen Einflüssen schützen sollen.

Laternenfest (Yuanxiaojie):
15. Tag des 1.Monats. Das Laternenfest beschließt den ersten Mondmonat des Jahres. Überall werden bunte Papierlaternen aufgehängt und Kerzen angezündet. Traditionell isst man an diesem Tag süße Klebreisbällchen (*yuanxiao*).

Totenfest (Qingmingjie): 12. Tag des 3. Monats. An diesem Tag verehrt ganz China seine Toten. Fast alle Familien ziehen zu den Gräbern ihrer Ahnen, richten sie her, bringen den Ahnen Opfer dar, vertreiben mit Knallern die bösen Geister.

Drachenbootfest (Duanwujie): 5. Tag des 5. Monats. Das Drachenbootfest wird zum Gedenken an den berühmten chinesischen Dichter Qu Yuan (um 340–278 v. Chr.) veranstaltet. Als Hofberater des Königs von Chu hatte er seinen Herrn vor dem gefährlichen Nachbarstaat Qin gewarnt, stieß jedoch auf taube Ohren. Wenige Jahre später wurde das Königreich Chu von Qin vereinnahmt, der König von Chu getötet und Qu Yuan in die Verbannung geschickt. Aus Gram ertränkte er sich im Yangzi. Es heißt, Fischer hätten in ihren Langbooten versucht, Qu Yuan zu retten. Da sie ihn nicht fanden, warfen sie Klebreisbällchen für die Fische ins Wasser, damit diese Qu Yuans Leiche nicht anrührten.

Heute veranstaltet man in vielen chinesischen Städten auf Flüssen oder Seen Rennen mit langen, flachen Ruderbooten, um an den Tod Qu Yuans zu erinnern. Als Festtagsmahl verzehrt man gedämpfte, in Bambusblätter gewickelte Klebreisbällchen mit pikanter Fleisch- oder süßer Nussfüllung.

Mondfest/Mittherbstfest (Zhongqiujie): 15. Tag des 8. Monats. An diesem Abend steht der Mond am weitesten von der Erde entfernt und leuchtet besonders hell. Familien kommen zusammen, um den Vollmond zu betrachten, und essen süße oder salzige, mit Glückssymbolen verzierte Mondkuchen (*yuebing*).

Doppelneunter (Chongyangjie): 9. Tag des 9. Monats. Die Zahl Neun ist in China eine besondere Glückszahl. Sie steht für die Ewigkeit und die männliche Kraft Yang. An diesemTag trinkt man gerne Tee oder Wein von Chrysanthemen, die ebenfalls das lange Leben symbolisieren. Häufig werden am Doppelneunten Chrysanthemen-Schauen veranstaltet, und mancher Chinese pilgert zu einem heiligen Berg.

Herdgott-Fest (Jizao Jie): 23. Tag des 12. Monats. Der Herdgott erstattet an diesem Tag dem Jadekaiser Bericht über das Verhalten einer jeden chinesischen Familie. Damit dem Jadekaiser nur Gutes zu Ohren kommt, wird die Küche geputzt und dem Bildnis des Herdgottes Honig um den Mund gestrichen.

Tempelfeste

Guanyins Geburtstag: 19. Tag des 2. Mondes. Zeremonien in buddhistischen Tempeln.

Buddhas Geburtstag: 8. Tag des 4. Monats. Zeremonien in buddhistischen Tempeln.

Konfuzius' Geburtstag: 28. Sept. Zeremonien in Konfuziustempeln.

Tibetische Feiertage

Mönlam (s. S. 184): Das höchste Fest der Tibeter wird vom 3.–25. Tag des 1. Monats nach dem tibetischen Kalender (Feb./März) gefeiert. Spezielle Feierlichkeiten anlässlich des Mönlam-Festes finden besonders zwischen dem 13. und 16. Tag des 1. Mondmonats im Kloster Labrang (Xiahe; s. S. 181ff.) statt (Entrollen des Riesenthangka, Cham-Tänze, Prozessionen).

Am 7. und 8. Tag des 2. Monats (März bis Anfang April) veranstalten die Mönche von Labrang einen **Festumzug**.

Im 7. Monat (August) wird in Xiahe ein **buddhistisches Fest** gefeiert, bei dem im Grasland auch Reiterspiele veranstaltet werden.

Im Kloster Kumbum bei Xining finden jeweils am 15. Tag des 1., 4. und 8. Mondmonats sowie vom 23.–27. Tag des 6. Mondmonats **Feierlichkeiten** mit Cham-Tänzen und dem Entrollen eines Riesenthangkas statt.

Feste in Xinjiang

Bairam: Das Fastenbrechen am Ende des Ramadan (Daten s. u.) begehen alle islamischen Minderheiten in Xinjiang mit großen Banketten und dem Herausputzen ihrer Häuser.

Nawurezi (Begrüßung des Neuen Jahres): Die kasachische, kirgisische und uighurische Minderheit begehen Mitte März die Begrüßung des Neuen Jahres (auch Nauroze (s. u.), Nauryz, Nawiriz, Noruz oder Navruz). Die Kasachen veranstalten an dem Tag verschiedene Reiterspiele, u. a. Ulak-Tartysh, eine Art Rugby zu Pferde, bei dem statt einem Ball der Körper eines frisch geschlachteten Schafes verwendet wird. Ein anderes beliebtes Spiel ist die ›Mädchen-Jagd‹, ein Pferderennen zwischen einem jungen Mann und einem jungen Mädchen, bei dem das Mädchen einen kurzen Vorsprung erhält. Holt der Junge sie ein, darf er sie küssen. In der Rückrunde, in der der Junge den Vorsprung erhält, versucht ihn das Mädchen mit ihrer Reitpeitsche zu erwischen.

Corban (Schlachtfest): Am 10. Tag des 12. Monats wird nach dem islamischen Kalender Corban (auch Corban Bairam oder Qurban Bayram) begangen; es findet meist Anfang April statt. Man feiert Abrahams Einverständnis, Gott seinen Sohn zu opfern. In ganz Xinjiang veranstalten muslimische Familien an diesem Tag ein großes Festessen. Besonders ausgiebig wird das Fest von den Uighuren in Kashgar gefeiert. Auf dem Platz vor der Id-Kah-Moschee versammeln sich Zehntausende zum gemeinsamen Gebet und anschließenden Feierlichkeiten mit Musik, Tanz und Akrobatik-Vorführungen. Besondere Attraktion ist Darwaz, der Seiltanz auf einem in bis zu 30 m Höhe gespannten Seil – wohlbemerkt ohne Netz.

Tehmozwat (Saatfest): Die tadschikische Minderheit bittet im Frühjahr mit Gebeten um ein ertragreiches Jahr. Zum Festverlauf gehört auch, sich gegenseitig mit Wasser zu bespritzen.

Xiqian-Fest: Mit diesem Fest feiert die Xibe-Nationalität am 18. Tag des 4. Monats (April/Mai) nach dem Mondkalender ihre Umsiedlung 1764 aus der Mandschurei ins Ili-Tal. Der Tag wird in den Autonomen Gebieten der Xibe in der Nähe von Yining mit Musik, Tanz, Festessen, Ringkämpfen, Bogenschießen und Pferderennen begangen.

Nadam-Fest: Die Kasachen begehen am 13. Juli in Xinjiang das ursprünglich mongolische Fest mit Reiterspielen, Kamelrennen und Wettschießen.

Trauben-Fest: Seit 1990 findet in Turfan alljährlich im August das Trauben-Fest statt – mit Kulturveranstaltungen, Musik- und Tanzaufführungen, Jahrmarkt und öffentlichen Weinproben.

... in Pakistan

Nationale Feiertage
23. März: Pakistan Day. Feiert den Beschluss der Muslimischen Liga von 1940, einen eigenen islamischen Staat, Pakistan, zu gründen.
1. Mai: Tag der Arbeit.
1. Juli: Bankfeiertag (nur Banken haben geschlossen).
14. Aug.: Unabhängigkeitstag. Es wird die Trennung von Indien und Ausrufung der Republik Pakistan von 1947 gefeiert.
6. Sept.: Tag der Verteidigung Pakistans. Erinnert an den Krieg gegen Indien 1965.
11. Sept.: Todestag von M. A. Jinnah, Begründer der pakistanischen Nation.
9. Nov.: Tag des Iqbal. Ehrt den Dichter Allama Mohammed Iqbal, der erstmals 1930 die Gründung eines muslimischen Staates Pakistan vorschlug.
25. Dez.: Geburtstag M. A. Jinnahs.
31. Dez.: Bankfeiertag (nur Banken haben geschlossen).

Ramadan
2006: 23. Sept.–22. Okt.
2007: 12. Sept.–11. Okt.
2008: 31. Aug–29. Sept.

Lokale Feste
Nauroze (Frühlingsanfang): Am 21. März feiert man in Gilgit, Hunza und Skardu mit Polospielen, Musik und Tanz.

Shandur-Polospiel: Das große Polospiel zwischen Gilgit und Chitral, zu dem Tausende von Zuschauern anreisen, findet Ende Juni/ Anfang Juli statt.
Lok Mela: Dieses Volksfest mit Musik, Tanz und Kunsthandwerkermarkt wird jedes Jahr im Oktober vom Lok-Virsa-Institut für Volksbrauchtum im Shakarparian-Park in Islamabad veranstaltet.
Gilgit Festival: Es feiert die Meuterei der Gilgit Scouts des Maharadscha von Kashmir von 1947. Diese wurden abtrünnig und stellten sich auf die Seite Pakistans. Gefeiert wird das Ereignis mit einer Woche von Polo-Turnieren in der ersten Novemberwoche.

Fotografieren und Filmen

Papierfilme und Lithium 6V-Fotobatterien sind in Westchina und Pakistan in den Shops der größeren Hotels erhältlich, man sollte beim Kauf auf das Verfallsdatum schauen und Filme meiden, die lange in der Sonne gelegen haben. Diafilme sollte man sich unbedingt von zu Hause mitbringen.

Das Fotografieren von militärischen Anlagen, Brücken und Flugplätzen ist in China und Pakistan verboten. In Tempeln, Moscheen, buddhistischen Höhlenanlagen und Museen ist das Fotografieren in den Innenräumen meist nicht gestattet. Es werden mancherorts gegen Entgelt Ausnahmen gemacht. In jedem Fall sollte man sich bei einer Aufsicht oder an der Kasse erkundigen.

Wenn Sie Menschen fotografieren, sollten Sie vorher das Einverständnis der jeweiligen Personen einholen. In Pakistan sollte man vermeiden, Frauen zu fotografieren.

Fremdenführer

Fremdenführer lassen sich in China und Pakistan über staatliche oder private Reisebüros buchen (s. Auskunft bei den einzelnen Orten). Meist sprechen sie Englisch, seltener Deutsch.

Bei einigen großen Sehenswürdigkeiten stehen in China englischsprachige Fremdenführer am Eingang bereit.

Geld und Geldwechsel

... in China

Die chinesische Volkswährung (Renminbi, abgekürzt RMB) bzw. der Yuan unterteilt sich in Jiao und Fen (10 Fen = 1 Jiao, 10 Jiao = 1 Yuan). Es gibt 1-, 2-, 5-,10-, 50- und 100-Yuan-Scheine, 1-, 2-, und 5- Jiao-Scheine, 1-, 2-, und 5-Fen-Münzen sowie auch 1- und 2- Fen-Scheine.

Die Wechselkurse werden von der Bank of China festgelegt und sind überall gleich.

Bargeld am Automaten mit der Kreditkarte zu ziehen ist nur in den großen Metropolen Beijing, Xi'an, Lanzhou – ansonsten entlang der Seidenstraße in China noch nicht – möglich. (Achtung: einige nehmen die in Europa gängigen Karten nicht an!)

Bei der Ausreise aus China können Sie Ihre chinesischen Yuan zurücktauschen. Dazu ist es notwendig, einige Umtauschquittungen aufzubewahren.

... in Pakistan

Die Pakistanische Rupie (PKR) unterteilt sich in 100 Paise.

Versuchen Sie kleine Scheine zu bekommen, größere Beträge können viele Straßenhändler nicht wechseln. Anders als in China sind die Wechselkurse in Hotels erheblich schlechter als in Banken und Wechselstuben. Kreditkarten werden auch hier nur in internationalen Hotels und großen Geschäften akzeptiert.

Geldautomaten findet man nur in Islamabad, Karachi, Lahore und Quetta.

Pakistanische Rupien können bei der Ausreise am Flughafen gegen Vorlage von Umtauschquittungen zurückgetauscht werden.

Wechselkurse (Stand Okt. 2005):
1 Yuan RMB=0,10 Euro
1 Euro = 9,8 Yuan RMB
1 Yuan RMB=0,16 SFr
1 SFr=6,30 Yuan RMB

1 Pakistanische Rupie (PKR)=0,014 Euro
1 Euro= 72,22 PKR
1 PKR=0,02 SFr
1 SFr=46,57 PKR

Gewichte und Maße

In China wie in Pakistan gilt das metrische System.

Karten und Stadtpläne

Stadtpläne liegen in einigen der größeren Hotels gratis auf den Zimmern aus. Ansonsten sind sie an der Hotelrezeption, in Buchläden und an Straßenständen erhältlich. In China sollte man darauf achten, einen zweisprachigen Plan zu erwerben, damit man Taxifahrern das Ziel zeigen und Passanten nach dem Weg fragen kann.

Landkarten von China und Pakistan sind in Europa in jedem größeren Buchladen zu bekommen.

Kleidung

s. auch Klima und Reisezeit

Für die Hauptreisezeit von Mai bis Oktober empfiehlt sich leichte, bequeme Sommerkleidung, eine leichte Jacke gegen zu kalte Klimaanlagen, bequeme Laufschuhe, ein Sonnenhut, ein Regenschutz und ein Satz warme Sachen für die Hochlagen und mitunter kalten Nächte.

In den zumeist tief religiösen Gebieten Nordpakistans und natürlich beim Besuch von Moscheen ist auf dezente Kleidung zu achten, die die Körperformen nicht zu sehr betont und Arme und Beine bedeckt. Auch für Männer sind Shorts im ländlichen Xinjiang und Pakistan unangebracht. Am Eingang einer Moschee sind die Schuhe auszuziehen. In Pakistan sollten Frauen in einer Moschee zudem Haupt und Schultern mit einem Tuch bedecken.

Kunsthandwerk

Zum typischen Kunsthandwerk **Ostchinas** zählen Jadeschmuck und Jadeschnitzereien, geschnitzte Steinsiegel, Tuschmalereien, Kalligraphien, Steinabreibungen, Porzellan, Yixing-Teekeramik, Cloisonnéwaren (farbige, in ›Zellenschmelz‹-Technik emaillierte Vasen, Dosen, Figuren etc.), Lackwaren, Zuchtperlen, Snuffbottles (kleine, oft von innen bemalte Medizin- und Riechsalzfläschchen), bemalte Fächer, chinesische Musikinstrumente, Neujahrsbilder, Seidenstoffe, Seidenkleidung und Seidenteppiche.

Beliebte Souvenirs von der **Seidenstraße in Xinjiang** sind handgeschmiedete Messer und Dolche, Seiden- und Wollteppiche, Ikat-Stoffe und Filzwaren.

Zum traditionellen Kunsthandwerk **Pakistans** zählen feine Kashmir-Schals (Pashminas), bestickte Tücher und Decken, Teppiche, Schmuck aus Silber, Gold oder Halbedelsteinen, Kupfer- und Messingwaren, Lederwaren und Holzschnitzereien.

Achten Sie darauf, dass die Einfuhr von Shatoosh – extrem feinen und sündhaft teuren Schals aus der Wolle der vom Aussterben bedrohten und unter Schutz stehenden Tibet-Antilopen – nach Europa streng verboten ist. Entsprechendes gilt auch für Elfenbeinarbeiten; (s. auch Zollbestimmungen, S. 316).

Nachtleben

Chinesen gehen meist relativ früh essen, danach gern zum Karaoke, ins Kino oder auf den Nachtmarkt.

Beijing hat mittlerweile eine interessante **Musik-, Kunst- und Clubszene**. Aktuelle Veranstaltungstipps und Adressen von Restaurants, Bars und Diskotheken findet man in Beijing in Informationsblättern für Touristen, die gratis in den Hotels ausliegen (z. B. ›Time out Beijing‹, ›Beijing City Weekend‹, ›That's Beijing‹) und in der ›China Daily‹.

Lebhafte Nachtmärkte entlang der **Seidenstraße** findet man in **Xi'an, Dunhuang, Turfan** und **Urumqi** (s. ›Informationen für unterwegs – Orte von A bis Z‹).

Bars und Diskotheken westlichen Zuschnitts findet man in den großen Hotels.

In **Pakistan** ist **Alkoholkonsum** in der Öffentlichkeit verboten. In einigen Luxushotels können nichtmuslimische Ausländer jedoch dennoch Alkohol konsumieren, wenn sie vorher ein entsprechendes Formular ausfüllen. Wer z. B. aus beruflichen Gründen länger in Pakistan weilt, kann beim Excise & Tax Department eine längerfristige Alkoholkonsumerlaubnis beantragen.

Einige ausgewählte Adressen finden Sie bei den betreffenden Orten im Kapitel ›Informationen für unterwegs – Orte von A bis Z‹.

Notfälle

... in China

Polizeinotruf: 110
Feuerwehr: 119

Ausländerabteilung der Polizei in Beijing:
2, Andingmen Dongdajie;
Tel. 84 02 01 01.
Mo–Sa 8.30–16.30 Uhr.
Auch zuständig für Visaangelegenheiten.

... in Pakistan

Polizeinotruf: 15
Feuerwehr: 16
Ambulanz: 115
Diese Rufnummern gelten in allen größeren Städten.

Achtung!
Am Karakorum Highway gibt es keinen Notruf.

... bei Krankheit/Unfall:
s. S. 340, Apotheken/Ärztliche Versorgung

... bei Passverlust:
Bei Passverlust wende man sich an die örtliche Polizei und zugleich an die entsprechende Botschaft bzw. das Konsulat.

Öffnungszeiten

... in China

In China sind **Sehenswürdigkeiten** täglich zwischen 8.30/9.00 und 16.30/17 Uhr zugänglich, letzter Einlass ist meist um 15.30/16 Uhr. **Parkanlagen** öffnen in der Regel schon gegen 7 Uhr und schließen ihre Tore um 20 Uhr. **Museen** sind in der Regel montags geschlossen.

Die meisten **Geschäfte** und **Kaufhäuser** sind sieben Tage die Woche von 10 bis 22 Uhr geöffnet.

Fast alle **Ämter** in China (auch Post, Banken und Polizei) machen eine Mittagspause. In der Regel ist 8–12 und 13–17 Uhr geöffnet. Manche Ämter haben Samstagvormittags bis 12 Uhr offen. Sonntags ist Ruhetag.

Restaurants öffnen mittags meist 10.30–14 Uhr und abends 17–22/23 Uhr. **Fast Food Restaurants** und **Cafés** dagegen sind durchgehend geöffnet und schließen oft erst gegen Mitternacht.

... in Xinjiang
In Xinjiang richten sich Sehenswürdigkeiten, Museen, Ämter, Banken, Fahrpläne für Busse, Bahnen und Luftfahrt nach der Beijing-Zeit.

Um sich der Zeitverschiebung anzupassen, öffnen jedoch viele **Institutionen** erst um 10 Uhr und schließen um 18/19 Uhr.

Lokale Geschäfte richten sich nach der inoffiziellen Xinjiang-Zeit (2 Stunden früher als Beijing-Zeit (Beijing 10 Uhr=Urumqi 8 Uhr).

... in Pakistan

Die meisten **Ämter** sind Mo–Do und Sa von 8–15 Uhr und Fr 9–12 Uhr geöffnet, die **Banken** Mo–Do 9–13.30 und Fr/Sa 9–12.30 Uhr.

Geschäfte öffnen in der Regel Mo–Sa um 9/10 Uhr und schließen am Abend zwischen 18 und 20 Uhr. Sonntags sind die meisten Läden geschlossen. Während des Ramadan gelten meist kürzere Geschäftszeiten.

Post

... aus China

Briefe und Postkarten nach Europa brauchen von Ostchina zwischen vier und acht Tagen, von entlegenen Gegenden in Westchina entsprechend länger.

Internationale Briefsendungen (bis 20 g) kosten 5,40–6,40 Yuan, Postkarten 4,20 Yuan. Um Briefmarken zu kaufen, muss man nicht unbedingt ein Postamt aufsuchen. Diese sind auch an den Hotelrezeptionen erhältlich, oder man kann seine Post dort einfach abgeben.

... aus Pakistan

Post von Pakistan nach Europa braucht von großen Städten etwa vier bis fünf Tage, aus den Northern Areas bis zu vier Wochen.

Briefe nach Europa kosten 30 PKRs, Postkarten 20 PKRs.

Sicherheit

Vor Reiseantritt sollten Sie sich über die aktuelle Lage in Xinjiang und Pakistan informieren. Aktuelle Auskünfte zur Sicherheitslage finden Sie im Internet unter: www.auswaertiges-amt.de (s. Länderinformationen).

... in China

China ist ein sicheres Reiseland. In den Großstädten kann man sich auch spät am Abend gefahrlos auf die Straße trauen. Einzelreisende Frauen können sich frei bewegen, ohne belästigt zu werden. Im Gedränge sollte man sich jedoch vor Taschendieben hüten.

In **Xinjiang** ist es in den letzten Jahren wiederholt zu Demonstrationen und Ausschreitungen der uighurischen Bevölkerung gegen chinesische Institutionen gekommen. Chinesen werden von Uighuren oft geschnitten, Ausländer dagegen meist freundlich behandelt.

Das Reisen in überalterten chinesischen Linienbussen über gefährliche Gebirgsstrecken kann besonders bei schlechtem Wetter riskant sein.

... in Pakistan

Die größeren Städte Pakistans waren in den letzten Jahren wiederholt Schauplätze von Bombenanschlägen.

Abstecher in die Grenzregionen zu Afghanistan und nach Kaschmir sind wegen der dortigen politischen Lage zu vermeiden.

Trekkingtouren und Ausflüge ins Hinterland sollten in den Nordwestprovinzen (insbesondere Indus Kohistan und Hazara) niemals ohne qualifizierten Führer unternommen werden.

Bei schlechtem Wetter kann es auf dem Karakorum Highway leicht zu Erdrutschen und Steinschlag kommen. Unterspülte und weggebrochene Straßenabschnitte sind alltäglich. Auf eventuelle Verzögerungen im Reiseverlauf muss man deshalb gefasst sein. Die Straße wird allerdings gut gewartet und Räumfahrzeuge sind ständig im Einsatz.

Öffentliche Busse sind in Pakistan oft in technisch unzureichendem Zustand, überfüllt, die Fahrer übermüdet und ihr Fahrstil überaus riskant.

Frauen sei nicht empfohlen, allein zu reisen, sondern möglichst zu zweit oder mit männlicher Begleitung. Dezente, den Körper verhüllende Kleidung ist besonders in den ländlichen Gebieten dringend angeraten.

Sprache

In den großen Metropolen Chinas kommt man heute mit Englisch recht gut zurecht. Da chinesische Taxifahrer in der Regel jedoch kein Englisch sprechen, sollte man sich seine Destination sowie Name und Adresse des Hotels stets auf Chinesisch aufschreiben lassen. Die englischen Namen der Hotels kennen die Fahrer im Normalfall nicht.

In ländlichen Gebieten wird man ohne Sprachführer und rudimentäre Chinesischkenntnisse nicht auskommen.

In Xinjiang helfen auch diese manchmal nicht weiter. Ein paar Brocken Türkisch können hier u. U. hilfreicher sein, da das Uighurische ja mit dem Türkischen verwandt ist. Hier heißt es, Geduld haben und mit Gestik kommunizieren!

In Pakistan dagegen ist die Kommunikation in der Regel kein Problem, da sehr viele Leute – auch auf dem Land – sehr gut Englisch sprechen.

Kleiner Sprachführer Chinesisch

In diesem Buch wird die international gebräuchliche und in der VR China ebenfalls verwendete Umschrift Hanyu Pinyin benutzt.

Die wichtigsten Phrasen

Guten Tag	Nǐ hǎo
Auf Wiedersehen	Zài jiàn
Danke	Xiè xie
Entschuldigung	Duìbùqǐ
Wie heißen Sie?	Nǐ guì xìng?
Ich heiße…	Wǒ xìng…
Ich bin …	Wǒ shì…
Deutsche/r	Dèguórén
Schweizer/in	Ruìshìrén
Österreicher/in	Àodìlìrén
Sprechen Sie Englisch/ Deutsch?	Nǐ shūo Yīngwén/Déwén ma?
Ich verstehe Sie nicht.	Wǒ tīng bù dǒng.
Wie viel kostet das?	Dūoshǎo qián?
Ich möchte nach …	Wǒ xiáng qù …
Wo ist …?	… zài nǎlǐ?
Bitte geben sSe mir …	Qǐng gěi wǒ …
Das haben wir nicht	Méi yǒu.
gut/in Ordnung	hǎo/kèyǐ
Darf ich fotografieren?	Wǒ kěyi zhào ge xiàng ma?

Zeit

heute	jīntiān
morgen	míngtiān
übermorgen	hòutiān
gestern	zuótiān
jetzt	xiànzài
Um wie viel Uhr?/Wie viel Uhr ist es?	Jǐ diǎn?
morgens	zǎoshàng
vormittags	shàngwǔ
nachmittags	xiàwǔ
abends	wǎnshàng
Montag	xīngqīyī
Dienstag	xīngqīèr
Mittwoch	xīngqīsān
Donnerstag	xīngqīsì
Freitag	xīngqīwǔ
Samstag	xīngqīliù
Sonntag	xīngqītiān/ xīngqīrì

Zahlen

1	yī
2	èr
3	sān
4	sì
5	wǔ
6	liù
7	qī
8	bā
9	jiǔ
10	shí
11	shí yī
12	shí èr
20	èr shí
21	èr shí yī
30	sān shí
100	yī bǎi
200	liǎng bǎi
300	sān bǎi
1000	yī qiān
10 000	yī wàn

Essen und Trinken

Speisekarte	caìdān
Essstäbchen	kuàizi
Gabel	chāzi
Messer	dàozi
Löffel	tiáogēng
Wasser	shǔi
Mineralwasser	kuàng qúanshǔi
abgekochtes Wasser	kāishǔi
Limonade	qīshǔi
Glas/Tasse	bēizi
Tee	chá
grüner Tee	lǜ chá
schwarzer Tee	hóng chá
Jasmintee	huā chá
Kaffee	kāfeī
Zucker	bái táng
Milch	niúnǎi
	qìshǔi
Bier	píjiǔ
Wein	pútáojiǔ
Weißwein	bái pútáojiǔ
Rotwein	hóng pútáojiǔ
Schnaps	báijiǔ
Salz	yán
Suppe	tāng
Nudeln	miàn tiǎo
Reis	mǐfàn
gefüllte Teigtaschen	jiǎozi
gefüllte Hefeklöße	bāozi
Ei	jīdàn
Schweinefleisch	zhūròu
Rindfleisch	niúròu
Lammfleisch	yángròu
Hühnerfleisch	jīròu
Ente	yāzi
Fisch	yú
Garnelen	xiārén
Obst	shǔiguǒ
Gemüse	shúcaì
Auberginen	qiézi
Tomaten	fānqié
Sojabohnenquark (Tofu)	dòufu
Sojasauce	jiàngyóu
Ich bin Vegetarier.	Wǒ chī sù.

Die Rechnung bitte! Qǐng jiézhàng!

Im Hotel

Einzelzimmer	dānrén fángjiān
Doppelzimmer	shuāngrén fángjiān
Dusche	línyù
Toilette	cèsuǒ
Toilettenpapier	wèishēngzhǐ

Medizinisches

Fieber	fāshāo
Schmerzen	tòng
Erkältung	gǎnmào
Husten	késou
Erbrechen	ǒutù
Durchfall	xìedù
Verstopfung	biànbì
Entzündung	fāyàn

Orientierung auf der Reise

Hotel	bīnguǎn/ fàndiàn
Restaurant	cāntīng/ fàndiàn
Bahnhof	huǒchēzhàn
Flugplatz	fēijīchǎng
Bank	yínháng
Straße	lù, jiē
Museum	bówùguǎn
Tempel	sìmiào
Pagode	tǎ
Park	gōngyuán
Brücke	qiáo
See	hú
Fluss	hé, jiāng
Meer	hǎi
Berg	shān
rechts	yòu biàn/ yòu zhuǎn
links	zuǒ biàn/ zuǒ zhuǎn
geradeaus	yìzhī zǒu
Geld wechseln	huàn qián
Telefon	diàn huà
Fax	chuánzhēn
Fahrkarte	chēpiào
Gepäck	xíngli
Stadtplan	dìtú
Briefmarken	yóupiào
Pass	hùzhào
Polizei	jǐngchá
Taxi	chūzūchē
Fahrrad	zìxíngchē
Bus	gōnggòng qìchē
Zug	huǒchē

Strom

Die Netzspannung beträgt in der Volksrepublik China wie in der Islamischen Republik Pakistan 220 Volt. Da in beiden Ländern unterschiedliche Steckernormen üblich sind, empfiehlt es sich, einen Weltreise-Adapter mit sich zu führen. Einige Hotels verleihen solche Adapter. Passt ein Stecker einmal trotzdem nicht, so kann z. B. ein Fön zumeist beim Housekeeping geliehen werden.

Telefonieren

Von fast allen größeren Hotels in China und Pakistan kann man direkt vom Zimmertelefon aus internationale Gespräche führen.

Die Hotels berechnen für Telefonate erhöhte Gebühren. Auch Faxen ist teuer, und manche Hotels lassen sich den Empfang eines Faxes bezahlen.

Von den Telefonämtern ist telefonieren und faxen zwar billiger, doch zeitaufwändiger.

Deutsche **Mobiltelefone** funktionieren in China und Pakistan, es fallen allerdings zusätzliche Roaminggebühren an.

Vorwahlen für Anrufe aus der VR China:
Deutschland: 0049
Schweiz: 0041
Österreich: 0043
Pakistan: 0092

Trinkgeld

Mit dem wachsenden Tourismus hat das Trinkgeld Einzug gehalten. In Touristenhotels werden heute in China wie in Pakistan Trinkgelder erwartet. In gehobenen Restaurants ist ein Trinkgeld von 10–20 % angemessen, in einfachen ist es nicht üblich. Auch Führer und Fahrer erwarten eine kleine zusätzliche finanzielle Anerkennung für ihre Dienste. Taxifahrer erwarten kein Trinkgeld.

Unterkunft

s. Tipps Reise und Unterkunft S. 318

Verhalten im Alltag

... in China

Reisen in China ist nicht immer einfach. Auch wenn Sie guten Grund haben sich zu ärgern, zeigen Sie es nicht! Mit erhobener Stimme kommt man in China nicht weiter. Wichtig ist, dass Sie das ›**Gesicht**‹ ihres Gegenübers wahren und ihn oder sie nicht bloßstellen. Beharren Sie freundlich, aber bestimmt auf dem, was Sie erreichen wollen, und versuchen Sie, einen Kompromiss zu finden. Rechnen Sie damit, dass man Ihnen aus Höflichkeit nie ein klares »Nein« ins Gesicht sagt. Auch ein Lächeln signalisiert in China nicht immer Freude, sondern kann auch Verlegenheit oder Scham bedeuten.

Wird man von jemandem in sein **Haus eingeladen**, so ist es angebracht, ein kleines Geschenk zu machen. Chinesen bringen meist Obst oder Süßigkeiten, seltener Blumen mit. Von hohem Prestige sind in China ausländische Alkoholika. Eingepackte Geschenke werden hier niemals vor den Augen des Schenkenden geöffnet. Man packt sie später aus und bedankt sich am nächsten Tag.

... in Pakistan

Gastfreundschaft gehört zu den höchsten Tugenden der Muslime. Erwidern Sie die Ihnen entgegengebrachte Höflichkeit, indem Sie sich in Pakistan angemessen kleiden (s. Kleidung).

Man wird Ihnen in Pakistan außerordentlich höflich begegnen, und sie als Gast wie einen König/eine Königin behandeln. Werden Sie von jemandem nach **Hause eingeladen**, bringen Sie ein kleines Gastgeschenk mit (keinen Alkohol!). Es gilt als höflich, Angebotenes ein bis zwei Mal abzulehnen, bevor man es annimmt.

Esssitten: In Pakistan isst man mit der rechten Hand (für Touristen gibt es aber in der Regel Bestecke). Die linke Hand gilt als unrein, deshalb sollten Sie auch nie jemandem etwas mit der linken Hand anbieten bzw. überreichen.

Männer schütteln sich untereinander die Hände zur **Begrüßung**. Männer und Frauen aber **berühren** sich in der Öffentlichkeit nicht. Bieten Sie einem/einer Pakistani anderen Geschlechts nicht Ihre Hand an, das könnte sie oder ihn in Verlegenheit bringen. Warten Sie, wie sich Ihr Gegenüber verhält.

Viele Pakistanis reagieren empört, wenn Ausländer sich in der Öffentlichkeit zärtlich berühren oder küssen.

Der **Genuss alkoholischer Getränke** in der Öffentlichkeit ist in Pakistan verboten.

Im Strafrecht Pakistans gilt zum Teil die **Scharia**. Zwar sind bisher keine Fälle bekannt, in denen EU-Bürger nach dieser islamischen Gesetzgebung verurteilt worden sind, auf **Blasphemie, Ehebruch** und **Drogendelikte** steht jedoch die **Todesstrafe**. Man sollte sich also tunlichst entsprechend verhalten.

Verkehrsmittel

... in China

... mit dem Flugzeug

Flüge sind die bequemste, aber auch die teuerste Art, sich fortzubewegen. Das Flugnetz in China ist gut ausgebaut und das Fliegen sicherer geworden. Auf den stärker frequentierten Strecken wurden viele der alten russischen Maschinen durch neue Airbusse und Boeings ersetzt. Tickets erhält man über die Reisebüros (z. B. CITS) und in den meisten Hotels.

... mit der Bahn

Die Bahn bietet verschiedene Klassen: Softsleeper (Vierbett-Schlafabteile, chin.: *ruanwo*), Softseater (›weiche Sitze‹, chin.: *ruanzuo*), Hardsleeper (Sechser-Liegeabteile, chin.: *yingwo*) und Hardseater (›harte Sitze‹, chin.: *yingzuo*). Tickets kauft man über örtliche Reisebüros, im Hotel oder am Bahnhof. Einige Bahnhöfe haben eigens eingerichtete Touristenschalter.

Da Züge meist lange im Voraus ausgebucht sind, sollte man sich frühzeitig um eine Fahrkarte bemühen. Das Arrangement von Umsteige- und Rückfahrscheinen ist in China bisher nur begrenzt möglich.

... mit dem Bus

Auch bei den Überlandbussen gibt es verschiedene Klassen. So verkehren auf den meisten Strecken neben normalen auch klimatisierte Busse und auf langen Strecken auch Schlafbusse (Sleeper) mit Liegesitzen. In den entlegenen Gebieten sind die Fahrzeuge zuweilen in haarsträubendem Zustand, überfüllt und die Fahrer übermüdet. Auch der chinesische Fahrstil bedarf einiger Gewöhnung. Tickets bekommt man an den Busbahnhöfen oder über örtliche Reisebüros.

... in Pakistan

... mit dem Flugzeug
Bei Flügen innerhalb Pakistans unbedingt alle Batterien (auch aus Kameras) in den Koffer packen! Batterien im Handgepäck werden ohne Ersatz von der Sicherheitskontrolle konfisziert.

Flüge zwischen Gilgit und Islamabad sind lange im Voraus ausgebucht und operieren nur bei guter Sicht. Es kommt häufig zu erheblichen Verspätungen oder Ausfällen.

... mit dem Bus
Die billigste, aber unkomfortabelste und gefährlichste Art zu reisen ist per öffentlichem Bus (s. Sicherheit). Männer und Frauen sitzen getrennt. Komfortabler, schneller und nur wenig teurer sind **Minibusse** mit 15–20 Sitzen.

Auf dem Karakorum Highway verkehren statt Bussen z. T. **Jeeps als Sammeltaxis**. Diese sind meist überfüllt und unkomfortabel.

... mit dem Mietwagen
Wer unabhängiger sein und bequemer reisen möchte, sollte sich über ein Reisebüro ein Auto bzw. einen Geländewagen mit Fahrer mieten; das ist in Pakistan relativ günstig.

Mietwagen zum Selbstfahren sind in Pakistan selten und wegen des im Lande üblichen sehr riskanten Fahrstils nicht zu empfehlen. Es wird ein internationaler Führerschein verlangt.

In Pakistan herrscht Linksverkehr.

Zeitungen

Die **China Daily**, eine englischsprachige chinesische Tageszeitung, liegt in fast allen größeren Hotels aus, in abgelegeneren Gebieten sind die Ausgaben selten aktuell. Parteipropaganda, internationaler Teil und täglich der Wetterbericht.

In den Zeitungs- und Buchläden der großen Hotels in Beijing, Xi'an und Urumqi sind meist die englischsprachige **South China Morning Post** aus Hongkong sowie die großen **internationalen Blätter** (z. B. Times, Newsweek, International Herald Tribune, Wall Street Journal, seltener Der Spiegel und die Frankfurter Allgemeine Zeitung) zu bekommen.

In Pakistan erscheinen 15 englischsprachige Tageszeitungen, von denen **The News** und **Dawn** aus Karachi den umfangreichsten internationalen Nachrichtenteil haben.

Zeitunterschied

... in China

Die VR China ist Mitteleuropa im Sommer sechs und im Winter sieben Stunden voraus.

Offiziell gilt in ganz China **Beijing-Zeit**, doch Xinjiang besitzt eine eigene, inoffizielle **Xinjiang-Zeit**, die zwei Stunden von der Beijing-Zeit abweicht (12 Uhr in Beijing-Zeit ist 10 Uhr in Xinjiang). Fahrpläne und Öffnungszeiten sind in Xinjiang in Beijing-Zeit angegeben.

... in Pakistan

Pakistan ist Mitteleuropa im Sommer um drei, im Winter um vier Stunden voraus.

Der Zeitunterschied zwischen pakistanischer und Beijing-Zeit beträgt drei, zwischen pakistanischer und Xinjiang-Zeit eine Stunde.

Literaturauswahl

Geschichte und Landeskunde

Drège, Jean-Pierre, Emil Bührer: Seidenstraße, dt. Übersetzung Annette Lallemand, Köln 1986, 5. Auflage 1993

Gernet, Jacques: Die chinesische Welt, Frankfurt 1979

Grobe-Hagel, Karl: Hinter der Großen Mauer, Religionen und Nationalitäten in China, Frankfurt 1991

Haussig, Hans Wilhelm: Die Geschichte Zentralasiens und der Seidenstraße in vorislamischer Zeit, Darmstadt 1992

Haussig, Hans Wilhelm: Die Geschichte Zentralasiens und der Seidenstraße in Islamischer Zeit, Darmstadt 1994

Hopkirk, Peter: Die Seidenstraße – Auf der Suche nach verlorenen Schätzen in Chinesisch-Zentralasien, aus dem Englischen von Hans Jürgen Baron von Koskull, München 1986

Hopkirk, Peter: The Great Game – The Struggle for Empire in Central Asia, New York 1994

Müller, Johannes: Kulturlandschaft China, Gotha 1997

Schafer, Edward H.: The Golden Peaches of Samarkand, A Study in T'ang Exotics, Berkeley, Los Angeles, London 1963, Paperback 1985

Thiel, Susanne: Kulturschock Pakistan, Bielefeld 1997

Uhlig, Helmut: Seidenstraße, Antike Weltkultur zwischen China und Rom, Bergisch Gladbach 1986

Whitfield, Susan: Life along the Silk Road, London 1999

Wood, Frances: Marco Polo kam nicht bis China, München 1996

Architektur, Archäologie und Kunst

Härtel, H., M. Yaldiz: Die Seidenstraße – Malereien und Plastiken aus buddhistischen Höhlentempeln, Sammlung des Museums für Indische Kunst Berlin, Berlin 1987

Haussig, Hans Wilhelm: Archäologie und Kunst der Seidenstraße, Darmstadt 1992

Kuhn, D. (Hrsg.): Chinas Goldenes Zeitalter, Die Tang-Dynastie und das kulturelle Erbe der Seidenstraße, Dortmund 1993

von Le Coq, Albert: Buried Treasures of Chinese Turkestan, Englisch von Anna Barwell, London 1928, Nachdruck 1985, Neuauflage 1989

Li Zehou: Der Weg des Schönen, Wesen und Geschichte der chinesischen Kultur und Ästhetik, Freiburg 1992

Rowland, Benjamin: Zentralasien. Kunst der Welt, Baden-Baden 1970

Yaldiz, Marianne: Archäologie und Kunstgeschichte Chinesisch-Zentralasiens (Xinjiang), Leiden, New York, Kopenhagen, Köln 1987

Rolf, Anita: Kleine Geschichte der chinesischen Kunst, Köln 1985

Seckel, Dietrich: Kunst des Buddhismus. Kunst der Welt, Baden-Baden, ^{2}1964

Talbot Rice, Tamara: Ancient Arts of Central Asia, New York, Washington 1965

Whitfield, Roderick, Susan Whitfield, Neville Agnew: Cave Tempels of Mogao, Art and History on the Silk Road, Los Angeles 2001

Kunst und Kunsthandwerk

Harvey, Janet: Textiles of Central Asia, London 1997

Jourdan, Uwe: Turkoman. Oriental Rugs, Woodbridge 1996

Kalter, Johannes: Arts and Crafts of Turkestan, London 1985

Religion/Philosophie

Bauer, Wolfgang: Geschichte der chinesischen Philosophie – Konfuzianismus, Daoismus, Buddhismus, München 2001

Bechert, H., R. Gombrich: Der Buddhismus, Geschichte und Gegenwart, München 1989
I Ging, Das Buch der Wandlungen, übersetzt von Richard Wilhelm, München 1984
Kungfutse (Konfuzius): Lun Yü, übersetzt von Richard Wilhelm, München 1990
Lao Tse: Tao-te-King, das Heilige Buch vom Weg und von der Tugend, Stuttgart 1972
Münke, W.: Die klassische chinesische Mythologie, Stuttgart 1976
Schimmel, Annemarie: Der Islam – eine Einführung, Reclam, Stuttgart 1990
Schimmel, Annemarie: Die Welt des Islam – zu den Quellen des muslimischen Orients; eine Reise nach Innen, Solothurn, Düsseldorf, 1995

Reiseberichte

Dalrymple, William: In Xanadu, A Quest, Hawthorn 2000 (Dalrymple reist auf den Spuren Marco Polos auf dem Landwege von Jerusalem bis Xanadu, den Palastruinen des Kubilai Khan, nördlich von Beijing)
Grousset, René: Die Reise nach Westen – Oder wie Hsüan-tsang den Buddhismus nach China holte, aus dem Französischen von Peter Fischer in Zusammenarbeit mit Renate Schmidt, München 1994
Hedin, Sven: Durch Asiens Wüsten, Wiesbaden 1995
Hovey Wriggins, Sally: Reisende auf der Seidenstraße, Auf den Spuren des buddhistischen Pilgers Xuanzang. Hamburg 1999
Polo, Marco: Il Milione, Die Wunder der Welt, Zürich 1983
Fleming, Peter: Tatarennachrichten – Ein Spaziergang von Peking nach Kaschmir, Deutsch von Reinhard Kaiser, Reinbek bei Hamburg 1988
Maillart, Ella: Turkestan solo, Eine abenteuerliche Reise ins Ungewisse, München 2001
Schimmel, Annemarie: Berge, Wüsten Heiligtümer – Meine Reisen nach Pakistan und Indien, München 1997

Zitatnachweis

S. 12 aus: Zieme, P., Zum Handel im uighurischen Reich von Qoco, in Altorientalische Forschungen IV (1976), S. 235–249: 235

S. 20 oben aus: Albert von LeCoq, Auf Hellas Spuren in Ost-Turkestan, zitiert nach Peter Hopkirk, Die Seidenstraße– Auf der Suche nach verlorenen Schätzen in Chinesisch-Zentralasien, aus dem Englischen von Hans Jürgen Baron von Koskull, © für die deutsche Fassung Paul List Verlag, München 1986, S. 20

S. 20 unten aus: T. Tekin, A Grammar of Orhon Turkic, Den Haag 1968, S. 261f., zitiert nach Hans-Joachim Klimkeit, Die Seidenstraße, Köln 1988, S. 72

S. 23 aus: Wilhelm von Rubruk, Reise ins Mongolenreich, zitiert nach Jean-Pierre Drège und Emil Bührer, Seidenstraße, dt. Übersetzung von Annette Lallemand, © vgs Verlagsgesellschaft, Köln 1986, 5. Aufl. 1993, S. 191

S. 25 aus: Eberhard, Wolfram, China und seine westlichen Nachbarn, Beiträge zur mittelalterlichen und neueren Geschichte Zentralasiens, © Wissenschaftliche Buchgesellschaft, Darmstadt 1978, S. 271

S. 31 aus: Xiyu Ji, Denkwürdigkeiten über die Westlichen Regionen, zitiert nach Jean-Pierre Drège, Marco Polo und die Seidenstraße, © dt. Übersetzung Eva Sulzer, Ravensburg 1992, S. 20

S. 32 aus: Qian Han Shu, Geschichte der Früheren Han, 82 n. Chr., zitiert nach Jean-Pierre Drège, s.o. S. 23

S. 49 zitiert nach: Hopkirk, Peter, s.o., S. 197

S. 62 aus: Chavannes, E. und P. Pelliot, Un traité manichéen retrouvé en Chine, Paris 1913, S. 154, zitiert nach Richard C. Foltz, Religions of the Silk Road, New York 1999, S. 79 (üb. Anke Kausch)

S. 64: Giovanni de Piano Carpini, zitiert nach Jean-Pierre Drège, s.o. S. 100

S. 89 aus: Wei Shu, zitiert nach B. Rowland: Zentralasien; Kunst der Welt, Baden-Baden 1970

S. 90: Guo Xi, zitiert nach Hans-Joachim Klimkeit, s.o., dort nach Susan Bush und Shio-yen, Early Chinese Texts on Painting, Cambridge 1985

S. 91 aus: Liji zhushu (Das Buch der Riten mit den gesammelten Kommentaren)

S. 95 aus: Shuowen Jiezi, zitiert nach Yang Yang, Die Entstehung der chinesischen Jadekultur, in Das Alte China, hrsg. von Roger Goepper, Ausstellungskatalog Essen 1995, dtsch. von Peter Wiedehage, S. 95

S. 98: Zhang Yue, zitiert nach P. Buckley Ebrey (ed.), Chinese Civilisation – A Sourcebook, New York 1981, 2. Aufl. 1993, S. 123 (üb. Anke Kausch)

S. 144, 161 aus: Yang Hsienyi und Gladys Yang, Records of an Historian, written by Szuma Chien, Hongkong 1974, S. 176, 186 (üb. Anke Kausch)

S. 164: Bai Juyi: zitiert nach Qiao Yun, Alte chinesische Gartenkunst, üb. von E. Schwarz, Leipzig 1988, S. 60

S. 174, 267 aus: Fleming, Peter, Tatarennachrichten – Ein Spaziergang von Peking nach Kaschmir, dt. von Reinhard Kaiser, Reinbek bei Hamburg 1998, S. 66f., S. 325, © 1936 by Peter Fleming, für die deutsche Ausgabe Eichborn AG, Frankfurt am Main, 1996

S. 185, 265 aus: Marco Polo, Il Milione, Deutsch von Elise Guignard, S. 107, 74, © Manesse Verlag, Zürich 1983

S. 188 aus: Huc & Gabet, Travels in Tartary, Thibet and China, 1844–46, 2 Vol. (reprint), New Delhi 1988, zitiert nach Karl-Heinz Everding, Kunst-Reiseführer Tibet, 2. Aufl. Köln 1997, S. 306

S. 201 Benedict de Goes: zitiert nach Che Muqi, The Silk Road, Beijing 1989, S. 92 (üb. Anke Kausch)

S. 212, 278 Sir Aurel Stein: zitiert nach Peter Hopkirk, s. o. S. 193, 183, © für die dtsch. Fassung List Verlag, München 1986

S. 224 aus: Hopkirk, Peter, s.o.S. 203, © für die dtsch. Fassung List Verlag, München 1986

S. 231 aus: Dunhuang Lu, zitiert nach Drège und Bührer, s.o., © vgs Verlagsgesellschaft Köln 1986, 5. Auflage 1993, S. 66

S. 234 Albert von Le Coq: zitiert nach Peter Hopkirk, s. o., © für die dtsch. Fassung List Verlag, München 1986, S. 156

S. 235 aus: Cable, Mildred und Francesca French, The Gobi Desert, zitiert nach Peter Hopkirk, s.o. S. 135f., © für die dtsch. Fassung List Verlag, München 1986

S. 241, 254, 277 aus: Xuanzang, Xiyu Ji (Bericht über die Westlichen Länder), zitiert nach René Grousset, Die Reise nach Westen, aus dem Franz. von Peter Fischer in Zusammenarbeit mit Renate Schmidt, © Eugen Diederichs Verlag, München 1986, Neuausg. 1994, S. 83f, 88, 312

S. 243: Albert Grünwedel: zitiert nach H. Härtel und M. Yaldiz (Hrsg.), Die Seidenstraße – Malereien und Plastiken aus buddhistischen Höhlentempeln, aus der Sammlung des Museums für Indische Kunst Berlin, Berlin 1987, S. 17

S. 245 aus: Stein, Sir Aurel, Serindia III, S. 985, zitiert nach Hans-Joachim Klimkeit, s.o. S. 200

S. 256: Albert Grünwedel in einem Brief vom 2. April 1906, zitiert nach H. Härtel und M. Yaldiz (Hrsg.), s.o. S. 26f.

S. 258: Albert von LeCoq, zitiert nach Hans-Joachim Klimkeit, s.o.S. 58, zitiert nach Ernst Waldschmidt, Gandhara - Kutscha - Turfan, Leipzig 1925, S. 34

S. 261 aus: Albert von LeCoq, Buried Treasures of Chinese Turkestan, engl. von Anna Barwell, London 1928, Nachdruck Oxford 1985, Neuauflage 1989, S. 135f. (üb. Anke Kausch)

S. 273: Faxian, zitiert nach Peter Hopkirk, s.o. S. 37f., © für die dtsch. Fassung List Verlag, München 1986

S. 282: Songyun, zitiert nach René Grousset, s. o. S. 298, © Eugen Diederichs Verlag, München 1986, Neuausgabe 1994

S. 296: zitiert nach Friedrich Wilhelm, in Heinrich Gerhard Franz (Hrsg.), Das Alte Indien, München 1990. S. 106

Abbildungsnachweis

Archiv Everding, Bonn: 76, 77, 188/189 (modifiziert)
Archiv für Kunst und Geschichte, Berlin: 8/9, 26, 27 (Erich Lessing), 35 (Erich Lessing), 37, 42 (Werner Forman), 49, 92, 100 (Erich Lessing), 102 unten
Bibliothèque Nationale, Paris: 107Bruno Baumann, München: 33, 108/109
Bildarchiv Preussischer Kulturbesitz, Berlin (sämtlich aus den Beständen des Museums für Indische Kunst, Berlin): Vignette (Jürgen Liepe), 50, 62 Jürgen Liepe), 63, 71 unten (Jürgen Liepe), 85 (Jürgen Liepe), 87 (Jürgen Liepe), 102 oben, 103, 258 (Georg Niedermeister), 260 (Jürgen Liepe)
Hans-Peter Braunger, Baotou: 73
British Museum, London: 273
Corbis/Picture Press, Hamburg: 39, 213 (Pierre Colombel), 218 (Pierre Colombel), 220 (Pierre Colombel)
Dunhuang-Archiv: 90, 215, 217, 221, 222, 225, 226, 227
Günter Heil, Berlin 149
Hist. Museum Xi'an: 99
Anke Kausch, Ottawa: Umschlagklappe hinten, S. 7, 176, 180, 185, 205, 230, 241
Kai Ulrich Müller, Berlin: Titelbild,Umschlagklappe vorne, S. 12, 14, 17, 19, 21 beide, 22, 23, 57, 60, 66, 68, 80, 110, 113, 117, 120, 121, 123, 124, 127, 129, 133, 135, 136, 138, 141, 145, 147, 152, 154, 156, 160, 169, 170, 172, 173, 182, 187, 190, 192, 194, 197, 198, 202/203, 209, 210, 232, 235, 236, 238, 143, 144, 246, 248, 249, 255, 257,263, 266, 268, 269, 280, 284, 288, 291, 292, 295, 307, 309, 310
Museum der Aut. Region Xinjiang-Uighur, Urumqi: 38, 94, 130
Palastmuseum Beijing: 46
aus M. Bussagli: Die Malerei in Zentralasien, Genf 1963 278
aus: A Grand View of Xinjiang's Cultural Relics and Historic Sites, Urumqi 1999: 275, 277
aus: Path of Beauty, A Study in Chinese Aesthetics, Beijing 1988, S. 165
Die übrigen Abbildungen stammen aus dem Archiv von Autorin und Verlag.
Da in einigen Fällen die Rechtehalter nicht erreichbar waren, bitten wir diese, sich gegebenenfalls an der Verlag zu wenden.

Kartographie:
Berndtson & Berndtson Production GmbH, Fürstenfeldbruck
© MAIRDUMONT, Ostfildern

Glossar

(ohne buddhistische Ikonographie)

Achämeniden – persische Dynastie, deren Großreich sich unter Dareios I. (reg. 521–486 v. Chr.) vom Ägäischen Meer bis an den Indus erstreckte.

Acht Klassen Übernatürlicher Wesen – Devas, Nagas, Yakshas, Ghandarvas, Asuras, Garudas, Kinnaras und Mahoragas sind Götter und Halbgötter, die allesamt dem indischen Götterpantheon entstammen. Ursprünglich negative Götter, benutzten sie nach ihrer Bekehrung zum Buddhismus ihre übernatürlichen Kräfte, um das Dharma (die buddhistische Lehre) zu beschützen.

Asuras – (skt): Anti-Götter oder Dämonen des indischen Pantheons

Ädikula – (griech.) Nische mit Säulen und Dreiecksgiebel in der klassischen griechischen Architektur

Ahimsa – (skt.) das Gesetz der Gewaltlosigkeit, welches vor allem in der buddhistischen und jainistischen Religion eine Rolle spielt

Ahura Mazda – der ›Herr der Weisheit‹, das höchste Wesen in der Religion des Zoroastrismus. Sein Symbol ist das Feuer, dem eine reinigende Kraft zugesprochen und das von den Zoroastriern besonders verehrt wird.

Avadanas – (skt.) buddhistische Moralgeschichten

Babao Cha – (chin.) Acht-Kostbarkeiten-Tee, auch Sanpaotai genannt, eine Spezialität Westchinas, setzt sich idealerweise aus acht Bestandteilen zusammen. Hauptingredienzen sind Teeblätter, getrocknete Früchte, wie Litschis, Aprikosen, Rosinen, Jujuben, die kleinen roten Bocksdornbeeren (*goujizi*), Nüsse oder Mandeln und Kandiszucker. Manchmal werden auch getrocknete Blüten, wie Rosen oder Chrysanthemen, der Mischung zugesetzt.

Bao'an – mongolischer Stamm in der chinesischen Provinz Gansu, der von den Truppen Dschingghis' Khans abstammen soll. Die Bao'an besitzen eine eigene, der altaisch-mongolischen Familie zugehörige Sprache.

Bhavachakra – (skt.) ›Rad des Lebens‹; im tibetischen Buddhismus die Darstellung eines Rades, das in verschiedenen Segmenten Szenen zeigt, die verdeutlichen, dass alle Lebewesen an den ewigen Kreislauf der Wiedergeburten (skt.: *samsara*) gebunden sind. Der Totengott Yama hält mit seinen Klauen und Fängen das Rad.

Bi-Scheiben – flache, kreisförmige Jaden mit einem runden Loch in der Mitte, die im alten China vor allem im Totenkult Verwendung fanden. Sie gelten als Glück bringend und symbolisieren mit ihrer runden Form den Himmel. Bi-Scheiben findet man in chinesischen Gräbern des Altertums häufig in unmittelbarer Nähe des Toten oder auf dessen Körper platziert.

Cathay – alte europäische Bezeichnung für China

Chaitya-Halle – in den Fels geschlagene, dreischiffige Halle mit Apsis, überspannt von einem Tonnengewölbe. Diese indische Form der Kulthalle verbreitete sich seit dem 3. Jh. n. Chr. in den buddhistischen Höhlentempeln entlang der Seidenstraße in ganz Zentralasien.

Chintamani – (skt.) das buddhistische Wunschjuwel

Chiwei – (chin.) in der klassischen chinesischen Architektur Firstfiguren aus Keramik, die als Wasserwesen gelten und das Gebäude vor Feuer schützen sollen.

Chörten – (tib.) tibetischer Stupa. Sein Aufbau repräsentiert gleichzeitig das Universum, den Menschen und dessen Weg zur Erleuchtung. Der quadratische Sockel symbolisiert die Erde, der gewölbte Aufbau, im Tibetischen *bumpa* genannt, das Himmelsgewölbe und die 13 Dharma-Ringe darüber die feinstofflichen und körperlosen Sphären. Gekrönt wird der Bau von Mondsichel und Sonnenscheibe, die die Polarität von weiblicher Weisheit und männlicher Methode versinnbildlichen.

Da Qin – (chin.) alte chinesische Bezeichnung für das Römische Reich

Dauren – mongolischer Stamm in Xinjiang. Die meisten hängen ihrer eigenen schamanistischen Naturreligion an, einige sind Buddhisten.

Deva – (skt., fem.: Devi) allg. Bezeichnung für eine Gottheit des indischen Götterhimmels

Devatas – (skt.) himmlische Wesen des buddhistischen Pantheons, die zwar den Götterhimmel bewohnen, doch noch dem ewigen Wiedergeburtenkreislauf (Samsara) unterliegen.

Dharma – (skt.) die buddhistische Lehre

Dukhang – (tib.) zentrale Versammlungshalle in einem tibetischen Kloster

Dorje – (tib.) s. Vajra

Dongxiang – mongolischer Stamm in der chinesischen Provinz Gansu

Drong – (tib.) tibetisches Wildyak

Dzo – (tib.) Kreuzung zwischen Yak und Rind.

Ederis – Ikat-Textilien aus Ost-Turkestan, bei denen nur die Schussfäden vor dem Verweben verschieden eingefärbt werden.

Emanation – (lat.) ›Ausströmen‹, ›Ausstrahlung‹. Im tibetischen Buddhismus Gottheiten, die von Buddhas ›ausgestrahlt‹ werden, d. h. aus ihrem Geist heraus entstanden sind. Der Bodhisattva Avalokiteshvara gilt etwa als Emanation des Buddha Amitabha

Fengshui – (chin.) ›Wind und Wasser‹, chinesische Geomantik. Die Fengshui-Lehre befasst sich mit den Elementen und Kräften, die nach traditioneller chinesischer Weltanschauung sämtliche Abläufe im Kosmos bestimmen, und hat die Aufgabe, den Menschen möglichst harmonisch in die Natur einzubinden. Fengshui spielte im alten China und spielt zumindest bei Chinesen außerhalb der VR noch in der Stadtplanung, der Architektur, in der Anlage von Grabstätten und Gärten eine wichtige Rolle.

Gandharva – (skt.) gehört zu den 6333 niederen Arten von Gottheiten, die sich nach der indischen Mythologie im Himmel aufhalten. Gandharvas gelten als himmlische Sänger und Musikanten und männliche Pendants der Apsaras (s. S. 73). Sie sind schön gewachsen.

Garuda – (skt.) Mischwesen des indischen Pantheons mit menschlichem Oberkörper und Vogelleib. Im Hinduismus ist Garuda das Gefährt des Gottes Vishnu.

Gebetsfahnen – im tibetischen Buddhismus verwendete bunte Stofffähnchen, auf die Mantras aufgedruckt sind, die durch den Wind in die Welt hinaus getragen werden und so zu den Göttern gelangen sollen.

Gebetsmühle – von tibetischen Buddhisten verwendeter Zylinder aus Blech, Kupfer oder Silber, der auf einem Griff sitzt. Außen am Zylinder ist eine Kette mit einem Gewicht befestigt, welches mit kreisenden Bewegungen in Schwung gesetzt wird und die Gebetsmühle sich drehen lässt. Der Zylinder birgt in seinem Innern ein Papier mit einem Mantra, einem heiligen Spruch, der durch die Drehung in die Welt hinaus getragen wird.

Gebiet der Goldenen Horde – Machtbereich von Batu, Dschingghis' Khans Enkel, der das Gebiet von Sarai an der Wolga aus regierte

Gebiet der Weißen Horde – Machtbereich von Dschingghis' Khans Enkel Schaiban im Bereich zwischen dem Ural und dem oberen Irtysch

Gelugpa – (tib.) ›Schule der Tugendhaften‹, auch Gelbmützen-Schule genannt. Verbreitetster Mönchsorden des tibetischen Buddhismus, gegründet vom tibetischen Reformator

Tsongkhapa (1357–1410). Oberhaupt des Gelugpa-Ordens ist der Dalai Lama.

Gönkhang – (tib.) im tibetischen Kloster Tempelraum, der den zornvollen Schutzgottheiten gewidmet ist, die mit täglichen Ritualen beschwichtigt werden müssen

Gönpo – (tib.) zornvolle Schutzgottheiten des tibetischen Götterpantheons

Guan Yu – (chin.) bedeutender chinesischer General zur Zeit der Drei Reiche (220–265), in der Ming-Zeit (1368-1644) als **Guandi** in den daoistischen Götterpantheon aufgenommen, gilt als Gott des Krieges und der Gerechtigkeit.

Han – (chin.) Volksbezeichnung der Chinesen, die die große Mehrheit der chinesischen Bevölkerung (92 %) bilden. Der Name geht auf die für China kulturprägende Han-Dynastie (206 v.–220 n. Chr.) zurück.

Heiliger Achtfacher Pfad – eine der zentralen Lehren des Buddha. Der Eingang ins Nirvana und die damit verbundene Erlösung aus dem ewigen Wiedergeburtenkreislauf kann nur dem gelingen, der den Heiligen Achtfachen Pfad beschreitet. Dieser setzt den rechten Glauben, rechtes Denken, rechtes Reden, rechtes Handeln, rechtes Leben, rechtes Streben, rechtes Gedenken und rechtes Sich-Versenken voraus.

Hephthaliten – auch Weiße Hunnen genannt, alter zentralasiatischer Volksstamm, der im Bereich zwischen Ili-Tal und Aral-See siedelte und Mitte des 5. Jh. Nordwestindien und Baktrien eroberte. Sein Reich wurde 552 von den Türken und sassanidischen Persern vernichtet. Die ursprüngliche Sprache der Hephthaliten ist bis heute unbekannt. Als Amtssprache benutzten sie einen mitteliranischen Dialekt, den sie in baktrischer Schrift schrieben, die sich wiederum vom Griechischen ableitete. Letzte Zeugnisse hephthalitischer Kultur – Dokumente aus dem 8.–13. Jh. – kamen in Turfan zutage.

Hinayana – (skt.) ›Kleines Fahrzeug‹, auch Theravada-Buddhismus genannt. Schule des Buddhismus, die vor allem in Südostasien verbreitet ist. Der Hinayana-Buddhismus verficht das Mönchsideal, in dem jeder Einzelne die Erlösung aus eigener Kraft erlangen muss.

Ibex – Wildziegenart

Ikat – (malaiisch) Seiden- oder Baumwollstoff mit meist leuchtend buntem, geometrischem Muster, dessen Farben ineinander zu verschwimmen scheinen. Dieser Effekt wird erzielt, indem vor dem Weben die Kett- oder Schussfäden (oder beide) per Abbindetechnik in verschiedenen Farben gefärbt werden, sodass sich beim Weben ein Muster ergibt. Die Technik ist in ganz Zentral-, Ost- und Südostasien verbreitet.

Ismailiten – Anhänger einer Sekte des Islam. Ismailiten sind so genannte Siebener-Schiiten, die sich nach Ismail benennen, dem Sohn des Imams Dschafar-al-Sadiq, dem sechsten Imam der Schiiten in der Abstammungslinie nach Ali, dem Vetter und Schwiegersohn des Propheten Mohammed. Ismails frühzeitiger Tod 732 – er starb noch vor seinem Vater – löste eine Nachfolgekrise aus. Während die Mehrheit der Schiiten, die Zwölfer, sich zu Ismails älterem Bruder Musa-al-Kazim, bekannten, machten die Siebener die Nachfolger des verstorbenen Ismail, des ihrer Ansicht nach rechtmäßigen siebten Imams, zu ihren geistigen Oberhäuptern. Der in der Schweiz lebende Karim Aga Khan IV. amtiert seit 1957 als 49. Imam der Ismailiten und ist damit in den Augen seiner Gemeinde ein direkter Nachkomme Alis. Die ismailitische Glaubensgemeinschaft umfasst heute etwa 15 Millionen Menschen, die sich auf 25 Länder verteilen.

Jainismus – indische Religion, gegründet um 500 v. Chr. von Mahavira, dem 24. und letzten Propheten (oder auf Sanskrit *tirthankara* = Furtbereiter) der Jains. Die Jains verehren keinen Gott, sondern glauben an Wiedergeburt (Samsara) und geistige Erlösung (Moksha), die für jeden Menschen aus eigenem Antrieb durch rechten Glauben, rechtes Wissen und rechtes Handeln erreichbar ist. Strikt folgen sie dem Prinzip des Ahimsa, der absoluten Gewaltlosigkeit, sind Vegetarier und dürfen keine Berufe ausüben, die einem Lebewesen schaden könnten. Orthodoxe Jains tragen Mundbinden, damit sie keine Insekten einatmen, und kehren beim Gehen mit einem Besen vor ihren Füßen, um nicht auf einen Käfer oder Wurm zu treten. In Indien leben heute etwa 4,5 Millionen Anhänger der Jain-Religion.

Jatakas – (skt.) Legenden von den früheren Existenzen des Buddha

Kalif – Nachfolger und Stellvertreter des Propheten Mohammed als geistlicher wie weltlicher Herrscher über die Muslime

Karakhitan – ›Schwarze Khitan‹, Nachfolgedynastie der Khitan, deren Liao-Reich in Nordchina 1124/25 zusammenbrach. Ein Teil des Khitan-Adels floh nach Westen zu den Uighuren und gründete mit deren Unterstützung im Ili-Tal das Reich der Karakhitan, von den Chinesen auch Westliche Liao genannt. Der Machtbereich der Karakhitan konnte sich in den folgenden Jahren bis Samarkand und Kashgar ausdehnen. Sie besaßen eine stark chinesisch geprägte, buddhistische Kultur, nicht wenige bekannten sich zum nestorianischen Christentum.

Karma – (skt.) in den indischen Religionen die Summe aller guten und schlechten Taten, die ein Mensch im Laufe seines Lebens vollbringt. Nach dem Karma eines vergangenen Lebens richtet sich sein Auf- oder Abstieg im Kreislauf der Existenzen, dem Samsara.

Khanat der Tschaghatai – 1227–1346 zentralasiatische Dynastie im Bereich des Tarim-Beckens und Transoxaniens, die auf Tschaghatai, Enkel des Dschingghis Khan, zurückgeht.

Kinnara – (skt.) Mischwesen von Menschengestalt mit Pferdekopf, auch Mischwesen aus Mensch und Vogel, des indischen Pantheons, bekannt für ihren schönen Gesang und ihr Talent als Musikanten

Ladse – (tib.) unregelmäßige, von Menschenhand errichtete Steinhaufen an markanten Landschaftspunkten in Tibet, in denen manchmal einige Stöcke mit Gebetsfahnen stecken. Ladse gelten als Wohnorte lokaler Geister.

Lhakhang – (tib.) Tempelraum im tibetischen Kloster

Lakshanas – (skt.), die 32 Merkmale eines Großen Wesens, äußerliche Merkmale, an denen man den Buddha erkennt (z.B. Ushnisha, Urna, lang gezogene Ohrläppchen)

Lhato – (tib.) in Tibet an markanten Landschaftspunkten von Menschenhand errichte Steinhaufen von regelmäßiger Form, die den Weltenberg Meru symbolisieren. Sie sollen sowohl Dämonen abwehren als auch friedvolle Schutzgeister anziehen.

Löss – chin. *huangtu*, ›Gelbe Erde‹,ein Staubsediment, dessen Einzelkörner in der Größe zwischen dem gröberen Sand und dem feineren Ton liegen

Mahayana – (skt.) ›Großes Fahrzeug‹, Schule des Buddhismus, die heute vornehmlich in China, Tibet, Japan und Korea verbreitet ist. Der Mahayana-Buddhismus verspricht allen Menschen die Möglichkeit der Erlösung. Im Zentrum steht das Ideal des Bodhisattva, eines Heiligen, der die Erleuchtung erlangt hat, jedoch auf den Eingang ins Nirvana verzichtet, um anderen Lebewesen den Weg zur Erlösung zu weisen.

Mahoraga – (skt.) Schlangengeist des indischen Götterpantheons

Mantra – (skt.) ›Schutz des Geistes‹, im tibetischen Buddhismus heilige Silbe oder Gebetsformel zur Anrufung der Götter

Mönlam Chenmo – (tib.) ›Großes Gebet‹, das

bedeutendste Fest der Tibeter, wird vom 3.–25.Tag des ersten tibetischen Mondmonats gefeiert.

Mudra – Handhaltung einer buddhistischen Figur. Die Mudras besitzen unterschiedliche Symbolik und spielen bei der Identifizierung verschiedener buddhistischen Götter- und Heiligenfiguren eine wesentliche Rolle.

Naga – (skt.) göttliches Wesen des indischen Pantheons mit menschlichem Kopf und Schlangenkörper, meist negativer Natur

Nirvana – (skt.) die absolute Leere. Für Buddhisten die angestrebte Erlösung aus dem ewigen Kreis der Wiedergeburten (Samsara), in dem jedes Lebewesen gefangen ist.

Padmasana – (skt.) ›Lotossitz‹, typische Meditationshaltung des Buddhismus. ›Schneidersitz‹ mit verschränkten Unterschenkeln und nach oben gedrehten Fußsohlen

Pailou – (chin.) meist bunt bemaltes Schmuck- oder Ehrentor in klassischer Holzskelettbauweise, welches häufig den Eingang eines chinesischen Tempels markiert

Parther – persische Herrscherdynastie (247 v.–227 n. Chr.), deren Reich von der Türkei bis Gandhara reichte. Die Parther spielten eine wichtige Mittlerrolle im Seidenhandel zwischen China und dem Alten Rom.

Peristyl – (griech.) Säulenreihe im klassisch griechischen Tempelbau

Prajñya – (skt.) Weisheit, im tantrischen Buddhismus weiblicher Aspekt des Weges zur Erkenntnis

Pranidhi – (skt.) Legenden, in denen ein Bodhisattva in einer früheren Geburt dem Buddha eines vergangenen Weltzeitalters begegnet und von ihm die Verkündigung seiner späteren Buddhaschaft empfängt

Rouran – alter zentralasiatischer Volksstamm. Ihr Reich erstreckte sich von Nordkorea bis ins nördliche Tarim-Becken. Mitte des 6. Jh. wurde ihr Reich von den Türken zerstört. Einige Wissenschaftler identifizieren sie mit den osteuropäischen Awaren.

Reich der Il-Khane – Machtbereich Hülegüs, einem Enkel Dschingghis' Khans, im Iran

Salar – turkstämmiges Volk, das im 14. Jh. aus der Gegend um Samarkand nach Gansu vertrieben wurde.

Sambhogakaya – (skt.) ›Körper des Genusses‹. Im tibetischen Buddhismus die prächtig geschmückte Form des Buddha mit Schmuck und Krone. Sie symbolisiert, dass er die Wahrheit genießt, die er verkörpert.

Samsara – (skt.) in den indischen Religionen der Kreislauf der Wiedergeburten, in dem jedes Lebewesen gefangen ist

Sanpaotai – s. Babao Cha

Sogdier – sesshaftes ostiranisches Volk des Altertums, das am unteren Amu-Darya (Oxus) siedelte. Die Sogdier verfügten nie über einen geeinigten Staat, sondern über eine Vielzahl kleiner Fürstentümer. Wichtige sogdische Zentren waren z. B. Afrasiab bei Samarkand, Pendjikent und Warachsa. Die meisten Sogdier waren zoroastrischen Glaubens, wandten sich später aber auch dem Buddhismus, dem Manichäismus und dem nestorianischen Christentum zu. Sogdische Kaufleute spielten eine bedeutende Rolle im Seidenstraßenhandel. Sogdische Dokumente fanden sich in China, der Mongolei, Indien und Persien. Im 8. Jh. unterlagen die Sogdier den anstürmenden Arabern. Die sogdische Sprache wurde im 11. Jh. zugunsten des Türkischen aufgegeben.

Sufismus – mystische Lehre des Islam. Der Sufismus entwickelte sich im 7.–8. Jh. unter frommen Muslimen als Gegenreaktion auf die eher weltliche Orientierung der damals herrschenden Omaijaden-Dynastie (661–750). Die Sufis suchen göttliche Liebe und Weisheit in der direkten Begegnung und Vereinigung mit Gott. Diese kann durch Meditation, Askese oder Ekstase – wie z. B. durch die trancehaften Tänze der Derwische – erreicht werden.

Tanguten – zentralasiatischer Stamm, von den Chinesen Xixia, ›Westliche Xia‹, genannt. Aus dem Gebiet des Qinghai-Sees in Nordost-Tibet stammend, gründeten sie im 11. Jh. ein eigenes Königreich im westlichen Gansu. Die Xixia sprachen eine tibetische Sprache mit eigener Schrift, die erst kürzlich von chinesischen Wissenschaftlern entziffert werden konnte. Sie hinterließen zahlreiche buddhistische Kunstwerke und Dokumente. 1227 wurde ihr Reich von den Mongolen überrannt, und die Xixia-Kultur ging unter.

Taotie – typisches Dekormotiv in der klassischen chinesischen Bronzekunst: eine frontal gesehene Tiermaske mit hervortretenden, starrenden Augen, einer als Grat ausgebildeten Nase, volutenartigen Hörnern, aufgerissenem Maul und einem rudimentär angedeuteten Körper mit Klauen und Schwanz

Thangka – (tib.) im tibetischen Buddhismus religiöses Rollbild aus Stoff, das in Tempeln aufgehängt oder zu Festen ausgerollt wird. Es ist gewöhnlich auf Baumwolle gemalt und in Brokat eingefasst.

Timuriden – zentralasiatische Herrscherdynastie (1405–1506), die sich nach Timur dem Schrecklichen (Tamerlan) benennt. Unter ihrer Herrschaft wurde die islamische Kunst, Kultur und Wissenschaft in Zentralasien und Persien sowie der Handel über die Seidenstraße belebt.

Toba – auch Tabgac, zentralasiatischer Stamm mongolisch-türkischer Abstammung, gründete im 4. Jh. in Nordchina die stark dem Buddhismus zugeneigte Nördliche Wei-Dynastie (386–535).

Tocharer – indogermanischer Volkstamm, der bis zur Turkisierung Ostturkestans in den Oasenstädten Kucha und Karashar im westlichen Tarim-Becken siedelte. Einige Wissenschaftler identifizieren sie mit den Yuezhi.

Torana – (skt.) mehrfach gestufter Torbogen. Typisches Element der indischen Tempelarchitektur.

Tripitaka – (skt.) ›Dreikorb‹, buddhistische Schriftensammlung. Das Tripitaka wurde nach dem Tod des historischen Buddha Siddharta Gautama auf der Basis mündlicher Überlieferung formuliert, da dieser seine Lehre nicht schriftlich niedergelegt hatte.

Tupi (auch Dopi) – viereckige, meist schwarze, mit weißen Ornamenten bestickte Kappe, die in ganz Zentralasien von Muslimen getragen wird

Tulku – (tib.) im tibetischen Buddhismus ein Mensch, der eine Emanation einer Gottheit ist.

Upaya – (skt.) Methode, im tantrischen Buddhismus der männliche Aspekt des Weges zur Erkenntnis

Urna – (skt.) die Haarlocke auf der Stirn des Buddha, oft nur als Punkt dargestellt, gilt als ›Auge der Weisheit‹.

Ushnisha – (skt.) Schädelauswuchs des Buddha, welcher als ›Weisheitsknochen‹ interpretiert wird.

Vajra – (skt.) ›Diamantzepter‹ (tib.: *dorje*), im Hinduismus der zerstörerische Donnerkeil des Gottes Indra, symbolisiert das Vajra im tibetischen Buddhismus – auch Vajrayana genannt – das Absolute, die Klarheit und Unzerstörbarkeit der Lehre. Im Ritual des tibetischen Buddhismus symbolisiert es ferner die Methode (skt.: *upaya*) – den männlichen Aspekt des Weges zur Erkenntnis. Seine weibliche Entsprechung ist die Glocke (skt.: *ghanta*), welche die Weisheit (skt.: *prajñya*) symbolisiert.

Vajrayana – tibetische Schule des Buddhismus

Vihara – (skt.) indischer, buddhistischer Freibautempel, bei dem Mönchszellen einen rechteckigen, seltener kranzförmigen Innenhof rahmen, in dessen Zentrum sich meist ein Stupa erhebt.

Wakhi – Sprache der Pamir-Tadschiken, die der iranischen Sprachfamilie angehört

Windpferd – Fabelwesen des tibetischen Buddhismus. Es trägt das flammende

Wunschjuwel auf seinem Rücken und soll die buddhistische Lehre in alle Himmelsrichtungen tragen. Häufig auf Gebetsfahnen dargestellt.

Wu Jing – (chin.) die Fünf Klassiker des Konfuzianismus: »Yi Jing« (»Buch der Wandlungen«), »Shi Jing« (»Buch der Lieder«), »Shu Jing« (»Buch der Urkunden«), »Chun Qiu« (»Frühlings- und Herbstannalen«) »Li Ji« (»Buch der Riten«)

Wüstenlack – dünne braunschwarze Kruste auf Felsen, wie man sie häufig in Gegenden mit hoher Sonneneinstrahlung findet. Wüstenlack entsteht durch feine Haarrisse im Gestein, in die Feuchtigkeit eindringt, welche die darin enthaltenen Metalloxide, meist Eisen oder Mangan, löst. Durch Verdunstung und Kapillareffekt steigt diese Lösung an die Oberfläche. Das Wasser verdampft in der Sonne und zurück bleibt eine dünne, metallisch glänzende Patina. Die Bildung des Wüstenlackes nimmt Jahrhunderte in Anspruch.

Xibe – mandschurischer Volksstamm, der vornehmlich im Ili-Tal in Nordwest-Xinjiang siedelt. Seine Sprache zählt zu den mandschu-tungusischen Sprachen, einer Unterfamilie des Altaiischen.

Xiongnu – zentralasiatischer Volksstamm des Altertums. Die Xiongnu sprachen eine altaische Sprache, waren nomadische Viehzüchter und zogen mit ihren Herden in der nördlichen Mongolei und Gansu umher. In der Han-Zeit galten sie als die klassischen Erzfeinde der Chinesen, die wiederholt die Westgrenzen des chinesischen Reiches bedrohten.

Xixia – s. Tanguten

Yab-Yum – (tib.) die so genannte ›Vater-Mutter‹-Haltung tantrischer Gottheiten in sexueller Vereinigung, Symbol für die Vereinigung der männlichen Methode und der weiblichen Weisheit

Yaksha – (skt., fem.: Yakshini) Waldgottheit. Yakshas und Yakshinis sind Gottheiten niederen Ranges, die die Naturkräfte verkörpern. Sie können guter oder bösartiger Natur sein, erscheinen meist in menschlicher Gestalt, manchmal auch als hässliche, dicke Zwerge

Yidam – (tib.) im tibetischen Buddhismus persönliche Schutzgottheiten, die Tantriker während der Meditation visualisieren. Die Eigenschaften des Yidam sollen mit der Psyche des Meditierenden korrespondieren, in ihm Emotionen freisetzen und ihn zur Erkenntnis bringen. Yidams können friedvoller, zornvoller oder gemischt friedvoll-zornvoller Natur sein.

Yin und Yang – in der klassischen chinesischen Weltanschauung die beiden gegensätzlichen Kräfte, deren Walten das gesamte All durchzieht. Yin und Yang sind sowohl im Kleinen als auch im Großen spürbar. Yin steht für das Dunkle, Weiche, Passive, Weibliche, das Wasser und den Mond, Yang für das Helle, Harte, Aktive, Männliche, den Stein und die Sonne. Keine der beiden Kräfte wird höher geschätzt als die andere, nur ihre vollkommene Ausgeglichenheit bewirkt Harmonie.

Yuezhi – (chin.) zentralasiatischer Volksstamm des Altertums. Die indogermanischen Yuezhi lebten ursprünglich im Gebiet der heutigen Provinz Gansu, von wo sie von den Xiongnu im 2. Jh. v. Chr. vertrieben wurden. Daraufhin ließen sie sich am Amu-Darya (Oxus) in Baktrien nieder, wo einer ihrer Stammesführer die Dynastie der Kushana begründete. Das Kushan-Reich erstreckte sich im 1./2. Jh. vom Aral-See bis an den Ganges. Die Yuezhi nahmen in ihrer neuen Heimat die baktrische, in griechischer Schrift geschriebene Sprache an, ebenso die lokale Religion, den Zoroastrismus. Später, unter Kanishka I., wandten sie sich zunehmend dem Buddhismus zu. Im 3. Jh. vereinnahmten die sassanidischen Perser das Kushan-Reich. Einige Wissenschaftler identifizieren die Yuezhi mit den Tocharern.

Register

Personen- und ausgewähltes Sachregister

Unter dem Stichwort Grotten (subsumiert Höhlen) werden Grotten-(Höhlen-)Tempel nach Jahrhunderten/Epochen erfasst. Alte Reiche und Landschaftsbezeichnungen wurden ins Ortsregister integriert.

Ortsregister

Unter dem Stichwort Grotten finden Sie die wichtigsten Grotten- bzw. Höhlentempel auch unabhängig von Ihrer geographischen Zuordnung zusammengefasst. Alte Reichs- und Landschaftsbezeichnungen wurden in dieses Register aufgenommen.

DuMont Reiseverlag, Postfach 3151, 73751 Ostfildern
E-Mail: info@dumontreise.de

Für jeden
Reisetyp
Wählen Sie aus mehr als
500 DuMont Reiseführern!
DUMONT REISE-TASCHENBUCH
DUMONT direkt
DUMONT Reisen für Genießer
DUMONT aktiv
DUMONT RICHTIG REISEN
DUMONT KUNST REISEFÜHRER
www.dumontreise.de
Weltweisend DUMONT REISEFÜHRER

Umschlagabbildungen:
Vorderseite: Grotten von Bezeklik
In der Vorderklappe: Turm des Grabmals von Abakh Hoja in Kashgar
In der Rückklappe: Basarszene
Rückseite (von oben):
Lageplan;
Vorbau an den Mogao-Grotten bei Dunhuang;
Kloster und Stupa Jaulian, Taxila (Ausschnitt);
Pferdedarstellung aus der so genannten Unterirdischen Galerie bei Jiayuguan

Vignette S. 1: Prozession uighurischer Prinzen, Höhle 9 der Grotten von Bezeklik; Museum für Indische Kunst, Berlin

Über die Autorin: Anke Kausch, Sinologin und seit vielen Jahren als Reiseleiterin unterwegs, lebt in Kanada. Sie ist Autorin des DUMONT Kunst-Reiseführers »China«.

2., aktualisierte Auflage 2006

Druck: Rasch, Bramsche
Buchbinderische Verarbeitung: Bramscher Buchbinder Betriebe

Printed in Germany